城镇化转型的

轨迹与路径

辜胜阻◎著

人民出版社

辜胜阻，男，湖北武汉人，1956 年出生，经济学博士。现任全国人大常委会委员、人大财政经济委员会副主任委员，民建中央副主席，武汉大学战略管理研究院院长。兼任国家教育咨询委员会委员，中国软科学研究会副理事长，国家自然科学基金管理科学部评审专家，清华大学、北京大学、中国人民大学、北京师范大学、中国矿业大学等高校和中国社会科学院兼职教授。曾任第八届全国政协委员、第九届全国政协常委、第十届全国政协委员、第十一届全国人大常委、内务司法委员会副主任委员，第九届全国工商联副主席，湖北省副省长，武汉市副市长。主要研究宏观经济与产业升级、中小企业与民营经济、城镇化与社会发展、创新经济学与金融创新。

辜胜阻教授是改革开放后较早赴国外留学和研修的学者，被授予"国家有突出贡献的留学人员"称号。他 1986 年至 1988 年在美国密西根大学进修硕士学位课程；1989 年至 1990 年任日本国日本大学客座教授；1992 年至 1993 年任美国密西根大学访问教授；1994 年任德国杜伊斯堡大学客座教授；1996 年至 1997 年作为美国哈佛大学访问教授在美进行合作研究和讲学，1998 年后多次到国外参加学术会议，进行学术交流与考察。

辜胜阻教授是背靠理论、面向现实的学者型官员，是"国家有突出贡献的中青年专家"。从上世纪 70 年代末期开始学术活动以来，他先后主持国家自然科学基金项目、国家社会科学基金项目、国际合作项目以及其他部省级科研项目数十项。并获得了诸多的荣誉和奖项：1991年被授予"国家有突出贡献的留学回国人员"称号，1992年被评选为第三届"中国十大杰出青年"，1993年享受国务院政府津贴，1994年获孙冶方经济科学奖，1995年获国家"五个一工程"奖并获教育部优秀成果特等奖，1996 年入选国家"百千万人才工程"，1997 年入选国家教委"跨世纪人才工程"，1998 年被授予"国家有突出贡献的中青年专家"称号。十余项研究成果获国家级和省部级奖励。作为学者型官员，他自 1998 年从政以来，坚持理论联系实际的学风，每年都结合自己的分管工作，深入企业、城乡社区、全国各类开发园区、学校和海内外城市进行考察调研，亲自撰写调研报告。依托其学术研究成果，他围绕国家社会经济热点问题参政议政、建言立论，提出百余项政策建议，许多政策建议被政府决策部门采纳。

序　言

新型城镇化要实现六大转型任务

　　中国城镇化在经历了高速发展之后,现在正处于转型的新阶段。长期以来,城镇化忽视了人与自然、人与社会等多方面的协调,产生了人口"半城镇化"、大城市病、要素利用效率低等一系列问题,是一种不平衡、不协调、不可持续发展的城镇化。党的十八届五中全会提出了"创新、协调、绿色、开放、共享"的系统全面的"五大发展理念"。从经济、政治、社会、文化、生态"五位一体",到工业化、城镇化、信息化、农业现代化、绿色化"五化同步",再到"五大发展理念",这是发展观在理论上的重大升华,是经济社会发展的"纲"与"魂",是"十三五"规划的科学"航标",将引领我国经济发展和城镇化行稳致远,进入新境界。在新型城镇化方面,我们必须走绿色城镇化道路,推进城镇化六大转型,确保城镇化提质增效:一是从地的城镇化向人的城镇化转型,使转移人口更好融入城市;二是从不可持续的城镇化向资源环境可持续发展的城镇化转型,推进绿色城镇化;三是从低效率的城镇化向高效率城镇化转型,集约高效使用生产要素;四是从分散的、粗放的城镇化向集约型城镇化转型,使城市群成为新型城镇化的主平台;五是从政府主导的城镇化向市场驱动的城镇化转变,发挥市场在资源配置中的决定作用;六是从城镇化与工业化、信息化、农业现代化发展不协调向"四化同步"发展转型。通过这六大方向的转型,在城镇化中推进人与自然、人与社会协调发展。

（一）坚持以人为本原则，从以地为中心的城镇化向以人为核心的城镇化转型，改变城镇农业转移人口的"过客"心态，让两亿多进城农民工更好地融入城市

我国土地城镇化率长期保持着高速增长的态势，据统计，在 1981—2012 年间，全国城市建设面积从 7438 平方公里增长到 45566 平方公里，增长了 513%。与快速土地城镇化相对应的是滞后的人口城镇化进程，转移人口的公共服务供给不足。"人"是城镇化的主体和核心。目前，我国城镇化进程中存在人口不完全转移和"半城镇化"现象，城市户籍人口与农业转移人口间的二元结构成为我国除城乡二元结构以外面临的新的二元结构问题。由于户口的限制，迁移到城市的农民工不能享受到与城市户籍人口同等的就业、教育、医疗、住房、养老等公共服务，难以实现从农民到市民的"身份转变"并真正融入城市。世界银行报告显示，在中国城镇化过程中，举家迁移的农民工仅占 20%，个体异地转移是城镇化的主要方式。同时，非家庭式异地转移带来了严重的社会代价，国家卫生计生委发布的《中国家庭发展报告 2014》显示，我国存在超过 6000 万的留守儿童、5000 万留守老人、超过 5000 万的留守妇女。不完全转移和半城镇化的产生，主要是由于我国的公共服务供给是基于户籍制度的，转移人口虽然进城了，却难以在城市特别是大城市落户，从而难以享受与户口相挂钩的公共服务。因此，我国城镇化必须由传统的以地为核心的土地城镇化向以人为中心的人口城镇化转型。

要实现以人为中心的城镇化，关键是推进农民工市民化，推进户籍制度改革，充分发挥居住证制度的作用。市民化是一个渐近复杂的过程，不能一蹴而就，户籍不是市民化的唯一标志，不能简单地改变转移人口的户籍，一改了之。差别化的落户和严格控制大城市人口的政策使相当多的农民工不能进城落户；而农民工在城市不稳定的就业和农村户籍含金量的不断提升又使大量的进城人口不愿落户；地方政府财力有限、城市资源环境约束也影响了城市政府推进农民工落户城市的积极性。因此，市民化必须实施"二维路径"：一是通过户籍制度改革，实施差别化落户和积分制政策，让符合条件的农业转移人口落户城镇；二是推进人口管理制度创新，通过居住证制度，

有序实现不能或不想落户的农业转移人口市民化。有效推进二维的市民化路径,必须要加强中小城市的公共服务供给和基础设施建设,提升产业和人口承载能力,促进农民工就近就地城镇化。要建立健全中央政府、地方政府、企业和个人共同参与的农民工市民化成本分担机制,为农民工市民化提供充足的资金支持。要推进财政转移支付体制改革,将转移支付的分配规模认定由户籍人口认定变为常住人口认定,保障城市提供基本公共服务的动力和财力,缩小不同规模城市间的公共服务差异。

(二)坚持绿色发展原则,从高耗能高排放高污染的城镇化向人口资源环境可持续发展的城镇化转型,处理好人和自然的关系,促进人与自然和谐共生,实现城镇化发展的永续性

中国城镇化亟须实现向资源环境可持续发展的方向转型。传统城镇化模式带有明显的"高能耗、高物耗、高污染、高排放"特点,这种非可持续性发展对资源环境造成了极大破坏。水资源短缺与污染成为限制城市发展的"天花板",人让水脏,水让人病,人水关系急剧恶化。据统计,中国城市水资源供需缺口约为每年600万立方米。有关部门对118个城市的连续监测数据显示,约有64%的城市地下水遭受严重污染,33%的城市地下水受到轻度污染,基本清洁的城市地下水只有3%。大气污染已成为中国城市可持续发展的最大挑战。2013年,在640个城市中,只有不到1%的城市符合国家空气质量标准。京津冀地区大气污染情况尤为严重,成为雾霾天气的重灾区。2014年北京PM2.5年均浓度值为85.9微克/立方米,超过国家标准1.45倍。2014年中国大气污染最严重的十座城市中,京津冀占据八席。空气污染、水污染是"大城市病"的集中表现,严重损害居民身体健康。

党的十八届五中全会首次把"绿色发展"作为五大发展理念之一,这既与党的十八大将生态文明纳入"五位一体"的总体布局一脉相承,又将生态环保放在了空前的高度上。要把生态文明理念和原则全面融入城镇化过程,走"集约、智能、绿色、低碳"的新型城镇化之路,推进城镇化的绿色发展转型。要推进城市结构的优化,特大城市要把疏解人口与疏解产业、疏解城

市功能相结合,发展多种类型的卫星城,形成以大带小、合理分工的城市结构。要着力解决经济发展方式过于粗放的问题,协同构建产业体系和城市体系,大力升级、淘汰城市内的落后污染产能,发展新型节能环保产业,加快形成支撑城镇化的绿色产业基础。要用好政府"有形之手",解决"市场失灵"的问题。加快建立健全用能权、用水权、排污权、碳排放权初始分配制度,把环境承载力作为最为稀缺的自然要素对经济发展进行调控,有效发挥市场机制的作用。同时督促政府履行环保职责,要加大环境治理力度,实行最严格的环境保护制度。要打好防治大气污染、水污染和土壤污染三大环保"攻坚战",落实好三大污染防治行动计划,以法律、经济等多种手段使各级政府、企业和个人形成合力,实现环境质量的有效改善。

(三)坚持效率优先原则,从低效利用劳动、土地、资本要素的低效城镇化向高效率的城镇化转型,改变城镇化过度依赖"土地红利"和廉价劳动力形成的"人口红利"的要素驱动模式,推进城镇化提质增效

我国城镇化的高速发展主要得益于廉价的人口、土地等要素红利,但也带来了诸多问题。一是资本过度利用。地方政府为了吸引投资,扩大城镇化范围,为引入企业提供廉价土地、廉价信贷、公共设施补贴以及税费减免等,造成了巨大的地方政府债务。二是城镇化过度依赖"人口数量红利"。由农村剩余劳动力转移创造的量大价廉的"人口红利"在过去相当长的时间内推动着我国城镇化的快速发展,而我国城镇化对待廉价的劳动力要素依旧采取大规模简单投入的粗放式发展模式。一方面,我国已经进入老龄化社会,人口红利逐渐消失;另一方面,随着技术进步和产业升级,城镇化对劳动力的需求已经有了结构性的变化,更注重劳动力的质量。三是土地使用缺乏效率。当前,我国中央和地方财力与事权体制不合理,体制上大量事权下移,但财力上移,导致地方财力与事权严重不匹配,不得不依赖土地财政。过度依赖"土地红利"和"土地财政",一方面造成了城市"征地—卖地—收益"的粗放式土地经营模式,极大浪费了土地资源;另一方面,推高了房价,加剧房地产泡沫化,透支居民消费能力,制约了城镇化可持续发展。

随着时间的推移,这种低效率的要素驱动型发展对城镇化逐渐失去了推动力。中国新型城镇化要向高效率的城镇化转变,促进生产要素在城乡之间、城城之间以及城市内部优化配置,增强城市创新能力,实现城镇化的集聚效应。要建立市场化的投融资机制,积极引导民间资本参与城镇化建设,发挥好政府资金"四两拨千斤"的作用。要尊重企业在产业发展中的主体地位,运用市场机制推动企业集聚发展,实现规模效益,夯实城镇化的产业基础。要深化土地制度的改革,保障农民土地财产权神圣不可侵犯,对土地"确权、流转、征用"等一系列环节进行有针对性的制度改革,推进农村集体土地确权赋能工作,完善农民工承包地和宅基地的流转或退出机制,控制征地规模和提高用地集约度,解决农民工进城的"后顾之忧"。同时,要建立健康城镇化的新型指标,弱化地方政府将农村土地转为城市土地的冲动。

(四)坚持以城市群为城镇化主平台,从分散型"摊大饼"式的城镇化向集约型城镇化转型,发挥核心城市辐射带动作用,大力提升城镇化的集聚效应和规模效应,疏解特大城市人口,治理由人口膨胀带来的"大城市病"

中国在城镇化早期形成了小城镇在全国蔓延分布的局面,由此形成了诸如产业发展壮大困难、环境污染以及资源浪费等问题,集约化的城市空间发展布局将是未来努力方向。世界城镇化发展规律表明,城市群是城镇化与区域经济发展到一定阶段的产物,代表着城镇化发展的高级阶段。当前,中国城镇集群化发展趋势进一步突显,各地区城市群快速崛起,部分城市群发展已进入成熟状态。随着中国城市化与工业化进程的不断加快,城市群将成为中国经济发展格局中最具活力和潜力的核心地区,也将在我国生产力布局中发挥增长极点和核心支点的重要作用。据估算,特大城市的人口与经济产出在未来将分别占到全国的82%与92%。中国目前10个最大的大城市区域,包括北京、上海、广州、深圳、天津、南京、杭州、成都、无锡与长沙,在2010年创造了全国GDP的26%。其中,长三角、珠三角、京津冀等城市群发展最快,以2.8%的土地面积聚集了全国18%的人口并贡献了36%的GDP,集聚经济效应得到了充分展现。城市群发展有利于推动我国城镇化的健康可持续、城镇产业结构调整与优化升级、城镇人口与资源环境协调发展以及城乡一体化进程。未来要进一步加快推进我国城市群建设,将城市群打造成新型城镇化的主体形态。国家初步确定未来将打造20个主要城市群,包括5个国家级城市群、9个区域性城市群和6个地区性城市群。要大力推动城市群内部一体化发展,加快构建更加方便快捷的综合立体交通运输体系,加快推进信息基础设施建设协同共享,促进信息消费;加强区域内与区域间产业合作,探索共建共享机制;推进世界级城市群建设;推进区域信用、金融、通关等社会服务一体化进程。

(五)坚持市场在资源配置中起决定作用的原则,从"政府主导"型的城镇化向"市场主导、政府引导"的城镇化模式转型,尊重经济规律和城镇化发展规律,因势利导,发挥市场"无形之手"和政府"有形之手"的"双手"协同作用。

政府主导作用的发挥促进了我国城镇化的快速推进,但同时也存在许多弊端,如城镇化呈现出房地产化倾向,"空城""鬼城""债城"林立,地方政府依赖土地财政和过度负债进而导致财政金融体系风险等。据统计,来自中央与省级政府的财政转移支付仅占中国市镇级地方政府公共投资预算总额的2%,占县级地方政府的10%,地方财政吃紧,继而转向依赖土地财政与地方债务,通过负债融资来完成支出责任,造成地方政府债务增长过快、负担较重、结构失衡等问题,而且地方政府投融资平台自身运作不规范、信息不透明、偿债能力有限,使得财政风险和金融风险相互交织,影响了财政金融体系的稳定性。

新型城镇化要向"市场主导、政府引导"的方向转型。新型城镇化需要市场"无形之手"和政府"有形之手"的两手配合,但要防政府成"闲不住的手"而过度干预把好经念歪。政府应在规划制定、制度设计、公共服务、环境保护、市场监管、社会管理六个方面有所作为。走新型城镇化道路要充分发挥市场的作用。党的十八届三中全会重新定位市场的功能,从"基础性"作用到"决定性"作用,重新塑造政府与市场关系,把错装在政府身上的手还给市场,构建"市场主导、政府引导"的城镇化健康发展体制机制。让市场在城镇化资源配置中发挥决定性作用,关键在于要激发民间投资的活力,发挥出民间资本在城镇化建设中的积极作用。经济学中的"诺瑟姆曲线"表明,城镇化水平从30%上升到70%的区间是城镇化率上升最快的阶段,需要大量的资金投入。我国正处在城镇化高速发展阶段,城镇化的改革和发展正面临较大的资金缺口。城镇化需要民间资本积极参与的投融资机制来解决资金难题。促进民间资本参与城镇化,要打破政府主导的投融资模式,抑制地方政府短期行为;要健全公私合作机制(PPP),降低民间投资准入门槛,拓宽民间投资渠道;要改善民企生存发展环境,消除民间投资的"后顾之忧"。

(六)坚持协调发展原则,从城镇化与工业化、信息化、农业现代化发展不协调向"四化同步"的方向转变,推动城镇化、信息化、工业化的深度融合

党的十八大报告提出:"坚持走中国特色的新型工业化、信息化、城镇化、农业现代化道路,推动信息化和工业化深度融合、工业化和城镇化良性互动、城镇化和农业现代化相互协调,促进工业化、信息化、城镇化、农业现代化同步发展。"产业发展是城镇化的基础,要坚持产城融合,促进城镇化与工业化的良性互动和协调发展。要加快工业化和信息化的融合发展,实施创新驱动,使我国从制造大国转变为制造强国。要推进农业现代化建设,推动工业化和信息化为农业现代化提供技术、设备、信息支持,实现农业的专业化、规模化,为城镇化提供更多农业剩余劳动力。

智慧城市是我国城镇化与工业化、信息化的深度融合。目前,我国大城市过度膨胀,部分城市交通拥挤、环境污染、人口膨胀等问题日益突出。为实现城市的可持续发展,建设智慧城市将成为未来我国城镇化的重要方向。智慧城市建设要充分运用物联网、云计算、大数据等新一代信息技术,实现城市规划、建设、管理和服务的智慧化。《国家新型城镇化规划》提出要推进智慧城市建设,促进城市规划管理的信息化、基础设施的智能化、公共服务的便捷化、产业发展的现代化、社会治理的精细化。发展智慧城市将对我国新型城镇化建设具有重要的推动意义,有利于优化城市产业结构,贯彻绿色发展理念,提供均等化服务,实现主动高效的城市管理。据世界银行测算:

一个百万人口以上的城市,在投入不变的情况下,实施全方位的智慧管理,将能增加城市的发展红利2.5到3倍。因此,推进智慧城市的建设对于提升新型城镇化发展质量、发挥城镇化红利具有重要意义。

本书是我研究城镇化的第八本专著,汇集了我从1984年至2014年30年的57篇论文。它既展示了我研究中国城镇化的研究轨迹,也显示了中国城镇化的发展及其转型升级的轨迹。我主张以"城镇化"而非"城市化"理论指导中国经济发展的实践。我认为:绝对的"大城市论""中等城市论""小城市论"者所主张的发展某一类城市的观点都不符合中国的实际。中国城镇化发展过程中要实现依托大城市推进城市化与依托县域城镇推进农村城镇化并重;发展大都市圈为特征的"网络发展式"城镇化与以县城为依托发展中小城市的"据点发展式"城镇化同步;城镇化要走适当集中之路,避免"村村点火、户户冒烟"式的小城镇过度发展的"农村病"和大城市人口盲目膨胀的"大城市病"这样的双重"发展病";东部和中西部地区要在产业梯次转移的基础上推进农村剩余劳动力的有序合理流动,中西部要做好承接东部产业和劳动力回流的"双转移"文章,实现城镇化的均衡发展。我建议,市民化要实行居住证和户改"二维路径",处理好城镇化中的市民与农民工双重主体的关系,对不同城市的转移人口的户籍制度改革和居住证制度要分类指导,通过落户,实现1亿人的城镇化;通过居住证制度,实现2亿人的市民化。推进以人为核心的新型城镇化要实现六个方面的转型。

辜胜阻

2016年元月于北京

目 录

1

中国农民工市民化的二维路径选择

一、引言

完全意义上的城镇化要实现进城人口的"三维转换":从农业到非农业的职业转换、从农村到城镇的地域转移及从农民到市民的身份转换。发达国家的城镇化基本上是三维转换一步到位,而中国进城人口虽然实现了地域转移和职业转换,却没有实现从农民到市民的地位转变。农民工群体的存在使中国城镇化率的统计出现了"两个定义"。若按城镇常住人口统计,2013 年中国城镇化率为 53.73%;若按非农业户籍人口统计,却只有 35.7% 左右,相差约 18 个百分点。这一差距说明中国目前的二亿多农民工只是"半城镇化",这种没有市民化的"半城镇化",产生了数以千万计的留守儿童、留守老人、留守妇女,牺牲了农民工家庭三代人的利益,付出巨大社会代价。这种"半城镇化"发展模式不可持续,必须予以改变。

2014 年 7 月国务院公布了《关于进一步推进户籍制度改革的意见》,提出进一步调整户口迁移政策,统一城乡户口登记制度,全面实施居住证制度等目标,对于推进户籍制度改革,实现转移人口市民化具有重要意义。

市民化是一个渐近复杂的过程,不能一蹴而就,不能只简单地改变转移人口的户籍,一改了之。户籍不是市民化的唯一标志。有了户籍,不能享有公共服务,不是市民化;没有户籍,能享有城市基本公共服务,也是市民化。

差别化的落户和严格控制大城市人口的政策使相当多的农民工不能进城落户;而农民工在城市不稳定的就业和农村户籍含金量的不断提升又使大量的进城人口不愿落户;地方政府财力有限、城市资源环境约束又影响城市政府推进农民工落户城市的积极性。因此,市民化必须采取二维路径,在部分转移人口通过差别化落户政策享受市民待遇的同时,大多数转移人口通过居住证制度实现基本公共服务逐步全覆盖。

二、农民工市民化进程中的主要问题与障碍

我们认为,当前推进以人为核心的新型城镇化,实现农民工的市民化,存在"五大瓶颈"。一是就业保障不稳定。农民工主要集中于城镇劳动密集型行业,处于产业链分工的底端,集中在城镇最累、最脏、最危险的行业,大量从事非正规就业,就业能力低、就业流动频繁,就业很不稳定,大量农民工的技能和综合素质难以适应产业升级的要求。二是公共服务缺钱。迫切需要通过财税体制改革解决"钱从哪儿来"、如何分担改革成本问题。三是农地改革滞后。长期在城镇工作和生活的农民工难以使农村承包地实现"市场化"退出,在放弃土地权益时得到合理补偿。单靠打工收入,没有针对承包地和宅基地的合理价格而形成的财产性收入,农民工要完成向市民的角色转换十分艰难。四是安居梦想难圆。高房价严重阻碍着农民工定居大城市的梦想,大部分农民工集中在"城中村"、城乡结合部租房,居住面积狭小,居住条件恶劣。五是"过客"心态严重。农民工融入城市最大的观念障碍是其根深蒂固的农民意识、浓厚的过客心态和边缘化心理。农民工融入城市不仅要"洗脚上楼",更要"洗脑进城",改变观念。市民化不仅是农民生活方式的变革,也是生产方式的转变,更是思维方式的改变。

当前农民工市民化面临着基本公共服务覆盖面窄、不同规模的城市公共服务供给水平差距大、转移人口就业不稳定和中小城市就业机会少四大障碍,推进农民工市民化必须解决这四个方面的问题。

(一)进城农民工享有的基本公共服务覆盖面窄

国家统计局相关统计显示,2013 年末全国人户分离的人口为 2.89 亿

人,其中流动人口达到 2.45 亿人。大量流动人口在非户籍城市生活工作,需要享受包括子女义务教育、就业创业服务、基本医疗保险、基本养老保险、保障性住房等在内的基本公共服务,以保障其基本生活和发展。然而,现有的公共服务供给制度难以满足这部分人的需求。从各项社会保险的参与率来看,据 2010—2013 年《中国统计年鉴》、2010—2013 年《中国人口和就业统计年鉴》和国家统计局《2012 年全国农民工监测调查报告》等统计数据,2012年,农民工养老保险、医疗保险、失业保险、生育保险的参与率分别为14.3%、16.9%、8.4%、6.1%,而同期城镇人口的参与率分别为 42.75%、75.36%、21.39%、21.68%,差距很大。[①] 对于已缴纳社会保险的农民工,社会保障水平低、缴费负担较重、社会保障不可携带性等问题依然突出。可见在转移人口基本公共服务供给的问题上,外来人口在城市中很难享受到与市民同等的公共服务。

造成这一问题的主要原因是当前中国公共服务的供给与户籍直接挂钩。城市政府提供公共服务的对象主要是城市户籍人口,户籍不仅承担着人口登记管理功能,还附着了教育、医疗、社会保障、就业等公共服务权益,城镇户口意味着可享受所在城市的这些权益。对于许多城市户籍人口而言,拥有本地户籍意味着拥有了教育、就业等选择的优先权。在当前教育资源相对紧张的情况下,绝大多数公办幼儿园优先招收本地户籍生源。小学、中学阶段,除去高昂的赞助费,异地中考、高考方案的不确定性使没有本地户口的考生不得不回原籍参加升学考试,户籍"门槛"所带来的公共服务差异已经传导到下一代。

（二）不同城市基本公共服务供给水平差别大

城市公共服务供给差异影响着农业转移人口的流动。大城市有更多的就业机会和更好的公共服务。一般而言,城市等级越高,其获取和占有的资源越多,意味着更高的投入产出、更高级的产业结构和更丰富的精神文化生活。拥有大城市的户口意味着有机会接受更先进的教育、更完善的医疗技术和医护保障,北京、上海等一线城市的户口更意味着拥有购车、购房的资

---

① 魏后凯:《农民工市民化现状报告》,《中国经济周刊》2013 年 3 月 10 日。

格等。相对而言,中小城市社会福利和公共服务不足,对流动人口的吸引力有限。

影响城市公共服务水平的因素是多方面的,城市政府的财力与转移人口的数量是影响城市的公共服务水平的两个直接因素。部分地区公共服务水平较低本质上是公共服务供需关系失衡的结果。

在公共服务的供给问题上,地方政府承担了主要支出责任。在教育、社会保障和就业、医疗卫生、住房保障等方面,地方政府支出占总支出的比重均超过90%,特别是在医疗卫生一项上,地方政府支出占比超过98%(见图1)。大量人口流入将带来大规模财政支出需求,这对于地方政府而言是很大的压力。以2011年不变价格计算,以随迁子女教育、社会保障、保障性住房、就业服务四项基本公共服务为市民化的支出项,若将已在城市居住的1.58亿农村转移人口市民化,各级财政需为此新增财政支出为18 091.58亿元;如果将计算范围扩大到2.6亿农村转移人口,则新增支出将扩大到29 651.76亿元。①

大部分中小城市因地方政府财力有限,公共服务供给水平长期较低。城市财政收入能力决定了城市基本公共服务投入水平。因经济发展水平、财政收支、行政级别等差异,使得大中小城市供给公共服务的能力不同。中小城市相对省会城市和直辖市来说财权较小,教育、医疗等各类资源相对较少。而优质的公共服务资源向上级城市集聚,进一步削弱了中小城市竞争力。

部分流入人口过快过多的城市和地区,因为对公共服务的需求增长过快,使得地方政府无力承担。以北京为例,因难以承担中心城区高昂的生活成本,大量城市外来人口聚居在远离中心城区的区县,使当地常住人口规模超过户籍人口几十倍。虽然这些转移人口为城市建设和发展做出了巨大的贡献,但大部分居住在上述区县的外来人口并未在居住区县工作,相应的税收、社保费用等也并未在居住区县缴纳,庞大的人口数量、难以精确统计的人口信息和巨大的财政负担,原本仅拥有几万户籍人口的地方政府对几十万新增居住人口涌入带来的公共卫生、住房保障、子女教育、医疗服务等无

---

① 张占斌、冯俏彬、黄锟:《我国农村转移人口市民化的财政支出测算与时空分布研究》,《中央财经大学学报》2013年第10期。

力承担,当地政府和原有居民甚至出现排斥性的地方保护主义情绪。

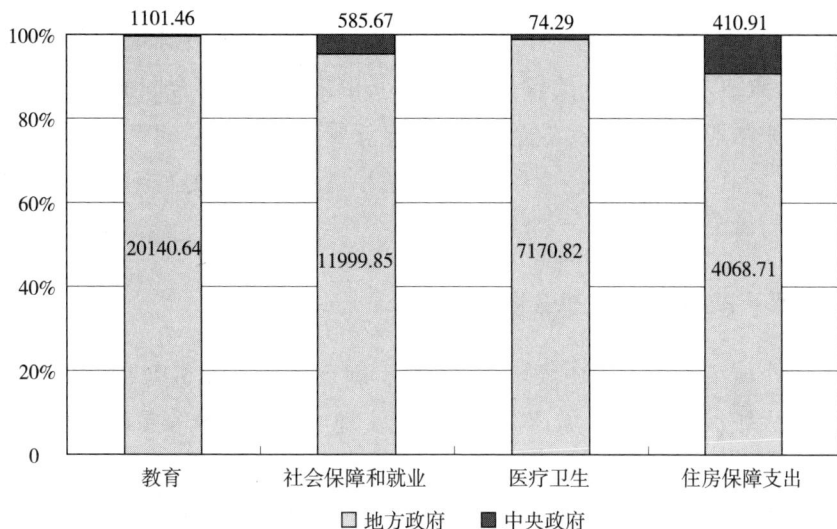

图1　中央政府与地方政府主要公共服务支出比较

资料来源:国家统计局编:《中国统计年鉴(2013)》,中国统计出版社2013年版。

(三)转移人口城镇就业的稳定性低

就业是实现市民化的内在要求,稳定的就业有利于保障公共服务的享有,而就业的缺失则会导致市民化的不可持续性,因此,实现转移人口在城市的稳定就业对于推进市民化进程具有重要意义。然而当前,转移人口在城市的就业是不稳定、不充分的,难以发挥出就业在市民化进程中的重要作用。

中国农业转移人口在城市的就业缺乏稳定性。一项针对全国15个省市共6 000名农民工的调查显示,农民工在同一单位最长工作年限为3年以下的比例高达77%。导致农民工就业不稳定的主要原因:一是农民工的受教育水平普遍较低。据调研,中国农业转移人口整体文化程度不高,外来务工人员中初中及以下的占外来务工人员总量的50.2%。二是目前中国针对农民工的职业教育培训体系还不完善,农民工的职业技能及职业素质不高,只能从事一些简单的体力劳动,劳动者的可替代性强,职业发展前景也较低。在共6 000名受访农民工中,有94.4%的农民工认为目前的职业没有发展前途,即使是文化水平相对较高的新生代农民工,这一比例也高达 62.8%。①
三是转移人口的维权意识和自我保护能力需要提高。国家统计局西安调查
队的报告显示,2013 年前三季度,西安市农民工单位或雇主未缴纳保险的占
88.4%,缴纳"五险一金"的仅占 11.6%,其中未签订任何合同的占 57.9%。
一些外来从业人员只考虑随意流动,不愿意受劳动合同的约束,往往以"口
头协议"替代书面合同,产生纠纷时,合法权益就极有可能得不到切实保护
而受到侵害。

(四)中小城市就业机会偏少

中小城市的资源集中度较低,不利于创造新的就业机会吸引劳动力。
相对于大城市而言,中小城市拥有较少的土地、资金、技术等要素的禀赋,且
越来越多的土地资源、人才资源、税收资源向大城市集中,中小城市缺乏资
源发展地方经济,对劳动力吸引力十分有限。同时,教育、医疗、文化娱乐等
资源都集聚在大城市,中小城市不仅缺乏优质资源作为条件招商引资,也难
以创造就业岗位吸引外来人口就业。

中小城市经济基础相对薄弱,基础设施和公共服务有待完善,产业发展
环境较差。中小城市普遍规模小、实力弱,政府财政收入不足,城市建设缺
乏强有力的财政支持,导致中小城市道路交通、供水供气、垃圾处理等基础
设施建设较为滞后,教育、医疗等公共服务的供给水平与大城市相比也有很
大差距。统计表明,目前小城镇基础设施的投入水平仅相当于大城市的
13%。各地区的中心城市集中了优势的公共资源,而中小城镇却缺乏良好的
公共服务。② 在当前产业和劳动力"双转移"的机遇面前,部分中小城市因缺
乏要素集聚能力而错过承接东部沿海转移产业的发展机会。同时,中小城
市文化消费等基础设施的匮乏让部分从大城市回流的转移人口难以宜业、
宜居。

实践经验表明,稳定的就业是城市吸引外来人口和留住本地人口的根
本方式。优势产业尤其是就业容量大的劳动密集型产业的严重缺乏,致使
中小城市的就业机会较少,大量人口不得不流向就业机会较多的大城市。

---

① 张庆:《农民工就业问题调查研究》,《经济纵横》2013 年第 6 期。
② 迟福林:《走向公平可持续增长的转型改革》,《经济体制改革》2013 年第 6 期。

据中国社会科学院《中国新型城镇化道路的选择》报告,在2000—2010年间,大量人口流入大城市,20万人口以下的小城市吸纳人口比重从2000年的18.52%下降到2010年的10.31%。

三、农民工市民化二维路径选择的对策思考

2014年7月,国务院正式出台《关于进一步推进户籍制度改革的意见》,取消农业户口与非农业户口性质区分和由此衍生的蓝印户口等户口类型,统一登记为居民户口,由此拉开了城乡二元户籍制度改革的序幕。然而,推进市民化并不能仅仅依靠改变户籍,通过推进基本公共服务逐步全覆盖实现对转移人口的基本保障,通过增加就业机会并提升就业稳定性,使转移人口"扎根"城市,才是实现转移人口身份转变的重点内容。

我们认为,农民工市民化的路径要遵循差别化、渐进性和统筹性原则,要实行差别化落户政策和居住证制度并举的二维路径(见图2)。一是通过差别化的落户政策,合理确定大城市落户标准,有序放宽中小城市落户限制,解决符合条件的农业转移人口在城镇落户问题,体现因城而异、存量优先的原则;二是通过居住证制度的实施,积极推进城镇基本公共服务与常住人口挂钩,解决在城镇就业居住但不能落户或不想落户的农业转移人口基本公共服务问题,体现基本公共服务全覆盖的原则。市民化需要遵循自愿

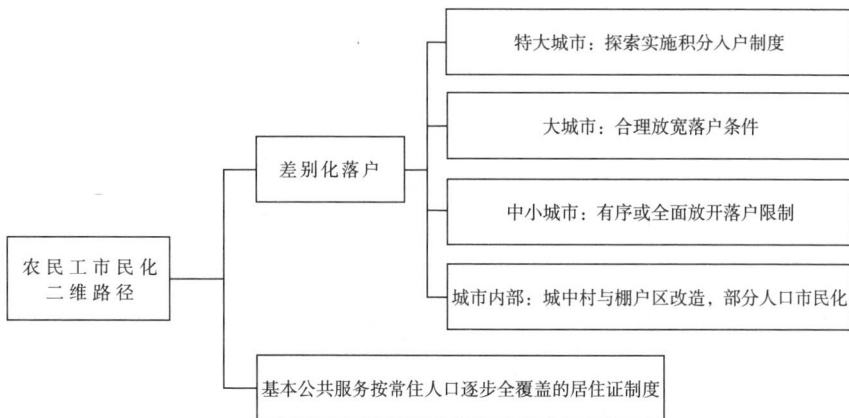

图2　农民工市民化的二维路径选择

选择,对不想放弃农村户籍的农业转移人口,应充分尊重其意愿。同时,要遵循保障转移人口权益的原则,谨慎稳妥地推进市民化,不能盲目推进户籍制度改革和土地制度改革。土地对于农民工而言具有生存保障和心理稳定的功能,大部分农民工在城市就业不稳定,再让农民失去土地,整个社会可能发生动荡。

(一)农民工市民化必须坚持二维路径选择

1. 通过差别化落户政策推进符合条件的农业转移人口落户城镇,享受与市民同等的公共服务

《国家新型城镇化规划(2014—2020 年)》明确提出了"差别化落户政策"(见表1),根据不同的城市规模,因城而异,确定有差别的落户标准和条件。

表 1　城市规模与落户政策

城市规模	落户政策
建制镇和小城市	全面放开落户限制
城区人口 50 万—100 万的城市	有序放开落户限制
城区人口 100 万—300 万的大城市	合理放开落户限制
城区人口 300 万—500 万的大城市	合理确定落户条件
城区人口 500 万以上的特大城市	严格控制人口规模

资料来源:《国家新型城镇化规划(2014—2020 年)》。

一要在大城市和特大城市实行积分制,设置阶梯式落户通道,确定合理的落户标准和条件,坚持存量优先原则,不能盲目追求高标准,落户条件应与城市发展的实际需求相联系。在大城市实行积分入户制度,要依照城市发展所需人才类型来科学合理地确定积分标准,避免盲目追求高学历。城市发展既需要高学历高层次的人才,也需要吃苦耐劳的普通工人,若针对低技能劳动力进行人口限制,将导致效率与公平兼失的局面,不利于实现包容性增长。[①] 2009 年,广东省中山市率先推进流动人口积分入户制度。随后,

---

① 陆铭、高虹、佐藤宏:《城市规模与包容性就业》,《中国社会科学》2012 年第 10 期。

积分入户制度在广东省内多个城市实施并逐步向上海、天津等地推广。截至 2012 年 9 月底,广东省已有 36.4 万名务工人员落户广东各地城镇,而通过积分享受教育等基本公共服务的人数则更多。[①] 然而,在各地积分入户制度取得多方面社会成效的同时,一些问题也逐渐显现。其中一个最重要的问题就是,积分指标的设定和分值权重分配带有明显的人才偏向性和投资偏向性,更使大多数长期居住在本市的农民工等群体对于积分入户"可望不可及",导致入户指标出现浪费。大城市要结合自身发展的实际需要设立一种经济导向、人口素质导向和社会规范导向三位一体的门槛条件,让具有在城市投资能力、文化程度较高、工作居住年限较长、具有丰富非农产业生产经验的农民优先进城。

二要有序放开中小城市落户限制,合理引导转移人口落户中小城市的预期和选择,特别是在中西部地区大力发展中小城市,鼓励转移人口家庭式迁移及就地城镇化。中国城镇化发展应该坚持均衡城镇化之路:既要大力发展城市群,又要依托县城和县域中心镇发展中小城市。要引导公共资源配置向中小城市转移,增加对中小城市基础设施的投入,提升中小城市的公共服务水平。要推动产业向中西部地区转移,实现产城融合发展,提升中小城市的就业吸纳能力。要完善农民工创业的政策扶持体系,鼓励转移人口以创业带动就业,通过减税、减费,降低创业企业的交易成本和经营成本,减少转移人口的创业难度。

三要对城中村和棚户区进行改造,一方面通过户籍制度改革,解决原城市内部农民的户籍问题,实现市民化。在城中村改造过程中,必须解决失地居民的基本生活保障问题,使原城市内部农民获得城市户籍,享受平等的市民待遇,变游民为市民,提升其融入城市的能力。另一方面要解决居住在城中村与棚户区中的低收入人群的补偿与安置问题。城中村是流动人口和原住村民融入城市的过渡带,[②]低廉的房租使其能在大城市居住下来。在进行城中村和棚户区改造的过程中,要充分考虑这部分居民的居

---

① 唐晓阳、邓卫文:《广东实施农民工积分制入户政策的效果评价及完善对策研究》,《广东行政学院学报》2013 年第 6 期。
② 高学武、魏国学:《城镇化视野下城中村治理困局的破解之策》,《宏观经济研究》2014 年第 3 期。

住需求,推进公租房等保障性住房建设,不能简单粗暴地推倒旧房子,逼走农民工。

2. 对不能落户或不想落户的农业转移人口,通过人口管理制度改革,建立全国统一的居住证制度,逐步实现基本公共服务全覆盖

市民化应遵循自愿原则,充分尊重城乡居民自主定居的意愿,为不想落户或不能落户的农业转移人口提供基本公共服务。一方面,现阶段,受政府财力等因素的制约,流动人口与市民的完全"平权"难以实现,转移人口"不能落户";另一方面,因农村户籍含金量高,而城市中的就业不稳定、生活成本高等原因,使部分农业转移人口不愿放弃农村户籍。

通过居住证制度推进基本公共服务的逐步全覆盖,保障转移人口的基本生活和发展,既是公共服务体制改革的初步目标,也是实现市民化的关键环节。具体而言,一要推进财政制度等配套制度改革,为建立居住证制度提供必要的资金支持,推进基本公共服务从广度和深度上向城镇常住人口全覆盖,改变市民和农民工的二元结构,提高农民工的基本生活质量,提升城镇化的可持续性;二要完善区域间的协调机制,协调好流出地与流入地间的关系,确保基本公共服务与人口流动相协调,推动真正的迁徙自由化改革,为实现城乡户籍统一打下基础;三要加强对流动人口信息登记、统计、查询等工作的推进,在各部门、地区间形成统一的规范管理和信息共享制度,降低行政成本;四要建立基本公共服务成本分担机制,充分利用民间资本,由政府、企业、个人三方共同分担农民工市民化的成本。

(二) 市民化需要稳定的城镇就业

一方面,通过加强职业教育培训,提升农业转移人口就业的稳定性。一是普及岗前职业培训,强化在岗职业培训。在岗职业培训对于更新并提升转移人口职业技能、提高企业用工效率具有重要意义,有利于促进农业转移人口的就业稳定性,使其能够更好地融入城市。二是积极整合现有教育资源,丰富和优化职业教育培训形式,提升对农业转移人口的针对性。三是建立激励农民工参与职业培训的长效机制及合作机制,切实贯彻执行农民工培训经费补贴政策,促进政府、企业、高职院校共同参与农民工职业教育平台建设,将其纳入职业培训体系之中,提高农民工培训的有效供给,改变农

业转移人口非稳定性就业的现状,为其就业、创业并最终实现市民化打下良好基础。

另一方面,通过夯实中小城市的产业基础,增加就业机会,促进转移人口以就业带动市民化。产业发展是城市吸纳就业的重要基础,对于中小城市而言,要优化经济发展的环境,吸引有优势的企业入驻。经济发展的环境建设既包括产业园区规划、基础设施等"硬"环境,也包括税收优惠、行政效率提升、城市生态绿化等"软"环境。具体而言,一要充分利用自身资源禀赋优势,通过城市产业专业化、特色化发展,形成区域性特色产业集群,特别是中西部地区的中小城市,应抓住产业和劳动力要素"双转移"的机遇,合理引导沿海产业的转移,并吸引沿海劳动力回流,提升当地的经济发展水平,为吸引转移人口创造更多就业机会,促进转移人口就地市民化。二要不断完善中小城市创业扶持体系与就业培训体系,为返乡创业者提供金融支持,鼓励转移人口以创业带动就业,通过减税、减费,降低创业企业的交易成本和经营成本,减少转移人口的创业难度,使转移人口拥有稳定就业,更好地融入城市。① 三要在中小城市完善公共私营合作制,充分发挥民间资本的作用,建设中小城市基础设施,提升城市基础设施服务水平,完善产业发展的相关配套服务。四要建立覆盖高中低不同收入群体的多元化住房供给体系,满足不同收入群体的需求,并将房价控制在合理价格范围。加大保障性安居工程的建设力度,增加中小套型商品房的供应,鼓励开发共有产权住房、公共租赁住房,让落户中小城市的居民实现安居梦想。

(三)基本公共服务逐步全覆盖需要改革财政转移支付制度

改革财政转移支付制度是推进公共服务按城镇常住人口逐渐全覆盖的关键。建立与常住人口挂钩的转移支付制度,有利于保障城市提供基本公共服务的动力和财力,提升城市公共服务水平,缩小不同规模城市间的公共服务差异。2013 年 3 月 16 日发布的《国家新型城镇化规划(2014—2020年)》明确指出,建立财政转移支付同农业转移人口市民化挂钩机制,中央和

---

① 辜胜阻、武兢:《扶持农民工从创业带动就业的对策研究》,《中国人口科学》2009 年第 6 期。

省级财政安排转移支付要考虑常住人口因素。将转移支付的分配规模认定由户籍人口认定转变为常住人口认定。一要建立与常住人口挂钩的转移支付制度。农业转移人口的市民化，其实质是要将原本覆盖户籍人口的教育、医疗、住房、就业等公共服务扩展到城市外来常住人口身上，因此，市民化并非是某个城市单独的责任，而是需要进行全国范围内的统筹安排。其中随迁子女的义务教育支出、医疗保险支出等，应主要由中央财政承担，推进中央财政设立农业转移人口市民化的专项资金，为城市推进市民化提供适当补贴，从而降低地方政府公共服务的支出责任，缓解城市政府财政压力，提升中小城市公共服务水平。二要平衡和化解人口流出地与流入地之间财政压力。由于医疗、教育等公共服务具有难以转移的特点，人口向大城市的集中将导致公共服务的需求与供给不匹配的矛盾，因此要平衡人口流出地与流入地之间的财政压力，促进地方政府在农业转移人口问题上财权与事权相匹配。三要调整各级政府支出结构，促进城乡统筹。各级财政在安排支出时，要适应农村人口的转移情况，调整本地区的财政支出结构。由于中国城镇化正处于快速发展阶段，人口流动方向以农村向城市流动为主，财政支出也应循此方向进行调整。

四、研究结论

农业转移人口市民化不是简单的户籍问题，而是由稳定就业、公共服务、安居、观念转变等多方面因素构成，因此农民工市民化必须坚持"二维路径"：通过实施差别化落户政策，在大城市、特大城市实行积分制等方式设置阶梯式落户通道，让符合条件的农业转移人口享受市民待遇；通过居住证制度，有序实现不能或不想落户的农业转移人口基本公共服务逐步全覆盖。推进转移人口市民化不仅要"因城而异"，针对不同城镇规模，实施差别化落户政策，而且要"因群而异"，存量优先，把"沉淀型"流动人口转为城市居民，让那些有知识、有本领、有才能、有经济实力的农业转移人口通过积分制度优先入户。要尊重城乡居民自主定居意愿，对不想或不能落户的农业转移人口，通过建立居住证制度，改变城镇基本公共服务由户籍人口独享的局面。在实施农民工市民化进程中，不能随意剥夺农业转移人口的土地承包经营权、宅基地使用权、集体收益分配权。如果在户籍改革中盲目推进激进的土地改革，会使大量农民成为失地流民。土地改革需要稳定所有权、保留承包权、流转经营权、用好抵押权和担保权。土地流转要坚持"依法、自愿、有偿"的原则，使转移人口享有土地是否流转的决定权和土地流转形式的选择权。

（本文发表于《中国人口科学》2014 年第 5 期。李睿、曹誉波协助研究）

——2——
大力发展中小城市推进
均衡城镇化的战略思考

城镇化是现代化的必由之路,当前大力推进新型城镇化对我国经济平稳增长、产业结构转型升级、区域协调发展具有重要意义。我国城镇化的科学路径应是怎样? 是应重点发展中小城市和小城镇,还是重点推进大城市发展? 党的十八届三中全会通过的《中共中央关于全面深化改革若干重大问题的决定》指出,推动大中小城市和小城镇协调发展、产业和城镇融合发展,促进城镇化和新农村建设协调推进。绝对的"大城市论""中等城市论""小城市论"者所主张的发展某一类城市的观点都有失偏颇,不符合我国的实际。我国城镇化应走适当集中的均衡发展道路,坚持"两条腿"走路:一方面要大力发展城市群,利用大城市的集聚效应和扩散效应,将周围中小城市融入城市群发展体系内,形成合理分工、协调发展的现代化城市群;另一方面要依托县城和县域中心镇发展中小城市,充分利用现有的产业基础和城镇基础设施吸引人口集聚,并将具有一定发展基础和潜力的农村社区建设成为城镇化的末端,鼓励更多的人就地城镇化,实现城镇化的均衡发展。既要防止人口过度分散于小城镇,又要避免人口过度集中于大城市。20 世纪80 年代曾涌现出一大批乡镇企业,农民由农田走向工厂,诸多城镇呈现出"村村点火、户户冒烟"的景象。但依托乡镇企业的工业化发展道路过度依赖粗放的生产模式,浪费了大量自然资源,引发了"工业乡土化、农业副业化、离农人口'两栖化'、农村生态环境恶化"等"农村病"。① 当前,我国小城镇的发展依然呈现出数量多、规模小、人气弱以及发展效率低等特征。据统计,我国现有1.9万多个建制镇平均人口约7000人,很多镇甚至不足5000人。② 研究表明,城市人口需要达到一定规模,经济运行才是有效率的,低于25万人的城市是发展低效率的。③ 因此,人口过度分散的小城镇不利于经济社会的发展。随着我国改革开放的不断推进,城市就业机会增多,体现出较强的人口集聚效应,发展迅速,且大城市数量的增加幅度要远远大于中小城市。数据显示,1998—2008年,我国地级及以上城市中,100万人以上的大城市由81座增长到122座,增长了50.6%;100万人以下的中小城市则由142座增长到165座,增幅仅为16.2%。④ 北京、上海、深圳、天津四座特大城市"十一五"期间人口分别增长了600多万、530多万、430多万和300多万。⑤ 而城市的人口承载能力是有限的,特大城市人口过度膨胀,就会产生严重的"大城市病"。尤其是近些年来,大城市空气污染日益严重,破十面"霾伏",保呼吸安全已成为重大民生期待。统计资料表明,2013年北京市全年重度污染以上的天数占全年天数的15.9%,全市年均PM2.5浓度超过国标1.56倍。

　　中小城市不仅是我国均衡城镇化的重要组成部分,同时对推进新型城镇化进程具有重大战略意义。李克强总理在2014年《政府工作报告》中提出的城镇化路径应是"3+X"路径而非媒体解读的"三个1亿人"。3="进城落户1亿人;棚户区改造和城中村改造惠及1亿人;中西部就地城镇化1亿人";X=对不能落户的常住人口实行居住证制度,稳步推进城镇基本公共服务常住人口全覆盖。在中西部地区实现就地城镇化需要有一批功能完善、有发展潜力的中小城市作为载体,实现转移人口进城落户也需要从中小城市进行破题,层层深入稳步推进。但是在我国城镇化进程中,中小城市对转移人口吸引力小,不能适应我国城镇化发展的需要,成为制约我国城镇化健康可持续发展的重要因素之一。最新颁布的《国家新型城镇化规划(2014—

① 辜胜阻、成德宁:《农村城镇化的战略意义与战略选择》,《中国人口科学》1999年第3期。

② 李克强:《协调推进城镇化是实现现代化的重大战略选择》,《行政管理改革》2012年第12期。

③ 牛文元:《中国城市发展报告(2001—2002)》,西苑出版社2003年版。

④ 王小鲁:《中国城市化路径与城市规模的经济学分析》,《经济研究》2010年第10期。

⑤ 冯奎:《多元复合型县域城镇化战略研究》,《经济纵横》2012年第5期。

2020年)》也明确指出：把加快发展中小城市作为优化城镇规模结构的主攻方向，加强产业和公共服务资源布局引导，提升质量，增加数量。本文探讨了推进中小城市发展对我国城镇化进程的重要战略意义，并以此提出发展中小城市促进转移人口市民化的对策。

一、中小城市在城镇化战略中的重要意义

中小城市是我国合理的城镇化层级体系中的重要组成部分，且能够避免人口过度集中大城市或过度分散小城镇带来的种种弊端。在中西部地区大力发展中小城市，是实现就地就近城镇化的重要保证，能有效避免异地转移模式带来的沉重代价。市民化最重要的是改变城镇基本公共服务市民和农民工的二元结构，推进基本公共服务从广度和深度上向城镇常住人口全覆盖。而中小城市在解决人口市民化问题上具有自身独有的优势，需要大力推广。

（一）**发展中小城市，特别是在中西部地区依托县城发展中小城市，有利于实现转移人口的就地城镇化，促进区域间协调发展，避免"钟摆式"、"候鸟型"人口流动带来的巨大社会代价**

"候鸟型"和"钟摆式"的大规模人口流动是我国城镇化的独特方式。这种不稳定的人口流动源于农村剩余劳动力的非家庭式迁移和异地转移。[①] 2012年，我国举家外出的农民工仅有3375万人，占外出农民工总数的20.7%。[②] 农民工的"候鸟式流动"而不是"家庭化迁徙"，使得农民工的家庭生活重心仍然在农村，由此带来"三留人口"的膨胀和"空心村"数量的增加。在农民工及其家人为这种非家庭式迁移和异地转移付出沉重代价的同时，这种城镇化方式也不利于区域间经济的平衡发展。劳动力属于经济发展的重要投入要素，中西部地区长期输出劳动力，使得这些地区发展缺乏充足的智力支持，造成区域间经济发展差距显著。数据资料显示，我国绝大部分外出农民工来自中西部地区（见表1）。然而，产业从东部地区向中西部地区转移和劳动力从东部沿海向内陆省份回归的"双转移"已成为我国区域经济

---

① 辜胜阻、刘江日：《城镇化要从"要素投入"走向"创新驱动"》，《人口研究》2012年第6期。
② 国家统计局：《2012年全国农民工调查监测报告》，国家统计局网站，2013年5月27日。

发展的重要趋势。区域间产业转移为农民工返乡就业提供了条件,在经历了"离土又离乡"的异地转移之后,农民工的回流趋势日益显现。但是,中西部地区承接产业与劳动力"双转移"需要有一批功能完善的城市作为产业发展与劳动力生活的聚集地,一直以来中西部地区城镇化发展水平要落后于东部地区,在城市数量上也落后于东部地区(见表1)。在当前发展条件下,在中西部地区依托县城大力发展中小城市,使农民工实现就地城镇化,既能避免过去不合理劳动力转移模式所带来的沉重社会代价,又是缩小我国区域间发展差距、促进东中西部协调发展的重大战略选择。

表1　我国分地区城镇化水平及人口流动现状

地区			东部		中部		西部	
			数量	比重(%)	数量	比重(%)	数量	比重(%)
国土面积(万平方公里)			105.2	10.9	167	17.4	686.7	71.6
城镇发展	城市个数(个)		263	40.2	226	34.5	166	25.3
	其中	特大城市(个)	54	44.3	38	31.1	30	24.6
		大城市(个)	40	33.9	47	39.8	31	26.3
		中等城市(个)	72	47.7	38	25.2	41	27.1
		小城市(个)	97	36.7	103	39.1	64	24.2
	十大城市群分布(个)		6		3		1	
	城镇化率(%)		62.2		48.5		44.8	
人口流动	各地区农民工占全国比重(输出地,%)		42.6		31.4		26.0	
	其中	外出农民工(%)	31.5		36.7		31.8	
		本地农民工(%)	60.8		22.9		16.3	
	外出农民工就业地域分布(输入地,%)		64.7		17.9		17.1	

注:①对东、中、西部的划分根据国发(2000)33号文件,不包括港澳台,国土面积的分地区数据相加不等于全国总计的指标;在计算东、中、西地区占全国的比重时,分母为31个省(区、市)相加的合计数。

②十大城市群包括:长三角城市群、珠三角城市群、京津冀城市群、山东半岛城市群、辽中南城市群、中原城市群、长江中游城市群、海峡西岸城市群、川渝城市群和关中城市群。

资料来源:国家统计局编:《中国统计年鉴(2009)》,中国统计出版社2009年版;住房和城乡建设部计划财务与外事司编:《中国城市建设统计年鉴(2008年)》,中国计划出版社2009年版;国家统计局:《2012年中国农民工监测调查报告》,http://www.stats.gov.cn/tjsj/zxfb/201305/t20130527_12978.html,2013-05-27。

（二）发展中小城市创造条件让转移人口落户中小城市，有利于转移人口更好地享受城市优质的公共服务与城市文明，避免"半城镇化"

大量的农民工实现了地域转移和职业转换，但身份和地位没有转变，在教育、就业、医疗、养老、保障性住房等方面未能享受与城镇居民均等的基本公共服务。这一现象不仅让农民工无法真正融入城市，而且被逐渐"边缘化"，既不利于破解城市内部二元结构问题，提升转移人口生活质量和城市面貌，也不利于促进城镇化质量的提高和发展的可持续性。解决"半城镇化"问题，推进农民工市民化的关键是保障农民工享有平等的基本公共服务，落户中小城市对此有重要作用，能有效降低市民化成本，让转移人口更易融入城市。有研究表明，农民工市民化的人均成本约为 10 万元，但不同城市、不同地区、不同群体之间的市民化成本存在差异。以住房为例，2002—2012 年，一线城市商品房平均售价涨幅超过 300%，房价收入比高达 15 倍（王炜，2012），[①] 房租支出占很多来京工作者收入的 50% 以上。大城市高房价增大了农民工生活压力，成为阻碍农民工融入城市的重要制约因素。而中小城市房价相对特大城市要低，市民化难度也要远低于大城市。而且，现实情况表明，农民工也乐于落户到有一定发展基础的中小城市。数据显示，农民工希望落户到地级市、县级市、县城或小城镇的比例占农民工总数的 31.7%（见表 2）。通过对河北省进行调研，发现河北省有 63% 的农民工把社区城市作为落户首选城市，41% 的农民工选择在本市落户，反映了这类城市功能比较健全，生活比较方便，生活成本相对较低，与落户农民工的乡土观念、生活体验比较契合。

---

① 王炜：《一线城市房价收入比高达 15 倍 民众难承受》，《时代风采》2012 年第 4 期。

表2 分年龄阶段农民工定居意愿交叉情况

定居意愿分组		如果能够选择,你觉得希望定居在什么地方?								合计
		1.直辖市	2.省会或副省级城市	3.地级市	4.县级市	5.县城或小城镇	6.农村	7.只要是城里,哪里都行	8.在哪里务工就待在哪里	
16—25岁	计数(人)	307	203	158	151	311	118	128	455	1831
	占比	16.80%	11.10%	8.60%	8.20%	17.00%	6.40%	7.00%	24.80%	100%
26—30岁	计数(人)	173	89	84	107	184	115	90	353	1195
	占比	14.50%	7.40%	7%	9%	15.40%	9.60%	7.50%	29.50%	100%
31—40岁	计数(人)	113	66	51	85	171	99	87	297	969
	占比	11.70%	6.80%	5.30%	8.80%	17.60%	10.20%	9.00%	30.70%	100%
41—50岁	计数(人)	47	37	13	27	55	43	40	114	376
	占比	12.50%	9.80%	3.50%	7.20%	14.60%	11.40%	10.60%	30.30%	100%
50岁以上	计数(人)	12	6	1	2	6	16	7	18	68
	占比	17.60%	8.80%	1.50%	2.90%	8.80%	23.50%	10.30%	26.50%	100%
合计	计数(人)	652	401	307	372	727	391	352	1237	4439
	占比	14.70%	9.00%	6.90%	8.40%	16.40%	8.80%	7.90%	27.90%	100%

资料来源:国务院发展研究中心课题组:《农民工市民化进程的总体态势与战略取向》,《改革》2011年第5期。

二、大力推进中小城市发展的对策建议

发展中小城市,推进农业转移人口市民化,要增强中小城市的吸引力,促进无法扎根于大城市的农民工"回流",实现就地城镇化和市民化。应完善中小城市产业发展基础,提高产业集聚程度以实现人口的聚集;遵循市民化=稳定就业+公共服务+安居及生活方式、观念改变的市民化路径,完善创业扶持政策与职业培训体系,提升中小城市对有技能有工作经验的"农海归"的吸纳能力,扶持"农海归"以创业带动就业。要使常住在中小城市的农

业转移人口实现市民化，避免不完全转移的"半城镇化"。通过制度创新，推广 PPP 模式提升中小城市基础设施建设的投融资能力，实行居住证制度推进基本公共服务常住人口全覆盖；建立多元的房屋供给体系，实现中小城市常住人口安居梦。

（一）充分利用自身禀赋与产业人口"双转移"契机，通过产业专业化、集聚化发展，形成区域性特色产业集群，实现产业与劳动力在中小城市集聚，促进转移人口就地市民化

中小城市的产业发展首先不能盲目追求"大而全"的产业体系，而应在特色发展上多做文章，发展地方特色优势产业。其次，还应抓住产业与人口"双转移"的有利机遇，产业转移是市场经济规律作用下优化区域产业分工格局的必然要求，劳动力回流是要素市场价格变化形势下农民工的理性选择，是劳动力流动的一个重大转折。推进以产业和劳动力向中西部转移和回流为主要内容的"双转移"，不仅有利于优化产业空间布局，而且有利于推进均衡的人口市民化。

中小城市应围绕自身特点，充分发挥其在区位、资源、产业基础等方面的优势条件，发展区域性的特色产业集群。城镇之间要形成平衡的城镇体系，不同大小的城市之间要构建大对小的辐射和小对大的支持的良好互动格局，在功能、区位、规范等方面实现共存与互补。要打造中小城市区域"增长极"，立足自身优势产业，通过税收、金融、土地使用等有利政策引导企业在县域内实现集聚，同时大力发展行业协会、商会等中间组织，发挥其在企业间沟通及调节的优势，避免企业间的恶性竞争。

中小城市自身要注重承接产业转移的平台建设，支持和鼓励龙头型民营企业发展，加快农民工市民化进程，促进转移人口就地城镇化。在承接产业转移的过程中，应大力发展多种形式的工业园区使其成为承接产业转移的主要载体，支撑转入产业的集聚发展，提升产业关联度，促进产业集中布局。积极引导企业向园区集中转移，鼓励原产业链的整体迁移，支持重点企业与协同关联企业共同转移，形成园区发展的规模效应，提升其辐射带动能力。要优化企业生存环境，完善园内要素流动的网络支撑，完善各类信息服务平台建设。要创新园内行政管理体制，提高产业转移入驻效率，构建资源共享和利益共享的发展格局。可借鉴湖南"大汉模式"的经验，充分发挥民营企业在城镇化推进过程中的作用，以县域战略定位、规划设计、市政建设、土地整理、住房建设、商业运营、旅游整体营销的链条式综合开发运营，实现自下而上市场化取向的城镇化。

（二）不断完善中小城市创业扶持体系与就业培训体系，为"农海归"返乡创业带动就业提供金融支持，使转移人口拥有稳定就业，能更好地融入城市

"农海归"经过外出打工实践，拥有了创业所必需的技术、资本及技能，具有极强的创业热情。首先，要建立完善的创业扶持政策体系，为"农海归"以及本地有创业意识的农民提供良好环境。政府要为"农海归"创业提供多重政策支持，放宽登记条件，针对农民工创业的特点，适当降低创业"门槛"。要按照"法无禁止即可为"的原则，放宽创业市场准入，鼓励农民工展开多种形式的创业活动。要加大对"农海归"创办企业的减税免税、财政补贴、政府采购力度，通过多重财税扶持手段，使农民工创业成本最小化。

其次，要构建农民工的就业培训体系，提升转移人口劳动技能。当前我国农民工中普遍存在着文化水平低、缺乏一技之长的现象，严重制约了其顺利就业和创业。调查显示，只有初中文化程度的农民工占农民工总数的60.5%，接受过农业或非农业职业技能培训的人口比例只有31.8%。构建完善的职业培训体系对提升农民工就业能力至关重要。要积极整合现有教育资源，丰富农民工职业培训方式。开展企业与教育机构的深度合作。要加大政府对农民工培训的财政支出，同时企业也要承担相应的培训支出，建立多元的培训成本分担机制。立足农民工自身发展与企业需要，培训内容要与实际应用紧密衔接，同时注意提高农民工的综合素质。

再次，要鼓励社会资本大力发展服务"农海归"创业的中小银行和其他草根金融。融资问题是我国转移人口创业的最大难题，主要原因在于缺乏专门支持草根创业的草根金融机构。要大力发展城市民营中小银行，借鉴美国社区银行和国内浙江泰隆银行的发展经验，发挥其人缘地缘优势，建立与创业者长期信任的合作关系。探索和发展类似互联网金融的新型金融，发挥其在扶持创业融资方面成本低、效率高的优势。大力发展天使投资，引导社会资本支持创业创新。发展多层次信用担保体系,建立健全中小企业信用担保风险补偿机制和激励机制,逐步扩大中小企业再担保资金规模。

(三)完善公共私营合作制(PPP)发展中小城市基础设施,推进基本公共服务常住人口全覆盖,促进农业转移人口在中小城市实现市民化,避免"半城镇化"问题

农业转移人口的市民化不能仅凭"一纸户籍"。如果没有公共服务,即使实现落户也不是真正意义上的市民化。中小城市需要通过居住证这一载体,提供与居住年限等条件相挂钩的基本公共服务,解决暂不具备落户条件或者不愿意落户的非户籍常住人口的基本公共服务保障问题。中小城市地方政府要逐步提高转移人口市民化投入在财政支出中的比例,同时发挥社会资本在城镇化公共服务上的积极作用,通过政府购买公共服务的方式,提高公共服务的供给效率和覆盖面。

要激发社会资本参与城市基础设施建设的活力。实践证明,较为理想的模式是公共私营合作制即 PPP(Public-Private-Partnership)。国际经验表明,无论是单一的政府投资还是私人投资,基础设施的建设都无法达到预期的经济和社会效益,PPP 模式逐渐被采用并得到推广。城镇化过程中的基础设施建设要进一步向社会资本开放,使政府财政资金和社会资本共同参与形成合力。对不同阶段、不同类型和不同强度的基础设施建设投资,应采取不同形式的 PPP 模式,并多渠道保证投资回报率。可考虑优先选择收益比较稳定、投资规模比较大、长期合同关系比较清楚、技术发展比较成熟的项目进行试点,如污水处理、市政供水、保障房建设、垃圾处理等,并运用PPP 模式对现有项目进行升级改造,最大限度地提升中小城市基础设施供给水平。同时,要利用新型金融工具融资,将资金来源延伸至证券市场。在促进社会资本参与城镇化建设时,要注意充分利用土地的资本化红利,调动农民手中"沉睡的资本"。位于浙江温州的龙港镇,由原有仅 6000 人的 5 个小渔村,逐步发展为 50 万人口的小城市,实现了城市发展的"三级跳",由一小渔村逐步发展成了"中国第一座农民城"、产业城和小城市培育试点镇。其动力在于率先实行土地有偿使用、发展民营经济等制度改革,解决城市建设的资金问题和产业基础,成为我国不完全依赖于政府投资、依靠农民自身力量建设城镇的典型。

（四）建立覆盖不同收入群体的多元化住房供给体系，增加中小套型商品房的供应，鼓励开发"共有产权住房"、加大保障性安居工程建设力度，让落户中小城市的居民实现安居梦想

居住权是我国公民享有的基本权利。保障中小城市居民的住房需求，需要构建"高端靠市场、中端靠调节、低端靠保障"的多层次住房保障供给体系。一要扩大中低端市场的房屋供给，增加中小套型商品房的供应，降低自住型改善型住房售价，鼓励企业投资开发"共有产权住房""限价房"，满足中小城市中买不起普通商品房又不限于"夹心层"的住房需求。二要多渠道扩容保障房建设资金，切实解决保障房建设中的资金短缺、效率低下问题。三要加大对城镇棚户区和城中村改造的政策支持力度，汇集政府、企业和个人的力量改变城市内部居住方式的二元结构问题，不仅能改善城市面貌，而且能提高土地和商品房的供给。四要完善住房租赁市场建设，规范租房市场发展，逐步建立起能与购房市场相互补充的完善的租房市场，对中低收入人群进行租房补贴，改善其住房质量，满足其住房需求。

三、研究结论

我国城镇化道路应是可持续均衡发展的城镇化道路，应该坚持"两条腿"走路。一方面，要大力发展城市群，发挥特大城市"以大带小"的辐射作用，避免特大城市人口过度膨胀。另一方面，要依托县城和县域中心镇发展中小城市，提升中小城市对转移人口的吸引力。依托县城和县域中心镇发展中小城市可以有效降低城镇化发展成本，提高城镇化发展效率。引导农民工在中小城市落户，享受平等的公共服务，有利于稳步推进农民工的市民化，促进进城人口实现从农业到非农业的职业转换、从农村到城镇的地域转移以及从农民到市民的身份转换的"三维转换"。依托我国县城已有的良好产业基础和城镇基础设施，不仅可以解决农民工市民化过程中的适应性问题，而且能大大降低因"候鸟式"流动的社会代价。中小城市住房等生活成本相对较低，生活节奏、生活方式、风俗习惯等与农村地区更加接近，农民工也愿意选择落户到与原居住地距离相近的中小城市。把县城建设成有吸引力的中小城市，既有利于避免过分分散的城镇化造成的土地浪费、污染难以治理的"农村病"，也能避免过度发展大城市造成的"城市病"。

提升中小城市吸引力是我国均衡城镇化的重大战略选择。发展中小城市是我国均衡城镇化必不可少的战略支点，对于推进我国新型城镇化健康可持续发展具有重要现实意义。当前，我国中小城市虽然数量众多，但由于中小城市产业基础较弱，职业发展机会相对较少，且受政府财力所限，城市基础设施和基本公共服务以及住房保障体系等方面与大城市存在明显差距，农业转移人口市民化水平较低，因此中小城市对转移人口的吸引力较弱，未能发挥其在城镇化进程中应有的作用。因此，提高中小城市对转移人口的吸引力是推进我国新型城镇化健康发展的关键。首先，稳定的就业是市民化的基础，中小城市产业发展需要依托自身优势，形成具有区域影响力的特色产业集群。政府要因势利导顺势而为创造有利条件，促进中小城市承接产业及劳动力"双转移"，以产业集聚带动人口聚集。其次，要创造有利创业的政策环境和金融服务体系支持"农海归"创业，广泛开展农民工亟需的职业培训活动，提高其融入城市的能力。再次，解决中小城市政府资金瓶颈问题，要创新公共私营合作机制（PPP），在政府与私人部门之间形成良好合作关系，支持、鼓励、吸引社会资本进入中小城市公共服务提供与基础设施建设，让转移人口平等享受子女教育、医疗、养老、技能培训等基本公共服务，利用社会资本的投入提升中小城市城镇化发展速度和发展质量。最后，鼓励社会资本参与中小城市保障性住房建设，让转移人口在中小城市实现住有所居。

健康可持续发展的城镇化关键在路径选择。要让几亿农业转移人口在城镇市民化，可采取多种不同的形式：一是让进城转移农业人口改变户籍、落户城镇的市民化形式；二是不改变户籍、持有居住证享有城镇基本公共服务的城镇常住人口市民化形式；三是就地就近城镇化的市民化形式；四是在城乡结合部城中村改造过程中，让村民变市民的市民化形式。推进转移人口市民化，实施新型城镇化，要处理好"人、业、钱、地、房"五大要素的关系。"人"是城镇化的核心。市民化＝稳定就业＋基本公共服务＋安居及生活方式城镇化。"业"就是指城镇化要有产业支撑、市民化要有稳定就业。产业支撑及转移人口稳定就业是城镇化的重要基础。要强化城镇化的产业支撑，促进产城融合，通过推动产业发展来提高城镇吸纳就业能力，实现城镇化与工业化、信息化的深度融合。"钱"是城镇化的重要保障。"钱从哪儿来"的问题涉及财税改革和金融改革，解决这一问题要建立多元化的改革成本分担机制和市场化的投融资机制。"地"是指土地的集约使用和推进新一轮的土地改革。在土地改革中使农民利益最大化是城镇化过程中必须处理好的重大问题。要让转移人口能够保留其承包权，用好抵押权，能够用土地换股权，实现使用权的有序流转。"房"是进城人口住有所居的关键。解决住房问题则要建立覆盖不同收入群体的多元化城镇住房供给体系，使进城人口实现安居梦想。

（本文系中央高校基本科研业务费专项资金资助项目（项目编号：2013105010203）的研究成果，发表于《人口研究》2014 年第 4 期。郑超、曹誉波协助研究）

3

新型城镇化改革的原则与路径

——十八届三中全会的城镇化新政

2013 年召开的党的十八届三中全会及中央城镇化工作会议对我国新型城镇化进行了全面系统的谋划。城镇化是我国现代化建设的历史任务,是未来我国经济最大的潜在内需和持久的增长动力。世界银行和国务院发展研究中心发布的研究报告《2030 年的中国》在 2010 年城镇化率不到 50%的基础上,预测 20 年后中国城镇化率将达到 70%,增加 20 个百分点。[①] 截至 2012 年,我国城镇化率已达到 52.57%,但是按户籍人口计算的城镇化率仅为 35.29%,真实城镇化率被高估。除此之外,我国城镇化还面临一系列"不平衡、不协调和不可持续"的深层次问题。当前我国城镇化亟需实现转型:一要有新方向,从偏重土地城镇化向重视人的城镇化转变,基本公共服务由户籍人口独享向常住人口全覆盖转变;二要有新目标,从数量增长型城镇化向质量提高型城镇化转变;三要有新模式,城市资源配置从政府主导向市场主导转变;四要有新方式,从粗放式高物耗向集约低碳绿色转变;五要有新路径,发展城市群与中小城市"两条腿"走路,人口异地转移与就地城镇化并重;六要有新动力,城镇化与工业化、信息化、农业现代化"四化同步",实现产城融合。

---

① 国务院发展研究中心、世界银行:《2030 年的中国:建设现代、和谐、有创造力的高收入社会》,国务院发展研究中心网站,2012 年 12 月 12 日。

一、新型城镇化改革要坚持"市场主导、政府引导"原则

城镇化转型必须与改革相结合。新型城镇化是一个涉及公共服务体制改革、户籍制度改革、土地制度改革、城市投融资体制改革、市县管理体制改革以及房地产管理改革的系统工程。当前,我国城镇化进程正站在一个新的历史起点。如何让城镇化发挥其扩大内需的潜力,实现区域经济的协调发展和宏观经济的稳步前行,是未来改革创新的重要课题。

城镇化改革的核心问题是如何处理好政府与市场的关系。党的十八届三中全会提出,使市场在资源配置中起决定性作用。① 这是党的十八届三中全会最大的理论突破。随后召开的中央城镇化工作会议也强调,推进城镇化,既要坚持使市场在资源配置中起决定性作用,又要更好发挥政府在创造制度环境、编制发展规划、建设基础设施、提供公共服务、加强社会治理等方面的职能。② 城镇化发展最重要的问题是如何处理好政府与市场的关系。市场在城镇化的资源配置方面要起决定性作用,城镇化要"市场主导、政府引导"。民间资本与市场经济存在着天然联系。民间投资比较理性,在客观上会加速相关投资建设进程和提高投资效率,同时也能够大大缓解政府因投入能力有限对城镇化发展产生的"瓶颈"约束。城镇化带动人流、物流、钱流、信息流、能源流的高速流动,会带来巨大的投资需求。面对投资需求,应着力扩大民间投资,充分发挥民间资本在新型城镇化发展中的作用。调查表明,民营企业和民间资本在能源及基础设施建设、服务业特别是现代服务业和公共服务、保障房建设和棚户区改造、智慧城市与绿色发展、城市产业升级和新兴产业发展、土地流转和农业现代化、城镇综合体和新型社区建设、中小银行和草根金融等方面大有可为。新型城镇化既需要政府合理引导,但也要防政府成"闲不住的手"而过度干预把好经念歪。政府应在规划制定、制度设计、公共服务、环境保护、市场监管、社会管理六个方面有所作为。

---

① 《中国共产党第十八届中央委员会第三次全体会议公报》,《人民日报》2013 年 11 月 13 日。
② 《中央城镇化工作会议在北京举行》,《人民日报》2013 年 12 月 15 日。

二、新型城镇化要正确选择改革路径

人是新型城镇化的主体和核心。地是新型城镇化的重要内容。钱是实现新型城镇化的关键所在。城镇的合理空间布局是新型城镇化健康发展的重要保障。城镇的建设和管理水平是新型城镇化的生命力所在。房地产行业如何有效管理是新型城镇化进程中必须予以重视的重大课题。

(一)新型城镇化要把推进农业转移人口市民化作为首要任务,夯实城镇产业基础,推进基本公共服务向城镇常住人口全覆盖,稳步推进户籍制度改革

"人"是新型城镇化的主体和核心。完全的城镇化要使进城人口实现三维转换:从农业到非农业的职业转换、从农村到城镇的地域转移以及从农民到市民的身份转换。发达国家的城镇化基本上是三维转换一步到位,而我国进城人口虽然实现了地域转移和职业转换,通过非农化而成为农民工,但还没有市民化。2013年中央城镇化工作会议要求,要以人为本,推进以人为核心的城镇化,提高城镇人口素质和居民生活质量,把促进有能力在城镇稳定就业和生活的常住人口有序实现市民化作为首要任务。2013年中央农村工作会议将城镇化时间表细化,提出到2020年,要解决约1亿进城常住的农业转移人口落户城镇、约1亿人口的城镇棚户区和城中村改造、约1亿人口在中西部地区的城镇化。① 农业转移人口市民化要求城镇发展要有多元的产业基础来保障进城人口有稳定的就业,通过公共服务体制改革扶持农民工创业就业、帮助农民工安居和享受基本的教育、医疗和养老保障,通过深化户籍制度改革让"沉淀型"进城人口定居不同的城市,同时引导一批外出农民工顺应产业向中西部转移趋势回归,实现就地城镇化。要构建进城人口的职业培训体系和创业扶持体系,使进城人口更好地融进城市,帮助外出打工的农民工回归创业。

---

① 《中央农村工作会议在北京举行》,《人民日报》2013年12月25日。

1. 产业支撑和转移人口稳定就业是城镇化的重要基础

城镇化以单一的房地产业为支撑,"以房兴市"是一种误区。2013 年中央城镇化工作会议提出,要发展各具特色的城市产业体系,强化城市间专业化分工协作,增强中小城市产业承接能力。各地要明确城市的产业定位,紧密结合自身的资源禀赋、区位条件和产业基础,因地制宜,科学规划。城镇化要巩固实体经济的坚实基础,防范产业空心化风险,加快城市产业转型升级,借力信息化建造智慧城市;农村城镇化要引导鼓励各类企业向重点城镇聚集,打造农业特色镇、现代工业重镇、商业大镇、边贸强镇、旅游名镇等,逐步形成大中小城市和小城镇分工合理、特色突出、功能互补的产业发展格局。在以产业发展促进就业的基础上,政府应构建进城人口的职业培训体系和创业扶持体系,提高进城人口的就业质量,让其更好地融入城市,同时帮助外出打工的农民工回归创业带动就业。[①]

2. 公共服务体制改革是转移人口市民化的突破口

公共服务的供给水平,关系着全社会每一个家庭、每一位个体的生活质量。党的十八届三中全会指出,稳步推进城镇基本公共服务常住人口全覆盖。职业培训、教育、医疗、社会保障等基本公共服务和公共产品要逐步由户籍人口向常住人口全覆盖。实现城镇基本公共服务常住人口全覆盖,要加大政府向社会力量购买公共服务的力度。首先,要明确政府在基本公共服务供给中的责任和义务,加大政府对民间资本提供公共服务的购买力度。其次,要引进多元供给主体,增强公共服务供给的竞争性,完善政府购买公共服务的筛选和评估机制。

3. 户籍制度改革要"因城而异,因群而异"

2013 年中央城镇化工作会议提出,全面放开建制镇和小城市落户限制,有序开放中等城市落户限制,合理确定大城市落户条件,严格控制特大城市人口规模。推进农业转移人口市民化要坚持自愿、分类、有序原则。户籍制度改革要在深化配套制度改革的基础上,实施全国统一的居住证制度,实现户籍制度和居住证制度的有效衔接,并努力实现城镇基本公共服务依据居

---

① 辜胜阻、刘江日、李洪斌:《中国城镇化的转型方向和配套改革》,《中国人口科学》2013 年第 3 期。

住证向常住人口全覆盖。要采取"因城而异，因群而异"的分类指导原则，按城市类型、经济规模和人口特征采取不同的户籍迁移管理办法。对大城市，既不能关死城门，堵住农民进城之路，也不能一步完全放开户籍，要依据城市综合承载力，对不同类型农民工群体逐步放宽落户条件。要优先把有稳定劳动关系，长期举家工作、生活在城市，有稳定住所、工作和收入，并基本融入城市的"沉淀型"农民工逐步转为城镇居民。要重点解决新生代农民工落户问题。在农民工市民化的进程中，新生代农民工是市民化意愿最强的群体，同时也是比较容易融入城市的群体。对于中小城市，要向进城农民工打开城门，鼓励其进城落户。对于县城和县域中心镇，则要敞开城门，让农民自由进城。

（二）新型城镇化要把解决好土地问题作为市民化的前提，推进城镇建设用地集约使用，保障农村土地改革中农民利益最大化

"地"是新型城镇化发展的重要内容。2013年中央城镇化工作会议提出，提高城镇建设用地利用效率。要按照严守底线、调整结构、深化改革的思路，严控增量，盘活存量，优化结构，提升效率，切实提高城镇建设用地集约化程度。为此，要保障城镇化建设用地的集约使用，改变土地城镇化大大快于人口城镇化的局面。要创新土地管理制度，在符合有关城市法规、政策、规划的前提下，优化土地利用结构，改善经营管理，提高土地利用效率和经济效益，合理满足城镇化用地需求。要提高城镇用地集约化程度，通过相对集中布局城镇基础设施、密集组团发展等方式节约用地，结合城市各区域的功能定位，合理确定其适宜建筑容积率及人口密度。

2013年中央城镇化工作会议提出，按照守住底线、试点先行的原则稳步推进土地制度改革。党的十八届三中全会也提出，赋予农民更多财产权利。赋予农民对承包地占有、使用、收益、流转及承包经营权抵押、担保等权能，允许农民以承包经营权入股发展农业产业化经营。农村土地制度改革要通过制度设计尽可能规避风险。土地产权设计，要在承包权、经营权、所有权三个权利分离情况下来保障各个主体的权益。

一要加快包括农村宅基地在内的农村集体土地所有权和建设用地使用权地籍调查，尽快完成确权登记颁证工作。二要建立农村产权流转交易市场,推动农村产权流转交易公开、公正、规范运行。应当为农民土地承包经营权流转提供更多的法律法规服务、合同服务、仲裁服务、土地价值评估服务,完善土地交易平台。鼓励承包经营权在公开市场上向专业大户、家庭农场、农民合作社、农业企业流转,发展多种形式规模经营。土地流转要在农业用途范围内按照"依法、自愿、有偿"的原则展开,以保障农民的土地财产权。三要保障农户宅基地用益物权,改革完善农村宅基地制度,选择若干试点,慎重稳妥推进农民住房财产权抵押、担保、转让,探索农民增加财产性收入的渠道。四要完善征地制度和用地制度,增加农民工土地增值收益,控制征地规模,提高用地集约度。

(三)新型城镇化要通过构建政府、企业、个人多主体共同参与的成本分担机制以及多层次、多样化、市场化的投融资机制,来解决巨大的资金需求

城镇化和市民化是一项高成本的改革。"钱"是实现新型城镇化的关键所在。在城镇化进程中,进城人口生产和生活方式的转变、城镇产业体系的形成、就业机会的创造以及经济社会各个方面的变化,衍生出不同种类的融资需求,需要大量的资金支持。2013年中央城镇化工作会议提出,建立多元可持续的资金保障机制。

1. 要建立中央政府和地方政府及企业、个人共同参与的市民化成本分担机制,多渠道分担市民化的改革成本

首先,要确定中央政府与地方政府的成本分担办法,深化财税体制改革,努力使地方财力与事权相匹配。要完善地方税体系,逐步建立地方主体税种。随着城镇化的推进,地方政府应该着眼于车辆购置税、土地使用税、城建税等小税种的管理,着力培育地方主体税种。要推进房产税的征收,将房产税从交易环节扩大到保有环节,通过税制改革,使房产税成为地方主体税种。调整共享税的分成比例,适当增加地方的分成比例,确保地方不因税制调整(主要是"营改增")而使财力受到影响。[①] 其次,要完善政府、企业以及个人共同参与的市民化成本分担机制。要推进金融改革特别是农地金融改革,使农民"沉睡的土地"变成其市民化的自有资本。

---

① 余丽生:《培育主体税种是地方税体系建设的关键》,《经济研究参考》2013 年第 42 期。

2. 要构建多层次、多样化、市场化的投融资机制

一要创新信贷管理制度,积极支持符合各地城镇资源禀赋、具有发展前景的优势行业和企业,细分城镇化中进城人口的消费金融市场,扩大对城镇化的信贷供给。二要发展农地金融,让农地流转收益成为农民工创业置业的资本,解决农民工草根创业的融资需求。三要引导民间资本发展民营社区银行等草根金融以及互联网金融等新型金融,形成有利于转移人口创业的金融生态。四要创新金融工具,将新型城镇化的资金来源延伸至证券市场和债券市场,使城镇化建设资金来源多样化。当前尤其要探索地方债券发行管理制度。要在完善债券市场化发行机制、市场约束、风险分担机制、评估偿债能力的基础上,建立合理的地方政府债务管理体制和发债机制,保证其公开透明,接受社会监督。市政债券的推行还要与改革中央和地方的财权事权划分、推进《预算法》和《担保法》等相关法律条款的修改、建立信用评级披露和政府负债指标体系等深层次的制度安排相结合。[①] 五要推进政策性金融机构改革,探索政策性银行支持城镇化的新模式。发挥好现有政策性金融机构在城镇化中的重要作用,同时研究建立城市基础设施、住宅政策性金融机构。

(四)新型城镇化要优化布局,坚持依托大城市推进城市化和依托县城推进农村城镇化的均衡城镇化战略

城镇的合理空间布局是新型城镇化健康发展的重要保障。大城市与中小城镇的发展并不相互排斥,城镇的发展可以以大城市为基础,并受其辐射功能的带动。[②] 2013 年中央城镇化工作会议指出,优化城镇化布局和形态。中国城镇化发展过程中要实现依托大城市推进城市化与主要依托县城推进农村城镇化并重;发展以大都市圈为特征的"网络发展式"城镇化与以县城为依托发展中小城市的"据点发展式"城镇化同步;城镇化要走适当集中之路,避免"村村点火、户户冒烟"式的小城镇过度发展的"农村病"和大城市人口盲目膨胀的"大城市病";东部和中西部地区要在产业梯次转移的基础上

---

① 辜胜阻、曹誉波、李洪斌:《深化城镇化投融资体制改革》,《中国金融》2013 年第 8 期。
② 许政、陈钊、陆铭:《中国城市体系的"中心—外围模式"——地理与经济增长的实证研究》,《世界经济》2010 年第 7 期。

推进农村剩余劳动力的有序合理流动,中西部要做好承接东部产业和劳动力回流的"双转移"工作,实现城镇化的均衡发展。

1. 城市群是国家和地区的经济中枢,城市群的建设将是新一轮城镇化的重要走向

城市群不仅可以发挥中心城市的规模效应和辐射作用,缓解其人口和资源承载压力,而且还能增强周边中小城市的区位优势,提高中小城市吸引力,实现大城市和中小城市的协同共赢发展。2013年中央城镇化工作会议提出,要在中西部和东北有条件的地区,依靠市场力量和国家规划引导,逐步发展形成若干城市群,成为带动中西部和东北地区发展的重要增长极。在我国城镇化率超过50%的历史条件下,要以培育和壮大城市群来引领城镇化新布局,特别要在中西部打造更多有影响力的城市群。合理的城镇体系和产业分工是建设城市群的关键。要理顺城市群内核心城市和大中小城市之间的关系,科学定位不同城市的发展目标、产业特色和功能定位,依托核心城市,以大带小,进行大中小城市和小城镇梯度建设,形成不同城市合理的产业分工协作体系,推进共同市场建设。城市群还应统筹发展水、陆、空各种运输方式,完善城市间和城市内部的快速交通体系。

2. 在"做好做多"城市群的同时,依托现有人口集聚区发展一批布局合理、功能完善、有吸引力的中小城市

要积极推进县市管理体制改革,探索"县市分治、省直管县"的管理体制,减少行政管理层级,扩大县级城市的自主权。要进一步修改、完善设市标准,把常住人口规模作为设市标准和机构设置与人员编制的重要依据,对吸纳人口规模、经济总量达到建制城市标准的强县和强镇改为县级市和镇级市。建议把十万人口的镇区改镇设市,建立一批镇级市,实行县管市体制,使城市总数从现在的600多座到2020年达到1000座。要按特大、大、中、小四类城市对城市实行分类管理,并赋予各类城市与管理人口规模和经济总量相适应的经济社会管理权限和执法权限,强化对外来农民工的公共服务能力。

3. 依托县城发展农村城镇化是我国均衡城镇化战略的重要支柱

县城是中国农村行政、生产、流通、交通、服务中心,它们是城市之"尾",但

却是农村城镇之"首"。我国县城经过第一次城镇化已经有较好的产业基础和基础设施,依托县城发展城镇化可以突破城市建设、安排就业所需的资金限制以及城镇化所需的交通和通讯条件限制,可以解决农业劳动力进城的适应性问题,还可以减轻农民工大规模异地流动所带来的社会代价。把县城建设成有吸引力的中小城市,既有利于避免过分分散的城镇化造成的土地浪费、污染难以治理的"农村病",也有利于避免过度发展大城市造成的"城市病"。

(五)城市建设和管理要注意防范误区,避免"一刀切",要注重激发民营企业的活力和创造力

1. 城镇化发展要在稳步推进的同时防止误区

城镇化不是越快越好。城镇化率不是越高越好。巴西城镇化率很早就达到90%以上,但是长期陷入"拉美化陷阱",贫民窟问题突出。城镇化也不等于消灭村庄。过去十年我国自然村的数量从360万个减少到270万个,平均每天有30个自然村落消失。城镇化要健康发展,需防范五大误区:一要防有城无市的过度城镇化,城镇化缺乏产业支撑,避免使新市民变游民、新城变空城的"拉美化陷阱"。二要防有速度无质量的城镇化,避免地方一哄而起搞大跃进,一味追求城镇化的高速度和规模扩张,陷入"速度至上陷阱"。三要防城镇化的"房地产化",过度依赖土地财政,避免过高地价推高房价,陷入"卖地财政陷阱"。四要防地方政府以地生财,消灭村庄,迫使农民"被上楼"、农村被城镇化,陷入"掠夺式发展陷阱"。五要防特大都市"大城市病",避免重物而轻人的城镇化,陷高楼林立而居民幸福感下降、人口膨胀、环境恶化、资源粗放开发的陷阱。

2. 城镇建设要科学规划,要一张蓝图干到底,不能一届政府一张图

我们的调研表明:城镇化要因地制宜、因城而异,不同地区要有不同的发展模式。我国长三角、珠三角、京津冀三大城市群要打造世界级的城市群,必须在发展经济的同时更加注重保护生态环境,通过创新推动产业升级,着力实现城镇化的"集约、智能、绿色、低碳"发展。要推动城镇化发展观念的转变,将以人为本和生态文明的理念和原则融入新型城镇化的进程中,完善政府绩效考核标准,在强化政府公共服务能力的同时,借助智慧城市的

先进理念建设"智慧城市""幸福城市""和谐城市",实现城镇化的"集约、智能、绿色、低碳"发展。山东城镇化空间布局分为城市群、区域中心城市、县域中心城市、小城镇、新型农村社区五个层级。山东城镇化最大的特点就是通过加强社区建设,推进农民就地城镇化。促进半岛城市群发展是山东城镇化的努力方向。河北通过发展县域经济和特色产业,奠定了城镇化产业基础。河北城镇化最大的优势在于环京津和环渤海,最大的潜力在于依托县城发展农村城镇化,最大的挑战是工业结构偏重、高污染产能过大。湖北在推进新型城镇化进程中,重视市场力量,通过引导沿海产业有序转移和农村劳动力合理回归,促进农民工就近在中小城市安居乐业,不断提高城镇化的质量和水平。

城镇化不等于摊大饼。城市规划要由扩张性规划逐步转向限定城市边界、优化空间结构的规划。像北京、上海等特大城市要严格控制人口规模,防止人口过度膨胀和城市无序蔓延,避免大城市病。城镇化也不等于透支未来。城市规划要保持连续性。底特律破产的重要原因之一就是城市政府过度负债,透支未来。有统计显示,自 2008 年以来,底特律平均每年的财政赤字达 1 亿美元,该市一直通过借债来维持日常运营。截至 2012 年,底特律负债达 180 亿美元。底特律破产警示我们,城市规划要长远考虑,科学规划,避免城市政府以过高的负债来过度透支未来。

3. 城镇建设要激活民营企业和民间资本的活力

城市建设水平是城市生命力所在。2013 年中央城镇化工作会议提出,城市建设要依托现有山水脉络等独特风光,让城市融入大自然,让居民望得见山、看得见水、记得住乡愁。要注意保留村庄原始风貌,慎砍树、不填湖、少拆房。近年来,我国城镇化稳步发展,城镇化率快速提高,但城镇化的质量并没有同步上升,环境污染、村庄消失、传统文化消失成为城镇化进程中令人担忧的问题。城乡一体化不是城乡同样化。城镇和农村要和谐一体,各具特色,相互辉映,不能有巨大反差,但也不能没有区别。一些地方在推进城镇化过程中的某些"去农村化"的做法,是不符合中国国情的,也是不符合城乡统筹发展原则和大国现代化规律的。① 提高城市建设水平,保护和弘

---

① 韩长赋:《城镇化搞"去农村化"不符合国情》,《财经》2013 年 12 月 16 日。

扬传统优秀文化，延续城市历史文脉，关键在于让多元经营、城乡兼顾的龙头型民营企业担当市场驱动主体，主导农村社区综合开发和县域资源整合，在政府引导下实现城镇现代元素、自然风光、历史文化、村庄原貌这些要素经济效益和社会效益的最佳组合。大汉模式正是这种城镇化模式的典型。大汉集团依托湖南省二十多个县城，从县域战略定位、规划设计、市政建设、土地整理、住房建设、商业运营、旅游整体营销等方面构建链条式综合开发运营模式，自下而上坚持市场化取向推进城镇化，实现了政府、企业、农民和农民工等多方共赢。

（六）房地产管理改革要"寓改革于调控"之中，从行政主导的需求管理转向供给与需求平衡、以供给为主的长效机制管理

住有所居是城镇化最重要的物质条件。在"着力做好保障和改善民生工作"方面，2013 年中央经济工作会议提出要"努力解决好住房问题，探索适合国情、符合发展阶段性特征的住房模式，加大廉租住房、公共租赁住房等保障性住房建设和供给，做好棚户区改造。特大城市要注重调整供地结构，提高住宅用地比例，提高土地容积率"。这体现了"寓改革于调控之中"的新思路，意味着房地产管理从行政主导的需求管理转向长效的供给管理。我国房地产市场过去曾出现"十年九调，屡调屡涨"的怪圈。要打破这种"怪圈"必须有新的管理方式。一要从应急式短期调控转向运用长效机制实现有效管理；二要从单边需求调控转向供给与需求平衡、以供给管理为主的调节方式；三要从偏重行政调控转向综合市场调节，发挥市场在商品房资源配置中的决定性作用；四要从单一的"增量"调控转向"增量"与"存量"调节并重；五要从针对一线城市病因形成的大一统调控"药方"转向对不同地域、不同城市的差别调节。

（本文发表于《江海学刊》2014 年第 1 期。李洪斌、曹誉波协助研究）

—4—

激发民间资本在
新型城镇化中的投资活力

城镇化是新一轮经济发展的重要引擎,它涉及"人、业、钱、地、房"五大要素。新型城镇化只有围绕这五大要素的协调、互动发展深化改革,才能坚持正确的方向。"人"是城镇化的主体和核心,"业"就是指城镇化要有产业支撑、市民化要有稳定就业,"钱"是城镇化的保障,"地"是指土地的集约使用和推进新一轮的土地改革,"房"是进城人口住有所居的关键。新型城镇化要解决"钱从哪儿来"的问题必须正确处理好政府与市场的关系,坚持"市场主导、政府引导"的城镇化发展新模式。调研结果表明,必须激活民间资本,着力扩大民间投资,充分发挥民间资本在新型城镇化发展中的作用。

一、新型城镇化为民间资本带来全方位的投资机遇

城镇化要因地制宜、因城而异,不同地区要有不同的发展模式。我国城镇化水平长期滞后于经济发展水平,各省市城镇化率存在明显的地区差异,大部分中西部省份城镇化率低于全国平均水平(见图1)。城镇化过程要解决"人往哪儿去"的问题,就应该坚持发展城市群和以县城为据点发展中小城市"两条腿"走路。依托县城发展农村城镇化是我国均衡城镇化战略的重要支柱,就地就近城镇化是当前城镇化进程中一种值得肯定和深入研究的

发展模式。①

　　城镇化是社会经济协调发展的结果,与工业化、信息化和农业现代化互生共进。② 城市发展所伴随的基础设施和公共服务建设与人口集聚所产生的巨大消费需求将有效刺激投资需求。财政部的预测认为,到 2020 年城镇化带来的投资需求约为 42 万亿元。城镇化是多种要素集聚和集中的过程,会带动人流、物流、钱流、信息流、能源流的高速流动,带来巨大的投资需求。民间资本要充分抓住城镇化提供的投资机遇,积极参与新型城镇化建设。③

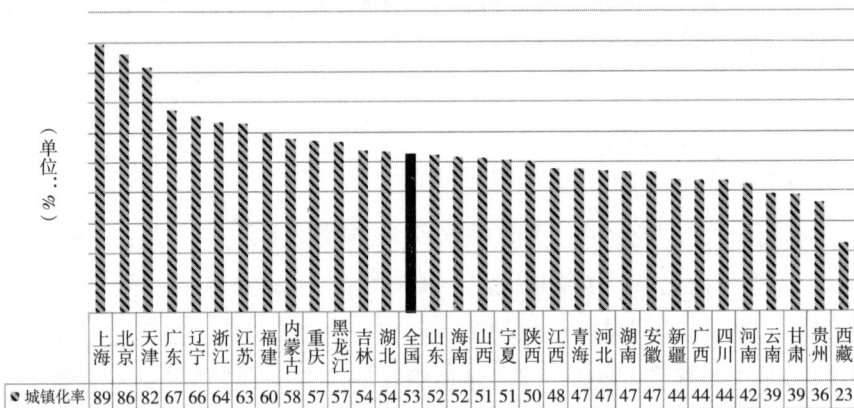

	上海	北京	天津	广东	辽宁	浙江	江苏	福建	内蒙古	重庆	黑龙江	吉林	湖北	全国	山东	海南	山西	宁夏	陕西	江西	青海	河北	湖南	安徽	新疆	广西	四川	河南	云南	甘肃	贵州	西藏
城镇化率	89	86	82	67	66	64	63	60	58	57	57	54	54	53	52	52	51	51	50	48	47	47	47	44	44	44	42	39	39	36	23

图 1　2012 年全国各省市城镇化率

资料来源:整理自《中国统计年鉴(2013)》,中国统计出版社 2013 年版。

(一) 城镇基础设施的快速发展是城镇化的基础

　　当前,我国城镇化已进入快速发展期,随着城市的发展和城镇人口的增加,道路、交通、环卫等基础设施需求迅速增长,对能源的消费需求也不断增加。研究表明,到 2020 年,仅仅由于城镇人口的增加而新增的市政建设,包

---

　　① 　辜胜阻、李洪斌、曹誉波:《新型城镇化改革的原则与路径:十八届三中全会的城镇化新政》,《江海学刊》2014 年第 1 期。
　　② 　中国发展研究基金会:《中国发展报告 2010:促进人的发展的中国新型城镇化战略》,人民出版社 2010 年版。
　　③ 　辜胜阻、刘江日、李洪斌:《中国城镇化的转型方向与配套改革》,《中国人口科学》2013 年第 3 期。

括公共交通、市容环卫、污水处理、绿化、热水供应、道路桥梁等的资金需求将达 16 万亿元。[①] 长期以来,我国在基础设施领域的投资仍处于较低水平。据统计,我国现有基础设施资本存量达到了 25 万亿元,仅次于美国和日本。但 1980 年至今,人均资本存量依旧低于所有经济合作与发展组织(OECD)国家,没有因为总量的增加而明显改善。当前,城镇化基础设施建设过度依赖地方政府资金,资金主要来源于地方财政拨款和银行贷款,这样既会因缺口过大而滞缓城镇化进程,也会加大政府债务风险,因此必须引入民间资本。城镇化基础设施建设大多具有超前性和公益性,投资规模大,建设周期长,运营成本高,资金回报慢,对民间资本缺乏吸引力。加上基础设施建设项目对民间资本的"玻璃门"和"弹簧门"限制,目前民间资本参与投资规模较小、领域较少。我国城市基础设施资金来源以地方政府筹款为主,民间资本的参与程度不及 10%。城镇化进程中所需的产品大都具有准公共品的性质,实践证明,无论政府投资或是私人投资提供,都存在严重不足或缺陷,较为理想的模式是公共私营合作。从国际经验看,城镇化进程中的投资都经历过从政府投资到私人投资再到目前被广泛采用的公共私营合作制的模式投资。[②] 公共私营合作制即 PPP 模式,指的是政府及其公共部门与企业之间结成伙伴关系,并以合同形式明确彼此的权利与义务,共同承担公共基础设施或公共服务建设与营运。

(二)服务业的发展是新型城镇化的重大引擎

我国服务业发展水平和发达国家,甚至部分发展中国家相比还有很大差距,是经济发展的"短板"。2013 年,我国服务业增加值占国内生产总值的 46.1%,大大低于发达国家 70% 以上的份额,也比同等收入水平的发展中国家低约 10 个百分点。服务业结构方面,由于我国经济发展方式的转型,企业对金融、物流、研发设计等生产性服务业的需求不断提升;同时随着收入水平的提高和创新驱动战略的实施,经济中健康服务、理财服务、文娱服务、科技服务等方面的现代服务业需求也日益增长,而目前这些方面的供给仍相

[①] 巴曙松:《新阶段城镇化带来投资需求》,《经济参考报》2013 年 4 月 5 日。
[②] 贾康、孙洁:《城镇化进程中的投融资与公私合作》,《中国金融》2011 年第 19 期。

对短缺。①调研发现,我国服务业发展滞后主要是源于体制机制方面的问题。当前无论是金融、通信、物流、邮电、文化等领域,还是养老、医疗产业、非义务教育领域,都存在行政性垄断、审批过多、市场准入门槛较高等问题。尤其是在金融领域,引入多元竞争主体的呼声和期望比较高。在 2013 年服务业企业 500 强榜单中,银行等国有企业占主导地位,营业收入也占据绝对优势(见图2)。另外,服务业税率还比较高、对于中小服务型企业的金融服务不到位等问题,也制约了服务业的发展。差距就是潜力,我国服务业具有广阔的发展空间。从产业发展来看,目前我国制造业面临严重产能过剩和高成本压力,制造业投资下行较快,服务业增长势头良好。提高服务业发展水平,不仅有利于产业结构的优化和扩大就业,而且有利于建设资源节约型和环境友好型经济;不仅关系着社会经济活力,更关系着居民的生活质量,对老百姓的幸福感有着直接的影响。

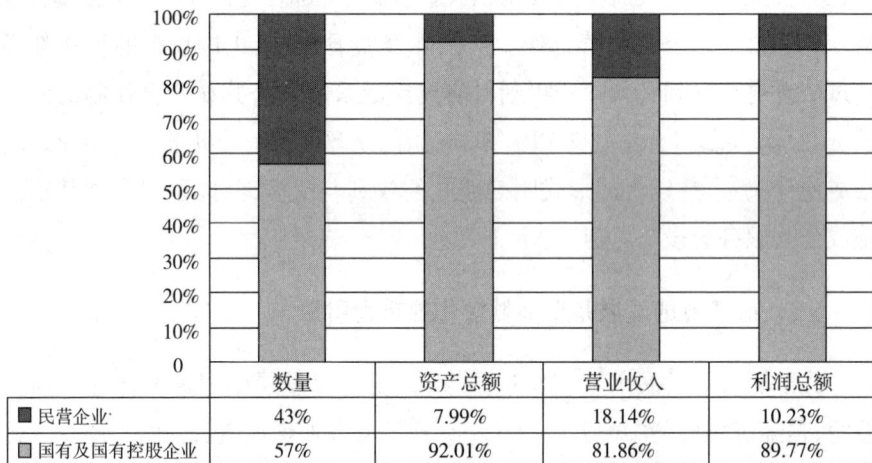

	数量	资产总额	营业收入	利润总额
■民营企业	43%	7.99%	18.14%	10.23%
□国有及国有控股企业	57%	92.01%	81.86%	89.77%

图 2　2013 年我国服务业企业 500 强分类比较

资料来源:新华网。

(三)公共服务体制改革是转移人口市民化的突破口

推进人的城镇化,关键要实现农业转移人口的市民化。公共服务的供

---

① 裴长洪:《新型城镇化:产业发展与配套改革》,《全球化》2014 年第 3 期。

给水平,关系着全社会每一个家庭、每一位个体的生活质量,包括劳动报酬、劳动保护、子女教育、医疗服务、社会保障等基本公共服务和公共产品要逐步由户籍人口向常住人口全覆盖。调研表明,农民工市民化有六项成本:一是随迁子女教育成本,二是医疗保障成本,三是养老保险成本,四是民政部门的其他社会保障支出,五是社会管理费用,六是保障性住房支出。当前,我国大量城镇公共服务设施不能满足社会民生的要求,城镇基本医疗、教育、养老等公共服务都处于供不应求状态。全国老龄委统计显示,2010年我国老年人市场的年需求达到1万亿元,2050年左右将达到5万亿元。到2030年,预计我国养老产业规模有望达到20万亿元以上。而目前我国每年为老年人提供的产品不足1000亿元,供需之间存在巨大商机。如,广东作为第一流动人口大省,96%的流动人口集中在有"世界工厂"之称的珠三角,其中深圳、广州、东莞、佛山四市的流动人口就占全省的86%。大规模外来流动人口公共服务需求与流入地公共资源有限配置之间的矛盾较为突出。尽管珠三角地区正在大力推进基本公共服务向常住人口全覆盖,但覆盖水平依然较低,仍不能满足外来人口不断增长的需求。

（四）房地产业将伴随城镇化产生巨大市场需求

中国指数研究院估算表明,2020年末我国城镇总人口约为8.4亿,按人均35平方米住房计算,住宅总存量约为295亿平方米,需新建住房约157亿平方米,其中新建商品住宅需求总量超过120亿平方米。这为民间资本提供了良好的发展机遇。由于缺乏足够的经济实力购买商品房,很大一部分刚进城的农民工和城镇低收入群体对于具有福利性质的保障房需求巨大。[①]据山东省公安厅调查显示,山东省农民工居住在租赁房屋和单位集体宿舍的分别占62.2%、35.8%,在城市拥有自有住房的仅占2.3%,住房问题成为阻碍农民工市民化的重大障碍。与此同时,城镇低收入群体住房条件较差使得山东省某些地区"城中村"现象比较严重,与繁华的城市中心区形成鲜明对比的是简陋棚户区、工矿区,居住着大量低收入人群,成为城市内二元结构的集中反映。保障房建设仅靠中央财政投资和地方政府投资远远不

---

① 陈龙:《影响房地产调控效果的主要因素及对策》,《地方财政研究》2013年第1期。

够,引入民间资本积极参与保障房建设是大势所趋,必须将政府"有形之手"和市场"无形之手"的"两只手"相结合,形成"政府推动"和"市场拉动"的双重动力机制,鼓励民间资本参与保障房建设,化解由政府主导保障房建设所面临的巨大资金缺口。

(五)城镇化迫切需要向"集约、智能、绿色、低碳"发展模式转型

创新是城市发展的不竭动力,环境是城市的长久竞争力。近年来,我国城镇化稳步发展,城镇化率快速提高,但城镇化的质量并没有同步上升,一些大城市随着人口膨胀出现"大城市病"问题。智慧城市是城镇化、信息化、工业化的深度融合,以物联网、云计算、大数据、超级计算机为技术支撑,会带动新一代移动通信、下一代互联网、三网融合等产业大发展。[①] 据不完全统计,全球已启动或在建的智慧城市已达一千多个,未来还会以每年近20%的复合增长率增长。目前,我国智慧城市建设项目发展前景广阔。截至2013年10月,我国智慧城市的规划数目已超过220个。智慧城市建设将产生巨大的资金需求,光靠政府投资难以满足。同时,民间资本在城镇化绿色发展中有诸多机遇。2014年以来,全国许多地区出现雾霾天气,尤其是京津冀、长三角、珠三角等区域,大气污染十分严重。我国城镇化进程中的"大城市病"并不仅仅是人口和产业过度集中所造成的交通拥挤、空气污染等问题,更与我国经济发展中的粗放型发展方式和扭曲的激励机制联系在一起,最终导致了"病态的城市化"。调研发现,珠三角地区要打造世界级的城市群,必须在发展经济的同时更加注重保护生态环境,推动传统制造业的转型升级。城镇化向绿色发展转型将为绿色产业发展带来巨大机遇。以节能环保为例,相关测算表明,节能环保产业产值年均增长15%以上,到2015年总产值将达到4.5万亿元(见表1)。"十二五"节能环保发展规划指出,我国将大力推行合同能源管理,到2015年节能服务总产值将突破3000亿元,这将为民间资本参与节能服务业提供巨大市场空间。

---

① 成思危:《智慧城市要"量力而行尽力而为突出重点讲求实效"》,《中国智慧城市论坛》2012年第1期。

表1 2008—2012年我国节能服务业企业发展状况一览

年份	企业数（家）	从业人员（万人）	年总产值（亿元）	年节能量（万吨标准煤）
2008	515	6.5	417.3	1235.12
2009	683	11.3	587.68	1757.9
2010	782	17.5	836.29	1064.85
2011	3900	37.8	1250.26	1648.39
2012	4175	43.5	1653.37	1828.36

资料来源：整理自2008—2012年《中国节能服务产业发展报告》。

（六）城市产业升级需要发挥民营科技企业的作用

民营科技型企业多为技术密集型企业，是以科技人员为主体、技术创新为特征，从事技术开发、技术转让、技术咨询、技术服务和科技成果产业化等活动的重要经济主体。民营科技企业培养了一批科技型企业家，凭借其运营机制的"民营性"、生存方式的"科技性"和市场主体的"企业性"三大特点和优势，成为技术创新的载体和中坚力量。在推进城市产业升级的过程中，把创新和创业结合起来，让科技人员在创业的过程中促进创新，是解决科技创新与企业生产"脱节"的重要举措。美国创新体制成功的一个重要经验是懂科技的专业人士创办创新型小企业。有统计显示，美国有80%左右的优秀人才集聚在企业，硅谷有60%的创业者来自于斯坦福大学。相比之下，我国有很大部分科技人才集中在高校和科研院所，远离市场。

（七）城镇化与农业现代化同步发展将为民间资本带来重大商机

农业现代化需要农业企业下乡、土地规模经营、发展农业科技、农业设备更新、发展农产品加工贸易、提高农民素质和推动特色产业发展，这些都是民间资本可以施展的广阔天地。农业现代化离不开土地制度改革和土地规模经营。农村土地制度改革和土地流转是城镇化进程中的重要"制度红利"。党的十八届三中全会提出，要赋予农民对承包地占有、使用、收益、流转及承包经营权抵押、担保权能，允许农民以承包经营权入股发展农业产业化经营。鼓励承包经营权在公开市场上向专业大户、家庭农场、农民合作社、农业企业流转,发展多种形式规模经营。这对于土地制度改革来说是一个积极的信号,意味着在确保农民的土地权益不受侵犯的前提下,要给农民更多的财产权利。有研究显示,土地流转将给我国 8 亿农民人均增加 6 万至 10 万元的资产总量,并引导民间资本和银行信贷资金流向农业,促进消费增长、农业发展及加速农民市民化的进程。

(八) 农村城镇化和新型社区开发是实现农民就地城镇化和城乡一体化的重要途径

支持和鼓励多元经营、城乡兼顾的龙头型民营企业统筹安排或帮助解决农地流转以及搬迁进城农民的落户、就业、社保和社区基础设施建设等问题,用"农民→市民"一步就近转移模式取代"农民→农民工→市民"两阶段异地转移模式,可以避免农民工市民化进程中面临的"户籍墙障碍"和"资本缺失",是"农民市民化"的一种途径。各地区要做到因地制宜,立足本地资源禀赋,充分发挥本地比较区位优势,在本地农村与邻近城镇之间找到链接城乡的"桥梁产业",放大其前向产业关联效应、后向产业关联效应、空间集聚效应、空间扩散效应,并能够在地方政府的配合支持下,统筹谋划,项目化推进,突破欠发达农村地区"农业产业化发育不良→农民工外流→农村空心化→城乡二元结构扩大化→农民延续外出打工→农业产业化不发达→农村城镇化步履维艰"的低水平发展陷阱。

(九) 新型城镇化会带来新一轮创业浪潮

新型城镇化的核心是"人"的城镇化,关键是要有稳定的就业。要引导劳动者转变就业观念,鼓励多渠道多形式就业,促进创业带动就业。当前,在推进新型城镇化过程中,以转移人口和返乡农民工为主体的创业浪潮正在形成。人口迁移本身是一个伟大的"经济学校",是人力资本积累的一种途径。许多农民工通过在外打工实践,增长了见识,学会了本领,掌握了技术,拥有了资本,获得了信息,还接受了现代城市中创业观念的熏陶,具有饱满的创业激情,纷纷返乡创业。① 2012 年湖北省黄冈市有 2000 多名农民工

---

① 赖德胜、李长安:《创业带动就业的效应分析及政策选择》,《经济学动态》2009 年第 2 期。

回乡创业,吸纳 8 万多人就业。农民工从沿海地区返回家乡创业现象可称"农海归"。有研究显示,近年来我国返乡创业农民工规模年均在 300 万以上,创业带动就业的规模年均在 1000 万以上。农民工返乡创业已成常态。

转移人口创业的最大难题是融资问题,我国金融体系中服务于初创企业和小微企业等草根经济的草根金融和社区金融发展严重不足,制约了城市转移人口创业。高度集中的金融体系与高度分散的企业体系不相适应,企业体系高度分散,①中小微企业占全国企业的 99% 以上,而金融体系却高度集中,国有大中型银行占据大部分信贷资源。这种不合理的结构使得转移人口在创业过程中普遍面临着银行等金融机构"重大轻小""嫌贫爱富"的"规模歧视"和"重公轻私"的"所有制歧视",融资难和融资贵已成为转移人口创业的首要问题。有调研显示,农民工的创业资金五成以上要靠自己,由于自身收入有限,致使六成以上创业企业投资规模集中在 3 万元以下,创业者自身要承受很大的资金压力。

二、推动民间资本参与城镇化建设的对策思路

推动民间资本参与城镇化,关键在于激发民间资本的投资活力。民间资本与市场经济存在着天然联系。民间资本的特征是投资产权的高度人格化和清晰性,其投资主体自主经营、自负盈亏、自我约束,能够主动、敏感地接受市场机制的调节,也最善于根据价格信号做出自主决策,优化资源配置。相对于政府投资和国有企业,民间投资和私营企业存在更强的盈利动机,只要引导得当,会在客观上加速相关投资建设进程和提高投资效率,同时也能够大大缓解因政府投入能力有限制约城镇化发展的"瓶颈"约束。当然,民间资本不可避免地具有随机性和盲目性,需要政府合理引导。

(一)完善政府与民间共同投资城镇化的机制

要充分发挥政府财政投资的引导功能,以较少财政资金带动更大规模社会资金投入。根据世界银行的调查,在现有 PPP 项目中,私营部门收入的

---

① 辜胜阻、陈贺:《重构与企业生态相匹配的金融体系》,《中国金融》2012 年第 3 期。

39%来自政府协议支付,34%来自用户的付费,23%来自包括税收优惠在内的各种类型的政府补贴。① 要通过建立补偿基金、提供土地资源补偿、控制审批竞争性项目等多种途径,降低民间资本投资风险,让民间资本"有利可图"。除了经济利益,要根据建设内容的特殊性尽可能地给予企业社会价值和社会责任形象等社会效益。

(二)鼓励民间资本发展服务业特别是现代服务业

吸引民间资本真正进入服务业,短期内将发挥其"鲶鱼效应"的作用,激活社会各经济主体更加高效地配置资源,更加活跃地展开竞争,有效缓解某些领域服务供给的不足。推动民间资本参与服务业大发展需要政府深化改革,营造良好环境。一要加快服务业准入制度改革,推进服务业投资主体多元化,提升服务业的竞争力。对于具有垄断性的服务行业,要敢于让社会资本进来,用竞争推动产品质量提升。要深化金融、电信、铁路、民航等服务行业改革,放宽市场准入,引入竞争机制,实现投资主体多元化。对于民间资本参与程度较高的传统行业,要增加行业集中度,鼓励企业改革创新和兼并重组,走规模化、品牌化、网络化经营之路,培育一批具有较强竞争力的大型服务企业。二要坚持发展不同所有制主体"依法平等使用生产要素、公开公平公正参与市场竞争、同等受到法律保护"的公平竞争观,完善促进服务业发展的税收、金融等政策,形成公平竞争的市场环境。逐步实行服务业用电、用水、用气与工业同价。拓宽服务业企业融资渠道,支持有实力的服务企业上市融资和发行债券。探索有利于服务业加快发展的税收制度安排,积极推进服务业"增值税扩围"试点,有效降低服务业整体税负水平。

(三)引入民间资本和社会力量参与和扩大公共服务供给

公共服务过去主要由政府提供,面对新型城镇化带来的公共服务需求爆发式增长,单一政府主体在供给数量和质量上远不能满足需求。为居民提供公共服务是以政府为代表的公共部门的主要职责,地方政府要逐步提高外来人口市民化投入在财政支出中的比例,集中解决外来人口市民化的

---

① 耶斯考比:《公共部门与私营企业合作模式》,中国社会科学出版社 2012 年版。

教育、医疗、社会保障及保障房等基本公共服务支出问题。鼓励民间资本兴办各种公共服务机构,同时创新政府购买的方式,提高公共服务的供给效率和覆盖面。以广东东莞为例,东莞是外来人口大市,80%的人口是外来人口,大量民工子女在民办学校上学,政府通过对义务教育阶段的民办学校给予补贴,从而有效地提高义务教育服务的供给。目前,东莞市流动人员及随迁子女接受义务教育人数达到57万,占全市义务教育阶段学生总数的74%。在农民工培训方面,浙江、湖北、山东等地均已成功通过吸引民间资本投入农民工培训,促进农民工就业。2004年以来,山东省实施金蓝领培训计划,通过建立"企业订单、机构列单、群众选单、政府买单"的培训机制,每年培养技师、高级技师1万名,培训后成功就业率达到80%。转移人口的教育、社会保障、医疗等问题的解决都依赖于公共服务市场的发展完善。引入多元化的供给主体,可以通过市场竞争,提升公共服务的供给规模和质量,降低政府购买成本,增加城镇居民选择的机会,提升投资效率。

(四)引导民间资本参与商业地产开发、保障房建设和棚户区改造

第一,引导民间资本积极参与商品房和商业地产的开发建设。首先,规范民间资本参与商品房的开发建设,平衡房地产市场的供给与需求关系,引导民间资本构建多层次的住房供应体系,扩大中低端市场的房屋供给,增加中小套型商品房的供应,降低自住型改善型住房售价,鼓励企业投资开发"共有产权住房",满足一二线城市"夹心层"的住房需求;其次,规范民间资本参与商业地产的开发建设,满足城镇居民多样化的商业地产消费需求。

第二,鼓励和引导民间资本多种形式参与保障性安居工程建设。发挥财政投资的引导功能,疏通多元化保障房融资渠道。通过财政资金的先期投入、财政补助、资本金注入、信贷贴息等优惠政策拓宽建设资金筹集渠道,撬动社会资本积极参与。通过创新民间资本的进入模式,将原有单一建设环节的"代建模式"变为设计规划、物业管理等多环节的"代开发模式",予以周边基础设施和商业开发的优先权,增强保障性住房周围的社区建设,拓宽民间资本参与保障房建设、开发与运营的渠道,保证民间资本参与保障房建设的收益,提高保障性住房建设对民间资本的吸引力。可以借鉴湖北黄石扩大保障房房源的经验,通过新建配建改建做大"增量"和收购吸纳转化盘

活"存量"并重的方式,以增加房源的供给。①

第三,进一步加大对城镇棚户区和城中村改造的政策支持力度,激发民间资本在棚户区和城中村改造中的活力,改变城市内部居住方式的二元结构问题。如,黑龙江省牡丹江市在棚户区改造过程中,通过返还土地出让金、减免或暂缓税费缴纳等优惠政策,积极引入民间资本参与。优惠政策的实施激发了民间资本参与棚改项目的热情,大量民间资本进入市政府棚改项目。

(五)鼓励民间资本积极参与智慧城市建设和城市绿色发展

要鼓励民间资本积极参与智慧城市建设和城市绿色发展,发挥市场机制在治理城市污染中的作用,提高城镇化环境质量。建设智慧城市,一要积极引进民间资本参与智慧城市基础设施建设。相对于一般基础设施而言,信息基础设施如物联网、互联网、移动通讯网等更多属于经营性和准经营性,因此要有效打破当前国有资本市场垄断的局面,充分发挥市场机制的作用,让民间资本有更多机会参与市场公平竞争。二要积极引进民间资本参与智慧城市社会管理。智慧城市的社会管理需要依靠大量的信息应用平台。为此,要促进政府与民间资本的合作,通过转包、出租、许可经营等方式,将城市可开放性信息平台运营业务交予民间资本运营,以提高资源效率;部分信息平台可通过政府购买服务的方式委托民间资本日常维护。三要鼓励和引导民间资本大力发展智慧产业,推动企业和产业智慧发展,进而带动我国战略性新兴产业快速发展,推动城市产业转型升级。② 城镇化向绿色发展转型,一要综合利用财税、金融等优惠政策激励民营企业加强绿色制造技术的创新和应用,大力推行绿色生产,积极发展绿色先进制造业,并带动其他产业的绿色发展。二要引导和支持民间资本进入节能环保和绿色服务业的发展,成立专业的节能服务公司,不断提升公司节能环保技术和绿色服务水平,为高污染、高耗能企业提供节能、降耗等绿色发展服务。三要鼓

---

① 邓富民、梁学栋:《宏观经济政府规制与房地产市场发展:政策调控与中国房地产市场发展研究论坛综述》,《经济研究》2013 年第 12 期。

② 辜胜阻、王敏:《智慧城市建设的理论思考与战略选择》,《中国人口·资源与环境》2012 年第 5 期。

励和支持民间资本积极参与新能源与可再生能源的开发利用,提高新能源与可再生能源开发效率,降低开发成本,以有效降低新能源与可再生能源的市场价格,促进新能源与可再生能源的大面积推广使用。

(六) 引导民间资本和科技人才向创新企业集聚

一要鼓励科技人才创办科技型企业,促进创业和创新相结合。如,深圳是我国科技企业创业发展的主要地区,创业环境良好,创新氛围和产业布局初具规模,有腾讯、迅雷、网易等互联网企业,通过娱乐、电商、增值服务收费等方式实现价值创新;有华为、中兴、酷派等智能手机和硬件科技企业,代表我国参与全球产业竞争;有以比亚迪为代表的新能源汽车企业,为我国汽车产业做出了长远布局。二要发挥广大技术开发人才的作用,进一步提升企业内各类研发人员的待遇,引导高校和科研院所的研发人员流向企业,支持创新型人才向企业集聚,大力发展民营科技企业。如,江苏省连续 4 年蝉联区域创新能力冠军的秘诀就是三个"80%":80% 以上研发投入由企业完成,80% 以上科技平台建在企业,80% 以上引进的高层次人才进入企业,企业创新主体的地位不断加强。三要引导金融资源向科技企业集聚,实现技术创新与金融创新"双轮驱动"。政府财政要设立科技型中小企业创业投资引导基金,通过阶段参股、风险补助、投资保障等方式,引导股权投资机构向初创期科技型中小企业投资。① 引导风险投资改变重晚期轻早期、急功近利的行为,更多关注早期创新型企业的发展。

(七) 鼓励民间资本投向现代农业发展和新型农业经营主体培育

首先,要通过土地制度改革的科学设计,引导民间资本参与土地规模经营。农村土地有效流转需要加快土地制度改革,发展有民间资本参与的农业经营主体。在农村土地制度改革中要坚持保障农民权利、农民受益最大化的原则,完善土地"确权、流转、征用"等一系列环节。对于农民承包土地来说,关键是要在保留承包权的基础上流转经营权,用好抵押权、担保权能。完善"公司+基地+农户"等土地流转机制,鼓励承包经营权在公开市场上向

---

① 黄孟复:《创新驱动是中国发展的核心》,《中国民商》2013 年第 1 期。

专业大户、家庭农场、农民合作社、农业企业流转,发展多种形式规模经营。合理引导民间资本参与土地规模经营,要建立严格的准入制度,预防"非粮化""非农化"倾向。其次,积极引导工商资本参与农业产业化。鼓励民营企业对农产品进行深加工,提高附加值,形成特色农产品;引导民间资本加强在农民职业教育和培训方面的投入,加快职业化农民培养,提高农民农业生产的技能和水平;推动民间资本发展农业科技,推广现代化农业技术体系;加强农业服务体系建设,引导民间资本发展农业生产性服务、农村商品流通服务、农村金融服务、农村信息服务等。

(八) 鼓励多元经营、城乡兼顾的龙头型民营企业带动农民就近就地城镇化

多元经营、城乡兼顾的龙头型民营企业可以担当就近就地城镇化的市场驱动主体,形成产业兴、人口聚、小城镇成型的良性互动,实现企业、农民和地方政府多赢的局面。根据我们在多地的调研,充分发挥龙头型民营企业对农村城镇化的带动作用,有利于推进农村土地流转、农业产业化、农民市民化与城乡一体化。具体而言,通过鼓励龙头型民营企业带动农民就地城镇化,一是有利于农村土地平整、流转与增值;二是有利于充分利用细碎田地实现农业经营规模化、循环化;三是有利于推进传统种植业生态化、农产品高端化和传统农业生态化转型;四是有利于避免农村空心化、实现农业产业化;五是有利于农村劳动力稳步转移和就近就地城镇化;六是有利于实现农民彻底的市民化;七是有利于城乡一体化发展;八是有利于借力民营金融支持新型城镇化建设和农民市民化,实现成本分摊;九是有利于民营企业分担就业机会供给、职业培训、绿色发展、"三农"问题等社会责任;十是有利于新型工业化、新型城镇化、信息化、农业现代化同步协调与统筹发展。

江苏省南京市横溪街道 2008 年引入民营企业苏州科赛集团参与位于江苏和安徽两省交界的前石塘村建设,由社会资本对整个村庄进行整治与改造,使社区服务功能大大强化,为村民生产生活提供了便利条件,村容村貌得到普遍整治,生态绿化水平有效提升。通过引入市场化理念,帮助农民掌握新兴产业生产服务技能,为当地乡村经济和城镇化建设增强造血功能,通过生产方式改变带动观念转变,实现自我发展,从而真正实现"人"的城镇

化。项目公司专门设立三农工作部,对当地从事现代农业生产和三产服务的农民进行指导与培训,引导当地农民发展乡村旅游产业和服务业,并通过建设宾馆、开办农家乐等,帮助农民实现收入多元化。如今,前石塘村游客络绎不绝,农户收入最高达到近50万元/年,农民观念、收入和享受的社会服务均与城镇居民接轨,实现了社会资本提供服务引导农民就地城镇化。

湖南大汉集团采取依托县城推进农村城镇化的模式,满足了农民的市民梦、安居梦、创业梦"三大梦想",也为推进就地城镇化积累了丰富经验。"大汉模式"是民营企业大汉集团依托20多个县城推进湖南城镇化,以县域战略定位、规划设计、市政建设、土地整理、住房建设、商业运营、旅游整体营销为组成部分的链条式综合开发运营模式,是一种自下而上市场化取向的城镇化模式。"大汉模式"的要义是有效整合多种资源,实现"六融":一是融人,吸引大量农民进城。如,湖南娄底城区,通过造城使人口从几万人增加到几十万人;双峰县城从3万人增加到10多万人。二是融资,主要依靠民营资本参与城镇化建设与运营。三是融商,整合现代商业进驻县城,促进消费升级。四是融居,建设农民买得起、住得舒适的"刚需性经适房"。五是融业,搭建创业平台,引导农民工返乡创业就业。六是融游,依托自然和人文旅游资源,通过造城搭建生活旅游平台。"大汉模式"主要靠引入现代商业元素繁荣本地经济,夯实城镇化基础,主要依靠民间资本参与城镇化建设与运营,长期立足三、四线县城,依靠商业、物流、旅游、房地产、教育、农业等多元产业支撑城镇发展。大汉集团不单纯追求经济效益,大汉城镇化项目均为偏僻山城,大汉企业文化更强调"责任"。"大汉模式"的生命力在于实现多方共赢:政府突破了城镇化所需大量资金的瓶颈;农民和农民工实现了市民梦、安居梦和创业梦;县域经济走出了资源要素分散、无特色、无品牌、无规模效应的困境;开发企业提高了产出的效能与经济效益。"大汉模式"顺应以产业从沿海向中西部转移和外出劳动力回归为特征的"双转移"趋势,解决了大量返乡农民工置业和创业的需求。

(九)鼓励民间资本大力发展面向创业的中小银行和互联网金融等新型金融业态

推进转移人口以创业带动就业要通过金融改革构建多层次融资体系:

一要大力发展城市民营中小银行。社区中小银行具有资产规模小、社区内生性、按股份制或合作制原则组建等特点，能深度掌握当地经济信息，在具备专业金融知识背景和丰富银行操作经验的同时，有着和大型银行不一样的思维和市场，坐拥天然的人缘地缘优势，便于了解和熟悉当地经济文化环境，与中小微企业建立长期信任的合作关系。[①] 如，浙江泰隆银行就是我国社区银行的一个典型案例，经过近二十年的发展，泰隆银行已拥有 10 万户贷款客户，户均贷款 50 万元，累计向小微企业发放贷款 60 多万笔，金额达到3000 多亿元，直接带动近 170 万人就业，帮助 40 多万农民和下岗工人劳动致富。2012 年底，泰隆银行的贷款不良率仅为 0.52%。二要探索和发展类似互联网金融的新型金融。互联网金融起步晚但发展快，在扶持创业融资方面具有成本低、效率高、便于民资参与等特征。以阿里金融为例，截至2013 年 6 月，阿里金融累计借贷的小微企业数已超过 32 万户，其中 95% 的客户没有接受过银行的金融服务，累计投放贷款超过 1000 亿元。阿里金融单笔信贷操作成本 2.3 元，商业银行一般约为 2000 元；阿里金融审批时间一般仅需几天，商业银行一般需要半个月甚至更长。阿里金融现有 300 多名员工，超过 100 人是 IT 人员，接近 100 人是数据分析师，剩下才是类似商业银行的客户经理、财务人员。阿里金融的坏账率仅为 0.9%，远低于传统商业银行。三要大力发展天使投资，引导民间资本创业创新。通过强化投资激励机制、加大天使投资税收优惠力度、制定高端天使人才引进计划等措施壮大天使投资群体；通过建立天使投资协会、天使投资俱乐部等中间交流平台，搭建天使投资网络，并逐步推进其组织化、联盟化和专业化运行；通过政策支持和互联网技术的应用搭建天使投资与创业创新企业网络交流平台等。[②] 四要发展多层次信用担保体系。建立健全中小企业信用担保风险补偿机制和激励机制，逐步扩大中小企业再担保资金规模，实行担保风险补偿、准备金提取、代偿损失税前扣除、免征营业税、担保奖励等财税政策，提高商业担保机构为中小企业融资提供担保服务的积极性。

（本文发表于《经济纵横》2014 年第 9 期。曹誉波、李洪斌协助研究）

---

① 辜胜阻、曹誉波、李洪斌：《深化城镇化投融资体制改革》，《中国金融》2013 年第 16 期。

② 吴江：《对我国实施以创业带动就业战略的探讨》，《人口与经济》2009 年第 4 期。

—5—
民间资本推进城镇化建设的问题与对策

城镇化是一项长期而又复杂的系统工程,涉及农业转移人口市民化、产业发展、城市基础设施建设、房地产开发和保障房建设等诸多问题,而解决这些问题的关键在于对所需大量资金的有效投入和合理配置。据国家开发银行估算,未来 3 年我国城镇化投融资资金需求量将达 25 万亿元,平均每年需要 8 万多亿元投入,约占每年全国固定资产投资额的 20%。实现城镇化健康可持续发展,应深化投融资体制改革,建立多元可持续的资金保障机制,引导民间资本参与城镇化。民间资本参与城镇化是一种"双赢"的发展模式,不仅能缓解城镇化的投融资瓶颈,促进城镇化进程中的基础设施、公用事业和公共服务更加及时、高效地提供和运营,提高城镇化发展的质量和效益,而且城镇化能为民间资本开辟新的投资空间,创造新的发展机遇。

一、民间资本参与城镇化建设面临的主要问题

从目前我国城镇化发展实践来看,民间资本已参与城镇建设的部分领域,在一定程度上起到了增加资金供给、提高城镇运行效率的作用。但民间资本参与城镇化的程度依然不高、发挥作用有限,主要存在以下几个方面的问题。

（一）现有"土地财政＋地方政府融资平台"的城镇化投融资模式,使地方政府引入民间资本的意愿不高

在我国城镇化进程中,"土地财政＋地方政府融资平台"是地方政府为筹措建设资金、弥补财力不足而形成的特殊投融资模式。这种模式使地方政府缺乏引导民间资本投资城镇化的动力。扩大民间资本参与城镇化的份额,必然会减少土地财政支撑城镇化建设的比重,导致地方政府通过借助土地财政来扩大政绩的效果"大打折扣"。依靠地方政府融资平台的融资模式不仅导致了市场扭曲和资源配置低效,[①]还引致了普遍的地方政府短期行为,降低地方政府引进民间资本的意愿。一方面,土地财政除不可持续、极易引发风险等弊端之外,还助长了政绩激励下的短期行为;另一方面,由于缺乏有效的监督,[②]一些地方政府依赖融资平台极力扩大融资量,过度透支政府信用,筹集资金超出城镇化建设需求。融资量的不断加大推高了地方政府债务风险,受到了监管层和市场的关注。截至 2013 年 12 月,全国城市土地出让金总额为 3.04 万亿元,同比增长 46.34%。[③] 截至 2012 年末,中央政府和地方政府加总债务总额达 27.7 万亿元,占 GDP 的比重为 53%,其中地方政府债务 19.94 万亿元,而地方政府债务主要来自地方政府融资平台,债务余额接近 14 万亿元。[④] 2013 年中央经济工作会议强调,要把控制和化解地方政府性债务风险作为经济工作的重要任务。

（二）政府主导的城镇化投融资模式对民间投资产生"挤出"效应,公共私营合作制的不健全削弱了民间投资的效果

政府投资对民间投资具有引导、带动和示范作用,但如果投资的范围、结构和力度掌握不当,也会"挤出"民间投资。当前,我国城镇化已经进入快速发展时期,基础设施建设、公用事业建设以及公共服务的需求迅速增长。

① 中国金融 40 人论坛课题组:《加快推进新型城镇化:对若干重大体制改革问题的认识与政策建议》,《中国社会科学》2013 年第 7 期。
② 郭兴平、王一鸣:《基础设施投融资的国际比较及对中国县域城镇化的启示》,《上海金融》2011 年第 5 期。
③ 张达:《今年全国土地出让金超 3 万亿》,《证券时报》2013 年 12 月 28 日。
④ 周小苑:《地方债为何屡现小锅烙大饼》,《人民日报（海外版）》2013 年 12 月 28 日。

有研究表明,到 2020 年,仅由城镇人口增加而新增的市政建设的资金需求大约就有 16 万亿元。[①] 根据项目区分理论,市政公用设施按照垄断性和公共性的程度,可分为非经营性和经营性两种类型。绝大多数市政公用事业,如供水、供气、公共交通、排水、排污、道路、桥梁、垃圾处理等都具有经营性特征,都可以作为民间投资的对象。[②] 政府投资应该限定在城镇化建设中民间资本不愿意投资的非经营性领域,为民间投资留出空间。如果政府投资于经营性领域,则会"与民争利",导致民间投资的获利空间狭小而被"挤出"。在推进城镇化的过程中,由于缺乏对经营性、非经营性的明确区分,政府几乎"包揽"了所有的基础设施建设、公用事业建设以及公共服务供给,很大程度上替代或挤占了民间资本。此外,城镇化基础设施建设大多具有超前性和公益性,投资规模大,建设周期长,运营成本高,资金回收慢,对民间资本缺乏吸引力。公共私营合作制即 PPP 模式,指的是政府及其公共部门与企业之间结成伙伴关系,并以合同形式明确彼此的权利与义务,共同承担基础设施或公共服务建设与营运。我国城镇化领域公共私营合作制还不完善,即使是具有明显带动意愿的政府投资,其撬动民间资本的作用也仍然有限。国际上城镇化公私合作过程中出现的新型融资工具和方式,如 BOT(Building-Operation-Transfer,建设—经营—转让)、BOO(Building-Owning-Operation,建设—拥有—经营)、BTO(Building-Transfer-Operation,建设—转让—经营)等,在国内交通、环保等领域已经开始应用,但由于项目数量有限且经验不足,民间资本面临投入资本量大、预期回报期长且回报率低等问题,公共私营合作制的吸引力有限。

(三)城镇化建设投资领域过高的准入门槛,增加了民间资本的参与难度

民间资本参与城镇化建设的阻碍,不仅表现为政府投资对民间资本存量的"挤出",更体现在一些领域的准入门槛阻止了更多的增量民间资本进入。从 2005 年的"非公经济 36 条"到 2010 年的"新 36 条"都明确规定民营资本可进入法律未明令禁止的垄断行业,特别提出允许进入公用事业和基

---

① 巴曙松:《新阶段城镇化带来投资需求》,《经济参考报》2013 年 4 月 25 日。
② 何孝星:《加快推进我国经营性公用事业民营化问题研究》,《经济学动态》2003 年第 10 期。

础设施领域,再到 2012 年众部委引导性政策密集出台,政府一直试图调动民间资本的积极性,但在政策执行过程中,民间投资常常遭遇"玻璃门""弹簧门",面临着无形的进入壁垒。针对民间资本政策落实方面的独立评估报告显示:民营企业在市场准入方面仍遭遇不少体制性和政策性障碍;部分实施细则不具体、操作性不强或门槛设置过高,实践中很难落实。① 在城镇化建设投资中,由于受到隐形准入门槛的阻碍,基础设施领域一直是民间投资涉足最少、进入最为艰难的领域。从城镇投资口径反映的国有投资比重变化看,国有及国有控股投资比重逐年下降,2006 年起已低于 50%,但在电力交通水利和公共设施投资中的比重持续居高不下(见表 1)。尽管电力行业国有及国有控股投资比重下降较多,但水利、公共设施下降幅度较小,铁路、道路和航空运输业等细分行业近年来甚至出现不降反升的情况,可见民间资本的参与程度十分有限。就电力、交通、水利和公共设施行业整体而言,2010 年国有及国有控股投资依旧占有 86.4%的比重,这意味着基础设施领域仍然是民间投资的禁区。

表 1　2003—2010 年国有及国有控股投资占基础设施投资的比重

(单位:%)

	2003	2004	2005	2006	2007	2008	2009	2010
城镇投资合计	64.3	57.8	51.5	48.0	44.5	43.0	44.6	42.3
电力等	88.3	81.1	77.7	77.8	78.0	77.8	79.3	76.3
交通运输仓储邮政	94.2	93.5	91.2	90.4	88.8	87.9	88.5	87.2
铁路运输业	99.0	99.0	98.2	97.5	98.3	98.4	98.2	96.8
道路运输业	96.9	95.2	93.2	93.2	91.8	91.0	91.9	91.9
航空运输业	99.5	98.2	93.5	86.1	85.9	85.6	86.9	91.5
水利管理业	98.7	97.7	96.5	95.3	95.1	92.5	92.7	92.7
公共设施管理业	94.4	92.2	90.9	89.6	87.6	87.1	86.0	85.2
电力交通水利公共设施小计	94.3	93.0	91.1	90.1	88.3	87.6	87.6	86.4

资料来源:张长春:《基础设施投资规模、结构与效益》,《中国市场》2012 年第 24 期。

---

① 宋璇:《民资参与基础设施建设阻碍多,行业垄断仍是民资之苦》,《国际金融报》2013 年 9 月 11 日。

（四）民营企业过高的融资成本和税费负担，抑制了民间资本投资城镇化的积极性

当前民营企业普遍面临融资贵、用工难、税费重、成本高、利润薄的五重困境，其中融资贵和税费重是影响企业生存发展的两大难题。一方面，融资难和融资贵已成为民营企业发展的头号困境。我国高度集中的金融体系与高度分散的企业体系不相适应，企业体系高度分散，中小微企业占全国企业总数的99%以上，而金融体系却高度集中，国有大中型银行占据大部分信贷资源。由于受到规模、盈利能力、资信等级、可抵押担保品等条件约束，国有大中型银行"重大轻小""嫌贫爱富"，许多民营企业尤其是大量的民营中小微企业难以从正规金融机构获得信贷资源。即便少量的中小微企业获得银行授信，也面临高昂的融资成本，除了要缴纳超出基准利率的利息，还要扣除一定比例的保证金，并支付一大笔担保费和其他中间费用。相对于能得到银行信贷融资的少数企业而言，大多数中小微企业只能依赖民间借贷市场融资，不仅加剧了资金的稀缺性，而且进一步推高了民间利率，增加了企业的债务负担和经营风险。[①] 另一方面，高税费是阻碍民营企业生存发展的重要因素。尽管当前各地政府也在积极给小微企业减轻负担，但减税力度太小。有研究表明，过去两年对小微企业减免的税收总额为每年300亿元左右，减免额不到总税收的5‰，收效甚微。更严重的是，在当前经济增速下行的形势下，政府税收增速也随之下降，部分地方政府为了保证财政增收，开始提前收税、收"过头税"、清收漏税，甚至"乱收费""乱罚款"等，进一步恶化了企业生存环境。中国企业家调查系统显示（见表2），"税费负担过重""资金紧张"分别高居企业发展最主要困难因素的第二位和第四位，超过一半的民营企业感到"税费过重"，超过三分之一的民营企业感到"资金紧张"。考虑到民营企业融资贵和税费重的双重困境，民间投资会更加谨慎，积极性会受到较大程度的抑制。

---

① 辜胜阻、曹誉波、王敏：《巩固实体经济基础的逻辑动因与政策选择》，《江海学刊》2013 年第 3 期。

表 2　企业经营发展中遇到的主要困难及各类企业所占比率

(单位:%)

	总体			规模			经济类型		
	2012 年	2011 年	2010 年	大型企业	中型企业	小型企业	国有及国有控股	外商及港澳台	民营企业
人工成本上升	75.3	79.0	72.5	69.1	76.9	75.4	63.9	82.9	76.6
社保、税费负担过重	51.8	43.3	47.3	48.3	50.8	53.0	41.2	58.0	53.1
利润率太低	44.8	39.1	—	38.4	43.8	46.4	38.2	35.5	47.5
资金紧张	35.0	38.8	42.1	22.8	34.0	37.6	38.5	18.8	36.3
能源、原材料成本上升	31.3	57.7	56.0	36.1	32.1	30.0	35.8	35.1	30.4
行业产能过剩	30.9	22.9	26.9	38.2	33.5	28.2	30.7	30.2	32.1
缺乏人才	29.7	32.8	47.8	30.6	31.6	28.3	35.6	18.0	28.6
未来不确定因素太多	27.4	19.9	—	35.0	28.1	25.7	29.7	24.5	28.1
国内需求不足	25.5	7.7	10.6	30.3	25.5	24.5	28.1	25.7	25.4
企业招工困难	22.3	28.9	—	17.3	22.4	23.1	12.0	35.1	22.5
缺乏创新能力	13.8	11.2	24.6	13.0	13.6	14.1	21.1	9.0	12.6
出口需求不足	11.6	5.2	7.7	12.1	13.2	10.5	6.4	26.9	11.1

资料来源:整理自中国企业家调查系统《2013 中国企业家成长与发展专题调查报告》。

二、促进民间资本参与城镇化建设的对策

　　针对上述民间资本参与城镇化过程中存在的主要问题,应该按照党的十八届三中全会"让市场在资源配置中发挥决定性作用"的要求,构建"市场主导、政府引导"的城镇化发展新模式,提高民间资本参与城镇化建设的程度,实现城镇化可持续健康发展。要抑制地方政府短期行为,增强地方政

府引入民间资本的意愿;健全政府投资与民间投资的合作机制,防止政府投资对民间投资的"挤出";改善民营企业生存环境,降低民间投资准入门槛,让更多的民间资本发挥作用,提高民间投资的积极性。

(一) 改变地方政府"土地财政依赖症",规范地方政府融资平台运作

一方面,要深化财政体制改革,逐渐改变城镇建设依赖土地出让金的局面。坚持财力与事权相匹配的原则,合理界定中央政府与地方政府的服务职责。探讨扩大地方政府发行城镇建设债券试点,研究开征保有环节房地产税等税种,提高地方政府履行事权所需的支出能力。加大财政转移支付力度,规范财政转移支付行为,使财政转移支付成为财政分权的平衡器。[1]另一方面,规范地方政府融资平台的建设运作,遏制政府变相融资、过度负债的冲动。加强融资平台的规范性建设,研究出台融资平台贷款管理办法的规章制度,对融资平台的设立、负债规模、偿债准备金和资金用途等予以明确规定,并建立相应的监控和预警体系。建立地方政府融资平台的考评制度,设立债务率与地方政府绩效挂钩的控制机制,以起到制约地方政府对信贷资金低效率滥用的作用。[2] 加强地方政府融资平台对外信息披露,定期向社会公开必要的财政负债情况和平台运营情况,并建立定期沟通机制,强化银行等金融机构的贷后管理和社会各界对地方财政负债合理性的监督。

(二) 完善公共私营合作制,加大政府向社会购买公共服务的力度

城镇化进程中所需的产品大都具有准公共品的性质,无论由政府投资或是私人投资提供,都存在严重不足或缺陷,实践证明较为理想的模式是公共私营合作制模式。从国际经验看,城镇化进程中的投资都经历过从政府投资到私人投资再到目前被广泛采用的公共私营合作制模式。[3] 要形成政府与民间力量共同投资城镇化的格局,充分发挥政府财政投资的引导功能,在对项目经营性质合理区分的基础上,合理采用公共私营合作制发展城市基础设施,加大政府向社会力量购买公共服务的力度,以达到以较少财政资

---

① 董再平:《地方政府"土地财政"的现状、成因和治理》,《理论导刊》2008 年第 12 期。

② 李侠:《地方政府投融资平台的风险成因与规范建设》,《经济问题探索》2010 年第 2 期。

③ 贾康、孙洁:《城镇化进程中的投融资与公私合作》,《中国金融》2011 年第 19 期。

金带动大规模社会资金投入的投融资放大效应。

对于城市基础设施建设,一要创新并分类使用 PPP 模式。对不同类型的基础设施,采取不同形式的 PPP 模式。如表 3 所示,对于可用的现有基础设施、需要扩建和改造的现有基础设施、新建基础设施等不同类型,可分别选取相对应的 PPP 模式,以提高资源和资金的利用效率。二要完善多渠道投入回报补偿机制,确保民间资本投资回报率。三要利用新型金融工具融资,将资金来源延伸至证券市场和债券市场。通过推进基础设施资产证券化,为大型项目提供资金融通,并通过分享固定资产稳定收益来实现。①

表 3　不同类型的基础设施对应的 PPP 模式

类型	PPP 模式	内容
现有基础设施	出售	民营企业收购基础设施,在特许权下经营并向用户收取费用
	租赁	政府将基础设施出租给民营企业,民营企业在特许权下经营并向用户收取费用
	运营和维护的合同承包	民营企业经营和维护政府拥有的基础设施,政府向该民营企业支付一定的费用
	转让—经营—转让	政府将已有基础设施转让给民营部门,民营部门在政府特许权下进行经营,经营期限过后,再转让给政府部门
扩建和改造现有基础设施	租赁/购买—建设—经营	民营企业从政府手中租用或收购基础设施,在特许权下改造、扩建并经营该基础设施,可以根据特许权向用户收取费用,同时向政府缴纳一定的特许费
	外围建设	民营企业扩建政府拥有的基础设施,仅对扩建部分享有所有权,但可以经营整个基础设施,并对用户收取费用
新建基础设施	建设—转让—经营	民营企业投资兴建新的基础设施,建成后把所有权移交给公共部门,同时企业可以经营该基础设施 20—40 年,在此期间向用户收取费用
	建设—(拥有)—经营—转让	与 BTO 类似,不同的是,基础设施的所有权在民营部门,经营 20—40 年后才转移给公共部门
	建设—拥有—经营	民营部门在永久性的特许权下,投资兴建,拥有并经营基础设施

资料来源:贾康、孙洁:《城镇化进程中的投融资与公私合作》,《中国金融》2011 年第 19 期。

对于公共服务供给,要加大政府向社会力量购买公共服务的力度。政

---

① 辜胜阻、曹誉波、李洪斌:《深化城镇化投融资体制改革》,《中国金融》2013 年第 16 期。

府可以通过委托、承包、采购等方式向社会购买公共服务,并强调利用特许经营、投资补助、政府购买服务等方式吸引社会力量参与进来。首先,要明确政府在基本公共服务供给中的责任和义务,加大政府对民间资本提供公共服务的购买力度。为居民提供公共服务是公共部门的主要职责,地方政府要逐步提高外来人口市民化投入在财政支出中的比例,集中解决外来人口市民化的教育、医疗等基本公共服务问题。政府要促进信息公开,保证良好的沟通,实时了解城镇居民和城市发展最迫切需要的服务内容。要鼓励民间资本兴办各种公共服务机构,同时创新政府购买方式,提高公共服务的供给效率和覆盖面。如,东莞是外来人口大市,80%的人口是外来人口,大量民工子女在民办学校上学,政府通过对义务教育阶段的民办学校给予补贴,从而有效地提高了义务教育服务的供给。其次,要引进多元供给主体,增强公共服务供给的竞争性,完善政府购买公共服务的筛选和评估机制。[①] 转移人口的教育、医疗、社会保障等问题的解决都依赖于公共服务市场的发展完善。引入多元化的供给主体,可以通过市场竞争,提升公共服务的供给规模和质量,降低政府购买成本,增加城镇居民选择的机会,提升投资效率。

(三)降低民间投资准入门槛,拓宽民间投资渠道

放开城镇化领域的市场准入是促进民间资本参与城镇化最直接、最有效的手段。针对多数垄断行业集中于城镇化领域的实际,要深化垄断行业改革,引导政府投资逐步退出一般性竞争领域,并放宽民间资本的进入限制,提高民间资本投资城镇化的程度。进一步推进国有经济布局的战略调整,构建国有资本退出机制,加快国企非主业资产的剥离重组,通过引入竞争机制、资本多元化改造、可竞争性环节分离,加快重点垄断行业的开放。允许和鼓励民间资本进入铁路、航空、电信、能源、市政公用设施和社会事业领域,通过采取民间持股、拆分、重组等方式打破政府垄断公共投资的局面。

同时,防范和清理民间资本的"玻璃门"和"弹簧门"等隐性门槛。一方面,优化市场准入的审批机制,规范民间投资审批程序,打破"玻璃门"障碍。推行民间资本市场准入的审管分离制,逐渐由审批制向备案制过渡。探索

---

① 陈建国:《OECD 国家公共服务民营化改革及对中国的启示》,《中国行政管理学会 2008 年年会论文集》,2008 年。

建立首问责任制、网上预审制、一站式服务制、办理回执制、限时办结制等审批机制,提高审批效率、改善审批服务,取消不合理的各项附加条件或限制性要求。另一方面,建立民企进入的援助机制,加强政策扶持,清除民企市场准入的"弹簧门"障碍。推进民营企业与其他所有制企业在土地、财税、融资、环保、招投标方面的待遇公平化,并建立民营企业进入垄断行业的常规援助制度,制定针对不同行业的援助标准及援助方式。建立公平、规范、透明的市场准入标准,在满足最低门槛或同等条件下优先考虑民营企业投资项目。[①]

(四)营造适合民营企业发展的良好环境,支持民间资本参与城镇化建设和产业发展

通过金融体制的改革和财税制度的完善,缓解民营企业融资贵和税费重的难题,支持民间资本参与城镇产业发展。针对民营企业融资难题,要鼓励民间资本发展中小银行和互联网金融等新兴金融,构建与实体经济发展相匹配的"门当户对"的多层次金融体系。一要大力发展城市民营中小银行。社区中小银行具有资产规模小、社区内生性、按股份制或合作制原则组建等特点,能深度掌握当地经济信息,坐拥天然的人缘地缘优势,便于与中小微企业建立长期信任的合作关系。要进一步放松对各类金融机构的市场准入限制,促进城市社区中小银行等民营金融机构的建立,形成量多面广的草根金融体系。二要探索和发展类似互联网金融的新型金融。互联网金融起步晚但发展快,在促进民营企业融资方面具有成本低、效率高、便于民资参与等特征。以阿里金融为代表的互联网金融发展迅速,且能够最大限度地利用互联网数据与互联网技术,拥有更快的现金周转和更低的坏账率。三要大力发展天使投资、风险投资(VC)和私募股权投资(PE),引导民间资本支持创业创新。要强化税收等激励措施壮大天使投资群体,通过搭建交流平台和网络推进其组织化、联盟化和专业化运行;要让 VE/PE 投资链条前移,关注早期,改变急功近利的短期赚快钱倾向;要推动 VC/PE 退出通道多元化。四要发展多层次信用担保体系。建立健全中小企业信用担保风险补

---

① 辜胜阻:《放宽民企市场准入拓宽民间投资渠道的十项对策》,《中国科技论坛》2012 年第 5 期。

偿机制和激励机制,逐步扩大中小企业再担保资金规模,实行担保风险补偿、准备金提取、担保奖励等政策,提高为中小企业融资提供担保服务的积极性。

针对民营企业的高税费难题,要构建扶持企业发展的财税支持体系,以税制改革为主要措施,通过减税、减费、减负等方式提高民间投资的积极性。进一步提高增值税和营业税的起征点,加大所得税的优惠力度,加快营业税改增值税步伐,放宽费用列支标准,切实减轻民营中小企业的税收负担。加快税制改革,坚持并推进对初创小型微型企业和小规模纳税人实行的增值税和营业税暂免征收制度,并探索相关长效机制,研究针对小微企业的税收制度向税基统一、少税种、低税率的"简单税"转变。要清理现有企业收费项目,规范政府费用征收行为,以更大的力度减轻民营企业缴费负担。①

(本文发表于《当代财经》2014 年第 2 期。刘江日、曹誉波协助研究)

---

① 辜胜阻、曹誉波、杨威:《为小微企业减税刻不容缓》,《中国工商时报》2012 年 3 月 28 日。

—6—

以城乡共同繁荣为目标大力推进城镇化

城镇化是推进城乡统筹发展的重要途径。城乡统筹的目的就是要缩小城乡差距和农民与市民的差距,实现城乡协调发展,而城镇化的推进可以通过减少农民的办法提高农民收入从而有效促进城乡共同繁荣。当前我国总体上进入了工业化的中后期发展阶段,推进工业反哺农业、城市支持农村,实现城乡统筹发展是未来经济发展的必然趋势。"十二五"规划明确指出,要同步推进工业化、城镇化和农业现代化,充分发挥工业化、城镇化对发展现代农业的辐射带动作用。"三化同步"体现了未来城乡协调发展的战略方向。"十二五"时期要进一步推进城镇化的制度创新,充分发挥城镇化在推动城乡统筹发展中的重大作用,以城乡共同繁荣为目标大力推进城镇化。

一、中国城乡关系的演变与推进城乡共同繁荣的必然性

新中国建立以来,伴随城镇化的发展过程我国城乡关系的发展大致可以划分为三个阶段。一是城镇化与工业化脱节背景下的城乡分割阶段。建国初期,我国实行了重工业优先发展的工业化"赶超"战略。重工业优先发展派生出与之相适应的计划式的资源配置方式,进而扭曲了工农业关系。这一时期的城镇化是建立在农业支持工业、工农业间存在"剪刀差"的基础上的。城乡互动表现为以农促工,以乡促城。二是城镇化快速发展背景下

城乡关系的改善阶段。始于 1978 年的各项改革松动了原有的城乡二元体制，劳动力的城乡转移以及城镇化的快速发展使原有的城乡关系有了很大改善。但诸如户籍制度等造成城乡分割的关键性的制度安排并没有彻底改变。农村人口虽然进了城市，但并没有完全成为城市居民，城镇化进程表现出"半城镇化"的特点，乡村支持城市的城乡关系总体格局没有根本改变。三是城乡统筹发展的探索与实践阶段。2004 年胡锦涛总书记在党的十六届四中全会提出了"两个趋向"的重要论断，标志着"工业反哺农业，城市支持农村"的城乡统筹发展新阶段的到来。2007 年，国家批准四川成都和重庆市设立全国统筹城乡综合配套改革试验区，标志着城乡统筹逐步上升为国家战略，并进入实质性的局部试点阶段。

从当前我国城乡发展的现状来看，城乡失衡的局面主要表现为四个方面的"差距"：一是城乡收入"差距"。当前我国的城镇居民可支配收入与农民纯收入的差距超过 3 倍，如果考虑到城乡差别化的各种福利保障及其他公共服务，这个差距会更大。二是城乡消费"差距"。城乡居民消费性支出的差距也已达到 3 倍左右，当然这与城乡居民收入差距的持续扩大密切相关。此外，社会保障缺失造成的"有钱不敢消费"等问题也是制约农村消费的重要因素。三是工农交换关系中的利益"差距"，突出表现在工农产品价格及土地价格两个方面的"剪刀差"现象。对于工农产品价格剪刀差，计划经济时期国家通过统购统销等计划手段，人为压低农产品价格，形成工农产品价格差来实现从农业积累资金用于工业和城市发展的目的。改革开放以来，工农产品价格剪刀差虽然逐步缩小，但起伏较大，剪刀差依然存在。长期以来，农村集体所有的土地必须先由政府征用，然后才能进入一级市场。一些地方政府通过低价征用农村土地然后高价出售给开发商的方式，分享了农村土地的价值，并由此产生了大量"种地无田、上班无岗、低保无份"的失地农民。四是城乡居民财产"差距"。据统计，仅住房一项，城乡居民财产差距就达十倍或数十倍。

同时应该注意到，中国劳动力转移和劳动力市场供求关系正在发生深刻变化，农村劳动力的供给格局正在由"无限供给"向"有限剩余"或全面短缺转变，近年来日益严重的"用工荒"现象就是这个变化的突出表现。受此影响，农民工的待遇有了显著的改善和提高。据人力资源和社会保障部的数据显示,2010年,农民工月均收入达1690元,比2005年的875元增长近一倍。这在一定程度上缩小了城乡收入的巨大差距,是缓解城乡失衡现状的积极因素。

当前,从根本上扭转我国城乡发展失衡的格局,缩小城乡差距,实现城乡协调发展,是有效扩大内需的重大战略,是积极构建和谐社会和小康社会的客观要求。截至2010年,我国人均GDP已经超过4000美元,三次产业产值结构调整为10.2∶46.8∶43。我国总体上已经进入工业化中后期发展阶段,这为我国城乡统筹战略的实施创造了有利条件。在这一阶段推进工业反哺农业、城市支持农村,实现工业与农业、城市与农村协调发展,具有十分重要的战略意义。

二、城镇化在实现城乡共同繁荣进程中的战略意义

城镇化是体现区域经济社会发展程度的综合性指标,城镇化的过程不仅是农村人口向城镇转移、城镇人口比率不断上升的过程,也是实现城乡统筹、保障农村地区持续发展、城市文明向农村扩散的过程。推进城乡协调发展,实现城乡一体化,需要加快城镇化进程。

第一,城镇化的推进有利于加强城乡之间的联系,打破城乡分割的局面。大中小城市和重点城镇相协调的城镇化发展有利于构建完善的城镇结构体系,优化城镇的空间分布和人口规模结构,从而构筑开放有序、互补共享的城乡协调发展格局。

第二,城镇化可以提供更多的就业机会,从而为农村剩余劳动力转移提供广阔的空间。城镇化是创造非农就业机会的主要途径。特别是城镇化的推进为第三产业的发展提供了条件,而第三产业具有吸纳就业能力强的特点,其发展必将大大增强城镇化对农村剩余劳动力的吸纳能力。

第三,城镇化有利于实现"耕地向种田能手集中",通过农业的规模化经营有效提高农民收入。城镇化一方面通过农村剩余劳动力的转移,降低人地比例,为农业适度规模经营创造条件;另一方面通过非农产业的发展和非农人口的增加形成对农产品的巨大需求,从而推进农业产业化向更深层次发展。

第四，城镇化有利于推动"乡镇工业向工业小区集中"，通过集约发展实现农村经济增长方式的转变。城镇化将推动乡村工业的集聚发展和结构升级，是转变农村经济增长方式、推动乡镇工业向集约化发展的"突破口"。

第五，城镇化有利于提高农民素质，培育"新型农民"。伴随城镇化过程的农民流动本身就是一所培养现代农民的大学校。一方面，城镇把人口、资金、技术、信息等各种要素聚集在一起，交通便利、信息灵通，新思想、新观念层出不穷，并能赋予人开拓进取的精神；另一方面，城镇化过程也推动城市文明向乡村的扩散和传播，带动农民思想观念的转变。

三、在"二元城镇化"战略思路下推进城乡共同繁荣的对策思考

充分发挥城镇化在促进城乡协调发展中的重要作用就要改变主要偏向城市发展的城镇化道路，构建城乡统筹导向的城镇化发展新模式。

（一）构建城市化与做大县城的农村城镇化协调发展的"二元城镇化"互动机制，大力发展县城经济

早在 20 世纪 90 年代初，笔者就结合中国城乡关系的实际以及城镇化的发展特点提出了"二元城镇化理论"，认为绝对的"大城市论""中等城市论""小城市论"者所主张的发展某一类城市的观点都不符合中国的实际。要以"城镇化"（而非城市化）理论指导中国经济发展实践，在城镇化发展过程中实现城市化与农村城镇化并重、发展大都市圈为特征的"网络发展式"城镇化与以县城为依托发展中小城市的"据点发展式"城镇化同步，避免小城镇过度发展和大城市盲目膨胀的双重"城市病"，推进农村剩余劳动力的有序合理流动。

当前，实施以城乡统筹发展为导向的城镇化战略，就是要构建城市化与农村城镇化协调发展的"二元城镇化"互动机制，将农村城镇化作为推动农村地区经济发展的引擎。县城是县域工业化、城镇化的主要载体，是农村城镇化最有发展潜力的区位，是形成城乡经济社会发展一体化新格局的重要战略支点。农村城镇化发展要以县城为依托，把县城建设成为县域经济的

龙头和农村城镇化的经济中心,通过县城把城市物质文明和精神文明扩展到乡村,使县城成为城乡融合的枢纽和桥梁,阻止农村人口向大城市的过度集中,缓和大城市的压力。依托县城的农村城镇化发展的关键就是要构建坚实的产业基础,通过增强经济实力来提高县城的吸引力。这就需要在县域范围内考虑"发展什么产业""在哪儿发展产业"以及"谁来发展产业"的问题。首先,县域经济要以特色产业为抓手和突破口,并逐渐形成规模化经营。其次,县域产业要实现集聚发展,改变产业过度分散的状况,引导产业向城镇工业区集聚,实现集群化发展。再次,要着力推进民营经济发展,激发社会上自主创业、自我发展的欲望,形成尊重创业、鼓励创业和保护创业的社会氛围,形成推动县域经济发展的内在驱动力。

(二)构建均等化的城乡公共服务保障机制,统筹城乡公共服务

均等化的城乡公共服务是推进城乡统筹、实现城乡共同繁荣的关键环节。差别化的城乡公共服务供给往往与城乡二元格局构成恶性循环,一方面城乡公共服务的差异主要受城乡二元体制影响,而另一方面城乡公共服务不均导致的城乡差距扩大又进一步加剧了城乡二元结构。长期以来,制约农民收入提高的一个重要原因就是农村地区公共服务的严重短缺。可见,提供均等化的城乡公共服务成为推进城乡共同繁荣进程中亟待解决的重要问题。推进城乡公共服务均等化建设,不仅要重视构建农民工同城市居民的平权机制,着力实现进城农民工在劳动报酬、子女就学、公共卫生、住房租购以及社会保障方面与城镇居民享有同等待遇,更重要的是,要完善农村公共服务体系,在农村地区真正做到"上学不付费、看病不太贵、养老不犯愁"。为此,一要建立城乡统一的义务教育体制,保证农村孩子享受义务教育的权利,特别要重视对农村学校的硬件设施建设,加强优质教育资源向农村流动的引导,为城乡居民子女提供公平的教育机会。二要进一步完善和推广新型农村合作医疗制度,不断壮大农村医疗服务机构,提高医务人员业务水平,提升农民享有的医疗和卫生保健服务质量。三要积极总结推广新型农村社会养老保险试点经验教训,探索符合农村特点的社会养老保险制度。四要加强道路交通、农田水利、能源建设、垃圾处理、环境整治等农村基础设施建设,切实改善农村的生产生活条件。

(三)构建推进农民工市民化的长效机制,促进农村劳动力有序有效转移

缩小城乡差距、增加农民收入的有效途径是减少农民,促进农村剩余劳动力的顺利转移。"减少农民"不仅意味着农村剩余劳动力要从农村转移出去,更意味着他们要在城镇安定下来。然而事实上,当前中国大量的进城农村剩余劳动力并没有能够充分享受到发展带来的成果。他们实现了地域转移和职业转换,但并没有实现身份转变,不仅处于"半城镇化"的尴尬境地,而且承受城市对其"取而不予"、企业对其"用而不养"的歧视性待遇。因此,城乡共同繁荣发展战略的一个重要内容就是推进农民工市民化,帮助农民工融入城市实现安居乐业市民梦。具体来说:一要逐步解决进城农民工的户口问题。北京、上海等特大城市不可能完全放开,但要善待农民工,实现待遇平等。大城市可考虑设立一种经济导向、人口素质导向和社会规范导向三位一体的门槛条件,逐步放开户籍限制。中等城市应该积极地放开户籍,小城市可以完全放开,县城则要"敞开城门",让农民"自由进城"。二要解决进城农民的就业问题。要建立就业培训机制,提高农民工职业技能;要健全用工信息发布机制,多渠道提供农民工就业信息;要完善维权机制,加强农民工权益维护;要完善创业扶持机制,鼓励农民工以创业带动就业。三要解决进城农民工的住房问题。要建立惠及进城农民工的城镇住房保障体系,逐步将农民工纳入城镇保障性住房的覆盖范围,加强农民工公寓建设。建立完善农民工住房公积金制度,让有条件的农民工可以申请住房公积金贷款并可以支付房租。

(四)构建城乡互利互补共赢机制,实现城乡共同繁荣

推动城乡协调共进的重点是要高度重视城乡平等互利原则、城乡优势互补原则、城乡协调发展原则,通过规划编制、市场建设及产业分工等方面的城乡互动发展实现城乡共同繁荣。具体来说,一要在规划编制上体现城乡并重,统筹谋划城乡之间资源的合理配置。制定统一协调的城乡规划是统筹城乡的基础,其关键是要将城镇与周围的乡村腹地作为一个整体编制包括城乡土地、人口、基础设施、生态环境等在内的统一规划,形成"城市规划—镇规划—乡村规划"三位一体的城乡规划体系,合理有效

配置城乡资源。当前,尤其需要重视的是深入贯彻实施《中华人民共和国城乡规划法》,认真总结各地实践中的经验教训,进一步细化并完善以强化区域协调为核心的统一的城乡规划法律制度体系。二要在市场建设上重视城乡一体化,引导城乡之间商品和要素的有序流动。破除城乡市场条块分割和地区封锁,培育和发展城乡一体化的商品和要素市场,充分发挥市场在资源配置中的基础性作用,引导商品及资本、劳动力、信息等要素在城乡之间合理有序流动。三要在产业发展上突出城乡分工,形成城乡之间相互支撑的经济技术联系。立足城乡地方特质及特色优势在中心城市、中小城镇及农村地区形成合理的产业分工,实现优势互补、互促共进。要强化城乡三次产业之间的内在联系,推进产业垂直一体化,促进三次产业在城乡之间的广泛融合,实现共同繁荣。要重视以工补农,加大工业反哺农业的力度。

(五)构建支持农业发展的要素集聚机制,使城镇化与农业现代化协调发展

"十二五"规划明确指出,要同步推进工业化、城镇化和农业现代化,充分发挥工业化、城镇化对发展现代农业的辐射带动作用。显然,"三化并举"是对过去中国城市偏向发展道路的重大调整,体现了未来城乡协调发展的战略方向。推进农业现代化的重点是要构建支持农业发展的要素集聚和资源优化配置机制。为此,一要积极探索农村土地流转模式,促进农村土地适度集中。鼓励转移农民以转包、出租、互换、转让、入股等形式,促进土地向农业产业化龙头企业、经营大户、种田能手集中,推进农业适度规模经营和农业现代化。二要引导资金向农村流动。一方面要推动财政支出和金融业务向农村地区倾斜。要加强财政投入,确保财政对现代农业投入的稳定增长。要强化政策性金融机构的作用,加大商业金融的支农力度,深化农村信用社体制改革,发挥农村信用社支农主力军作用。另一方面要积极引导民间资本参与农业现代化建设。可考虑在条件比较成熟的地区组建区域性中小股份制商业银行、社区银行等,启动民间资本。三要重视农村信息化建设。加强农村信息基础设施建设,引导现代信息技术在农业生产经营、农村公共管理服务及农民生活等方面的普及应用,推进农村综合生产能力的跨

越式发展、农村生活模式的转变以及农民思想观念的进步。四要推进农业经营体制机制创新。农业专业化合作社是新型现代农业经营组织。发挥农业专业化合作组织的作用不仅需要构建完善的政策扶持体系,也要引导其规范发展,重视自身经营管理水平的提升。

（本文收录于科学出版社 2014 年出版的《新型城镇化与经济转型》一书）

—7—
城镇化与工业化高速
发展条件下的大气污染治理

近年来,我国大气污染问题日益严重,引起社会普遍关注。当前,我国大气污染状况呈现出四大特点:一是雾霾天气出现频率不断提高,单次雾霾持续时间不断延长。2013 年,全国平均雾霾天数达 29.9 天,创 52 年来之最,[①]部分地区严重时期雾霾持续时间长达 1 个多星期。二是大气污染范围不断扩大,已从个别地区蔓延至全国范围。国家环保部监测结果表明,2013 年 74 个城市中,仅有海口、舟山、拉萨 3 个城市各项污染指标年均浓度全部达到二级标准,其他 71 个城市均存在不同程度超标现象。[②] 三是大气污染程度不断加重。随着污染物排放量的持续增加,大气污染情况不断加重,对人体危害程度也不断增加。四是一些人口密集的大城市地区大气污染问题更为突出,治理难度更大。当前,京津冀、长三角、珠三角地区是大气污染重灾区,尤以京津冀地区污染最重。京津冀 13 个城市中,有 11 个城市排在污染最重的前 20 位,其中有 7 个城市排在前 10 位,部分城市空气重度及以上污染天数占全年天数 40% 左右。持续恶化的大气污染问题,制约我国经济社会的可持续发展;严重危害人民群众的身体健康,威胁老百姓生存底线,

---

① 来洁:《"治霾"提速折射执政理念转变》,《经济日报》2014 年 2 月 16 日。
② 孙秀艳:《环保部发布 74 城市 2013 年空气质量状况:仅 3 个达标》,《人民日报》2014 年 3 月 26 日。

加强大气污染治理已成为重大的民生期待。2014 年《政府工作报告》中明确提出"我们要像对贫困宣战一样,坚决向污染宣战",显示了中央政府治理污染的决心。大气污染治理是一项系统性工程,要在科学分析的基础上采取针对性的措施,构建科学长效治理机制,有效提高治理水平和效率。

一、我国大气污染问题的原因分析

(一)失衡的城镇化发展模式造成特大城市人口过度膨胀,进而产生交通拥堵和大气污染等"大城市病"

改革开放以来,我国城镇化建设明显加快。但我国城镇化进程中一直存在"摊大饼"的方式,城市规划往往"贪大求全",片面追求城市规模扩张,结果形成"头重脚轻"的城市结构体系,即大城市比重过高,中小城市发展不足。[1] 中心大城市以"摊大饼"的方式盲目无序推动规模扩张,产业、城市功能过度集中于大城市,造成人口过度膨胀,资源消耗和污染排放增加,而城市管理水平发展滞后,造成了我国大城市都存在着不同程度的交通拥堵、大气污染等"大城市病"。相比世界其他著名大城市,中国的大城市大气污染程度更为严重(见表 1)。以北京为例,北京的大气污染等"大城市病"主要病因在于城市功能过度集中所导致的人口过度膨胀。北京市规划存在的主要问题在于城市功能过度集中,既是行政中心又是经济中心、文化中心、教育中心、医疗中心、科技中心,大量优质资源过度集中在北京,造成北京的人口膨胀,陷入"人多—车多—尾气排放多"的污染路径。2014 年,北京的机动车保有量已经超过 500 万辆,汽车尾气排放成为首都雾霾的第一大"内部贡献者"。有研究表明,北京全年 PM2.5 来源中,区域传输约占 28%—36%,本地污染排放占 64%—72%。而在本地污染源中,机动车尾气排放占比高达 30% 以上(见图 1)。

---

[1] 辜胜阻、刘江日、李洪斌:《中国城镇化的转型方向和配套改革》,《中国人口科学》2013 年第 3 期。

表1 世界各主要大城市 PM2.5 浓度

国家	城市	年平均 PM2.5 浓度 （单位：微克/立方米）	年份
澳大利亚	堪培拉	7	2012
德国	柏林	20	2011
意大利	罗马	21	2011
新加坡	新加坡	17.	2011
西班牙	马德里	11	2011
英国	伦敦	16	2011
美国	华盛顿	12	2012
美国	洛杉矶	20	2012
中国	北京	89.5	2013
中国	上海	62	2013

资料来源：国外城市数据整理自世界卫生组织世界城市空气污染数据库；北京及上海数据整理自环境保护部发布的 2013 年重点区域和 74 个城市空气质量状况，参见国家环境保护部网站，2014 年 3 月 25 日。

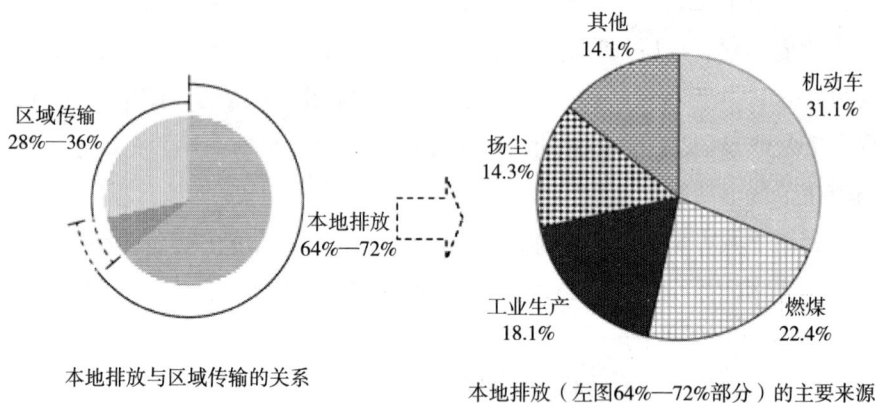

本地排放与区域传输的关系

本地排放（左图64%—72%部分）的主要来源

图1 北京市 2012—2013 年度 PM2.5 来源综合解析结果

资料来源：《北京市正式发布 PM2.5 来源解析研究成果》，北京市环境保护局网站，2014 年 4 月 16 日。

（二）工业的粗放型发展消耗了大量能源资源，造成巨量的污染物排放

长期以来，我国产业结构偏重，工业产值在国民经济中的比重偏高，服务业产值比重偏低。2013 年，我国服务业增加值占 GDP 比重达到 46.1%，

对我国 GDP 增长贡献首次超过工业,但与发达国家 70% 的平均水平还存在较大差距,甚至低于世界平均水平(见图 2)。我国工业化发展呈现出"高投入、低产出,总量大,水平低,高消耗、低效率,高排放、多污染,不协调、难循环"的粗放型发展特征。① 工业生产过度依赖煤炭等化石能源资源的消耗(见表 2),创造巨大经济总量的同时也消耗了大量资源。据统计,2012 年我国经济总量占世界的比重为 11.6%,但消耗了全世界 21.3% 的能源、54% 的水泥、45% 的钢。2013 年煤炭占我国能源消费的比重达 65.9%。资源大量消耗的同时也带来了大量的污染物排放,造成了我国各主要城市污染情况普遍不容乐观(见表 3)。而一些重点污染区域,粗放型发展的特点更为明显。例如,京津冀、长三角、珠三角三大重点污染地区,国土面积虽只占 8%,但消耗了全国 43% 的煤,生产了全国 55% 的钢铁。据环保部的统计,京津冀、长三角、珠三角三个地区的污染物排放强度是全国平均的五倍。其中,京津冀地区又是三大重点地区中的重中之重。京津冀污染物排放的一个重要来源是河北的燃煤。河北省的煤炭消费占京津冀地区总量的约 80%。燃煤排放是大气中砷的主要来源之一。北京 PM2.5 中重金属砷浓度达到日均浓度中位数 23.08 纳克/立方米,是国标限值的 3.85 倍。

表 2　2011 年中国与代表性国家一次能源消费结构比较

地区	原油	天然气	原煤	核能	水力发电	再生能源	总计
中国	17.7%	4.5%	70.3%	0.8%	6.0%	0.7%	100%
美国	36.7%	27.6%	22.1%	8.3%	3.3%	2.0%	100%
德国	36.4%	21.3%	25.3%	8.0%	1.4%	7.6%	100%
法国	34.1%	15.0%	3.7%	41.2%	4.2%	1.8%	100%
英国	36.1%	36.4%	15.5%	7.9%	0.8%	3.3%	100%
日本	42.2%	19.9%	24.6%	7.8%	4.0%	1.5%	100%
韩国	40.3%	16.0%	30.2%	12.9%	0.5%	0.2%	100%

资料来源:《2011 年世界各国一次能源消费结构》,财经网,2012 年 6 月 18 日。

① 郭振英:《我国工业化的现状和问题》,《经济研究参考》2005 年第 51 期。

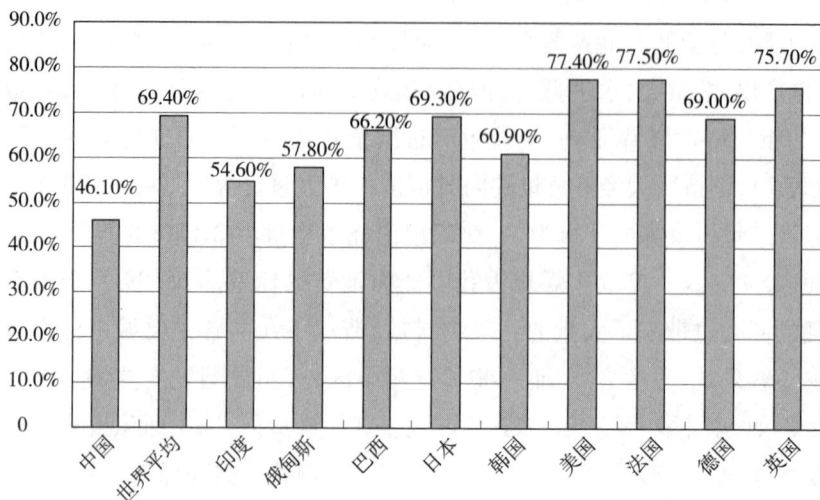

图2 中国与代表性国家服务业增加值占 GDP 比重的比较

资料来源:中国数据来源于《2013 年国民经济和社会发展统计公报》,为 2012 年水平;其他国家数据来源于《国际统计年鉴 2011》,世界平均、日本、美国数据为 2007 年水平,韩国、法国、德国、英国数据为 2008 年水平,其他为 2009 年水平。

表3 我国主要城市 PM10 浓度在世界 1600 个城市中排名情况

城市	深圳	广州	上海	重庆	天津	杭州	武汉	北京	西安
排名	1170	1260	1313	1357	1389	1403	1433	1461	1466
PM10 浓度（微克/立方米）	57	69	79	89	96	98	108	121	126

资料来源:整理自国际卫生组织城市空气污染情况数据库。

（三）环境保护制度不完善,造成大气污染治理效率低下,难以有效抑制大气污染问题的持续恶化

大气污染治理需要完善的制度以调动各方主体形成合力,但目前我国大气污染治理的制度设计不完善,影响了大气污染治理水平和效率的提高。首先,现有法律保障制度体系不完善,对各方主体的环境保护约束力度不够。面对严峻的环保形势,现行环保法律是执行力差的"软法"。对政府来讲,它是环境保护监督主体,又是当地经济的推动主体。法律对政府的监督力度较弱,政府在进行产业规划、投资重大项目及招商引资的过程中,容易

做出短视决策,或在执法上消极懈怠、不作为。[①] 对企业来讲,现行法律以行政执法、罚款等手段制裁企业的污染行为,往往以罚代刑,对于企业的污染行为制约力度不足。其次,激励企业自主节能减排的经济手段不够完善,企业缺乏自主节能减排的内生动力。在发达国家的大气污染治理过程中,利用财税、信贷、政府采购等手段激励企业自主节能减排是治理污染的有效手段。但目前我国以经济手段为主的激励机制还不完善,政府对环保的投入还比较低,对企业的补贴和支持力度还比较小。再次,缺少必要的区域协同治理机制。空气污染具有污染源的多样性和介质的流动性等典型特征,使其在污染源方面呈现复合型特点、在空间布局上呈现出跨区域特点。区域空气污染治理是一项系统工程,只有从整体出发研究和处理区域空气污染问题,才能实现区域空气污染状况的有效改善。而目前我国大气污染治理的过程中,各地方政府仅从本地区情况出发制定大气污染治理政策,缺乏从整个区域视角出发的整体性思考,各地方政府之间未形成联防联控合力,影响了大气污染治理的效果。

二、治理我国大气污染的对策思考

(一)实行均衡城镇化发展战略,把提升城市群协调发展水平与中小城市吸引力相结合,促进人口在大中小城市和小城镇的合理分布

治理严重的大气污染问题需要建立均衡的城镇化发展体系,要努力优化城市结构体系,坚持"两条腿走路",促进大中小城市和小城镇协调发展,引导流动人口有序流动与合理分布。

一方面,要大力发展城市群,利用大城市的集聚效应和扩散效应,将周围中小城市融入城市群发展体系内,形成合理分工、协调发展的现代化城市群。要把疏解特大城市人口与疏解城市功能相结合,以功能疏解带动人口疏解。我国北京、上海、广州等大城市需要立足发展现状科学发展多种功能形态的卫星城,吸引市区人口向卫星城转移,缓解市区巨大的人口压力,构

---

① 辜胜阻、孙祥栋、刘江日:《为环境保护提供强有力法律保障》,《法制日报》2013 年 8 月 3 日。

筑层次分明、梯度有序、分工明确、布局合理的区域城镇布局结构。要推进城市群内基础设施全面对接,着力构建现代化交通网络系统,把交通一体化作为先行领域,加快构建快速、便捷、高效、安全、大容量、低成本的互联互通综合交通网络。要探索区域间在社保、医疗、教育、养老等基本公共服务领域的紧密合作对接,推进区域内基本公共服务共建共享,加快区域内公共服务一体化建设,使卫星城享受和大城市平等的基本公共服务,增强卫星城的吸引力。

另一方面,要依托县城发展一批有吸引力的中小城市,充分利用现有的产业基础和城镇基础设施吸引人口集聚,鼓励更多的人实现就地城镇化。发展中小城市,要依托地方产业基础发展特色产业集群,把中小城市建立在坚实的产业基础上。要完善创业扶持体系和职业培训体系,使转移人口在中小城市充分就业。要创新公共私营合作机制,解决中小城市在公共服务和基础设施建设中的资金瓶颈。要构建多渠道的住房供给体系,使落户中小城市的居民实现"安居梦"。通过完善城市群建设与发展中小城市,实现人口在不同规模城市中的合理分布,解决大城市人口过度膨胀所带来的严重大气污染问题。

(二)调整偏重的产业结构,转变粗放型工业化发展方式,提升产业绿色发展水平

推动产业绿色发展,应通过积极控制增量、优化存量的方式,构建绿色现代产业体系。

要建立差别化的产业进入机制,进一步提高火电、石油炼制、有机化工、钢铁、水泥等高耗能、高排放和产能过剩行业的环境准入门槛。对于大气污染重点地区,要实行更为严格的市场准入制度,遏制地方政府与企业扩张冲动,严禁核准、备案高污染行业新增产能项目。要加强绿色制造技术的创新和应用,大力推行绿色生产,积极发展绿色先进制造业。要按照全国主体功能区定位,综合考虑资源、环境、物流等因素,有重点地发展现代服务业,培育战略性新兴产业。应重点扶持节能环保产业和绿色服务业的发展,不断提升节能环保技术装备水平和服务水平,并以此带动其他产业的绿色发展。

应因地制宜推行现有企业群集约化和燃料清洁化发展,支持技术先进企业兼并落后企业,对规模小、重复性高的行业进行有效整合。要加快绿色技术改造传统制造业的步伐,提高传统制造业生产资源利用效率,降低其对生态环境的损害程度,实现传统制造业的转型升级。要完善绿色生产技术指标体系和产品标准体系,限制不符合标准企业的生产,倒逼企业加快技术创新和产业升级。要大力支持过剩产能企业走出去,完善激励企业开展海外拓展的扶持机制。要完善企业退出机制,加快淘汰产能效率低、优化升级难度大的企业。

(三) 建立科学的大气污染防治体系,综合运用法律、经济和行政手段,完善大气污染治理区域协同机制,形成联防联控合力

首先,建立更为严格的环境保护制度,以法律手段加大对各行为主体的约束力度。要进一步强化目标责任评价考核,确立政府绩效考核的绿色导向,增强对政府环境保护行为的规范和约束。强化政府在环境保护中的公共职责,从根本上扭转地方政府片面追求 GDP 的政绩观。为避免政府既当"运动员"又当"裁判员"的问题,要完善包括人大、检察机关、法院、公众、公民团体、企业等"第三方主体"监督机制,构建企业、政府与"第三方主体"各司其职的制衡体系,加强"第三方主体"对污染治理的有效监督和约束。要加快推进《大气污染防治法》《清洁生产促进法》《环境影响评价法》等法律的修订工作,研究制定大气污染物总量控制、排污许可证管理、机动车污染防治、环境污染损害赔偿等方面的法律法规,实现环境保护"有法可依"。要强化环境保护中的法治管理,加大对环境污染违法行为的查处力度,实现环境保护"有法必依"。要做到"执法必严",用重典大力提高环境违法成本,以"双罚制""按日计罚"等手段惩治排污企业,同时引入更多的强制性手段,推动污染入刑,以震慑环境违法行为。

其次,综合运用多种经济手段,增强企业自主节能减排的内生动力。要以税收、补贴为激励措施淘汰钢铁、火电等落后产能以及行业的落后工艺。针对"两高"行业实施更为严厉的贷款标准,加大对企业主动减排治污行为的信贷支持力度,积极利用金融杠杆保护环境。调整政府的采购目录,完善强制采购与优先采购制度,提高政府采购的"绿色化"比重。推动区域排污权交易试点,重点针对钢铁、电力、石化等行业,逐步建立反映资源稀缺水平

和环境恢复成本的价格机制。统筹主要污染物减排等专项,设置并不断增加大气污染防治专项资金,发挥中央政府资金投入的示范和先导作用,对重点区域按照淘汰落后产能等措施的实施力度实行"以奖代补",以此引导地方政府资金及社会资本进入节能减排领域。

最后,建立大气污染防治区域协同机制,形成联防联控合力。我国现行的"属地"特征的环境管理制度安排无法满足污染物的跨界特征所需要的合作解决问题的要求,亟需建立区域性的联防联控机制和方法。[①] 要做好大气污染联防联控的顶层设计,建立高于地方政府行政级别的更高组织协调机制,统一协调和监督地方的大气污染防治行动。要从全局出发,科学统筹,统一研究协调解决区域内突出的环境问题,合理确定节能减排任务分配,使各省市获得的支持力度与所承担任务相匹配,取得环境效益的最优化。对各省市所承担的治污责任要合理量化并动态监控,探索环境保护行政问责制和一票否决制,督促地方政府定期递交空气环境标准的执行细节。要合理确定区域内统一的产业准入标准、污染排放标准与违法处罚标准,防止污染产业向区域内的转移。在项目的审批过程中,要将空气污染排放等指标作为审批的硬性指标,同时可采取联合审批制度,避免地方政府仅考虑本地发展情况的短视行为对区域空气质量的破坏。建立完善的区域空气质量监测网络,对重点区域进行更为严格的监控,建立区域空气污染信息交流平台与区域大气污染突发状况应急响应预案,加大联防联控力度。

(本文发表于《理论学刊》2014 年第 6 期。郑超、方浪协助研究)

---

① 王金南、宁淼、孙亚梅:《区域大气污染联防联控的理论与方法分析》,《环境与可持续发展》2012 年第 5 期。

—8—

京津冀城镇化与工业化
协同发展的战略思考

在 2014 年全国"两会"前夕,习近平总书记在严重雾霾天气之时视察北京,并主持召开了京津冀协同发展工作座谈会,将京津冀协同发展提升到重大国家战略的高度,提出各地要自觉打破"一亩三分地"的思维定式,实现优势互补、良性互动、共赢发展,并就推进京津冀协同发展进行了具体谋划和部署。京津冀协同发展,不仅有利于治理大气污染,保障居民的身体健康,提升生活品质,而且有利于促进京津冀地区产业布局优化与城市功能调整以及人口的合理均衡分布,对推动京津冀地区健康可持续发展具有重要意义。本文以北京和河北为例,在分析京津冀当前发展过程中面临的产业、人口、资源与环境等问题基础上探讨京津冀协同发展的意义,并就如何推进京津冀协同发展提出相应的对策建议。

一、京津冀协同发展的战略意义

当前,京津冀城市群是我国最重要的政治、经济、文化与科技中心,拥有完整齐备的现代产业体系,也是国家自主创新战略重要承载地。[①] 但同时,

---

① 首都经济贸易大学课题组:《扎实推进京津冀协同发展》,《经济日报》2014 年 4 月 1 日。

京津冀三地之间发展严重不平衡,造成产业和人口分布与地区资源、环境的承载能力不匹配,进而产生一系列经济、社会、生态问题。世界上其他一些大城市,如纽约、伦敦、东京等,都经历过人口快速增长时期。相比这些大城市,北京的人口增长呈现更为明显的"速度快、规模大"特点。纽约、伦敦、东京三个城市人口规模的快速增长分别持续了50年、50年和20年,人口增量分别为502万、390万和513万,而北京在2000—2013年间,人口增长了752万。[①] 人口急剧膨胀也产生了资源紧张、环境污染、交通拥堵、房价高企等"大城市病"。环境污染问题最明显的就是当前日益严重的雾霾天气。2013年监测结果表明,北京市全年优良天数加起来共有176天,尚不足全年总天数的一半,重度污染以上的天数累计有58天,占到全年天数的15.9%,平均每6—7天就有一次重度污染。据国际卫生组织数据显示,北京PM10浓度在全球1600个城市中仅排名1461位。2014年,北京的机动车保有量已经超过500万辆。有研究表明,北京大气污染来源中,在本地污染源中机动车污染贡献20%以上,是雾霾天气的第一大"内部贡献者"。资源紧张方面最突出的是水资源的短缺。北京是一个水资源比较稀缺的地区,近些年来随着工业发展和人口急剧膨胀,工业用水和生活用水量持续增加,造成了北京供水持续紧张。近十年来,北京每年形成的水资源量平均只有21亿立方米,而年用水总量达36亿立方米。巨大的用水缺口,只能通过外省调水和超采地下水来缓解。北京人均水资源量减少到不足200立方米,不到全国平均水平的1/10,只有世界的1/40,是极度缺水区。河北产业发展滞后,城市功能弱,基础设施与公共服务不完善,对产业和人口的吸引力不足,城镇发展严重滞后,形成"环首都贫困带"现象。有数据表明,在京津周围的河北省辖区内,分布着32个贫困县、3798个贫困村,贫困人口达到272.6万。[②] 同时,河北又过度依赖重工业发展,消耗了大量的煤炭资源,造成大量的污染排放,也加剧了京津冀区域的大气污染。

京津冀三地在地理上紧密联系,人口、资源、环境等问题相互交织,要解决三地发展过程中的各种难题,需要三地密切合作,相互配合,实现协同发展。在人口方面,北京一直在努力通过控制人口进入的方式来控制人口规

---

① 李铁、范毅、王大伟:《北京人口调控该往哪走》,《光明日报》2014年5月27日。

② 天津经济课题组:《京津冀一体化的综述与借鉴》,《天津经济》2014年第4期。

模,但效果并不理想。2010 年第六次全国人口普查结果显示,北京市常住人口为 1961.2 万人,提前 10 年突破了 2020 年常住人口总量控制在 1800 万人的目标,而且目前仍然保持快速增长的势头。因此,治理北京"大城市病"关键在于疏解北京人口,而不是试图通过行政控制的手段阻止人口流入。人口往哪里疏解? 这就需要北京周围的河北中小城市来承接。对于河北而言,环首都的大量中小城市如何摆脱贫困? 这也需要北京的辐射带动作用,为城市与产业发展提供技术、管理、金融、物流等生产性服务。河北还可以通过合理承接北京的部分产业转移来加快产业发展与产业结构转型升级。

推动京津冀协同发展,加强北京与河北中小城市的联系,发挥北京对河北中小城市的辐射带动作用,促进北京与河北中小城市和小城镇的协调互动发展,有利于构建梯度有序、分工明确、优势互补的区域城镇布局结构体系,促进京津冀三地健康可持续发展。合理有序的城镇体系有利于促进人口在京津冀城市群内的合理均衡分布,实现人口与资源、环境的协调可持续发展,有效缓解北京因人口过度膨胀而产生的交通拥堵、空气污染、房价高企等"城市病",并带动河北中小城市集聚人口。合理有序的城镇体系还有利于促进京津冀城市群内大中小城市根据各自的产业比较优势进行产业链分工合作,形成区域内高效的产业分工体系,促进各城市的产业快速发展和产业竞争力的提升。

二、推动京津冀城镇化与工业化协同发展的对策思考

党的十八届三中全会最大的理论创新是重新塑造政府与市场的关系,使市场在资源配置中起决定性作用,构建"市场主导、政府引导"的发展模式。促进京津冀协同发展需要政府"有形之手"和市场"无形之手"的有效配合。要充分发挥市场在区域资源配置中的决定性作用,促进人流、物流、资金流、信息流等要素流在区域内的自由流动,提高区域资源的利用效率。政府要发挥好协调引导作用,做好区域发展战略与功能定位、产业发展规划、产业环保标准与环保法规制定、基础设施与基本公共服务建设以及相关的协同发展政策的落实等方面的工作,保证市场机制的有效发挥。

雾霾天气是当前京津冀共同面临的最为严重的问题之一,京津冀协同

发展要以雾霾治理为突破口。京津冀地区大气污染治理是一项系统工程，治理的难点在于不仅各地自身空气污染情况不容乐观，而且存在日益显著的区域传送和相互影响特点。有数据显示，北京 PM2.5 主要污染物来源区域输送占 25% 左右。在特定气象条件下，区域输送可能达到 40% 左右。因此，在京津冀地区大气污染治理问题上，各地都无法独善其身，必须通力合作，构建京津冀协同发展长效机制，有效治理大气污染。我国大气严重污染的深层次原因在于粗放的工业化消耗了大量能源资源造成巨量的污染物排放，和失衡的城镇化发展模式造成特大城市人口过度膨胀。[①] 推进京津冀协同发展和雾霾治理，要加快区域产业布局和产业结构调整与优化升级，积极淘汰落后产能；要以京津冀城市群建设为载体，促进首都非核心功能向外疏解，优化京津冀城市群空间布局，实现区域均衡发展；构建京津冀协同发展与生态建设的顶层设计及其组织体系，保障大气污染治理行动的顺利推进。

（一）推动京津经济结构高端化，在推进首都环境友好型产业向河北的转移的同时大力淘汰落后污染产能，使河北产业结构调整有"退"有"进"，带动京津冀整体产业结构优化升级

工业及能源污染一直是京津冀大气污染的重要"贡献者"。京津冀区域内钢铁、水泥、有色金属等是大气污染物排放的重点行业。特别是河北，长期以重化工为主的粗放型发展模式，使其贡献了区域内绝大部分的重工业产值和能源消耗，其煤炭消费占京津冀地区全年燃煤总量的 80%，对京津冀大气污染影响显著，产业升级优化也面临艰巨的挑战。要统筹协调京津冀区域发展及经济定位，转变产业资源过度集中首都地区的现状，促进首都产业资源合理向外转移。要利用京津冀地区产业发展的梯度差异和资源的互补性，促进区域范围内的资源流动和产业整合，实现三地产业的错位发展和产业链对接，共同打造京津冀主导优势产业链。[②] 要加快推进产业对接协作，进一步理顺三地产业发展链条，形成区域间产业合理分布和上下游联动机制，发挥各自产业比较优势，不搞同构性、同质性发展，实现区域产业合理

① 辜胜阻、郑超、方浪：《城镇化与工业化高速发展条件下的大气污染治理》，《理论学刊》2014年第6期。

② 祝尔娟：《京津冀一体化中的产业升级与整合》，《经济地理》2009年第6期。

布局与整体优化升级。要逐步改变北京"大而全"的经济体系,重点发展生产性服务业、高端服务业、高新技术产业,大力推进首都产业的高端化、服务化、低碳化。天津要按照打造北方经济中心、国际航运中心、国际物流中心的功能定位,充分发挥港口、制造业、滨海新区综合改革先行先试等比较优势,重点发展科技创新、金融及电子信息等产业,打造天津高新技术产业高地。作为首都北京的重要邻省,河北省要把淘汰自身落后高污染产能与合理承接首都产业转移相结合,改变原有偏重的产业结构,处理好"退"和"进"的关系。一方面,要严格市场准入制度,遏制地方政府与企业扩张冲动,不得以任何名义、任何方式核准、备案产能严重过剩行业新增产能项目。支持技术先进企业兼并落后企业,对规模小、重复性高的企业进行有效整合;将市场倒逼机制与激励机制结合起来,促进企业加快技术创新和产业升级;要大力支持过剩产能企业"走出去",完善激励企业开展海外拓展的扶持机制;完善企业退出机制,加快淘汰产能效率低、污染严重的企业。另一方面,要合理承接首都产业转移,按照"主体产业配套、新兴产业共建、一般产业互补"的思路,利用首都先进的技术条件,发展低能耗低污染的战略性新兴产业,形成环首都高端产业圈,促进产业升级和产城融合。产业项目在转移过程中要积极寻求转型发展,通过生产流程再造、生产设备更新等技术、管理手段提高能源资源利用效率,降低污染排放,提高绿色发展水平。这样,河北承接首都产业转移就不会增加新的污染排放,避免污染的转入,且有利于促进河北产业转型升级,实现京冀合作共赢发展。还应发挥北京高技术产业发展水平高的特点,围绕北京对周边地区的技术外溢,将河北环首都地区逐步发展成为北京的科技成果转化基地和高端制造业基地。要加快推进现代物流、旅游休闲、文化创意、健身疗养及文化教育等高端服务业向环首都地区的疏解,使环首都地区成为满足北京养老、医疗、休闲、教育等服务需求的重点区域。

(二)促进首都非核心功能向京外疏解,把疏解人口、疏解产业项目和疏解城市功能相结合,促进京津冀空间布局优化,有效缓解北京人口过度膨胀,实现区域均衡发展

疏解北京人口必须与疏解城市功能相结合,以功能疏解带动人口疏解。

北京要明确其政治中心、文化中心、国际交往中心、科技创新中心的战略功能定位，大力促进首都非核心功能向京外疏解。通过城市群建设，发展大城市的卫星城，吸引人口向卫星城市转移，进而疏解大城市人口压力是一种行之有效的途径，已在很多国家的大城市地区得到推行，像日本、韩国、英国、法国、美国等国家在其首都地区都采取过此措施。例如日本东京，20世纪五六十年代也遭遇过首都功能过度集中于城市中心区而出现严重的交通拥堵"大城市病"，其解决办法是在首都周边建设副中心和新城，通过立法来转移部分政府机构和研究机构，并吸引企业入驻，从而有效疏解了首都功能，治理了首都的"大城市病"。卫星城市有多种形态，如卧城、工业城、科学城、多功能卫星城等形态。北京也需要立足发展现状科学发展多种功能形态的卫星城，吸引市区人口向卫星城转移，缓解市区巨大的人口压力。要加快北京的卫星城建设，将紧邻北京的一些河北中小城市纳入北京卫星城建设范围以内，增强北京对卫星城市的辐射带动作用，既起到疏解北京人口的作用，又能改变环首都"灯下黑"局面。基础设施特别是交通、通讯等基础设施是提高城市之间互联互通水平，强化城市间分工合作的基础。东京发展首都副中心给我们的一个重要启示是交通基础设施是城市副中心汇聚人气、有效承接主城部分职能和分担主城服务功能的最基础条件，特别是对特大城市而言，多条轨道交通（地铁和轻轨）的交叉往往是城市副中心成长的首要推动力。[1] 促进京津冀协同发展也需要完善的交通基础设施作为支撑。目前，北京周边存在的大量"断头路"现象，严重阻碍了北京与河北中小城市的交流与联系，制约了京津冀协同发展。要协调京涿（涿州）、京廊（廊坊）、京燕（燕郊）、京固（固安）城市轻轨项目，加快进京、环京高速公路网建设，打造10分钟到半小时交通圈，引导北京市区人口向周边卫星城镇合理转移和稳定居住，缓和北京市区人口膨胀压力，并带动卫星城镇聚集人气。在市场经济背景下，人口流动更多的是一种物质和精神利益导向，人口会向工作机会多、发展潜力大，以及子女教育、医疗、养老等基本公共服务完善的地区流动。京津冀区域人口分布严重失衡的一个重要原因就是北京的就业机会、基本公共服务资源比河北好。因此，要积极推进京津冀地区基本公共服务

---

① 马海涛、罗奎、孙威、王昱：《东京新宿建设城市副中心的经验与启示》，《世界地理研究》2014年第3期。

均等化,使卫星城享受和北京平等的基本公共服务,增强北京卫星城的吸引力。

(三)完善京津冀在协同发展中治理生态环境的顶层设计,重点针对大气污染及水资源短缺问题,构建京津冀大气污染联防联控的高层协调机制,建立节约生产生活用水的激励约束机制,促进京津冀在协同发展中有效解决生态环境问题

治理大气污染是当前京津冀协同发展过程中最迫切的任务之一。京津冀协同治霾过程中会涉及企业和机构在地区之间的转移问题,这会影响到转出地政府的 GDP 和税收收入,从而降低地方政府合作的意愿与积极性。做好大气污染联防联控的顶层设计,可借鉴德国鲁尔工业区污染治理的经验,由联邦、州和市三级政府共同参与鲁尔区的改造工作,并成立鲁尔煤管区开发协会,作为鲁尔区最高规划机构,统一指挥、形成合力。建议不断完善由中央政府领导牵头、区域内各地人民政府共同参与的京津冀大气污染治理联席会议制度,作为区域空气污染防治工作的最高协商与决策机构,为京津冀及周边地区大气污染防治工作的联动协作提供有效的制度保障。在共同协商的框架下,重点构建区域大气污染任务分担机制与治理监督机制。要按照"共同但有区别的责任"原则合理确定各地区所承担的大气污染治理任务与实施路线图,依据所承担任务合理分配对各省市的财政、信贷支持力度。为避免地方政府由于自身发展需求而造成区域环境污染的短视行为,首先应加大中央政府对地方政府的监督力度,督促地方政府定期递交空气环境标准的执行细节。其次,还应完善包括人大、检察机关、法院、公众、公民团体、企业等"第三方主体"监督机制,构建企业、政府与"第三方主体"各司其职的制衡体系,加强"第三方主体"对污染治理的有效监督和约束。要尽快形成区域性空气污染防治法规,对污染排放标准与处罚标准采取统一标准,防止污染企业在区域内转移,采取各省市联合执法行动,统一执法尺度,以此加大对区域内污染违法行为的查处力度和效率。要依据生态补偿机制原理,多渠道扩容京津冀大气污染防治专项资金,发挥政府投入的示范和先导作用,广泛吸纳社会资本,建立多元空气污染防治成本分担机制,支持落后污染产能的淘汰,扶持分流下岗职工再安置和再就业。

针对目前京津冀地区的水资源短缺问题,坚持以水定城、以水定地、以水定人、以水定产的原则,缓解目前经济社会发展需求与水资源储量不匹配的现状。要健全有效的激励和约束机制,实施财税、信贷和政府优先采购等方面的政策措施,鼓励企业采取绿色生产方式,尽可能减少工业用水消耗;对耗水量大的企业生产进行约束,增加其运行成本,倒逼耗水量大的企业减少用水消耗。要建立反映环境要素稀缺程度的价格机制,最大限度地利用经济手段增强全社会节约用水的内生动力。要进一步增强公民节水意识,将节水意识上升为公民意识,将节水行动普及为公民行动。加大对节水产品的补贴力度和信贷支持,鼓励消费者购买和使用节水产品,促进公民逐步树立环保节水消费模式,逐步减少公民生活用水量。

(本文发表于《经济与管理》2014 年第 4 期。郑超、方浪协助研究)

促进中国城镇化与
旅游业互动发展的战略思考

城镇化是当代中国经济发展过程中的最大潜在内需和持久增长动力，亦是打造中国经济升级版的新引擎。旅游业是现代服务业的重要组成部分，并已成为支撑中国国民经济发展的战略性支柱产业。国际发展经验表明，城镇化发展将为旅游业发展带来"黄金机遇"；而旅游业发展又能为城镇化发展提供产业支撑和居民就业，推进城镇化发展。2013 年我国城镇化率达到 53.7%，正处于"诺瑟姆曲线"中 30%—70%之间的快速发展区间。同时，中国正向全面建成小康社会大踏步前进，旅游已走进普通家庭，旅游业步入黄金发展阶段。未来五年，我国旅游市场规模将超过 2.5 万亿美元。[①]所以，应及时把握城镇化与旅游业同时处于快速发展时期的重大战略机遇，促进城镇化与旅游业的协调互动发展。

一、城镇化与旅游业发展之间的相互依存关系分析

城镇化是随着工业化的发展，非农产业向城镇转移，农村人口向城镇集中，城镇数量不断增加、规模不断扩大的动态过程。城镇化与产业发展之间

---

① 古剑、汪洋：《中国愿与各国分享旅游业发展经验共享商机》，中国网，2014 年 4 月 26 日。

关系密切,是产业发展的产物,而城镇的发展又为产业进一步的发展提供条件。发达国家的经验表明:工业化是城镇化的发动机,而第三产业的迅猛发展赋予了城市新的活力,使城镇化进入更高的层次。可以说,在工业推动的基础上,第三产业的发展构成了城镇化向纵深跃进的后续动力。[①] 旅游业是工业化、城镇化发展过程中产业结构升级的产物,由此奠定了城镇化与旅游业之间十分密切的联系。

(一)城镇化是消费升级和投资扩大的最大动力,为旅游业发展带来黄金机遇

城镇化进程中居民消费数量扩大和消费升级,为旅游业发展提供了广阔空间。从根本上讲,旅游消费是一种非必需生活消费,它是在人们基本的生理需求在一定程度上得到满足以后才能有的较高级的消费形式。同时,由于没有消费数量限制,旅游消费量将随着经济社会发展和居民消费水平的提高而不断扩张。得益于改革开放以来中国经济建设取得的巨大成就,中国居民的收入水平不断提升,人们基本的生理需求已经得到满足,在居民消费构成中的占比逐步下降,而消费结构中发展性和享受性消费比重逐步提高,在住、行条件的改善及工作之余休闲旅游等方面的支出也在大幅增加。近十年来,中国公民国内旅游的势头一直保持着两位数的快速年增长速度。中国已形成世界最大的国内旅游市场,并且保持稳定快速增长态势,市场需求持续旺盛。2013 年,国内游客 32.6 亿人次,比上年增长 10.3%;国内旅游收入 26276 亿元,增长 15.7%。[②] 但统计数据显示,中国旅游市场存在着明显的二元结构,农村居民的人均旅游消费与城镇居民的人均旅游消费一直存在极大差距。2012 年城镇居民人均国内旅游消费达到 915 元,农村居民人均国内旅游消费仅为 491 元,城镇居民人均旅游消费几乎是农村居民的两倍。[③] 2013 年,我国常住人口城镇化率为 53.37%,户籍人口城镇化率

---

① 张占斌、张青、赵小平:《城镇化发展的产业支撑研究》,河北人民出版社 2013 年版。
② 国家统计局:《2013 年国民经济和社会发展统计公报》,国家统计局网站,2014 年 2 月 24 日。
③ 国家旅游局政策法规司:《2012 年中国旅游业统计公报》,国家旅游局网站,2013 年 9 月 12 日。

则只有 36% 左右。① 如果《国家新型城镇化规划（2014—2020 年）》（以下简称《规划》）提出的目标"到 2020 年,我国常住人口城镇化率达到 60% 左右,户籍人口城镇化率达到 45% 左右"能够顺利实现,未来还将有大量的农村人口进入城市,由农民变市民,这一变迁过程中所带来的居民消费数量扩大和消费结构升级将会给我国旅游业带来巨大的发展空间。

"文化传承,彰显特色"的新型城镇化发展方式能够有效增强城镇旅游业的发展基础和发展动力。城镇化对一个民族、一个国家而言,实际上只有一次机会。因为随着城镇化进程的结束,城镇和重大基础设施布局一旦确定后,就很难再改变。② 过去我国城镇建设过程中"盲目旧城改造""盲目追求现代化"等问题比较突出,其结果是大量能够体现地域特色的自然及人文景观被破坏,统一被改造为钢筋水泥建筑,"千城一面"。一些城市贪大求洋、照搬照抄,脱离实际建设国际大都市,"建设性"破坏不断蔓延,城市的自然和文化个性被破坏。一些农村地区大拆大建,照搬城市小区模式建设新农村,简单用城市元素与风格取代传统民居和田园风光,导致乡土特色和民俗文化流失。从发展旅游业的角度来讲,缺少地域特色的城市往往对游客的吸引力十分有限,即使本地存在比较有特色的旅游景点,游客也往往局限于有限的景点,滞留时间非常有限。《规划》指出,我国推进新型城镇化进程中要遵循"文化传承,彰显特色",强调发展有历史记忆、文化脉络、地域风貌、民族特点的美丽城镇。城镇本身就可以作为"大景区"被打造成为引人入胜的旅游"景点",吸引游客游览景点的同时更多地关注城市本身。在这一方面,"长三角"地区有很多成功的例子,例如浙江湖州南浔、桐乡乌镇等等。

（二）旅游业发展为城镇化提供重要产业支撑,产城融合是健康城镇化的前提

旅游业发展能带动众多相关产业发展,特别是服务业的大发展,增强城镇化的产业基础,带动城镇产业结构转型升级,促进产城融合发展。城镇

---

① 毛晶慧:《新型城镇化的新路径选择》,《中国经济时报》2014 年 5 月 12 日。
② 仇保兴:《中国特色的城镇化模式之辨——"C 模式":超越"A 模式"的诱惑和"B 模式"的泥淖》,《城市发展研究》2009 年第 1 期。

化=产业集聚+人口集中+城市繁荣,可见产业发展是城镇化的基本前提。而要防止有城市无产业支撑的过度城镇化现象,避免城镇化"拉美化陷阱"而使新市民变游民、新城变"空城",就要坚持城镇化与区域经济发展和产业布局紧密衔接,实现产城融合发展。[①] 推动旅游业发展符合城镇化的产业发展定位和要求。首先,旅游业作为集"游、行、住、吃、购、娱"于一体的综合性活动,涉及交通运输业、餐饮服务业、商业、房地产业、保险业等诸多产业,具有综合性强、产业关联度大、产业链长的特点,旅游业的蓬勃发展势必带动多个相关产业的发展,起到"一业带百业"的作用,[②]能够为城镇化发展提供坚实的产业支撑。联合国统计署测算表明,旅游业的发展可以带动110个行业的发展,是典型的"龙头"产业。据统计,旅游业对住宿业的贡献率超过90%,对民航和客运的贡献率超过80%,对文化娱乐产业的贡献率达50%,对餐饮业和商品零售业的贡献率超过40%。其次,旅游业作为服务业的先导产业,它的产业带动效应更多体现在对服务业的带动作用,这有利于优化我国"工业化城镇化"模式下的以第二产业为主的城镇产业结构,带动中国整体产业结构的转型升级。再者,通过旅游业发展带动城镇中的生产性服务业和生活性服务业的繁荣发展,将城镇产业发展和居民生活紧密结合,有利于统筹城镇产业功能和居住功能,推动产城融合发展。

旅游业发展能够为城镇农业转移人口创造大量就业岗位,促进农业转移人口稳定就业,进而推进农业转移人口市民化。新型城镇化的最大特点是强调人的城镇化,其核心和重点在于推进农业转移人口的市民化。稳定的就业是市民化的基础和前提。有稳定的就业才能获得稳定的收入来支付其在城镇长期居住的生活成本。在目前的劳动制度下,包括养老保险、医疗保险等基本公共服务直接与就业挂钩,有稳定的就业才能获得这些基本公共服务。稳定的就业还可以增强农业转移人口对职业和所处城镇的认同感和归属感,促使其在城镇逐渐扩展自己的人际交际圈,实现生活和心理的彻底城镇化。但稳定就业也是市民化的难点所在。现在城市里有两亿多农民工,其中80%的人就业是不稳定的,未来我国城镇化的快速发展过程中每年

---

① 辜胜阻:《新型城镇化的难点是人的城镇化》,《唯实》2013年第3期。

② 辜胜阻、李华、易善策:《发展旅游业是扩大内需的重要举措》,《经济纵横》2009年第5期。

还需要安排 2500 万人的就业岗位。[①] 因此,如何创造大量的就业岗位是稳步推进城镇化健康发展的关键所在。

发展旅游业在促进农业转移人口稳定就业,推进农业转移人口市民化方面具有比较优势。首先,旅游业发展能创造大量的就业岗位。旅游业属于劳动密集型产业,本身具有很强的就业弹性,能创造大量的直接就业岗位。旅游业的发展可通过带动其他相关服务业的快速发展,进而创造大量的间接就业岗位。据统计,旅游业每增加 1 个直接就业人员,就能带动产生 5 个就业岗位。当前,世界旅游业提供了 1.2 亿个直接就业岗位和 1.25 亿个间接就业岗位,平均每 11 个就业岗位中就有 1 个属于旅游业,到 2022 年每 10 个就业岗位中就会有 1 个属于旅游业。[②] 其次,旅游业还具有岗位种类多、门槛较低的特征,能够较好地适应农业转移人口的就业需求和职业发展路径特征。旅游产业涉及的领域比较广泛,对人才的需求也更为多样化,不仅需要一些高层次、高素质的管理、规划人才,同时需要大量从事基层岗位工作的普通职工,如保安、餐馆服务员、超市售货员等。农业转移人口能够先从一些基础的工作岗位开始做起,实现快速稳定就业,大量中高端职业岗位的存在又为其日后的进一步发展创造了机会。最后,旅游业中某些创业项目资金需求较低、风险较小,如旅游景点周边的小卖铺、小餐馆、旅游纪念品小商店等,适合农业转移人口直接创业,以创业带动更多就业。

二、推进我国城镇化与旅游业互动发展的战略思考

《国家新型城镇化规划(2014—2020 年)》对中国新型城镇化发展作了全面、系统谋划,提出了要加快城镇产业结构转型升级、提高城镇基础设施与公共服务建设水平、加快农业转移人口市民化的质量发展任务,并提出到 2020 年常住人口城镇化率达到 60% 的数量发展目标。同时,中国亟须加快旅游业等第三产业的发展,带动中国发展方式转变和产业结构调整升级。

---

① 姚士谋、薛凤旋、燕月:《推进我国城镇化健康发展的重大策略问题》,《城市观察》2013 年第 1 期。

② Jennifer Blanke,Thea Chiesa(eds),*The Travel & Tourism Competitiveness Report 2013*,World Economic Forum,2014.

面对城镇化与旅游业快速发展的机遇和挑战,应找准二者发展的契合点,精准发力,推进二者之间协调互动发展,进而推进中国新型城镇化的健康发展和旅游业的繁荣发展。

(一)以规划为龙头,科学制定城镇旅游业发展规划,加强城镇资源与环境保护,促进旅游业与城镇化绿色低碳发展

2013年中央城镇化工作会议明确提出,城镇建设,要实事求是确定城市定位,科学规划和务实行动,避免走弯路。旅游业推进城镇化健康发展需要科学规划城镇的旅游业发展模式,促进旅游元素与城镇的有机融合,实现旅游业快速发展与城镇化绿色低碳发展协调推进。一是要坚持差异化、特色化旅游业发展思路,避免"千城一面"现象。不同地区要充分挖掘本地的特色旅游资源,构建具有本地特征的旅游产业,增强地区旅游业的独特魅力。二是大、中、小城市和小城镇以及农村地区要结合自身资源与生态环境承载能力,构建相适应的旅游产业体系。大中型城市本身是客源地,也是很多游客的目的地,可构建多层次的旅游市场体系,提供多元化的旅游产品,吸引具有不同旅游需求的游客。小型地级市、县城和建制镇,旅游业发展基础弱于大中城市,发展空间相对较窄,但易于形成鲜明的主题性特征,可以走特色化的旅游城镇化之路,做到"一市一品""一镇一色"。三是城镇化与旅游业发展过程中要避免盲目的追求现代化,在融入现代元素的同时,更要保护和弘扬传统优秀文化,延续城市历史文脉。2013年中央城镇化工作会议提出,要依托现有山水脉络等独特风光推进城镇化发展,让城市融入大自然,让居民望得见山、看得见水、记得住乡愁。以旅游业推动城镇化发展要充分挖掘和依托城市历史文化,大力发展文化旅游,推进城镇化健康发展。如无锡市政府与企业合作打造大型休闲旅游消费文化体验综合项目的经验值得学习和借鉴。该项目以"文化"为精神内核,加大对南长运河古城保护、修复和整体升级改造力度,整合区域内自然资源和人文资源,通过"以商成文、以文兴旅、以旅旺商",积极推动"文商旅"产业联动发展,不仅推动了无锡城镇化发展,同时很好地保护和弘扬了区域传统优秀文化,延续了城市历史文脉。

（二）加快旅游业与其他相关产业融合发展，开发旅游新业态，延长旅游产业链条，使旅游业成为城镇化的坚实产业支撑

融合化发展是当前世界产业发展的一个重要趋势，被称为新经济条件下促进就业与增长的一个强有力的发动机。旅游业的产业融合发展在当前更具现实意义，无论是发达地区的产业转型，还是欠发达地区的产业突破，都需要发挥旅游业的关联带动作用和融合功能。① 旅游业的无边界特性使其可以和众多相关产业融合发展，衍生出新型旅游产品和旅游形态。例如，旅游业与农业融合可形成农业旅游，与会议、会展业融合可形成商务旅游，与文化产业融合可形成文化旅游等。旅游业与其他相关产业融合发展可以充分利用不同地区的特色资源，为旅游业发展服务，不仅可以延长旅游产业链条，扩展旅游业发展空间，增强旅游产业的市场竞争力；而且可以催生出庞大的旅游休闲产业集群，增强地区城镇化发展的产业基础，并有利于保护城镇特色。特别是旅游业与文化产业的融合发展，有利于保护城镇的人文、历史景观和文化。上述无锡市政府打造的大型休闲旅游消费文化体验综合项目，就是一个典型的案例。国外发达国家的旅游业经过长期的发展，已经由传统观光旅游为主的阶段升级到以商务旅游、文化旅游、乡村旅游等多种旅游业态协调发展为主的阶段。而当代中国旅游业发展起步较晚，整体发展水平较低，发展理念还比较落后，且目前仍以观光旅游为主，旅游业与其他相关产业融合发展的广度和深度都不足。

所以，我们需要以"大旅游"的发展理念为指导，加强旅游业发展理念、发展方式、投融资机制、市场营销等方面的创新，积极寻求旅游业与其他相关产业的融合发展。一要逐步改变传统观光旅游的发展理念，认真研究本地旅游业和文化、体育、农业、工业、商业等其他相关产业的发展特点与现状，因地制宜，制定促进旅游业与其他相关产业融合发展的产业政策，积极鼓励和引导旅游业与其他相关产业融合发展，培育能够体现本地特色的新型旅游业态。鼓励旅游企业积极探索与其他相关产业融合发展的空间和机制，找准融合点，主动嵌入其他相关产业，加强与其他相关产业的融合发展。

---

① 宋子千：《旅游业应增强产业融合的主动性》，《旅游学刊》2011年第4期。

积极搭建旅游业与其他相关产业融合发展平台,为企业间信息、人才、技术、资金合作与融合发展提供良好环境与条件。二要创新旅游业发展的投融资机制,鼓励和引导民间资本参与城镇旅游业的发展。民间资本参与旅游业发展可以有效解决城镇旅游业发展面临的资金、技术、管理等问题,加快旅游业发展速度,提高旅游业发展质量,并促进旅游业规模化、集群化发展。如襄阳市政府积极引进民营企业和兴集团,围绕襄阳市卧龙镇的良好生态和文化资源,打造出一个集休闲、养生、度假、旅游、怀古、参禅等多种旅游业态于一体的"泛旅游"产业,实现了产城融合发展,并通过旅游产业集聚吸引人口集聚,促进了城镇的繁荣兴旺,有效推动了卧龙镇的城镇化进程。三要加强产业融合发展下的新型旅游产品市场营销,引导旅游消费升级,增强游客对于新型旅游产品的了解和需求,引导居民增加对新型旅游产品的消费。例如,在中国快速的人口老龄化背景下,老年人如何养老,是一个热点问题,旅游养老不仅可以满足老年人的养老需求,还可以为旅游业创造发展空间。但需要通过对旅游养老模式的宣传,增强对旅游养老的认识,不断提高旅游养老的吸引力。

(三)加强农业转移人口职业技能培训,提高农业转移人口的旅游就业能力,为旅游业的转型升级和可持续发展提供人力资源保障

中国提出了到 2020 年成为世界旅游强国的旅游业发展目标,迫切需要大量的不同层次的旅游业人才作为支撑。当前,中国旅游业面临严重的人才短缺问题,已成为制约旅游业快速、健康发展的重要因素。促进农业转移人口向旅游业转移就业,不仅可以丰富旅游业的人才要素供给,提高旅游业发展水平,而且可以促进城镇农业转移人口稳定就业,进而推进农业转移人口的市民化。但目前由于农业转移人口职业技能普遍较低,不能满足现代旅游业市场多元化需求,故农业转移人口进入旅游业市场就业并不充分,特别是一些中高端的旅游职业岗位存在空缺,而农业转移人口又一时无法胜任。

职业教育培训是提高农业转移人口职业技能的重要手段。为此,应构建科学、高效的旅游职业培训体系,进一步健全及完善面向农业转移人口的职业教育和培训,提高农业转移人口旅游就业能力及质量。同时,整合现有教育资源,健全运行机制,支持职业教育通过开设远程教育、订单培训、夜校等形式,向农业转移人口提供便捷、有用、价廉的旅游职业技能教育。各级政府要通过购买培训服务、招标培训机构等方式提供农业转移人口需要的旅游职业培训,在流动人口集中的城市建立若干社区培训学习中心,向农业转移人口免费提供信息技术和就业技能培训,构建基于信息技术平台的社会融入模式。此外,进一步探讨激励农业转移人口参与职业培训的长效机制,切实贯彻执行农业转移人口培训经费补贴政策,促进农业转移人口职业教育平台建设,鼓励和支持农业转移人口参与就业培训,提升职业素质;建立旅游业职业资格认证制度,鼓励更多热爱旅游职业的农业转移人口通过职业资格认证进入旅游行业发展;加强农业转移人口的创业意识和创业能力培养,并通过银行贷款、财政补贴、税收优惠等政策引导、扶助有激情、有梦想的农业转移人口大胆进行旅游业创业。

(四)创新城镇基础设施与公共服务建设投融资机制,完善公共私营合作制(PPP),鼓励和引导民间资本参与城镇基础设施与公共服务建设

旅游业发展需要良好的交通、通讯、供水、供电、排水和污水垃圾处理等基础设施条件,以及医院、银行、商场、市政等公共服务配套设施。尤其是在中国,旅游市场以散客市场为主,不经旅行社安排的出游者已经占到总出游者的九成以上,而散客的出游更需要良好的基础设施与公共服务,这决定了中国基础设施与公共服务对于旅游业发展的重要意义。[1] 所以,基础设施与旅游公共服务是中国旅游业发展的重要内容,是优化旅游消费环境、提升游客旅游满意度的重要着力点。同时,基础设施是城镇经济发展不可缺少的组成部分,是城镇赖以生存和发展的重要基础条件,也是提高核心竞争力的基础平台。[2] 基础设施和公共服务是城镇化建设的核心,是提高中国城镇化发展质量的重要内容。当前,中国城镇化正处于快速发展时期,城镇基础设施与公共服务建设水平严重滞后于城镇人口的增加,造成城镇化发展质量低下。一些旅游业相对比较发达的地区,其基础设施与公共服务一直无法

---

[1] 安金明:《旅游思·路——城市旅游发展研究(一)》,中国旅游出版社 2014 年版。
[2] 笪可宁、赵希男:《论小城镇核心竞争力的构建和提升》,《中国人口·资源与环境》2010 年第 2 期。

满足旅游业快速发展的要求,由此制约了旅游业的进一步发展。例如,有的地方政府往往只注意接待了多少游客、创造了多少旅游收入,而类似如厕难、交通拥堵、垃圾成堆等旅游配套设施不完善的问题却被有意无意地忽略了。世界旅游理事会发布的《旅游竞争力报告2013》表明,基础设施与公共服务落后是造成中国旅游业综合竞争力落后的重要因素。然而,城镇基础设施和公共服务建设需要投入大量资金。有研究表明,到2020年,仅由城镇人口增加而新增的市政建设的资金需求大约就有16万亿元。① 因此,资金问题是加快城镇基础设施与公共服务建设的关键,需要积极创新城镇基础设施与公共服务建设投融资体制,建立多元化的投资主体,多渠道筹措城镇基础设施和公共服务建设资金。一方面,政府应主动承担公共服务供给责任,进一步加大对非经营性领域基础设施与公共服务的投资力度;深化财税体制改革,努力使城镇财力与事权相匹配,加快房产税、土地增值税等税收制度改革,确保地方财政有稳定可靠的税源,改变政府对"卖地财政"的过度依赖,并合理确定土地出让收入在不同主体间的分配比例,将政府土地出让收入纳入公共财政进行管理。另一方面,大力引入民间资本,发挥市场机制在资源配置中的决定性作用,提高民间资本在城市基础设施与公共服务领域的参与程度。根据项目区分理论,市政公用设施按照垄断性和公共性的程度,可分为非经营性和经营性(包括准经营性)两种类型。绝大多数市政公用事业,如供水、供气、公共交通、排水、排污、道路、桥梁、垃圾处理等都具有经营性特征,可以作为民间投资的主要对象。② 在对项目经营性质合理区分的基础上,一定要合理采用公共私营合作制发展城市基础设施与公共服务,以此达到以较少财政资金带动更大规模社会资金投入的投融资放大效应。③ 为此,须深化基础设施与公共服务领域垄断行业改革,降低民间投资准入门槛,允许和鼓励民间资本进入铁路、航空、电信、能源、市政公用设施和社会事业领域,通过采取民间持股、拆分、重组等方式打破政府公共投资垄断能源、交通、基础设施等领域的局面;营造公平竞争的市场环境,推进

---

① 巴曙松:《新阶段城镇化带来投资需求》,《经济参考报》2013年4月25日。
② 何孝星:《加快推进我国经营性公用事业民营化问题研究》,《经济学动态》2003年第10期。
③ 辜胜阻、刘江日、曹誉波:《民间资本推进城镇化建设的问题与对策》,《当代财经》2014年第2期。

民营企业在城镇基础设施与公共服务建设中与其他所有制企业在投资审批、土地、财税扶持、环保、招投标等方面的待遇公平化，并通过建立补偿基金、提供土地资源补偿、控制审批竞争性项目等多种途径，降低民间资本投资风险，让民间资本"有利可图"。

（五）进一步规范旅游市场秩序，完善职工和学生休假制度，为城镇居民旅游提供时间保障，营造旅游业与城镇化互动协同发展的良好环境

当前，中国城镇居民收入水平快速提高，旅游消费能力得到增强，但由于旅游消费环境不尽如人意，大大制约了居民旅游消费的快速扩张，进而弱化了旅游业推动城镇化发展的功能。首先，旅游业市场秩序仍不够规范，旅游服务质量不高。当前，中国旅游业发展过程中"重建轻管"的问题比较突出，旅游业监管体系不健全、监管手段落后、监管职能交叉与空白同时存在，市场监管力量薄弱、监管效率不高，一些旅行社违反职业道德和法律规定，采取"零负团费"、虚假旅游广告等进行不正当竞争，导游强迫游客购物、购物价格虚高，擅自更改路线、酒店和景点，甩团以及"黑社""黑导""黑车"等侵犯游客权益的事件频繁发生。其次，带薪休假制度不够完善，且休假时间过于集中，缺乏弹性，降低了居民的旅游消费意愿和积极性。带薪休假制度在国外是一种常见的制度，实行带薪休假制度可有效解决旅游消费需要与闲暇时间不足的矛盾。但中国目前带薪休假制度的执行较差，除一些实力雄厚、经营规范的企业外，很多企业、机关事业单位几乎没有很好落实这一制度，未保障职工的休假权利。大部分居民旅游只能选择在法定节假日期间，而大量居民同一时间出游导致旅游体验极差，一些景区景点一到节假日就成了"人看人"或"人看头"，极大地影响了居民的旅游意愿。一些游客甚至无奈发出"与其堵在路上，不如宅在家里"的感叹。有调查显示，78.1%的受访者不愿在"黄金周"出行，理由是"节日期间人多拥挤，不能达到旅游放松的效果，还会造成不必要的麻烦"。

促进居民旅游消费，必须大力优化旅游消费环境，不断增强居民旅游消费体验和满意度。首先，充分利用政府、行业协会、社会媒体和公众的合力，进一步规范旅游市场秩序，提升旅游服务质量。要完善旅游业发展的法律法规体系，规范旅游市场秩序，全力提升旅游服务质量。中国首部关于旅游业的法律《中华人民共和国旅游法》已颁布实施,但根本是加强贯彻和实施,做到有法必依、违法必究、执法必严,切实发挥好旅游法对旅游业发展的促进作用。与此同时,充分发挥行业协会的自律作用,鼓励行业协会加强对行业发展的自我管理和自我规范;充分利用媒体的社会监督功能,对侵犯游客权益、破坏旅游市场秩序的不良企业和旅游从业者进行曝光,健全和完善游客投诉机制,畅通投诉渠道,鼓励游客积极投诉违法经营企业和从业者,监管部门要提高投诉案件处理效率,及时处理游客投诉的问题,倒逼旅游企业和从业者依法诚信经营。其次,推进落实带薪休假制度,增加居民闲暇时间,引导居民旅游时间自然错开,避免法定假日"赶集式"出游,提高旅游体验,激发居民旅游消费热情。如有必要,可依法强制执行带薪休假制度,强化监督,依法保障带薪休假制度实施的有效性与稳定性。更为重要的是,应不断降低带薪休假的门槛,适当增加带薪休假的天数,扩大带薪休假的范围,探讨职工带薪休假与学生放假的衔接,增强职工带薪休假的灵活性,保障居民家庭有时间一同旅游。

（本文发表于《河北学刊》2014 年第 6 期。方浪、刘伟协助研究）

—10—
就业是城镇化及社会稳定的基石

就业是城镇化之基,社会稳定之本。国际经验表明:城镇化要有产业支撑,市民化要有稳定就业。① 健康的城镇化需要通过推动产业发展来提高城镇吸纳就业的能力。巴西近几十年来农村人口大批向城市迁移,2000 年城市化率就已经超过了 80%。然而,与此同时,巴西的贫民窟问题也十分严重。据巴西 2012 年人口普查资料显示,巴西有贫民窟 14000 个,比 20 世纪 90 年代增加近 2000 个。② 大量农村人口涌入城市却没有得到正规就业,只能流向城市的贫民窟,最终使农村贫困向城市平移。国际劳工组织发布的《拉美青年与体面工作》报告指出,拉丁美洲贫困阶层的青年失业率高达 25.5%,是高收入阶层青年的 3 倍。③ 青年失业率较高的拉美地区也已成为世界上犯罪率最高的、最不安全的地区之一,其犯罪率是世界平均水平的两倍。④ 这就是缺乏产业支撑使新市民变游民的城镇化"拉美化陷阱"。

劳动人口就业不仅是城镇化和市民化的坚实基础,而且是社会稳定的重要前提。据新疆自治区公安厅统计,2012 年新疆发生暴恐案件 190 余起,其中个体暴恐活动趋多,参与者多为 80 后 90 后,且文化程度不高。⑤ 这些

---

① 辜胜阻、吕勉:《城镇化要围绕五大要素做文章》,《经济日报》2013 年 8 月 9 日。
② 李凤梅:《拉美贫民窟问题分析及其警示》,《人民论坛》2014 年第 11 期。
③ 张国英:《国际劳工组织报告称拉美贫困阶层青年就业难》,新华网,2014 年 5 月 13 日。
④ 樊继达:《城市二元结构:拉美警示与中国式应对》,《国家行政学院学报》2014 年第 4 期。
⑤ 阿依努尔、毛咏:《恐怖袭击发出的危险信号》,《党政论坛(干部文摘)》2014 年第 5 期。

暴力恐怖事件的发生与就业问题特别是青年人就业问题高度相关。调查表明,在2000—2010年期间,新疆维吾尔族15岁以上的未就业人口总数从134.8万人增加到177.7万人,增幅为31.6%,且以青壮年为主。① 大量青壮年找不到工作成为无业游民,易增加犯罪风险,因此,提升新疆少数民族特别是青年人就业率对于减少犯罪、维护社会稳定具有重要意义。同时,劳动者的受教育程度也与人口就业相关,从而影响社会稳定。统计显示,新疆暴恐案件参与者一般无职业且文化程度不高。如2013年7月份,遭新疆警方通缉的11名恐怖分子,文化水平皆为初中以下,②鲁克沁镇暴恐事件的主谋文化程度只有小学水平。③ 较低的受教育水平使其难以获得稳定的工作,易滋生对社会和政府的不满情绪,容易被极端思想蛊惑。

一、新疆城镇化和劳动者就业特征

(一)新疆人口城镇化率偏低,劳动者非农就业比重不高

据《新疆统计年鉴(2013)》数据显示,新疆城镇人口比重由1949年的12.21%提高到了2013年的44.47%,年均提高约0.5个百分点。据统计,若按城镇非农业人口计算,克拉玛依市的城镇化率最高,达98.71%,其次是乌鲁木齐市(71.75%)。然而,将新疆的平均水平与全国相比,其城镇化建设仍较缓慢,城镇化水平明显滞后于全国大多数地区。2013年,新疆城镇化水平为44.5%,明显落后于东部和中部地区,与全国平均水平(53.73%)相比,也滞后了9.23个百分点。就西部12个省(市、自治区)来看,2013年新疆城镇化率排在第八位,仅高于贵州(37.8%)、云南(40.48%)、西藏和甘肃(40.13%)。同时,新疆地区的劳动者就业集中在第一产业,非农就业比重较低。数据显示,2012年新疆第一产业产值比重为17.6%,就业人员比重达48.73%;第二产业产值比重为46.4%,就业人员比重达15.61%;第三产业产

---

① 马戎:《我国部分少数民族就业人口的职业结构变迁与跨地域流动——2010年人口普查数据的初步分析》,《中南民族大学学报(人文社会科学版)》2013年第6期。

② 于德清:《用就业和教育应对"暴恐年轻化"》,《民主与法制时报》2014年5月29日。

③ 邱永峥:《走进新疆鄯善暴恐袭击事发地》,《环球时报》2013年7月3日。

值比重为 36%,就业人员比重达 35.66%。可见,二、三产业的产值比重之和达到了 82.4%,却只吸纳了 51.27% 的就业人口,尤其是产值比重接近一半的第二产业,所吸纳的就业人员却不到六分之一。其中,少数民族劳动者的就业结构更为单一,在二、三产业就业的人口比重过低,大部分就业人员还是集中在第一产业,特别是种植业。

(二) 新疆城镇民营经济发展不足,对劳动力的吸纳能力有限

民营中小企业是解决就业的主渠道,研究显示,75% 的城镇就业要靠中小企业。然而当前,新疆地区民营中小企业对劳动者的吸引力不足,新疆城镇就业人口大都集中于公有制经济单位,特别是国有单位。据《新疆统计年鉴(2013)》数据显示,2012 年末,在城镇公有制经济单位就业人员有 204.21 万人,占城镇就业总人数的 70.72%,其中国有单位就业人数占比为 69.54%,城镇集体单位就业人数占比为 1.18%。造成这一现象的主要原因在于,新疆民营经济发展相对不足,对劳动者的就业吸引力有限。近年来,新疆民营经济虽得到了较快发展,经济总量、经济实力、纳税总额以及就业吸纳力等有所增强,市场主体规模较快增长,但相较全国其他地区而言,新疆民营经济发展仍较为滞后。数据显示,新疆民营经济在国民经济中所占的比重很低,仅有三成,相比发达地区 70% 的比重明显滞后。[①] 新疆民营经济市场主体多数为中小型企业,从事一般性商业和服务业的企业居多,生产规模一般较小,经营与盈利状况远不如国有企业,使得劳动者在求职的过程中往往抱有一定"偏见",倾向于选择国企的"铁饭碗"。同时,由于直接融资渠道不畅且间接融资方面遭受歧视,再加上沉重的税费负担,导致中小企业存活期相对较短,也使得一些追求稳定工作的劳动者不愿意在中小企业就业。

(三) 新疆少数民族人口受教育水平低,劳动者素质与就业需求不匹配

产业结构转型升级与就业结构的调整是紧密相连的,在技术集成和服务不断向高端化发展的过程中,需要人才供给结构做出相应调整,为产业升

---

① 刘春宇:《消除壁垒,大力发展新疆民营经济》,《新疆都市报》2014 年 4 月 11 日。

级提供相匹配的人力资源供给。① 随着城镇化、工业化的推进,新疆产业结构将会不断调整,以烟草、纺织、食品等为代表的传统产业占比将会下降,而以高新技术为基础的生物、新材料、新能源、电子、信息等新兴产业以及以石油加工、电子通信设备制造、电力等为代表的基础制造业将得到快速发展,需要大量高素质专业技术人才。但在新疆目前的劳动力市场上,劳动者的整体文化水平较低,难以满足这一人才需求。据《新疆统计年鉴(2013)》数据显示,2012 年新疆就业人员中,初中及以下学历(包括未上过学)的就业人员比重达 67.9%,高中及以下学历(包括未上过学)的比重达 81.9%。特别是,新疆少数民族人口的文化水平偏低,文盲率相对较高。据 2005 年全国1% 抽样调查数据显示,15 岁及以上少数民族文盲人数为 81.57 万人,占比9.26%,分别比全疆和汉族平均水平高 0.94 个百分点和 2.2 个百分点。在一些少数民族聚居的农村中,小学及以下文化程度劳动力人口仍占 50% 以上。② 较低的文化水平使少数民族在就业时的竞争力弱,就业水平明显低于汉族。一项调查显示,在 976 份调查样本中,南疆少数民族就业率低于汉族11 个百分点,北疆少数民族就业率低于汉族近 40 个百分点。③ 同时,对于少数民族人口而言,汉语的熟练运用程度也与就业高度相关。语言既是日常会话的工具,也是民族间思想文化交流的重要手段,少数民族劳动者熟练使用汉语对其进入汉族人兴办的企业具有重要影响。现阶段,新疆少数民族劳动者的汉语水平较低。一项针对新疆伊宁市居民的调研显示,在被调研的 348 名维吾尔族居民中,80.4% 的人能够听懂汉语的简单对话,但是能够熟练地用汉语进行各方面交流的只有 25.9%。④ 汉语运用不熟练也减少了少数民族劳动者的就业机会。

(四)新疆职业教育发展水平不高,劳动者职业技能偏低

当前,有职业习惯、职业纪律和职业技能、"会动手"的实用性技术人才

① 辜胜阻、王敏、李睿:《就业结构性矛盾下的教育改革与调整》,《教育研究》2013 年第 5 期。
② 赵强:《新疆少数民族就业状况及存在问题分析》,《西南民族大学学报(人文社会科学版)》2011 年第 5 期。
③ 陈小昆、毛小刚:《新疆少数民族就业状况调查》,《新疆财经大学学报》2012 年第 1 期。
④ 孟红莉:《新疆伊宁市维吾尔族城市居民的语言能力、语言使用与语言态度调查》,《西北民族研究》2013 年第 3 期。

和熟练劳动者严重短缺。职业教育培训水平的高低对劳动者的职业技能和素质有重要影响,新疆职业教育培训尤其是中等职业教育的发展还比较滞后,不利于劳动者的长期稳定就业。具体而言,新疆地区职业教育水平不高主要体现在:一是办学条件较差、规模较小、质量较低。过度重视理论知识的教学,而轻视对学生技术应用能力的培养。二是师资队伍短缺且素质不高。在职业培训院校的教师中,有相当部分来自普通教育岗位,这些教师所具有的特点是理论基础较厚而专业技术知识较为缺乏,与职业教育院校的办学目的不相适应。同时,由于待遇水平不高,使得很多拥有理论知识的专业技术型教学人才不愿留在职业教育院校,进而导致职业教育师资队伍总量不足且素质偏低。在专任教师中,拥有"双师型"能力的教师较少,特别是"双语双师型"教师更是严重短缺。三是培养机制与市场需求脱钩。目前,新疆职业教育培训的经济和社会功能还比较弱,与产业、企业之间还没有形成良好的互动机制,使得职业教育所培养的人才与产业、企业的用工需求不相适应。新疆现有职业教育机构多数为师范、财会、卫生类院校,难以满足市场对制造、石油、采掘、电子、信息等行业技术型人才的需求。

二、促进新疆城镇化和劳动者就业的对策建议

产业支撑和稳定就业是城镇化的重要基础。针对新疆城镇化和城镇劳动者具有的四大特征,切实解决城镇劳动力的就业问题,既需要推进新疆城镇化与工业化的协调发展,强化城镇化的产业支撑,通过推动产业发展、激活民营企业活力来提高城镇吸纳就业能力,也需要提高劳动者的受教育水平,增强其职业素质与职业技能,同时要借助"丝绸之路经济带"的发展契机,推动新疆地区的经济发展。

(一)提升新疆城镇化和非农化发展水平,实现产城融合,使城镇居民有稳定就业

促进新疆城镇化和非农化发展,让城镇化建立在坚实的产业基础之上,实现产业与城市发展的良性互动,从而为新疆待就业劳动力提供更多就业岗位。新疆要在产业发展与结构调整过程中,努力找到经济增长与扩大就

业之间的结合点,在资金、技术、器械装备等相同的条件下优先选择就业吸纳力较强的项目。发展高科技产业的同时,加大对中小企业的支持力度。发展加工制造业的同时,对劳动密集型企业要适当倾斜。大力发展服务业,尤其是面向生产和民生的服务业。据国家统计局测算,第三产业附加值每增长1个百分点,平均增加就业岗位达85万个,比第二产业多68万个。① 大力发展服务业,这是解决新疆就业问题的重要途径。未来,要进一步优化服务业发展环境,完善并落实促进服务业发展的税收政策。要大力发展面向生产和民生的服务业,积极拓展新型服务业领域。通过政策指导、财税优惠、融资支持、政府采购等措施,大力推动新疆金融服务、租赁服务、商务服务、科技服务、物流服务、信息服务、教育服务等生产性服务业发展。在对餐饮等传统消费性服务业进行改造和提升的同时,也要促进休闲娱乐、文化创意等现代消费性服务业发展,充分发挥其吸纳就业的功能。统计显示,截至2013年,新疆旅游业直接就业人数30万人,间接就业人数达到120万人。②此外,要依托乌鲁木齐市这样的大城市发展高端服务业,在大城市形成以服务业为主且具有鲜明特色的产业结构。待高端服务业在这些城市发展成熟后,再通过技术扩散和消费示范作用,向周边城市扩散。

(二)鼓励以创业带动就业,支持新疆地区民营中小微企业发展,充分发挥民营企业的就业容纳功能

优化中小企业发展环境,保持广大中小企业的生机和活力。要加快垄断行业改革,放宽市场准入,降低企业发展的高门槛,让中小企业"快生长大";要增强中小企业融资体系的公共政策性、多层次性和互动互补性,缓解中小企业融资难;要构建中小企业财税政策支持体系,通过减税、减费、减息,用"少取多予"减轻中小企业的沉重负担。要降低创业门槛,鼓励劳动者自主创业,以创业带动就业。党的十八大报告明确提出要"引导劳动者转变就业观念,鼓励多渠道多形式就业,促进创业带动就业"。未来,新疆政府应

---

① 赵伟伟、毛可贝:《新疆就业结构与全国的比较分析》,《市场周刊(理论研究)》2008年第1期。

② 关俏俏、吴壮:《旅游业带动中国新疆150万人实现就业》,《中亚信息》2014年第4期。

从创业机会、创业教育、创业融资、创业服务、创业成本、创业孵化园区等①方面着手支持劳动者以创业带动就业。在创业机会上,要将劳动者创业与农村城镇化结合起来,依托县城发展一批中小城市,为实现创业梦想创造机会。在创业教育上,要强化创业教育理念,加大创业教育的资金投入力度,加强创业教育师资队伍建设以及创新创业教育课程和教学模式。在创业融资上,要进一步完善小额信贷政策、简化贷款程序、减少对创业项目的过多限制;加强信用担保体系建设,提高商业性担保机构的积极性;设立政府、企业、社会团体等多方参与筹资的创业基金;引导民间资本进入天使投资和风险投资,以支持创业项目。在创业服务上,要转变思想,强化政府服务意识;简化工作程序,提高创业审批效率;放宽创业登记条件,降低创业"门槛";健全政策扶持、创业服务、创业培训"三位一体"的工作机制,使更多劳动者成为创业者。② 在创业成本上,通过加大财政扶持、税收优惠、财政补贴、减免行政收费等措施,使劳动者创业成本最小化。在创业孵化园区上,要在基础设施、政策扶持、配套服务、产业引导、人才供给、土地优惠等方面给予创业系统支持。

(三) 大力提高少数民族人口的文化教育水平,增强其就业竞争力

新疆义务教育存在着教育资源分布不均衡、师资队伍素质不高、部分地区办学条件较差等突出问题。针对这些问题,新疆应加强政府领导,将义务教育均衡发展纳入到政府的工作考核中;通过完善教师管理制度、激励制度等优化师资力量,提高教师素质;加大教育投入,完善义务教育经费的稳步增长机制,重点向偏远山区、贫困地区以及薄弱的学校倾斜等。新疆高中及以上教育虽然得到了积极发展,但是高中及以上学校的入学率仍然较低。据 2013 年新疆教育公报显示,2013 年高中阶段教育学校有 654 所,高中阶段毛入学率为 79.04%,普通高等学校和成人高等学校有 43 所,高等教育毛入学率为 29.16%。为此,新疆应从升学指标、经费投入、奖助学金、学费减免等方面进一步向少数民族学生倾斜,以鼓励他们继续接受教育。同时,要

---

① 辜胜阻、武竞:《扶持农民工以创业带动就业的对策研究》,《中国人口科学》2009 年第 3 期。
② 辜胜阻:《六大举措鼓励农民工创业》,《农村经营管理》2009 年第 3 期。

促进双语教育的普及,增加对双语教育的投入,提高双语教师待遇,提升办学质量。通过普及双语教育,加强少数民族学生与汉族学生之间的语言文化交流与沟通,缩小两者之间在学习、生活等方面存在的差距,以避免少数民族学生在求职过程中面临语言障碍、就业观念陈旧等"壁垒",增强其就业竞争力。

(四)推进职业教育发展,提升劳动者职业素质和技能

新疆劳动力整体素质不高,尤其是少数民族人口素质较低,已成为制约劳动者就业和再就业的重要因素。未来,一要增加职业教育投入力度,加强职业培训院校基础设施建设,重点建设一批中等职业院校,并鼓励职业教育学校、政府和企业联合建立职教学生实习基地,以提升学生的动手操作能力和技术运用水平。二要加强师资队伍建设,不断优化师资结构,引进具有较高学历、技能和素质的教师;鼓励教师走进企业、吸引企业家走上讲台,开展师资培训和交流;重视兼职教师队伍建设;建立和完善职业教育学校教师评审、考核和激励机制,促进教师从理论型向"双师型"转变。三要以市场需求为导向,完善职业培训机制。围绕结构调整和城镇化建设的人才需求,设置培训课程和教学内容,培育劳动力包括价值理念、心理品质、职业技能等在内的综合素质;改进培训教学模式,将课堂讲授、角色模拟、基地实习和项目实践等教学方法结合起来,提高教学效率;鼓励职业教育学校、政府和企业联合建立职教学生实习基地,"订单式"培养企业所需人才。四要加大普通高等院校学生的培训。重点加大对高校在校生及应届毕业生的就业技能培训和创业培训,通过灵活就业补贴、创业培训补贴、小额担保贷款以及加强与援疆各方合作等措施,解决高校毕业生就业问题。

(五)科学谋划新疆"丝绸之路经济带"产业发展规划,使新疆城镇化建立在坚实的产业基础上

2013 年 9 月 7 日,习近平在哈萨克斯坦纳扎尔巴耶夫大学发表演讲时提出要共同建设"丝绸之路经济带"。这一战略构想的提出,对于经济带沿线的省市和地区的经济发展和对外开放具有重要的战略意义,而作为经济带国内段终点和国际段起点的新疆地区,面对亚欧地区近 30 亿人口的巨大

市场,将会在交通、能源、科技合作、商品贸易、物流、仓储、旅游等领域迎来发展的新天地。因此,要抓住"丝绸之路经济带"建设以及东部地区产业升级和产业转移的双重战略机遇,提升新疆城镇化建设水平,使新疆城镇化、工业化、信息化与农业现代化四化同步发展。具体而言,一是通过不断加大新疆经济开放力度,深化新疆地区与丝绸之路沿线国家和地区在交通、能源、商贸物流、金融、科技、医疗等领域的经济合作;二是通过工业园区建设,加速新疆地区产业集聚,加快东部地区产业向新疆转移,推动新疆工业腾飞;三是通过完善各项生活、就业配套设施,吸引更多东中部的劳动力向新疆地区转移,提升新疆地区的社会稳定和经济发展水平。

（本文发表于《中央社会主义学院学报》2014 年第 6 期。高梅、李睿协助研究）

$$11$$

新时期城镇化的转型方向和配套改革

目前,中国城镇化水平已经跨越了 50%的历史性"门槛",正处于城镇化快速发展的中期阶段。在新的历史起点,新一轮的城镇化应如何推进? 城镇化需要哪些配套改革? 我们认为,当前推进新型城镇化要实现五个方面的转型,要围绕"人如何市民化""钱如何筹集""地如何集约使用""空间如何科学布局"四个基本问题,推进城镇化的配套改革。

一、五大转型

目前,中国城镇化应实现从重"数量增长和规模扩张"向重"质量提高、效益提升和功能完善"转型,解决过去城镇化进程中积累的诸多"不平衡、不协调和不可持续"的深层次问题。我们认为,当前城镇化可持续健康发展需要实现五个方面的转型。

(一)从偏重于物的"城镇化"向重视人的城镇化转变

中国城镇化存在"重物轻人"的倾向,偏重于城市空间扩张和土地开发,而忽视了人口城镇化的本质内涵和实际需求,导致城市高楼林立而居民幸福感下降。尤其是土地"城镇化"明显快于人口城镇化,并且"房地产化"的倾向严重。土地作为城镇化的空间载体,其地理位置的不可移动性,使土地

"城镇化"与人口、资金等要素从农村向城镇流动和集中的过程不同。土地"城镇化"应从土地利用形态和产权归属两方面来理解和定义,包含"土地利用从农村各类用地向城镇经济社会用途用地转化",以及"土地产权由农村土地使用者向城市土地使用者转变"的双重过程,一般表现为城镇建成区面积的增加。2002—2011 年,全国城市建成区面积从 25973 平方公里扩大到43603 平方公里,增加了 67.9%;同期,城镇人口从 32924 万人增加到 39807万人,只增加了 20.9%(见图 1)。可以看出,中国土地"城镇化"与人口城镇化的增长速度差距逐渐扩大,呈非协调发展的态势。过快的土地"城镇化"不仅导致土地粗放经营、浪费严重,而且大规模强征农地,形成大量农村劳动力外流的强制性推力。目前中国部分地区出现"农民被上楼"现象。土地被征用后,失地农民住进集中统一建设的楼房,但其生产和生活方式与市民并不相同。城镇化的核心在于人的城镇化,物的"城镇化"特别是土地"城镇化"只是前提条件和载体。新型城镇化发展要从偏重于物的"城镇化"向重视人的城镇化转变,重点推动农民工市民化进程。

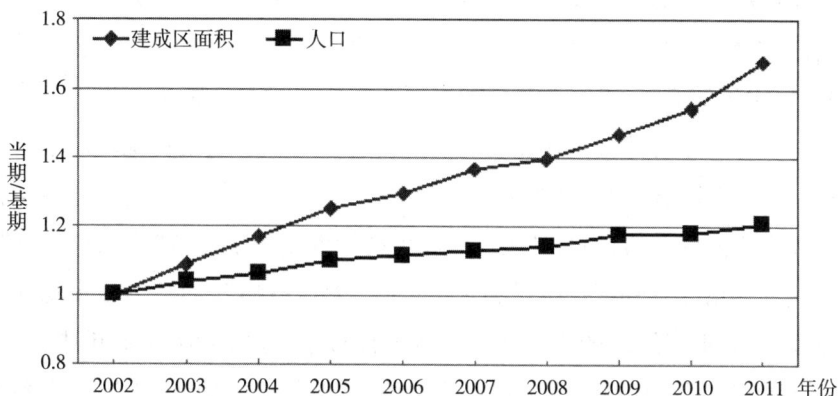

图 1 人口城镇化与土地城镇化速度比较

注:以 2002 年为基期(基期数值为 1),2003—2011 年数值为该年当期与基期的比例。
资料来源:国家统计局:《中国统计年鉴》(2003—2012),中国统计出版社。

(二)从城镇市民—农民工的二元结构向居民待遇一体化转变

2012 年中国城镇化率已达 52.6%,并依然保持着每年提高 1 个百分点的速度,但如果以非农业户籍人口占全部人口的比例来衡量城镇化水平,同期比重仅为 35.29%。① 上述两个指标之间存在约 17.3 个百分点的差距,症结就是"半城镇化"问题,具体表现为大量的农民工实现了地域转移和职业转换,但身份和地位没有转变。当前中国有 2 亿多生活在城镇里的农民工没有城镇户口,不能完全享受城镇居民待遇,出现了"就业在城市,户籍在农村;工作在城市,家属在农村;收入在城市,积累在农村;生活在城市,根基在农村"的"半城镇化"现象。外来农民工与本地居民在社会保障、医疗卫生、子女教育等基本公共服务方面存在差异。发展经济学认为,发展中国家工业化所需的资金积累主要来源是"农业剩余"。进城农民工不能享受基本公共服务等社会福利待遇,表明中国城镇化和工业化高度依赖"农业剩余"。当前,中国城镇化发展应彻底打破城镇内部的二元结构,推动基本公共服务向农民工群体覆盖。

(三) 从粗放式高物耗、高地耗的城镇化发展方式向集约型低碳、绿色的城镇化发展方式转变

中国城镇化的高速发展主要得益于廉价劳动力、土地、能源等要素的巨大贡献,在传统的"要素驱动"城镇化发展模式下,部分地方政府盲目投入大量资金、土地等要素,寄希望于通过增加要素投入数量来最大限度地获取城镇化红利。由于支撑城镇化发展的要素具有稀缺性及城镇资源环境承载力有限,这种高物耗的粗放式城镇化发展方式不仅加剧了要素供给与城镇化发展需求之间的矛盾,而且还为城镇化可持续发展带来诸多"后遗症",导致诸如交通拥堵、土地浪费、空气和水污染等"大城市病",影响了城市功能的正常发挥,降低了居民的生活质量。有统计显示,全国 667 个城市中,约有 2/3 的城市交通在高峰时段出现拥堵,2/3 的城市被"垃圾围城"。② 有关部门对 118 个城市的连续监测数据显示,约有 64% 的城市地下水遭受严重污染,33% 的城市地下水受到轻度污染,基本清洁的城市地下水只有 3%。③ 在推进城镇化转型过程中缓解"大城市病",要从根本上改变粗放式城镇化发

---

① 孙铁翔、华晔迪:《2012 年全国非农业户口人口所占比重达 35.29%》,新华网,2013 年 3 月 6 日。

② 陈文胜、王文强:《规划不合理致城市交通拥堵》,《中国社会科学报》2011 年 12 月 8 日。

③ 李丽:《防治地下水污染,现在的法律不够用》,《中国青年报》2013 年 2 月 22 日。

展方式,对城市建设进行科学的规划布局和组织管理,重视城市的生态文明建设,进而实现低碳、绿色的集约型发展。

(四) 从单纯"做大"城市规模向"做好"城市群、"做多"中小城市转变

中国城镇化过程中一直存在"摊大饼"的问题,片面追求城市规模扩张,结果形成"头重脚轻"的城市结构体系,即大城市比重过高,中小城市发展不足。在中国城市体系中,特大城市和大城市数量占比为 36.6%,超过中等城市比重(23.1%),仅低于小城市比重 3.7 个百分点。特别是东部发达地区,特大城市和大城市数量几乎与小城市数量持平。城市经济学研究表明,在城市聚集的初期,聚集经济效果明显,而聚集不经济不太明显,但城市达到一定规模后,聚集不经济就会逐渐增强,并不断削弱聚集经济的作用,直到完全抵消甚至超过聚集经济的作用。① 中心大城市以"摊大饼"的方式盲目无序推动规模扩张,不仅会带来运行成本上升、城市功能弱化等自身发展问题,还会挤占周边中小城市的资源要素,削弱中小城市的吸引力。城镇化转型发展要以实现大中小城市协调均衡发展为目标,科学布局城市体系,构建合理的城市格局,着重"做好"城市群和"做多"中小城市。

(五) 从城镇化、工业化、信息化和农业现代化"四化"不协调向"四化"同步转变

农业发展是城镇化的前提,产业革命尤其是工业化是城镇化发展的动力,服务业的发展能保证城镇化高级阶段对城镇人口的容纳能力。因此,城镇化要建立在实体经济的坚实基础上,以产业为支撑,实现其与工业化、农业现代化及信息化的协调发展。然而,目前中国"四化"发展存在一定程度的不协调性。首先,城镇化明显滞后于工业化。以劳动力非农化率与城镇化率之比(NU)来度量城镇化与工业化的协调发展程度,可以发现,2002—2011 年中国城镇化始终滞后于工业化。其次,农业现代化明显滞后于城镇化。在高速城镇化过程中,大量农村劳动力和其他生产要素进入城市,导致"农村空心化"问题突出,农业发展基础薄弱。虽然城镇化为农村土地规模

---

① 闵希莹:《"摊大饼"的追问》,《城市规划》2005 年第 1 期。

经营创造了条件,但由于土地流转机制不完善、物质装备水平不高、科技创新和技术推广能力较低、劳动力素质难以适应现代农业发展等,使农业现代化进程受到制约,城乡差距依然较大。最后,中国信息化处于初步发展阶段,与中国城镇化水平有较大差距,以信息化带动城镇化的效果短时期内难以显现。城镇化要与工业化、制造业由大向强转变相协调,要建立在以制造业为基础的实体经济基础上,防止"产业空心化";要与农业现代化相协调,加快城乡统筹,通过农业现代化释放更多劳动力,通过工业反哺农业、城市支持农村,缩小城乡差距,促进城乡互动协调发展。[1]

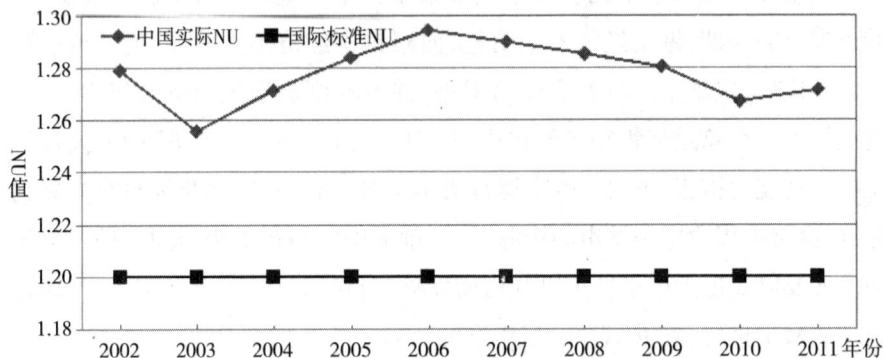

图2　国际标准 NU 与我国实际 NU 比较

注:研究表明,无论是发达国家还是发展中国家,随着城镇化与工业化的协调发展,NU 越来越接近
1.2。因此,NU 等于 1.2 是判断一个国家城镇化与工业化是否协调发展的基本方法。如实际 NU
大于 1.2,则表明城镇化滞后于工业化。

资料来源:国家统计局:《中国统计年鉴》(2003—2012),中国统计出版社。

　　鉴于中国城镇化的特点,仅用城市户籍人口比例或城镇常住人口比例这样的人口统计指标并不能度量真实的城镇化水平。我们认为,城镇化需要有坚实的产业基础,人口城镇化必须与产业结构相匹配;进城人口市民化不仅要有生产方式的非农化,而且要有生活方式和思想观念的"城镇化";健康的城镇化要在良好的生态环境中进行。因此,对城镇化需要进行综合分析,推动新型城镇化发展则要深化一系列配套改革。

---

[1]　辜胜阻、杨威:《反思当前城镇化发展中的五种偏向》,《中国人口科学》2012 年第 3 期。

二、四大配套改革

（一）在实现城镇常住人口基本公共服务全覆盖的基础上，促进一批长期有稳定工作和稳定住所的农民工定居大中城市，引导一批农民工返乡创业、就业

公共服务体制改革是城镇化配套改革的首要问题。在推进基本公共服务从广度和深度两个层面向城镇常住人口全覆盖的过程中，尤其要加强对农民工"学有所教、病有所医、住有所居、老有所养"等基本公共服务和产品的供给。第一，完善教育经费保障和教育体制改革，加大财政对农民工随迁子女教育的投入，全面实行农民工子女在输入地平等接受义务教育的政策，逐步降低随迁子女接受高中教育的进入"门槛"。在解决农民工子女义务教育的基础上，要着力破解异地高考困局，进行科学的异地高考制度的顶层设计，从全国通盘考虑研究和出台异地高考制度安排，使长期在输入地就读的随迁子女能够就地参加高考。如广东省2013年起开始实施异地高考政策，实现积分入户的外来人口随迁子女不受入户年限、就学年限等限制，享有与户籍考生同等的高考录取权利。第二，深化医疗保险制度改革，逐步将农民工及随迁家属纳入医疗保险体系，合理配置医疗服务资源，重视社区卫生组织保障农民工医疗服务的重要作用。第三，深化住房及保障房制度改革，建立覆盖不同收入群体的城镇住房多元化供给体系，使进城转移人口实现定居梦想。要通过企业建出租房、政府提供住房补贴和保障房、盘活闲置房源、鼓励二手房和三手房交易等多渠道增加住房供给。具体做法可借鉴湖北省黄石市住房管理经验，通过政府投入与民间投资相结合的方式，加大保障房新建、配建、改建力度，做大"增量"；通过建立健全税收、金融等相关政策体系，收购、吸纳、转化社会空置房和出租房资源，盘活"存量"，增强农民工的住房供应。住房保障要由实物保障和货币补贴并存逐步转为以货币补贴为主，降低住房支出占农民工生活成本支出的比例，保障农民工能够"住得起"。要实现保障性住房资金来源的多元化，运用多种政策工具对保障性住房建设和交易给予资金补贴、税收减免、土地供应、银行信贷等方面的支持。第四,针对农民工不同类型及具体情况,构建、完善与农民工构成和特点相匹配的养老保险制度,同时要提高养老保险统筹层次,建立有效的养老保险关系转移接续制度。

构建农民工职业培训体系和创业扶持体系,提高农民工整体的就业质量,更好融入城市,并引导一部分农民工回归创业带动就业。要构建农民工的职业培训体系,促进农民工职业培训平台建设,重视农民工职业引导,增强农民工的职业技能、职业素养和敬业精神,提高就业质量。要进一步探讨激励农民工参与职业培训的长效机制,切实贯彻执行农民工培训经费补贴政策。政府通过购买培训服务、招标培训机构,提供对接当地劳动市场需要的职业培训,在流动人口集中的城市建立若干社区培训学习中心,向农民工免费提供信息技术和就业技能培训,构建基于信息技术平台的社会融入模式。要完善农民工回归创业的政策扶持体系,营造良好的创业环境。通过减税、减费,降低创业企业的交易成本和经营成本。设立农民工返乡创业专项扶助基金,为其提供创业融资补贴。我们的研究表明,农民工创业成功的概率大大高于一般大学生。有调查表明,2007 年全国回乡创业农民工总数约为 800 万人,创造了 3000 万个就业机会。[1]

户籍制度改革要采取"因城而异,因群而异"的分类指导原则稳步推进,重点解决"沉淀型"农民工流动人口及新生代农民工落户问题,实施全国统一的居住证制度,并使居住证成为提供基本公共服务的依据。户籍本身只是记录和提供城乡居民信息的载体,应按城市类型、经济规模和人口特征采取不同的户籍迁移管理办法。对大城市,既不能"关死城门",堵住农民进城,也不能一步完全放开户籍,要依据城市综合承载力,对不同类型农民工群体逐步放宽落户条件。要优先把有稳定劳动关系,长期举家工作、生活在城市,有稳定住所、工作和收入,并基本融入城市的"沉淀型"农民工流动人口逐步转为城镇居民。要重点解决新生代农民工落户问题。在农民工市民化的进程中,新生代农民工是市民化意愿最强、市民化需求最为迫切,同时也是比较容易融入城市的群体。[2] 对于中小城市,要向进城农民工打开城

---

① 韩妹:《返乡农民工纷纷创业 新乡企有望再成繁荣经济发动机》,《中国青年报》2009 年 6 月 5 日。

② 刘传江、程建林:《我国农民工的代际差异与市民化》,《经济纵横》2007 年第 4 期。

门,鼓励其进城落户。对于县城和县域中心镇,则要敞开城门,让农民自由进城。实现户籍制度和居住证制度的有效衔接,并努力实现城镇基本公共服务依据居住证向常住人口全覆盖。

(二)建立多元化的改革成本分担机制和市场化的投融资机制,解决城镇化钱从何处来的问题

建立中央政府和地方政府及政府、企业、个人共同参与的市民化成本分担机制,多渠道分担市民化的改革成本。首先,要确定中央政府与地方政府的成本分担办法,深化财税体制改革,努力使地方财力与事权相匹配。中央政府要加大财政转移支付对提升地方政府公共服务能力的支持力度,并承担农民工市民化的特殊性支出;设计和推进相关税收制度改革,规范土地财政为税收财政,确保地方财政有稳定可靠的税源,提高地方政府承担市民化成本的能力。其次,要完善政府、企业和个人共同参与的市民化成本分担机制。地方政府要逐步提高农民工市民化投入在财政支出中的比例,集中解决教育、医疗、社会保障及保障房等基本公共服务支出问题。企业要顺应当地经济发展水平的变化适当提高农民工的工资待遇和基本福利,为其办理基本的社会保险,并分担保障房的部分成本支出。

建立市场化的城镇化投融资机制,积极引导民间资本参与城镇化建设。推进城镇化要尊重市场规律,充分发挥市场"无形之手"和政府"有形之手"的"两只手"作用,提高农民工的就业水平和收入水平。政府要重视市场配置资源的基础性力量,扩大民间投资和发展民营经济,提高产业的就业吸纳能力;要尊重企业在产业发展中的主体地位,运用市场机制推动企业集聚发展,实现规模效益,夯实城镇化发展的产业基础;要发展民营金融机构和草根金融,为农民工的草根创业和草根经济提供金融支持。

(三)完善土地"确权、流转、征用"等一系列环节,确保进城农民工土地财产权,推动土地高效集约使用

土地是农民赖以生存和发展的根本,农村土地制度是土地问题的核心。农民只有拥有离开土地的选择权和处置土地的自主权,才能拥有市民化的基础。为此,要深化土地制度的改革,对土地"确权、流转、征用"等一系列环

节进行有针对性的制度改革,推进农村集体土地确权赋能工作,完善农民工承包地和宅基地的流转或退出机制,控制征地规模和提高用地集约度,解决农民工进城的"后顾之忧"。

首先,要加快包括农村宅基地在内的农村集体土地所有权和建设用地使用权地籍调查,尽快完成确权登记颁证工作。土地确权是土地流转的前提条件,是农民工自主处置土地和获取土地收益的根本依据。进一步完善农村土地的确权赋能,把直接用于生产的土地所有权落实到农户个体,发放相应的证书予以登记确认;把用于公益、发展企业或其他集体经济的所有权归于农民集体,并通过折股量化等形式分配到个人。

其次,要探索建立农民工承包地和宅基地的流转或退出机制,提高土地流转的市场化配置程度,降低农民与土地"松绑"的难度。土地流转是现行土地管理制度的重要创新,不仅有利于盘活农村集体存量土地,提高土地利用效率,减少土地资源浪费,实现土地集约规模化经营和农业现代化,还有利于增加农民和农村集体收入,增加农民工进城置业创业的资本。要遵循农民自愿和协商一致的原则,鼓励进城落户的农民工将承包地和宅基地进行流转。要赋予农民对承包地、宅基地、住房等土地资源的自由处置权,允许农民依法对土地以出租、转让、置换、赠与、继承、作价入股等方式流转。要研究推进农村宅基地使用权和土地承包经营权抵押贷款试点工作,发挥土地作为致富资本的功能。

最后,要完善征地制度和用地制度,增加农民工土地增值收益,控制征地规模,提高用地集约度。要改革征地补偿制度,合理确定国家、地方政府、集体和个人的收益分配办法,提高农民在土地增值中的比例,防止地方以地生财而随意侵占和损害农民土地权益。要严格控制征占规模,探索建立城镇建设用地增加规模与吸纳进入城市落户人口规模相挂钩的土地利用机制。要提高城镇用地集约度,通过相对集中布局城市建筑设施、密集组团发展等方式节约用地,提高建成区人口密度,改变土地"城镇化"大大快于人口城镇化的局面。

(四)均衡城镇化要优化城镇化空间布局,通过城市群建设,以大带小,促进不同规模城市协调发展

促进城镇化可持续发展应形成科学合理的新布局,不仅要优化城镇发展格局,改变城市体系"头重脚轻"的态势,促进大中小城市和小城镇协调发展,而且还要加强区域间的合作,统筹区域协调发展。中央经济工作会议强调,"要构建科学合理的城市格局,大中小城市和小城镇、城市群要科学布局,与区域经济发展和产业布局紧密衔接"。谋划城镇体系协调发展和区域协调发展两个大局,关键在于坚持"两条腿走路":一是大力发展城市群来发挥中心城市的规模效应和辐射作用,以大带小、合理分工,充分发挥大城市要素集聚的规模经济效益和中小城市吸纳就业的社会效益。采取以大都市圈为特征的城市化策略,构建组团式的城市结构,明确都市圈中城市之间的功能定位,形成合理高效的城市分工体系,利用大都市的辐射能力,直接把周边的中小城市和小城镇纳入块状的城市圈内。同时,重视城市功能提升,以"智慧城市"为理念推动内涵型城市化发展。二是依托县城发展中小城市,提升中小城市人口聚集功能,鼓励更多的人就地城镇化,减少城镇化过程中的"候鸟型"和"钟摆式"人口流动带来的巨大社会代价。

以产业转移和劳动力回流为主要内容的"双转移"是市场经济规律作用于中国产业和人口布局的必然结果,也是优化中国城镇体系和区域发展格局的重要战略机遇。东部地区要推动产业向中西部地区转移,通过"腾笼换鸟"利用技术、资金等比较优势加快产业升级,并以此带动城市转型;要通过推进劳动力回流,减轻东部大城市人口过度膨胀带来的负面效应,有效缓解"大城市病"。中西部地区要基于地区特点充分发挥后发优势,积极并有选择性地承接产业转移,提升中小城市的吸引力,为回流劳动力提供充足的就业机会;促进农村劳动力就地城镇化,降低大规模异地转移和非家庭式迁移所带来的过高代价。

三、研究结论

城镇化率超过50%以后,中国城镇化进入了一个关键阶段,转型与改革是现阶段城镇化发展的两大主题。当前城镇化发展要实现一系列重大转变:要改变"重物轻人"的观念,更加重视人的城镇化;改变城镇公共服务的二元结构,并逐步推进基本公共服务按常住人口全覆盖乃至均等化;集约使用资源和减轻环境污染,以形成绿色、低碳、集约的城镇化发展模式;反思大城市规模过度扩张而人口极度膨胀的弊端,并构建科学合理的城镇体系;正视城镇化、工业化、信息化和农业现代化"四化"发展不协调的问题,夯实城镇化的产业基础。分析过去30年的发展可见,土地城镇化大大快于人口城镇化。城镇化最重要的转型是要把人口城镇化作为重点,推进农业转移人口的市民化,解决2亿多人的"半城镇化"问题。城镇化是未来中国经济增长的最大潜力,改革是未来中国经济增长的最大红利,要把城镇化这一最大潜力变为现实动力,必须通过改革。但改革必须坚持渐进原则,如果以户改和土改一夜之间改变两亿多农民工的户籍,使大量农民失去土地,将导致灾难性后果。

农业转移人口的市民化=稳定就业+基本公共服务均等+安居及生活方式城镇化。农业转移人口市民化要求城镇发展要有多元的产业基础来保障进城人口有稳定的就业,通过公共服务体制改革扶持农民工创业就业、帮助农民工安居和享受基本的教育、医疗和养老保障,通过深化户籍制度改革让"沉淀型"进城人口定居不同的城市,同时引导一批外出农民工顺应产业向中西部转移趋势回归创业、就业。要构建进城人口的职业培训体系和创业扶持体系,一方面,使更多的进城人口更好地融进城市,另一方面,帮助外出打工的农民工回归创业,把城镇化建立在坚实的产业基础上。市民化是高成本的改革,需要构建中央政府和地方政府及政府、企业、个人共同参与的多元化改革成本分担机制,并且要高度重视市场力量,充分发挥民间资本在城镇基础设施建设中的作用,创新服务城镇化建设的金融工具。土地是城镇化过程中最重要的物质要素。深化土地制度改革要坚持农民受益最大和集约高效利用土地的原则,通过土地合理流转保护农民土地财产权,增加农民工进城置业创业资本,同时促进土地集约高效利用。均衡城镇化需要科学的城市空间布局。要构建大中小城市和小城镇协调发展的多层次城镇体系,充分发挥大城市的规模效应和辐射效应,通过城市群建设,以大带小,增强中小城市产业发展、公共服务、吸纳就业、人口集聚功能,促进不同规模的城市协调发展。

(本文发表于《中国人口科学》2013年第3期。刘江日、李洪斌协助研究)

—*12*—
智慧城市建设中的问题与对策

"十二五"时期，我国将全面进入城市时代，城市将成为真正意义上的经济社会主导。城市增长的驱动因素将由劳动、资本、土地等传统要素转向知识、信息、技术等创新要素，城市发展更富有创新活力，城市运行更具"智慧"。据世界银行测算：一个百万人口以上的城市，在投入不变的情况下，实施全方位的智慧管理，将能增加城市的发展红利 2.5—3 倍，这意味着智慧城市可促进实现 4 倍左右的可持续发展目标，并引领世界城市的发展方向。作为未来城市发展的新理念和新实践，智慧城市成为学术界和实业界关注的焦点。从城市演进路径看，智慧城市是继数字城市和智能城市后的城市信息化高级形态，是信息化、工业化和城镇化的深度融合。从城市发展内涵上看，智慧城市是城市经济转型发展的转换器，是一种具有新特征、新要素和新内容的城市结构和发展模式。[①] 为此，自智慧城市理念诞生以来，它便引起世界各国城市的兴趣。目前，紧随欧盟、韩国、日本、德国、爱尔兰、新加坡、台湾等国家和地区智慧城市发展步伐，我国也掀起了智慧城市、智慧项目建设浪潮。针对这一现象，本文拟在论述智慧城市理论及其发展方向的基础上研究我国智慧城市的具体实践，深入分析智慧城市建设"热潮"背后存在的问题与应对策略。

[①] 辜胜阻、王敏：《智慧城市建设的理论思考与战略选择》，《中国人口·资源与环境》2012 年第 5 期。

一、建设智慧城市的战略意义及其发展方向

（一）建设智慧城市的战略意义

智慧城市建设,实质上是一场以信息产业再升级和信息技术创新引导的城市经济社会发展、生产生活方式的变革,是经济发展模式创新在特定空间上的具体体现。从本质上看,智慧城市理念反映的是城市发展要在技术上实现透彻感知、互联互通和深入智能(IBM,2009;钱志新,2011),更要实现城市经济、生活和管理上的全面"智慧"。发展智慧城市对于解决我国经济转型过程中的现实问题,促进城市长期健康发展具有重大战略意义。

1.优化城市产业结构,创新经济驱动方式

基于技术创新与产业发展视角,智慧城市是信息技术的创新与应用,是以物联网为核心的新一代信息技术对城市自然、经济、社会系统进行智能化改造的结果,具体表现为物联网与互联网的融合。智慧城市建设必须依托技术创新和高技术产业的发展。发展智慧城市有利于壮大高技术产业规模,提高高技术产业在城市经济中的比重。同时,智慧技术广泛辐射城市的工业和服务业,推动传统企业技术、组织和服务模式的创新,有利于改变我国城市产业发展的劳动密集型特征,衍生智慧制造业、智慧商务等产业形态,以最大限度地提升传统产业的生产力,推动我国由"制造大国"向"创造大国"的转变,实现城市经济从过度依赖"土地红利""人口红利"的廉价"要素驱动"转向依靠知识和信息的"创新驱动"。

2.贯彻绿色发展理念,创造新的经济增长极

党的十八大报告提出,要着力推进绿色发展、循环发展、低碳发展"三大发展",强调把生态文明建设放在突出地位,融入经济建设,促进生产空间集约高效、生活空间宜居适度,努力建设美丽中国,实现中华民族永续发展。推进绿色发展、循环发展、低碳发展实质上是要求我们要推进城市经济发展向资源节约型和环境友好型方向转变,努力实现"资源消耗低、环境污染少、产品附加值高、生产方式集约"。智慧城市中信息要素已成为经济发展的决

定性内生变量,它不仅充分挖掘人的智能潜力和社会物质资源潜力,实现个人行为和组织决策的最优化,而且能被无限复制和重复使用,却不产生额外成本、不造成环境污染,推动经济的绿色增长。同时,智慧城市建设是以物联网、3S(GIS、GPS、RS)和云计算为重要核心技术,它们的应用将不断壮大新一代信息技术产业,带动创意产业、软件与信息服务业等新兴产业发展,以及智能、生物、纳米等新技术群体集聚,有利于培育战略性新兴产业,创造新的经济增长点。其中以云计算为例,未来几年我国云计算的市场规模将达到90%左右的年增长率(见图1)。

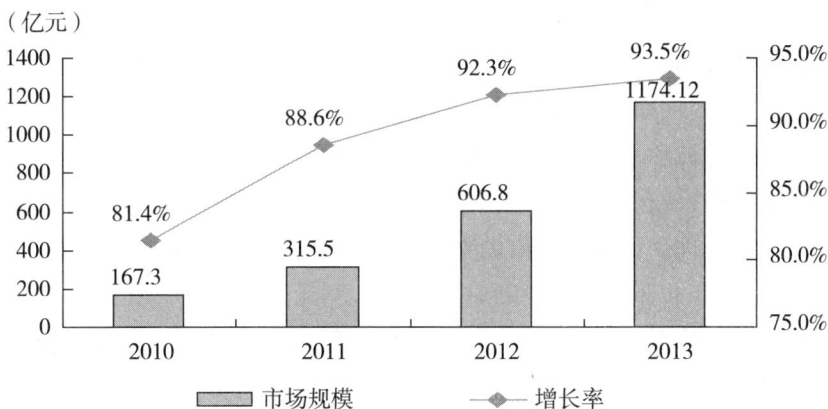

图1 2010—2013年中国云计算市场规模与增长

资料来源:赛迪顾问:《中国云计算产业发展白皮书(2011)》,赛迪顾问官方网站,2011年。

3. 提供均等化的公共服务,切实解决民生问题

一方面,智慧城市中信息要素主导公共资源的配置和使用,将改变以往公共服务中存在的"信息不对称"现象,市民能够充分获取所需信息、全面掌握服务流程,确保均等享有医疗、教育、交通等公共服务的权利;另一方面,智慧社区和智能家居的应用使公共服务细致入微,切实解决市民的生活问题。例如,数字化、网络化、智能化的生活环境有助于解决我国城市人口老龄化和家庭空巢化的问题。此外,智慧城市建设还将创造大量的知识型就业岗位,在一定程度上缓解就业难题。根据IBM中国商业价值研究院的研究结果,我国在"智慧医疗"基础设施方面投入300亿人民币,将可以直接和间接创造近16万就业岗位,其中大部分是面向大学生的知识型就业岗位,而

这些人的消费又可以创造 20 万个服务业工作岗位。①

4.培育个性化的消费市场,提高市民的生活品质

城市经济的发展改变了市民传统的消费习惯,市民对商品消费的需求渐趋个性化、多元化、品质化。但是,在传统经济条件下,受制于资源约束以及高成本,市场供给难以满足不断变化的个性化多元化需求。智慧城市为企业和市民提供了便捷、低廉的信息交互手段,使企业供给与市场需求有效对接成为可能,智慧技术的渗透也可极大降低产品和服务的成本,使市民享有多元化的消费选择权,体验前所未有的消费乐趣。

5.主动高效的城市管理,凸现城市主体间的信息互动

我国传统的城市公共管理以政府为唯一主体,基于政府权威进行单向度控制,管理方式局限于权力控制、行政命令、制度约束。② 落后的技术手段导致城市管理被动且效率低下,难于满足日益增长的刚需。智慧城市创新了城市管理模式,它是一种参与式治理,通过整合、泛在和互动的方式进行协作式公共管理。智慧城市借助物联网技术融合城市中散布的资源、信息和组织,通过公共部门的信息共享、沟通互动、无缝链接、协同服务,形成综合的管理服务体系,使政府和社会公众全面感知并掌控城市的运行状况,及时反馈外界变化和市民需求,提高政府的工作效率和决策水平,创建主动、高效、精细的管理模式。智慧城市使"碎片化"的公共管理和公共服务得以有效整合,有助于快速反应、整体推进,为社会和市民提供一体化的全方位社会管理与服务。

(二)智慧城市的发展方向

智慧城市聚焦于城市的管理和服务,强调市民对城市的全面感知,以更加精细和动态的方式管理生产和生活,达到城市运行的"智慧"状态。③ 因此,智慧城市应致力于国民经济信息化、生活服务便捷化、环境维护自动化和社会管理智能化的发展。第一,国民经济信息化:既包括信息技术的产业

---

① 钱大群:《以世博为契机推动智慧城市建设》,《学习时报》2010 年 5 月 31 日。
② 钱振明:《当代城市问题挑战传统城市管理》,《苏州大学学报(哲学社会科学版)》2004 年第 6 期。
③ 《IBM 发布"智慧的地球"战略》,《计算机与网络》,2009 年,Z1。

化,也包括传统产业的信息化。① 第二,生活服务便捷化:提供了一个冲破传统地域社区的信息通道,建立了一个跨越时间和空间局限的虚拟生活模式,②远程控制和智能监控使家居生活更加安全、更加便捷、更加舒适。第三,环境维护自动化:引入智慧因子全面改造环境保护的技术手段和管理模式,自动监控周边环境以预防环境污染和生态破坏,智慧感知生产生活中能源消耗并加以自动控制,实现节能减排。第四,社会管理智能化:采用智慧技术整合城市各部门,实现公共事务处理和公共资源分配的开放透明,推进整个城市互动式、精细化、人性化的治理,并实时监控公共资源的使用,科学调整公共资源的配置,以充分利用有限的公共资源。

二、当前智慧城市建设中存在的问题与对策

(一)当前智慧城市建设中的问题

智慧城市建设是一个复杂的系统工程。在建设初期,必须发挥政府先导的作用,以便统一规划、循序推进,同时引导资金、技术和人才等要素的有效配置。但是,受制于政府缺乏市场竞争机制及成本预算约束而导致的低效率,加之社会各界对智慧城市的战略意图和内涵特征的理解偏差,智慧城市在实践过程中容易出现"重项目,轻规划"、"重建设,轻应用"、"重模仿,轻研发"、"信息孤岛"整合难度大、单纯依赖技术手段治理城市等问题和偏向,必须引起高度重视。

1."重项目,轻规划",城市之间盲目攀比而"一哄而起"

当前,国家层面关于智慧城市建设的专门性规划尚未出台,现有规划主要对物联网、云计算等相关智慧技术的发展和应用方向做出了原则性和纲领性指导。截至 2012 年 6 月底,我国三大电信运营商已与 320 多个城市合作建设智慧城市,2012 年底全国开建智慧城市的城市数有望突破 400 个。③

---

① 辜胜阻:《论国家信息化战略》,《中国软科学》2001 年第 12 期。
② 王健伟、张乃侠:《网络经济学》,高等教育出版社 2004 年版。
③ 《三百城砸三千亿争建智慧城市 2012 年底达 400 个》,《经济参考报》2012 年 7 月 19 日。

智慧城市建设存在"一哄而起"的过热现象。很多城市缺乏科学的统筹规划就竞相上马、立项施工。城市政府在建设中决策随意,智慧城市发展缺乏长远的制度保障,可能陷入"人走政息"的怪圈。

2. 沿袭传统建设思路,"千城一面"格局显现

我国以往的城市基础设施建设都由政府主导,相关职能部门以建筑工程设计替代艺术设计,造成当前城市建设"千城一面"的现象。智慧城市的建设是空前的创造,全球都缺乏可供参照的成熟模式。因此,作为主导者的政府容易沿袭以往的城市建设经验和思路,进而演变成路径依赖性,制约了城市的创新发展,导致各智慧城市的建设大同小异、功能重复,城市之间无法形成有效的互补关系。再者,城市同质化还将导致区域文化、民族文化的沉沦,限制城市特色文化"软实力"的提升。

3. "重建设、轻应用",缺乏市场导向

一些地方政府视智慧城市为"政绩工程""形象工程",注重投巨资购买容易量化的信息基础设备,以产品技术的领先性彰显建设成效,但却忽视市场需求,忽视了方便市民的应用开发和普及推广,导致系统功能与市场实际所需相去甚远,市民对相关的操作使用也一无所知,改善民生成为一句空谈。配套设施和制度的缺位不仅使得本有市场前景的智慧项目"名存实亡",而且导致设备不能物尽其用,造成资源浪费。另外,物联网产品、传感器标签等智慧产品成本过高,限制了智慧应用的进一步推广。研究表明,中国制作一个物联网标签的成本大约是1.5元,高额成本决定了这项技术目前只能应用在附加值相对较高的商品上,在低价值商品上则无法推广。[①] 在新一代信息技术日新月异的情况下,越先进的设备更新速度越快、使用周期越短,忽视市场需求将导致智慧城市最终陷入低水平重复建设的恶性循环。

4. "重模仿,轻研发",技术自主研发能力不足

智慧城市建设离不开物联网、云计算等新一代信息技术的强力支撑。然而,在新一代信息技术领域,我国自主研发能力弱,对外技术依存度高,多项关键核心技术依然掌握在跨国公司手中。据不完全统计,我国电子信息

---

① 王丽:《青岛市建设"智慧城市"的思考》,《中国信息界》2011年第6期。

领域的对外技术依存度超过 80%。① 目前我国进入物联网领域的企业基本
上都是中小型企业,企业资金实力相对薄弱,用于技术研发的资金很受限
制,影响企业新技术、新产品开发及产业化。② 智慧技术研发期间资金投入
大、周期长、风险高,模仿抄袭和"拿来主义"成为一些企业的技术发展路线。
但是,模仿抄袭面临着国际性知识产权保护日益严密的挑战,也不利于国内
自主创新氛围的培育,并且"拿来主义"的技术和产品容易留下安全漏洞,使
我国信息安全面临极大挑战。

5."信息孤岛"现象普遍存在,资源整合难度大

智慧城市建设的核心是整合资源。"智慧城市"理念的重要推动者 IBM
公司认为,智慧城市是有意识地、主动地驾驭城市化这一趋势,运用先进的
信息和通信技术,将人、商业、运输、通信、水和能源等城市运行的各个核心
系统整合起来,从而使整个城市作为一个宏大的"系统之系统"。③ 然而,"信
息孤岛"依然是当前智慧城市建设过程中资源整合的最大障碍。在技术层
面,智慧城市建设覆盖诸多领域,目前缺乏统一的行业标准、建设标准和评
估标准等约束和指导,不同系统之间接口复杂,不易实现系统互联互通和信
息的共享协同,有形成"智能孤岛"的可能。④ 在建设层面,城市各部门在长
期的信息化应用中虽积累了海量的数据和信息,但因为各系统独立建设、条
块分割,缺乏科学有效的信息共享机制,导致形成大量信息化孤岛,不利于
智慧城市基础数据库的建设。在管理层面,城市部门横向协同困难,行政分
割、管理分治的现象普遍存在,很多信息化往往是技术上容易解决,但管理
机制体制上难以实现。

(二)进一步推动智慧城市健康发展的战略对策

针对上述智慧城市发展过程中存在的问题和偏向,要着眼于全局,突出
城市特色,以市场需求为导向,技术创新为依托,智慧整合,统筹规划,"对症
下药",努力实现城市健康可持续发展。具体而言:

---

① 王晔君:《中国电子信息领域对外技术依存度超 80%》,中国新闻网,2011 年 9 月 20 日。
② 杨再高:《智慧城市发展策略研究》,《科技管理研究》2012 年第 7 期。
③ IBM:《智慧的城市在中国》,IBM 公司官方网站,2011 年。
④ 蒋建科:《智慧城市建设别陷入更大信息孤岛》,《人民日报》2012 年 5 月 21 日。

1.差异定位,注重以区域优势和特色激发智慧城市发展活力

智慧城市建设应根据城市的性质、特点、功能和历史事先做出顶层设计,建立长远发展的制度保障,包括:明确建设目标和任务,以便建设中有章可循、循序推进;完善建设内容,构建各个领域完整的应用体系;规划落实城市各部门负责的业务范畴,以便建设中的分工和协调;优先规划基础性或示范性智慧项目的建设,以其代表性和特殊性突出城市特色。具体而言:首先,选择项目应契合城市的比较优势,强化市民对城市的认同感和归属感。其次,选择项目应保障城市间形成专业化的分工和协作关系,确保相邻城市经济结构转换的有序性和互补性。目前,国内外规划较好的城市都以发挥本地传统优势或解决自身发展短板为切入点,推进智慧城市的建设。如表1的斯德哥尔摩、阿姆斯特丹、戈尔韦、上海和沈阳,其智慧城市建设的重点虽大相径庭,但共同目标都是着力解决阻碍自身发展的问题,其他城市的建设重点则是充分展现当地优势,以点连线、以线带面推动城市经济的发展。例如,宁波市立足于智慧港口的建设,采用智慧技术全面控制并调度宁波港的各应用子系统,大大提升港口作业的效率和准确度,助力其成为全国重要的区域性物流和资源配置中心。凭借智慧港口的优势,宁波市克服自然资源贫乏的劣势,集聚华东其他地区丰富的能源和原材料资源,发展石化、能源、钢铁、造纸和修造船五大临港工业。

表1　国内外智慧城市的差异化发展

城市	特点	发展重点	发展目标
迪比克(美国)	宜居城市	公共资源智能化	降低城市能耗和成本,使之更适合居住和商业发展
斯德哥尔摩(瑞典)	世界旅游名城,交通不畅	智慧交通	解决了交通拥堵问题,减少了能源消耗
阿姆斯特丹(荷兰)	人多地少,资源紧张	智慧环保	应对全球气候变暖,倡导低碳生活
戈尔韦(爱尔兰)	环境优美,保护手段落后	智慧海湾	智慧技术在戈尔韦湾自然环境方面得到成功应用,有利于开发海湾的经济价值

续表

城市	特点	发展重点	发展目标
仁川（韩国）	重要门户，位置优越	远程教育、远程医疗、远程政务、节能环保	打造一个绿化的、资讯化的、无缝连接便捷的生态型和智慧型城市
新加坡	国际航运中心	物联网在内的信息技术	成为国际上四通八达的"连城"
北京	文化中心、国际城市	物联网示范工程、感知北京	打造世界城市，信息枢纽
上海	传统工业中心	城市光网、无限宽带	实现创新驱动、转型发展
深圳	新兴现代化都市	三网融合、智慧产业体系	促进各种创新要素智慧交融，催生新的技术、产业、业态和商业模式，使深圳成为智慧城市示范区、智慧产业领跑者
沈阳	老工业基地	生态城市、循环经济	推动老工业基地的转型，最小化经济活动对自然环境的影响
宁波	沿海城市，交通便捷	智慧港口	推进港口物流产业链和智慧贸易产业链的发展，集聚周边地市资源，发展临港工业

资料来源：根据秦洪花、李汉青、赵霞等人的研究资料整理。

2. 应用为王，以市场需求为导向推动智慧城市发展

市场需求是推动智慧城市持续发展的源动力。智慧城市建设应依托市场的"无形之手"，充分发挥市场配置资源的作用，通过价格杠杆、自由竞争等市场手段来创造多样化个性化的智慧应用并培育市场前景广阔的新兴业态，实现智慧增长。首先，明确政府在智慧城市建设中的定位，处理好政府引导与市场主导的关系。有限的政府才能成为有效的政府，政府必须走出"政绩工程""形象工程"的误区，应仅限于为智慧城市塑造良好的外部环境，着重于引入市场竞争机制，实现规划建设与应用需求的有效对接，真正将智慧城市建成聚焦民生与服务的"德政工程""惠民工程"。其次，强化企业的市场主体地位。由企业主导智慧项目的开发与建设。在逐利天性的支配下，市场化的竞争激励企业根据实际需求开发有广阔应用前景的项目，如智慧交通、智慧医疗和智慧社区等方便市民生活需求的建设，智慧制造业和智

慧商业等改造传统产业需求的建设。最后,智慧城市的应用必须以人为本、民生优先。一方面,充分体察并反馈市民的感受,本着界面简单化、操作傻瓜化、功能人性化的建设目标,简化智慧项目的使用;另一方面,采用生活化、多样化、产业化的普及推广手段,引导市民认识和使用智慧项目。

3. 技术支撑,使智慧城市建设有坚实的技术和人才基础

智慧城市是信息技术的创新与应用,是以物联网为核心的新一代信息技术对城市自然、经济、社会系统进行智能化改造的结果。智慧城市建设必须依托技术创新并结合战略性新兴产业的发展,推进城市成为知识中心与创新孵化器。[①] 第一,优化技术创新的环境。要加强技术研发、应用试验、评估检测等方面的公共服务平台建设,着力推进企业与高校、科研院所的产学研合作,增进企业之间的合作,优化智慧城市技术创新的软硬件环境。第二,以智慧技术创新为依托,衍生全新的产业形态,推动城市产业升级,促进城市发展动力机制的转换。智慧技术发展将有利于孕育基于知识和信息的新兴支柱产业和先导产业,催生战略性新兴产业集群。第三,加强技术研发关键在于专业人才的培养,为智慧城市发展提供强大的智力支持。要积极整合国内研发力量,加强针对智慧城市建设重点领域的关键技术研究,培养壮大一批掌握先进智慧技术的专业人才队伍。应在人才引进、项目支持、创新奖励、住房福利等方面出台更有竞争力的激励政策。

4. 智慧整合,破解分割分治形成的"信息孤岛"

通过智慧化的资源整合破除"信息孤岛",切实解决城市运行中的资源分散、系统分建和管理分治的格局。为此:第一,在技术上,实现行业标准的统一与规范。目前我国物联网技术缺乏国家标准,在高频领域主要沿用国际标准,但在关键的超高频领域,标准仍由国外组织控制。针对标准规范的缺失,要建立统一的信息化架构标准,实现跨系统技术集成与信息共享,尽量减少信息化孤岛,促进资源共享。发挥政府、企业和行业协会的积极作用,推进信息技术基础标准、信息资源标准、网络基础设施标准、信息安全标准、应用标准、管理标准等应用规范和技术标准体系建设。加强国际合作,

---

① The World Bank, "China 2030: Building a Modern, Harmonious, and Creative High-Income Society", http://www.worldbank.org, 2012.

积极参与国际标准制定,提升我国在物联网、云计算、3S等智慧城市相关技术领域标准制定的话语权和主动权。第二,在建设上,注重前期顶层规划,统一建设步伐。明确城市各部门负责的业务范畴和承担的责任义务,以便智慧城市建设中的分工合作及利益协调,避免自建体系、各搞一套。同时,建设智慧城市应兼收并蓄各部门已有的信息化成果,以最大限度地整合资源,避免低水平的重复建设。第三,在管理上,完善城市综合管理运行体系,构建城市部门之间横向融合、纵向贯通的合作机制。即横向上与同等级的部门之间保持密切融合的业务合作关系,纵向上与政府其他级别的部门之间,甚至省市之间保持持续贯通的沟通合作关系,以此打破智慧城市建设中行政分割、管理分治的不利局面。

5. 变革治理,转变城市治理模式医治日益严重的"大城市病"

我国目前正处于"大城市病"集中爆发期,大多数超级城市、特大城市饱受人口膨胀、交通拥堵、环境污染、资源紧张等诸多困扰,传统的技术和管理手段难以应付。智慧城市从技术上能提高城市公共服务和基础设施的运行效率,提高城市容纳人口密度的能力,从而抑制城市面积的扩张,缓解当前日益严重的"大城市病"。如智慧交通和智慧物流增强了城市内和城市间的通达性,智慧的水资源和智慧电力提高了资源利用率,智慧环保和智能建筑保护了城市环境,智慧医疗和智慧社区则方便了市民生活。但是,要促进城市的人流、物流、信息流、交通流的协调高效运行,以满足治理"大城市病"的内在需求,关键是变革传统的城市管理模式,建立互动、高效、人性化的城市治理机制,发挥智慧技术的最大功效。智慧城市应以人为本,借助智慧技术主动征询并及时响应市民的需求和意见,促使政府从发号施令的命令者转型为以民生为本、以市民满意度为本的服务者,实现城市决策的人性化和高效率。应借助智慧技术导入先进的管理思想,建立统分结合、协同运行的城市管理智慧应用系统,全面感知并掌控城市的运行状况,及时反馈外界变化和市民需求,进而提高政府工作效率和城市治理水平。城市治理要由"他治"向"自治"转变。实践研究表明,与传统的政府下达命令、市民服从的"他治"模式相比,政府主持、市民参与的"自治"模式能更有效地医治"大城市病",智慧技术为城市管理自治机制的导入创造了前提条件。例如,建设智慧交通不应只是方便交通管理部门的单向度管理,而应本着每个人都是交通秩序维护者的建设理念,借助智慧技术将市民纳入交通管理体系,开放路况、气象等动态信息,以便出行者根据天气突变、道路拥堵和停车位情况,自行决定是否出行和出行方式。这种模式下,避免开车进入拥堵地段的决策是出行者自己做出的。这种方式显然比诸如"尾号限行"这种行政方式更加有效。[①] 只有将先进的治理理念与先进的技术手段有机结合,才能实现智慧治理医治"大城市病",推动城市健康可持续的发展。

(本文系国家自然科学基金项目(项目编号:71173162)、国家软科学研究计划项目(项目编号:2012GXS3B037)和中央高校基本科研业务费专项资金资助项目(项目编号:114048)的研究成果,发表于《中国软科学》2013 年第 1 期。杨建武、刘江日协助研究)

---

① 史璐:《智慧城市的原理及其在我国城市发展中的功能和意义》,《中国科技论坛》2011 年第 5 期。

—13—

推进产业和劳动力
"双转移"的战略思考

　　我国宏观经济正进入中速增长阶段。对比 2011 年和 2008 年各地区 GDP 增速,可以看出当前中西部绝大多数地区的经济增速已超过东部地区,①"东慢中快"和"东慢西快"的特征明显,如果不考虑经济高速增长的天津市,这一规律将更加突出。中西部地区长期以来作为我国欠发达的区域,近年来由于处于快速工业化和城镇化阶段,不断承接东部地区转移的以制造业为主的传统产业,经济增速普遍高于东部沿海地区。产业向中西部梯度转移的同时,外出农村剩余劳动力也向中西部回流,为中西部地区经济发展提供大量的劳动力、资金、技术信息等生产要素,极大促进当地经济增长。同时,东部地区经济增长虽然相对放缓,但产业转移和劳动力回流缓解了东部地区城市的承载压力,为其经济转型升级腾出了较大空间。这种以产业转移和劳动力回流为主要特征的"双转移"是市场经济规律作用于我国产业布局和人口流动的必然结果,也是培育中西部地区经济增长动力,促进东部地区经济转型升级,进而实现区域经济协调发展的重要战略机遇。

---

　　①　东部地区包括北京、天津、河北、辽宁、上海、江苏、浙江、福建、山东、广东、海南 11 个省(市);中部地区包括山西、吉林、黑龙江、安徽、江西、河南、湖北、湖南 8 个省;西部地区包括内蒙古、广西、重庆、四川、贵州、云南、西藏、陕西、甘肃、青海、宁夏、新疆 12 个省(区、市)。

一、当前我国产业和劳动力"双转移"的现状

产业转移是市场经济规律作用下优化区域产业分工格局的必然要求。我国东、中、西部三大经济板块的结构性失衡由来已久,三大经济板块之间的产业梯度差有利于东部地区产业向中西部地区转移。分区域来看,当前东部沿海地区宛如"头雁",广大中西部地区好比"尾雁",区域板块之间已经具备"雁阵式"产业及要素转移的条件。近年来,东部一些地区正面临着土地空间紧张、能源资源环境约束加强、人口重负及劳动力成本上升等问题,传统制造业的进一步发展受到制约,同时东部地区外向型经济受国际金融危机影响较大,产业结构升级的问题显得十分迫切,两方面因素产生对传统产业迁出的"推力"。而中西部地区资源禀赋丰富、要素成本优势明显,对东部迁出产业的"拉力"渐强。在上述"推力"与"拉力"的双重作用下,东部地区部分产业向中西部地区转移已是大势所趋。产业转移扩散伴随着地区固定资产投资分布格局的变化,数据表明 2003—2011 年间的固定资产投资中,东部地区所占份额呈现出明显的下降趋势,相应的中西部地区均有所上升(见表 1)。产业区位布局的变化同样能反映出产业转移情况,2002 年以后,按照东部发达地区、中西部地区、山东和河北、东北地区的地区分类来看,①东部发达地区的制造业份额出现下降的趋势,劳动力密集型制造业率先从东部发达地区转移出来,这些转移出来的产业部分被中西部地区吸收,部分被山东、河北两省吸收。② 以传统的纺织服装制造业为例,从 2003—2004 年开始,我国的纺织服装制造业开始转向中西部地区,存在典型的梯度转移现象。③ 如湖北省 2011 年新开工的纺织项目 1003 个,大部分为承接产业转移项目,温州商会投资 23 亿元在荆州市建佳海工业园项目、香港天艺制衣公司投资的伟林针织服饰项目、浙江越美集团投资的越美纺织印染项目等都是

---

① 东部发达地区包括北京、天津、上海、江苏、浙江、广东、福建;中西部地区包括山西、河南、安徽、江西、湖北、湖南、广西、重庆、四川、贵州、云南、西藏、内蒙古、陕西、甘肃、宁夏、青海、新疆 18 个省(市、区);东北地区包括辽宁、吉林、黑龙江 3 省。

② 魏后凯、白玫、王业强等:《中国区域经济的微观透析——企业迁移的视角》,经济管理出版社 2009 年版。

③ 张公嵬:《我国产业集聚的变迁与产业转移的可行性研究》,《经济地理》2010 年第 10 期。

转移的落户产业。①

表1 2003—2011 年全社会固定资产投资的地区分布

（单位:%）

年份	地区分布			
	西部地区	中部地区	东部地区	其他地区
2003	19.5	20.9	57.8	1.7
2004	19.5	21.5	57.3	1.7
2005	19.9	22.1	56.1	1.9
2006	20.0	23.4	54.8	1.8
2007	20.6	24.9	52.7	1.8
2008	20.8	26.3	50.8	2.2
2009	22.1	27.3	48.0	2.6
2010	22.3	27.9	47.4	2.4
2011	23.1	27.5	47.5	1.8

资料来源:根据 2004—2012 年《中国统计年鉴》计算整理得出。

在产业转移的同时,从中西部地区流入东部地区的农村外出劳动力也呈现出明显的回流态势。劳动力回流是市场比较利益变化形势下农民工的理性选择,是农村劳动力流动的一个重大转折。随着农民工在东部和中西部地区就业的比较收益差距逐渐缩小,而生活成本差距越来越大,东部地区的吸引力不断降低。在经历了"离土又离乡"的异地转移之后,农民工的回流趋势日益显现。调研发现,2012 年湖北黄冈市有 2000 多农民工回乡创业,吸纳8 万多人就业。在本省范围内务工的农民工包括本地农民工和省内务工的外出农民工,②2009—2011 年数据表明,中西部地区在本省范围内务工的农民工数量增速明显快于总体农民工数量增速(见表2)。尽管东部地区的广东、浙江、江苏和山东四省吸纳了全国近一半农民工,但随着中西部地区的快速发展,长三角和珠三角地区对农民工的就业吸引力在逐步降低,2011年在长三角和珠三角地区务工的农民工数量各占全国农民工总量的 23.1% 和

---

① 中华人民共和国工业和信息化部:《湖北承接产业转移情况材料》,中华人民共和国工业和信息化部网站,2012 年 6 月 8 日。

② 本地农民工指的是调查年度内,在本乡镇内从事非农活动(包括本地非农务工和非农自营活动)6 个月及以上的农村劳动力。

20.1%,分别比上年下降 0.9 个百分点和 0.8 个百分点。以制造业为例,2011
年东部地区农民工从事制造业的比例占到 44.8%,但比 2012 年下降了 1.4 个
百分点,相对应的中西部地区农民工从事制造业的比例上升了 0.6 个百分点和
0.4 个百分点,分别达到 23.0% 和 15.4%。随着我国产业结构升级、劳动密集
型产业从东部向中西部地区转移,农民工在不同地区就业结构将继续发生变
化。① 一项针对江西省 10 个村农民工回流的典型地区调查研究表明(见表
3),截至 2007 年 4 月,与 2002 年调查数据相比,回乡就业人数、回乡创办企业
人数、回乡创办企业数、回乡成为乡镇企业工人这四个指标均大幅上升。②

表2　中西部地区农民工增长情况统计

(单位:%)

	2009 年		2010 年		2011 年	
	A	B	A	B	A	B
全国	1.9	3.2	5.4	6.2	4.4	7.9
东部地区	3.1	2.4	4.5	4.8	3.1	4.8
中部地区	0.9	2.1	6.8	7.5	4.0	8.2
西部地区	1.2	7.4	5.4	9.4	6.8	8.3

注:A 表示农民工总体的增长率,B 表示在本省范围内务工的农民工增长率。

资料来源:国家统计局农村司:《农民工监测调查报告》(2009,2011),国家统计局网站(http://www.
stats.gov.cn/tjfx/fxbg/)。

表3　江西省10个村农民工回流情况

年份	外出农民工人数(人)	回乡就业人数(人)	回乡创办企业人数(人)	回乡创办企业数(家)			回乡成为乡镇企业工人	
				个体	企业	合计	在乡镇企业就业(人)	技术管理骨干(人)
2002	6911	537	94	63	14	77	58	18
2007	8305	1825	285	241	29	270	1230	116
增长率(%)	20.2	239.9	203.2	282.5	107.1	250.6	2020.7	544.4

资料来源:韩俊:《中国农民工战略问题研究》,上海远东出版社 2009 年版。

---

① 国家统计局:《2011 年中国农民工调查监测报告》,国家统计局网站,2012 年 4 月 27 日。

② 韩俊:《中国农民工战略问题研究》,上海远东出版社 2009 年版。

二、产业和劳动力"双转移"的战略意义

推进以产业向中西部地区转移和劳动力向中西部地区回流为主要内容的"双转移"战略,是培育中西部地区经济增长内生动力、促进区域经济协调发展的有效途径。[①] "双转移"不仅有利于在全国范围内优化产业的空间布局,而且有利于实现均衡的人口城镇化,缓解"大城市病"。

(一)"双转移"有利于形成合理的区域产业分工体系,推动产业升级

产业和劳动力"双转移"能够打破区域各自发展的局限性,在更大的范围内实现产业发展所需资源的优化配置。在"双转移"的趋势下,支撑产业发展的诸如劳动力、资金、技术等要素能自由流动到生产效率更高的地区,进而形成合理的区域产业分工体系。作为移出地的东部地区可以借助"双转移"缓解资源环境约束的巨大压力,拓展适合自身要素禀赋结构的发展空间,通过"腾笼换鸟"战略,利用技术、资金等比较优势加速发展,促进产业升级。作为承接地的中西部地区在承接"双转移"过程中可以借鉴东部先发地区的发展经验和教训,基于地区特点充分发挥后发优势,由被动接受"输血"向自主"造血"转变,充分发挥移入产业资源流入、技术溢出、关联带动和分工协作等方面的正面效应,将承接产业转移与推进产业结构升级和布局优化结合起来,实现区域发展方式的转变。

(二)"双转移"有利于促进就地城镇化,降低农民工异地转移所带来的过高代价

"候鸟型"和"钟摆式"的大规模人口流动是逐步实现我国城镇化的独特方式。这种不稳定的人口流动源于农村剩余劳动力的非家庭式迁移和异地转移。[②] 统计数据显示,2011 年全国农民工数量达到 25278 万人,其中外出农民工数量为 15863 万人,举家外出农民工占外出总农民工的比例仅为

---

① 辜胜阻:《"双转移"趋势弥合区域鸿沟》,《人民论坛》2010 年第 13 期。
② 辜胜阻、刘江日:《城镇化要从"要素驱动"走向"创新驱动"》,《人口研究》2012 年第 6 期。

20.7%,①这种非家庭式迁移牺牲了"三代人"的幸福:农村留守群体规模不断扩大,留守老人赡养问题、留守儿童教养问题、留守妇女婚姻家庭问题日益突出。"双转移"能有效促进农民工合理流动。一方面,以返乡创业为特征的农民工回流的新趋势,不仅有利于带动当地农民工就业、加快农民工市民化进程,而且有利于减少大规模的"非家庭式"异地流动所造成的巨大社会代价;另一方面,产业转移有利于强化中西部地区城镇化发展的产业基础,提高中西部地区中小城市的就业容纳能力和农民工的收入水平,降低农民工非家庭式迁移和异地转移的意愿,增强他们融入城市的能力,促进农民工在家乡城市安居乐业。

（三）"双转移"有利于构建科学合理的城镇体系,缓解"大城市病"

大城市具有较强的资源集聚作用,但是当城市承载力超过一定程度之后,负面效应开始显现,像北京、上海、广州这类的大城市,人口严重膨胀和产业过度集中,导致交通拥挤、空气和水污染等"大城市病"集中爆发,尤其是空气和水污染问题,直接威胁到城镇居民的生存底线。随着全国城镇化率超过52%,中国进入了"大城市病"的集中爆发期,其对居民生活和城市发展的不利影响日益显现。环境污染、交通拥挤等"大城市病"与人口、产业和优质社会经济资源过度集中于一些超级城市的过度大城市化有紧密联系,治理"大城市病"要改变人口、产业过度集中于少数大城市的局面。"双转移"有利于实现人口和产业在区域之间的均衡分布,既有助于缓解东部大城市人口过度膨胀以及产业过度集中的压力,也有助于通过产业转移和人口回流,在中西部地区建成更多的具有一定规模效应和集聚效应的中小城市,逐步形成功能互补、协调发展的城镇体系,有效缓解"大城市病"。

三、进一步推进产业和劳动力"双转移"的政策建议

实现我国区域经济协调发展,应抓住"双转移"这一重要战略机遇,合理引导沿海产业向内地转移,吸引沿海劳动力向内地回流,进而推动东部地区

---

① 国家统计局:《2011 年中国农民工调查监测报告》,国家统计局网站,2012 年 4 月 27 日。

经济转型发展,培育中西部地区新的经济增长点。"双转移"是市场机制下产业和劳动力的理性选择,政府应在尊重客观规律的基础上,因势利导,顺势而为,促进产业转移和劳动力的回流有机结合,以产业转移带动劳动力回流,以劳动力回流促进产业发展,积极谋划产业转移和劳动力回流这两个大局。

(一)发挥东中西部各自区域优势,优化产业结构,合理分工合作,实现互利共赢

东部沿海省市的区域优势集中体现为开放程度高、产业基础强、城市分工职能体系健全、工业化层次较高。中西部地区的区域优势主要表现为市场空间大、资源禀赋和要素成本比较优势明显。区域优势的差异决定了不同的区域发展战略。区域间合理的分工合作需加强宏观指导,促进产业的有序转移,协调好产业之间、区域之间的矛盾,避免低水平的重复建设,防止产业结构趋同。要定期出台国内产业转移指导目录,统一优化区域间有差别的政策支持,规范管理产业转移项目,加强对转移项目的绩效评估,杜绝零地价、零税收等恶性竞争行为。实现移入产业与本地区的比较优势相匹配,需认清产业承接地区的区位优势、资源优势、产业优势、政策优势等比较优势,承接产业则需充分利用这些比较优势,改造传统产业,形成新的产业发展级。以新疆为例,新疆的区位优势体现在其是通向中亚、西亚、南亚和欧洲的重要陆路通道和物资集散地,资源优势体现在拥有丰富的矿产资源、光热资源、生物资源、土地资源等,产业优势体现在以特色资源加工为主的轻工业,政策优势体现在国家的西部大开发政策、对口援疆政策等。新疆地区应在比较优势的基础上,通过政策引导承接与当地资源禀赋、要素结构相适合的产业,并主动转化和改造转入产业,不断推进产业结构升级。此外,中西部地区在承接产业转移的过程中应主动融入相对发达的京津冀、长三角、珠三角区域合作体系,在更大的市场实现更有效的资源整合,促进专业化分工和社会化协作。

(二)重视环境保护与技术创新,防止"污染转移",进一步推动结构升级

产业转移既包含要素的转移也可能会伴随着"污染转移"。与东部沿海地区相比,中西部地区的环境准入门槛较低,技术等级普遍不高,"污染避难所"、低端锁定倾向有所显现。应杜绝伴随区域间产业转移的"污染转移",招商引资需兼顾产业承接地区的可持续发展能力,注重在经济发展的过程中,保证社会发展公平和环境友好。我国中西部地区地处长江、黄河的中上游,一旦因承接污染企业导致环境污染,将严重影响下游的生产和生活用水,后果不堪设想。转移产业需避免低水平的"复制""粘贴",应进一步严格能耗、物耗、环保标准并规范执行,切实做好产业承接的论证工作,实施转移产业的跟踪监控制度,加强产业转入以后的环境监测,实现转移产业的清洁生产。产业进驻后应完善对产业园区污染的集中治理机制,建设污染物集中处理设施并保证其正常运行,促进工业废弃物循环利用。完善节能减排指标考核体系,严格执行污染物排放总量控制制度,实现污染物稳定达标排放。同时,还应加强技术创新,进一步提升转入产业的技术等级,提高原始创新、集成创新和引进消化吸收再创新能力,以技术创新改造本地传统产业,推动原有产业链向上下游拓展、左右岸延伸;重点引进具有自主创新能力和先进技术水平的企业,加快传统产业改造升级,降低对能源资源的依赖程度和环境的污染程度。

(三)注重承接产业转移的平台建设,将开发区和科技园区打造成重要承接载体

工业园区是产业转移的重要载体,通过发挥园区的地理集中效应,可以促进产业集聚,培育更强的区域竞争力。国际经验表明,第二次世界大战后一些发达国家通过工业园区建设的方式改善区域的生产力布局,提升产业集群的竞争力,促进经济的发展。我国开发区建设总体上保持稳定增长的势头,截至2011年底,国家级经济技术开发区共计131家,其中东部地区66家,中部地区38家,西部地区27家,布局较为合理,生产总值、工业增加值、工业总产值、税收收入、进出口总额和实际使用外资金额等主要指标均保持两位数增长。增长幅度方面,西部地区最快,中部地区和东部地区分列二三位。[①] 在承接东部沿海产业转移的过程中,承接地应注重平台建设,形成开

---

① 中华人民共和国商务部:《2011年国家级经济技术开发区主要经济指标情况综述》,商务部网站,2012年12月14日。

发区、科技园等工业园区,支撑转入产业的集聚发展,提升产业关联度,促进产业集中布局。积极引导转入企业向园区集中,把园区作为承接产业的重要载体和主要平台,集约整合、利用园区资源,吸引原产业链的整体移入和重点企业进驻后关联企业协同转移,形成园区发展的规模效应,提升其辐射带动能力。需顺应产业移入和集聚的"自发趋势",优化企业的生存环境,增强产业园区"人流、物流和信息流"的网络支撑,完善园区内"产学研"的协同发展,培育转入企业的依赖性。重点建立并完善公共信息、公共试验、公共检测、技术创新等服务平台,规范发展技术评估、检测认证、产权交易、成果转化等中介机构。① 提高产业园区服务移入产业的效率,如可创建绿色通道实行投资手续集中办理制度,简化事前审批,完善事后监督,缩短迁入项目的审定时限等。创新行政管理体制机制,建立多层次发展协调机制,构建资源共享和利益共享的发展格局。

(四)构建适合农民工特点的职业培训体系和创业扶持体系,营造就业良好环境

一方面,要构建农民工的职业培训体系,促进农民工职业培训平台建设,重视农民工职业引导,增强农民工的职业技能、职业素养和敬业精神。研究表明:接受过职业培训、有一技之长的农民工供给严重不足,新生代农民工的受教育程度和职业技能水平滞后于城市劳动力市场的需求,是阻碍其在城市长期稳定就业的关键性问题。当前,要进一步探讨激励农民工参与职业培训的长效机制,切实贯彻执行农民工培训经费补贴政策,促进农民工职业教育平台建设,鼓励和支持农民工参与就业培训,提升职业素质。要积极整合现有教育资源,建立农民工培训体系,健全运行机制。支持职业教育通过开设远程教育、订单培训、农民工夜校等形式,向农民工提供便捷、有用、价廉的职业技能教育。通过政府购买培训服务,招标培训机构提供对接当地劳动市场需要的职业培训,建立社区培训学习中心,向农民工免费提供信息技术和就业技能培训,构建基于信息技术平台的社会融入模式。另一方面,要鼓励进城打工的能人、富人回归本地创业,构建"进城打工学习—回

---

① 《国务院关于中西部地区承接产业转移的指导意见》,中央政府门户网站,2010年9月6日。

流创业实践"机制,匹配当前产业转移对劳动力的旺盛需求。要依靠广大民众强烈的自我创业、自我发展的欲望,鼓励农民工返乡就业创业,发展民营经济和草根经济,以创业创造更多的就业机会。例如,位于湖北随州市经济开发区的裕国菇业有限公司为农民工返乡创业企业,已转移吸纳农村富余劳动力 1500 多人。要构建农民工的创业扶持体系,通过创新金融服务、强化创业服务、进行财税扶持、创建创业园区等政策扶持,营造良好创业环境,鼓励农民工回归创业,并以创业带动就业。

(五)依托中西部地区中小城市和县城,加快农民工市民化进程,促进就地城镇化

承接"双转移"的结合点是让大量返乡农民工愿意并且能够实现就地城镇化和市民化。需更多发挥中西部地区中心大城市的辐射功能,提高周边中小城市和小城镇的吸引力,让农民工在中小城市安居乐业,推进农民工就地城镇化。一要改革户籍制度。当前大城市不可能完全放开,但是在中等城市,应该积极地放开户籍,小城市更是可以完全放开,县城则要"敞开城门",让农民"自由进城"。二要实现常住人口基本公共服务的均等化。当前要深化公共服务体制改革,推进进城农民工和市民在劳动报酬、劳动保护、子女教育、医疗服务、社会保障等基本公共服务和公共产品方面的均等化,使基本公共服务逐步由户籍人口向常住人口全覆盖,保障农民工享受与城市市民平等的权益和待遇。基本公共服务均等化的实现有赖于健全的制度安排、足够的资源投入、多元的参与主体以及有效的运行机制。三要降低农民工转化为市民的住房门槛。要通过土地制度和财税体制改革抑制地价、房价过快上涨,防止泡沫向中小城市蔓延。要建立覆盖不同收入群体的城镇住房多元化供给体系,探索利用法律、税收、金融等措施调控社会闲置房源,降低空置率,使住房价格与消费能力相适应。借鉴和推广湖北黄石市在扩大保障房房源方面,新建配建改建做大"增量"和收购吸纳转化盘活"存量"并重以增加房源的供给管理经验。

(本文发表于《人口研究》2013 年第 3 期。孙祥栋、刘江日协助研究)

—14—

提升中小城市人口聚集功能的战略思考

实施可持续均衡发展的城镇化道路,要坚持"两条腿走路":一是大力发展城市群来发挥中心城市的规模效应和辐射作用;二是通过发展中小城市和做大县城来鼓励更多的人就地城镇化。但是,在我国城镇化进程中,中小城市发展不足,产业基础较为薄弱,公共服务质量不高,基础设施还不完善,对人口的吸引力较小,社会效益的优势没有得到明显发挥。统计显示,我国小城镇数量多但规模小,集聚产业和人口的能力十分有限,1.9 万多个建制镇建成区平均人口仅 7000 多人,相当多的镇不足 5000 人。[①] 党的十八大报告指出,要科学规划城市群规模和布局,增强中小城市和小城镇产业发展、公共服务、吸纳就业、人口聚集功能。发展中小城市,提升中小城市人口聚集功能是推动城镇化进一步健康协调可持续发展的一个重要支点。

一、提升中小城市人口集聚功能的战略意义

中小城市是我国合理的城镇化层级体系中的重要组成部分,在国民经济中具有重要地位。人口向中小城市的适当集聚,不仅能够带动巨大的潜在投资和消费需求,促进扩大内需战略的实施,还有利于实现转移人口的就

---

① 李克强:《协调推进城镇化是实现现代化的重大战略选择》,《行政管理改革》2012 年第 12 期。

地城镇化与举家迁移,能够避免人口过度集中于大城市或过度分散在小城镇带来的种种弊端以及过去人口异地转移模式所付出的沉重代价。

(一)发展中小城市有利于拉动投资和消费需求

我国经济增长过度依赖出口和外资的外需拉动型增长方式已经难以为继,当前实现经济健康持续增长最重要的战略是扩大内需。发展中小城市对于扩大内需战略具有重要意义。麦肯锡报告预测表明,到 2030 年,中小型城市将成为中国经济增长的最大推动力。[①] 首先,中小城市发展过程中,基础设施的完善、农民工住房问题的解决以及配套的商业、娱乐等元素进驻,会带来大量的投资需求。目前我国很多中小城市的交通、供水、供电、通信、文化娱乐等基础设施和公用设施还很不完善,具有很大的发展潜力。中小城市真正实现人口集聚,需要解决大量转移人口的住房问题,可以直接带动冶金、机械、化工、建材、建筑、轻工装饰以及家电等相关配套产业的发展。住建部调研显示,每新增 1 个城市人口需要增加的市政公用设施配套费,小城市为 2 万元,中等城市为 3 万元。[②] 未来 10 年我国新增城镇人口中很大一部分将会被中小城市吸纳,将会带来巨大的投资需求。其次,发展中小城市,能够将农业转移人口的流动型消费转化为沉淀型消费,基本公共服务的完善也有利于解除居民消费的后顾之忧,最终有效拉动消费,促进增长。长期以来,我国的消费率始终偏低,城乡消费差距明显。统计表明,我国居民消费率从 1978 年的 62.1%下降至 2010 年的 47.4%,城乡消费差距从 1978 年的 2.9 倍拉大至 2010 年的 3.6 倍,消费对 GDP 增长的贡献度偏低。[③] 在农民工成为实质意义上的城市市民之前,由于他们的终身收入缺乏稳定性,其消费充满了后顾之忧,消费需求受到极大的压抑。通常,农民工需要把收入的四分之一左右汇回农村老家,作为个人的保障手段以平滑自身消费。[④] 近两年来,越来越多的农民工选择在家乡附近的中小城市就业落户,"候鸟型"的农民工市民化后,他们的流动型消费逐渐转化为定居型消费,成为拉

---

① 吴海珊:《麦肯锡:中国经济下一站关注消费及中小城市》,经济观察网,2012 年 11 月 14 日。
② 王炜、刘志强:《农民工"市民化"成本有多高》,《人民日报》2011 年 3 月 31 日。
③ 财科所税收研究室课题组:《中国税收政策报告 2012:税收与消费》,中国财政经济出版社 2012 年版。
④ 蔡昉:《真正的城市化应解决什么问题》,《财经》2013 年第 5 期。

动中小城市新一轮市场需求的重要力量。

（二）有助于优化产业布局和人口分布，避免"大城市病"与"农村病"

目前大城市具有较强的人口集聚效应，"十一五"期间，北京市城市人口增加了 600 多万，上海市城市人口增加了 530 多万，天津市城市人口增加近300 万。① 但是当人口过度膨胀超过城市承载力之后，负面效应开始显现，像北上广这类的大城市，交通拥挤、空气和水污染等"大城市病"集中爆发，尤其是空气和水污染问题，直接威胁到城镇居民的生存底线。调查表明，截至"十一五"末，北京空气质量在全国 281 个城市里排名倒数第九，污染物PM10 和二氧化氮的排放状况也排在全国后十位。② 加快中小城市发展，推动产业和人口向具有一定基础和集聚功能的中小城市集中，既有利于克服产业和资源过度分散、效率不高的"农村病"；又能依据一定的人口规模完善城市功能，接受大城市文明的传播和扩散，增加对人口的吸引力，通过人口分流缓解"大城市病"，最终实现不同规模城市、城镇之间的合理分工、布局合理和协调发展。

（三）有利于实现转移人口的就地城镇化

目前，我国农民工的流动带有明显的非家庭式迁移和异地转移特点。2011 年，我国共有外出农民工 1.58 亿人，举家外出的农民工仅为 3279 万人。③ 目前这种单纯的劳动力转移而非家庭式迁移，使得农民工的家庭生活重心仍保留在农村，带来的后果是数量巨大的"三留人口"及"空心村"等问题。这种不合理的农村劳动力转移牺牲了"三代人"的幸福。尤其是在留守儿童中间普遍存在家庭监护、教育、亲情缺失导致的学习滞后、心理失衡、行为失范和安全堪忧等严重问题。当前，产业和劳动力要素从东部地区向中西部地区转移和回归的"双转移"已成为我国区域经济发展的重要趋势。在中西部地区大力发展中小城市，让农民工在中小城市实现市民化，其成本要远低于东部大城市。有研究表明：东部沿海地区第一代农民工与第二代农

① 冯奎：《多元复合型县域城镇化战略研究》，《经济纵横》2012 年第 5 期。
② 宋国君、马中课题组：《中国城市空气质量管理绩效评估报告》，中国人民大学，2013 年。
③ 国家统计局：《2011 年我国农民工调查监测报告》，国家统计局网站，2012 年。

民工市民化的社会成本分别约为 10 万元与 9 万元,内陆地区的第一代农民工与第二代农民工市民化的社会成本分别约为 6 万元与 5 万元。[①] 因此,大力发展中小城市,创造有利条件实现农民工的就地城镇化与举家迁徙,不仅是避免过去异地城镇化与非家庭化转移所付出的严重代价的重要举措,还是降低城镇化成本、有效推进城镇化的现实途径。

二、发展中小城市提升人口集聚功能的战略思考

发展中小城市,关键在于提升中小城市的吸引力。当前应着力增强中小城市的产业发展水平与聚集程度,提升其对人口的支撑能力;创新中小城市发展的筹融资模式,为中小城市公共服务水平的提升和基础设施的完善提供资金支持;以中小城市为突破口加快户籍制度改革和基本公共服务均等化,为农民工的就地城镇化提供条件;完善创业扶持政策与职业培训体系,让农民工更好融入城市。

(一) 推进中小城市的产业专业化、集群化发展,推动适度集中的发展模式

中小城市产业发展不仅要避免盲目分散化发展模式,立足自身优势,形成专业化、集群化发展,还要有效利用东部大城市产业转移的机遇,做好承接产业转移的工作。首先,要充分发挥中小城市在区位、资源、产业基础等方面的优势条件,吸引专业人才、资金等产业要素集聚,发展区域性的特色产业集群。如浙江省东阳市横店镇 1975 年从 2000 元起家,通过创办影视城和国际农民旅游节及其他产业,现在发展为年收入高达数亿元的名镇。[②] 其次,依托县城,打造"增长极",改变各乡镇竞相发展、"遍地开花"导致产业过度分散的状况。要围绕县域首位镇或中心镇的优势产业和"龙头企业",搭建产业工业区,引导产业向城镇工业区集中,推动行业协会、商会的发展,使

---

① 张国胜:《基于社会成本考虑的农民工市民化:一个转轨中发展大国的视角与政策选择》,《中国软科学》2009 年第 4 期。

② 冯更新:《现阶段我国城镇化的内涵和中小城市区域城镇化的重点》,《郑州大学学报(哲学社会科学版)》2004 年第 3 期。

其起到有效的沟通与协调作用,实现县域产业集群化发展。最后,利用好产业和劳动力要素从东部地区向中西部地区转移和回归的"双转移"这一重大机遇主动承接转移产业。目前,我国中西部中小城市的经济发展水平与城镇化水平与东部地区相比还存在明显差距,但在资源禀赋与要素成本上具有比较优势,要立足自身发展特点,营造良好环境,合理承接沿海转移产业。

(二)深化财税体制改革与扩大民间投资并举,破解中小城市公共服务与基础设施建设中的资金投入瓶颈问题

城市的吸引力不仅在于产业的集聚所带来的就业机会,还在于相比农村更为发达的基础设施和更完善的公共服务。中小城市基础设施的完善和公共服务水平的提高需要大量资金,成本很高。现有的财税体制下,我国很多中小城市政府财力有限,与所承担的事权不匹配,资金瓶颈日益明显。要依靠政府和民间资本两股力量,解决目前面临的资金短缺问题。政府应深化财税体制改革,努力使城市财力与事权相匹配,研究和推广房产税、土地增值税等税收制度改革,确保地方财政有稳定可靠的税源,使得政府摆脱对"卖地财政"的依赖。要合理确定土地出让收入在不同主体间的分配比例,将政府土地出让收入纳入公共财政进行管理。此外,中小城市基础设施建设与公共服务完善还需大力引入民间资本,发挥市场机制在资源配置中的基础性作用,提高民间资本参与城市建设的积极性。要推进民营企业在城镇建设的基础设施、公共事业和社会事业中与其他所有制企业在投资审批、土地、财税扶持方面的待遇公平化。合理推进公用事业的市场化运营,通过对城镇的供水、供热、供电、园林、绿化等项目建设进行公开招标,创新公共部门和私人企业合作模式,让民间资本通过直接参与、特许经营、建设—经营—转让、建设—拥有—经营—转让、建设—转让—经营等方式参与到城镇化建设中来。有条件的地区还可发行城镇化建设债券、建立城镇发展建设基金。

(三)完善中小城市户籍制度、公共服务制度和保障房制度,引导人口向中小城市适当集中与回流

大城市基本公共服务均等化的成本比中小城市要高出很多,户籍制度

改革在大城市中开展难度很大。像北京、上海这种超大城市,户籍不可能完全放开。户籍制度改革以及配套的基本公共服务均等化要从中小城市破题。首先,要把中小城市作为推进户籍改革的突破口,逐步向上级大城市推进。中等城市应根据实际情况逐步放宽外来人口落户条件,优先解决拥有稳定收入、固定住所、举家迁移的"沉淀型"转移人口的户籍问题,小城市更是可以完全放开,县城则要"敞开城门",让农民"自由进城"。其次,要深化公共服务体制改革,推进进城农民工和市民在劳动报酬、劳动保护、子女教育、医疗服务、社会保障等基本公共服务和公共产品方面的均等化,使基本公共服务逐步由户籍人口向常住人口全覆盖,保障农民工享受与城市市民平等的权益和待遇。中小城市政府要将城市公共服务发展水平、居民幸福指数等纳入到政府绩效考核标准,不断提高公共服务质量,提高居民的归属感、幸福感。再次,要采取多重措施,解决农民工住房问题。要通过土地制度和财税体制改革,抑制地价、房价过快上涨,防止泡沫向中小城市蔓延。要建立覆盖不同收入群体的城镇住房多元化供给体系,探索利用法律、税收、金融等措施调控社会闲置房源,降低空置率,使住房价格与消费能力相适应,让进城转移人口实现安居梦想。湖北省黄石市在扩大保障房房源方面,新建配建改建做大"增量"和收购吸纳转化盘活"存量"并重以增加房源的供给管理思想值得其他中小城市借鉴和推广。

(四)不断完善中小城市创业扶持体系与职业培训体系,帮助转移人口更好融入城市

"农海归"是指过去在沿海及大都市打工而现在返回家乡中小城市创业就业的农民工群体。引导人口向中小城市聚集,必须解决转移人口的就业问题,避免产生转移人口因没有稳定就业而变为"流民"的现象。一方面,要建立完善的创业扶持政策体系,为"农海归"以及本地有创业意识的农民提供良好环境。"农海归"经过打工实践,在外开阔了眼界,学会了本领,掌握了技术,拥有了资本,接受了现代城市中创业观念的熏陶,具有饱满的创业激情。积极引导他们返乡创业,带动更多人就业,关键在于营造良好的创业环境。政府在创业扶持方面,要构建完备的创业融资体系,增强创业资本的可获性;要健全创业的服务体系,使创业的门槛最低化;要健全创业的教育

和培训体系,使创业者的能力最大化;要完善创业政策的扶持体系,使创业的成本最小化;可通过创业基地和园区的建设,使创业环境最优化。[①] 例如,位于湖北随州市经济开发区的裕国菇业有限公司为农民工返乡创业企业,已转移吸纳农村富余劳动力 1500 多人。另一方面,要构建农民工职业培训体系,提高农民工稳定就业和融入城市的能力。调查显示,我国农民工中,只具有初中文化程度的群体占农民工总人数的 61%,没有接受农业和非农业职业技能培训的人口比例为 68.8%。文化程度低、缺乏必要的劳动技能是制约农民工稳定就业和薪酬提升的重要因素。为此,要积极整合现有教育资源,建立农民工培训体系,健全运行机制。支持职业教育通过开设远程教育、订单培训、农民工夜校等形式,向农民工提供便捷、有用、价廉的职业技能教育。政府要通过购买培训服务、招标培训机构提供对接当地劳动市场需要的职业培训以及建立若干社区培训学习中心等方式,向农民工免费提供更多的信息技术和就业技能培训。

(本文发表于《现代城市研究》2013 年第 5 期。郑超协助研究)

---

① 辜胜阻、李华、易善策:《推动县域经济发展的几点新思路》,《经济纵横》2010 年第 2 期。

—*15*—
如何避免城镇化被"房地产化"的误区

　　城镇化是未来中国经济最大的潜在内需和持久的增长动力,对房地产行业来说也是重要的发展机遇。我国城镇化进程中,人们的"吃穿用"需求已经基本满足,但"住行学"刚需还很大。城镇化的核心是农民工市民化,市民化不仅仅是户籍的变更,更重要的是让进城人口实现安居和乐业。随着城镇化的推进,越来越多的农村人口向城市转移,会形成对住房的大规模、多层次、多样性的需求。据测算,未来 10 年,每年新增城镇人口将达到 2000 多万人,每年需要商品房至少 6 亿平方米。新型城镇化不仅会带来城镇增量人口的住房需求,还会释放已被计入城镇人口的住房需求。这部分人口主要是生活工作在城市但是没有能力买房无法融入城市的"半城镇化"人口。基本住房需求被满足的同时,进城人口需要大量医院、学校等公共服务设施与之相配套,这对房地产行业的投资和建设也提出了相应要求。集中爆发的存量住房需求以及同步攀升的增量住房需求,再加上配套的基础设施投资需求,可以想象,未来城镇化将为房地产行业带来难得的发展机遇。虽然城镇化为房地产业带来重大机遇,但城镇化不能被"房地产化",城镇化不能建立在单一的房地产业的基础上,健康的城镇化需要多元产业支撑和坚实的实体经济基础。

一、城镇化进程被"房地产化"的表现及危害

　　新型城镇化给房地产行业带来的机遇让很多人兴奋,但也有很多人担

忧城镇化变成新一轮"造城运动"和"房地产化",使城镇化陷入误区,好事办歪。城镇化进程中的"房地产化"问题,主要表现为地方政府在城镇化发展思路上,走城市规模扩张之路,过度依赖房地产行业,忽视产业的协调发展、城市质量的提升和城市软实力的建设;在城镇化发动机制上,主要采用政府发动型机制,过度依赖土地财政,使得过高地价推高房价,挤出居民消费,挤出农民工,挤压实体经济发展。城镇化进程中房地产业很重要,但是其不良发展不仅阻碍城镇化的健康持续发展,而且不利于我国整体经济的转型和社会的稳定。

(一)地方政府过度依赖土地红利,有可能陷入"卖地财政"陷阱,债务风险不断累积,这种发展模式难以为继

当前我国正处于城镇化加速发展阶段,无论是基础设施建设还是提供基本的公共服务,都需要大量的资金投入。地方政府财力与事权不相匹配情况下,不断攀升的土地价格容易使地方政府陷入"卖地财政"陷阱。土地所有权政府垄断的局面为地方政府带来了大量土地转让收入,土地财政成为地方政府增加财政收入、发展地方经济的重要手段。据财政部统计,2011年地方政府国有土地使用权出让收入超过3万亿元,相当于地方政府财政收入的80%以上。这种以"征地—卖地—收益"为主要环节的粗放式土地经营与使用方式在为地方政府带来丰厚收益的同时,削弱了地方政府转变发展方式的动机,使得地方政府的债务风险不断积累。由于土地财政基本上属于"一次性财政",以土地抵押为支撑的地方政府融资平台已经积累了巨额的债务,土地财政已成为地方债务最大的法律风险来源。2010年度审计署审计报告显示,截至2010年底,全国省、市、县三级地方政府性债务余额共计107174.91亿元,债务余额中银行贷款为84600多亿元,占全部债务的79%。而银行的这些贷款,大多数是以土地做抵押或主要依靠土地收入偿还。[①]

(二)过高地价推高房价,也推高了居民的生活成本,不利于农民工"住有所居"和融入城市,对农村转移人口具有"挤出效应"

城镇化进程中人口由农村向城市转移,关键是推进农民工市民化,让他

---

① 杜晓、李媛:《土地财政成地方政府债务最大法律风险》,《法制日报》2011年9月13日。

们实现市民梦、安居梦、创业梦。有研究显示,在其他条件不变的情况下,土地价格越高,意味着在该地区生活成本(例如房价和交通成本)就越高,如果这些上升的成本不能被技术进步或者集群收益所抵消,劳动力就必须退出该地区,[①]即形成对人口的挤出效应。目前我国城市房价高涨的同时,农民工的工资却没有实现相应幅度的增长,过高地价推高房价使农民工难以在城市"扎根"。统计显示,从 2002 年到 2012 年,全国商品房平均售价涨幅高达 159%,北京、上海等一线城市商品房平均售价的涨幅甚至超过 300%,一线城市的房价收入比高达 15 倍。[②] 高房价带来的购房难、租房贵等问题使许多农民工无法融入城市,农民工只能"望房兴叹",对大城市缺乏归属感,在城市工作多年后依然只能回到农村。据统计,在城镇拥有自购房的农民工,仅占外来农民工总数的 0.7%(见表 1)。在北京这样的一线城市,由于房租高企,仅房租一项支出就占了很多外地来京工作者收入的 50% 甚至 70%。对于买不起房而又得不到廉租房的广大"夹心层"群体来说,要用三分之一到三分之二的收入来租房,用来消费的可支配收入大大减少,面临极大的生活压力。所谓"安居"才能"乐业",控制房价过快增长、解决农民工的住房问题对于促进农民工市民化、推动城镇化健康发展具有重要意义。

表1　2011 年外出农民工在不同地区务工的住宿情况

(单位:%)

	全国	东部地区	中部地区	西部地区
单位宿舍	32.4	35.2	28.9	24.0
工地工棚	10.2	7.4	15.6	16.8
生产经营场所	5.9	5.2	7.3	7.5
与他人合租住房	19.3	20.9	14.5	16.8
独立租赁住房	14.3	14.2	12.4	16.3
务工地自购房	0.7	0.6	0.8	1.0
乡外从业回家居住	13.2	13.2	15.2	11.5
其他	4.0	3.3	5.3	6.1

资料来源:《2011 年我国农民工调查监测报告》,国家统计局,2012 年 4 月 27 日。

---

① 中国经济增长前沿课题组:《城市化、财政扩张与经济增长》,《经济研究》2011 年第 11 期。
② 王炜:《一线城市房价收入比高达 15 倍,民众难承受》,《时代风采》2012 年第 4 期。

（三）部分地区的房地产行业"一业独大"，过多吸纳社会生产要素，对城市实体经济产生"挤出效应"，使城镇发展缺乏必要的产业支撑，一些城市新城变为"空城"

短期而言，发展房地产对于带动地方经济的意义是显而易见的。但从经济长期发展的角度来看，仅依靠房地产行业而忽视其他产业的发展，不利于城市的健康发展，是难以为继的。土地价格的快速上升不仅导致工业及服务业的成本大幅度提高，降低了老百姓的创业激情，而且导致资源向房地产市场集中，挤占了其他产业发展所需的土地、资金等生产要素，使得经济发展的基础极不牢固。当前，我国局部地区房地产业过度发展，房地产业"一业独大"特征明显，甚至有"崩盘"风险。当城镇化变成"房地产化"时，大量土地资源用于"造城运动"，而造出的新城又由于生活配套设施不足、缺乏产业支撑无法吸纳就业等原因，缺少留住居民的能力和持续发展的动力，房屋入住率低、空置率高，变为"空城""鬼城"。日本、美国等发达国家以及我国香港地区都曾有过依靠房地产拉动经济增长，最终跌倒在房地产泡沫中的教训。国际经验表明，城镇化必须建立在坚实的产业基础上，通过产业发展来为新市民提供就业机会，而不是依托房地产来唱"空城计"。缺乏产业支撑的"房地产化"不利于社会经济的可持续发展，健康可持续的城镇化应当建立在工业化及产城融合基础上。

（四）一些大拆大建的房地产业粗放式开发和城市"摊大饼式"扩张造成城市建设效率低下和资源浪费，降低了城市居民的生活质量

过度注重城市规模的扩张和房地产的开发建设，而忽视了城市软实力的提高，是一种粗放式的发展方式，将导致资源的利用效率降低，影响城镇化的质量。"房地产化"的推进需要大量的土地资源，随着土地资源的日益稀缺，我国土地供需矛盾日益突出。国土资源部 2011 年调研发现，31 个省（区、市）全年用地需求总计达到 1616 万亩，远远大于年度计划指标（670 万亩）。① 部分城市的盲目无序扩张导致城市建设空有规模而无效率，"摊大饼"

---

① 《各地土地供需矛盾日益突出》，《中国对外贸易》2011 年第 5 期。

式的城市扩张造成资源浪费和环境破坏,大拆大建的发展方式使原本稀缺的资源更为稀缺,不利于城镇化的健康持续发展。住房和城乡建设部副部长仇保兴曾指出,我国是世界上每年新建建筑量最大的国家,每年新建面积达 20 亿平方米,建筑的平均寿命却只能维持 25—30 年,[①]大大低于一般建筑 50—100 年、重要建筑和高层建筑主体结构 100 年的耐久年限。"摊大饼式"的发展方式还导致城市专业分工的水平很低,产业的空间结构恶化,因此城市的营运效率也变得极低。大拆大建粗放式的房地产发展也导致房地产业创新动力不足,各中小城市房地产业发展几乎千篇一律的高楼大厦,不利于城市形象的建立和城市软实力的提升,影响城镇化的质量和可持续性。

二、避免城镇化陷入"房地产化"误区的对策建议

发展房地产行业对于促进农民工市民化、满足农村转移人口的住房需求具有重要作用。但城镇化不等于"房地产化",过高地价推高房价、城市"摊大饼式"扩张会阻碍城镇化的健康发展。当前,要合理采取措施推进相关领域改革,避免城镇化陷入"房地产化"误区。

(一)要深化财税体制改革,避免地方政府对土地财政的过度依赖,使地方政府财力与事权相匹配

发展城镇化必须由过度依赖廉价劳动力、土地等"要素驱动"的发展阶段向"创新驱动"发展阶段转变,推动城镇化从重数量的外延式扩张转向重品质的内涵式发展。[②] 当前,地方政府对于土地财政的过度依赖主要源于其财力与事权间的不相匹配。因而,要改变地方政府对于土地财政的过度依赖和对"土地红利"的过度利用,改变土地经营和使用粗放、低效率的模式,转变"地价攀升、房价畸高、地产泡沫"的格局,就必须坚持财力与事权相匹配的原则,深化财税体制改革。要不断完善分税制和转移支付制度,合理界定中央政府与地方政府的公共服务职责,转变当前地方政府过度依赖土地财政的现状。研究和推广房产税、土地增值税等税收制度改革,确保地方财

① 蒋秀娟:《中国建筑寿命"短"在何处》,《质量探索》2010 年第 7 期。
② 辜胜阻、刘江日:《城镇化要从"要素驱动"走向"创新驱动"》,《人口研究》2012 年第 6 期。

政有稳定可靠的税源,摆脱对"卖地财政"的依赖。要合理确定土地出让收入在不同主体间的分配比例,将政府土地出让收入纳入公共财政进行管理,提高土地出让收入的使用效率。要探索建立政府、企业、个人共同参与的市民化成本分担机制,吸引民间资本参与城镇建设,逐步取代城镇建设依赖土地出让金的局面。确定中央政府与地方政府的成本分担方法,建立农民市民化的专项转移支付制度。

(二)要采取多种措施加强房价管控,构建多层次的住房供应体系,推进公租房和廉租房建设,实现农民工的"安居梦"

我国现在的房地产市场是卖方市场,还不是买方市场,在涉及的开发商、地方政府、银行、投机客、自住需求者等多个方面的利益群体中,自住需求者始终处于弱势地位。[①] 为此,要标本兼治调控房市,着力保障自住需求者的利益,让进城人口实现安居梦想。要借鉴国际经验,探索利用法律、税收、金融等措施调控社会闲置房源,减少空置率,抑制投资性住房需求,加强房价管控,使房价回归合理价位。要通过土地制度和财税体制改革抑制地价、房价过快上涨,防止泡沫向中小城市蔓延。在保持房地产调控政策稳定性的同时要积极建立多层次的住房供给体系,规范并完善多层次的城镇住房租赁市场,满足人们多元化的需要,改变千军万马过独木桥的状况。要逐步构建一个既包括高端、中端、低端商品房,又包括保障房的多层次的住房供应体系,完善多层次的住房租赁市场,推进城镇安居工程建设,满足不同消费群体特别是农民工群体的住房需求,以实现住房市场的供需匹配。要深化保障房制度改革,大力发展公共租赁住房和廉租房,逐步将农民工纳入城镇保障性住房的覆盖范围,对农民工保障性住房建设和交易给予资金补贴、税收减免、土地供应、银行信贷等方面的支持。通过多种方式解决农村转移人口的住房问题,实现其安居乐业市民梦,湖北省黄石市在扩大保障房房源方面,新建配建改建做大"增量"和收购吸纳转化盘活"存量"并重以增加房源的供给管理思想值得借鉴和推广。

---

① 李沛霖、李飞:《当下楼市的七寸在哪里》,《上海证券报》2013 年 3 月 15 日。

（三）要加快城市战略性新兴产业和现代服务业的发展，培育新的经济增长点，同时充分利用产业和人口向中西部地区的"双转移"提升产业发展水平，吸引农民工回归创业带动就业，把城镇化建立在多元合理的产业支撑基础上

房地产业的发展涉及建筑、建材、冶金、化工、轻工、机械、纺织等50多个行业，但单纯靠房地产业支撑城镇化是不可持续的。健康的城镇化需要多元的产业支撑，建立在工业化的基础上。没有产业的发展和集聚，就无法提供城镇化所需的人口、资金和就业机会等，即使依靠政府行政力量增加城镇人口、开展城镇建设，也是不可持续的。针对房地产行业"一业独大"的问题，要高度重视民间资本投资渠道的拓展，释放民间投资增长活力，拓宽实体经济的发展空间。未来，需要逐渐改变经济增长对房地产行业的过度依赖，着力培育发展高技术、高产品附加值的新能源、节能环保等战略性新兴产业以及以信息技术、知识经济为基础的现代物流业、旅游业等现代服务业，吸纳就业，促进地方发展，降低对房地产行业的依赖。要依托地方比较优势和资源禀赋，充分发挥市场力量和民营经济的作用，大力发展劳动密集和知识密集的工业和服务业，夯实城镇化的产业基础。要合理引导资金、劳动力、技术等要素优化配置，充分发挥区域大城市、中心城市的辐射功能，通过产业转移带动相关配套产业和服务业在中小城镇发展。要构建"进城打工学习—回流创业实践"机制，依靠广大民众强烈的自我创业、自我发展的欲望，鼓励农民工返乡就业创业，发展民营经济和草根经济，并以创业带动就业。

（四）要推动房地产开发商转型，转变大拆大建的房地产业发展模式，提高城市建设效率和质量，改变房地产业粗放的发展方式

城市房地产业的转型发展要改变政府政绩考核"唯GDP"导向，将民生指标和效率指标纳入政绩考核体系，让进城人口住得舒适放心。要改变房地产业粗放式的发展方式，加强对城市建设进行科学的规划布局和组织管理，集约使用土地，提高城市建筑的利用率，延长房产的实际使用时间，避免大拆大建的发展模式造成的重复投资建设和资源浪费。要推动房地产业的

转型与创新,引导房地产开发商实现开发模式转型、融资渠道转型和运营方式等方面的转型,提升住房的质量和功能。要重视城市的生态文明建设,利用先进技术和手段改造房地产业,推进城市经济、生活和管理上的全面"智慧",提高城市运营效率,缓解"大城市病"。

(本文发表于《商业时代》2013 年第 14 期。李睿、吕勉协助研究)

—16—
完善租房市场构建多层次住房体系

    房地产市场是中国最复杂最敏感的市场,一头连着投资,另一头连着消费;一头接着实体经济,另一头接着虚拟经济;一头与地方政府财政紧密相连,另一头与开发商、银行、消费者利益息息相关。目前,我国房地产调控正处于两难困境:如果放松房地产调控,房价可能出现报复性反弹,调控成果将会付诸东流;如果调控更加严厉,房地产开发投资会下滑,进而波及相关的实体经济行业,在一定程度上影响经济的增速。房地产的大涨大跌都不利于中国经济,当前我国房地产市场调控最重要的是"去泡沫化",使它实现理性的回归。我国房地产市场存在的问题,在深层次上与住房租赁市场的不完善密切相关。城镇化进程中对租房市场的忽视使得"租—买选择机制"不完善,政策性住房保障不到位,人们对住房的需求过度集中于商品化的住房买卖市场。近年来,国家越来越关注和重视住房租赁市场。从2006年起,住房租赁问题每年都被写入国务院的政府工作报告。国民经济和社会发展的"十一五""十二五"规划纲要也都涉及了住房租赁市场的发展。《国民经济和社会发展第十一个五年规划纲要》强调"加强对房地产一、二级市场和租赁市场的调控,促进住房梯次消费"。《国民经济和社会发展第十二个五年规划纲要》提及"对中高收入家庭,实行租赁与购买商品住房相结合的制度"。温家宝同志在2012年两会期间也指出,"住有其居,并不意味着住者有其屋。从方向上看,应该鼓励更多的人租房"。这对于"十二五"期间有效调控我国房地产市场、实现经济顺利转型、保障人民安居乐业等具有重要的指导意义。

一、完善住房租赁市场的战略意义

（一）完善住房租赁市场是城镇化过程中保障居民居住权利,满足居民居住需求的必然选择

居住权是一个人与生俱来的基本权利。在当今社会,住房不仅是人类"衣食住行"基本需求中的核心组成部分,还是个人财富持有水平以及生活环境质量的重要标志。保障体面的住房不仅可以改善人的生存条件,而且可以提升人的尊严和道德意识,培养公民精神,提升社会凝聚力。因此,现代社会中任何一个国家都会对住房制定各种政策以便保证居民的基本居住权。在一国经济发展过程中,人口和财富不断向城市集聚,由此导致的住房困难是任何一个国家都不可避免的问题。购买商品房只是解决住房问题的一条途径,而大量买不起或暂时无必要买房者,主要通过租赁方式解决自身和家庭的居住需要。

（二）完善住房租赁市场有利于推动农民工有序融入城市,促进城镇化健康可持续发展

我国正处于城镇化加速阶段,客观上形成规模庞大的人口迁移,对城市住房产生了大量的需求。不断攀升的城市房价远远超出这些流动人口的支付能力,导致流动人口大多集中居住在建筑质量差、人居环境恶劣的"城中村",与城市户籍居民的居住水平差距越来越大,不仅严重阻碍了流动人口融入城市,也给城市的社会管理带来极大挑战。根据蔡昉、辜胜阻等学者的近期研究成果,我国经济的"刘易斯转折点"(即劳动力过剩向短缺的转折点)已经来临,未来地方政府之间的竞争将由招商引资逐步转向吸引劳动力。[1][2] 这一时期的城镇住房供应制度必须配合户籍等社会制度改革,将农

① 蔡昉:《"民工荒"现象:成因及政策涵义分析》,《开放导报》2010 年第 2 期。
② 辜胜阻、李华:《以"用工荒"为契机推动经济转型升级》,《中国人口科学》2011 年第 4 期。

民工纳入城镇住房供应体系,促进农民工向市民转化。经验表明,大城市构建完善的住房租赁市场是推动农民工有序融入城市、实现城市包容性增长和可持续发展的现实路径。日本全国自有住房比例为 60%,租赁住宅比例接近 40%。而东京与日本其他地区相比形成相反态势,租赁住宅占到 57%以上。① 构建一个完善的住房租赁市场是我国城镇化道路上的必要措施,将有助于解决半城镇化问题。

(三)完善住房租赁市场有利于稳定租金,鼓励租房消费,防止过高房租对居民消费的"挤出"

目前高房价和高房租侵蚀了居民很大一部分消费能力,使得扩大内需的战略难以实施。当前在严厉的楼市调控政策下,住房销售市场虽然逐渐降温,但是住房租赁市场日趋火热,一些特大城市住房租赁市场出现了严重的供不应求局面,房租涨幅远远超过同期居民收入增速和 CPI 增速,社会全面进入高房租时代。北京商品住房租赁市场成交平均租金 2009 年比 2008 年上升 22%,2010 年比 2009 年上升 19%,2011 年年度涨幅又高达 13%。② 由于房租高企,仅房租一项支出就占了很多外地来京工作者收入的 50%甚至 70%。③ 对于买不起房而又得不到廉租房的广大"夹心层"群体来说,要用三分之一到三分之二的收入来租房,用来消费的可支配收入大大减少,面临极大的生活压力。完善的住房租赁市场有助于降低租金占收入的比例、减少居民用于住房方面的预防性储蓄,从而增加即期消费并增强消费预期,在一定程度上释放潜在的内需。

(四)完善住房租赁市场有利于构建多层次住房供给体系,促进我国房地产市场健康发展

城镇住房制度改革以来,我国住房供应体系经历了经济适用房为主、商品房为主、保障房回归三次架构调整和变化,目前已形成了政府和市场配置

① 张之清、王玉光:《日本的住宅制度》,《中国保险报》2010 年 8 月 4 日。
② 张远:《住房租赁市场的调控思路》,《住宅产业》2012 年第 7 期。
③ 刘书艳:《北京房租疯涨难控 8 月份月均租金 3720 元/套》,《中华工商时报》2012 年 9 月 10 日。

方式相结合的面向不同收入阶层的多层次住房供应体系(见图1)。① 但由于政府支持、住房行业发展、居民选择等领域均偏重住房销售(或所有),近十年来我国住房制度改革主要措施是出售存量公房和新建住房,使得城市住房自有率达到80%以上,个别城市达到90%,住房出售市场过度发展而住房租赁市场严重滞后。这种畸形的房地产市场结构的结果是,一方面大量商品住房空置,另一方面相当一部分居民既无能力买房,又无处租赁到适合自己需求的住房。培育完善的住房租赁市场,优化住房市场结构,将住房租赁纳入到政府住房保障制度中来,用政府"有形之手"弥补住房租赁市场之不足,使住房的供应结构与住房的需求结构相适应,是破解我国房地产市场困局的重要举措。

租赁	政府		市场	配置方式
	廉租房	公租房	商品房租赁市场	
	经适房	限价房	商品房销售市场	
买卖/所有 占有模式				

图1 当前中国城镇住房供应体系框架图

二、我国住房租赁市场的现状与问题

目前我国住房租赁市场存在的问题主要表现在以下几个方面:

(一)住房消费观念误区弱化了住房租赁市场地位,使得住房租赁市场功能低下,"租—买"选择机制缺失,"租房居住"可以"安居乐业"观念难以获得全社会认同

从房地产业发展规律看,住房具有消费品和投资品的双重特性,其合理的价格需要有效的"租—买"选择机制来支撑。由于我国住房租赁制度建设

---

① 邹晓燕、叶剑平:《健全我国城镇住房供应体系的政策导向探析》,《中国房地产》2012年第6期。

滞后,"租—买"选择机制缺失,租房对于买房的替代性完全没有显现出来。从消费角度看,我国住房租赁市场上所供给的产品和服务,在品质上存在明显缺陷,不能给承租人带来居住和心理的稳定性,削弱了租赁住房对自有住房的替代性。从投资角度看,我国房价正处于快速上涨时期,人们通过购买房屋获得的财产性收入远比出租房屋获得的租金收入高得多,买房与租房之间的替代性也不强。从政策属性上看,改革开放以来的"GDP 导向"使得一些地方政府过度强调房地产业的经济发展功能忽视了住房的保障功能。瑞典学者吉姆·凯梅尼曾指出,欧洲很多居民愿意选择租赁为居住方式的重要原因之一就是政府的介入使得房屋租金水平整体偏低且稳定。瑞典房屋自有率为 40%,其余构成为 60% 的房屋租赁市场,其中政府提供的成本型租赁住房占 23%。① 为应对我国未来人口城市化带来的大量相对低支付能力的居住需求压力,必须大力发展以公租房为主体的住房租赁市场。从消费观念来看,我国居民的住房消费观念与发达国家居民相比存在偏差,"重购轻租"盛行,不利于住房租赁市场的发展。

(二)供给体系不健全,供求结构错位,小户型、低总价的出租住房不足,使得住房租赁市场总量问题与结构问题并存

住房租赁市场上的需求包括高、中、低端多层次需求,目前我国住房租赁市场总量占比较大的是中低层次和低端层次的需求,包括城市中低收入家庭、年轻白领以及收入水平较低行业的低职位从业者、尚未找到工作的大学毕业生和农民工等。相对于大规模"金字塔型"的租房需求,我国住房租赁市场却缺乏专业化的机构出租人和规模化的住房出租业,导致我国住房租赁市场总量缺口和结构错位问题并存。在发达国家,专业化的住房租赁公司(协会)是住房租赁市场的重要参与主体,在解决城市困难家庭的住房问题中发挥了重要作用。以欧洲为例,法国的租赁机构拥有私有租赁住房的 7%;德国的私有租赁住房中,30% 由专业租赁公司经营;在荷兰,由 30 个投资机构组成的 IVBN 拥有私有租赁住房中的 20%。② 但是,目前我国住房

---

① 邹晓燕、叶剑平:《健全我国城镇住房供应体系的政策导向探析》,《中国房地产》2012 年第 6 期。

② 甄辉、吕萍:《我国城镇化进程中的城市住房租赁体系研究》,《建筑经济》2011 年第 2 期。

租赁市场机构出租人出租的住房规模还比较小。统计显示,1992—2010 年全国房地产企业收入中,房屋出租收入占总收入的比例最高年份仅为 2.3%,2010 年北京和上海的这一比例也仅为 5.54% 和 7.39%。[①] 这一问题实质上与土地、金融、税收制度密切相关。目前的土地出让制度和金融制度都使得房地产开发企业更偏向于"开发—销售"经营模式以使资金快速回笼,而不愿采用以长期现金流收益为主的"开发—租赁"经营模式。现有税收制度也使得机构出租人不具有成本优势,出租人开展房屋租赁业务既征房产税、城镇土地使用税、印花税,又征营业税、所得税等,各项税种单独设置税率,未考虑纳税人能承受的合理税收负担,综合税赋过重。在我国一些大城市,虽然租赁住房供应总量有余,但是供应结构存在矛盾。目前我国住房租赁市场上可供出租的房屋,供给较稳定的是居民长期投资闲置住房和机构出租的酒店式公寓,以大、中户型、高档及中高档住房为主(见表 1)。居民住房改善后待租的中小户型、中低档次住房,其供给不仅在微观层面上不稳定(随时会售出),在总量上也易受房地产市场波动影响而不稳定。[②]

表 1   上海商品住宅出租规模与结构

年份	2000	2010	2011
商品住宅出租面积(万平方米)	59.29	85.72	87.68
商品住宅出租面积:商品住宅销售面积	1:24.39	1:19.66	1:16.81
商品住宅出租面积中别墅、高档公寓占比	63.13%	88.87%	86%

资料来源:根据《上海统计年鉴(2012)》"表 17.3 主要年份商品房销售与出租情况"数据计算。

(三) 住房租赁市场信息不充分,缺乏专业管理和有效市场监管,导致租赁关系不稳定,租客直接权益与配套制度性权利难以得到保障

我国的住房租赁市场信息不充分,市场自我运行,监控不到位,不利于租房价格长期稳定。从信息来源看,我国住房租赁市场长期缺乏权威的统

---

① 根据《中国统计年鉴(2011)》表 5-40"房地产开发企业(单位)经营情况"数据计算。
② 崔裴:《我国住房租赁市场现状分析》,上海易居房地产研究院网站,2011 年 12 月 2 日。

计信息,网上租赁信息平台不完善,供需情况、房源分布、租金等都来自各个中介公司的统计,而非权威的政府统计部门,导致政府制定有关政策、引导市场发展缺乏基本信息,人们租房也缺少指导,住房租赁交易的合同备案率极低。从监管体制看,我国住房租赁市场法规不健全,很多管理环节无法可依。我国现行的《商品房租赁管理办法》制定目的更注重与社会治安管理相配合,而缺乏对租赁双方利益确认与保护的重视,致使处于弱势的租者权利难以真正实现。另外,我国住房租赁市场管理主体除房地产管理部门外,还有公安、计划生育、工商、税务及街道等,没有统一协调,造成管理主体的重叠,管理效率低。住房租赁市场缺乏充分信息和完善监管的结果是,承租人权益难以有效保障,承租人经常缺乏"稳定感"和"安全感",不愿意长期租房。在一项关于北京市住房承租人的调研中,77.4%的被访市民担心出租人随意提价或提前收回房子。租赁关系的不稳定已经成为阻碍居民选择租赁住房的重要因素,大量无力承担高额购房费用的家庭也仅仅将租赁住房作为一种临时的过渡,最终纷纷选择购房而居。[1] 同时,同为住户,租住者不能获得与自购住房者同等的配套制度性权利,如在户籍管理、子女入托入学、医疗卫生服务、就业保障等方面均遭受不同程度歧视。

(四)住房租赁市场金融制度不完善,公积金制度不合理,住房租赁业长期资金需求与大量社会资金间缺乏有效通道,已成为制约住房租赁市场稳定健康发展的重大瓶颈

住房市场是一个资金密集型市场,但是长期以来我国住房市场融资过度依赖商业银行信贷,资本市场落后使得支持房屋租赁市场发展的资金来源匮乏,限制了住房租赁市场的发展。首先,融资渠道不畅导致企业缺乏进入出租业的意愿。房屋出租业需要大量长期资金作为置地购房、维护修复的基础。但是,由于我国房地产企业的资金来源渠道主要是银行贷款,房地产企业为了实现资金快速回流以便能快速还清银行贷款,通常会选择将房屋开发完成之后推向买卖市场而很少用于出租。而支持房屋出租业发展的房地产信托业在我国尚属起步阶段,其有效发展仍然面临诸多问题。其次,

---

① 甄辉、吕萍:《我国城镇化进程中的城市住房租赁体系研究》,《建筑经济》2011 年第 2 期。

大量社会强制性缴存基金缺乏进入房屋出租业的良好通道。目前我国的住房公积金、养老金、社保基金等各类强制性缴存基金数额巨大,但大多存在着资金运用率不高、资金贬值等问题。从适用性角度看,住房公积金、养老金、社保基金等强制性缴存基金投资于租赁市场,不仅可解决当前发展住房出租业面临的缺乏长期资金来源问题,也在一定程度上有助于提高公积金、养老金、社保基金的资金运用效率,有助于这类基金的保值增值。① 但目前,我国关于此类基金进入房屋出租业还存在多种制度上的阻碍。以住房公积金为例,现有《住房公积金管理条例》第五条规定:"住房公积金应当用于职工购买、建造、翻建、大修自住住房,任何单位与个人不得挪作他用。"该条例虽然允许租房者有条件地利用公积金租房,但高涨的房价已让住房公积金成了"制度性摆设",各地住房公积金普遍面临"用来买房远远不够"的尴尬。

三、完善我国住房租赁市场的思路与对策

构建完善的住房租赁市场需要充分发挥政府"有形之手"和市场"无形之手""两只手"的作用,合理引导消费观念,多渠道扩大租赁市场房源,加强租赁市场监管,强化金融支撑,推动住房租赁市场健康可持续发展。

(一)要以住房权理念为指导完善住房公共政策,明确政府的责任和义务,加强住房租赁市场的保障力度,引导住房梯度消费观念

要以现代住房权理念为指针,重新审视我国的住房保障制度,确立住房租赁市场在我国经济发展中的战略地位。通过合理设计,构建起住房买卖市场与住房租赁市场互为补充的住房市场结构,在强调对住房所有权尊重的同时,更强调对住房使用权的保护,从而使购房者买得"心安理得",租房者住得"理直气壮"。② 要处理好购房和租房的关系,引导一种"先租房,后买房;先买小房,后逐步改善"的住房梯度消费理念,使"购房居住"与"租房居住"成为全社会住房消费两大基本形式,获得社会的广泛认同,并通过适度

① 周建成、廖资衡等:《全国房地产租赁市场研究》,上海易居房地产研究院网站,2010年。
② 胡光志、张剑波:《中国租房法律问题探讨——现代租房制度对我国的启示》,《中国软科学》2012年第1期。

的政府干预,实现全民"住有所居""安居乐业"的住房权保障目标。要通过政府管理、法律规章配合、财税政策支持、银行信贷资金和土地政策支持等多种手段,加大对廉租房、公租房建设的支持,完善住房公共政策。要做好保障性住房申请、审批、退出及维护等方面的后续管理工作,建立有效的房源信息交流机制和退出机制,防止"只进不退"的问题,保证有限资源的合理利用和保障房制度实施的可持续性。

(二)要培育多种形式的住房租赁市场供给主体,多渠道扩大租赁市场房源,合理调整住房租赁市场结构,提高租房者的议价能力

为健全租赁市场供应体系,应通过一些政策手段盘活闲置房源,提高住房租赁市场的产业化运营水平,扩大租赁房的建设和供给,提高租房者的议价能力。要培育多种形式的租赁市场供给主体。政府要加快面向中低收入家庭、新就业人员和外来务工人员的廉租房和公共租赁房建设,直接增加租赁住房总供应量。鼓励企业投资成立拥有房屋产权、以住房出租为主要业务、以收取租金折旧逐步收回建房成本的专门住房租赁公司,或通过"开发+租赁+销售"的方式参与住房租赁业务。[①] 鼓励现有房地产经纪公司和中介公司利用其信息优势,集中经营租房业务。要通过规划调整住房租赁市场供给结构。政府在推进总量供给的同时,要更加注重结构调整,使高、中、低档住宅供应保持合理的比例。在制订城镇年度建造商品房计划的同时,要明确配套建造公寓式租赁房的年度计划,在对房产商的土地招标中要明确租赁房的配比要求,通过设定单套出租住房面积、租金的标准,对低于此标准的住房出租予以税收优惠,以鼓励更多中小面积、中低租金的住房用于出租,增加中低端租赁市场上的房源。

(三)要完善住房租赁市场监管体系,综合运用经济手段和法律手段规范住房租赁市场,构建稳定健康的租赁关系

要建立一种协调机制,将现有涉及租赁的相关行政管理,如房管、公安、计生、税务等纳入到一个框架内,实现房屋租赁的统一管理。扩大现有管理

---

① 刘洪玉等:《推进和完善住房公积金制度研究》,科学出版社 2011 年版。

办法的调整范围,将市场化和保障性质的租赁住房纳入统一的制度管理中,并将租者权利保护的重要内容如"租金控制""修理责任""费用承担""隐私保护""信息披露""禁止驱逐""协议终止"纳入其中,进一步推进租房者在户籍管理、社会保障、子女入托入学、医疗服务等方面权益维护标准一致。[①]出台专门的规定对房地产中介哄抬价格、发布不实信息等行为进行规范,对房地产经纪机构和经纪人的行为进行法律约束,保障租赁双方通过经纪机构进行租赁交易时利益不受侵犯,让承租人有稳定感和安全感。要搭建具有社会公益性质的住房租赁服务网络平台,加强租赁住房特别是保障性租赁住房管理、用户管理、数据查询等环节的建设,利用新技术为租赁双方提供及时全面的信息服务。要建立住房租赁登记备案制度,进一步完善合同备案制度,从源头上防止纠纷发生,以保护经营者与房客的权利与利益,同时简化租赁登记的行政流程,推广网上登记备案制度,提高中介机构和交易双方登记备案的积极性。要进一步推行房屋租赁指导租金制度,定期公布市场房屋租金价格,为租赁当事人提供参考,同时通过指导租金实现对于房屋租赁市场的预警和防范功能。通过行业协会制定完备的行业准则,形成全国范围的中介机构信用体系披露机制和平台,规范化服务和交易流程,搞好行业自律。

（四）要完善住房租赁市场的金融支撑,开辟住房公积金等社会基金进入住房租赁市场的渠道,支持住房租赁市场的发展

住房具有半公共产品的性质,完全依靠市场机制难以满足社会对住房的投融资需求。我国除商业性住房金融体系外,要加快建设类似于美国联邦住房贷款银行体系和日本住宅金融公库性质的公共住房金融主体。为鼓励企业发展住宅租赁业务,还可以允许企业从住房公积金中心或政策性银行获得低利率贷款。要创新支持住房租赁投资业务的金融政策,规范发展房地产信托投资基金,对住房建设信贷,可通过贷款贴息、税收优惠和延长还贷周期等措施,使投资保障性租赁房的企业能够以合理偏低的利润水平提供低于市场租金水平的租赁住房。对住房租赁经营,可考虑调整土地出

---

① 胡光志、张剑波:《中国租房法律问题探讨——现代租房制度对我国的启示》,《中国软科学》2012年第1期。

让金的收取方式,变土地出让金一次性支付为按年支付,减少前期开发建设成本。可探索公共部门与民营企业合作途径,尝试 BOT(建设—经营—移交)、BOOT(建造—拥有—经营—转让)、BOO(建设—拥有—运营)、PPP(政府民间合作)等新型投融资模式,解决当前保障房建设资金不足问题。要研究各类强制性缴存基金进入住房租赁市场的渠道和可行性,例如通过修改《住房公积金管理条例》,赋予住房公积金新的职能,明确住房公积金增值收益权属,逐步扩大住房公积金增值收益分配的途径和范围,让租房者能够提取公积金等交房租,变"死钱"为"活钱",增强农民工等在就业城市的住房支付能力。

（五）建立有利于住房租赁市场健康发展的税收制度,征收房产空置税,降低空置率,实施以鼓励住房租赁市场发展的税收政策

住房空置税是在房产税的基础上针对因房屋空置而造成资源浪费的一种税收政策。有研究表明:目前我国一些特大城市住房空置率已大大超过10%的国际警戒线水平。房屋空置浪费了稀缺的住房土地资源,造成资源享有的不公平。为此,要创造条件开征房屋空置税,增加业主住房持有成本,推动闲置房屋进入租赁和买卖市场,提高住房利用率。鼓励尝试成立"房屋银行",引导个人将闲置用房存入"房屋银行",提供专业化、集约化住房租赁服务。此外,对投资和经营住宅租赁及其配套业务的企业,适当减免契税、土地使用税、营业税房产税、印花税等,鼓励其开展住房租赁业务。

（本文发表于《理论学刊》2013 年第 1 期。李洪斌协助研究）

—17—

反思城镇化发展中的五种偏向

城镇化是关系中国经济发展转型的重大战略问题。国家"十二五"规划明确提出,"要积极稳妥推进城镇化","坚持走中国特色城镇化道路,科学制定城镇化发展规划,促进城镇化健康发展"。2011年,中国城镇化率达到51.27%,实现了中国社会结构的历史性转变。相比国外城镇化进程,我国城镇化进程较为迅速。但是,当我们在为中国城镇化"跨越式"发展而高兴的同时,也不免有所担心,中国城镇化发展是否可持续?

健康可持续发展的城镇化必须建立在产业支撑和实体经济的坚实基础上,实现城镇化与工业化、农业现代化以及信息化的"四化"协调发展。第一,城镇化要与工业化、与制造业由大向强转变相协调,要建立在以制造业为主的实体经济基础上,防止"产业空心化"。要防止脱离实体经济、没有产业支撑的拉美式城镇化陷阱,大力优化城镇实业经营环境,发展服务业尤其是高端生产性服务业,推进制造业转型升级,巩固城镇化的实体经济基础。第二,城镇化要与农业现代化相协调,加快城乡统筹,通过农业现代化释放更多劳动力,促进城乡互动协调发展。国家"十二五"规划明确提出,"在工业化、城镇化深入发展中同步推进农业现代化,是'十二五'时期的一项重大任务"。未来城镇化发展要以城乡统筹为导向,通过工业反哺农业、城市支持农村,缩小城乡差距,推进农业现代化,促进城乡互动协调发展。① 第三,

---

① 辜胜阻、易善策、李华:《中国特色城镇化道路研究》,《中国人口·资源与环境》2009年第1期。

城镇化要与信息化相协调,在城镇化进程中通过建设智慧城市来提高城镇化质量和获取城镇化发展红利。世界银行在《2030 年的中国》报告中指出,"智慧城镇化"是中国未来城镇化发展的重要方向。实践表明,发展智慧城市,是提高城镇化质量、推进内涵型城镇化建设的重要举措。如据世界银行测算,一座百万人口智慧城市的建设,在投入不变的前提下实施全方位的智慧化管理,将使城市的发展红利增加 3 倍。①

一、当前城镇化进程和城市发展中的"五大偏向"

改革开放以来,中国城镇化快速发展,但是也需要反思在城镇化过程中的过度依赖土地财政、人口过于集中于大城市、过多的非家庭式城乡人口迁移、过高的半城镇化和城市间恶性的 GDP 竞争等多种偏向。

(一)城市政府过度依赖"土地红利","土地财政"使过高地价推高房价,城市房地产形成高度泡沫态势

"分税制"改革后,受限于地方政府财权与事权的不匹配,土地出让金成为地方政府推进城镇化建设的重要资金来源,但也形成了城市政府的"土地财政依赖症"(见表 1)。一方面,土地财政推高了房价,加剧了房地产的泡沫化,过度透支了居民消费能力,北上广等特大城市人才流入困难,制约了城镇化长期发展。如实证研究发现,地方政府对土地财政的依赖程度越高,在其他条件相同的情况下,该城市的房价指数也越高,即政府对房价的上涨可能存在较为显著的推动作用。② 另一方面,也形成了城市"征地—卖地—收益"的粗放式土地经营模式,造成了土地资源的极大浪费。如有统计显示:2000—2009 年,城市建成区面积、建设用地面积分别增长了 69.8%、75.1%,但城镇常住人口仅增加了 28.7%,③使得城镇化发展面临着不可持续的风险。

---

① 张伟:《破解"城市病"智慧城市渐行渐近》,《中国高新技术产业导报》2011 年 8 月 8 日。
② 张双长、李稻葵:《"二次房改"的财政基础分析——基于土地财政与房地产价格关系的视角》,《财政研究》2010 年第 7 期。
③ 周慧兰、曹理达:《农村产业结构调整战略》,《21 世纪经济报道》2011 年 9 月 17 日。

表 1　2001—2010 年全国土地出让与财政收入情况

年份	2001	2002	2003	2004	2005	2006	2007	2008	2009	2010
土地出让金（亿）	1296	2417	5421	6412	5884	7677	13000	9600	16000	27000
地方财政收入（亿）	7803	8515	9850	11893	15101	18304	23573	28650	32581	35383
土地出让金占地方财政收入比例(%)	16.6	28.4	55.0	53.9	39.0	41.9	55.2	33.5	63.4	76.6

资料来源：张燕君、侯远志、杜文龙：《土地制度与"土地财政"对房价上涨的影响及平抑对策》，《理论导刊》2012 年第 2 期。

（二）城镇化过度依赖超级城市、特大城市而不是大都市圈，人口过度集中于特大城市造成"大城市病"的集中爆发

中国城镇化在高速发展的进程中，人口过度集中于超级城市和特大城市，如农民工总量的 65.4% 集中在东部地区，其中外出农民工的 64.7% 集中在地级市以上城市，[①]导致城镇发展规模并不均衡。一方面给大城市带来了交通堵塞、环境污染、资源紧张、城市贫富两极分化等"大城市病"的困扰；另一方面也导致中小城镇的规模过小，缺乏集聚效应。如占国土面积超过 70% 的西部地区城市比重却不到 30%，城镇化水平只有 38.3%，中西部地区中小城市发展非常不足。城市的资源环境承载力是有限的，城市的发展规模超出了原有的组织管理能力和资源环境承载力时，就必然降低城市居民生活质量，影响城市功能正常运行和可持续化发展。如有统计显示，全国 667 个城市，约有 2/3 的城市交通在高峰时段出现拥堵，2/3 的城市被"垃圾围城"。[②] 而研究发现，受制于城市管理模式滞后、城市公共服务供给落后于居民消费升级需要，城镇化水平在 50%—70% 之间将是"城市病"的爆发期，[③]为此国家"十二五"规划纲明确提出要"预防和治理'城市病'"。

---

①　国家统计局：《2011 年农民工监测调查报告》，国家统计局网站，2012 年 4 月 27 日。
②　陈文胜、王文强：《规划不合理致城市交通拥堵》，《中国社会科学报》2011 年 12 月 8 日。
③　张忠华、刘飞：《当前我国城市病问题及其治理》，《发展研究》2012 年第 2 期。

（三）过度依赖人口非家庭式迁移和异地转移,面大量广的"钟摆式"和"候鸟型"人口流动造成"留守儿童、留守老人、留守妇女"问题严重

目前,我国两亿多农民工中,已婚者占 73.4%,其中外出农民工已婚者达 58.2%之多,但近 80%的农民工是单纯劳动力转移而非家庭迁移,[①]家庭生活重心保留在农村,并且多在假期和农忙期间返乡,预期自己年老、生病、失业时仍将返回农村,从而呈现显著的"钟摆式"和"候鸟型"流动模式。这种单纯的劳动力异地流动付出了沉重的社会代价:首先,牺牲了"三代人"的幸福。据统计,在农村人口中,约有 5000 万留守儿童、4000 万留守老人和 4700 万留守妇女,[②]农民工自身缺乏家庭幸福感,留守长辈的劳动和精神负担加重,留守儿童的教育、心理、安全等问题突出。其次,带来了严重社会隐患。在农村壮年劳动力转移之后,农村空心化问题日益突出,社会治安状况堪忧,而务农重任落在妇女和老人身上,又进一步制约农业现代化发展。

（四）过度依赖"人口红利"和农民工不彻底转移的"半城镇化"发展模式,造成农民工权益缺失

中国当前的"半城镇化"突出表现为农民工既不能完全从农村和农业中退出,也不能完全融入城市,身份得不到确认,只是简单实现了职业转换和地域转移。这导致城市对农民工是"只用一时,不管终生","经济上接纳,社会上拒绝",难以享受到与城镇居民平等的公共服务和社会权益。调查显示,目前外出农民工参加养老保险、工伤保险、医疗保险、失业保险和生育保险的比例分别仅为 13.9%、23.6%、16.7%、8.0%和 5.6%(见图 1)。同时,企业对农民工是"取而不予,用而不养",与城市劳动者相比面临"同工不同酬,同工不同时,同工不同权"的不公平待遇,农民工多从事脏、累、苦、险性质的工作,员工待遇差。如当前 41.3%的农民工雇主或单位不提供住宿也没有住房补贴,这些农民工每人月均居住支出 335 元,占其月均收入

---

① 国家统计局:《2011 年农民工监测调查报告》,国家统计局网站,2012 年 4 月 27 日。
② 刘杰:《调查称中国每年近三千万亩耕地因农村人进城撂荒》,央视《新闻 1+1》,2011 年 9 月 13 日。

的 16.0%。①

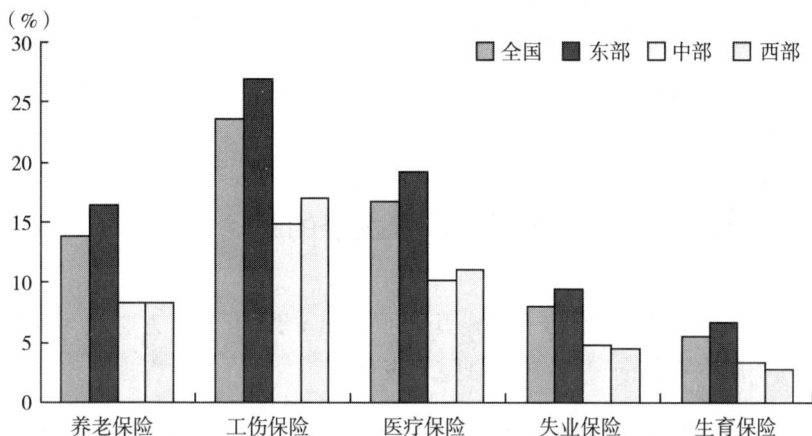

图 1   2011 年外出农民工在不同地区务工参加社会保障的比例

资料来源:国家统计局:《2011 年我国农民工调查监测报告》,国家统计局网站,2012 年 4 月 27 日。

(五)在城镇化进程和城市竞争过程中,过度重视 GDP 等硬实力和高楼广场等硬环境,忽视软实力和软环境,城市间形成 GDP 恶性竞争

如果说 GDP 规模、高楼大厦和道路交通是城市的"硬实力"或"硬环境",那么城市精神文化、居民道德修养和城市社会服务等就是城市的"软实力"或"软环境"。对于城市发展而言,软实力具有双重功能,对内它担负着维持城市可持续发展的重任,对外它是增强城市竞争力的核心要素。② 没有"软实力"或者"软实力"不好的城市,和计算机的裸机一样是没有活力的。但是当前,我国城镇化发展过程中,偏重于进行 GDP 规模、高楼大厦、道路广场等"硬实力"竞争,而忽视了"软实力"和"软环境"建设:重 GDP 规模,轻民生幸福;重"大拆大建""推倒重来",轻传统保护;重"贪大求洋""攀高比新",轻人文关怀;重"形象工程",轻功能效果。古希腊哲学家亚里斯多德曾说:人们为了活着而聚集到城市,为了生活得更加美好而居留于城市。城市间 GDP 恶性竞争扭曲了城市发展的目的,忽略了改善民生、让居民生活更美

---

① 国家统计局:《2011 年农民工监测调查报告》,国家统计局网站,2012 年 4 月 27 日。

② 金周英:《从国家软实力到企业软实力》,《中国软科学》2008 年第 8 期。

好的本质。竞争导向的扭曲，一方面导致城市记忆的消失、千城面貌趋同，"南方北方一个样，大城小城一个样，城里城外一个样"，缺乏居民文化认同感和对外的文化吸引力，城市精神衰落；另一方面也导致许多市政设施使用率低，建设资金浪费。据统计，全国的城市和建制镇中，约 1/5 存在铺张浪费的"形象广场"。①

二、改变城镇化失衡实现可持续发展的战略思考

改变城镇化失衡，推动中国城镇化可持续发展，需要着力避免当前城镇化过程中的多重偏向，让城镇化智慧化发展。

（一）要深化财税体制改革，改变城市政府对土地财政的过度依赖，形成多层次的住房供应体系，使房地产"去泡沫化"，让房价回归合理价位

土地财政是不可持续的，依靠土地财政推动城镇化建设也绝非长久之计。一要坚持事权与财力相匹配的原则，合理界定中央政府与地方政府的公共服务职责。要探讨扩大地方政府发行城镇建设债券试点，研究开征保有环节房地产税等税种，吸引民间资本参与城镇建设，逐步取代城镇建设依赖土地出让金的局面。要积极推行"扁平化"的财政体制改革，改变地方政府"土地财政依赖症"。未来应该继续在省以下启动和推动"省直管县"财政管理体制和"乡财县管"财政管理方式的改革。二要构建城镇多层次的住房供应体系，逐步挤压房地产"泡沫"。就像以公汽、地铁、低档车、中档车、豪华车为主体构成的多层次城市交通体系满足不同人群的出行需要一样，房地产市场也需要构建一个包括高端、中端和低端商品房，以及保障房的多层次的住房供应体系。要借鉴国际经验，探索利用法律、税收、金融等措施调控社会闲置房源，减少空置率，抑制投资性住房需求，加强房价管控，使房价回归合理。

（二）要采取均衡城镇化发展模式，大都市与中小城市协调共进，对"大城市病"进行标本兼治

引导农村剩余劳动力有序流动、合理分布，有助于提升城镇化整体效

---

① 冯华：《奢华成风跟风模仿片面追高城市建设病该治了》，《人民日报》2006 年 8 月 7 日。

益、减少"大城市病"。一要实施均衡城镇化战略,在以大城市为依托,发挥大都市圈规模效应和集聚效应的同时,重视在都市圈以外地区发展中小城市和县城,推进农村城镇化。[①] 在都市圈发展中,要培育战略性新兴产业和现代服务业,加强城市间产业分工协作,发挥市场配置资源的基础性作用,大力提升都市圈的规模效应和集聚效应。二要通过利用"智慧城市"先进技术和手段,加强城市规划和组织管理,治理"大城市病"。要通过合理空间规划和交通规划,发展公共交通等,来解决交通拥堵问题;通过加强污染治理和生态建设等手段克服环境污染;通过大力使用"智慧城市"的先进技术和手段,提高城市的组织管理效率。

(三)要推进劳动力输出省份的农民工回归,让更多的农村剩余劳动力进行家庭式迁移和就近转移,减少过高的异地流动所带来的沉重的社会代价

研究发现,东部和中西部地区就业在就业机会、工资待遇等方面的比较收益差距较大影响了农民工转移的地域选择。[②] 为此:一要推进产业向中西部转移,为农民工就业创造良好条件。中西部城镇要完善承接产业转移的激励政策,健全基础设施、建立承接产业转移园区、完善产业配套服务能力、优化政府投资服务,大力吸引国外及东部地区企业进入。二要加强对农民工的职业教育培训,提升农民工就地转移的能力。要加强对农民工职业技能教育的资金、人力支持,使用财税政策吸引企业参与农民工职业教育培训,改革农民工职业技能教学内容,创新教育模式,强化有助于农民工本地就业的县域农产品加工、手工业等就业技能的培训。三要加强县域乡镇接纳农民工及其家庭的政策扶持,鼓励农民工家庭式迁移,减少大规模异地流动的社会代价。

(四)要推进农民工市民化,构建适合农民工特点的医疗、住房及社会保障制度,实现农民工的市民梦、安居梦、创业梦"三大梦想"

实现城镇化健康发展的一个重要内容就是要让进城农民能够在城市

---

① 辜胜阻、李华、易善策:《均衡城镇化:大都市与中小城市协调共进》,《人口研究》2010 年第5 期。

② 辜胜阻、李华:《以"用工荒"为契机推动经济转型升级》,《中国人口科学》2011 年第4 期。

"安得下来",保障农民工合法权益。为此:一要改革户籍制度,推进公共服务均等化,实现农民工的"市民梦"。要因地制宜,对不同规模城镇户籍制度改革实行不同的政策,像北京、上海这样的大城市不可能完全放开,但是中等城市应该积极放开户籍,小城市更是可以完全放开。要分类指导,帮助新生代农民工及老一代农民工的"精英群体"率先实现"市民化"。要循序渐进,先构建适合农民工特点的教育、医疗、住房、社会保障体系,改善城市农民工子女的就学条件,再逐步实现市民和农民工的基本公共服务一体化。要由表及里,先让农民工落户,从身份上市民化,再通过教育宣传等提高农民工对城市的文化认同,实现心理上的市民化。二要扶持返乡农民工创业,盘活土地资本支持农民工创业,实现农民工的"创业梦"。要通过设立创业园区、优化返乡创业审批机制、强化创业技能培训、建立创业专项扶持基金、减免创业税费等措施,扶持农民工创业。要探索农村土地使用权的财产抵押机制,盘活土地资本,提供创业资金来源。三要推进城镇安居工程建设,实现农民工的"安居梦"。要逐步将农民工纳入城镇保障性住房的覆盖范围,构建"政府—企业雇主—农民工个人"三者相结合的多渠道保障房资金筹措机制,探讨农民工的农村住房或宅基地与城镇住房置换的机制建设,使用财税政策鼓励企业建立农民工的标准员工宿舍等。

(五) 要重视城市"软实力"和"软环境"的建设,改变各城市在 GDP 上的恶性竞争局面,提升城市居民的幸福指数,增强城市特色和综合竞争力

当前各城市之间的竞争,已经从比 GDP、比区位、比资源向比文化、比环境、比服务转变,一句话就是"软实力"的竞争。文化是国家软实力的主要来源之一,[1]而文化资源、传播力度、社会和谐则是影响城市软实力的直接因素。[2]从偏科学规划的"功能城市"发展理念向偏人文关怀的"文化城市"理念转变,已成为优化居民生活的"软环境"、促进城市可持续发展的国际共识。如伦敦将文化视为城市的"心搏",新加坡明确提出"文艺复兴城市",首尔把以文化为中心的市政方针放在首位,确立 2015 年建成"文化城市"的愿景。[3]

---

[1] Joseph S., Nye Jr., "The Changing Nature of World Power", *Political Science Quarterly*, 1990, Vol.2.
[2] 陶建杰:《中国城市软实力评价及实证研究》,《同济大学学报(社会科学版)》2010 年第 4 期。
[3] 吴忠:《提升城市文化软实力的意义与路径选择》,《学术界》2011 年第 5 期。

为此,我国城镇化建设:一要以建立"幸福城市"和"和谐城市"为目标,着力提升居民生活幸福感。要将城市发展从 GDP 竞争导向向民生竞争导向转变,完善政府绩效考核标准,将居民幸福指数、城市公共服务水平等指标纳入考核指标,着力增强居民对城市的归属感和幸福感。二要重视以政府服务而非"形象工程"来提升城市美誉度。政府需要从"管理型政府"向"服务型政府"转变,强化政府公共服务能力。三要加强对城市传统文化的保护和创新。要保护城市传统文化及物质载体,挖掘并创新具有城市个性的优势文化,大力发展城市文化创意产业。

三、研究结论

城镇化是实现我国经济可持续发展的引擎。可持续发展的理念要求我国城镇化必须坚持"四化协调"原则:城镇化要与工业化相协调,建立在实体经济基础上——农业要稳,制造业要强,服务业要大,防止"产业空心化";要与农业现代化相协调,加快城乡统筹;要与信息化相协调,通过建设智慧城市来提高城镇化质量和获取城镇化发展红利。改革开放以来,我国城镇化在取得显著成绩的同时也存在多重偏向和失衡,未来必须反思这些城镇化偏向,克服城镇化失衡,推动智慧城镇化,实现城镇化可持续发展。为此,要通过深化财税体制的改革、构建城市财力与事权相匹配的城市财政体制,改变城市政府过度依赖"土地红利",高地价推高房价的偏向。要通过采取均衡城镇化发展模式、加强城市建设规划与管理来缓解人口过度集中于大城市造成"大城市病"的偏向。要通过推进产业向中西部转移来解决城镇化过度依赖人口非家庭式迁移和异地转移,造成巨大社会代价的偏向。要通过改革户籍制度、推进农民工与市民逐步平权、推进城镇安居工程建设来解决城镇化过度依赖农民工不彻底转移的"半城镇化"的偏向。要通过改善政府公共服务、提高城市"软实力"营造"软环境"、提升居民生活幸福感来解决城镇化建设过度重视硬实力和硬环境及 GDP 恶性竞争的偏向。

(本文发表于《中国人口科学》2012 年第 3 期。杨威协助研究)

—18—
城镇化要从"要素驱动"走向"创新驱动"

胡锦涛同志在 2012 年 7 月 23 日省部级主要领导干部专题研讨班上的重要讲话中指出,要扎扎实实抓好实施创新驱动发展战略。"创新驱动"是区别于廉价"要素驱动"和"投资驱动"的新发展战略观。美国哈佛大学经济学教授迈克尔·波特(2007)把国家竞争优势的发展分为"四个阶段":生产要素驱动发展阶段、投资驱动发展阶段、创新驱动发展阶段、财富驱动发展阶段。① 迈克尔·波特的"国家竞争优势理论"同样适用于城市发展。当前我国城镇化必须由过度依赖廉价劳动力、土地等"要素驱动"和大量投资形成的"投资驱动"发展阶段向"创新驱动"发展阶段转变,实现从重数量的外延式扩张转向重品质的内涵式发展。2011 年我国城镇人口首次超过农村人口,意味着城镇化发展进入了一个新的阶段。过去三十多年,我国城镇化的高速发展主要来源于廉价的土地、劳动力等要素的巨大贡献。站在我国城镇化进程新阶段的起点,传统的依赖"土地红利"和"人口红利"的"要素驱动"城镇化发展模式能否有效持续是当前值得深思的重大问题。

---

① 迈克尔·波特:《国家竞争优势》,李明轩、邱如美译,华夏出版社 2007 年版。

一、城镇化快速发展得益于廉价的"要素驱动",过度依赖"土地红利"的城镇化模式不可持续

易得、廉价的土地要素为我国城镇化发展创造了有利条件。一方面,基于土地所有制的国有性和政府主导的城镇化推进模式,我国城镇化发展能比较容易地获得土地要素的大规模投入(见表1)。除2008年受金融危机影响外,2007—2011年期间我国建设用地实际供应量逐年较快增长,为城镇发展奠定了坚实的物质基础。另一方面,政府通过低价征地、高价出售的方式,从中获得巨额的土地出让金,这些资金是政府推进城镇化建设的重要资本积累(见表1)。相关研究表明,地方政府仅以市场价格的20%—50%的代价获得土地所有权,成为城市最大的土地所有者,并以城市国有土地唯一的所有者和供应者的身份获得最大限度的土地出让收入。①

表1 我国土地供应量和土地出让金情况

(单位:%)

指标 \ 年份	2007	2008	2009	2010	2011
城镇化率	45.89	46.99	48.34	49.95	51.27
建设用地供应量同比增长	11.4	−31.3	44.2	18.4	35.9
土地出让金同比增长	59	−16.1	63.4	57.8	14.6

资料来源:①城镇化率引自国家统计局人口司:《人口总量平稳增长 就业趋势保持稳定——从十六大到十八大经济社会发展成就系列报告之三》,国家统计局网站(http://www.stats.gov.cn/),2012年8月17日;②土地供应量和土地出让金是根据2007—2011年《中国国土资源公报》相关数据计算而得。

然而,当前我国过度依赖"土地红利"不仅容易形成低效率的土地资源配置方式,深化土地供给与城镇建设需求之间的矛盾,而且会对城镇化过程中的资金投入、产业发展、居民生活等多方面产生较重的负面影响,为城镇化可持续发展带来诸多"后遗症"。

---

① 鲁德银:《土地城镇化的中国模式剖析》,《商业时代》2010年第33期。

（一）土地市场供不应求与土地资源浪费严重并存，土地瓶颈制约逐渐加剧

城镇化初期，在要素投入不足的情况下，扩大土地资源投入规模能有效促进城镇的快速发展。然而，受制于土地资源的稀缺性，当城镇化发展到一定程度时，土地要素结构会发生改变，盲目追求大规模简单投放土地的城镇化模式将不可持续。据测算，未来我国城市建设用地供求缺口大约在6000万—7000万亩左右（见表2），不可再生的土地资源将会成为制约城镇化可持续发展的重要因素之一。长期以来，一些地方政府强调城镇化速度至上，通常采取增加土地要素投入的单一手段来推动城镇化的发展。不仅部分大城市实行了以建立新区或城市重心转移为特征的城市扩张战略，许多中小城市甚至小城镇也通过各种途径扩大建设用地规模。这种仅仅偏好土地规模扩张的城镇化发展模式导致土地利用率低下，造成土地资源的严重浪费，进一步加剧了土地资源约束。城镇土地利用效率的主要标准是人均城镇建设用地。根据《城市用地分类与规划建设用地标准》（GBJ137-90），人均100平方米建设用地是城乡建设用地的较高标准，在城市，只允许首都和特区城市最高达到人均120平方米。世界发展中国家人均城市建设用地83.3平方米，发达国家人均城市建设用地82.4平方米的水平。[1] 而目前我国人均城市建设用地已达133平方米，高于世界平均水平，也远远高于其他东亚国家和地区的水平。[2]

表2　未来15年我国城市建设用地供求缺口估算

（单位：万亩）

用地类型	建设用地需求量	建设用地供给量	供求缺口
全国建设用地	10000	3000—4000	6000—7000
居民用地	3000	900—1000	2000
工业用地	2500	630—840	1700
道路用地	1500	315—420	1100
商业用地	1500	315—420	1100

资料来源：王元京：《城镇土地集约利用：走空间节约之路》，中国经济报告，2007年。

---

[1] 刘文甲：《转变用地方式是转变发展方式的基础》，《中国国土资源报》2010年6月25日。
[2] 徐绍史：《落实资源节约优先战略推动经济发展方式转变》，《求是》2011年第4期。

（二）"土地财政"风险积聚且不可持续，财政收入结构脆弱，城镇建设资金投入的长效机制缺失

2011 年土地出让金已经超过 30000 亿元，[①]相当于地方财政收入的 80% 以上。在地方政府主导的城镇扩张过程中，"土地财政"扮演了极其重要的角色。"土地财政"指地方政府的可支配财力高度倚重土地及相关产业的租税费收入的一种财政模式。[②] 然而，过度依赖"土地财政"具有较大的风险性和不可持续性，以"土地财政"为重心的财政收入结构不适应城镇化可持续发展的资金需求。首先，土地财政是以不断增加土地供给为前提的，然而土地资源的有限性和不可再生性决定了"土地财政"生命力的脆弱。受当前土地资源急剧减少及宏观调控政策的影响，"土地财政"已难以为继。以"土地财政"收入中比重较大的土地出让金为例，2012 年 1—8 月，全国国有土地出让金为 15579 亿元，同比下降 26.1%。[③] 其次，由于"土地财政"对经济周期的依存度很高，财政收入会伴随经济周期的波动，产生大幅震荡。[④] 当市场繁荣时，"土地财政"会推动 GDP 和财政收入高速增长，且后者是前者的数倍；而一旦经济陷入低迷，"土地财政"又会导致 GDP 和财政收入快速下降，且后者降幅更大。"土地财政"固有的非稳定性不适合未来城镇化的发展。最后，"土地财政"以金融为媒介，扩大土地抵押融资规模，致使地方政府负债过重，容易引发金融风险，并极易演变成地方财政风险。

（三）地价和房价呈"螺旋式"上行趋势，造成房地产"泡沫化"和实体经济萎缩，削弱城市产业基础

过度依赖"土地财政"驱使地方政府凭借土地所有权的垄断提高地价，获取高额的土地收入，随后传导至房地产市场，造成房地产价格扭曲，进而推高房价。据不完全统计，土地出让金约占房价的 30%—50%。如果加上税

---

① 根据财政部公布的 2011 年地方国有土地使用权出让收入数据和地方公共财政收入决算表相关数据整理计算得出。

② 陈志勇、陈莉莉：《"土地财政"：缘由与出路》，《财政研究》2010 年第 1 期。

③ 财政部：《2012 年 8 月份财政收支情况》，中华人民共和国财政部网站，2012 年 9 月 11 日。

④ 李保春：《我国土地财政现象若干思考》，《财政研究》2010 年第 7 期。

费,一些地方地价和税费占到房价的五至七成,高地价成为过高房价的主要推手。在现有土地"招拍挂"制度下,地价和房价互为因果关系,地价上涨导致房价跟涨,房价的上涨又进一步抬高地价,两者相互作用,呈"螺旋式"上升趋势。房价、地价上涨的市场预期不断强化以及较高的行业利润率吸引大量的社会资本进入房地产行业。从企业数量看,2003 年全国房地产开发企业 37123 家,2008 年则达到 87562 家,5 年时间增加 1.36 倍,年平均增长保持在 20%以上,同期规模以上工业企业数量由 196222 家增加至 426113 家,年平均增长 17%。尤其在 2007 年房价高涨刺激下,房地产开发企业数量一年间增加了 40%,而规模以上工业企业数量仅增加了 26%。从城镇固定资产投资看,2003—2008 年房地产投资在城镇固定资产投资中的比例始终保持在 20%以上,年平均增速维持在 25%的高水平。[①] 社会资本短时间内快速集中于房地产行业,使得房地产行业过度膨胀,加剧了房地产"泡沫化",这容易造成实体经济的投入下降,形成强烈的"挤出效应",削弱城镇发展的产业基础。

(四)土地供给结构失衡深化居民住宅用地供需矛盾,过高地价及房价透支居民消费能力

城镇土地供给结构的失衡同样是过度依赖"土地红利"的结果。在城镇化推进过程中过分注重基础设施用地、工业用地的扩张,而忽视了居民住宅用地的基本需要,导致居住用地的有效供给严重不足,城镇居民的住房问题依然突出。就城市而言,对照国际上一些比较约定俗成的经验性看法,城市用地构成中,工业用地一般不要超过 15%,居住用地一般占 45%,道路广场和绿地均约为 8%—15%。[②] 国土资源公报显示,2011 年我国工矿仓储用地与建设用地供应总量占比为 32.7%,住宅用地占比为 21.3%,住宅用地供应量远未达到国际标准。[③] 在有限的居民住宅用地中,过高地价、房价透支了居民消费能力,抑制了居民消费需求,制约了城镇化可持续发展。相关研究

[①] 根据 2003—2008 年《中国房地产统计年鉴》和《国民经济与社会发展统计公报》相关数据整理得出。

[②] 曹建海:《中国城市土地高效利用研究》,经济管理出版社 2002 年版。

[③] 国土资源部:《2011 中国国土资源公报》,中华人民共和国国土资源部网站,2012 年 5 月 10 日。

指出,当房价收入比高于 10 时,居民收入水平不足以负担高水平的房价。①
统计显示,2011 年全国平均房价收入比为 7.5,而发达国家总体水平为
3—6;我国典型城市的房价收入比均明显偏高,北京、上海、深圳、杭州等一
线城市和东部大城市,房价收入比均在 10 以上,排名前五位的深圳、杭州、
北京、厦门、上海 2011 年房价收入比分别达到 15.60、14.10、12.94、
12.48、12.40。②

二、"半城镇化"的社会代价过高,过度依赖廉价劳动力的"人口红利"城镇化难以为继

　　我国的"半城镇化"指的是两亿多进城的农民工实现了职业转换、地域
转移,但没有实现身份的转变。"半城镇化"严重影响了我国城镇化质量,城
镇化发展潜力受到削弱。充分利用我国丰厚的"人口红利"同样是长期以来
城镇化发展的主要特色。③ 我国是世界上人口最多的国家,其中数量众多、
规模庞大的农村劳动力成为城镇化发展的潜在优势。人口学家泽林斯基
(Wilbur Zelinsky)1971 年在他的论文《流动转移的前提》中提出,在工业化和
城镇化起步阶段,人口自然增长是城镇化的主要来源,随着城乡出生率差别
的拉大,特别是城镇出生率的下降,城镇人口主要依靠机械增长(农村人口
向城镇迁移所造成)或城乡划分标准的变更。④ 从表 3 可以看出,在我国城
镇化发展的现阶段,农村剩余劳动力转移是城镇化的主要来源,特别是二元
城乡结构变迁过程中形成的农民工群体已经成为城镇化发展的主要推动力
量。"人口红利"还表现为廉价的流动人口和农民工支撑起城镇化的低价模

---

　　① 陈志勇、陈莉莉:《"土地财政":缘由与出路》,《财政研究》2010 年第 1 期。
　　② 万晶:《2011 年全国房价收入比回落至 7.5》,中证网,2012 年 3 月 7 日。
　　③ 以往文献界定的"人口红利"为劳动年龄人口持续增长、比重不断提高的这样一种生产性人口结构,可以通过保证劳动力的充足供给和储蓄率的提高,为经济增长提供一个额外的源泉(蔡昉,2009)。本文所指的支撑城镇化发展的"人口红利"是,大量、廉价的乡城流动人口和农民工所创造的城市发展红利,具体表现为农村剩余劳动力大规模向城镇迁移(城镇人口机械增长)和农民工廉价所节省的城镇公共支出成本。
　　④ 泽林斯基:《流动转移的前提》,《地理评论》1971 年第 61 期。

式。"价廉"主要包括两个方面:一是工资水平低,二是非工资性的成本低。[①]
就工资水平而言,近几年农民工工资虽有较大幅度的提高,但仍然显著低于
城镇职工的工资水平(见表3)。在非工资性成本方面,农民工通过租赁廉价
房、无社会保障等为城镇发展节省了需要支付的高额成本。国务院发展研
究中心课题组(2011)的调研报告表明,一个典型的农民工(包括相应的抚养
人口)市民化所需的公共支出成本共约8万元。其中,远期的养老保险补贴
平均约为3.5万元,住房和义务教育等一次性成本约为2.4万元。[②]

表3 我国外出农民工数量和人均工资比较情况

指标 \ 年份	2007	2008	2009	2010	2011
城镇化率(%)	45.89	46.99	48.34	49.95	51.27
外出农民工人数(万人)	13500	14041	14533	15335	15863
城镇人口自然增长数(万人)	188.2	186.9	189.7	186.9	192.7
农民工人均工资(元)	8601.85	9523.45	10110.95	11189.33	12263.68
城镇职工人均工资(元)	30508.53	33918.84	37565.08	40939.08	42452

注:假定城镇人口自然增长率比总体人口增长率水平低2个千分点。
资料来源:①城镇化率的数据来源同表1;②外出农民工人数引自国家统计局农村司:《农民工监测
调查报告》(2009,2011),国家统计局网站(http://www.stats.gov.cn/tjfx/fxbg/);③城镇人
口自然增长数根据国家统计局《国民经济和社会发展统计公报》(2006—2011)相关数据
计算得来,国家统计局网站(http://www.stats.gov.cn/tjgb/);(4)农民工和城镇职工人均工
资根据2007—2012年《中国统计年鉴》相关数据计算整理得出。

然而,当前"人口红利"已经呈现出日益衰竭的趋势,"半城镇化"导致的
过高社会代价甚至超出了农村劳动力廉价所带来的收益,过度依赖"人口红
利"来推动城镇化的未来发展将不可持续。

(一)农村剩余劳动力供给量下降与年龄结构老化并存,劳动力供需缺口不断扩大

随着城镇化进程的加快及人口结构的悄然变化,我国可转移的农村剩

---

① 辜胜阻、易善策、郑凌云:《基于农民工特征的工业化与城镇化协调发展研究》,《人口研究》
2006年第5期。
② 国务院发展研究中心课题组:《农民工市民化的成本测算——对重庆、武汉、郑州和嘉兴四
市的调查分析》,国研网,2011年3月2日。

余劳动力逐渐减少,供需缺口不断扩大。在需求方面,2011 年末我国城镇化率达到 51.27%,城镇人口为 6.91 亿,其中包括 2.53 亿农民工。[①] 我国农村人口为 6.57 亿,大约至少需要有 2.5 亿至 3 亿的农村人口转为城镇人口才能实现我国城镇化 70% 的目标。如果考虑长期情况下农村和城镇劳动生产率大致相同,则需要转移的农村人口比上述推算更多。在供给方面,从劳动力数量上看,我国农村剩余劳动力供给量已经明显减少,特别是近几年下降幅度明显增加,这意味着我国劳动力已经从"无限供给"向"有限剩余"转变;从劳动力年龄结构看,我国农村剩余劳动力年龄结构逐渐趋于老化,现阶段主要集中在 40 岁以上(年龄在 15—49 岁之间的劳动力人口仅占 36.32%),这部分人群是难以城镇化的人口。因此,在我国城镇化快速推进、农村剩余劳动力供给量下降和年龄结构老化的情况下,支撑我国城镇化发展的劳动力"供"与"需"之间出现不平衡。

(二)过度依赖农民工不彻底转移的城镇化发展模式,农民工在就业机会、劳动报酬、基本公共服务等多方面面临不平等待遇

我国城镇化实质上是以农民工不彻底转移为特征的,突出表现为农民工既不能完全从农村和农业中退出,也不能完全融入城市,身份得不到确认。由于受困于既不愿隔断同农村土地的"脐带"、又无法"扎根"城市的"进退两难"境地,农民工群体成为逐渐被"边缘化"的特殊群体,并最终导致其游离于城市经济的体制之外。在就业机会上,农村转移的劳动力主要集中于脏、累、险、重、苦、差的非正规部门。劳动力市场分割的情况下,非正规部门由于工作岗位激烈的竞争和缺乏相关法律的保护,就业往往不稳定,也难以培养正规部门所形成的职业技能、职业道德、职业精神。在劳动报酬上,企业对农民工"用而不养"问题突出,农民工与城市劳动者相比面临"同工不同酬,同工不同时,同工不同权"的不公平待遇。统计表明,41.3% 的农民工雇主或单位不提供住宿也没有住房补贴,42.4% 的外出农民工每天工作超过 8 小时,56.2% 的外出农民工没有与雇主或单位签订劳动合同。[②] 在基本公共服务上,城市对农民工"取而不予"现象明显,农民工与城镇居民在社

---

① 国家统计局:《2011 年中国农民工调查监测报告》,国家统计局网站,2012 年 4 月 27 日。

② 国家统计局:《2011 年中国农民工调查监测报告》,国家统计局网站,2012 年 4 月 27 日。

会保障上存在较大差距。调查显示,目前外出农民工参加养老保险、工伤保险、医疗保险、失业保险和生育保险的比例分别仅为 13.9%、23.6%、16.7%、8.0%和 5.6%。[①]

(三)过度依赖"候鸟型"和"钟摆式"的农民工非家庭式迁移和异地流动,农民工在城乡之间频繁"往复流动"带来的社会矛盾阻碍城镇化发展

区别于其他国家的城镇化,"候鸟型"和"钟摆式"的大规模人口流动是我国城镇化的独特方式。这种不稳定的人口流动源于农村剩余劳动力的非家庭式迁移和异地转移。统计资料显示,八成以上农民工采取的是非家庭式的劳动力转移。农民工与其核心家庭在地域上的分离,使得外出农民工的生活重心始终保留在农村,从而在城乡之间"往复流动"频繁。"候鸟型"和"钟摆式"的农村劳动力流动对我国传统的低成本城镇扩张战略起着至关重要的作用,但它是以付出较大的社会代价来换取的,这些社会代价逐步积累而形成的社会矛盾又会反过来制约城镇化的进一步发展。这种非家庭式迁移牺牲了"三代人"的幸福:农村留守群体规模不断扩大,留守老人赡养问题、留守儿童教养问题、留守妇女婚姻家庭问题日益突出。据统计,在农村人口中,约有 5000 万留守儿童,4000 万留守老人和 4700 万留守妇女。[②] 在农村壮年劳动力转移之后,农村空心化问题日益突出,社会治安状况堪忧,务农重任落在妇女和老人身上,进一步制约农业现代化的发展。[③]

(四)农村向城市的流动人口过多流往特大城市,引致区域之间城镇化的非均衡发展,形成"头重脚轻"的城市规模格局

在我国区域经济发展不平衡的格局下,不同地区之间、不同城市之间的比较利益差距影响着农民工群体的流向,导致农民工过度集中于东部沿海发达地区和超级、特大城市。从就业地区分布来看,2011 年在东部地区务工的农民工占农民工总量的 65.4%,中部和西部分别占 17.6%和 16.7%;从城

---

① 国家统计局:《2011 年中国农民工调查监测报告》,国家统计局网站,2012 年 4 月 27 日。

② 刘杰:《调查称中国每年近三千万亩耕地因农村人进城撂荒》,央视《新闻 1+1》,2011 年 9 月 13 日。

③ 辜胜阻、杨威:《反思当前城镇化发展中的五种偏向》,《中国人口科学》2012 年第 3 期。

市群分布来看,在长三角和珠三角地区务工的农民工分别占全国农民工的23.1%和20.1%;从城市类型来看,在直辖市务工的占10.3%,在省会城市务工的占20.5%,在地级市务工的占33.9%。[1]农民工的自发性流动将造成区域之间城镇化的非均衡发展,对大城市和小城镇均产生不良影响。一方面,大城市的非常规人口膨胀会超出城市的资源环境承载力,引发环境污染、交通堵塞、贫富两极分化等多种"大城市病";另一方面,小城镇人口基础薄弱,城镇化发展出现脱节现象,"点""面"并未能有效结合,大城市往往只能"鹤立鸡群",造成结构失衡,城镇化具有无序性。[2]

三、城镇化要改变路径依赖,从"要素驱动"转向"创新驱动",从数量扩张到质量提升

当前城镇化必须由过度依赖廉价劳动力、土地等"要素驱动"和大量投资形成的"投资驱动"发展阶段向"创新驱动"发展阶段转变,实现从重数量的外延式扩张转向重品质的内涵式发展,实现以创新为驱动力的城镇化发展模式。

(一)城镇化的"创新驱动"需要推动城市产业升级,实现新型城镇化与新型工业化同步发展

城镇化必须依靠产业支撑,建立在工业化的基础上。缺乏产业支撑和工业化的城镇化是"空心"城镇化。没有产业的发展和集聚,无法提供城镇化所需的人口、资金和就业机会等等,即使依靠政府行政力量增加城镇人口、开展城镇建设,也是不可持续的。为此,未来的城镇化应与新型工业化同步发展。推动产业结构优化升级是新型工业化的内在要求,也是实现城镇化"创新驱动"的必经之路。要建立合理的多层次现代产业体系,优化产业结构,推进传统制造业转型升级,着重发展战略新兴产业,强化城镇化发展的产业支撑。

[1]　国家统计局:《2011年中国农民工调查监测报告》,国家统计局网站,2012年4月27日。
[2]　辜胜阻、易善策、郑凌云:《基于农民工特征的工业化与城镇化协调发展研究》,《人口研究》2006年第5期。

首先,大力发展战略性新兴产业,推动城市产业升级和结构调整。战略性新兴产业是以重大技术突破和重大发展需求为基础,对经济社会全局和长远发展具有重大引领带动作用,知识技术密集、物质资源消耗少、成长潜力大、综合效益好的产业。[①] 发展战略性新兴产业需要技术创新和金融创新"两轮驱动"。一方面,战略性新兴产业是新兴科技和新兴产业的深度融合,其核心内容是新技术的开发和运用,没有技术支撑,就谈不上新兴产业的大发展。[②] 不仅要加大科研开发投入,加强创新型人才培养,提高自主创新能力,还要积极探索建立产学研合作体系,为促进科技成果有效转化为实际生产力打下坚实基础。另一方面,战略性新兴产业具有高投入、高风险、高回报的特征,其发展迫切需要通过金融创新来构建风险分担机制和区别于传统产业的特别融资机制。要构建与战略性新兴产业相匹配,以天使投资、风险投资、私募基金为主的多层次股权投资体系,实现新兴产业与金融资本之间的良性互动。此外,根据城镇产业发展基础、资源禀赋、要素成本、配套设施的比较优势,整合优化城镇生产力空间布局,集聚各种产业要素,引导科技型中小企业向城镇集聚,逐步形成独具特色的战略性新兴产业集群。要加快科技园区建设,充分发挥科技园区的辐射作用和集聚功能,使其成为战略新兴产业集群与城镇建设的结合点。

其次,要用高技术和先进适用技术改造传统制造业,巩固城镇化发展的实体经济基础。在未来的较长时期内传统制造业依然是我国工业的主体部分和具有国际比较优势的产业,仍将保持强劲的增长潜力,具有很大的发展空间。城镇化要与工业化、与制造业由大向强转变相协调,建立在以制造业为主的实体经济基础上,防止"产业空心化"。要努力减少投机暴利,限制投机暴富,挤压"炒"经济的空间,同时高度重视民间资本投资渠道的拓展,释放民间投资增长活力,拓宽实体经济的发展空间。要加快传统产业的创新步伐,积极实施包括技术创新和管理创新在内的全面创新,提升产业发展的战略层次和附加值。充分考虑经济结构和科学技术的变化趋势,着眼于全

---

① 国务院办公厅:《国务院关于印发"十二五"国家战略性新兴产业发展规划的通知》,中央政府门户网站,2012 年 7 月 20 日。

② 辜胜阻、李华:《战略性新兴产业需要技术和金融创新两轮驱动》,《中国经济时报》2010 年 7 月 20 日。

面提高产业整体素质和效益,立足于现有工业的改造重组,通过生产要素的合理流动和优化组合,实现传统产业升级改造。

(二)城镇化的"创新驱动"需要发展智慧城市,实现城镇化、工业化和信息化的深度融合

智慧城市建设,实质上是一场以信息产业再升级和信息技术创新引导的生产、生活以及管理方式的变革,是经济发展模式创新在特定空间上的具体体现。发展智慧城市有利于推动城镇化发展模式由侧重数量、关注要素集聚的外延式城镇化向重视质量、强调创新和效益提升的内涵式城镇化转变。据世界银行测算,一座有百万人口的城市,如果在投入不变的前提下实施全方位的智慧化管理,将使城市的发展红利增加3倍。从"三化"关系来看,智慧城市是城镇化、工业化和信息化的深度融合,是城市信息化的高级阶段。

推进智慧城市健康发展要把握四个重点:一是"应用为王"。市场需求是促进智慧城市持续发展的源动力。智慧城市的建设应以市场需求为导向,充分发挥市场配置资源的作用,运用市场法则来培育市场前景广阔的新兴业态,实现智慧增长。智慧城市的建设要依托于市场的"无形之手",实现资金、技术和人才等资源的合理流动和高效配置。通过市场机制促进研发智慧技术、创造多样化个性化的智慧应用以及培育市场前景广阔的智慧产业。当前,在发展智慧城市的过程中存在"重建设、轻应用"的现象,政府倾向斥巨资购买容易量化的信息基础设施,并确保设备技术的先进性,以彰显建设成效,但忽视了方便市民的应用开发和普及推广,可能导致智慧城市出现"有路无车"的局面。二是"技术支撑"。智慧城市的建设必须依托技术创新和战略性新兴产业的发展,衍生全新的产业形态,推动城市产业升级,促进城市发展动力机制的转换。要建立健全智慧城市的相关标准体系,加快物联网、云计算、通信网络等领域相关技术研发,完善技术和管理标准,实现跨系统应用集成、跨部门信息共享。三是"智慧整合"。城市部门横向协同困难,行政分割、管理分治的现象普遍存在。而智慧城市建设的核心是整合资源。通过资源整合的方式避免"信息孤岛"的产生。为此,要完善城市综合管理运行体系,构建城市部门之间横向融合、纵向贯通的合作机制,即横向上与同等级的部门之间保持密切融合的业务合作关系;纵向上与政府其他级别的部门之间,甚至省市之间保持持续贯通的沟通合作关系。四是"变革治理"。发展智慧城市必须推进城市管理方式的变革,建立高效协调的城市治理机制,用智慧城市医治当前日益严重的"大城市病",使城市居民的生活更加安全、更加便捷、更加舒适。智慧城市的作用不仅仅局限于通过增加硬件基础设施来改变城市面貌,更重要的是它能推动城市管理理念和管理方式的变革,实现城市的"智慧治理",进而促进城市健康可持续发展。

　　总而言之,城镇化数量的扩张和质量的提升是城镇化进程中必须协调和妥善处理的两个重要问题,只有数量的扩张而没有质量的提升,可能会造成未来城镇化的畸形发展。过去我国城镇化过多依赖廉价的土地、劳动力等要素驱动,而忽略了城镇化发展质量的提高,导致城镇化速度和质量之间呈非协调发展局面。当前,我国正处于城镇化的关键转型期,需实现从重数量的外延式扩张向重品质的内涵式发展转变,要从"要素驱动"走向"创新驱动"。城镇化要建立在坚实的产业基础之上,要以创新推动产业升级,使新型城镇化与新型工业化同步发展,特别要大力发展战略性新兴产业,靠创新引领一个新的城市经济周期。要通过建设智慧城市,推进智慧城镇化。智慧城市是城镇化、工业化和信息化的深度融合,能有效促进要素资源的优化配置,推动城市转型和优化城市治理。此外,要实施农民工培训工程,大力提高进城劳动者素质,改变城市对农民工"用而不养"的局面,使作为新市民的农民工能更好地融入城市社会。

　　(本文系国家自然科学基金项目(项目编号:71173162)的研究成果,发表于《人口研究》2012 年第 6 期。刘江日协助研究)

—19—
智慧城市建设的理论思考与战略选择

　　智慧城市是继数字城市和智能城市后的城市信息化高级形态,是信息化、工业化和城镇化的深度融合。发展智慧城市,是提高城镇化质量,缓解当前日益严重的"大城市病"的重要举措,建设智慧城市是经济增长的"倍增器"和发展方式的"转换器"。智慧城市不仅会改变城市人的生活方式,也会改变城市生产方式,保障城市可持续发展。当前推进我国智慧城市建设有利于推进我国内涵型城镇化发展;有利于培育和发展战略性新兴产业,创造新的经济增长点;有利于促进传统产业改造升级、社会节能减排,推动经济发展方式转型;有利于我国抢抓新一轮产业革命机遇,抢占未来国际竞争制高点。

一、智慧城市的理论思考与学术探究

　　智慧城市理念是看待城市发展的一种新视角和新思维。2008 年 IBM 公司提出的"智慧地球"战略使这种理念转化为现实。随着建设实践的不断推进,智慧城市问题引起了学术界和实业界的广泛关注。综合相关研究文献,我们发现,学术界对智慧城市建设的理论思考主要是从以下四个维度展开的。

(一)智慧城市是城市经济转型发展的转换器

信息时代的城市新经济是以知识为基础、信息为前导、网络为手段、高新技术为支柱,全面带动传统产业升级,培植新的经济增长点,并广泛覆盖社会经济文化生活的一种全新的经济形态。智慧城市被认为是一种具有新特征、新要素和新内容的城市结构和发展模式。从城市内涵特征上看,智慧城市具备经济上健康合理可持续、生活上和谐安全更舒适、管理上科技智能信息化的特征。[①] 从城市发展要素上看,智慧城市强调以人为基础,以土地为载体,以信息为先导,以资本为后盾。[②] 从城市发展内容上看,智慧城市覆盖了智慧经济、智慧移动性、智慧环境、智慧市民、智慧生活和智慧治理等领域。要素体系、内容体系、发展体系三位一体共同构建起未来智慧城市的逻辑建设框架。与数字城市或智能城市相比,智慧城市注重从城市综合发展战略和整体效益视角看待信息化,不仅仅局限于信息技术的应用,更主要在于人力资本/教育、社会关系资本和环境相关问题,这些因素都是城市发展的重要驱动力。智能技术和数字技术只是智慧城市建设和成长中的手段,是为智慧的经济社会发展提供方法。

(二)智慧城市是信息化、工业化与城镇化的深度融合

信息化是城镇化、工业化发展到一定历史阶段的产物,是城镇化与工业化互助互进的直接成果,城镇化是信息化的主要载体和依托。[③] 从阶段论的视角看,城市发展与信息化、工业化之间存在相互促进、协调发展的关系。如果说第一轮的城镇化是以工业化为动力,那么现代城镇化将以信息化为发动机,基于信息化的城镇化是更高级形式的城镇化。[④] Graham 和 Marvin 研究发现,信息化能够通过信息技术对城市的协作效应(与城市发展协同并进)、替代效应(信息传递减少或取代人员来回通勤)、衍生效应(促进城市经

---

① 骆小平:《智慧城市的内涵浅析》,《城市管理与科技》2010 年第 6 期。
② 成思危:《"智慧城市"需四大要素》,《中国经营报》2010 年 5 月 22 日。
③ 辜胜阻:《论国家信息化战略》,《中国软科学》2001 年第 12 期。
④ 辜胜阻、郑凌云:《农村城镇化的发展素质与制度创新》,《武汉大学学报(社会科学版)》2003 年第 5 期。

济发展)和增强效应(提高原有物质形态网络的功能)来对城镇化产生作用。① 这种作用既能影响城市的空间结构及演化速度、方式和内容,也能推动城市经济发展方式、城市治理模式、居民生活方式、社会秩序基础的转变与革新。总的来说,信息化对城市发展的革命性的变革主要体现为五个方面:第一,城镇扩散与集聚功能并存,并交织演进;第二,城市功能信息化和智能化;第三,信息流成为城市主导要素流;第四,信息基础设施成为最重要的城市基础设施;第五,人与自然和谐发展成为城市人居环境的主旋律。智慧城市是信息化、工业化与城镇化的深度融合,是城市信息化深入发展、城市功能优化升级的客观结果。

(三)智慧城市是城市治理的新模式

许多学者探讨了智慧城市建设对城市治理的作用,认为其有助于更智能地规划和管理城市,保护城市生态和环境,合理公平地分配人力资本、社会资本、信息资源、自然资源等城市资源。对于智慧城市的治理模式,美国学者 Andrea Caragliu 等(2009)认为,智慧城市是一种参与式治理,主要通过在人力和社会资本、交通、通信设施方面投资来实现对这些资源及自然资源的科学管理。② 国内学者李重照和刘淑华也发表了相类似的观点。③ 胡小明(2011)从城市规划的角度探讨了智慧城市的治理,认为智慧城市的规划不是一个信息工程学问题,而是一个城市信息化发展方向的战略决策问题,着重强调城市信息化的长远效益和整体效益。④ 王辉等人(2010)则进一步明确指出,智慧城市规划的核心是建立一个由新工具、新技术支持的涵盖政府、市民和商业组织的新城市生态系统。⑤ 概括而言,智慧城市是"数字城市"的发展方向和高级形态,是城市治理理念的变革创新,是运用最新技术对城市资源要素、公共事务等进行精细化、标准化、动态性和无缝隙管理的重要探索,目的在于实现城市规划与管理的智慧化。

---

① 年福华、姚士谋:《信息化与城市空间发展趋势》,《世界地理研究》2002 年第 1 期。

② Andrea Caragliu, Chiara Del Bo, Peter Nijkamp, "Smart Cities in Europe", 3rd Central European Conference in Regional Science, 2009.

③ 李重照、刘淑华:《智慧城市:中国城市治理的新趋向》,《电子政务》2011 年第 6 期。

④ 胡小明:《从数字城市到智慧城市资源观念的演变》,《电子政务》2011 年第 8 期。

⑤ 王辉、吴越、章建强、裘加林、温晓岳:《智慧城市》,清华大学出版社 2010 年版。

（四）智慧城市建设必须依托技术创新和高技术产业的发展

基于技术创新与产业发展视角,智慧城市是信息技术的创新与应用,是以物联网为核心的新一代信息技术对城市自然、经济、社会系统进行智能化改造的结果,具体表现为物联网与互联网的融合。IBM（2008）、邬贺铨（2010）、李德仁（2011）等是这一观点的倡导者和重要支持者。对于智慧城市建设,他们主要侧重于智能项目的建设,提出要通过对物联网及相关技术的开发和应用,提升人（People）、商业（Business）、交通（Communication）、运输（Transport）、供水（Water）、能源（Energy）等城市子系统的信息化水平,创造幸福美好、高效便捷的城市生活。

总而言之,智慧城市涉及城市经济社会发展、生活方式、城市治理、科技创新等诸多领域。不同学科、不同学者对智慧城市的认识和理解存在较大的差异。但值得注意的是,学界和产业界也达成了一些共识:智慧城市是城市信息化的高级形态,智慧城市建设有利于实现经济、社会、生态的可持续发展;以信息技术为基础,依托信息产业发展和技术创新应用推动城市经济社会发展模式转型和城市治理的现代化;通过整合各种信息资源,全面提升城市居民的生活质量和幸福指数。事实上,智慧城市建设是经济发展模式创新在特定空间上的具体体现,是一场信息产业再升级和信息技术创新引导的城市经济社会转型和生产生活方式变革。这就要求城市发展既要在技术上实现透彻感知、互联互通和深入智能,更要实现城市经济、生活和管理上的全面"智慧"。

二、智慧城市建设的现实需求与战略意义

"十二五"时期,我国将全面进入城市时代,亟需充分利用城市信息化深入发展机遇,改变以往城市经济发展和社会管理中面临的诸多失衡问题,[①]以及应对城镇化过快发展所蕴藏的"大城市病"集中爆发风险。基于这一现实需求,加快推进城市"智慧化",实现城市经济"智慧增长"具有重要的战略

---

① 这些失衡问题主要表现为:高投资和低消费的失衡、高价城市生活方式和低价工业化的失衡、高碳耗和低减排的失衡、公共产品短缺和居民幸福感有待提升。参见辜胜阻等:《"十二五"经济转型的必然性与动力机制》,《社会科学家》2011 年第 4 期。

意义。"智慧城市"是继"数字城市"和智能城市后的城市信息化高级形态，是经济增长的"倍增器"和发展方式的"转换器"，有助于促进城市经济、社会、环境协调、可持续发展，具体而言：

（一）发展智慧城市是提高城镇化质量、推进内涵型城镇化建设的重要举措

"十二五"期间，我国城镇化要由重数量的外延式扩张向重品质的内涵式发展转变，需要通过建设"幸福城市""智慧城市""和谐城市"来提高市民的生活幸福感，推进城市管理模式创新，促进人与人、人与自然的和谐，构建"便捷、舒适、高效、安全"的生活环境。智慧城市建设是内涵型城镇化发展的重要方面，包括社会管理智能化、国民经济信息化、环境维护自动化和生活服务便捷化等内容。建设"智慧城市"有利于提升城市基础设施和公共服务的运行效率，通过引进电子信息化技术，实现电子政务，提高信息传递速度以及实现各部门之间的资源共享，以提升公共服务部门的行政效率和决策水平，切实解决城市居民最关心、最直接的现实问题，使全体居民更多地分享信息化和城市化发展成果，[①]推动城镇化发展模式由侧重数量、关注经济要素集聚的外延型城镇化向重视质量、突出城市功能完善和经济社会效益提升的内涵型城镇化转变。

（二）发展智慧城市有利于培育和发展战略性新兴产业，创造新的经济增长点

有关研究发现，近年来，世界经济年均增速仅 3% 左右，而信息技术及相关产业的增速却是其 2—3 倍。在信息化时代，信息网络设施正成为最主要的投资方向，信息产品和服务成为最大的消费热点。智慧城市是未来 1—3 年最有潜力深刻影响我国商业和经济的技术，位居 2010 年十大战略性技术之首。从技术层面上看，物联网、3S（GIS、GPS、RS）和云计算是智慧城市建设的重要核心技术，它们的应用将不断壮大新一代信息技术产业，带动创意产业、软件与信息服务业等新兴产业发展，以及智能、生物、纳米等新技术群

---

① 据世界银行测算：一个百万人口以上的"智慧城市"的建设，在投入不变的情况下，实施全方位的智慧管理，将能增加城市的发展红利 2.5—3 倍，这意味着"智慧城市"可促进实现 4 倍左右的可持续发展目标，并引领未来世界城市的发展方向。

体集聚,加速重构起以战略性新兴产业为主体的城市现代产业体系。以物联网为例,据美国市场研究机构 Forrester 预测,物联网所带来的产业价值要比互联网大 30 倍,将形成下一个超万亿元规模的高科技市场。在我国,2009 年,物联网市场规模达到 1716 亿人民币,2010 年上升到 1933 亿人民币,成为经济增长的重要推力。从应用领域上看,智慧城市建设将为交通、建筑、医疗、电子商务、安防等行业带来巨大发展空间,有助于其形成新的经济增长点(见表 1)。

表 1 我国智慧城市建设相关应用行业发展前景预测

行业	前景预测
智能交通	预计 2011 年城市交通行业 IT 应用市场达到 93.3 亿元,未来 3 年复合增长率在 25% 以上
节能建筑	预计未来几年建筑机电设备节能服务市场规模增速保持 30% 以上
医疗信息化	预计 2011 年市场容量达 179 亿元,且每年增速将保持 20% 以上
电子政务	预计未来 3—5 年我国数字城管的市场容量每年可达到 120 亿元
B2B 电子商务	预计未来几年 B2B 电子商务交易规模复合增长可达到 39%
城市安防	预计视频监控市场规模未来 3 年复合增长可达到 24%

资料来源:申万研究:《智慧城市深度研究》,申银万国证券研究有限公司,2010 年 7 月 20 日。

(三)发展智慧城市有利于推动经济发展方式转型和生活方式变革

研究发现,智慧城市对经济发展方式的影响主要通过两条路径实现:在生产方式方面,智慧城市建设将为信息技术应用提供更为广阔的市场空间,有助于增强企业技术创新激励和动力,促进信息技术产业化和传统产业信息化,加快产业转型和结构优化,推动生产方式由"高能耗、高物耗、高污染、高排放"向"绿色、低碳、高效"转变。智慧技术对传统产业的广泛渗透,将通过技术创新、组织创新和服务创新等方式来提升相关产业和企业的核心竞争力。以信息通信技术(ICT)为例,高更新频率、高能效技术的 ICT 产业本身具有"低碳排强度、高减排能力"的特性。同时,它还能通过非物质化、智能电网、智能建筑、智能电机、智能物流等途径带动这些领域减排增效。例如,通过 ICT 优化物流,可以在全球运输和储存过程中分别节能减排 16% 和 27%。[1] 在消费方式方面,智慧城市将虚拟世界与现实世界有机结合,通过网络消费、

---

[1] 邢继俊、黄栋、赵刚:《低碳经济报告》,电子工业出版社 2010 年版。

电视购物、远程服务等消费方式减少中间环节,实现成本节约与资源的循环利用,推进节能减排和产业转型。例如,在交通运输领域,智慧交通给汽车装上芯片,出门时系统会自动预订一个车位,遇到堵车路段会提醒并建议改变路线,到达后,停车场会自动识别和引导车辆进预定车位。据估计,智慧化交通技术可以减少 20% 的交通延时、30% 的停车次数。[①] 在家庭生活领域,智慧家居可以有效应对我国老龄化过程中的老人看护问题,随时远程照看老人起居。智能电网可以使每个家庭节省 25% 的电费。

(四)发展智慧城市有利于抢占未来科技制高点,提升城市核心竞争力

信息化为推动城市创新发展提供了良好机遇。以信息技术为代表的高技术的广泛应用将成为城市发展的重要动力,网络技术和电子商务的广泛应用将改变城市化的运行轨迹。当前,信息技术在经历了计算机、互联网革命之后,正进入第三次浪潮——物联网革命时代。在这一时期,以物联网为核心的新一代信息技术正引领新一轮的技术创新革命和信息产业浪潮。有关资料显示,各发达国家正全力进行战略布局以抢占新一轮信息产业制高点。例如,欧盟提出"i2020 战略"、韩国提出"U-Korea 战略"、日本提出"i-Japan2015 战略"、德国推行"T-CITY"实验、爱尔兰开展"智慧湾"项目、新加坡启动"智慧国家 2015"计划,等等。据不完全统计,全球已启动或在建的智慧城市(Smart City)已达一千多个,未来还会以每年近 20% 的复合增长率增长。建设智慧城市,有助于我国把握第三次信息革命的机遇,发展物联网、云计算、3S 等高端信息技术,抢占未来科技制高点,提升城市的创新力和竞争力。

三、智慧城市建设的基本条件与现实基础

国家"十二五"规划纲要提出,要在"十二五"时期全方位、多层次推进经济社会各领域信息化,这也迫切要求各城市积极探索信息化发展的新思路和新模式,更全面、快速地推进城市信息化向纵深挺进。随着部分地区数字城市建设的基本完成,为适应以物联网、云计算为代表的新一轮 ICT 变革和

---

① 钱志新:《大智慧城市:2020 城市竞争力》,江苏人民出版社 2011 年版。

应用创新需求,智慧城市成为了城市信息化发展的新目标和新方向。据国脉互联智慧城市发展水平评估报告显示,截至 2011 年上半年,我国已有近 50 个城市、城区或园区提出了具体的智慧城市建设目标和行动方案,其中,北京、上海、广州、深圳、宁波、南京、佛山等城市已迈出实质性步伐,成为智慧城市建设的"领跑者"。目前,我国智慧城市发展的产业基础和技术基础基本形成,政策环境不断改善,初步具备了深入发展的基本条件。

(一)城市信息化升级的基础条件基本具备

从信息化基础上看,数字城市建设有力地推动了信息技术应用,提升了城市信息化水平,为智慧城市建设奠定了良好的基础。近年来,我国信息化进程正步入"快车道",数字城市建设试点和推广城市已达 130 个,近 60 个城市基本完成建设,国家信息化水平指数从 2002 年的 0.6487 上升到 2009 年的 1.5458。据信息化蓝皮书《中国信息化形势分析与预测(2011)》数据显示,2006—2008 年我国信息化发展指数(IDICN)年均增长 13.30%,居世界第五位,高出世界平均增速 1 倍,在信息化可接入性和可使用性方面更是全球进步最快的国家。当前,我国各城市高度重视信息基础建设,无线通信网络和宽带覆盖率等信息化指标显著提升,政务、商业、交通、医疗、教育等领域的信息化水平不断提升,为"数字城市""智能城市"向更高层次、更互联互通的智慧城市迈进奠定了基础。

(二)智慧技术链和产业链初步形成

从智慧技术与产业发展上看,智慧技术产业化和信息产业融合进程不断加快,产业规模效应初步呈现。我国是世界电子信息产业的重要生产基地,产业规模位居世界第二。在智慧城市领域,我国目前已落实了 250 多个物联网试点项目,建立了江苏无锡国家传感示范区,北京、上海等 5 个国家云计算服务创新示范城市。在相关核心技术研发与产业化方面,取得了许多显著成绩。以物联网为例,我国物联网技术研发水平已经处于世界前列,在无线智能传感器网络通信技术、微型传感器、传感器端机、移动基站等方面都已取得重大进展,已成为国际标准制定的主导国之一。我国基本建成了从材料、技术、器件、系统到网络的物联网产业链,并呈现出带动电信运营商、高校、科研机构、传感器企业、系统集成、应用软件开发等环节聚合联动之势,产业规模效应不断外溢。与之同时,信息产业由硬件和制造主导向软件和服务主导转变速度加快,系统集成和产业融合已成为产业创新发展的主要模式,信息产业内部交叉融合、重组融合以及与其他产业的渗透融合不仅拓展了信息技术的应用领域,而且派生出许多新兴业态,进一步壮大了信息产业规模。

(三)从中央到地方的政策支持体系不断完善

国家高度重视信息技术和经济社会信息化发展,出台了《国家中长期科学技术发展规划纲要》(2006—2020)、《国家信息化领导小组关于我国电子政务建设指导意见》、《国务院关于加快培育和发展战略性新兴产业的决定》、《进一步鼓励软件产业和集成电路产业化发展的若干政策》等一系列促进城市信息化发展的政策文件,对我国信息化的发展战略、目标和任务作出了明确规定。在"十二五"时期,智慧城市与集成电路、智慧工业、地理信息、软件信息服务等被共同列入新一代信息技术,成为国家"十二五"规划以及"十二五"科技计划的规划重点,以及信息化带动工业化战略的重要着力点。在地方上,许多城市将智慧城市纳入地方"十二五"规划纲要,在智慧城市建设的先行地区还出台了一系列专门的政策规划(见表2),逐步建立起保障智慧城市稳定健康推进的政策体系。

表 2　我国智慧城市建设典型区域的政策规划与表述

地区	时间	政策规划	政策表述
北京	2011 年 1 月	《北京市"十二五"规划纲要》	构建精细智能的城市管理,建设智慧城市
上海	2011 年 1 月	《上海市"十二五"规划纲要》	将"创建面向未来的智慧城市"作为重要组成内容,提出"建设以数字化、网络化、智能化为主要特征的智慧城市"
	2011 年 9 月	《上海市推进智慧城市建设 2011—2013 年行动计划》	构建国际水平的信息基础设施体系、便捷高效的信息感知和智能应用体系、创新活跃的新一代信息技术产业体系和可信、可靠、可控的城市信息安全保障体系
	2011 年 9 月	《上海智慧城市建设发展共识研究(草案)》	把握智慧城市建设的内涵,从技术、产业层面提升到思想、战略层面;推动浦东新区在智慧城市建设过程中的先行先试

续表

地区	时间	政策规划	政策表述
广东	2010 年 12 月	《关于加快发展物联网建设智慧广东的实施意见》	重点实施"智慧广州""智慧深圳"等智慧城市试点和"智慧南海"(佛山)、"智慧石龙"(东莞)等智慧城镇试点
	2010 年 5 月	《"四化融合,智慧佛山"发展规划纲要(2010—2015)》	通过信息化、工业化、城市化、国际化的相互融合、互相促进、共同发展,把佛山打造成为新兴产业发达、社会管理睿智、大众生活智能以及环境优美和谐的智慧城市
	2010 年 12 月	《广州南沙智慧岛建设战略规划》	建设南沙智慧岛,探索"智慧广州"未来发展新路
	2011 年 1 月	《深圳市"十二五"规划纲要》	通过建设国际领先的信息基础设施、全面提升城市信息化应用水平、推进信息化与工业化深度融合、加强网络信息安全保障四大举措,全面建设智慧深圳
宁波	2010 年 9 月	《宁波市委、市政府关于建设智慧城市的决定》	经十年努力,把宁波建设成为智慧应用水平领先、智慧产业集群发展、智慧基础设施比较完善、具有国际港口城市特色的智慧城市
	2011 年 4 月	《宁波市加快创建智慧城市行动纲要(2011—2015)》	加快推动 10 个智慧应用领域和六大智慧产业基地建设
南京	2011 年 2 月	《南京市"十二五"智慧城市建设规划(讨论稿)》	围绕南京市发展的特色优势、产业升级的战略重点和群众对公共服务的迫切要求,着力推进重点领域的智慧应用

四、加快发展智慧城市的战略思考与对策建议

当前我国建设智慧城市有一定的基础,但仍然存在缺乏统一规划、缺乏相应技术标准和法律规范、受制于技术和资金瓶颈等诸多问题。发展智慧城市需要顶层设计和统筹规划,防止一哄而起、急于求成。具体而言:

(一)推动市场"无形之手"和政府"有形之手"相结合

在智慧城市的建设中,要处理好市场"无形之手"和政府"有形之手"之间的关系,建立市场调节和政府引导共同作用的动力机制。一方面,要重视

市场配置资源的决定性作用,利用供求、价格、竞争和风险等机制促进资源优化配置和效用最大化,用利益诱导和市场约束、资源环境约束的"倒逼"机制加快智慧城市建设和应用技术创新;另一方面,要充分发挥政府在公共资源配置中的引导性作用,制定相对完善的产业政策、财税政策和金融政策,营造良好的政策环境,引导资金、技术、人才等要素向智慧城市相关产业流动。当前,我国各地区正掀起一股智慧项目建设浪潮,发展规划呈现同构化趋势。据有关统计,共有 28 个省市将物联网作为产业发展重点,80%以上城市将物联网列为主导产业,初现"过热"苗头。针对这一问题,需采取如下措施:一要建立统一、有效的领导决策机构,健全智慧城市建设的领导机制;二要将智慧城市发展与国家城镇化、信息化战略以及战略性新兴产业发展战略有机结合起来,制定统一的、专门的智慧城市及相关产业发展规划与实施方案,推进城市和产业发展合理布局;三要加强区域间协调,鼓励各城市根据区域产业、科技、文化、资源等不同发展优势和特色,探索智慧城市发展的特色化道路,突出地方特色和个性,打造建设智慧城市的特色牌和创新牌。

(二) 坚持技术创新与金融创新"两轮驱动"

智慧城市建设要处理好技术创新与制度创新的关系,促进产业技术与金融资本的有效对接,发挥民营企业和民间资本在智慧城市建设中的重要作用。实践证明,金融系统不仅是创新融资的重要渠道,而且是规避、化解创新风险的有效工具和制度安排。发展智慧城市必须同时推进技术创新和金融创新,使二者步入良性循环轨道。在融资体系的制度安排方面,要发展风险投资和私募股权基金,完善天使投资机制,构建起完整的创业投资链,强化智慧产业的要素集成,推进产业孵化与培育;发挥多层次资本市场在智慧产业发展中"壮大培小"的作用,分散智慧技术创新的高风险;完善以政策性信用担保为主体,商业担保和互助担保相互支持的多层次信用担保体系,加快研究制定由各级政府共同出资组建的贷款担保基金办法,加强金融公共服务,解决企业融资过程中的担保难和抵押难问题;推进政策性银行建设,发展社区银行和中小商业银行,鼓励创办小额贷款公司等准金融机构,完善与科技型企业规模结构和所有制形式相适应的多层次信贷融资体系,拓宽企业融资渠道;还要重视政府资金的引导作用,搭建高效的投融资平台,调动企业、民间资本投入,建立起"政府引导、企业主导、民间跟进"的投融资体系。在技术创新方面,要加强技术研发、应用试验、评估检测等方面的公共服务平台建设,增进企业之间、企业与高等院校、科研院所之间的合作,健全官产学研合作机制,优化智慧城市技术创新的软硬件环境。要注重物联网、云计算、3S 等核心技术的研发,加快相关产业关键技术攻关,掌握一批自主知识产权,改变我国信息技术对外依存度高的状况。要发挥民营科技企业的创新作用,培育和壮大一批具有自主知识产权和国际核心竞争力的企业。

(三)处理好信息基础设施建设与信息集成共享的关系

我国信息化建设过程中追求"实用快上"、"重硬件轻软件"的问题长期存在。当前,尽管许多城市都建立了办公自动化(OA)系统、管理信息系统(MIS)和地理信息系统(GIS),但各系统往往缺乏互联互通和信息共享,"信息孤岛"现象普遍存在。不同部门间信息传递不畅,大大降低了工作效率,造成大量资源浪费。智慧城市是一个建立在信息基础之上的数字化、网络化、智能化城市。信息基础设施和集成共享是城市智慧化发展的基础前提和价值所在。发展智慧城市亟需进一步增强城市信息基础设施,重点建设物联网、新一代 3G 移动宽带网、新型互联网等信息网络平台,从业务、网络和终端等层次有序推进互联网、广电网、电信网"三网融合",构建宽带、泛在、融合、安全的信息基础设施体系。同时,还要建立科学有效的智慧城市信息共享机制,打破各系统独立建设、条块分割和部门分治的局面,通过连点成面的方式对医疗、教育、金融、农林、水利、环保、交通、市政、公安、企业、社区等部门数据资料库进行标准化整合,建立面向业务管理、领导决策、行业监管、公众服务的云计算数据中心,促进信息集成共享与互联互通,实现城市发展与经济、社会、资源、环境协调统一。

(四)重视技术标准建设和完善法律规范

纵览全球,智慧城市建设并没有一个完整雏形,多数国家只侧重于城市建设的某一方面。智慧城市建设面临较大的市场风险、兼容性技术风险和信息安全风险。高起点、全方位推进智慧城市建设,需处理好技术标准建设和法律规范完善的关系,坚持标准统一和法规完善先行,为智慧城市高效、安全运行提供必要的制度保障。要以实际应用为导向,结合国情和产业发展状况,依托重大智慧项目工程,推进信息技术基础标准、信息资源标准、网络基础设施标准、信息安全标准、应用标准、管理标准等应用规范和技术标准体系建设。高度发挥政府、企业和行业协会的积极作用,加快标准和规范制定进程。加强国际合作,积极参与国际标准制定,提升我国在物联网、云计算、3S 等智慧城市相关技术领域标准制定的话语权和主动权。同时,还要加快推进信息化法制建设,制定和完善有关信息基础设施、电子商务、电子政务、信息安全、个人信息保护、知识产权保护等方面的法律法规,为智慧城市创造良好的法治环境,保障其安全高效运行。

(五) 采取以典型示范带动整体推进的发展模式

"典型引路,示范先行"是经我国经济社会改革实践证明的重要成功经验。智慧城市建设要处理好典型示范与整体推进的关系,坚持示范先行,发展试点区域和示范工程以积累经验、发挥示范引领作用,带动社会各界和各区域广泛参与,实现智慧城市整体推进。要发现和选择条件好、发展快的信息化先行区域,加以支持和扶持,建立"智慧城区"或"智慧社区",发挥其示范和带动作用,由点到线、由线到面、逐步扩展、不断提高,进而带动整个城市的信息化和智慧化。要率先在交通、环境、医疗、教育等领域推进智慧化项目建设,解决大城市"出行堵"、"环境差"、居民"看病难、看病贵"、教育不公平等迫在眉睫的现实问题,提升城市居民的公共服务质量和水平,引导广大群众和社会各界积极响应、支持和参与智慧城市建设。政府应率先实施信息化,推进电子政务,为企业和家庭提供全方位、数字化、快捷、简便、高效的政务服务。引导企业积极运用相关智慧技术,建立起敏锐、互联、智能的智慧供应链系统、生产管控系统和经营管理系统,提升企业信息化水平和经营管理效率,实现智慧增长;加强对居民相关知识宣传普及,提高居民对智慧技术的认识和掌握,引导相关产品消费,实现信息化成果向消费与生活领域转化。

(本文系国家自然科学基金项目(项目编号:71173162)的研究成果,发表于《中国人口·资源与环境》2012 年第 5 期。王敏协助研究)

—*20*—
新时期推进城镇化的战略意义与路径

一、新时期推进城镇化的战略意义

当前,我国经济社会发展正处于重要战略机遇期,城镇化是经济发展的持久动力。深入贯彻落实党的十七大和十七届五中全会精神,坚定不移地走中国特色城镇化道路,不仅对我国城镇化的健康发展、引导人口的合理流动具有重要意义,而且对调整经济结构、扩大内需将产生重要影响。

(一)城镇化蕴含巨大内需

工业化创造供给,城镇化创造需求。城镇化发展,尤其是加快发展中小城市和县城的城镇化战略是我国最大的内需所在。首先,城镇化可以引发消费需求。推进城镇化发展,有利于大批农民进入城市,变农民消费为市民消费。同时,城镇化的发展能够加速农村剩余劳动力的转移,通过农业规模化经营提高农民收入水平,使农村潜在的消费需求变为现实的有效需求。其次,城镇化可以刺激投资需求,有利于加快城镇的交通、供水、供电、通信、文化娱乐等公用基础设施建设,给建筑和房地产市场带来巨大需求,并带动多个相关产业的发展。最后,城镇化能够助推服务业发展。城镇化的发展不仅能够推动以教育、医疗、社保、就业等为主要内容的公共服务发展,也能够推动以商贸、餐饮、旅游等为主要内容的消费型服务业和以金融、保险、物流等为主要内容的生产型服务业的发展。据测算,城市化率每提高1个百分点,新增投资需求 6.6 万亿元,能够替代 10 万亿元出口。因而,城镇化将成为扩大内需的巨大引擎,是转变经济发展方式的突破口和着力点。

(二)城镇化有助于农民工三大期盼的实现

"市民梦""创业梦""安居梦"是当前农民工特别是新生代农民工十分迫切的三大期盼。农民工虽然进入城市,但仍游离于城市体制之外,这就使得城镇化了的农民工难以市民化,农民工同市民存在着"同工不同酬、同工不同时、同工不同权"的不平等现象。同时,伴随着农民工的流动,这一队伍也在不断分化,出现了与老一代农民工具有鲜明差异的新生代农民工。当前新生代农民工群体的处境是"回不去农村、融不进城市",他们素质相对较高,也更贴近城市的生活方式和思维方式,但却面临着能力与期望失衡的问题。这是在解决农村剩余劳动力向城镇转移问题上必须面对的新课题,需要将这些问题放入市民化进程中来应对。与"市民梦"紧密相连的是农民工的"创业梦"和"安居梦",许多农民工经过打工实践,在外开阔了眼界,学会了本领,掌握了技术,拥有了资本,具备了创业的能力。同时,住房是人类最基本的生存需求之一,在城市实现安居也是农民工十分迫切的需要。对此,城镇化应加大县城和县域中心镇建设,鼓励农民工返乡创业,改革中小城市户籍制度,实现进城农民工与市民在劳动报酬、子女就学、公共卫生、住房租购以及社会保障方面的平等权,让符合条件的农业转移人口逐步市民化,这将有助于农民工的"市民梦""创业梦""安居梦"的实现。

(三)城镇化推动区域经济均衡发展

我国区域经济发展不协调的状况还没有发生根本性转变,推进区域经济协调发展的任务十分艰巨。同时,我国经济发展的要素环境已经发生了重要变化,产业与人口的"双转移"成为推动区域均衡发展的重要机制。当前,农民工流动出现了两个新的趋势。一是东部地区结构转型和产业升级需要将传统产业向中西部地区转移。东部一些地区正面临着土地空间、能源资源、人口重负及环境承载力难以为继的问题,产业结构升级的问题显得尤为迫切,因而对农民工的流向产生重大影响。二是农民工回流创业趋势日益显现。农民工返乡创业直接推动了县城的民营经济发展,使县城能够形成一定的产业支撑,极大地提升了县城的经济实力;带动资本等要素向城镇集聚,有效推动当地城镇建设;加速人口向县城集中,扩大当地人口规模。鼓励返乡农民工就地创业,是推进区域经济协调发展的重大战略部署。

(四) 推动城镇健康发展

从我国城镇化发展的实际需要来看,片面发展大城市或者盲目发展小城镇都行不通。如果中国城镇化只关注城市群的发展,让农村人口向大城市过度集中,会给大城市发展增加过度的压力,挑战大城市的人口承载力,造成"大城市病"。由于我国农民工规模大,流速高,流向过度集中,北京、上海、广州、深圳等大城市已经面临着人口严重超载的问题。如果盲目无序、遍地开花地发展小城镇,虽然能够有效缓解大城市压力,但也极易造成土地浪费、污染等"农村病",并不能有效解决我国城镇化问题。因而,只有推进城镇化均衡发展才能满足我国人口流转的需要,才能实现城镇化的健康发展。推进各级各类城镇协调发展,形成合理的城镇体系,是城镇化健康发展的重要保证,也是调节人口流速、流向与资源环境相适应、与社会经济发展水平相协调的重要途径。

二、新时期推进城镇化的路径

以农民工市民化为特色的城镇化要围绕三个"中",即中西部地区、中小城市和中小企业来进行。提高城镇化质量,推动城镇化健康发展,要紧紧抓住五个环节不放松。

(一) 把放开中小城市户籍与农民工市民化作为当前城镇化和扩大内需的战略重点,促进区域城镇化的协调发展与大中小城镇体系合理化

户籍制度改革要立足于我国城镇化发展的实际需要以及未来进一步发展的方向进行。对不同类型城市的户籍分类放开,对大城市、中等城市、小城市、县城应实行不同的政策。我国中小城市发展相对不足,农村人口流向集中于东部沿海大城市。加快中西部中小城市户籍改革是调节人口流速、流向,引导农民工合理流动,推进农民工市民化进程最迫切的现实需要。像北京、上海这样的大城市不可能完全放开,但中等城市应该积极放开户籍,

小城市更是完全可以放开,县城则要"敞开城门",让农民"自由进城"。

(二)多渠道推进农民工市民化进程,让一部分农民工率先在所在城市市民化的同时,引导农民工向中西部"回归",让其在户籍所在地县城市民化,帮助农民工实现"市民梦"

对于长期留在城市中的一部分农民工,尤其是那些私营企业主和技能型农民工,他们收入已经相当稳定,完全适应城市生活,可以让其率先在所在城市市民化,获得城市归属感。要通过构建能人回流、要素集聚的体制和机制,在东部地区进行结构转型和产业升级的过程中扶持沿海产业向中西部转移,引导农民工向中西部"回归",改变农民工长期"候鸟"型流动方式,避免中西部农民工非家庭迁移带来的诸如"留守儿童"问题等巨大社会代价。建设一批 10 万至 30 万人的城市,让农民工在户籍所在地县城市民化。推进农民工市民化进程,要实现进城农民工与市民的平等权,加快教育、医疗、住房、社会保障体系的改革,逐步实现新老居民在劳动报酬、子女就学、公共卫生、住房租购以及社会保障方面的城镇公共服务均等化。

(三)鼓励农民工创业,大力发展中小企业,推动农民工以创业带动就业,并加快城镇安居工程建设,让进城农民工安居乐业

要把中小城市和县城作为中西部返乡农民工创业的重要载体,积极鼓励农民工返乡就地创业,帮助一批具有创业潜能的农民工实现"创业梦",把城镇化建立在坚实的基础上,避免"空城计"。要进一步完善创业扶持政策,引导新的创业浪潮,鼓励农民工以创业带动就业。要通过给广大农民工提供创业培训提高农民工创业能力,增强创业意识,通过有效的融资政策和财政政策保障农民工创业资本供给,降低创业门槛和创业成本,创建各类返乡农民工创业园区,提高农民工创业的组织化程度,使更多的打工者成为创业者,让农民工返乡创业就业和就地城镇化引爆农村内需。要推进城镇安居工程建设,完善多层次城镇住房市场体系,加大对以公共廉租房为重点的保障性住房供应力度。要运用土地、财税、金融等多种政策工具,发挥市场机制作用,形成保障性住房资金来源的多元化。要逐步将农民工纳入城镇保障性住房的覆盖范围,促进城乡住房资源的合理配置。

（四）加强城镇化的科学规划，在继续推动东部城市圈发展的同时，更加注重在中西部地区依托县城和县域中心镇的发展，壮大一批中小城市，实现城镇化的均衡发展

我国城镇化发展要因地制宜，在东部沿海和中西部采取不同的区域城镇化模式。对于东部地区，可以采取以大都市圈为特征的城市化策略，实行组团式的城市结构，通过大都市的辐射能力，直接把周边的小城镇纳入块状的城市圈内。对于中西部地区，通过据点式城镇化，把县城建成具有一定规模效应和集聚效应的中小城市。具体设想是，在100万以上人口的大县把现在的城关镇发展成30万—50万人的中等城市，在50万—100万人的中等县以城关镇为依托建立20万—30万人的中小城市，在50万人口以下的小县把县城做大。依托县城的城镇化要遵循先规划后建设的原则，合理谋划县城科学发展。要根据自身发展潜力和区域经济社会发展态势，把自身建设目标与特定地区可持续发展目标统一起来，本着合理布局、节约用地、严格控制占用耕地、有利生产、方便生活等原则，对土地和空间资源的利用以及各种建设活动进行综合部署，科学规划。

（五）要充分发挥城镇化"政府推动"和"市场拉动"的双重动力机制，加大政府对城镇化的财政投入，并积极引入民间资本参与城镇建设，构建政府和民间共同投资的新格局

资金是制约城镇化进程和农民工创业的一个主要问题。政府在城镇化建设方面要加大对城镇基础设施、教育、医疗等公共产品的投入力度。要促进中央和地方财力与事权的匹配，加大对中西部地区城镇化建设的转移支付力度。同时，要推进民营企业在参与城镇基础设施、公共事业和社会事业建设中与其他所有制企业在投资审批、土地、财税扶持方面的公平待遇。要构建政府和民间共同投资的新格局，创新投资模式，通过采取招标、让民间资本直接参与、特许经营等方式构建公共部门与私人企业合作模式，建立和完善公共投资带动民间投资的新机制。

（本文发表于《求是》2011年第5期，发表时题目为《城镇化是最大潜在内需与持久动力》。武竞协助研究）

—21—
高速城镇化和过快老龄化考验中国社会

    2011年4月,国家统计局公布了第六次全国人口普查的主要统计结果,其中关于城镇化与人口老龄化的数据备受关注,特别是公布数据显示的老龄化进程加快的事实引来了各界对未来中国经济增长的普遍担忧。我们认为,当前中国经济社会发展呈现出高速的城镇化和过快的老龄化两大特征,机遇与挑战并存,需要引起高度重视。

    从人口流动和分布特征来看,中国2011年将进入城镇人口过半的城市时代,城镇化既是重大机遇,又面临着严峻挑战,其最大挑战在于应对两亿多农民工构成的"半城镇化"局面。

    此次人口普查的数据显示,当前中国城镇人口已经达到了6.66亿,占总人口的比重是49.68%,城镇化率近50%,高于"十二五"规划的预期。同2000年第五次全国人口普查相比,城镇人口比重上升了13.46个百分点,年均增长超过1个百分点。按照这个发展趋势,2011年中国城镇人口比重就将超过一半,进入城市时代。可见,当前中国已经进入高速城镇化发展阶段。

    高速城镇化是机遇也是挑战。一方面,城镇化是实现经济可持续发展的引擎,是支撑经济发展的强大内在动力。城镇化可以引发消费需求,培育高消费群体;能够刺激投资需求,扩大民间投资;有利于实现产业结构转型升级,推进经济的服务化;有利于培育创业者和新型农民。城镇化对基础设施、住宅、耐用消耗品汽车等的需求,是中国能够靠内需拉动经济成长的一个根本动力。另一方面,中国城镇化也面临着"半城镇化"挑战。此次公布的普查结果表明,当前中国流动人口已经超过2.6亿。城镇流动人口只实现了地域转移和职业转换,没有实现身份转变,还戴着农民的"帽子",这使得中国的城镇化呈现出"半城镇化"的特征,严重影响了中国城镇化的质量。

为此,未来中国的城镇化发展,一要实施大中小城市协调发展的均衡城镇化战略,引导流动人口有序流动、合理分布;二要推行渐进的户籍制度改革,实现流动人口在地域、职业、身份上的"三同步"转换,有序推进农民工市民化进程;三要积极推进基本公共服务均等化,使农民工与市民在"就业、医疗、教育、住房和养老"上逐步平权,穿上五件"衣服"。

从人口结构变化特征来看,中国社会经济发展同时还面临"未富先老"的老龄化及高龄化和空巢化的挑战,应对挑战一方面要发展老龄事业,提供公共服务,另一方面又要通过市场引导发展老龄产业。

这次人口普查的数据表明:60岁以上人口数量为1.78亿,占比已达13.26%,比2000年上升2.93个百分点,反映出中国老龄化进程加快的态势。而且,当前中国的人口老龄化表现出一些不同的特点,一方面是面临"未富先老"的尴尬境地。从经济发展阶段看,虽然中国已跃居世界第二大经济体,但人均GDP刚突破了4000美元,刚刚迈入了中等收入国家行列。另一方面,老年人中高龄化和空巢化加速。研究表明,近年来中国80岁以上老人、城乡空巢家庭以及农村留守老人的比重呈不断增加的趋势。

人口老龄化将对中国的经济社会发展带来深刻影响。其突出表现在,出生人口越来越少,老年人越来越多,劳力供给和养老资源同时减少会形成两荒:"用工荒"和"养老荒"。人口老龄化背景下"用工荒"现象的出现表明了中国劳动力供求关系的深刻变化,带来了劳动力成本上升的压力,意味着我国廉价劳动力时代一去不复返,长期以来过度依靠廉价劳动力的经济发展模式已经无法维系。老龄化日益严重背景下的"养老荒"则主要反映了劳动人口逐步减少而需要赡养的老年人口数量快速增长情况下养老保障体系的可持续发展面临的挑战。

应对人口老龄化带来的"用工荒"挑战,关键是要推进产业结构调整,摆脱过度依赖廉价劳动力的发展模式,培植新的经济增长源。同时,要引导人口的有序流动和合理分布,帮助农民工顺利融入城市并实现安居乐业市民梦。要构建和谐的劳动关系,实现广大劳动者体面的劳动和有尊严的生活。要提升劳动者素质,增加劳动者的人力资本积累,提高就业的市场竞争力。应对过快的人口老龄化带来的"养老荒"挑战,重点是要构建多层次的养老体系,整合家庭、社会和政府各种资源,在提供养老公共产品、发展老龄事业的同时,大力发展养老产业。政府引导鼓励民间资本进入养老产业大有可为。

(本文发表于《中国经济时报》2011 年 5 月 19 日。李华协助研究)

22

以"用工荒"为契机推动经济转型升级

"用工荒"现象在 21 世纪初开始受到媒体和全社会的广泛关注,当时主要反映的是春节期间东部沿海地区出现的劳动力短缺问题,是局限于一定范围和特定时间段的现象。近年来,"用工荒"问题越来越严重,特别是 2011 年的形势变得更加严峻。一是从时间上看,以往的"用工荒"主要是元旦前后伴随着农民工陆续返乡而出现的,春节后比较明显,而 2011 年的"用工荒"来的更早。来自珠三角的调查显示,2010 年全年企业普遍招工比较困难,2011 年春节前数月就出现了比较明显的"用工荒"现象。① 二是从范围上看,不仅东部沿海面临"用工荒"问题,四川、湖北、安徽等传统的劳务输出大省也出现了用工短缺的现象。据安徽省人力资源和社会保障厅公布的数据显示,截至 2010 年底,安徽缺工超过 50 人的企业达 2300 余家,缺工总数达 25 万人。② 三是从工种上看,涉及类别更多。当前不仅技工荒,普工也荒。传统的技术含量相对较低、需要大量劳动力投入的劳动密集型行业缺工现象比较突出。调查显示,广东企业的普工缺口相对较大,约占总量的 68%,同时技工缺口仍处高位,约占缺工总量的 32%。③ 愈演愈烈的"用工

---

① 辛灵:《多地再度上演最低工资"抢人",2011 年的"工荒"比以往时候来得更早一些》,《南方都市报》2010 年 12 月 29 日。
② 成展鹏:《安徽缺工人数达 25 万 节后打响"抢工"大战》,中国新闻网,2011 年 2 月 13 日。
③ 李波平、田艳平:《两轮"民工荒"的比较分析与启示》,《农业经济问题》2011 年第 1 期。

荒"现象意味着中国劳动力市场的供求格局正在从劳动力的无限供给向局部短缺甚至全面短缺演变,同时也预示着中国经济社会发展新阶段的到来。

一、劳动力供求关系新变化与"用工荒"现状

出现"用工荒"的原因是复杂的,主要反映出当前中国劳动力转移和劳动力市场供求关系的深刻变化。

(一)中国农村劳动力供给总体上过剩,转移就业的压力依然较大,并且供求关系上的结构性矛盾突出

从总量上看,现阶段中国农村还存在大量的剩余劳动力,需要转移的总数估计在0.6亿至1亿之间。[①] "十二五"期间,预计每年有800万左右的农村剩余劳动力需要转移就业,加上城镇需要安排的就业量,劳动力年供给总数超过3000万,而实际上城镇能够安排的劳动力大约只在1200万左右,[②]供求缺口十分明显。可见,中国劳动力供给总体上是过剩的,理论上讲未来一段时间内就业形势比较严峻的总体形势不会改变。然而,同时应该注意到的是日益突出的农村劳动力供给的结构性矛盾,这将深刻影响农村劳动力市场供求关系的发展走势。

首先,中国处于剩余状态的农村劳动力已明显减少。随着农村劳动力以"民工潮"形式大规模地从农村向城镇转移,中国农村剩余劳动力数量已明显减少,特别是近几年来下降的趋势更加明显(见图1)。据统计,2008年以来农民工后备力量共计减少了2000万人左右。[③]

其次,农村剩余劳动力中青壮年劳动力占比已经不高。从农村分年龄段人口比重的变化趋势来看,15—39岁年龄段的青壮年劳动力的比重是逐渐下降的,而40—64岁年龄段的中老年劳动力的比重则表现出明显的上升态势(见图1)。2005—2010年,这两个指标分别从36.54%和31.95%演变

---

① "我国农民工作'十二五'发展规划纲要研究"课题组:《中国农民工问题总体趋势:观测"十二五"》,《改革》2010年第8期。

② 姜赟:《尹蔚民:劳动力市场仍然供大于求》,《人民日报》2011年3月21日。

③ 萧琛等:《"民工荒"的原因、应对与劳动力市场制度变革前景》,《社会科学战线》2010年第11期。

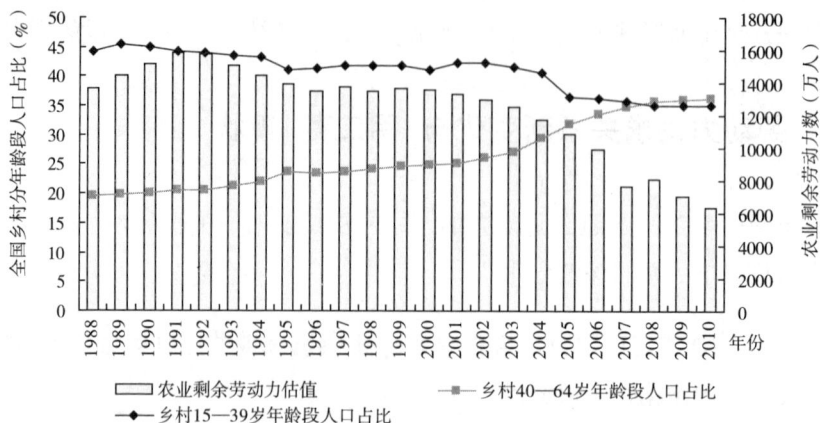

图1 农业剩余劳动力数量及乡村人口年龄结构变化趋势

注：1988—2005年农业剩余劳动力估值转引自陈星（2009），2006—2010年农业剩余劳动力估值根据
相同的估算方法推算得到。

资料来源：《人口与就业统计年鉴》；《中国统计年鉴》；陈星：《农业剩余劳动力与农民收入关系研
究》，《经济学动态》2009年第5期。

为35.02%和36.32%[①]。青壮年农民工的短缺化趋势意味着农村剩余劳动
力的释放空间已经比较有限。农村劳动力供给的结构性变化趋势是中国的
人口转变及劳动力市场现状和未来发展趋势的缩影。

**（二）农民工阶层内部出现分化，新生代农民工就业观的转变是当前中
国劳动力市场面临的突出问题**

20世纪八九十年代外出打工的老一代农民工在发展过程中面临着素质
的退化问题。老一代农民工受教育程度较低，在就业过程中，企业往往尽量
压低雇佣成本，极少对农民工进行在职培训，人力资本的积累极其缓慢。因
此，除了体力之外，他们没有任何其他资本可以交换。随着年龄的增长，老
一代农民工"青春红利"逐渐折耗，素质不断退化，正在逐步退出劳动力
市场。

农民工阶层分化的最突出表现是新生代农民工或称第二代农民工的产

———————

[①] 国家统计局人口和就业统计司：《中国人口和就业统计年鉴（2010）》，中国统计出版社2010
年版。

生。这一部分人占全部外出农民工总数的 58.4%[①],已经成为中国外出农民工的主体,是影响劳动力市场的主要力量。新生代农民工在诸多方面表现出与第一代农民工不同的特点,他们受教育程度相对较高,从小生活环境相对较好,外出打工的目的不再只是"挣钱",对尊重、平等和社会承认有更多的期盼,对工作环境、福利待遇、发展机会和文化生活等有了更高的要求。

(三)农民工在东部和中西部就业的收益差距逐步缩小,但生活成本差距越来越大,选择就地就业、创业成为新的趋势

随着中西部地区就业岗位的增加、工资待遇的提高、农村福利的改善和社会代价的降低,大量的农民工选择就地就近就业、创业,内陆城市群和中心城市成为新的人口聚集区。一是在就业、创业方面,由于中央和地方政府不断加大对中西部地区基础设施和重大项目的投资力度;同时东部地区向中西部地区产业转移的力度也逐年加大,为中西部地区提供了大量的就业岗位和创业机会。二是在工资待遇方面,东、中、西部的农民工工资待遇差距已经逐步缩小。据统计,2009 年在东部地区务工的农民工月均收入为1422 元,而在中部和西部地区务工的农民工月均收入则分别已达 1350 元和1378 元,东部和中、西部农民工月均收入相差仅为 72 元和 44 元。[②] 如果把异地转移的交通成本及区域之间生活成本的差距计算在内,实际上东、中、西部之间的农民工净收入差距已经不大。三是在福利改善方面,随着国家各项支农惠农政策的出台和贯彻落实,农村的福利水平得到了较大的提升。除了上面提到的农民工资性收入的增加以外,粮食、农资、良种及农机"四项补贴"的落实带来了农民转移性收入提高,"新农合"及"新农保"政策的出台和逐步完善则大大提升了农民的幸福感。四是在社会代价方面,进城农民工长期以来义务和权利不对等,地位和身份不一致,社会地位"边缘化","过客"心态重。上述一系列变化实际上提高了农民工流向东部就业的机会成本,使农民工对其现行市场价格低估,其货币价值打了折扣,没有达到农

---

① 国家统计局住户调查办公室:《新生代农民工的数量、结构和特点》,国家统计局网站,2011年 3 月 11 日。

② 国家统计局农村司:《2009 年农民工监测调查报告》,国家统计局网站,2010 年 3 月 19 日。

民工供方的预期价格①,于是出现了减少其劳动供给的客观结果。

可见,正是由于中国农村剩余劳动力的总体规模和年龄分布的变化、农民工群体结构的改变及区域之间就业比较利益的调整,带来了中国劳动力市场供求关系的变化,导致了"用工荒"现象的出现。"用工荒"是劳动力市场不断变化的一种过程,随着劳动力总量、劳动力结构和比较利益及产业结构的进一步变化,中国的"用工荒"问题还会加剧,形成经济发展的"拐点"。

二、"用工荒"倒逼中国发展方式转型

"用工荒"现象的出现并呈常态化、深化发展的趋势标志着中国经济社会发展重要转折时期的到来。"用工荒"是对现有发展模式的挑战,预示着廉价劳动力无限供给时代的终结将逐渐成为现实,也进一步暴露出了长期以来中国劳动力转移及劳动力市场发育中的诸多问题。"用工荒"更意味着转型的"拐点",只要积极疏导、应对得当,必将成为倒逼发展方式转变、推动中国经济转型的一种契机。

以农民工为主要代表的廉价而丰富的劳动力资源是支撑中国传统发展方式的基础。改革开放以来,大量的农民工已经成为产业工人的重要组成部分,为实现中国经济高速增长发挥了重要作用。从中国经济高速增长与劳动力的关系看,劳动力转移的持续时间和转移后劳动力边际产出的变化,决定了中国经济可持续发展的时间和空间。只要劳动力转移过程得以持续,高储蓄率和高投资率现象就将长期持续,而由劳动力转移、高储蓄、高投资共同推动的内生式经济增长就不会停止。② 分析表明,1978—2009 年间中国经济 9.9%的复合增长率中,劳动力的数量、人力资本、劳动力部门转移、物质资本以及体制改革或技术进步等未解释部分的贡献率分别为 24%、24%、21%、28%及 3%左右。③ 可见,改革开放以来劳动力的数量、质量及转

---

① 郑秉文:《如何从经济学角度看待"用工荒"》,《经济学动态》2010 年第 3 期。

② 李扬、殷剑锋:《劳动力转移过程中的高储蓄、高投资和中国经济增长》,《经济研究》2005 年第 2 期。

③ 中信建投证券研究发展部:《浮世绘卷,生死劫局——"刘易斯拐点"之后的布局式投资》,中信建投网站,2010 年 7 月 20 日。

移在中国经济增长奇迹中发挥了极其重要的作用,但效率提高扮演的角色并不明显。相比于日本20世纪50年代到70年代经济高速增长中21%左右的劳动力贡献率、24%左右的资本贡献率及55%左右的全要素生产率贡献率①,中国经济增长明显过度依赖劳动力。从中国参与全球化与劳动力的关系看,丰富廉价的劳动力是中国赢得全球化产业分工的基础。中国出口产品中的纺织服装,家具、灯具、玩具等杂项制品,鞋帽、伞杖,羽毛皮革制品,以及编织品等典型的劳动密集型产品的比重大概占20%左右,出口贸易中加工贸易的比重大概占50%左右②,反映出中国的对外贸易在相当程度上依靠廉价劳动力的比较优势。

"用工荒"现象是对中国现存经济发展方式的挑战。上面的分析表明,近似于无限供给的廉价劳动力资源是改革开放三十多年来中国经济巨大的发展优势。然而"用工荒"的出现和持续发展意味着这一优势正在弱化,主要的标志就是"用工荒"已经带来了劳动力成本的上升。国务院发展研究中心的调查表明,2004年之前的12年中,珠江三角洲外来农民工月平均工资仅增长了68元。③ 如果折合物价上涨因素,农民工工资甚至是下降的。然而,这种情况在2004年之后有了根本性的改变。从21世纪初"用工荒"爆发开始,农民工工资结束了长期的停滞状态,并呈现出快速上升的发展势头。截至2010年,农民工月平均工资水平已经延续了7年的上涨态势,总体涨幅超过1倍。这表明中国廉价劳动力时代正在逐步消失,长期以来过度依靠廉价劳动力的经济发展模式终将无法维系。因此,未来中国经济发展面临的一个重要任务就是充分利用"用工荒"带来的倒逼转型的市场力量,改变长期以来依靠廉价劳动力的经济发展模式,找准经济增长的新动力源泉,实现经济的内生增长和创新驱动,培植新的经济增长点。

当前,不仅要充分认识到"用工荒"影响下中国经济转型的"远虑",同时要重视"用工荒"现象凸显出来的中国劳动力市场发展的"近忧",以及由此给未来中国经济社会发展提出的新要求。一是对农民工的劳动权益保障提

---

① Hugh Potrick, Henry Rosovsky, "Asia's New Giant: How the Japanese Economy Works", Washington, D.C.: The Brookings Institution, 1976.

② 宋泓:《未来10年中国贸易的发展空间》,《国际经济评论》2010年第4期。

③ 程刚等:《珠三角农民工生存状况调查》,《中国青年报》2004年12月31日。

出了更高要求。大量进城农民工只是实现了地域转移和职业转换,并没有实现身份转变,处于"半城镇化"的尴尬境地,很少有机会能够充分享受发展带来的成果。从某种意义上说,"用工荒"是农民工在权益保障方面的无声反抗。二是对企业用工问题上的不当偏向敲响了警钟。相当一部分用工企业在用工年龄、性别甚至地域上设有各种限制。比如,许多招工企业都只把眼光盯着1亿多30岁以下的新生代农民工,而忽视了35—55岁的农村劳动力这一更为庞大的用工群体①,客观上限制了劳动力的供给。三是对劳动者素质提高提出了新要求。调查表明,49%的招工企业要求初中文化程度,25%的招工企业要求高中及以上文化程度。② 而实际上高达76.5%的外出农民工仅有初中及以下文化程度,没有接受过任何形式技能培训的超过一半③。劳动者的技能结构与用工企业需求之间存在明显的错位。四是对构建统一的劳动力市场提出了新要求。农民工经常性、季节性的乡城流动,形成了一种地理意义上割裂的劳动力市场,妨碍了劳动力市场发挥自发调节供求和重新配置资源的功能。④ 显然,这些要求也是应对"用工荒"问题、推动经济转型进程中必须关注的重点问题。

三、以"用工荒"为契机推动经济转型升级的对策思考

第六次全国人口普查的数据显示,当前中国城镇人口为6.66亿,占总人口的比重达到49.68%。⑤ "十二五"期间中国将进入城市时代。未来,城镇化发展的关键是提高城镇化的质量,解决好城镇化发展中的失衡问题,实现城镇化发展从偏重东部向东中西部协调发展转变、从"半城镇化"向完全意义上的城镇化发展推进。

---

① 郑凤田:《民工荒其实是年龄荒》,《第一财经日报》2011年3月1日。
② 任社宣:《人社部发布企业用工需求和农村外出务工人员就业调查结果》,《中国人事报》2010年2月26日。
③ 国家统计局农村司:《2009年农民工监测调查报告》,国家统计局网站,2010年3月19日。
④ 蔡昉:《"民工荒"现象:成因及政策涵义分析》,《开放导报》2010年第2期。
⑤ 国家统计局:《第六次全国人口普查主要数据发布》,国家统计局网站,2011年4月28日。

（一）把推进区域产业布局调整与减缓过多的农民工异地流动结合起来，东部地区要通过产业转移推进产业升级，中西部地区要通过承接产业转移吸纳当地农村转移劳动力，让更多的农民工就地就近创业、就业，减缓长期以来形成的大规模的"钟摆式""候鸟型"人口流动的社会代价

东部地区应该通过实施主动的产业转移及产业结构升级战略成为引领中国发展方式转变、实现经济转型的重点区域。要通过产业转移战略推进区域产业结构优化。一方面引导产业关联度不高、资源消耗较大的劳动密集型企业向外转移，通过转移获得资源整合、市场拓展及成本节约等新的发展空间；另一方面帮助有潜力的劳动密集型企业实现转型，通过机器设备代替手工劳动的流程升级、质量提高和新产品持续开发的产品升级、品牌建设及关注研发、设计、销售等产业链中高附加值环节发展的功能升级等形式推进产业升级[①]，培育新的市场竞争优势。要推动资本和技术密集型产业替代劳动密集型产业的结构升级，避免在产业转移中出现"青黄不接"的产业空心化现象。一方面大力发展战略性新兴产业、现代服务业和先进制造业，培植新的内生经济增长源；另一方面把握新一轮国际产业转移的重心向现代信息技术、生物技术、新材料技术等新兴产业转变以及重点领域向现代服务业转变的良好机遇[②]，主动承接并利用国际产业转移的外力推动区域产业结构调整。

中西部地区应该通过承接东部地区劳动密集型产业转移成为中国继续维系劳动密集型产业比较优势和竞争力、吸纳农村转移劳动力的重点区域。要营造良好的产业承接环境。通过改善交通、能源等基础设施建设创造良好的硬环境，通过理顺政商关系、转变政府职能等优化发展的软环境。要以本地资源优势为依托，以经济效益为核心，承接符合地方资源禀赋条件和主体功能定位的产业。将承接产业转移和优化产业结构、实现可持续发展结合起来，有选择、有重点地承接产业转移，更加注重项目质量，着眼于技术进

---

① 王保林：《产业升级是沿海地区劳动密集型产业发展的当务之急》，《经济学动态》2009 年第 2 期。

② 全国政协经济委员会：《承接东部产业转移的中西部环境优化与政策安排》，《改革》2007 年第 7 期。

步和产业升级,防止被淘汰的、污染严重的企业和项目转移到中西部。

(二)把实施大中小城市协调发展的均衡城镇化战略与推进农民工市民化结合起来,引导乡城流动人口有序流动,避免"大城市病",通过合理分流分类推进户籍制度改革,帮助进城农民工顺利融入城市社会

实施大中小城市协调发展的均衡城镇化战略是合理引导农民工流向的重要途径,其实质就是要实行"两条腿"走路的城镇化战略:一方面以都市圈为中心推行城市化,使一部分流动人口继续流向大都市圈,并在都市圈内部不同层级的城市间实现合理分布;另一方面在非都市圈地区积极发展中小城市,充分考虑人口合理流动的现实选择,引导流动人口向中小城市分流。

推进农民工市民化进程是实现农民工从候鸟式流动向迁徙式流动转变、真正融入城市社会的关键。要因地制宜地推行渐进式的户籍制度改革。北京、上海等大城市不可能完全放开,但可以考虑设立一种经济导向、人口素质导向和社会规范导向三位一体的"门槛"条件[1],逐步推进农民工市民化;中等城市则应该积极地放开;小城市、县城等更是可以完全放开。要推行基本公共服务均等化。建立保障农民工子女受教育权利的政策扶持体系,特别是要解决好随迁子女在流入地接受义务教育的问题;建立惠及农民工的城镇住房保障体系,逐步将农民工纳入城镇保障性住房的覆盖范围;构建符合农民工特点的社会保障网络体系,落实工伤、医疗、养老等保险福利。

(三)把完善公共就业服务体系与提升农民工素质结合起来,破除劳动力转移就业进程中的制度性障碍

完善公共就业服务体系是解决摩擦性失业的主要途径之一,其重点是搭建就业平台、畅通信息传递以及搞好职业指导。建设一批布局合理、辐射力强的人力资源市场,并通过加强交流和资源共享形成互联互通的人力资源市场体系。同时,加强监督管理,严厉整治欺诈等市场不当行为,形成劳动力市场良好的运行秩序。依托人力资源市场的平台优势,借助网络、电视、广播等各种传播媒介,形成劳动力市场的信息搜集和传递机制,建立农

---

① 辜胜阻:《非农化与城镇化研究》,浙江人民出版社 1991 年版。

村劳动力转移就业的信息服务体系。制定符合农民工群体特点的就业指导计划,为农民工提供免费的职业指导、求职技巧、能力测评、政策咨询等服务,形成就业指导的长效机制。

提升农民工素质是缓解结构性失业的主要途径之一,其重点是加强农民工的教育培训供给,尤其是重视职业技能教育。纠正对职业教育的误解,逐步将农村义务教育扩大到中等职业学校,落实好中等职业教育国家助学金和免学费政策,积极发展高等职业教育。在资源分配上加大对农村地区职业教育的扶持力度,努力建设一批规模大、条件好、质量高的农村职业技术学校。在培训对象上重点照顾需要转移的农村剩余劳动力、农村初中或高中毕业后未能继续升学的"两后生"以及已进城就业的农民工。在办学机制上采取民间社会资本参与发展民办职业教育的形式,形成多种形式的办学模式。在教学内容上以就业为导向,实现职业教育的人才培养与市场需求结合,教学内容与岗位能力对接。

(四)把构建和谐的劳动关系与推进企业持续健康发展结合起来,实现广大农民工体面的劳动和有尊严的生活,提升农民工用工企业凝聚力和员工的归属感,实现共建、共享式发展

企业特别是中小企业是解决农民工就业的主要渠道,也是支撑经济发展重要的微观主体。企业发展不仅肩负着创造社会财富、推动经济增长的重任,也承担着改善职工生活、促进职工全面发展的义务。因此,要实现职工和企业利益的双维护,既要保障职工的各项合法权利,也要促进企业的健康发展。

维护员工权益、稳定员工队伍的关键是构建"和谐稳定、平等合作、互利双赢"的劳资关系新格局。要深入贯彻实施《劳动合同法》,积极探索适合中小企业和农民工特点的劳动合同形式,推进集体合同制度,规范完善职工或职工代表大会制度,推进企业民主管理。要关注农民工的精神追求。改善工作环境,加强安全生产和劳动保护;弘扬企业文化,提升企业凝聚力和员工的归属感;丰富农民工的业余生活,尤其要关注新生代农民工价值观念和社会需求的变化,增进人文关怀。要提高劳动报酬在初次分配中的比重。建立工资正常增长机制,推动职工工资随企业效益提高及其他有关因素的变化而相应调整;建立最低工资标准调整机制,实现最低工资标准与经济发展水平、物价等因素的联动增长;建立完善工资三方沟通协商或共决机制,充分发挥政府作为"第三方力量"在平衡"强资本,弱劳动"中的重要作用;建立工资支付保障机制,确保企业职工特别是农民工能够按时足额领到工资;建立职工不满申述处理机制,形成多渠道和多层次的社会化劳动争议调解网。

在现实生活中,员工与企业主在利益上天然存在不一致性,但劳资双方的冲突是相对的,合作是绝对的,员工和企业主是利益共同体,在根本利益上具有高度的一致性。所以,要强调劳资利益的一致性,引导员工与企业同呼吸共命运,推动员工与企业主之间的相互理解和尊重,共同努力,在共建中共享、在共享中共建,通过利益共享同时增进双方利益,实现互利双赢。

（五）把维护农民工的土地权益与推进农业现代化发展结合起来,利用农村剩余劳动力转移契机,加强土地确权工作,推进农地制度创新和土地流转,探索土地资本化,提高农民财产性收入,整合农村资源,实现城乡协调发展

土地是基本的社会保障制度还没有完全建立的情况下进城农民工最后的生活保障。稳定和维护农民工的土地权益并积极尝试土地资本化,是解决外出农民工后顾之忧,建立农民工获得资产收益、带资进城的机制,推动农民工顺利转移的重要途经。同时,农业发展不仅是农村劳动力转移的前提和基础,也是农村劳动力转移条件下希望实现的客观结果。特别是在当前劳动力逐步走向短缺的情况下,农业生产率水平的提高是进一步推进农村剩余劳动力转移的重要保障,是推进城乡一体化发展的关键举措。

维护农民工土地权益的重点是要保障农民工的土地权利,并在此基础上积极探索提高农民工土地财产性收入的方法。要做好土地确权工作,开展农村土地承包经营权的确权、登记、颁证工作,全面落实承包地块、面积、合同、证书和基本农田"五到户"。同时,完善纠纷调处机制,并对规定"农转非"需要放弃承包地和宅基地的相关法律条款做适当的调整,让农民自主选择。在赋予农民土地产权的前提下,通过探索农村土地承包经营权抵押贷款制度、农村土地股份合作制度、基于市场价格的征地补偿制度等创新推进农地产权的商品化和货币化,激活土地的财产功能。

以农村剩余劳动力转移为契机推进农业现代化的重点是要构建支持农业发展的要素集聚和资源优化配置机制。通过土地向农业产业化龙头企业、经营大户、种田能手集中推进农业适度规模经营。推动财政支出和金融业务向农村地区倾斜,同时积极引导民间资本参与农业现代化建设,可考虑在条件比较成熟的地区组建区域性中小股份制商业银行、社区银行等,引导资金向农村流动。形成以政府为主导的多元化农业技术推广体系,加强农业技术服务。加强农村信息基础设施建设,引导现代信息技术的普及应用,推进农村综合生产能力的跨越式发展、农村生活模式的转变以及农民思想观念的进步。充分发挥农业专业化合作社作为新型现代农业经营组织的作用,推进农业经营体制机制创新。

四、研究结论

"用工荒"现象反映了当前中国劳动力市场供求关系的深刻变化,导致这种变化的原因是农村劳动力总量在减、结构在变、作用于劳动力转移的比较利益所形成的流出地"推力"和流入地"拉力"在弱化。"用工荒"现象的出现是对传统发展方式的挑战,同时也是重要的发展契机,它将提高农民工在劳动力市场上的"议价权",推动用工成本的上升,成为倒逼发展方式转变、推动中国经济转型的重要力量。应对"用工荒"不仅要充分认识到廉价劳动力时代终结背景下推进产业结构调整、培植新经济增长点的客观必要性,同时要主动探索完善劳动力市场、进一步推动农村剩余劳动力转移的可能性,并在此基础上积极推动农业现代化、实现城乡协调共进。

以"用工荒"为契机推动我国经济转型升级要实现"五个结合"。一是把推进区域产业布局调整与减缓过多的农民工异地流动结合起来。东部地区要在积极引导产业转移的同时推进产业升级,建成引领中国经济转型的重点区域;中西部地区要通过"双转移",承接产业转移吸纳农民工回归,建成吸纳农村转移劳动力、继续发挥劳动密集型产业比较优势和竞争力的重点区域。二是把实施大中小城市协调发展的均衡城镇化战略与推进农民工市民化结合起来。通过引导流动人口在不同层级城镇之间的合理分布缓解人口过于集中的问题,避免大城市过度膨胀导致的"大城市病";通过渐进的户籍制度改革解决农民工的身份问题,改变农民工特别是新生代农民工"回不去农村,融不进城市"的局面。三是把完善公共就业服务体系与提升农民工素质结合起来。通过完善就业公共服务体系建设形成良好的就业环境;通过加强对农民工培训增加农民工的人力资本积累,改变用工企业对农民工"取而不予,用而不养"局面。四是把构建和谐的劳动关系与推进企业持续健康发展结合起来。实现广大农民工体面的劳动和有尊严的生活,提升农民工用工企业凝聚力和员工的归属感,改变农民"城市过客心态"。同时也要保障企业的健康发展,实现职工和企业双赢。五是把维护农民工的土地权益与推进农业现代化发展结合起来。加强土地确权工作,推动土地流转,在推进人口向城镇集中的同时,推动农地向种田能手的集中,进行农地制度创新,让转移农民工通过农村土地使用权抵押,解决其创业安居"钱从哪儿来"的问题。

(本文发表于《中国人口科学》2011 年第 4 期。李华协助研究)

—23—
城镇化进程中农村
留守儿童的问题及对策

　　胡锦涛同志在党的十七大报告中总结我国改革历程时指出:要全面认识工业化、信息化、城镇化、市场化、国际化深入发展的新形势新任务,深刻把握我国发展面临的新课题新矛盾。在我国工业化、城镇化的过程中,有两亿多农民工离开农村进入城市。但是,由于多种资源的缺位和错位,我国农民工流动表现出了不同于其他国家流动人口的特征和状态,进而衍生出诸如农村留守儿童等一些社会经济问题。农村留守儿童约占未成年人总数的五分之一,关系到我国未来人口的素质和国家的长远发展,是我国工业化和城镇化进程中面临的新挑战。当前,我国总体上已经进入以工促农、以城带乡发展的新阶段,正确认识我国农村留守儿童问题的复杂性和长期性,采取切实措施妥善解决农村留守儿童问题是推进城镇化进程、统筹城乡发展进而构建和谐社会的重要内容。

一、我国城镇化进程中农村留守儿童特征及其问题

　　调查统计显示,目前全国农村留守儿童约 5800 万,其中 14 周岁以下的农村留守儿童约 4000 万。在全部农村儿童中,留守儿童的比例高达 28.29%。[1]

---

① 　陈丽平:《农村留守儿童高达 5800 万新数字催生新建议》,《法制日报》2008 年 3 月 3 日。

大量滞留在农村的留守儿童不仅逐渐形成一个特殊的群体,而且引发了一系列的社会问题。

(一) 我国农村留守儿童问题的特殊性

"农村留守儿童"是指由于父母双方或一方外出打工而被留在农村的家乡,并且需要其他亲人或委托人照顾的处于义务教育阶段的儿童。[①] 与其他国家相比,我国农村留守儿童是在工业化、城镇化过程中与农民工流动相伴生的一个群体,具有一定的特殊性,需要引起高度重视。

第一,不同于西方先进工业化国家的历史进程,我国在工业化、城镇化过程中产生了农村留守儿童现象。欧洲虽也曾出现人口大量地从农村向城市迁移的类似现象,但父母与未成年子女的长期分离现象并不常见。[②] 而我国改革开放以来,伴随着快速的工业化、城镇化发展,大量的农民工从农村进入城市。但是受户籍制度限制,我国农民工在城镇化过程中的人口流转并不同于一般意义上流迁人口地域、职业转换的路径:农村劳动力在进入城市的过程中,不仅要实现地域转移、职业转换,还要实现身份变换。[③] 在这种特殊的模式下,我国的城镇化实质上是一种半城镇化,已经进城的农民工实际上并没有市民化。农民工及其子女没有获取市民身份,城市公立学校便没有对农民工子女完全敞开大门,而且农民工子女即使入了学也必须回原籍地参加中考或高考。在这些因素影响下,目前随父母进城的农民工子女只占总数的 20%—30%,还有 70%—80% 的农民工子女留在老家,成为留守儿童。[④] 因而,制度的阻隔使我国的人口流动表现出与其他国家不同的历程,进而衍生出农村留守儿童问题。

第二,与其他同样存在留守子女问题的国家相比,我国的留守儿童问题也具有特殊性。纵观其他国家,日本的留守子女问题也比较突出。据日本劳务研究所调查,1984 年日本全国"单身赴任"人数为 14 万人,且有逐年上

---

① 课题组:《农村留守儿童问题调研报告》,《教育研究》2004 年第 10 期。
② 周全德、齐建英:《对农村"留守儿童"问题的理性思考》,《中州学刊》2006 年第 1 期。
③ 辜胜阻、易善策、李华:《中国特色城镇化道路研究》,《中国人口·资源与环境》2009 年第 1 期。
④ 徐永光:《让农民工子女有更多机会进城读书》,《人民日报》2009 年 2 月 25 日。

升的趋势。① 因而,由此产生的留守子女数量也十分巨大。尽管我国和日本的留守子女问题都形成了诸如家庭教育缺失等方面的问题,但是两国具体情况仍有明显不同。首先,从产生背景来看,我国的留守儿童是在工业化、城镇化进程中产生的,与农民工的流动有直接关系。而日本留守子女则是在后工业化时期的现代社会中出现的,是由于存在大量的"单身赴任"现象,与终身雇佣制下职工在企业内部频繁调动有直接关系。其次,从具体原因来看,我国留守儿童的产生主要是由于制度上的阻隔以及农民工经济承受能力等方面的障碍。在经济条件上,农民工收入低,无力带子女进城。我国农民工不仅数量大,而且质量不高,在劳动力市场上谈判能力低下,只能成为低工资水平的被动接受者。统计显示,2008 年我国农民工的工资水平仅为城镇单位在岗职工的一半。在工作性质上,农民工流动性大,无法为进城子女提供稳定的学习和生活环境。农民工往往集中于城市脏、累、险、重、苦、差的非正规部门,在劳动力市场分割的情况下,非正规部门由于工作岗位激烈的竞争和缺乏相关法律的保护,使得农民工就业并不稳定。② 而日本"单身赴任"产生留守子女问题则主要是从子女更好地学习生活方面考虑的。研究表明,子女随迁转学影响学习、现有住房问题、老人难离故土的情节以及妻子的工作问题是造成留下家属而单身赴异地工作的主要原因。③最后,从地域分布来看,我国留守儿童主要集中在农村地区,农村留守儿童问题是我国留守儿童问题的重中之重。据统计,农村留守儿童占全部留守儿童的 86.5%。④ 而日本作为一个后工业化国家,则不存在这种现象。

(二) 我国农村留守儿童面临的突出问题

儿童时期是人身心发育、知识积累的关键时期,家庭、学校和社会发挥着极其重要的作用。当前由于家庭的不完整、父母在家庭功能中缺位,农村

---

① 所谓"单身赴任"(たんしんふにん),指企业或政府部门职员因工作需要不得已离开家庭单身赴异地工作。单身赴任的时间一般一次为 3—5 年,是企业或部门系统内进行工作调配时的一种现象。参见张晓华:《"单身赴任"与日本现代社会》,《外国问题研究》1996 年第 4 期。

② 辜胜阻、易善策、郑凌云:《基于农民工特征的工业化与城镇化协调发展研究》,《人口研究》2006 年第 5 期。

③ 张晓华:《"单身赴任"与日本现代社会》,《外国问题研究》1996 年第 4 期。

④ 段成荣、周福林:《我国留守儿童状况研究》,《人口研究》2005 年第 1 期。

学校教育管理的不健全以及农村基层组织功能的弱化使得农村留守儿童的健康成长受到严重影响。目前,农村留守儿童问题突出表现在以下四个方面:

一是学习滞后。对于那些父母均外出的儿童,监护人是临时的或者是隔代的,"重养不重教"的现象十分普遍。他们对孩子的学习要么无暇顾及,关注过少;要么自身文化水平不高,能力有限。调查表明,74.96%和84.2%的留守儿童祖父母只有小学及以下文化程度,[①]没有能力给予留守儿童学习上的辅导。在家务、农活繁重时,他们还需要孩子的帮助,有的地方甚至出现留守儿童要经常或者不时地照顾祖父母或其他监护人的"逆向监护"现象。同时,监护人"重养不重教"的现象十分普遍,留守儿童的学习往往缺乏自觉性,逃学和辍学的很多。留守儿童的成绩排在中下等的比例较大。江西对5000余名留守儿童的调查结果显示,68.0%的留守儿童平时在学习上是有困难的,学习成绩在班级中"名列前茅"的只占到8.1%,"一般"及以下的占54.5%。[②]

二是心理失衡。研究表明,与父母分离时间的长短对于留守儿童的心理状况存在显著影响,与父母分离时间越长,留守儿童的心理健康水平越低,各种心理问题更突出。[③] 由于缺乏倾诉的对象和家人的引导,留守儿童对外界的认识容易产生偏差,心理压力较大,性格发展不健全,存在着明显缺陷,主要表现为内心封闭,情感冷漠,行为孤僻,缺乏爱心,还有的表现为胆小,自卑感严重,或者任性、叛逆心理特别强等等。调查发现,当前有34%的外出父/母亲在儿童3岁之前就开始外出,49%的父/母亲外出年限在7年以上,留守儿童普遍感觉孤独无助,心理压力增加,37%的留守儿童经常不想跟任何人说话,30%的留守儿童经常感到孤独。[④] 这种心理上的失衡严重影响了他们的社会化过程。

三是行为失范。留守儿童正处于身心快速发展的时期,对外界充满了

---

① 全国妇联课题组:《全国农村留守儿童状况研究报告》,《农村留守儿童工作信息》2008年第4期。

② 徐文娟、汤谦繁、徐文虎:《江西省农村留守儿童教育现状调查》,《素质教育论坛》2007年第11期。

③ 刘祖强、谭森:《农村留守儿童问题研究:现状与前瞻》,《教育经纬》2006年第6期。

④ 叶敬忠、潘璐:《别样童年——中国农村留守儿童》,社会科学文献出版社2008年版。

好奇和新鲜感。由于缺乏父母的亲情关爱和指导教育以及社会支持体系的关照,加上留守儿童本身涉世不深、阅历尚浅,面对不良的文化和行为,他们进行正确判别的能力不强。在缺乏必要的道德约束的情况下,留守儿童容易在道德观念、道德行为方面受到一些负面影响。这就导致了部分留守儿童缺乏道德感,沾染上不良的习惯,犯罪的比例较高。最高人民法院的资料显示,2000 年以来,中国各级法院判决生效的未成年人犯罪人数平均每年上升 13% 左右,其中"留守儿童"违法犯罪问题已经成为中国未成年人违法犯罪中一个不容忽视的现象。①

四是安全堪忧。留守儿童自我防范意识缺乏、自我保护意识较差,如果监护人疏于管理、监护责任不到位,留守儿童将面临较高的安全隐患。目前,由于缺乏家庭、学校和社区的有效监管,留守儿童的人身安全缺少保障,往往容易成为被侵害的对象。据有关部门调查,被拐卖儿童中,流动儿童居第一位,留守儿童居第二位。同时,遭遇突发事件时留守儿童应变和自救能力较差,只有 56% 的临时监护人会经常关注并采取措施预防留守儿童意外伤害发生,②而相当一部分的监护人只是有时会注意或者根本不关注,使得相当一部分留守儿童缺乏应对突发事件的意识和能力,伤亡事故时有发生。

二、化解留守儿童问题改进留守儿童教育的对策建议

我国正处在工业化、城镇化加快发展的阶段。据权威部门预计,未来 30 年,中国还将有 3 亿左右农村劳动力需要转移出来进入城镇,将形成 5 亿城镇人口、5 亿流动迁移人口、5 亿农村人口"三分天下"的格局。③ 可以预见,一定时期内我国农村留守儿童问题将长期存在。我们认为,解决我国农村留守儿童问题需要多管齐下,将减少农村留守儿童数量与缓解留守儿童学习、心理、行为、安全等方面的问题结合起来。具体来讲,当前应从以下六个方面采取相关举措。

---

① 沈洋、曹凯:《最高法称中国未成年人犯罪人数平均每年上升 13%》,新华网,2007 年 9 月 19 日。

② 全国妇联课题组:《全国农村留守儿童状况研究报告》,《农村留守儿童工作信息》2008 年第 4 期。

③ 吕雪莉:《我国人口分布将形成"三分天下"格局》,新华网,2009 年 4 月 14 日。

（一）要将农民工就地就近转移与鼓励农民工回乡创业结合起来，有效控制留守儿童数量的快速增长

农民工在工业化、城镇化过程中付出了巨大的代价，留守儿童问题就是代价之一。当前，农民工流动出现了两个新的趋势。首先，东部地区结构转型和产业升级需要将劳动密集型产业向中西部地区转移。近年来，东部一些地区正面临着土地空间、能源资源、人口重负及环境承载力难以为继的问题，传统制造业的进一步发展受到制约。同时，在 2008 年国际金融危机的影响下，东部地区产业结构升级的问题显得尤为迫切。因而东部地区的产业升级与向中西部地区的转移将对农民工的流向产生重大影响。其次，在经历了三十多年的外出流动之后，农民工的回流创业趋势也日益显现。许多农民工经过打工实践，在外开阔了眼界，学会了本领，掌握了技术，拥有了资本，接受了现代城市中创业观念的熏陶，具有饱满的创业激情，其中的一部分已经成为精英农民工返回农村。同时，全球金融危机冲击下我国就业形势严峻，大量农民工失业，就业困难增加，"倒逼"了相当一部分农民工返乡创业。政府应当以此为契机，积极引导这两种趋势，中西部要做好产业转移的承接工作，要以县城为中心大力发展县域经济，并制定合理的政策，鼓励农民工就地就近转移与回乡创业，减少农村留守儿童数量。把县城建设成为县域经济的龙头和农村城镇化的经济中心，让农民工在新兴城市安居乐业，为农民工市民化和实现创业梦想创造机会，进而使留守儿童与父母生活在一起。

（二）改善城市农民工子女的就学条件，降低入学门槛，鼓励家长携带孩子去打工

教育公平是社会公平的重要基础。农民工为城市建设做出了巨大贡献，应当分享经济发展的成果，享受到公共财政的"阳光"。农民工的子女也应当与城市儿童平等享受受教育的机会和同等的教育资源服务。在城镇化加速的背景下，应对留守儿童问题的一个重要途径就是通过赋予流动儿童平等的教育权利解决其上学难的问题，使更多的农民工子女能够随父母一起进城。首先，流入地政府要努力改善农民工子女的就学条件，降低公办学

校的入学门槛。农民工将子女留守而不选择举家迁移,与农民工子女进城就学难有直接联系。因而,要进一步落实"两为主"的进城农民工子女教育政策,减少收费项目,降低收费标准,降低农民工子女上学、受教育的成本。要进一步取消农民工子女入学的制度障碍,例如要求农民工提供暂住证、进城务工证、房屋租赁合同、独生子女证以及缴纳一定时限的社会保险证明等,防止故意提高农民工子女进入公办学校的门槛。使留守的孩子能够生活在父母身边,共享城市文明。其次,在公办学校资源有限的情况下,特别要把农民工子弟学校办好。应该注意到,诸如春游、服装费、兴趣小组等一系列公办学校的隐性费用依然使得大多数处于低收入阶层的农民工心有余而力不足,而且公办学校在学校布点、教材选择、作息时间等具体方面也不完全能适应农民工子女的特点和需要。因此,要加大对农民工子弟学校的扶持力度,改变这些学校师资水平较差、教学质量不高、教学设施和条件相对简陋的状况,构建"公办学校为主,民办农民工子弟学校为辅"的多层次、多渠道、多样化入学模式,解决农民工子女上学难的问题。最后,要改革现行的教育制度。改革长期以来"地方负责,分级管理"的义务教育管理体制,建立以常住人口为主的教育管理体制,把长期居住在城市的农民工子女(非户籍人口)纳入教育经费预算之内。

(三)充分利用学校教育的优势,发挥学校在农村留守儿童管理工作中的重要作用

从孩子成长的角度来讲,他们深受来自家庭、学校和社会三个方面的影响,所接受的教育也应当是家庭教育、学校教育和社会教育三位一体的教育。由于留守儿童在家庭教育上是不完整的,因此迫切需要学校充分发挥自身的功能进行弥补。首先,学校要关注留守儿童的心理健康发展,要调整课程设置,增设心理课程,开展心理教育和心理咨询活动,构建对留守儿童心理健康教育的平台,努力引导他们树立正确的价值观,全面提高他们的心理素质。同时,要加强对老师的心理教育培训,配备经过专门培训的心理辅导教师,将平常的教学和思想品德教育以及心理健康教育结合起来,实现心理健康教育日常化。其次,老师要给予留守儿童更多的关爱、更多的帮助,坚决制止因成绩对学生区别对待、"管优不管差"的现象。要针对不同留守儿童不同的成长环境、家庭条件、爱好特长、性格特点等情况,提高辅导教育的针对性。要加强与家长的联系和沟通,建立留守儿童监护人与学校定期联系的制度,加强学校和家庭在留守儿童健康教育上的协同合作。要加强学校对留守儿童的亲情关爱,开展亲情关爱活动,设立亲情关爱中心,使他们能够在学校感受到大家庭的温暖。最后,要重视留守儿童自我调节能力的培养。要丰富留守儿童的课外生活和集体活动,通过活动让他们学会自我管理、自我保护,让留守儿童在集体生活学习中学会互相关心,互相帮助。

(四)创新留守儿童的管理模式,通过多种途径弥补留守儿童家庭教育的缺失,创建留守儿童健康成长的良好环境

在家庭教育缺失的情况下,要针对留守儿童对家庭亲情、精神抚慰的渴求这一特点,有针对性地搭建各种平台,满足他们精神上的需要。当前,一些地方在留守儿童管理方面积累了很多很好的经验。比如,完善寄宿制中小学、创办托管中心、建立"代理家长"制度等等。寄宿制学校为农村留守儿童提供了较好的学习环境和人身安全保障,有利于培养留守儿童良好的行为习惯和人际交往能力,实现心理健康发展,是弥补家庭教育环境缺失的重要途径。托管中心通过对留守儿童的集中管理,缓解了当前我国广大农村地区很少或没有相关的少年儿童的社区教育组织,农村少年儿童的教育与成长发展在社区教育中尚处于空白的现状,[1]完善了农村少年儿童健康发展的教育和监护体系,为留守儿童提供了学习和生活等方面的指导,是寄宿制学校的重要补充。"代理家长"制度通过一对一的结对帮扶给留守儿童带来更加细致和周全的照顾,有效弥补了农村留守儿童的"情感真空"。留守儿童事关国家未来,当前需要进一步总结现有的留守儿童管理模式,将这些成功的经验加以推广,改变留守儿童的生活环境。同时,要调动社会力量参与到留守儿童的教育管理中,充分发挥社会力量的积极作用。政府可以号召筹建留守儿童基金,并广泛吸纳社会捐赠。要鼓励非政府组织的发展,引导离退休干部、教师、青年志愿者等有责任心、关心未成年人成长的人对留守儿童提供有效帮助。

---

[1] 课题组:《农村留守儿童问题调研报告》,《教育研究》2004 年第 10 期。

（五）对留守儿童的监护人进行指导和培训，改变监护人"重养轻教"的现象，加强外出父母与留守子女的交流

留守儿童的临时监护人都将其临时监护责任理解为让孩子们吃饱穿暖、不出事，而忽视了儿童身心健康和人格的教育，造成留守儿童道德教育的缺失。[1] 这种"重养轻教"的现象严重阻碍了留守儿童健康、全面的成长。当前，首先要加大宣传并严格贯彻落实《未成年人保护法》和《义务教育法》，营造良好的社会氛围，增强全社会的法律意识，使父母和监护人明确自身的责任，同时提高留守儿童的自我保护意识；其次，要通过开办培训班、建立家访制度、召开座谈会等形式加强对留守儿童监护人的培训和指导，传授科学的家庭教育观念、方式和方法，提高其监护能力，使其真正负担起教育留守儿童的责任和义务；最后，要利用劳务输出渠道对留守儿童外出的家长进行教育。研究表明，就留守儿童来说，父母外出很大程度上会导致家庭功能的弱化，但如果能够通过有效方式增强父母与子女的沟通、培养父母与子女的情感，就能缓解留守儿童的心理失衡和行为失范。因而，一方面要让家长认识到当前留守儿童问题的严重性，明确家庭教育的重要性；另一方面，对于双方外出的家长，要引导其加强与子女的联系，通过沟通和交流让留守儿童感受到家庭的温暖，发挥家长对孩子独特的教育功能。

（六）要大力发展职业教育，改变大量留守儿童失学、失管、失业的局面

调查显示，全国约有三分之一的大龄留守儿童初中毕业后外出打工。[2] 这种失学、失管、失业的局面十分不利于留守儿童的健康成长。一方面，要重新整合多种教育资源，加大对农村教育的资金投入力度，在普及义务教育的基础上，有条件的地区可以先行普及高中阶段教育；另一方面，迫切需要通过大力发展职业教育，提高大龄儿童受教育的机会，改变大量留守儿童失学、失管、失业的局面。职业教育被认为是三大教育板块中最为薄弱的环节，是弱势教育。在国家对教育的总体投入不到 GDP 4% 的情况下，已经占

---

[1] 李秀英：《农村"留守学生"调查与思考》，《中国妇运》2004 年第 10 期。
[2] 全国妇联课题组：《全国农村留守儿童研究报告》，《农村留守工作信息》2008 年第 4 期。

据中等、高等教育半壁江山的职业教育获得的公共经费仅占教育投入的 8% 左右。[①] 并且,在城乡分割的情况下,农村的职业教育更是薄弱。当前,发展农村职业教育要从多个方面着手。在观念认识上,要纠正对职业教育存在的误解和歧视。现实中,职业教育被置于"次等教育"的地位,往往是在升学无望情况下的一种被迫选择。针对农村地区"重普教,轻职教"的教育观念,要在资金和政策支持上公平对待职业教育和普通教育,从重视普通教育、轻视职业教育向普通教育和职业教育并重转变。[②] 同时,要在人力资源政策上对职业教育有所倾斜,并营造职业教育发展的良好舆论环境,提高职业教育的吸引力。在资源分配上,要加大对农村地区职业教育的扶持力度。要优先重点支持农村地区教育发展,加大中央、省级公共财政的投入力度,尤其是对于那些县级财政比较困难的地区,要加大转移支付全力保障农村地区的教育经费。要大力加强基础能力建设,努力改变办学条件差、资源短缺的现状,努力建设一批规模大、条件好、质量高的农村职业技术学校。在招生对象上,要照顾农村转移出来的劳动力。在办学机制上,要广泛吸纳社会资金发展民办职业教育,实现公办民办共同发展。要在用地审批、教师培训、招生指标、经费补助以及就业政策等方面公平对待民办职业教育和公办职业教育。要在加强监督管理的基础上,创新民间社会资本的参与形式,形成"国有民办""民办公助""公办民助""私人办学"等多种办学模式。在教学内容上,要以就业为导向,注重培训的实用性。要顺应社会结构变迁,面向城镇化、信息化、工业化、国际化的推进创造出的人才需求改革教学内容和教学方式,实现职业教育的人才培养与市场需求结合,教学内容与岗位能力对接。

(本文发表于《教育研究》2011 年第 9 期。易善策、李华协助研究)

---

① 张梅颖:《职业教育:我的几点思考》,《人民日报》2009 年 7 月 7 日。
② 辜胜阻、洪群联:《新型工业化与我国高等职业教育的转型》,《教育研究》2006 年第 10 期。

24

城镇化是扩大内需
实现经济可持续发展的引擎

一、"后危机"时代城镇化新政的发展背景

城镇化不仅在改革开放以来的中国经济高速发展中发挥了重要作用，也关系到未来中国经济发展方式的战略转型。2009 年中央经济工作会议提出：要以扩大内需特别是增加居民消费需求为重点，以稳步推进城镇化为依托，优化产业结构，努力使经济结构调整取得明显进展。2010 年中央一号文件又进一步把城镇化升格为保持经济发展的持久动力。特别是在 2010 年政府工作报告中，温家宝同志提出了推动城镇化发展的新战略与新思路。其城镇化新政主要包括：加强户籍制度改革，推进农民工市民化进程，实现农民工与市民的平权；将发展大城市群和中小城市并重，坚持大中小城市协调发展的城镇化方向；合理引导农民工返乡创业，发展依托县城和县域中心镇的新型城市化。

现阶段推行城镇化新政有着深刻的"后危机"时代背景。当前中国经济已经进入"后危机"时代，调结构、培育经济增长的内生动力是时代的主题。2008 年下半年以来，受全球金融危机的影响，中国对外贸易大幅下降，经济形势十分严峻。危机爆发以来，中国政府通过一系列经济刺激政策减轻了金融危机冲击下外需衰退对经济的不利影响，较快扭转了经济增速下滑的

局面,经济已经呈现出明显的企稳回升态势(见图 1)。但应该看到,当前经济回升的基础还不稳定、不巩固、不平衡。这是因为中国长期存在外需与内需失衡、投资与消费失衡的经济现象。从内需和外需的关系来看,中国经济的对外依存度已超过 60%。① 过度依赖外需降低了经济的稳定性,一旦全球经济出现波动,中国经济也难以独善其身,这次全球金融危机对中国经济造成的影响就是明证。从内需中投资与消费的关系来看,中国仍处在投资驱动的经济增长阶段,消费特别是居民消费是国民经济的短板。图 1 显示,2010 年全社会城镇固定资产投资同比增速虽有波动但涨幅较大,而社会消费品零售总额同比增长率则基本稳定。可见,当前的经济复苏是政府公共投资及其派生的引致性投资共同作用的结果。这种增长是不能长久持续的,"后危机"时代亟需培育和激发经济增长的内生动力,扩大内需,改变经济增长主要依靠外需和投资的格局,构建"内需主导、消费支撑"的发展模式。为此,将城镇化战略作为当前及今后工作的重点,显然是"后危机"时代中国经济社会发展的必然要求。

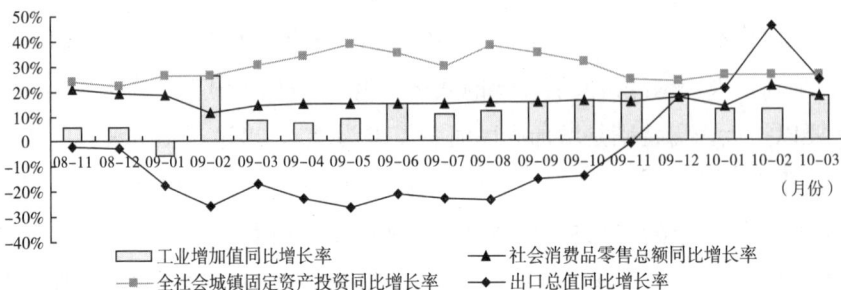

图 1　中国宏观经济走势

资料来源:中华人民共和国国家统计局网站(http://www.stats.gov.cn/tjsj/);中华人民共和国海关总署网站(http://www.customs.gov.cn/)。

　　现阶段推进城镇化新政也是顺应城镇化发展规律、充分发挥城镇化在经济发展中作用的战略选择。一方面,从当前中国城镇化的发展水平来看,改革开放以来,中国城镇化水平已经从 1978 年的 17.9% 上升到 2009 年的46.6%,累计提高达 28.7 个百分点。根据美国地理学家诺瑟姆对世界不同

---

① 鄢来雄:《2008 年二季度经济述评:谨防输入型通胀带来"叠峰效应"》,《中国信息报》2008年 8 月 4 日。

国家和地区的人口城镇化轨迹的研究,中国城镇化水平正处在30%—70%之间的城镇化加速发展的黄金阶段,还具有较大的上升空间。[1] 2008年世界高收入国家和地区的城镇化水平已经达到77.66%,中上等收入国家和地区的城镇化水平也高达74.77%(见表1)。2008年中国人均GDP达到3266美元,处于中下收入水平国家行列,城镇化率水平与中上收入水平国家还有较大差距,未来发展的潜力巨大。另一方面,未来是中国城镇化与工业化互动和协调发展的战略机遇期。[2] 不断创新城镇化的体制机制以促进城镇化加速推进,更加注重城镇化的质量,实现城镇化进程的稳步推进,是把握这个战略机遇期的关键环节。所以,推进城镇化是充分发挥城镇化在实现中国经济社会持续健康发展中作用的重要举措。

表1 不同收入水平国家的城镇化率

收入水平		城镇化率水平(%)				
组别	人均GDP划分	2008年	1998年	1988年	1978年	1968年
高收入国家		77.66	75.41	72.68	69.92	65.81
OECD国家	≥11906美元	77.30	75.09	72.52	69.98	66.08
非OECD国家		82.41	80.13	75.40	68.56	58.97
中上收入国家	3856—11905美元	74.77	71.25	67.16	61.07	53.61
中下收入国家	976—3855美元	48.13	42.92	37.83	32.43	28.85
低收入国家	≤975美元	28.72	25.07	22.16	19.14	15.53

资料来源:世界银行数据库(http://databank.worldbank.org)。

二、利用城镇化扩大内需实施城镇化新政的战略意义

城镇化是实现经济可持续发展的引擎,是支撑经济发展的强大内在动力。诺贝尔经济学奖得主斯蒂格利茨直接指出,中国的城市化与美国的高科技发展将是影响21世纪人类社会发展进程的两件大事。如果说工业化是

---

[1] Ray M.Northam, *Urban Geography*, NewYork:John Wiley & Sons,1975.
[2] 牛文元:《中国新型城市化报告(2009)》,科学出版社2009年版。

创造供给,那么城镇化主要是创造需求,将扩大内需与推进中国城镇化进程紧密结合起来,可以实现经济发展与内需持续扩大的良性互动,是当前扩内需促增长的有效途径。城镇化发展不仅是引发消费需求、带动投资增长、推动经济服务化的重要途径,而且是培育创业者和新型农民、实现安居乐业市民梦的重要手段。

(一) 城镇化可以引发消费需求,培育高消费群体

农村是中国最大的潜在消费市场。推进城镇化有利于加快农村劳动力转移、提高农业生产率,从而从根本上提高农民收入,进而启动农村消费市场。首先,城镇化是创造非农就业机会的主要途径。特别是城镇化的推进为第三产业的发展提供了条件,而第三产业具有吸纳就业能力强的特点,其发展必将大大增强城镇化对农村剩余劳动力的吸纳能力。其次,城镇化有利于实现"耕地向种田能手集中",通过农业的规模化经营有效提高农民收入。城镇化不仅通过农村剩余劳动力的转移,降低人地比例,为农业适度规模经营创造了条件,同时通过非农产业的发展和非农人口的增加形成了对农产品的巨大需求,而且城镇化特别是连接大中城市和农村的重点镇的发展,可以促进各种市场中介组织和农村社会化服务组织的发展,既拓展了农业产前产后发展的空间,也为孕育培育大批龙头企业和农副产品交易市场创造了条件,从而推进农业向更深层次发展。

改革开放以来,城镇化在培育消费需求、使农民变为市民、扩大中等收入人群的比重等方面也扮演了非常重要的角色。伴随着城镇化和非农化,农民总收入显著提高,工资性收入已经成为农民收入增长的重要来源,工资性收入占总收入的比重也从1990年的20%上升到2008年的接近40%,这也直接拉动了农村居民消费支出的大幅增长,2008年农村居民家庭人均消费支出达到1990年的6.3倍。据麦肯锡全球研究院预测,按照目前中国城镇化的发展趋势,到2025年中国城镇化率将达到66%,城镇人口将超过9亿,城镇化带来的城市消费增量足以创造相当于2007年德国市场总规模的新市场。

(二) 城镇化可以刺激投资需求,扩大民间投资

城镇化的过程能够推动城镇基础设施投资,刺激旨在满足人口居住需

求和企业发展需求的房地产投资,并产生极大的投资带动效应,有效刺激投资需求。城镇化进程中的基础设施建设既包括以排水、交通、通信、环境及防灾设施等为主要内容的经济性基础设施建设,也包括以医疗卫生、文化教育、科学技术及商业金融服务等为主要内容的社会性基础设施建设。其发展不仅意味着巨大的投资需求,更为重要的是,基础设施的完善将有效降低城市的生产成本、提高居民的福利和生活质量,从而提高生产率,增强城镇的吸引力和比较优势,吸引更多的劳动力和企业进入,进而带动投资需求。同时,城镇化的推进将加速房地产业的发展。房地产业的产业链条较长,产业关联效应明显,其发展也能够极大刺激投资需求。

推进城镇化的重要意义还在于有效带动民间投资。城镇化与民间投资密切相关。统计显示,每年小城镇建设方面的农民投资达 700 亿—1000 亿元,用仅占全国基本建设投资 4%—6% 的资金,形成了相当于全国 37% 的城镇人口。[①] 浙江义乌的发展是城镇化带动民间投资、民间投资又反过来推动城镇化进程的典型案例。改革开放以来,义乌通过营造良好的创业环境,鼓励创业,从而有效激发了民间投资的积极性。活跃的民间投资所推动的城镇化使只有 2 万人口的县城发展成拥有 70 万以上城区人口、位居全国百强县第八位的中等城市,实现了由落后的农业小县到实力雄厚的经济强市的跨越。

(三)城镇化有利于实现产业结构转型升级,推进经济的服务化

城镇化有利于推进农业产业化,将农业生产过程的产前、产中、产后诸环节联结为一个完整的产业系统,延长农业产业链,推进一产向二三产业延伸,实现种养加、产供销、农工商一体化经营和三次产业的协调发展。这不仅有利于缓解小规模农户分散经营与农业现代化、集约化、规模化经营之间的矛盾,也有利于解决现行的生产环节和部门分割与提高农业整体效益和农业竞争力之间的矛盾,[②]从而有效推进农业产业结构调整和农业经济的可持续发展。城镇化也有利于推动"乡镇工业向工业小区集中"。推动乡村工业的集聚发展和结构升级,是转变农村经济增长方式、推动乡镇工业向集约

---

① 谢扬:《中国城市化的道路与方向》,《中国经济时报》2000 年 6 月 28 日。
② 王青云:《县域经济发展的理论与实践》,商务印书馆 2003 年版。

化发展的"突破口"。将分散的乡镇工业向交通方便、基础设施较完善的县城适当集中,可以充分发挥城镇的积聚效益,可以集中治理环境污染问题,可以减少对耕地资源的占用,从而提高乡镇工业的经济效益、社会效益和生态效益,促进乡镇工业迈上新的台阶。

城镇化和第三产业的发展紧密相连。第三产业的发展需要以一定的人口规模为前提。只有人口数量超过一定的门槛,一些服务业才会出现。邓肯曾说过,"在城市人口有25000人以上时,出现了擦鞋、女子理发、洗帽子、修皮货商店,而在人口超过50000人时,才会出现婴儿服务。"[1]因而,城镇化的发展能够为第三产业发展提供必要的条件。城镇化的发展不仅能够推动以教育、医疗、社保、就业等为主要内容的公共服务发展,也能够推动以商贸、餐饮、旅游等为主要内容的消费型服务业和以金融、保险、物流等为主要内容的生产型服务业的发展。

(四)城镇化有利于实现安居乐业市民梦,培育创业者和新型农民

城镇化过程本身就是一所培养现代农民的大学校,农民工经过城镇化、工业化的洗礼,创业观念得到了熏陶,熟悉了市场规则,磨炼了意志,具有饱满的创业激情,他们中的一部分已经具有一定的原始资本,有一定的技术和管理经验,又有创业激情,具备了创业能力。这为他们在城镇化的进程中实现市民梦的同时,也为其实现安居梦和创业梦创造了条件。

城镇化有利于促进农民工作方式和生活方式的转变,提高农民素质,培育"新型农民"。一方面,城镇把人口、资金、技术、信息等各种要素聚集在一起,交通便利、信息灵通,新思想、新观念层出不穷,并能赋予人开拓进取的精神。农民进入城镇后,会极大地增加彼此的交往和接触,开阔自己的视野。特别是城镇社会是一个彼此竞争的社会,人们只有不断超越自我,不断学习新的知识和技能,才能在城镇立足。农民一旦被卷入现代社会生活的漩涡中,他们就会不满足现状,也不安于现状。因此,城镇化实际上是激发农民创新精神和冒险精神、塑造新型农民的"催化剂"。另一方面,城镇化的推进有利于加强城乡之间的联系,打破城乡分割的局面。在城镇化进程中,

---

[1] K.J.巴顿:《城市经济学:理论和政策》,商务印书馆1984年版。

通过充分发挥不同层级城市以及重点镇的辐射作用,推动辐射范围内的农村发展,从而构筑开放有序、互补共享的城乡协调发展体系。因此,通过城镇化过程中城乡间劳动力的流动进而带动资金、技术、信息等要素的流动,从而打破城乡相互隔绝的格局,推动城市文明向乡村的扩散和传播,带动农民思想观念的转变,使农村由封闭逐步迈上开放发展的道路。

三、利用城镇化扩大内需实施城镇化新政的战略思考

当前稳步推进城镇化的发展,关键要解决三个方面的问题:一是城镇化发展过程中"人往哪里去"的问题,即如何既克服大城市过度膨胀所形成的"城市病",又消除小城镇盲目无序发展所带来的"农村病"。二是城镇化发展过程中"钱从哪里来"的问题,即如何帮助农民在摆脱土地束缚的同时获得城镇化的资本积累,让农民从农村"走得出去"。三是城镇化发展过程中"农民工市民化"的问题,即如何帮助农民在进城的同时获得市民身份,能够在城市安居乐业,让进城农民能够在城市"定得下来"。

(一)在因地制宜发展大都市圈的同时,重点壮大一批中小城市,解决城镇化发展过程中"人往哪里去"的问题

城镇化的推进过程中要防止两种片面倾向:一是撇开农村孤立地发展大城市的"大城建派"倾向,表现为片面追求城市规模的扩大、城市数量的增加。另一是盲目无序发展小城镇,实施"村村点火,户户冒烟"的"乡村派"乡村城镇化倾向,表现为一些地区从维护本地利益出发,盲目上马工业小区、商贸区,缺乏长远规划和统一安排,基础设施、公用设施不全,服务设施不配套,同构、资源浪费现象严重;绝大部分城镇缺乏必要的支柱产业和"龙头企业"支撑,有的干脆就是一条"路边街"。有人形象地将其描述为"走了一村又一村,村村像城镇;走了一镇又一镇,镇镇像农村"。[①]

改革开放以来,中国城镇化的发展战略先后经历了"严格控制大城市规模,合理发展中等城市,积极发展小城市"、"严格控制大城市规模,合理发

---

① 辜胜阻、李永周:《实施千座小城市工程启动农村市场需求》,《中国银行武汉管理干部学院学报》2000 年第 1 期。

中等城市和小城市"、"小城镇、大战略",以及"坚持大中小城市和小城镇协调发展"等阶段。党的十七大报告提出要"按照统筹城乡、布局合理、节约土地、功能完善、以大带小的原则,促进大中小城市和小城镇协调发展",这既是对过去中国城镇化发展经验教训的总结,也是为未来发展指明方向。国家统计局 2010 年调查显示,当前中国农民工总量已接近 2.3 亿,其中外出农民工达到 1.45 亿。据有关部门预计,未来 30 年,中国还将有 3 亿左右农村劳动力需要转移出来进入城镇,将形成 5 亿城镇人口、5 亿流动迁移人口、5 亿农村人口"三分天下"的格局。① 面对人口迁移的艰巨性和复杂性,我们认为,中国城镇化的推进要因地制宜,在东部沿海和中西部采取不同的区域城镇化模式。对于东部地区,城镇化率已经达到了 56.2%(见表 2),形成了长三角、珠三角以及环渤海等初具规模的城镇密集区,未来可以继续采取以大都市圈为特征的城市化策略,构建组团式的城市结构,加强城镇之间的联系,推进城市群内部城镇之间协调发展,通过大都市的辐射能力,直接把周边小城镇纳入块状的城市圈内。对于中西部地区,城镇化率明显低于东部及全国的发展水平(见表 2),且主要以点状发展为主,未来可以通过据点式城镇化,把县城建成具有一定规模效应和集聚效应的中小城市。

东部三大都市圈可以吸收一部分农民工,大部分中西部的农民工可以在中西部通过县城的发展实现城镇化。县城是县域工业化、城镇化的主要载体,是农村城镇化最有发展潜力的区位,是形成城乡经济社会发展一体化新格局的重要战略支点。发展依托县城的农村城镇化不仅可以逐步形成县域范围内功能互补、协调发展的城镇体系,有效提高农村城镇化的发展质量,而且鼓励农村外出劳动力向县城集聚,有利于农民工的合理流动和市民化,改变当前已经进城的农民工实际上并没有市民化的"半城镇化"状态,真正实现农民的"城市梦"。表 2 显示,从城市数量上看,全国 655 个城市中人口规模在 20 万以下的城市不到全部城市的一半;从城市分布上看,占国土面积超过 70%的西部地区城市比重却不到 30%,而且主要以大中等城市为主。广大的中西部地区分布着大部分的县级行政区划,可以预见,未来依托县城发展中小城市的城镇化战略潜力巨大。具体设想是,在 100 万以上人口的大

---

① 吕雪莉:《我国人口分布将形成"三分天下"格局》,新华网,2009 年 4 月 14 日。

县把现在的城关镇发展为 30 万—50 万的人中等城市,在 50 万—100 万人的中等县以城关镇为依托建立 20 万—30 万人的中小城市,在 50 万人口以下的小县把县城做大。

表 2　2008 年东—中—西地区城镇化发展现状及城市分布

地区	全国	东部地区		中部地区		西部地区	
		数量	比重(%)	数量	比重(%)	数量	比重(%)
国土面积（万平方公里）	960	105.2	10.9	167	17.4	686.7	71.6
城镇化率(%)	45.7	56.2		43.0%		38.3%	
县级行政区划数(个)	2859	889	31.1	894	31.2	1076	37.6
城市个数(个)	655	263	40.2	226	34.5	166	25.3
其中 特大城市(个)	122	54	44.3	38	31.1	30	24.6
大城市(个)	118	40	33.9	47	39.8	31	26.3
中等城市(个)	151	72	47.7	38	25.2	41	27.1
小城市(个)	264	97	36.7	103	39.1	64	24.2

注:①对东中西部的划分根据国发(2000)33 号文件,不包括港澳台,国土面积的分地区数据相加不等于全国总计的指标,在计算东、中、西地区占全国的比重时,分母为 31 个省(区、市)相加的合计数;②城市类型划分标准为:100 万人口以上的为特大城市,50 万—100 万人口的为大城市,20 万—50 万人口的为中等城市,20 万人口以下的为小城市。

资料来源:国家统计局:《中国统计年鉴(2009)》,中国统计出版社 2009 年版;住房和城乡建设部计划财务与外事司:《中国城市建设统计年鉴(2008)》,中国计划出版社 2009 年版。

(二)探讨土地融资的新模式,充分利用土地资本化红利,解决城镇化发展过程中新市民安居和创业"钱从哪里来"的问题

城镇化不是简单地将农民与土地剥离、实现人口由农村向城市的空间转移,而是要在合理的土地制度框架下引导一部分农民摆脱对土地的依附,使这些农民能够真正离开土地,走出农村。但现行土地制度束缚了农村剩余劳动力向城镇转移,导致了农民兼业化、两栖化现象的频繁发生,延缓了城镇化进程。[①] 一是农村土地征用制度不完善损害了农民的利益。中国的农村土地虽然是"集体所有",但实际上村集体并不能买卖,只能由政府买卖

---

① 曹宗平:《中国城镇化之路——基于聚集经济理论的一个新视角》,人民出版社 2009 年版。

定价。长期以来,政府通过低价征用、征购"集体所有"的农村土地高价出售的方式分享了农民土地的价值,并由此产生了大量"种地无田、上班无岗、低保无份"的失地农民。二是土地使用权转让制度不健全限制了农民的自由流动。土地制度同城镇化与非农化有着内在联系,影响着劳动力的非农化和城镇化。例如,荷兰、法国、丹麦、德国都曾通过一系列行政的、法律的、经济的调节措施,促使土地集中和农业规模经营,而农业的规模经营又推进了农村劳动力的转移。又如,日本在第二次世界大战后对土地流转实行严格限制的措施,阻碍土地集中和规模经营,这在客观上延缓了劳动力的非农化进程。[①] 同时,土地流转的一个重要意义还在于可以通过资金积累为农民向城镇第二、三产业转移创造条件。然而,当前中国缺乏合理的土地扭转制度,使得土地成为了农民沉睡的资本。缺乏资金成为农民向城镇转移的一大障碍。

在规范征地制度、保障农民权益的同时积极探索农村土地流转的合理途径,允许用土地使用权进行财产抵押,有利于盘活土地,大量有能力进城从事二、三产业的农民就可以获得创业资金,从而顺利实现城镇化。2008年党的十七届三中全会指出:"允许农民不但拥有土地使用权,而且可以自主决定土地的转让、出租、抵押,享有土地增值的最大利益。"这反映出中国土地改革的新方向。目前全国的一些地方已经开始了农村土地经营权抵押贷款的试验,例如成都就是农村土地产权和金融改革开展的较为深入的地区之一,确权、建市和金融是改革的亮点,不仅通过《农村土地承包经营权证》、《集体土地使用权证》、《房屋所有权证》和《林权证》的发放完成了针对农户的确权办证,而且推出了全国第一家农村产权交易所,并组建了专门服务农村金融的农村信用合作联社股份有限公司。

如果说"人口红利"造就了中国改革开放前三十年的辉煌,那么未来经济发展要充分利用土地资本化红利。当前,要因地制宜、因人而异,稳步推进土地使用权抵押。对于农民来说,土地主要有生存保障和致富资本两种功能。从地区发展差异来看,在相对贫困地区,随着国家取消农业税等各种惠农措施的实施,种田的收益增加,土地的保障功能在强化。在相对发达地

---

① 辜胜阻、刘传江:《人口流动与农村城镇化战略管理》,华中理工大学出版社2000年版。

区,随着进城打工和从事多种经营的农民越来越多,土地的保障功能逐渐弱化。从群体特征差异来看,进城的农民从地位上看已经分化为了不同的群体。大部分农民工处于弱势地位,工作和收入不稳定,家乡的土地是其最后的依靠。同时,也有许多农民工经过打工实践,在外开阔了眼界,学会了本领,掌握了技术,拥有了资本,其中的一部分或通过创业成为私营业主扎根于城市,或成为精英农民工返回农村创业,土地对于这一部分人的保障功能是在弱化。因此,对于那些土地保障功能已经弱化的地区和人群来讲,稳步推进土地使用权抵押能够有效地推动城镇化发展,解决创业的融资问题。土地使用权抵押在形式上也可以灵活多样,例如可以只允许农民的部分土地抵押,留下一部分发挥生存保障功能。同时,稳步推进土地使用权抵押还要完善相关的配套制度建设。要积极推进农民贷款保险制度以及科学的土地评估体系的建立,加强指导、管理、监督、协调及服务。要通过政府完善农村社会保障体系割断农民同土地的"脐带",逐步弱化土地的保障功能。

(三)改革户籍制度,完善创业扶持政策,推进城镇安居工程建设,创新城镇化建设筹资机制,加快农民工市民化进程

实现城镇化健康发展的一个重要内容就是要让进城农民能够在城市"安得下来"。这一方面要帮助进城农民在城市安居乐业。通过户籍制度的改革实现进城农民身份变换,推动城镇化进程中进城农民的地域转移、职业转换和身份变换同步进行。同时,通过创业扶持政策的完善以及城镇安居工程的建设解决进城农民的创业就业及住房问题,使进城农民在城市安居乐业。另一方面要搞好城市建设。通过城镇化建设筹资机制的创新,放宽民间投资的准入,构建政府和民间共同在城镇化方面投资的新格局,用好政府发动型和民间发动型两种城镇化机制。

致力于帮助进城农民在城市安居乐业,就是要推进深度城镇化战略,把简单的城市常住人口的增加,改变为尽享城市公共服务的市民的增加。[1] 一要改革户籍制度。首先,要立足于中国城镇化发展的实际需要以及未来进一步发展的方向,对大城市、中等城市、小城市、县城的户籍制度改革实行不

---

[1] 蔡昉:《城市化与农民工的贡献——后危机时期中国经济增长潜力的思考》,《中国人口科学》2010 年第 1 期。

同的政策,调控农村人口的流量与流速,促进城镇体系的合理化。像北京、上海这样的大城市不可能完全放开,但是在中等城市,应该积极地放开户籍,小城市更是完全可以放开,县城则要"敞开城门",让农民"自由进城"。其次,要着眼于农民工作为一个新的社会阶层本身正在不断分化的现状以及新生代农民工正在成长壮大的实际,通过放开户籍限制,帮助新生代农民工以及老一代农民工的"精英群体"率先实现"市民化"。最后,要先淡化城市偏向,通过先改内容后改形式的方式来缓和改革过程中的利益冲突和矛盾,再经过一系列过渡环节过渡到以城乡公共服务均等化为基础的一元户籍管理制度,促进城乡一体化发展。二要完善创业扶持政策,积极引导和鼓励农民工返乡创业,使一部分农民工在当地县城实现市民化。政府在创业扶持方面,要构建完备的创业融资体系,增强创业资本的可获性;要健全创业的服务体系,使创业的门槛最低化;要健全创业的教育和培训体系,使创业者的能力最大化;要完善创业政策的扶持体系,使创业的成本最小化;要建设创业基地和园区,使环境优化。三要推进城镇安居工程建设。要完善多层次城镇住房市场体系,加大对以公共廉租房为重点的保障性住房供应力度;运用多种政策工具,发挥市场机制作用,形成保障性住房资金来源的多元化;逐步将农民工纳入城镇保障性住房的覆盖范围,促进城乡住房资源的合理配置。

致力于解决城市建设过程中的资金难题,要将自上而下与自下而上的模式相结合,创新城镇化建设筹资机制。自上而下的城镇化建设关键是要完善相应的财政体制和金融体制。一要积极推行"扁平化"的财政体制改革。2009年7月,财政部公布了《关于推进省直接管理县财政改革的意见》,提出2012年底前在全国大部分地区推行省直接管理县财政改革,通过政府间收支划分、转移支付、资金往来、预决算、年终结算等方面的改革,实现省财政与市、县财政直接联系。这种"扁平化"的财政体制改革是从制度上对城镇化发展资金问题的积极探索,是解决当前中国县域财政困难的新机遇。未来应该继续在省以下启动和推动"省直管县"财政管理体制和"乡财县管"财政管理方式的改革,逐步完善中央、省、市县三级财政体制。二要逐步健全金融体制,一方面要强化政策性金融机构在推进依托县城的农村城镇化进程中的作用,加大商业金融的支农力度,深化农村信用社体制改革,发挥农村信用社支农主力军作用。要推进金融部门进行金融工具创新,为农民和其他居民到城镇建房、购房提供抵押贷款。另一方面要在民间借贷比较普遍的地区,组建区域性中小股份制商业银行、社区银行等,启动民间资本。自下而上的城镇化建设关键是要启动民间投资。要推进民营企业在城镇建设的基础设施、公共事业和社会事业中与其他所有制企业在投资审批、土地、财税扶持方面的待遇公平化。要健全民间投资服务体系,简化审批程序,加强政府对民间投资的财税支持和综合服务,充分发挥专业化的市场中介服务组织的积极作用,建立社会化投资服务体系。要构建政府和民间共同投资的新格局,创新投资模式,通过招标、让民间资本直接参与、特许经营、建设—经营—转让、建设—拥有—经营—转让、建设—转让—经营等方式构建公共部门与私人企业合作模式,建立和完善公共投资带动民间投资的新机制。要创新城镇化建设筹资渠道,发行城镇化建设债券、建立城镇发展建设基金。

总之,城镇化既能刺激投资,又能拉动消费;既能推动城乡协调发展,又能促进产业结构优化,是扩大内需实现经济可持续发展的引擎,是支撑未来中国经济发展的强大动力。稳步推进城镇化发展不仅是"后危机"时代转变发展方式、调整结构的客观要求,更是顺应城镇化发展规律、把握城镇化与工业化协调发展的战略机遇及实现中国经济均衡、协调、可持续发展的战略举措。未来,稳步推进城镇化的重点在于解决"人往哪里去""钱从哪里来"以及"农民工市民化"等问题。要根据区域特点以及城镇化发展的差异采取不同的区域城镇化模式,引导农民工合理流动;要根据不同地域和人群对土地的依赖程度探讨土地融资的新模式,鼓励农民工离开土地、带资进城;要通过户籍、创业就业、住房等制度创新实现农民工的"市民梦""创业梦"和"安居梦",帮助进城农民工安居乐业。

(本文发表于《中国人口科学》2010 年第 3 期。李华、易善策协助研究)

—25—
均衡城镇化战略需要
大都市与中小城市协调共进

　　城镇化是关系中国经济发展转型的重大战略问题。当前,稳步推进城镇化发展已经被提升到一个新的战略高度,城镇化作为扩大内需和调整结构的重要依托、推进城乡统筹的战略着眼点以及保持经济发展的持久动力的作用越来越受到重视。特别是 2010 年政府工作报告中,温家宝总理部署了城镇化新政,提出要进行户籍制度改革,稳步推进农民工市民化进程;要加强对农民工的公共服务,实现进城农民工在劳动报酬、子女就学、公共卫生、住房租购以及社会保障方面与城镇居民享有同等待遇;要壮大县域经济,大力加强县城和中心镇基础设施和环境建设,引导非农产业和农村人口有序向小城市集聚;要引导农民工返乡创业浪潮,把城镇化建立在坚实产业基础上;要实行大中小城市协调发展的城镇化方向,发展大都市和中小城市并重。[①] 实施城镇化新政,将扩大内需与推进中国城镇化进程紧密结合起来,可以实现经济发展与内需持续扩大的良性互动,是扩内需促增长的有效途径。城镇化是实现经济可持续发展的引擎,是支撑经济发展的强大内在动力,可以引发消费需求,培育高消费群体;能够刺激投资需求,扩大民间投资;有利于实现产业结构转型升级,推进经济的服务化;有利于培育创业者

---

　　① 辜胜阻:《城镇化新政将引爆巨大内需》,《证券时报》2010 年 3 月 8 日。

和新型农民。[①] 本文分析了当前实施城镇化新政的战略背景,并在此基础上讨论了未来中国城镇化发展的方向,提出了实施城镇化新政、推动城镇化健康发展的对策思考。

一、中国城镇化发展的战略机遇与失衡性挑战

(一) 城镇化发展的重要战略机遇期

2009 年,中国城镇化率水平为 46% 左右(见图 1),正处在 30%—70% 之间城镇化加速发展的黄金阶段。数据显示,1996 以来中国城镇化率水平已经连续 14 年每年增长超过 0.8 个百分点,高于世界城镇化率 0.3—0.5 个百分点的年平均增长速度,这反映出中国城镇化良好的发展态势(见图 1)。世界银行的数据表明,2008 年人均 GDP 在 976—3855 美元之间的中下收入国家和地区的城镇化水平是 48.13%,而人均 GDP 在 3856 美元以上的世界中上收入和高收入国家和地区的城镇化水平则已超过 74.77%。2008 年中国人均 GDP 为 3266 美元,[②]处于中下收入国家行列,相应的城镇化率水平不仅大大低于中上收入和高收入国家和地区,也略低于同等收入水平的中下收入国家和地区,这说明中国城镇化发展还具有较大的上升空间,未来的潜力巨大。

发展经济学家认为,人口持续不断地从农村地区向城市转移的城镇化过程与以农业为基础的经济向以工业和服务业为基础的经济转变的工业化过程是伴随经济增长最重要的社会经济结构变迁。[③] 城镇化与工业化是紧密联系、互动发展的。工业革命以来的国际经验表明:城镇化是工业化的必然结果和重要标志,工业化是城镇化的加速器,工业化的战略模式制约城镇化的发展,工业化的发展程度决定城镇化的特点,城镇化又是工业化的有利条件,能够极大地促进工业化的发展。[④] 新中国建立初期,面对当时复杂的

---

① 辜胜阻、李华、易善策:《城镇化是扩大内需实现经济可持续发展的引擎》,《中国人口科学》 2010 年第 3 期。

② 肖京华:《我国人均 GDP 登上三千美元新台阶》,《中国信息报》2009 年 3 月 5 日。

③ 库兹涅茨:《现代经济增长:速度、结构与扩展》,北京经济学院出版社 1991 年版;霍利斯·钱纳里、莫伊思·赛尔昆:《发展的型式:1950—1970》,经济科学出版社 1988 年版。

④ 辜胜阻、简新华:《当代中国人口流动与城镇化》,武汉大学出版社 1994 年版。

国际国内形势,国家实行了以重工业优先发展的工业化"赶超"战略,随之派生出与之相适应的计划式的资源配置方式,进而扭曲了包括工农城乡关系在内的多种关系,使得中国客观上走出了一条"以农促工,以乡促城"、排斥城镇化发展的工业化道路,造成城镇化严重滞后于工业化的局面。改革开放以来,随着市场经济体制日渐完善,中国城镇化与工业化的差距已经趋于缩小,逐步走上了协调发展的道路。当前中国经济整体上还处于工业化发展的中期阶段,工业化发展的潜力及工业化与城镇化互动发展的空间很大,而且伴随着工业化持续推进过程中第三产业的崛起将为城镇化提供新的发展动力(见图1)。可以判断,当前及未来是中国城镇化与工业化进一步实现互动和协调发展的战略机遇期。[1] 在充分认识当前中国城镇化发展状况的前提下,通过不断创新城镇化的体制机制以实现城镇化进程的稳步推进,是把握这个战略机遇期的关键环节。

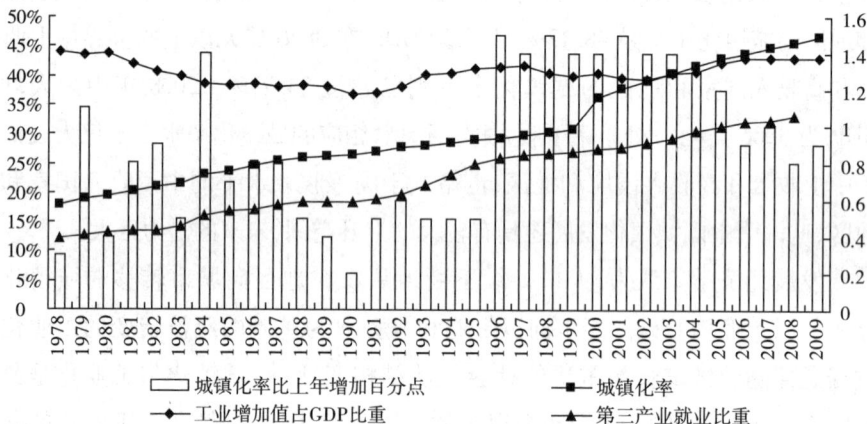

图1 1978—2009 年中国城镇化水平的变化趋势

资料来源:国家统计局:《中国统计摘要(2009)》,中国统计出版社 2009 年版。

(二)城镇化的区域不平衡性

中国作为一个大国,经济发展的区域差异十分明显。在东部沿海地区,上海、浙江、江苏、广东等经济发达省份的工业化水平相对较高,人均 GDP 基

---

① 牛文元:《中国新型城市化报告(2009)》,科学出版社 2009 年版。

本超过4万元。尤其是北京、上海等城市,经济服务化的趋势日益显著,城市面临着转型的任务。而对于中西部地区来讲,工业化任务还相当艰巨,一些地方甚至还缺乏城镇发展的产业支撑。

中国区域经济的差异性对城镇化的发展产生了重大影响,城镇化发展表现出明显的区域不平衡性。从城市分布上看,十大城市群中有6个分布在东部,占国土面积不到11%的东部地区城市比重已经超过40%,城镇化率达到56.2%。而且,长三角、珠三角和京津冀三大经济圈工业化水平和城镇化率较高,城镇层次结构相对分明,空间布局较为合理,圈内城镇化发展能够利用都市圈的结构性和网络性,充分发挥"城市节点—网络—乡村腹地"的作用,形成城镇之间相互促进和共同发展的格局。这表明中国都市圈的发展已初具规模。未来,都市圈不仅会推动城镇化迈上更高的发展阶段,而且会进一步推动城市转型,塑造区域性中心城市(Nodal Center),乃至世界城市(World City)。相比之下,占国土面积超过70%的西部地区城市比重却不到30%,城镇化水平只有38.3%。而且广大的中西部地区城镇化主要以点状发展为主,面临着城镇布局分散、人气弱、中小城市发展不足的困境(见表1)。未来,中国城镇化推进要在大力提升大都市圈发展的同时兼顾区域城镇化发展不平衡的实际,重视中西部地区现有中小城市和县的发展,特别是可以通过据点式城镇化,在中西部把县城建成具有一定规模效应和集聚效应的中小城市。

表1 中国分地区城镇化水平及人口流动现状

地区			东部		中部		西部	
			数量	比重(%)	数量	比重(%)	数量	比重(%)
国土面积(万平方公里)			105.2	10.9	167	17.4	686.7	71.6
城镇发展	城市个数(个)		263	40.2	226	34.5	166	25.3
	其中	特大城市(个)	54	44.3	38	31.1	30	24.6
		大城市(个)	40	33.9	47	39.8	31	26.3
		中等城市(个)	72	47.7	38	25.2	41	27.1
		小城市(个)	97	36.7	103	39.1	64	24.2
	十大城市群分布(个)		6		3		1	
	城镇化率(%)		56.2		43.0		38.3	

续表

地区		东部		中部		西部	
		数量	比重(%)	数量	比重(%)	数量	比重(%)
人口流动	各地区农民工占全国比重（输出地,%）		62.5		17		20.2
	其中 外出农民工(%)		31.9		36.5		31.6
	本地农民工(%)		63.7		21.9		14.4
	外出农民工就业地域分布（输入地,%）		62.5		17		20.2

注:①对东中西部的划分根据国发(2000)33号文件,不包括港澳台,国土面积的分地区数据相加不等于全国总计的指标,在计算东、中、西地区占全国的比重时,分母为31个省(区、市)相加的合计数;②十大城市群包括:长三角城市群、珠三角城市群、京津冀城市群、山东半岛城市群、辽中南城市群、中原城市群、长江中游城市群、海峡西岸城市群、川渝城市群和关中城市群;③外出农民工的输入地分布,除东部、中部和西部地区外,另有0.3%的外出农民工在港澳台地区及国外从业。
资料来源:国家统计局:《中国统计年鉴(2009)》,中国统计出版社2009年版;住房和城乡建设部计划财务与外事司:《中国城市建设统计年鉴(2008)》,中国计划出版社2009年版;国家统计局农村社会经济调查司:《2009年农民工监测调查报告》,国家统计局网站(http://www.stats.gov.cn/tjfx/fxbg/t20100319_402628281.htm),2010年3月19日。

(三) 大规模人口异地流动与"半城镇化"状况

农民工是中国城镇化发展过程中的特殊群体。不同于发达国家城镇化发展过程中的人口流动模式,中国的流动人口需要完成"三维转换"才能真正实现城镇化过程:农村劳动力进入城市不仅要实现地域转移、职业转换,还要实现身份变换。因而,伴随着农民工的流动,中国的城镇化发展产生了一些特殊的现象,成为未来推进城镇化健康发展所必需考虑的现实背景。

农民工大规模的乡城流动对中国的城镇化产生了重要影响。改革开放三十多年来,中国农民工总量已接近2.3亿,其中外出农民工达到1.45亿。[①] 这些农民工虽然进入城市,但是并未获得市民身份。这使得中国的城镇化呈现出"半城镇化"的状况,并已经严重影响了中国城镇化的质量。进城农民工融入城市困难,对城市无法产生归属感和"主人翁"意识,而乡村社会的归属感使他们最终成为城市匆匆的"过客"。因而,如果将"半城镇化"

① 国家统计局农村社会经济调查司:《2009年农民工监测调查报告》,国家统计局网站,2010年。

的因素考虑在内进而按照户籍人口计算,中国的城镇化率只有 30%左右。从农民工群体的流向来看,中国外出农民工的输出地主要是中西部地区,输入地主要是东部地区。2009 年在东部地区务工的外出农民工已占全国外出农民工人数的 62.5%。农民工流向过度集中于东部沿海地区,不仅使得北京、广州、深圳等东部地区大城市人口严重超载,出现了不同程度的"大城市病",而且还进一步加剧了中国城镇化的区域不平衡性。同时,大规模的人口异地流动也带来了沉重的社会代价。2005 年中国留守儿童达 7326 万人,预计"十二五"时期,总量还将继续增长。[①] 农村留守儿童问题不仅关系到千万个家庭的未来,而且关系到未来人口的素质和国家的长远发展,是中国工业化和城镇化进程中面临的一大挑战。所以,未来中国城镇化发展的重要内容就是要引导人口有序流动,实现人口合理分布,改变"半城镇化"状况。

二、大都市与中小城市协调共进的均衡城镇化战略

基于以上分析,本文认为,未来中国城镇化发展必须坚持走功能调整、适度集中的城镇化道路。当前,要实施均衡城镇化战略,在以大城市为依托发挥大都市圈规模效应和集聚效应的同时,重视在都市圈以外地区发展中小城市和县城,推进农村城镇化。

(一)发挥大都市圈的集聚效应和规模效应,构建支撑经济发展的增长极

从发达国家城镇化的历史和现状来看,当城镇化发展到一定阶段后,都市圈将会成为城镇化进程中的重要形态。由于在集聚经济和规模经济效应上的优势,大都市圈越来越成为国家和地域经济的重要增长极。比如,美国大纽约区、五大湖区、洛杉矶区三大城市群的经济贡献率就占到全美的 67%,日本大东京区、阪神区、名古屋区三大城市群的经济总量则已达日本经济总量的 70%。[②]

当前,中国东部地区已经形成了长三角、珠三角和京津冀三大都市圈,

---

① 国家人口和计划生育委员会流动人口服务管理司:《2010 中国流动人口发展报告》,中国人口出版社 2010 年版。

② 蔡继明、周炳林:《以大城市为依托加快城市化进程》,《经济学动态》2007 年第 8 期。

其经济总量占整个中国经济总量的 40% 左右,是拉动中国经济增长的巨大引擎。但与国外相比,东部三大都市圈还有不小的差距。未来进一步发展要采取以下对策:

第一,推动核心城市的转型升级,以战略性新兴产业和现代服务业的培育和发展为契机,提升都市圈的整体实力和竞争力。核心城市通过集聚和扩散效应影响着都市圈其他城市的发展,在都市圈的发展过程中扮演着十分重要的角色。如果都市圈中核心城市发展不充分,其作为增长极的示范效应和辐射作用就不能得到有效发挥,也就无法有力支撑都市圈的持续健康发展。伴随着产业结构的升级,城镇化进程中城市自身的发展日新月异。尤其是在经济服务化、信息化、全球化的过程中,城市功能转型成为当前发达国家城镇化过程中的重要现象。例如,在 20 世纪 70 年代以来的"去工业化"过程中,美国的底特律、克利夫兰、布法罗等传统制造业城市出现衰落。而与这些城市相反,洛杉矶、休斯顿等城市积极发展高新技术产业等新兴产业以及以金融、保险和房地产部门(FIRE)为代表的现代服务业,城市实现成功转型,进而迅速崛起并辐射带动了周边地区的发展。美国人口普查局1980 年与 1990 年两次调查数据显示,洛杉矶、休斯顿大都市统计区(CMSA)这十年间的就业人口分别增加了 48.8%、34.9%,远高于底特律(19.1%)、布法罗(13.2%)、克利夫兰(9.1%)的增长幅度。因而,积极发展新兴产业、推动核心城市的功能转型对提升都市圈的整体实力和竞争力具有重要作用。当前东部三大都市圈的核心城市正面临着经济转型的巨大压力,如上海正面临产业替代断裂的危险:一方面是传统制造业开始加快转移步伐,另一方面是由于新兴产业的培育和发展相对缓慢,无法有效支撑和进一步加快上海经济发展,提升上海经济发展水平。[①] 所以,未来要以国家大力发展战略性新兴产业和服务业为契机,将核心城市建设成为战略性新兴产业和服务业发展的栖息地,充分提升都市圈的整体实力和竞争力。

第二,强化城市之间的内在联系,以合理的产业分工为主要途径,加快都市圈内经济一体化进程。都市圈的实质是经济一体化,要害是产业分工,推进都市圈建设要深化产业分工和加快经济一体化。针对中国都市圈发展

---

① 陈维:《长三角:2008 年经济形势分析与 2009 年展望》,载戚本超、景体华:《中国区域经济发展报告(2008—2009)》,社会科学文献出版社 2009 年版。

普遍存在的城市之间产业结构雷同、关联度较低的问题以及城市体系失衡的现状,要明确都市圈中城市之间的功能定位,基于产业链互补、市场互补、功能互补等原则形成合理高效的城市分工体系,充分发挥大都市的区域性乃至全国性的综合服务功能,通过大都市的辐射能力,直接把周边的小城镇纳入块状的都市圈内。从大都市圈城市体系的纵向来看,核心城市与下一层级的城市之间要在制造业和服务业上形成相对明确的分工。一般来讲,伴随着经济发展,大都市圈内部的制造业逐步从核心城市向边缘城市或者下一层级的城市转移,核心城市则以第三产业尤其是现代服务业为主导。从横向来看,大都市圈内部同一层级的各个城市也要依据圈内一定的产业关联,立足于自身的特定优势,围绕产业链条上的特定环节,做强做大特色产业,进而形成城市之间分工合理、联系紧密的网络关系。

第三,重视市场在资源配置中的基础性作用,增强都市圈的内生发展动力。都市圈发展演进的基本动力来源于各种活跃的经济要素。在没有产业基础或者只是简单的产业空间集聚的情况下,由行政主导盲目推进都市圈进程的做法会使都市圈缺乏可持续运转的基础。从长三角都市圈的发展历程来看,长三角都市圈突破性发展的主要动力来自于市场的力量,对于江苏而言就是大规模引进外资后所形成的面向国际市场的外向型经济,对于浙江而言就是活跃的民营经济,而上海的开放给了跨国公司在全球范围内重新布局的机会,多元而强大的市场主体促进了区域经济的高速成长。未来都市圈的发展要进一步努力培育市场竞争主体,发挥市场力量配置资源的基础性作用。

(二)发挥县城和中小城市的集聚效应,通过农村城镇化引导人口适当集中

如果说以都市圈为中心的城市化战略是充分发挥现有城市经济效益的城市化战略构想,那么以县城为中心的农村城镇化战略则是充分考虑引导农村剩余劳动力合理流动的现实选择,更多地兼顾到了城镇化的社会效益。中国人口迁移具有艰巨性和复杂性,如何合理地引导人口流向对未来中国城镇化的健康发展至关重要。但是,对于"将人口引向何处"这一问题,目前还存在争论。有的学者着眼于经济效益极力主张重点发展大城市,使这些

大城市成为未来中国城镇化过程中人口洪流的最终归宿。对此,我们并不主张这种"唯大城市论"的观点。中国的城镇化发展必须立足实际,统筹考虑。大城市固然存在效益上的优势,但是仅仅依靠大城市势必难以满足中国人口城镇化的需要。人口过度集聚于大城市不仅会带来社会问题,而且最终还可能削弱其经济效益。例如,在一些拉美国家人口大量涌向个别大城市,结果城市贫困人口大量增加。1980—1994 年的 15 年间,拉美贫困人口由 1. 359 亿增加到 2. 093 亿,净增 7340 万,其中城市贫困人口增加了 7250 万,农村贫困人口增加了 90 万。① 因而,未来要引导人口的合理流动就必须坚持多向分流的原则,一方面通过发展大都市,使一部分流动人口继续流向大都市圈,并在都市圈内部不同层级的城市间实现合理分布;另一方面,要在非都市圈地区积极发展中小城市,尤其是在中西部地区重点依托县城发展县域城市,引导流动人口向中小城市的分流。这样,大都市圈可以吸收一部分流动人口,同时相当一部分中西部的流动人口可以就地通过县城的发展实现城镇化(见表 2)。

表 2　国家人口计生委对各类城市吸纳农村流动人口数量分布预测

城市类型	2015 年累计吸纳农村迁移人口数		2020 年累计吸纳农村迁移人口数		2050 年累计吸纳农村迁移人口数	
	数量(万人)	占比(%)	数量(万人)	占比(%)	数量(万人)	占比(%)
城市群	5217	64. 8	10671	64. 8	34846	64. 8
中心城市	1544	19. 2	3159	19. 2	10315	19. 2
县域城市	1291	16. 0	2640	16. 0	8621	16. 0
合计	8052		16470		53782	

注:该表反映了都市圈以及非都市圈地区的中心城市和县城城市将是今后吸纳流动人口的重点区域,但国家人口计生委对上述地区吸纳农村流动人口数量的预测只是假设人口分布比率不变情况下的外推,事实上流动人口在不同城市地区的分布比率将会随着政策的不同发生相应的改变,中小城市比重将会大大上升。

资料来源:国家人口和计划生育委员会流动人口服务管理司:《2010 中国流动人口发展报告》,中国人口出版社 2010 年版。

县城是县域工业化、城镇化的主要载体,是农村城镇化最有发展潜力的

---

① 郑文晖:《拉美城市化的发展特点及启示》,《科技风》2008 年第 4 期。

区位,是形成城乡经济社会发展一体化新格局的重要战略支点。未来依托县城发展中小城市的城镇化战略潜力巨大。根据城镇发展规律和区域布局规律,综合考虑各地区人口密度、经济发展水平、现有城镇体系布局等情况,未来依托县城发展一批中小城市、推进据点式城镇化的总体设想是:在 100 万人口以上的大县把城关镇发展为 30 万—50 万人的中等城市;在 50 万—100 万人的中等县以城关镇为依托建立 20 万—30 万人的中小城市;在 50 万以下人口的小县则要拓展县城,把县城建设成为县域经济的龙头和农村城镇化的经济中心。

在发展依托县城的农村城镇化过程中,一个尤其需要注意的问题是如何增强县城的吸引力。只有这些县城真正具有了吸引力,人口向这些县城的流动也才能够顺理成章地实现。因而,今后依托县城发展农村城镇化需要采取以下举措:

第一,要增强县城的经济实力,引导产业向县城集聚。经济因素是影响城镇化过程中人口迁移最主要的因素,经济增长热点在哪里,人口就会流向哪里。[①] 为此,依托县城发展适度集中的农村城镇化需要不断夯实产业基础,增强经济实力,提高县城的吸引力,促进人流、物流、资本流、信息流等要素的集聚。这就需要在县域范围内考虑"发展什么产业"、"在哪儿发展产业"以及"谁来发展产业"的问题。首先,县域经济要以特色产业为抓手和突破口,并逐渐形成规模化经营。其次,县域产业要实现集聚发展,改变产业过度分散的状况,引导产业向城镇工业区集聚,实现集群化发展。最后,要着力推进民营经济发展,激发社会上自我创业、自我发展的欲望,形成尊重创业、鼓励创业和保护创业的社会氛围,形成推动县域经济发展的内在驱动力。

第二,要强化县城的公共服务功能,加强基础设施建设,走内涵式城镇化发展道路。温家宝同志在 2010 年的政府工作报告中指出,要着力提高城镇综合承载能力;壮大县域经济,大力加强县城和中心镇基础设施和环境建设。依托县城的农村城镇化的推进,不能只注重以新建或者扩展某类城镇规模为主的外延城镇化,更要重视以加强城市基础设施建设、公共服务为特

---

① 国家人口和计划生育委员会流动人口服务管理司:《2010 中国流动人口发展报告》,中国人口出版社 2010 年版。

色的内涵城镇化。同时,在城乡公共服务依然处于相对分割的状况下,强化县城的公共服务功能无疑会对农村外出流动人口形成较大的吸引力。当前,要以城镇供水、供电、通讯等基础设施以及城镇教育、文化、卫生、社会保障等公共服务体系建设为重点,增强城镇功能,以县城作为县域公共服务的载体。针对广大中西部地区以有限的县域财政实力进行基础设施投资、发展公共服务必然面临资金短缺的问题,要在加大中央与省一级转移支付力度的同时积极引导民间资本投身县城的建设。在进行县城建设的过程中还要重视科学规划,改变当前城镇规划编制缺少空间布局和产业支撑的统筹考虑以及规划水平不高、深度不够的现状,[①]根据自身发展潜力和区域经济社会发展态势,对土地和空间资源的利用以及各种建设活动进行综合部署,兼顾区域的生态环境容量,合理谋划县城可持续发展。

(三) 推进劳动力和产业向中西部的回归与转移,实现区域经济的均衡发展

当前,中国东部沿海地区宛如"头雁",广大中西部地区好比"尾雁",区域板块之间已经具备"雁阵式"产业及要素转移的条件。合理引导产业向中西部地区转移,不仅为东部地区城市的转型升级腾出了空间,也为中西部地区城镇结合自身优势和特点建立现代化产业体系创造了条件,从而有利于东部和中西部城镇化的协调共进。同时,合理引导劳动力向中西部地区转移,不仅可以缓解当前农民工流向过于集中的现状,有效克服东部地区大城市过度膨胀所形成的"城市病",而且可以推动中西部城镇特别是中小城市的发展,从而有利于形成东中西部大中小城市协调发展的城镇结构体系。

引导农民工回流要以构建能人回流、要素集聚的机制体制为途径,以实现农民工的安居乐业市民梦为目标,坚持公共服务均等化的原则。

第一,进行渐进式的户籍制度改革。要立足于中国中西部城镇化发展的实际需要以及未来进一步发展的方向,实行有差别的改革方案。当前大城市不可能完全放开,但是在中等城市,应该积极地放开户籍,小城市更是完全可以放开户籍,县城则要"敞开城门",让农民"自由进城"。要实现进城

---

① 国务院发展研究中心课题组:《我国城镇化体制机制问题及若干政策建议》,《改革》2007年第11期。

农民工与市民在劳动报酬、子女就学、公共卫生、住房租购以及社会保障方面的平等权,让符合条件的农业转移人口逐步市民化,促进城乡一体化发展。

第二,加大对农民工返乡创业的扶持力度。政府要稳步推进土地使用权抵押,加大对农民工创业融资的支持力度。要在努力降低创业门槛和创业成本的同时加强农民工创业教育和培训,增强农民工创业能力。

第三,推进城镇农民工安居工程建设。要增加政府对公共廉租房建设投入力度,并发挥市场机制作用,吸引社会资金参与保障性住房建设。要加强对农民工保障性住房供应力度,改善农民工居住条件。

承接产业转移要以充分发挥中西部地区比较优势为立足点,以实现中西部地区的持续发展为目标,实施有选择的提升式承接战略。

第一,建立分享机制,实现互利共赢。要以本地资源优势为依托,以经济效益为核心,承接符合地方资源禀赋条件和主体功能定位的产业。要把承接产业转移与加强区域分工合作结合起来,探索实现区域共赢的利益分享机制。当前中西部地区应该在承接产业转移的过程中,与相对发达的长三角、珠三角加强区域合作与分工,实现更有效的资源整合。

第二,推动结构升级,重视可持续发展。要将承接产业转移和优化产业结构、实现可持续发展结合起来,有选择、有重点地承接产业转移,更加注重项目质量,着眼于技术进步和产业升级,防止被淘汰的、污染严重的企业和项目转移到县域,做到引资不引污,力求在最小化资源消耗、环境负担的基础上,实现经济又好又快发展。

第三,改善投资环境,构建服务型政府。要注重改善中西部地区投资环境,提高相关产业的配套服务能力,吸引企业转移。要构建包括财税、金融、土地等方面的政策扶持体系,设立承接产业转移的典型示范区,积极探索规范有序的产业转移模式。要建立和完善区域间产业转移和承接的信息交流平台及协调机制,降低交易成本,提高效率。要理顺政商关系,转变政府职能,推动"全能政府""管制政府"向"有限政府""服务政府"转变。

（本文发表于《人口研究》2010 年第 5 期。李华、易善策协助研究）

26

依托县城实施城镇化推动县域经济发展

　　县域经济是我国国民经济的基本单元。目前,我国县域经济体共2070个,占国土面积的95%,占人口的74%。[①] 县域经济对我国国民经济的发展具有举足轻重的作用。受2008年全球金融危机的影响,我国的经济发展面临巨大挑战。2009年7月,中央政治局会议提出在"保增长"中体现"六个更加注重":更加注重推进结构调整,更加注重加快自主创新,更加注重加强节能环保,更加注重城乡统筹和区域协调发展,更加注重深化改革开放,更加注重保障和改善民生。应当看到,发展壮大县域经济直接体现了在"保增长"中"更加注重推进结构调整"、"更加注重城乡统筹"的战略部署。首先,县域农村作为县域经济的广阔腹地,包括了我国绝大部分的地域和人口,具有巨大的市场容量,是我国最大的潜在内需所在。发展壮大县域经济,能够有效拓宽非农就业水平,提高农民非农收入,开辟农民增收空间,进而有利于激活农村消费市场,变潜在需求为现实内需,改变我国经济结构中内需与外需的失衡状况,实现经济发展模式由依赖外需转向内需驱动,推进经济结构调整。其次,我国已经进入工业化中后期阶段,步入着力破除城乡二元结构、形成城乡经济社会发展一体化新格局的重要时期。积极发展县域经济,并实现从以乡村为依托、以农业和农村经济为主体的传统县域经济,向以县

---

① 曹健:《全国2070个县域经济体占地区生产总值六成》,《新华每日电讯》2008年9月16日。

城为依托、以非农经济为主导、一二三产业协调发展的新型县域经济转变，对于解决"三农"问题、实现城乡统筹具有极其重要的战略意义。

县域经济发展是应对危机、促发展的大战略，未来中国经济发展必须要做好县域经济发展这篇大文章。统计数据表明，县域经济的地区生产总值占全国的60%，财政收入占全国的24%。全国已转移的农村劳动力中，县域经济体吸纳了65%。① 从总体上来看，县域经济在我国经济发展中占据了相当的比重。但是从结构上来看，县域经济发展存在很大差异。尽管部分发达地区的县域经济发展迅速，但是我国县域经济发展并不乐观，广大中西部地区县域经济发展相对落后。我们认为，要通过城镇化、工业化和农业产业化，以民营经济为主体，以"扩权强县"的改革为契机来发展壮大县域经济。

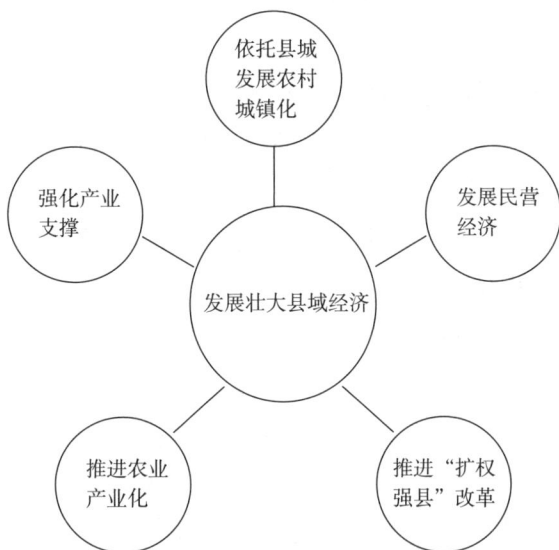

图1　壮大县域经济的战略对策

一、以农村城镇化为支撑，努力依托县城发展一批中小城市，增强县城城镇功能，培育县域经济发展的增长极

县域城镇是县域经济发展的重要载体，县域工业化需要以农村城镇化

———————————

① 曹健：《全国2070个县域经济体占地区生产总值六成》，《新华每日电讯》2008年9月16日。

为支撑。在农村城镇化的发展过程中要防止出现"遍地开花"式的盲目无序发展小城镇的现象,鼓励和引导农村城镇集中发展。县城是县域工业化、城镇化的主要载体,是农村城镇化最有发展潜力的区位,是形成城乡经济社会发展一体化新格局的重要战略支点。发展依托县城的新型城市化不仅可以逐步形成县域范围内功能互补、协调发展的体系,有效提高农村城镇化的发展质量,而且鼓励农村外出劳动力向县城集聚,有利于农民工的合理流动和市民化,改变当前已经进城的农民工实际上并没有市民化的"半城镇化"状态,真正实现农民的"城市梦"。更重要的是,依托县城的新型城市化是我国最大的内需所在,发展依托县城的新型城市化可以创造出持续增长的需求。据国家统计局数据,我国共有城市 656 个,其中人口规模在 20 万以下的城市不到全部城市的一半,依托县城发展中小城市潜力巨大。因而,当前在工业化和城镇化快速推进的新形势下,应该以县城为依托,把县城建设成为县域经济的龙头和农村城镇化的经济中心,通过县城把城市物质文明和精神文明扩展到乡村,使县城成为城乡融合的枢纽和桥梁,阻止农村人口向大城市的高速集中,缓和大城市的压力。

依托县城发展农村城镇化,一要依托县城发展一批中小城市,做大县城。当前中国的城市化已经进入功能调整、适度集中的新阶段,表现为大城市的调整性扩张和小城市的集中发展。以全国 2000 多个县城为依托发展中小城市推进农村城镇化将是未来中国城镇化的重要发展方向。"依托县城的农村城镇化"要根据城镇发展规律和区域布局规律,充分考虑各地区人口密度、经济发展水平、现有城镇体系布局等情况建设不同规模的城市。具体设想是:在 100 万人口以上的大县把城关镇发展为 30 万—50 万人的中等城市;在 50 万—100 万人的中等县以城关镇为依托建立 20 万—30 万人的中小城市;在 50 万以下人口的小县要把县城做大,把县城建设成为县域经济的龙头和农村城镇化的经济中心。二要强化城镇功能,以县城作为公共服务的载体。依托县的农村城镇化的推进不能只注重以新建或者扩展某类城镇规模为主的外延城市化,更要重视以加强城市基础设施建设为特色的内涵城镇化。要以城镇供水、供电、通讯等基础设施以及城镇教育、文化、卫生、社会保障等公共服务体系建设为重点,增强城镇功能,以县城作为县域公共服务的载体。同时,要加强服务型政府建设,按照"小机构,大服务"的目标把县级政府塑造成为与经济发展和现代化建设相适应的、协调高效的服务型政府。三要增强县城的吸引力，引导农村人口适当集中。依托县城发展适度集中的农村城镇化需要通过制度创新加大政策扶持力度，不断提高县城的吸引力，促进人流、物流、资本流、信息流等要素的集聚，实现"耕地向种田能手集中、乡镇企业向工业小区集中、农村人口向县城集中"。为此，要在县城率先全面推进户籍管理制度以及与之密切相关的劳动就业、社会保障、教育等配套制度改革，降低县城的"门槛"。同时，要制定有利于农村工业和人口向县城集中的土地、投资以及产业发展政策等，鼓励和引导农村工业和农村剩余劳动力向县城集中。四要以规划为龙头，合理谋划县城科学发展。当前自然资源短缺已经成为城市发展的瓶颈，生态环境问题对城乡居民的生活质量构成了实际的威胁，粗放的城市发展模式已经难以为继。[①] 针对我国城镇建设中存在的缺乏科学合理的统一规划以及粗放建设等问题，"依托县城的农村城镇化"要以规划为龙头，遵循先规划后建设的原则。要根据自身发展潜力和区域经济社会发展态势，把自身建设目标与特定地区可持续发展目标统一起来，立足于科学性、超前性、权威性和动态性，本着合理布局、节约用地、严格控制占用耕地、有利生产、方便生活等原则，[②]对土地和空间资源的利用以及各种建设活动要进行综合部署，兼顾区域的生态环境容量，做到统筹兼顾，全面安排。

二、以民营经济为主体，鼓励支持返乡农民工创业，重视引进外来企业和企业家群体，激发县域经济发展的活力

民营经济是市场经济的天然基础，民营经济的发展不仅形成了市场竞争的企业生态，激发了县域经济的活力，而且提供了一种人才形成机制，能够催生一大批勇于进取、善于开拓的企业家，带来了真正的企业家精神和新的企业家风貌，极大激发了创业热情。从浙江温州和义乌、珠江三角洲地区、福建晋江等地区的实践来看，民营经济的发展在很大程度上决定着整个

---

① 仇保兴：《中国城镇化须采纳低碳发展战略》，《中华建设》2009 年第 7 期。
② 辜胜阻、李永周：《实施千座小城市工程启动农村市场需求》，《中国银行武汉管理干部学院学报》2000 年第 1 期。

县域经济的发展状况。当地县域经济之所以十分发达,主要是由于民营经济发展较好,创业活动十分活跃。因而,民营经济是县域经济发展最具活力的增长点,凡是民营经济越发达的地方,市场发育就越快,市场机制就越活,综合实力就越强,经济体制就越成熟(见表1)。

表1 我国分地区民营经济与县域经济发展情况

东部地区	工业增加值民营比重(%)	"百强县"个数(个)	中部地区	工业增加值民营比重(%)	"百强县"个数(个)	西部地区	工业增加值民营比重(%)	"百强县"个数(个)
江苏	86.5	27	山西	50.9	2	内蒙古	58.7	2
浙江	87.4	26	吉林	40.8	1	广西	69.7	0
山东	74.9	26	黑龙江	27.9	1	重庆	53.5	0
福建	86.1	8	安徽	55.9	0	四川	63.2	1
辽宁	54.1	5	江西	72.5	2	贵州	40.1	0
上海	59.1	1	河南	66.4	8	云南	36.9	0
北京	43.6	0	湖北	43.6	0	西藏	55.7	0
天津	50.6	0	湖南	64.2	4	陕西	31.2	2
河北	76.5	5				甘肃	35.5	0
广东	81.0	2				青海	21.6	0
海南	89.8	0				宁夏	37.9	0
						新疆	12.8	1
东部	71.8(平均)	100(总计)	中部	52.8(平均)	18(总计)	西部	43.0(平均)	6(总计)

注:①采用广义的民营经济概念,即除国有及国有控股企业以外的其他经济成分;②对东中西部的划分根据国发(2000)33号文件。

资料来源:①各省市2008年国民经济和社会发展统计公报;②中郡县域经济研究所:《第九届全国县域经济基本竞争力与科学发展评价报告》,http://www.china-county.org,2009年7月26日。

促进县域民营经济发展的关键在于营造良好的创业氛围。政府在创业扶持方面,要构建完备的创业融资体系,增强创业资本的可获性;要健全创业的服务体系,使创业的门槛最低化;要健全创业的教育和培训体系,使创业者的能力最大化;要完善创业政策的扶持体系,使创业的成本最小化;要建设创业基地和园区,使创业环境优化。同时,县域民营经济发展特别要重视两股力量,一是返乡创业的农民工群体。发展经济学家托达罗认为,农村剩余劳动力进入城市非正规部门,而非正规部门用极为低廉的费用培养了劳动力,在人力资本的形成中扮演着重要角色。农民工经历了城镇化和工业化的洗礼,接受了现代城市中创业观念的熏陶,熟悉了市场规则,磨练了意志,具有饱满的创业激情。不少农民工已经成为熟练的产业工人、企业技术骨干,甚至成为管理人员,拥有一定的技术和资本,具备了创业能力。而且,农民工在外打工也积累了一定的社会资本,在自己创业过程中可以与原来的打工企业老板和客户保持多种形式的联系,拥有相对优越的创业资源;同时,他们对于家乡的市场情况更加了解,对家乡的认同感使他们在外学有所成或者积累一定资金后愿意返乡归根,具有回乡创业的意愿。积极引导他们返乡创业,必将成为县域经济发展的"助推器"。统计显示,安徽省已有70多万农民工回乡创业,创办各类企业30多万家,吸纳220多万农村富余劳动力实现就地就近就业,这些返乡创业的农民工精英群体已经成为地方经济发展的生力军。二是具有创业精神的外来企业和企业家群体。据估计,有390万浙商活跃在浙江以外的全国其他地区。[①] 具有草根创业精神的浙江商帮在各地县域经济发展中扮演着非常重要的角色。商帮是指称雄逐鹿于商界的以地域为中心,以血缘、乡谊为纽带,以"相亲相助"为宗旨的对区域经济产生重大影响的商人群体。[②] 其中最有代表性的是"想尽千方百计,走遍千山万水,历经千辛万苦,道尽千言万语"的浙江商人。他们不仅为当地创造了财富,成为区域经济发展的一支重要力量,而且他们背后的企业家精神有利于激发社会上自我创业、自我发展的欲望,形成尊重创业、鼓励创业和保护创业的社会氛围,成为推动县域经济发展的内在驱动力。

三、以新型工业化为主导,把承接产业转移与引导农民工返乡创业就业结合起来,大力发展具有竞争力的县域特色产业

工业化是县域经济发展不可逾越的阶段,县域经济发展要以工业化为

---

① 数据来源:央视网联手《对话》专访浙江省省长吕祖善(实录),2009 年 1 月 14 日。
② 辜胜阻:《区域经济发展要高度重视商帮的作用》,《中华工商时报》2007 年 2 月 8 日。

主导。从总体上看,当前我国相当一部分地区县域经济缺乏必要的、有力的产业支撑,县域经济发展底气不足。从产业结构上看,大部分县域产业集中在种植业和养殖业等传统农业上,产业结构单一、农业产业链条短、产业层次较低,自给自足的小农经济仍然在整个县域经济中占重要地位。从产业布局上看,中国现有的乡镇企业大部分分布在各村庄和小集镇,只有小部分分布在县城以上。从产业特色上看,"小而全"的现象严重,产业发展"全而不专,多而不精",产品竞争力较弱。

未来县域工业化的推进要在进一步优化工业结构的基础上促进产业结构向"高新特优"方向发展。一要强化特色产业。县域经济发展必须基于县域实际,以市场为导向,以本地资源优势为依托,以经济效益为核心,选择农业服务牵引型、工业催生型、城市辐射型、旅游开发型、矿产资源型、农产品加工型、外资推动型等不同产业发展模式。同时,要加强规划,合理布局产业,促进产业集聚。通过建立开发区、创业园,吸引企业集聚,发展专业化、规模化的产业集群,提高县域经济的集约化程度。对于技术水平比较高、发展基础比较好的现代加工型乡镇工业和服务面广的第三产业要向县城集中。二要优化县域产业结构。充分利用县城是沟通城乡的"商品链""资金链""物资链""信息链"以及"交通链"的优势,大力发展交通、通讯、城乡贸易、仓储、信息中介、旅游服务等第三产业。对于一部分经济基础较好、地理位置优越并已形成相当规模的卫星城市应考虑利用大中城市的辐射作用发展高新技术产业开发区和工业园区。三要把承接产业转移与走新型工业化道路结合起来。近年来,东部一些地区正面临着土地空间、能源资源、人口重负及环境承载力难以为继的问题,传统制造业的发展受到制约。同时,在2008年国际金融危机的影响下,东部地区产业结构升级的问题也显得尤为迫切。在这种形势下,东部向中西部地区的产业转移给中西部地区的县域经济发展带来了一个难得的机遇。当前,中西部地区县域经济发展要将承接产业转移和优化产业结构结合起来,提高产业核心竞争力。要有选择、有重点地承接产业转移,不能只看项目数量,而要注重项目质量,要着眼于技术进步和产业升级,防止被淘汰的、污染严重的企业和项目转移到县域,做到引资不引污。

四、以农业产业化为抓手,稳步推进农村土地流转制度改革, 探索农业产业化的有效组织模式,强化农业产业化的服务体系,增强县域经济发展的基础

农业的发展是县域经济发展的重要内容,尤其在中西部一些传统农业仍占据相当比重的地区,如何提高农业的层次和水平是当地经济发展的关键环节。农村实行家庭联产承包经营后,农业发展主要面临两个难题:一个是分散经营的小规模农户与农业现代化、集约化、规模化之间的矛盾;一个是现行的生产环节和部门分割与提高农业整体效益和农业竞争力之间的矛盾。[①] 实践证明,要使千家万户分散的小农能主动适应千变万化的市场需求,解决分散经营的小农与大市场的矛盾,一个行之有效的办法是发展社会化的农业生产服务体系,延长农业链条,提高农产品附加值,实现农业的产业化经营。可以说,农业产业化经营是我国农村改革继实行家庭承包经营之后农村经营体制和组织制度的一个重大创新,[②]是县域经济加快发展的重要途径。

当前,加快农业产业化经营需要从制度支撑、组织模式以及服务体系三个方面着手。一要稳步推进农村土地流转制度改革。在稳定土地家庭承包经营的基础上,创新农地流转模式,积极推进土地承包经营权的合理流转,发展适度规模经营。要健全土地流转机制,建立健全土地承包经营权流转市场。要创新土地流转模式,通过发放永久性土地使用权证,实行"一地一证"制,使农民只要凭土地使用权证和承包合同,就可以对土地实行互换、出让、出租、转包、入股、抵押等流转活动。要提供土地流转配套服务,发展中介组织和相关服务机构,减少信息不对称,降低交易成本。同时,要通过政府完善农村社会保障体系割断农民同土地的"脐带"。二要发展壮大龙头企业和农民专业合作组织。要加大对龙头企业的扶持力度,通过财税、信贷、科技等方面的支持,做强、做大一批龙头企业。同时,要引导龙头企业与农

---

① 王青云:《县域经济发展的理论与实践》,商务印书馆 2003 年版。

② 黄连贵等:《我国农业产业化发展现状、成效及未来发展思路》,《经济研究参考》2008 年第31 期。

户建立起长期稳定、密切相关的关系,实现两者的双赢。要壮大农民专业合作组织,进一步落实各项加快农民专业合作社发展的扶持政策。要加大人员培训力度,努力造就合格的农民专业合作社经营管理人才队伍和农民专业合作社业务辅导员队伍,使农民专业合作组织规范化。要加强专业市场建设,完善基础设施,健全物流、营销等配套服务功能,打造形成特色区域品牌。三要完善公共服务体系。要加强农村市场的信息网络建设,在有条件的地区设立专门的农业信息服务站,将农业信息的采集与发布规范化。要重视农业科研,加快农业技术转化,大力开展科技下乡,创新农业技术推广机制,积极推广农业新技术、新品种,提高农产品的科技含量和附加值。要建立健全农产品质量监督体系,编制相关的农业标准体系,提高农产品质量。

五、以"扁平化"的"扩权强县"的改革为契机,实施积极有效的财政货币政策,调动县级政府发展县域经济的积极性

应该注意到,当前我国县域经济发展活力不够的一个重要原因,就是"市管县"体制下县级政府权责不对等、经济管理权较弱、自主发展的空间较小。兴起于20世纪80年代初的"市管县"体制适应了当时的经济发展背景,通过提升市的地位促进了要素集聚和市县之间的经济协调,在增强中心城市对农村发展的带动以及加强管理等方面曾发挥过积极作用,一定程度上打破了城乡分割、条块割裂的局面。但随着经济社会的发展以及市场经济体制的不断完善,"市管县"体制已经严重束缚了县域经济发展的积极性。尤其是在"市管县"的体制下,县域财政财权与事权不对称,县域财政的财源结构单一,财政实力弱,中央财政和省市级财政对县乡财政转移支付的规模较小,分配不规范,极大地制约了县域经济的发展。

美国经济学家道格拉斯·诺斯曾指出:"有效率的组织是经济增长的关键,一个有效率的经济组织在西欧的发展正是西方世界兴起的原因。"[①]在经济的发展过程中,制度无疑发挥着重要的作用。当前促进县域经济的发展

---

① D.C.诺斯、R.P.托马斯:《西方世界的兴起》,华夏出版社1999年版。

迫切需要进行制度创新,从管理体制上对县域经济"松绑",以"扩权强县"为契机,通过扁平化放权式改革把县域经济做强。一是要把"扁平化"的财政体制改革作为扩权强县的突破口。2009年7月,财政部公布了《关于推进省直接管理县财政改革的意见》,提出2012年底前在我国大部分地区推行省直接管理县财政改革,通过政府间收支划分、转移支付、资金往来、预决算、年终结算等方面的改革,实现省财政与市、县财政直接联系。我们认为,这种"扁平化"的财政体制改革是扩权强县的突破口,是从制度上对县域经济发展资金问题的积极探索,是当前我国县域经济发展的新机遇。未来应该继续在省以下启动和推动"省直管县"财政管理体制和"乡财县管"财政管理方式的改革,逐步完善中央、省、市县三级财政体制。二是要把金融体制改革作为扩权强县的配套措施。要积极扩大县级金融机构的信贷审批权限,提高县级金融机构的金融服务能力。要进行金融工具创新,不断探索满足农民和其他居民资金需求的新形式。在民间借贷比较普遍的地区,可组建区域性中小股份制商业银行、社区银行等,积极启动民间资本。政府要通过法律手段降低中小银行、社区银行的准入门槛,通过税收优惠、政策倾斜等措施正确引导和大力扶持,同时加强金融监管,建立、健全防范和化解风险的机制。三是要把因地制宜作为推进扩权强县改革的重要原则。对于一些经济比较发达、对周边地区辐射带动作用强的中心城市,对于周边县已经和中心城市在经济结构、产业布局等方面实现了紧密融合的地区,对于市县关系良好、"市管县"体制还在发挥着积极作用的地区,其改革需要做进一步的研究。西部一些地区存在着地域面积大、人口稀少、经济欠发达的实际情况,客观上需要维持现行的"市管县"的体制。因此,扩权强县的改革要具体问题具体分析,因地制宜,不能"一刀切"。

(本文发表于《经济纵横》2010年第2期。李华、易善策协助研究)

—27—

城镇化道路的中国特色与发展战略

改革开放以来,我国城镇化快速发展取得了巨大成就。城镇人口占全国人口的比重从改革开放初期的约 18% 增长到 2006 年的约 44%,年均提高约 0.93 个百分点。[①] 我国的城镇化道路是中国特色社会主义道路的重要组成部分,是我国社会经济健康稳定发展必然面临并需要科学引导与管理的重大问题,该问题亟需立足于我国特殊的背景进行深入系统的探索性、可行性和操作性研究。中国的城镇化不能照搬别国的模式,必须从自己的国情出发,走中国特色的城镇化道路。我国城镇化道路的中国特色具体表现在以下几个方面:

一、我国城镇化快速发展的过程是农业经济向工业经济的一般转型和计划经济向市场经济的特殊体制转型交织在一起的"双重转型"过程

城镇化的快速发展一般与经济转型相联系。工业化是城镇化的发动机,城镇化与工业化密切相关。发达国家的城镇化发展总体上表现为单一的脱离农业的结构转型过程,即农业在国民经济和就业中的份额下降,制造

---

① 国务院发展研究中心课题组:《我国城镇化体制机制问题及若干政策建议》,《改革》2007 年第 11 期。

业和服务业份额上升。西方发达国家不存在由计划经济向市场经济转变的社会制度变迁过程。与这些国家不同,我国城镇化 30 年的高速发展期不仅经历了农业大国向工业国的产业转型,而且面临从计划经济向市场经济的体制转型。

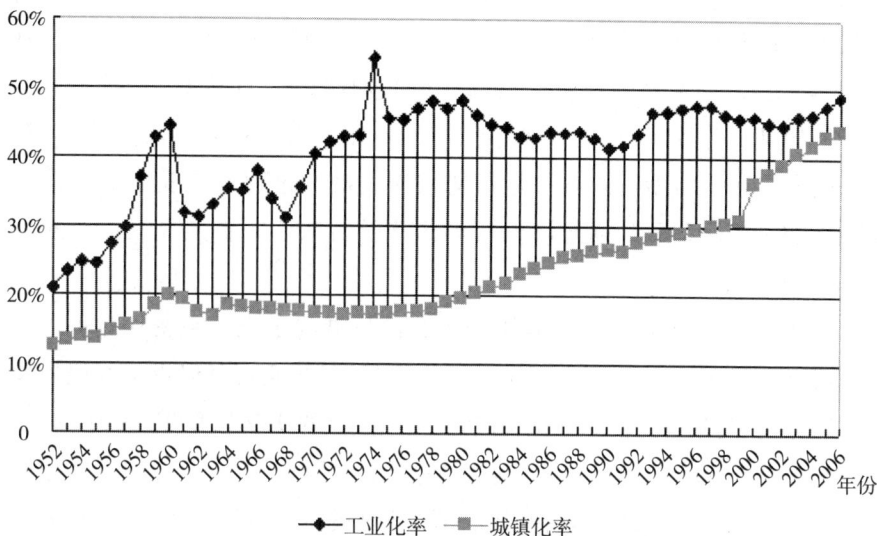

图 1　1952—2006 年中国的城市化与工业化进程

　　图 1 显示,我国的城镇化长期滞后于工业化,改革开放以后两者的差距呈逐步缩小的趋势。采用城镇人口占总人口比重、第二产业占 GDP 的比重以及非公经济就业人数占总就业人数比重分别反映城镇化率 Urb 、工业化率 Ind 以及市场化程度 M 。构造城镇化滞后于工业化的程度 $C_{(Ind-Urb)}$ 与市场化程度 M 的关系函数,利用 1984—2006 年的统计数据,[1]估计结果如下:

$$C_{(Ind-Urb)} = 18.21_{(1.21)} - 0.379M_{(0.068)}$$

$$R^2 = 0.949 \quad DW = 2.25$$

括号内表示系数估计量的标准差。可见,在 5% 的显著性水平下,市场化对城镇化滞后于工业化的程度有显著的负影响,即市场化程度的提高能

　　①　数据来源:国家统计局:《新中国五十年统计资料汇编》,中国统计出版社 1999 年版;国家统计局:《中国统计年鉴(2007)》,中国统计出版社 2007 年版;国家统计局人口和就业统计司、劳动和社会保障部规划财务司编:《中国劳动统计年鉴(2007)》,中国统计出版社 2007 年版。

够很好地解释改革开放后我国城镇化与工业化差距的缩小。所以我们认为,工业化和城镇化的协调发展是伴随着市场化进程而不断深入的。同时,中国经济转轨的独特特征体现在对国有企业的改革是采用企业制度渐进式的转变,并在农村提倡私营和集体所有的乡镇企业。① 这种先"增量改革"后"存量改革"、先"体制外"改革后"体制内"改革的渐进式改革道路决定了我国的体制转轨并非是"一夜之间"的巨变,而是在一定时期内不断延续的"渐变"。因而在当前及以后的一段时期内,"双重转型"是我国城镇化发展的基本背景,城镇化发展不仅与工业化发展存在着互动关系,同时还深受向市场化转型的影响。城镇化快速发展的过程也是农业经济向工业经济的一般转型和计划经济向市场经济的特殊体制转型交织在一起的"双重转型"过程。

"双重转型"特殊背景下,我国城镇化的发展与工农关系密切相关。新中国成立初期,面对当时复杂的国际国内形势,我国实行了以重工业优先发展的工业化"赶超"战略,"一五"时期在限额以上的 921 个重点工程中,轻工业只有 108 个,仅占 12%,其余基本上是重工业项目。重工业优先发展派生出与之相适应的计划式的资源配置方式,进而扭曲了多种关系,其主要表现为扭曲相对价格和工农业交换关系;扭曲农业经营活动中的激励机制;扭曲整个经济发展政策,特别是扭曲工农业之间的产业关系;建立一个不公平的福利体系。② 这一时期的城镇化是建立在农业支持工业、为工业提供积累、工农业间存在"剪刀差"的基础上的。城乡互动表现为以农促工,以乡促城。如果先将工业品成品销售价格与农产品的收购价格之间的差距排除在外,单从国家对农副产品收购价格与市场价格差价的角度来看,计划经济时期压低农产品收购价格的现象就十分明显,两种价格所形成的差额也十分巨大,直到 1979 年改革开放后才形成了反向差额(见表 1)。重工业优先发展遗留下了相对突出的"三农"问题。

---

① 青木昌彦:《中国经济制度转型的双重性》,《中国经济时报》2002 年 6 月 22 日。

② 蔡昉、都阳、王美艳:《劳动力流动的政治经济学》,上海人民出版社 2003 年版。

表 1   体制转型前后国家对农产品收购情况

年度	集市贸易价格指数（1952 年 = 100）	农副产品国家收购价格指数（1952 年 = 100）	农村的农副产品收购量（亿元）	集市价格与国家收购价格指数差额	农村的农副产品收购两种价格的差额（亿元）
1960	136.6	129.4	208.0	7.2	14.9
1965	173.2	154.5	299.3	18.7	55.9
1970	178.1	160.4	337.7	17.7	59.8
1975	233.8	171.6	457.3	62.2	284.4
1980	215.8	233.9	797.7	−18.1	−144.4
1981	228.3	247.7	908.0	−19.4	−176.2
1982	235.8	253.1	1031.0	−17.3	−178.4
1983	245.7	264.2	1206.0	−18.5	−223.1

资料来源:①国家统计局贸易物价统计司:《中国贸易物价统计资料(1952—1983)》,中国统计出版社 1984 年版;②武力:《1949—1978 年中国"剪刀差"差额辨正》,《中国经济史研究》2001年第 4 期。

在"双重转型"过程中,我国的城镇化不仅与工业化相联系,而且同市场化和市场化取向的改革紧密相关;不仅要实现与工业化协调发展,同时还要实现与农业现代化协调发展。当前,我国总体上已经进入了以工促农、以城带乡的发展阶段,需要通过工业反哺农业、城市支持农村实现城乡统筹,建设社会主义新农村,推进农村城镇化。受"双重转型"背景影响的同时,中国特色城镇化道路还面临着信息化浪潮。应该看到,我国的城镇化是在我国市场化还没有完成,国际化又即将到来,新技术革命和信息化浪潮一浪高过一浪的形势下推进的。城镇产生于农业社会,工业革命的出现促进了城镇规模、数量的大发展,农业社会向工业社会的经济转型催生了真正意义的城镇化进程。如果说"农业革命使城市诞生于世界",那么"工业革命则使城市主宰了世界"。当前,信息化和全球化方兴未艾,城市的结构和功能正在发生变化。如果说第一轮城镇化是以工业化为动力,那么当前我国城镇化的发展则以信息化和工业化为发动机。信息时代的城镇化扩散与集聚同时并存,城镇功能构造深受城市信息化的影响。胡锦涛同志在党的十七大报告中总结我国改革历程时指出:要全面认识工业化、信息化、城镇化、市场化、国际化深入发展的新形势新任务,深刻把握我国发展面临的新课题新矛盾。

这"五化"是统一的,是互相影响的。工业化是城镇化的基础,市场化和国际化是城镇化的动力。而信息化则对我国城镇化的形态会产生重大影响,推动城市化向信息城市、智能城市和学习化城市发展。[①] 因此,我国当前的城镇化与工业化、信息化、市场化、国际化同时并举。

二、我国的城镇化进程表现为农村劳动力向城市的异地转移（人口城市化）和农村劳动力的就地转移（农村城镇化）的"双重城镇化方向"

城镇化本质上是各种经济要素向城市集聚的过程。一般来讲,在发挥集聚功能上,大中城市要强于小城镇。在城镇化的起步和快速发展阶段,先进工业化国家的城镇化尽管特点有所不同,但主要表现为单一的农村人口向城市转移的过程。比如,20世纪50年代后期至70年代中期,日本处于城市大发展时期,农村人口大量流向大城市,形成东京、大阪、名古屋三大都市圈,此时小城镇没有发展反而萎缩。[②] 在先进工业化国家城镇化的起步和快速发展阶段中,大城市与小城镇的发展是非同步的。

相比之下,改革开放以来我国的城镇化进程则既有农村向城市的异地转移——人口城市化,也有农村劳动力的就地转移——农村城镇化。这里的城市化是指人口向城市的集中过程,而农村城镇化则是农村人口向县域范围内的城镇集中和农业人口就地转移为非农业人口的过程。表2反映了1982—1995年中国地区之间移动人口的构成情况。三次调查结果显示,分别有68%、62.6%、59.8%的流动人口来自农村地区。值得注意的是,农村地区输出的人口不仅主要流向了城市地区,而且还有相当部分流向了农村地区。表2不同时期的调查数据显示"乡村—市"以及"乡村—镇"的迁移人数占同时期移动人数比率分别22.5%、36.8%、30.4%和28.1%、11.7%、5.6%。这在其他国家是不多见的,体现了城镇化的中国特色。

---

① 庞亚君:《信息化对城市化的影响分析》,《浙江经济》2002年第16期。
② 庄侃:《他山之石:国外小城镇建设经验》,《经济日报》2006年6月1日。

表 2 1982—1995 年中国地区间移动人口构成

（单位：%）

人口移动调查项目			合计	迁出地		
				市	镇	乡村
1987 年全国 1% 人口抽样调查（1982—1987 年）	迁入地	移动人口总数（万人）	3044	547	428	2070
		构成比	100	18.0	14.1	68.0
		市	36.6	10.7	3.3	22.5
		镇	39.8	4.7	7.0	28.1
		乡村	23.6	2.5	3.7	17.4
1990 年人口普查（1985—1990 年）		移动人口总数（万人）	3384	629	637	2118
		构成比	100	18.6	18.8	62.6
		市	61.7	12.6	12.3	36.8
		镇	20.1	3.7	4.7	11.7
		乡村	18.2	2.3	1.8	14.1
1995 年全国 1% 人口抽样调查（1990—1995 年）		移动人口总数（万人）	3323	1027	311	1986
		构成比	100	30.9	9.3	59.8
		市	61.4	24.9	6.1	30.4
		镇	10.0	2.7	1.8	5.6
		乡村	28.6	3.3	1.5	23.8

注：1990 年普查移动人口离开户口登记处 1 年以上，其他为半年以上。
资料来源：严善平：《地区间人口移动的经济分析》，参见南亮进、牧野文夫编：《转型时期中国工业化和劳动力市场》，中国水利水电出版社 2005 年版。

　　城市化与农村城镇化并举是基于我国国情的现实选择。改革前城市偏向、城乡分割的发展方式极大地强化了城乡二元结构：一方面是落后的农村，一方面是发达的城市。如果实行单一的人口城市化，让农村人口向城市特别是大城市过度集中，不仅给大城市的发展增加过度的压力，而且也不利于城镇结构的合理化。从这个意义上来看，不同于美国城镇化后期城市化扩散所致的小城镇发展，我国的小城镇建设则首先是立足于解决广大农村的发展问题。[①] 相反，如果实行单一的农村城镇化，让农村人口滞留在农村地区，虽然能够有效缓解大城市压力，但并不能最终解决我国的城镇化问题。小城镇本身存在着集聚效应相对低下、城市功能弱的问题。我国的城镇化必须是二元的，不仅要发展城市化，让农村人口向城市地区集聚，而且

――――――――――

①　陈强：《美国小城镇的特点和启示》，《学术界》2000 年第 2 期。

要重视农村城镇化。我国面临着农村劳动力转移的艰巨任务。从近期来看,农村外出务工劳动力人数仍有逐年上升的趋势。有调查数据表明,2007年上半年,农村外出务工劳动力人数就比2006年同期增加860万人,同比增长8.1%。① 从长期来看,以1%的增长速度预测,2020年的城镇化水平将达到57%左右,城镇总人口8.28亿。从2002年起的以后18年内城镇总人口将增长3.26亿,农村向城镇移民3亿人左右,年均转移约1660万人。② 面对高速的人口城镇化和劳动力的非农化,必须坚持合理引导、多向分流才能保证我国城镇化的健康发展。我国城乡结构的二元性以及人口迁移的艰巨性和复杂性都决定了人口城市化和农村城镇化同时并举是基于我国国情的现实选择。

改革开放三十多年来,我国经济发展的地区差异明显。东部地区城镇化已经达到相当高的水平,而中西部地区的许多地方尚缺乏城镇发展的产业支撑。因而,在城镇化的方向问题上就是要因地制宜地采取不同的策略,走出一条在二元结构下通过在城市地区发展城市群发挥大城市的辐射作用、在农村地区发展县城和小城镇推进农村城镇化的"双重城镇化"道路。东部地区已经形成了长三角、珠三角和京津冀三大经济圈。圈内工业化水平和城镇化率较高,城镇层次结构分明,空间布局较为合理,城镇化发展能够利用城市圈的结构性和网络性,充分发挥"城市节点—网络—乡村腹地"的作用,形成城镇之间相互促进和共同发展。东部地区可以采取以发展城市群和大都市圈为特征的城市化策略,构建组团式的城市结构,通过大都市的辐射能力,直接把周边的小城镇纳入块状的城市圈内,使都市文明快速向周边地区扩散。而对于中西部地区,城市群的产业基础比较薄弱,城镇化发展仍然主要依靠本地的农转非,这就需要充分发挥小城镇的积极作用,在有条件的地区实行农村城镇化。因而,可以通过据点式城镇化,在中西部农村把县城建成10万至30万人的城市。党的十六大报告在谈到农村城镇化时指出:发展小城镇要以现有的县城和有条件的建制镇为基础,科学规划,合

---

① 孙侠、于文静:《今年上半年农村外出务工劳动力同比增加860万人》,新华网,2007年9月13日。

② 叶如棠:《解读国家中长期科技发展规划纲要——"定量"描绘城镇化前景》,《光明日报》2006年1月12日。

理布局,同发展乡镇企业和农村服务业结合起来。消除不利于城镇化发展的体制和政策障碍,引导农村劳动力合理有序流动。

三、我国城镇化体现了"政府推动"和"市场拉动"的双重动力机制,并表现为制度变迁方面自上而下的城镇化和自下而上的城镇化的"双重发展模式"

考察世界工业化发展的一般历程,按照推进力量的不同可以将工业化划分为市场主导型和政府主导型,相应的城镇化的动力机制也可以划分为"市场拉动"和"政府推动"。世界经济史表明:西方发达国家的城镇化基本上没有政府直接行政干预而主要依靠市场机制,是典型的"市场拉动型"的城镇化。我国城镇化的重要特色是体现了"政府推动"和"市场拉动"的双重动力机制的结合,政府在城镇化进程中扮演着十分重要的角色。新中国成立以来,我国城镇化和初次工业化是由政府推动的。中央政府利用中央计划经济体制,集全国之力建立起重工业偏向的城市工业体系,发展"政府推动型"城镇化。这一时期,政府通过工业化项目安排、政府所在地的行政指向和相应制度安排推动了城镇化进程。例如,在"一五"时期随着156个重点项目的建设,新建了6个工业城市,大规模扩建了20个城市,一般扩建了74个城市。工业项目的实施,同时也需要城市公共事业的相应发展。在"一五"计划的后3年,18个重点工业城市分配公共事业投资102403亿元,其他城市仅分配24000亿元。[①] 在政府有力的推动下,1955年我国百万人口以上的城市已有9个,50万以上100万以下人口的城市有16个;[②]到1957年,全国城市人口由新中国成立时的5765万人增加至9949万人,增加了72.58%。[③] 同样,在"三线"建设时期,诸如攀枝花钢铁工业基地、十堰汽车工业基地、六盘水煤炭工业基地等一批城市逐渐发展壮大,都离不开政府的强力推动。改革开放以来,随着市场化改革的展开,我国一些地区出现了农

---

① 这18个城市是:北京、包头、太原、大同、石家庄、西安、兰州、武汉、洛阳、郑州、株洲、沈阳、鞍山、长春、吉林、哈尔滨、富拉尔基、成都。在18个重点城市里,一四一项目即有88个。

② 数据来源:中国社会科学院、中央档案馆:《1953—1957中华人民共和国经济档案资料选编·固定资产投资和建筑业卷》,中国物价出版社1998年版。

③ 魏津生:《五十年代以来我国人口城市化的一般趋势》,《人口与经济》1985年第6期。

民集资建镇、农民推进农村工业化的方式,开始了以基层组织和个人为发动主体、实现全部社会生产工业化的二次工业化进程,拉开了"市场拉动型"城镇化发展的序幕。一大批小城镇相继涌现,我国的城镇化率也开始快速增长。相关学者根据调查和统计资料总结分析了20世纪80年代中国人口流动的原因(表3),计划和市场的共同作用是中国人口流动的主要原因,两者构成了中国特色城镇化的双重动力机制。

表3 20世纪80年代中国人口流动原因

(单位:%)

类型	1982—1987年	1985—1990年
市场型	46.6	48.5
计划型	45.8	42.2
其他	7.6	9.3
合计	100	100

资料来源:辜胜阻、刘传江主编:《人口流动与农村城镇化战略管理》,华中理工大学出版社2000年版。

与双重动力机制相伴随的是双重发展模式。20世纪50年代以来,对应于"政府推动型"城镇化和"市场拉动型"城镇化,中国的城镇化出现了两种截然不同的制度变迁模式:自上而下的城镇化和自下而上的城镇化。自上而下的城镇化是政府按照城市发展战略和社会经济发展规划,运用计划手段发展若干城市并安排落实城市建设投资的一种政府包办型的制度变迁模式;自下而上的城镇化则是农村社区、乡镇企业、农民家庭或个人等民间力量发动的一种由市场力量诱导的自发型的诱致性制度变迁模式。自上而下的城镇化发展模式用较短的时间和较快的速度建立了中国门类齐全的独立的工业体系,奠定了中国城镇化体系和社会经济发展的基础。从20世纪80年代开始,随着中国市场化取向的经济体制改革逐步深入,在传统体制和传统模式的外围出现了自发的、诱致性的与城镇发展相关的制度创新,形成了自下而上的城镇化模式。这方面的典型代表是农村城镇化的温州模式和苏南模式。温州模式是以个人或家庭为主体,以个体私营所有制形式为主要特征的家庭工业和专业化市场推动的城镇化;苏南模式是以社区集体为主体,以社区集体所有制为主要特征的社区政府推动型城镇化。

由此可以看出,我国城镇化的双重动力机制之间是相互补充、相互协调的。我国城镇化过程中,十分重要的是解决资金来源问题,需构建政府与民间力量合作共同投资城镇化的格局。实践证明:民间资本在推动温州模式、晋江模式、苏南模式的发展中扮演了重要角色,自下而上的资金来源在推进城镇建设中发挥了主导作用。目前,即使是一些原来由政府提供的城市公共物品(如基础设施、学校、医院等),以招标民间资本直接参与、吸引外资参与、BOT、特许经营等方式也取得了很好的效果。通过市场化和国际化,在鼓励民间资本推进工业化的同时积极引进外资,能够有效加快城镇化的发展。实践证明,在市场机制下探索多种形式、更多地吸引民间力量参与城镇建设是破解资金瓶颈的有效途径。在运用市场力量推进城镇化的进程中,政府在包括城镇建设体制、户籍制度、农村土地流转制度、非农企业产权制度、城建用地制度等方面的城镇化体制创新发挥了重要作用。

四、中国的城镇化是由农民工构成的城市流动人口和拥有城市居民身份的市民"双重主体"推动的

城镇化过程也是农村劳动力转移的过程,这个过程关系到农村劳动力从农村到城市的地域转换和从农业到工业的职业转换。世界城镇化过程中出现的劳动力转移方式主要有英国圈地运动方式、德国容克赎买方式、美国农民自由迁移方式以及苏联指令性迁移方式等。所有这些方式,尽管形式有所不同,但流迁人口的地域转移和职业转换却是同时进行的,完成这两重转换的转移劳动力成为城镇化的重要推动力量。

我国农村劳动力在城镇化过程中要受到中国特色的户籍制度的影响。与其他国家的人口注册制度体系不同,我国的户籍制度不仅关系到人口统计和身份鉴别,而且直接控制分配并服务于政府的一些重要政策目标。[①] 由于这种特定的户籍制度,中国的城镇化是由"双重主体"推动的:由农村剩余劳动力构成的城市流动人口与拥有城市居民身份的城市居民。例如,就北京市来说,截至2005年底,北京市常住人口已经达到1538万人,其中在京居

---

① Kam Wen Ching and Li Zhang, "The Hukou System and Rural-Urban Migration in China: Processes and Changes", *The China Quarterly*, 1999, Vol.12.

住半年以上流动人口已经占到了全市常住人口的 23.2%,共 357.3 万人。整个"十五"期间,全市流动人口增加了 101.2 万人,占常住人口增加总量的 58%,全市户籍人口增加了 73.2 万人,占常住人口增加总量的 42%。[①] 从流动人口和农民工在城市中的行业分布看,他们与城市居民实现了就业的互补。据统计,流动人口和农民工主要分布在制造业(30.30%)、建筑业(22.90%)、餐饮业(6.70%)、批发和零售业(4.60%)、社会服务业(10.40%)以及其他(25.10%)城市居民不愿意从事的劳动密集行业,其中制造业、建筑业和社会服务业三者就占据了全部人数的 60% 以上。因而,城市居民与流动人口和农民工共同推动了城镇的建设与发展,成为我国城镇化的"双重推动主体"。

我国的城镇化与特定的户籍制度相联系,使得城镇化过程中的农村劳动力转移相比于西方发达国家表现出明显的复杂性。30 年来中国农民流动呈现三次浪潮:第一次是"离土不离乡、进厂不进城"的以乡镇企业为就业目的地的就地转移。第二次是"离土又离乡、进厂又进城"的以城市为目的地的异地暂居性流动。第三次则是以长期居住为特征,且有举家迁移的倾向。也就是说,我国农村劳动力的流动过程中,其产业转移和地域转移最初是被割裂开来的。并且,不同于一般意义上流迁人口地域、职业转换的路径,我国的城镇化需要实现"三维转换":农村劳动力在进入城市的过程中,不仅要实现地域转移、职业转换,还要实现身份变换。这也使城镇化了的农民难以市民化,农民工同市民存在着"同工不同酬、同工不同时、同工不同权"的不平等现象。这种特定制度决定了我国的城镇化是一种半城镇化。

改革开放三十多年来,我国在社会阶层方面的一个重大变化是在工业化、城镇化、市场化的进程中逐渐形成了一个 2 亿人口左右的以农民工为主体的新社会阶层。农民工阶层已经成为我国产业工人的重要组成部分,是我国城镇化和工业化的主要力量。第五次人口普查资料显示,务工农民在第二产业从业人员中占 57.6%,在第三产业中占 52%,在加工制造业中占 68%,在建筑业中占 80%。推进农民工市民化势在必行。农民工市民化是指离农务工经商的农民工克服各种障碍最终逐渐转变为市民的社会经济过

---

① 陶宝金:《加强流动人口管理服务的对策与思考》,《北京观察》2007 年第 1 期。

程。实践证明,目前多渠道解决农民工市民化问题的条件已经具备。农民工市民化主要可采取两条途径:一是对于长期留在城市中的一部分农民工,尤其是那些私营企业主和技能型农民工,他们收入已经相当稳定,完全适应城市生活,可以让其率先在所在城市市民化,获得城市归属感;另一条途径是构建能人回流、要素集聚的体制和机制,在 2800 多个县级市县区中依托县城建设一批 10 万至 30 万人的城市,让农民工在户籍所在地县城市民化。为此,要把县城建设成为县域经济的龙头和农村城镇化的经济中心。发展以县城为中心、乡镇为纽带、农村为腹地的县域经济,发挥县城在突破城乡二元结构、实现城乡统筹中的作用,通过县城把城市物质文明和精神文明扩展到乡村,使县城成为城乡融合的枢纽和桥梁,缓和农民工市民化对大城市的压力。

五、研究结论

中国城镇化之所以重要,其意义不仅仅在于几亿农民最终完成身份的转变,实现了巨大的社会变迁,更重要的是,作为一个发展中国家,中国的城镇化道路没有照搬其他国家的模式,走的是一条具有自身特色的并在实践中不断探索前行的城镇化发展道路:从转型特点来看,具有农业经济向工业经济的一般转型和计划经济向市场经济的特殊体制转型的"双重转型"背景;从发展方向来看,表现为人口城市化(异地转移)和农村城镇化(就地转移)"双重城镇化方向";从动力机制来看,是在"政府推动"和"市场拉动"双重动力驱动下的城镇化发展;从发展模式来看,表现为制度变迁方面自上而下的城镇化和自下而上的城镇化的"双重发展模式",需要探索多元化的城镇资金投入渠道,明确政府与市场在城镇化建设中的职能与分工;从推动主体来看,是由农民工构成的城市流动人口和具有城市居民身份的市民形成的"双重主体"推动的,需要积极多渠道解决农民工市民化问题。

(本文系国家社会科学基金项目(项目编号:05BJL036)的研究成果,发表于《中国人口·资源与环境》2009 年第 1 期。易善策、李华协助研究)

—28—

扶持农民工以创业
带动就业的战略意义与对策

一、全球金融危机与农民工面临"就业难"

从世界范围来看,2008 年全球金融危机已经对世界各国造成了巨大的冲击,就业压力逐渐成为日益严峻的经济社会问题。就业是民生之本,危机对民生的影响突出表现为大量企业经营困难甚至倒闭而引发的大量失业。美国 20 世纪 30 年代大危机时,失业率曾经超过 20%。国际劳工组织也在近期的报告中指出,发达国家的金融危机正演变为全球性的经济和就业危机。① 就中国而言,当前危机的影响仍在不断加深,全球金融危机对中国的影响不仅表现在实体经济方面,而且已经波及民生,并突出表现为就业形势的恶化,以农民工为代表的存量就业和以毕业大学生为代表的新增就业出现了较大困难。

在当前异常严峻的就业形势下,农民工的就业环境也发生了显著变化。受全球金融危机的冲击,大量农民工失业,就业困难增加,农民工"就业难"的问题凸显出来。有很多报道和文章甚至使用"失业潮""返乡潮"来描述当

---

① International Labor Organization, "Global Employment Trends: January 2009", http://www.ilo.org/wcmsp5/groups/public/-dgreports/-dcomm/documents/publication/wcms_101461.pdf.

前农民工的就业困难。① 据农业部抽样调查,有 15.3% 的农民工现在失去了工作或者没有找到工作。② 数以千万计的农民工失业,而计划招工的企业和空闲岗位同时在减少。据调查,2009 年春节后计划招工企业的数量与 2008 年相比减少了 20%,空岗数量减少 10%。③ 因而农民工的就业问题尤为突出。从地区分布来看,农民工相对集中的地区也是金融危机影响较为严重的地区。据统计,在东部地区务工的农民工占全部外出农民工的比重在 70% 以上,而这里也是受金融危机冲击最大的地区。从行业分布来看,农民工相对集中的行业也是金融危机影响较为严重的行业。在制造业中的农民工占农民工总数的 30%,建筑业则占 23%。④ 但是,伴随着外需的减弱,大量劳动密集型的制造业企业缺乏订单,出口受阻;同时,房地产等建筑行业也进入调整期,新开项目减少,直接影响到农民工的就业问题。

应当看到,危机的影响是双重的,不仅会对原有的经济发展形成冲击,而且会形成"倒逼"机制改变原有发展路径。从这种意义上来看,就业困难一方面是压力,另一方面却会形成"倒逼"机制,激发人们的创业热情。改革开放之初,我们也面临着类似当前的就业困境,数以千万计的城镇知识青年返城。面对当时的就业压力,政府放宽政策允许非公经济的发展,一大批人通过自谋职业进入非公经济领域,掀起了一次创业浪潮。1979—1984 年,全国共安置 4500 多万人就业,城镇失业率从 5.9% 迅速下降到 1.9%,⑤ 非公经济发挥了重要作用。从表 1 中可以看出,1978—1984 年城市新就业的人口中全民所有制企业吸纳就业所占的比重从 72% 降至 57.6%,而从事个体劳动的人数上升迅速,到 1984 年已占全部就业的 15%。创业型就业成了当时缓解沉重就业压力的一大创举,而在非公经济发展相对较快、创业活动相对活跃的地区,就业压力也相对较小。历史经验启示我们,危机会形成一种"倒逼"机制,在政策的引导下,待业者被迫创业最终化解了就业的压力。

① 谢卫群:《辩证看待农民工返乡潮转"危"为"机"》,《人民日报》2008 年 12 月 1 日;甄静慧:《金融海啸与民工失业潮》,《南风窗》2008 年第 23 期;常红晓等:《农民工失业调查》,《财经》2009 年第 2 期。
② 赵琳琳:《2000 万农民工因金融危机失业返乡》,《广州日报》2009 年 2 月 3 日。
③ 人力资源社会保障部:《农民工就业形势、对策和建议》,国研网,2009 年 2 月 24 日。
④ 国务院研究室课题组:《中国农民工调研报告》,中国言实出版社 2006 年版。
⑤ 莫荣:《中国就业 55 年的改革和发展》,《中国劳动》2004 年第 11 期。

表1 1978—1984年城市新就业人数及安置去向

年份	当年就业总量（万人）	全民所有制		集体所有制		从事个体劳动	
		就业量（万人）	占总量（%）	就业量（万人）	占总量（%）	就业量（万人）	占总量（%）
1978	544.4	392.0	72.0	152.4	28	0	0
1979	902.6	576.5	62.9	318.1	35.2	17	1.9
1980	900.0	572.2	63.6	278.0	30.9	49.8	5.5
1981	820.0	521.0	63.5	267.1	32.6	31.9	3.9
1982	665.0	409.3	61.5	222.3	33.4	33.4	5.0
1983	628.8	373.3	59.4	170.6	27.1	84.0	13.4
1984	721.5	415.6	57.6	197.3	27.3	108.6	15.1

资料来源：国家统计局：《中国统计年鉴》（1983—1985），中国统计出版社。

　　一般认为，创业有生存型创业和机会型创业两种类型。生存型创业背后的主要动力机制是"倒逼"机制。改革开放以来，三次创业的活跃期显示，个体工商户与私营企业户数的增长率显著升高都与失业率有密切联系（见图1）。因而，面对当前的就业压力，也要充分重视"倒逼"机制对创业活动的推动作用，抓住机遇，用创业带动就业，主动引导第四次创业浪潮，利用危机"倒逼"机制使更多的劳动者成为创业者。如果说30年前的创业浪潮是改革开放以来的第一次，即以城市边缘人群和农民创办乡镇企业为特征的"草根创业"，那么第二次创业浪潮则是以体制内的精英人群（科研部门的科研人员和政府部门的行政精英）下海创业为特征的精英创业。据报道，1992年邓小平南方谈话后，有10万人从体制内走向体制外"下海"经商。第三次创业浪潮是加入世界贸易组织后，伴随新经济的发展以大量留学人员回国创业为特征的"海归"创业。当前，第四次创业浪潮正在形成，即由这次全球金融危机和就业危机所"倒逼"的农民工创业和大学生创业。由金融危机带来的就业压力已使很多人选择自己创业。例如，从2008年9月以来，淘宝网上新开店铺每个月近20万家，每天有5000人在淘宝网上开店，网络创业热潮正扑面而来。①

————————

① 安琰：《淘宝每月新增20万卖家》，《杭州日报》2009年1月16日。

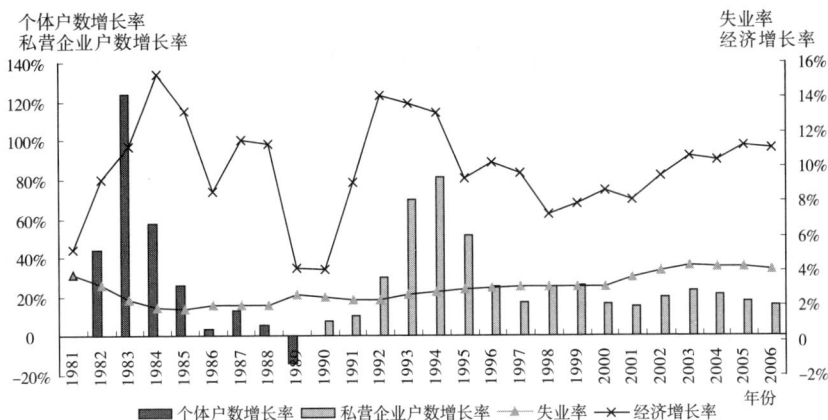

图 1　1981—2006 年我国创业活动与就业、经济增长情况

资料来源:中华全国工商业联合会:《中国民营企业发展报告(2004)》,社会科学文献出版社 2005 年版;中华全国工商业联合会:《中国民营经济发展报告(2005—2006)》,社会科学文献出版社 2006 年版;1980—2006 年各年《中国统计年鉴》。

二、鼓励农民工创业的必然性和战略意义

农民工是我国劳动力流动过程中的一个特殊群体。在与其有关的研究中,农民工返乡创业受到相当多的关注。早在 20 世纪 90 年代就有学者指出"打工潮"的兴起,带出了"创业潮""开发潮""建城潮",开创了农村进一步开发劳动力资源和解放生产力的新机遇。输出劳动力回家乡创办企业,也可以实现农村富余劳动力的就地转移,为避免"城市化过度综合症"的出现提供了一种有益的探索。① 通过一些地区"创业神话"的描述,很多学者都相信"民工潮"的背后将有回乡的"创业潮"。② 还有人认为返乡创业是外出劳动力的最终归宿。③ 同时,也有学者调查研究后指出,虽然不乏回乡创业的生动案例,但是绝大部分回流者回到了传统经济结构之中,返乡创业只是个别现象,调查结果并不支持"创业神话"。因而,从城市化进程的历史角度观

---

① 德文:《阜阳地区民工潮回流现象的调查与思考》,《中国农村经济》1994 年第 4 期。

② 郁昭、邓鸿勋:《农民就业与中国现代化》,四川人民出版社 1999 年版;欧阳普、廖闻菲:《2005 年湖南省劳动就业工作稳步前进》,《统计信息》2005 年第 16 期。

③ 德昌、王化信:《外出农民回乡创业的理论与实践》,中国农业出版社 1999 年版。

察问题,农村劳动力外出就业的意义远大于回流。① 由此可见,前期的研究对于是否支持农民工返乡创业的结论并不一致。

当前农民工流动已进入新的阶段。据调查,2000 年后回乡创业占全部返乡创业人数的 65.4%,即近 2/3 的回乡创业是在近几年实现的,农民工回乡创业步伐正在明显加快。② 同时,农民工的就业环境也发生了显著变化,扩大农民工就业是应对全球危机和维护稳定的重大战略。因此,对待农民工返乡创业问题,需要结合当前人口流动的新趋势和就业环境的新变化,充分认识农民工回乡创业的必要性和重要意义。

(一)鼓励农民工创业的必要性与战略意义

在当前的就业压力下,迫切需要实施积极的就业战略,多种渠道妥善解决当前农民工的就业难题。鼓励农民工创业的当务之急是为了应对当前的就业危机;从长远发展来看,农民工创业有利于解决"三农"问题,有利于工业化的可持续发展,有利于城镇化的健康发展,可以"引爆"中国最大的内需。

1. 鼓励农民工创业是解决农民工就业问题,缓解当前就业压力的有效途径

创业不仅能够解决自身就业,而且在扩大就业方面具有倍增效应,一人创业可以带动多人就业。调查表明,平均每名创业者带动就业 3.8 人。据调查估计,回乡农民工已经有 800 万人创业,并带动了 3000 万人就业,达到了"吸引一人返乡创业,带动一批人就业致富"的效果。③ 安徽现有 70 万农民工回乡创业,约占全省转移就业农民工总数的 7%。④ "引凤还巢"正在成为安徽非公经济发展的一支生力军。因而,破解当前的就业压力重在"开源",即创造新的就业载体,通过鼓励创业来带动就业。

---

① 南生、何宇鹏:《回乡,还是进城?——中国农民外出劳动力回流研究》,《社会学研究》2002 年第 3 期。

② 民工回乡创业问题研究课题组:《民工回乡创业现状的调查与政策建议》,《人民日报》2009 年 2 月 5 日。

③ 民工回乡创业问题研究课题组:《民工回乡创业现状的调查与政策建议》,《人民日报》2009 年 2 月 5 日。

④ 孝宗:《安徽:凤还巢"工程引农民工"返乡创业"》,《中国经济周刊》2009 年 3 月 3 日。

2. 鼓励农民工创业有利于提高农民收入和农村消费水平,进一步扩大内需

扩大内需的关键在于启动农村消费市场,农村消费市场活跃的关键又在于提高农民收入。农民工返乡一人创业,可以致富一方,进而拉动内需。一方面,农民工回乡创业可以吸纳当地农民进入企业。农民通过兼业经营,获得打工收入,有利于提高非农收入。另一方面,很多农民工回乡创业所从事的经营活动与当地的农业生产相联系。在这种"农产品加工企业+农户"的模式下,不仅分散的农户被有效地组织起来,加强了与市场的联系,而且深化了农产品加工,提高了当地的农业产业化水平,有利于农民增收。通过回乡创办经济实体,返乡农民工有效带动一大批农民发展生产和就业致富,已从昔日的城乡游民转变为当地经济的"领头羊",成为县域经济发展的重要推动力量。

3. 鼓励农民工创业有利于减少大规模的人口异地流动带来的沉重代价

农村劳动力的外出虽然有力地推进了中国工业化和城镇化的整体水平,但同时也产生了诸多的社会负面效应。由于家庭分离,农民工的异地流动形成了诸如农村劳动力弱质化和留守儿童、留守妇女、留守老人等问题。当前农村地区的留守儿童、留守妇女和留守老人问题相对突出。首先,留守儿童数量庞大。目前全国农村留守儿童约 5800 万,在全部农村儿童中,留守儿童的比例高达 28.29%。[①] 由于家庭的不完整、父母在家庭功能中缺位,农村留守儿童的健康成长受到严重影响,出现了学习滞后、心理失衡、行为失范、安全堪忧等诸多问题。其次,大量农民工夫妻分居,严重影响了农民工正常的家庭生活。最后,农村地区人口老龄化相对严重。第五次全国人口普查资料显示,60 岁及以上的农村老年人口占农村人口的 10.92%,2001 年农村老年抚养比为 11.6%,比城市的 11.25% 和镇的 9.68% 都高。[②] 在目前农村仍以家庭养老为主的情况下,大量留守老人缺乏照顾,感觉孤独。而农民工回乡创业将有利于农民工的就地就近转移,化解多年

---

① 陈丽平:《农村留守儿童高达 5800 万新数字催生新建议》,《法制日报》2008 年 3 月 3 日。
② 丁志宏:《人口流动对农村留守老人的影响》,《人口研究》2004 年第 4 期。

来农民工进城务工所形成的一些社会问题,减少大规模的异地流动带来的不利影响。

4. 鼓励农民工返乡就业和创业有利于农村水利等基础设施建设和新农村建设

返乡农民工对当地县域经济而言,不仅是"资金库",而且是"人才库"。农民工返乡将为新农村建设注入新的力量。农民工群体以初中文化的青壮年为主,整体上年龄较轻,是农村劳动力中受教育程度较高的群体。据调查,全国农民工的平均年龄为 28.6 岁,其中 40 岁以下的占 84%。① 与未外出的农村人口相比,农民工的劳动力素质普遍较高,是农业生产的主力军。这一部分人在农村大量流失势必影响农村建设和农业生产。据调查,一些地区由于缺乏必要的青壮年劳动力,当地的耕地要么被撂荒,要么粗放经营,农业生产率下降,农业基础设施建设更是无法开展。同时,农民工具有在外的经历,见多识广。回乡后他们不仅成为当地农村与外界联系的重要桥梁,成为当地农村了解外界的重要渠道,而且他们带回的城市文明对当地的农村文化形成冲击,对人们原有的生活方式能够产生积极的影响,有利于实现"人"的城镇化。

5. 鼓励农民工创业有利于农村城镇化和县域经济发展

当前,农民工回乡创办的企业近半数在小城镇或县城。农民工返乡创业在增强县域经济实力、集聚资金、扩大城镇人口规模等方面都能起到重要的作用。首先,农民工返乡创业直接推动了县城的民营经济的发展,使县城能够形成一定的产业支撑,极大地提升了县城的经济实力。其次,农民工通过返乡创业,带动资本等要素向城镇集聚,有效推动了当地城镇的建设。有些农民工甚至直接投资参与城镇建设,进而形成城镇建设多元化的投资主体,有利于克服城镇化进程中的资金约束,加速了农村城镇化的发展。最后,国际经验表明,当一个城镇的人口达到 10 万时,城市的集聚功能才能得以充分发挥。农民工返乡创业加速了人口向县城的集中,有助于扩大当地的人口规模。

---

① 国务院研究室课题组:《中国农民工调研报告》,中国言实出版社 2006 年版。

（二）鼓励农民工创业与引导新一轮创业潮的可能性

当前,农民工创业既有必要性,又有可能性。从外部环境来看,就业压力所形成的"倒逼"机制、产业转移所形成的创业机遇及一些经济政策的陆续出台都为鼓励农民工创业提供了条件;从农民工自身来看,多年的打工经验为农民工从打工者转变为创业者提供了可能。

1. 产业转移所形成的创业机遇

东部地区结构转型和产业升级需要将劳动密集型产业向中西部地区转移,这为农民工返乡提供了创业机遇。一是基于要素价格相对优势的创业机遇。当前,东部地区的要素资源价格不断升高,导致土地租金等创业成本较高,返乡创业更具吸引力。例如,原来中国水暖工业三大基地之一的温州市梅头镇集聚了很多河南省固始县人,他们在这里租地办翻砂厂,生产水暖器材半成品,向较大企业供货。但近年由于当地租金已由十多年前每亩年4000 元增加到 4 万元左右,2005 年后,很多人陆续"打捆"移址到家乡创业。目前水暖工业已经成为河南省固始县的六大支柱产业之一。[①] 二是基于为大企业配套而产生的机遇。当前一些东部的劳动密集型企业向中西部转移,这就需要相当多的企业为其提供配套服务及上下游产业链上的协作,也为当地的创业提供了良好的机会。

2. 积极创业政策的实施

回顾前三次创业浪潮,其背后都有宏观政策的积极推动(见表2)。改革开放初期的创业浪潮得益于国家出台的恢复和发展个体经济的政策。1992年前后的创业浪潮得益于邓小平南方谈话和社会主义市场经济体制改革目标的确立。同时,《有限责任公司规范意见》和《股份有限公司规范意见》两份文件的出台进一步带动了创业浪潮的高涨。2002 年前后的创业浪潮一方面得益于加入世界贸易组织等宏观环境改变,积极鼓励"海归"创业;另一方面政府提出"实施积极的就业政策",大规模开展创业培训项目,并以项目开发、融资服务、跟踪扶持等对创业进行配套服务。

---

① 崔传义、潘耀国、伍振军:《河南省固始县鼓励支持农民工回乡创业实地调研报告》,国研网,2008 年 6 月 12 日。

表 2　改革开放以来推动创业高潮重要的政策举措与法规文件

时间	代表性的的政策举措与法规文件
第一次创业浪潮	1980 年 8 月,提出实行劳动部门介绍就业、自愿组织起来就业和自谋职业相结合的"三结合"就业方针; 1981 年 7 月《关于城镇非农业个体经济若干政策的规定》; 1981 年 10 月《关于广开门路,搞活经济,解决城镇就业问题的若干规定》等
第二次创业浪潮	1992 年春邓小平同志南方谈话; 1992 年 5 月《有限责任公司规范意见》和《股份有限公司规范意见》; 1992 年中国共产党十四大报告确立社会主义市场经济体制的改革方向等
第三次创业浪潮	2001 年 5 月《关于鼓励海外留学人员以多种形式为国服务的若干意见》; 2001 年原劳动保障部引进国际劳工组织"创办你的企业"的 SYB 培训; 2002 年 9 月《中共中央、国务院关于进一步做好下岗失业人员再就业工作的通知》; 2002 年 12 月《下岗失业人员小额担保贷款管理办法》; 2002 年 12 月《关于下岗失业人员再就业有关税收政策问题的通知》; 2003 年原劳动保障部依托全国 10 个创业基础较好的城市建设国家创业示范基地等

当前,农民工创业也已经得到了中央和地方政府的共同鼓励(见表 3)。中央连续出台有针对性的文件,从提出鼓励农民工返乡创业到明确要求完善支持农民工返乡创业的政策措施。同时,不少地方政府也出台了一些引导和鼓励农民工返乡创业的政策,并对支持农民工创业的优惠办法进行了积极的探索,改善了农民工创业的环境。

表 3　近来关于支持鼓励农民工创业的相关文件与表述

时间	文件	表述
2008 年 9 月	《关于促进以创业带动就业工作指导意见的通知》	重点指导和促进高校毕业生、失业人员和返乡农民工创业
2008 年 10 月	《中共中央关于推进农村改革发展若干重大问题的决定》	鼓励农民就近转移就业,扶持农民工返乡创业
2008 年 12 月	《关于切实做好当前农民工工作的通知》	抓紧制定扶持农民工返乡创业的具体政策措施,引导掌握了一定技能、积累了一定资金的农民工创业,以创业带动就业

续表

时间	文件	表述
2009 年 1 月	《中共中央国务院关于 2009 年促进农业稳定发展农民持续增收的若干意见》	充分挖掘农业内部就业潜力,拓展农村非农就业空间,鼓励农民就近就地创业
2009 年 2 月	《关于做好春节后农民工就业工作有关问题的通知》	根据当前新的就业形势,完善支持农民工返乡创业的政策措施

3. 农民工自身条件

如果说普通农民成为外出打工者是第一次飞跃,那么农民从打工者成为创业者则是第二次飞跃。发展经济学家托达罗认为,农村剩余劳动力进入城市非正规部门,而非正规部门用极为低廉的费用培养了劳动力,在人力资本的形成中扮演着重要角色。农民工通过外出打工的经历,不仅获得了人力资本,而且也积累了一定的社会资本,为创业提供了有利条件。打工场所是锻炼人的"熔炉"和培养人的学校,外出打工是农民工回乡创业的"孵化器"。他们回乡创业具有以下几大优势:一是经历了城镇化和工业化的洗礼,接受了现代城市中创业观念的熏陶,熟悉了市场规则,磨练了意志,具有饱满的创业激情;二是通过打工直接和间接学习,不少农民工已经成为熟练的产业工人、企业技术骨干,甚至成为管理人员,拥有一定的技术和资本,具备了创业能力;三是农民工在外打工也积累了一定的社会资本,在自己创业过程中可以与原来的打工企业老板和客户保持多种形式的联系,拥有相对优越的创业资源;四是对于家乡的市场情况更加了解,对家乡的认同感使他们在外学有所成或者积累一定资金后愿意返乡归根,具有回乡创业的意愿。

三、支持农民工以创业带动就业的对策思考

面对危机,政府要把扩大就业作为第一工作目标,利用就业压力所形成的"倒逼"机制引导新的创业浪潮,用创业带动就业。要通过给广大农民工提供创业培训提高农民工创业能力,增强创业意识,通过有效的货币政策和财政政策保障农民工创业资本供给,降低创业"门槛"和创业成本,建立各类

返乡农民工创业园区,提高农民工创业的组织化程度,使更多的打工者成为创业者,让农民工返乡创业就业和就地城镇化"引爆"农村内需(见图2)。

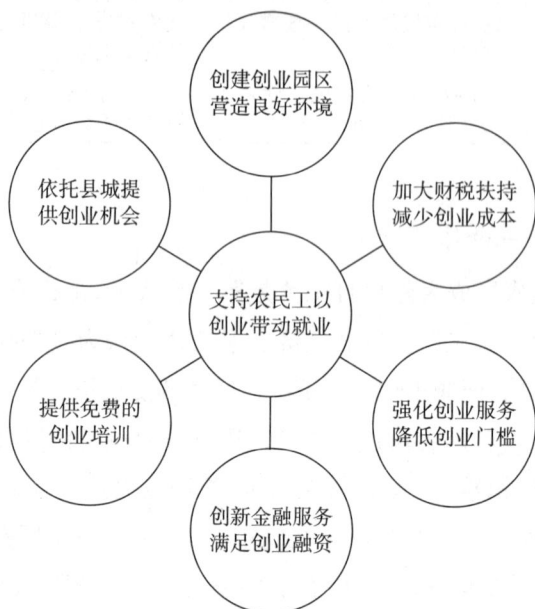

图2 支持农民工以创业带动就业的战略对策

(一)把农民工创业与农村城镇化结合起来,中央和地方政府要联手依托县城发展一批中小城市,让农民工在新兴城市安居乐业,为农民工市民化和实现创业梦想创造机会

鼓励农民工返乡创业并不是让其返回农村,而是要将农民工创业与多向分流农民工、走多元城镇化道路统筹考虑,使农民工返乡创业成为农村城镇化的有力推手。浙江省义乌市是一个通过农民创业带动就业推动县域城镇化的成功典范。义乌通过农民创业所推动的城镇化,使原来只有2万人口的县城发展成拥有70万以上城区人口、位居全国百强县第八位的中等城市,实现了由落后的农业小县到实力雄厚的经济强市的跨越,由创业农民转变成的职业商人构成了义乌小商品市场的主体。当前,把县城作为农民工创业的主要载体,鼓励创业农民向县城集聚,发展依托县城的新型城市化是将农民工创业与农村城镇化结合起来的重要途径。县城是县域工业化、城镇化的主要载体,是农村城镇化最有发展潜力的区位,是形成城乡经济社会发展一体化新格局的重要战略支点。鼓励创业农民工向县城集聚,发展依托县城的新型城市化不仅可以逐步形成县域范围内功能互补、协调发展的"中小城市—中心镇—集镇"体系,有效提高农村城镇化的发展质量,而且鼓励创业农民工向县城集聚,有利于农民工的合理流动和市民化,改变当前已经进城的农民工实际上仍是没有市民化的"半城镇化"状态,真正实现农民的"城市梦"。更重要的是,依托县城的新型城市化是我国最大的内需所在,发展依托县城的新型城市化可以创造出持续增长的需求。据国家统计局数据显示,2007 年中国共有城市 656 个,其中人口规模在 20 万以下的城市数量不到全部城市数量的一半(见图 3),依托县城发展中小城市潜力巨大。为此,一要按中小城市标准规划,在 2800 多个县级市、县、区中依托县城建设一批具有一定规模效应和集聚效应、人口规模为 10 万—30 万人的城市。二要在县城等中小城市率先全面推进户籍管理制度改革,增强县城等中小城市吸引力,使农民工能够在户籍所在地的县城实现就地城镇化和市民化。

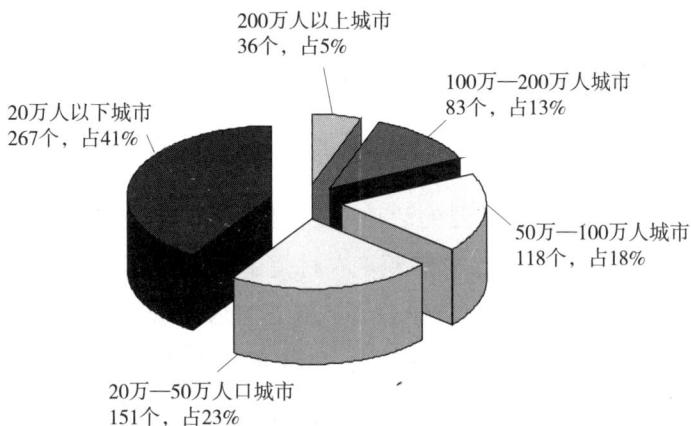

图 3　我国 2007 年 656 个城市规模分布

资料来源:国家统计局:《改革开放 30 年报告之七:城市社会经济建设发展成绩显著》,国家统计局网站(http://www.stats.gov.cn),2008 年 11 月 4 日。

(二) 提供免费的创业培训,提高农民工创业能力,增强创业意识

创业是一个十分复杂的过程,创业者必须具备多方面的综合素质才能成功创业。创业培训在激发创业激情、提高创业能力等方面具有积极的促

进作用。从国外的实践经验看,政府都是创业培训的积极推动者,收到很好的实效。当前,鼓励农民工返乡创业同样需要政府的积极参与。一是在创业培训保障上,政府要加大对农民工培训的投入,将农民工培训资金列入政府预算,通过投资组织实施大的培训项目,确保创业培训能够有效开展。二是在创业培训内容上,要将技能培训与培养创业意识、创业能力结合起来。要重视创业的典型示范在培养创业意识、激发创业激情中的作用,通过舆论宣传、物质和精神鼓励等措施,积极发挥创业带头人的典型示范作用。要强化农民工技能培训,突出培训的实用性和针对性,使农民工拥有一技之长。要加强创业辅导和指导,邀请创业之星、企业家、专家学者向返乡创业者传授创业经验和创业技能、现代经营管理理念和政府扶持返乡创业的优惠政策,解决他们创业过程中遇到的困难和问题。三是在创业培训机制上,要在政府主导的原则下,引入多方主体参与,充分发挥各类职业学校、技术学校和培训机构、农业协会、农村经济组织及农村龙头企业的积极作用,积极整合多方培训资源。尤其要加强培训的师资队伍建设,确保培训质量。四是在创业培训的运行上,要建立培训信息反馈机制和培训效果的评价机制,防止培训项目出现"叫好不叫座"的现象,提高创业培训的效率。

(三) 创新金融服务,为农民工创业提供创业资本

创业融资是创业最重要的活动之一,相当多的创业者在创业的过程中都遇到创业资金筹措困难的问题。农村是中国金融体系中尤为薄弱的地区,农户和中小企业的金融需求得不到满足是农村金融的主要矛盾。据测算,农村金融的供需缺口在继续扩大,2010 年将达到 5.4 万亿元,2015 年将达到 7.6 万亿元。[①] 在这种情况下,农民工创业过程中遇到的突出困难就是创业资金问题。据调查,近八成农民工回乡创办的企业发展得不到金融机构的支持,农民工回乡创业最初主要依靠自有资金。[②] 因而,鼓励农民工返乡创业就必须加强农村金融体系建设,创新金融服务,有效消除农民工创业的资金障碍。一要放宽创业融资抵押物的范围。当前,有相当多的地区已

---

① 王敬东:《创新体制机制破解农村金融难题》,《人民日报》2009 年 1 月 9 日。
② 农民工回乡创业问题研究课题组:《农民工回乡创业现状的调查与政策建议》,《人民日报》2009 年 2 月 5 日。

经进行了积极而有意义的尝试,如允许返乡创业农民工以房屋产权、机器设备、大件耐用消费品和有价证券及注册商标、发明专利等无形资产作为抵(质)押品。要在此基础上进一步探索,试行农民承包土地抵押。二要加强政策性金融的扶持力度,放宽政策性金融的扶持对象和地区范围,加大对农民工创业贷款的支持。三要放宽农村地区银行业金融机构准入政策,培育农村新型金融机构,健全农村金融机构组织建设。要积极发展服务于农村的中小银行,进一步推进村镇银行、贷款公司、农村资金互助社三类新型农村金融机构的试点工作,有效填补农村金融服务的空白。四要针对农民工创业的特点,创新金融产品,有效满足贷款需要。要积极发展小额信贷,为农民工回乡创业提供额度不大但期限长、利息低、覆盖面广的贷款。五要加强农村信用担保体系建设,充分发挥政府担保的作用,建立"农民工回乡创业担保基金",通过担保风险的补偿和担保机构的激励,提高商业性小额贷款担保机构的积极性,为农民工回乡创业获取贷款提供方便。

(四)强化创业服务,尽可能降低创业"门槛"

宏观调控有着多重目标,在多重目标中要突出重点,确保重中之重。面对严峻的就业形势,政府要努力扩大就业,用创业带动就业。就业是民生之本,保就业目标应高于保增长目标。要在政府宏观调控的多重目标中树立"就业和创业是工作重中之重"的观念,把就业工作放在政府政绩考核的首位。中国的创业环境仍待优化,创业仍然面临较高的"门槛"。《全球创业观察(GEM)2006中国报告》中指出,与其他国家和地区相比,我国创业政策方面的劣势在于新公司的审批成本高,平均创办一个企业需要6次批示,耗时30天。而英国、新加坡、中国香港只需2次批示。在冰岛创办一个企业只需5天就可将所有手续办完。[①] 因而,鼓励农民工创业要重视政府创业服务的改善。首先,在创业服务观念上,要转变思想,强化政府的服务意识。要理顺政企关系,树立为企业服务的思想。其次,在创业服务方式上,要简化程序,提高创业的审批效率。针对农民工创业,及时开辟农民工创业的绿色通道,要按照"特事特办"的原则,设立审批大厅,相关部门集中并联审批,提供

---

① 唐学锋:《为高技术企业筑巢——高技术企业创业与企业孵化器》,重庆出版社2006年版。

"一站式服务"。再次,在创业服务内容上,要放宽登记条件,降低创业"门槛"。要放宽创业市场准入,按照"非禁即入"的原则,凡是国家法律法规没有明令禁止和限制的行业和领域都不能设置限制条件。要放宽经营场所的范围,回乡创业人员的家庭住所、租借房、临时商业用房,可视为创业经营场所。最后,要建立健全政策扶持、创业服务、创业培训"三位一体"的工作机制,使更多的打工者成为创业者。

(五) 进行财税扶持,使农民工创业成本最小化

在创业之初给予创业者以财税支持是世界各国鼓励创业活动的普遍做法。当前鼓励农民工创业的财税政策可以从以下方面考虑:一是加大财政扶持。要将财政政策与其他相关措施综合考虑,配套实施,为创业培训、创业服务、创业融资等措施的实施提供强有力的资金支持。二是给予税收优惠。对于农民工的新创企业可以规定在一定期限内实行免税政策或者优惠税率;对于解决就业、贡献突出的企业实行优惠税率或者实行"先征后返"的办法。三是扩大财政补贴。要设立农民工返乡创业专项扶助基金,为农民工返乡创业提供融资补贴;将农民工参加创业培训纳入就业再就业培训补贴范围;政府也可以在一定时期内对新创企业进行用地、厂房租赁、用电和用水方面的政策支持,通过财政补贴,给返乡农民工创业提供低于市场的价格。四是减免行政收费。减免返乡农民工创业的工商登记费等行政事业性收费。通过"减税、降息、免费",对农民工创业给予特殊的减免优惠,大力降低农民工的创业成本。

(六) 创建各类创业园区,营造农民工创业的良好小环境

20 世纪 80 年代,乡镇企业的异军突起极大地推动了中国的经济发展。但是,许多地方乡镇企业的发展缺乏规划,布局分散,甚至出现"村村点火,户户冒烟"的现象,造成集聚效应不强、效率低下的问题。当前鼓励农民工创业要竭力避免这种现象的重演。创业园区集多重功能于一体,不仅是"政策洼地"、创业者的天堂,而且是政府加强经济规划、增强集聚效应的重要工具。安徽在全省建成 124 个创业园及 123 条创业街,为农民工返乡创业构筑了良好的创业平台。2008 年返乡创业农民工 5.26 万人,创办经济实体

14706个,带动就业27.25万人。[1] 当前要组建农民工创业园,制定优惠政策,搞好创业规划,增强农民工创业的组织化程度。要比照外商享受的政策,对园区内企业实行同样优惠的政策,在基础设施、政策扶持、配套服务、产业引导、人才供给、土地优惠等方面给予农民工创业系统的支持;要设立农民工返乡创业者指导(服务)中心,打造优质创业平台,为农民工创业提供咨询和信息服务;要积极营造园区浓厚的回乡投资氛围,增强对农民工返乡创业的吸引力。

总之,大规模的农民工异地流动在经济发展上创造了辉煌的成就,但同时这种"候鸟"式的流动也付出了巨大的社会代价。当前,伴随着宏观经济形势的变化、东部产业向中西部的梯度转移、农民工多年打工经验的积累和国家强农惠农政策的实施,农民工回流的态势正日益加强。鼓励农民工返乡创业就业不仅是顺应农民工流动趋势新变化的需要,而且是缓解就业压力、积极扩大内需的重大战略举措。将农民工返乡创业的意愿转变为现实行动需要政府强有力的鼓励和扶持。当前,一部分农民工返乡创业的条件已经具备,但创业环境尚待改善,创业政策仍需优化。要从创业机会、创业培训、创业融资、创业服务、创业成本、创业孵化及园区等方面构建一个相对完整的扶持农民工创业的政策体系,以积极引导新一轮农民工创业浪潮。

(本文发表于《中国人口科学》2009年第3期。易善策协助研究)

---

① 汪孝宗:《安徽:"凤还巢"工程引农民工"返乡创业"》,《中国经济周刊》2009年3月3日。

县域经济发展的问题与应对策略

县域经济是以县城为中心、乡镇为纽带、广大农村为腹地的区域经济，是城镇经济与农村经济的结合部，是工业经济与农业经济的交汇点。特殊的区位和特殊的部门功能决定了县域经济在我国城镇化和工业化进程中的特殊地位。胡锦涛同志在党的十七大报告中指出：要加强农业基础地位，走中国特色农业现代化道路，建立以工促农、以城带乡长效机制，形成城乡经济社会发展一体化新格局。壮大县域经济，多渠道转移农民就业。可见，发展县域经济，形成城乡经济社会发展一体化新格局的重要战略支点，已经受到高度重视。当前，我国总体上已经进入以工促农、以城带乡发展的新阶段，正确认识新时期县域经济发展面临的深层次问题，推动以县城为中心的农村城镇化的发展，实现从以乡村为依托、以农业和农村经济为主体的传统县域经济，向以县城为依托、以非农经济为主导、一二三产业协调发展的新型县域经济转变，对于解决"三农"问题、实现城乡统筹具有极其重要的战略意义。

一、我国县域经济发展的主要问题

2005 年，我国 2861 个县级市县区，其国土面积占全国的 94%，人口占全国的 71%，财政收入约占全国的 45% 以上，固定资产投资约占全国的 40% 以上,社会消费总额约占全国的50%以上。① 从总体上来看,县域经济在我国经济发展中占据了相当的比重,是国民经济的重要组成部分。但是从结构上来看,县域经济发展存在很大差异。据第六届全国县域经济基本竞争力评价结果,全国县域经济强县的地区生产总值占全国2008个县的42.6%,地方财政一般预算收入占50.0%。② 尽管部分发达地区的县域经济发展迅速,但是我国县域经济发展情况并不乐观,广大中西部地区县域经济发展相对落后。我们认为,伴随着农村城镇化进程,当前我国县域经济发展过程中主要面临以下五个方面的问题。

(一)县域城镇化载体不发达

城镇化不仅表现为以新建或扩展某类城市规模为主导的外延式发展,而且表现为城镇基础设施以及公共服务完善的内涵式发展。当前我国县域经济内涵式发展不充分,在相当大程度上弱化了农村城镇化进程中城镇载体的质量,具体表现为:第一,县域建设缺水少电,交通不便,信息等基础设施不配套。县域人均日生活用水量标准平均仅是城市的一半左右;大部分县域农村地区电力供应短缺;县域公路总体上处于以通为主的初级发展阶段,通达深度、路网密度、技术等级、路况等指标水平低;农村互联网普及率低,仅为城镇普及率的1/4。第二,县域城镇的文化教育、医疗卫生、社会保障等公共服务体系不健全,相关配套服务设施缺乏。优质的设施、教师、管理等公共教育资源多向城市流动和集中,县域得到的国家教育投资十分有限;医疗卫生条件差,合作医疗存在保障范围模糊、医疗机构行为监督难及国家投入不足等方面的问题;社会保障面临保障水平低、政府扶持力度小、覆盖范围窄、法律制度缺失等诸多问题。第三,有的地方注重城镇的"硬件"设施建设,注重经济增长指标的考核,忽视经济、社会、生态、人文、环境的协调发展。有的地区在城镇化进程中忽视对生态环境和自然资源的保护,出现了污水满街流、垃圾满天飞等现象,严重影响了城镇的容貌和居民的生活。一部分城镇化新居民素质低、精神生活贫乏,文化糟粕乘虚而入,社会

---

① 邱治忠:《专业协作是"全能县"发展县域经济的方向》,中华人民共和国国家发展和改革委员会网,2006年12月31日。

② 刘福刚:《第六届全国县域经济基本竞争力评价结果》,县域经济网,2006年12月1日。

丑恶现象沉渣泛起。

(二) 县域产业体系不完善

构建完善的产业体系是县域经济发展的基础,是发挥城镇功能作用的关键所在。当前,相当一部分地区县域经济缺乏必要的、有力的产业支撑,农村城镇化和县域经济发展底气不足。第一,产业结构不合理。大部分县域产业集中在种植业和养殖业等传统农业上,产业结构单一、农业产业链条短、产业层次较低,自给自足的小农经济仍然在整个县域经济中占重要地位。2007 年,全国 GDP 中第一产业的比重是 11.7%,而全国县域经济第一产业的比重达到 25% 左右。[①] 同时,全国县域经济第二产业脆弱,第三产业发展滞后。县域经济整体上表现出"农业大县、工业小县、经济弱县、财政穷县"的基本特征。第二,产业布局分散。中国现有的乡镇企业大部分分布在各村庄和小集镇,只有小部分分布在县城以上。过于分散的产业布局使乡村工业布局分散化、规模细小化、人际关系亲缘化、经验管理封闭化、决策主体附属化,不利于小城镇区域经济龙头作用的形成,也不利于乡镇企业自身发展和提高。[②] 第三,缺乏特色产业,"小而全"的现象严重。一些地区特别是中西部地区,忽视对本地区支柱产业的培育,产业发展"全而不专,多而不精",不利于分工和专业化生产,产品竞争力较弱。

(三) 县域财政体制不健全

财政体制是划分上下级政府之间财权财力,规定预算内财力使用的范围、方向和权限的制度安排,直接影响到县域经济发展的资金来源。1994 年我国的分税制改革只是确定了中央和省级的分税格局,并没有涉及省级以下的收入分配。省级以下地区很大程度上延续了旧体制的模式,基层县乡财政体制仍不健全。第一,县域财政的财源结构单一,财政实力弱。分税制后,农业税取代增值税成为乡镇财政的主体税种。然而,随着近年来取消农业税等一系列农民减负政策的实施,县乡财政形势更加不容乐观。第二,分税制下的县域财政财权与事权不对称,难担促进地方经济发展重任。现行

---

① 杨荫凯:《我国县域经济的基本概况和发展思路》,中国经济网,2005 年 12 月 1 日。
② 辜胜阻、李永周:《进一步优化农村城镇化的战略对策》,《中国人口科学》2000 年第 3 期。

的财政体制下,财权及财力向上集中,事权及责任不断下移,县级财政处于"小斗进,大斗出"的尴尬境地。县乡两级政府一方面要提供义务教育、社会治安、环境保护、行政管理等多种地方公共品,还要兼顾地方经济发展。据国务院发展研究中心调查,目前我国义务教育支出中,县乡约负担 87%、省市约负担 11%,中央仅负担 2%。[①] 第三,当前我国转移支付制度不完善,中央财政和省市级财政对县乡财政转移支付的规模较小,分配不规范,且各种转移支付形式之间缺乏协调机制。在这种财政体制下,为了维持基层政府的正常运转,县乡财政负债严重。据估计,现在全国平均每个县财政赤字是 1 个亿,全国赤字县占全国县域的比重达到了 3/4 左右,赤字总量占这些地方财政总量的近 80%。[②]

(四) 县域金融体制不配套

改革开放以来,我国长期实行大城市偏向的发展战略,对县域发展重视不够,县域金融发展相对滞后。目前,县域金融服务主要依靠农村信用合作社、中国农业银行和农业发展银行、邮政储蓄以及数量极少的其他国有商业银行,但是这四类金融机构并不能有效满足县域经济发展的需要。第一,国有商业银行经营的城市偏向性明显。国有商业银行经营重心向大城市、大企业、大客户、大项目转移,县及县以下机构网点大幅减少。保留下来的县及县以下机构网点只存不贷,实际上已成为上级行的"储蓄所"。第二,政策性金融作用弱化。其职能没有随农产品的市场化改革作相应的调整,业务仍然仅限于单一的国有粮、棉、油流通环节的信贷服务,没有涉足农业开发等生产环节和农业科技、农业产业化、农业市场服务以及扶贫等领域。第三,合作金融支农后劲不足。由于历史包袱沉重、资金实力不强、产权不明晰、法人治理结构不完善等一系列问题,合作金融难以适应农村经济规模化、产业化发展的需要。而且,当前农村信用社经营业务的商业化和经营区域的城市化趋势已经越来越明显,对于一般农户的资金支持越来越少。第四,改革前邮政储蓄体系"只存不贷"使其演化为农村资金外流的"抽水机"。调查表明:许多农村地区 60%—70% 的资金流向城市和工业区。2006 年,县

---

① 安徽省人大财经委课题组:《建立健康稳定的县级财政》,《经济研究参考》2006 年第 62 期。

② 杨荫凯:《我国县域经济的基本概况和发展思路》,中国经济网,2005 年 12 月 1 日。

域内城乡居民储蓄存款余额占全国的 35.3%，贷款余额只占 20.64%，存贷差高达 10482 亿元，大量农村资金"非农化"，农村巨大的金融需求无法满足。①

（五）县域建设人才缺少集聚机制

人才作为一种特殊的要素资源，是区域经济发展中最重要、最具活力的因素。当前，我国县域经济的人才建设出现"引不进、留不住、盘不活"的局面，人才匮乏问题突出。第一，人才总量不足，结构失衡，高层次的人才比重低。资料显示，全国 4.97 亿农村劳动力中，高中以上文化程度的只占 12%，绝大多数农民没有受过职业技术和技能培训（李定仁、肖正德，2006）。而且，凭经验的初级人才多，懂宏观经济管理、企业经营发展及项目开发研制的高级专业人才稀缺。第二，人才引进难，优质的农村人口大量外流，县域经济发展缺少人才支撑。特别是中西部的欠发达县，经济发展落后、人才观念淡薄、工作生活环境条件较差、工资待遇不好、激励机制不健全、政策环境不协调，不仅引人难，留人更难。近十年来，四川省先后选派 8600 多名大学毕业生到村（社区）工作。但统计显示，现仍在村（社区）工作的不足 3000人，流失率达 70% 以上。② 第三，观念落后，体制僵化，育人用人机制不完善，使得县域现有的人才资源得不到充分的发现和利用，大大制约了县域农村的科技进步和科技成果的推广。现有适合农村应用的科技成果有 70% 左右在农村推广不了，科学技术进步因素对农业增产的贡献率只占 30% 左右。而相比之下，发达国家的这一比率一般都在 60%—80%。③ 由于上述问题，我国县域经济发展基础不牢、后劲不足、增长乏力、城乡收入差距持续扩大。统计显示，2007 年尽管农产品价格上升较快，但是农民从中获得的好处并不明显，城乡收入比已达到 3.32∶1。④ 这表明，我国县域经济整体实力较弱，不能有效满足农村城镇化的需要，难以支撑城乡经济社会发展一体化的新格局。

① 蒋志臻：《广泛调研把脉城镇统筹发展战略支点》，人民政协网，2008 年 3 月 9 日。
② 范华关：《对大学生村官严重流失现象的反思》，《人民日报》2007 年 8 月 7 日。
③ 付俊红：《我国县域经济发展面临的六大挑战》，《农业经济》2006 年第 11 期。
④ 定军：《2007 年城乡恩格尔系数罕见上升 城乡收入差距继续拉大》，《21 世纪经济报道》2008 年 2 月 9 日。

二、进一步推进我国县域经济发展的对策

如前所述,当前我国县域经济的发展面临城镇载体、产业发展、财政金融体制以及人才等多方面的问题。我们认为,进一步促进县域经济的发展应该采取以下四个方面的措施:

(一)以县城提升为依托,通过内涵式发展,进一步推进农村城镇化

县城是县域工业化、城镇化的主要载体,是农村城镇化最有发展潜力的区位。对于县域经济的发展,早在 20 世纪 90 年代初期,我们就曾经以增长极理论为依据,提出以县城为中心、据点和网络同步发展的农村城镇化道路(辜胜阻,1991)。20 世纪 90 年代中期,我们进一步把这种设想具体化,提出一方面通过城镇据点发展模式,增加 300 多个小城市和近 2000 个县城的人口规模;另一方面,通过网络城镇化发展模式,在全国根据不同情况建立区域城镇群、市管县内城镇群、"三沿"(沿江、沿河、沿路)城镇带和整县改市城市群。[①] 我们认为,"以县城为中心的城镇化"有利于城市的合理布局、突破城镇建设和就业安排的资金限制、实现农村剩余劳动力的就地转移以及工业生产和农业生产的紧密联系。当前在工业化和城镇化快速推进的新形势下,县域经济发展应该以县城为依托,把县城建设成为县域经济的龙头和农村城镇化的经济中心,通过县城把城市物质文明和精神文明扩展到乡村,使县城成为城乡融合的枢纽和桥梁,缓解农村人口向大城市的高速集中,缓和大城市的压力。为此,在城镇化的问题上,我们更加主张以加强城市供水、供电等基础设施,特别是交通和通讯设施建设为特色的有内涵的城镇化。构建平等、共享的城镇公共服务体系。繁荣文化教育事业,加强城镇卫生设施建设,构建安全、有效、方便、价廉的卫生服务体系;加快农村社会保障体系的建设。科学规划,注重长远,兼顾社会、生态、人文及环境的协调发展,创造良好的人居环境。

---

① 辜胜阻等:《当代中国人口流动与城镇化》,武汉大学出版社 1994 年版。

（二）强化产业支撑，引导特色产业集聚，把县域经济发展建立在坚实的产业基础上

迈克尔·波特认为竞争优势的获得关键在于产业的竞争，而产业的发展往往是在区域内形成有竞争力的产业集群。县域经济发展必须基于县域实际，促进产业集聚，构建自己的产业竞争优势。第一，加快推进农业产业化。以市场为导向、以农户为基础、以农民专业合作组织等中介组织为纽带，立足于地方特色，依靠龙头企业带动，大力发展农副产品深加工、精加工、运输和贸易，将农业生产过程的产前、产中、产后诸环节联结为一个完整的产业系统，延长农业产业链，推进一产向二三产业延伸，实现种养加、产供销、农工商一体化经营和三次产业的协调发展。第二，引导产业集中，强化特色产业支撑。要基于市场比较优势，以市场为导向、本地资源优势为依托、经济效益为核心，根据县情，选择农业服务牵引型、工业催生型、城市辐射型、旅游开发型、矿产资源型、农产品加工型等不同县域产业发展模式，做到"一县一业""一乡一产""一村一品"。特别是技术水平比较高、发展基础比较好的现代加工型乡镇工业和服务面广的第三产业要向县城集中，通过专业化、规模化的产业集群战略，以"人无我有、人有我优、人优我特"的产业优势，实现资源优势向产业优势和经济优势转化，推动县域经济的发展。同时，以招商引资为主的外向型发展模式应把优化产业结构与提高招商引资质量结合起来，防止被淘汰的、污染严重的企业和项目转移到县域，做到引资不引污。

（三）实行财政金融体制改革，实现县域经济建设资金来源多元化

县域经济发展的过程也是农业现代化和农村城镇化的建设过程。调查显示，目前每个农民的生产性资金需求不少于 1000 元，全国不少于 1 万亿。[①] 另据专家测算，小城镇每增加 1 万人，就需要增加 1 平方公里的城镇，投资近 2 亿元。县域经济发展面临巨大的资金需求。为此：第一，完善财政体制。理顺中央和地方的财权和事权关系，按照财权、事权统一原则，彻底改变"城乡分治，一国两策"国民收入分配格局，依照有利于公共服务促进公

---

① 邓嗣华：《成都破题：让宅基地、农村房屋"活"起来》，新华网，2008 年 4 月 7 日。

平分配的原则,将义务教育、基本卫生防疫及保健等最基本公共服务的事权全部划归中央,调减中央分成比例,扩大地方财政收入来源。分类处置县域债务问题,保证县域经济发展"轻装上阵"。可以采用试点的方式探索"强县扩权"改革,在总结成熟经验的基础上加以推广。同时,要加大纵向转移支付力度,增强县级政府财政能力。在农业现代化建设方面,要切实加大支农投入力度、建立现代农业发展的资金增长机制。在农村城镇化建设方面,国家要像实施村村通广播电视和农村电网改造工程一样,直接投资加快农村城镇基础设施、公用设施建设。并可以从基本建设投资和国家用于加大基础设施投入而增发的国债、银行配套资金中拨付一定比例用于建立农村城镇建设中长期投资信贷。第二,健全金融体制。一方面,强化政策性金融机构在县域经济中的作用,加大商业金融的支农力度,深化农村信用社体制改革,发挥农村信用社支农主力军作用。推进金融部门进行金融工具创新,为农民和其他居民到城镇建房、购房提供抵押贷款。另一方面,在民间借贷比较普遍的地区,可组建区域性中小股份制商业银行、社区银行等,启动民间资本。相比于大银行等金融机构,中小银行、社区银行运营灵活,效率高,负担小,且有自己的软信息优势,对于当地的经济情况、借款人道德品行和经济实力的真实情况等都比较了解,便于在欠发达县域地区开展金融服务。当前,组建区域性中小股份制商业银行、社区银行需要各方面努力:就政府来讲,要通过法律手段降低中小银行、社区银行的准入门槛,通过税收优惠、政策倾斜等措施正确引导和大力扶持,同时加强金融监管,建立、健全防范和化解风险的机制。就中小银行、社区银行自身而言,应该进行准确的市场定位,把目光更多地放在中小企业和农业部门,加强与地方的联系,充分挖掘软信息,加大中间业务发展力度,开发具有当地社区特色的金融产品,提供多元化服务。

(四)构建能人回流、要素集聚体制和机制,切实解决发展县域经济中的人才瓶颈

农民工的"精英群体"为"新型农民工",他们长期生活在城市,经过数年艰辛的打工实践,一方面积累了相当的资金,有了一定的积蓄,为回乡创业积累了原始资本;另一方面在外开阔了眼界,学会了本领,掌握了一定的先进技术和先进的管理经验,为回乡创业积累了人力资本;更重要的是,他们接受了现代城市中创业观念的熏陶,小农经济和小富即安思想观念发生转变,市场经济和竞争理念增强,具有饱满的创业激情。目前,相当一部分农民工通过回乡创业已经成功地从昔日的城乡游民转变为乡镇经济的"领头羊"。这些返乡的"精英"农民工,作为一种"主动的回流",在缩小城乡差距、建设新农村、发展县域经济中发挥着巨大的作用,必将成为县域经济的"助推器"。湖北省通城县有 40 多万人口,有 10 万多人外出务工经商,占全县劳力的 60% 以上,成了名副其实的"打工之乡"。在这些务工经商人员中,涌现出一批大大小小的老板,其中资产过千万元的 100 多人,资产过百万元的 1100 多人。该县这几年把招商引资的目标瞄准那些在外创业的通城籍老板。通过实施"回归工程",共引进项目 324 个,占招商引资总项目的96.1%,回归资金 8.2 亿元,占招商引资总额的 72%。① 为此,应积极引导"精英"农民工回流:第一,充分发挥地方政府,特别是人口流出地政府的作用。要建立和完善城乡人口流动机制,坚持"流出去"与"请回来"相结合,实现"输出劳务,引回人才;输出劳动力,引回创业者;输出打工仔,引回管理者"。要强化服务意识,加强部门之间的配合,实行一站式服务,简化各种行政审批手续,着力构建务工能人回流"绿色通道"。第二,大力发展民营经济,以形成尊重创业、鼓励创业和保护创业的社会氛围。我国国有经济主要集中在大中城市,多数县域经济是以非国有制经济,特别是个体私营经济为主体,个私经济的发展在很大程度上决定着整个县域经济的发展状况②。民营经济的发展不仅为工业化和城镇化提供了自下而上的动力,更重要的是,民营经济背后的企业家精神有利于激发社会上自我创业、自我发展的欲望,形成尊重创业、鼓励创业和保护创业的社会氛围,进而发展民办、民营、民有、民享的县域经济。

(本文系国家社会科学基金项目(项目编号:05BJL036)的研究成果,发表于《人口研究》2008 年第 8 期,发表时题目为《依托县城发展农村城镇化与县域经济》。李华、易善策协助研究)

---

① 张兴旺等:《让民间资本涌流——通城县实施"回忆工程"纪实》,《湖北日报》2006 年 4 月 10 日。

② 王一鸣:《对发展县域经济的几点认识》,《宏观经济研究》2002 年第 12 期。

—30—
城市群的城镇化体系和工业化进程

　　城市群或城市圈城镇群体是指一定空间范围内具有密切社会、经济、政治、文化、生态联系,并呈现出群体亲和力及发展整体关联性的一组地域毗邻的城镇。城市群的出现带来的不仅仅是城市空间地理分布的变化,它更体现出一种新的生产方式的布局,代表了一种新的经济驱动力,是高级形态的城镇化模式,展现了区域经济发展的实力。目前三大城市群,即"长三角"城市群、"珠三角"城市群和京津冀城市群,已经成为拉动我国经济增长的巨大引擎。"长三角"城市群已经成为第六大世界性城市群,代表了世界城市群的发展方向。在西部开发、东北转型、东部领跑的区域经济格局下,武汉城市圈是协调区域经济增长、改变中部作为区域经济增长的"短板"地位的重要支撑,承载着实施"中部崛起"的重担。本文拟对武汉城市圈和东部三大都市群的城镇化体系和工业化进程进行比较研究,并在此基础上探讨我国城镇化与工业化的发展规律。

一、武汉城市圈与东部三大城市群的城镇化体系比较

　　法国地理学家戈特曼(J. Gottmann)在1957年首次提出了大都市圈的概念,用以概括在一些国家出现的大城市群现象。大城市圈应有区域内比较密集的城市;有连接核心城市的联系方便的交通走廊,市区之间有紧密的社会经济联系;有一定的规模,一个大城市带,至少居住2500万人口,过着现代

城市方式的生活;是国家社会经济发展的核心区域,具有国际影响力(Gottmann,1957)。考虑到我国的实际,根据中外城市圈的差异系数,倪鹏飞(2006)认为,我国城市群的最低标准为:城市群人口>1000万、城市密度>0.5个/万平方公里、城市数量>5、人口密度≥300人/平方公里和城市化水平>20%。① 武汉城市圈是以武汉为圆心,包括其100公里半径内的黄石、鄂州、黄冈、孝感、咸宁、仙桃、天门、潜江周边8个城市的区域,即"1+8"模式,总人口超过3000万,城镇密度指数约0.6,城镇化率达到33.6%(见表1),而且武汉一直以来作为中部的增长极具有相当的区域影响力,武汉城市圈基本具备城市群的构建要求。与东部三大城市群比较,武汉"1+8"城市圈在区域范围上更类似于"珠三角"城市群模式。表1表明东部三大都市圈中,"长三角"跨越上海、江苏和浙江三省,京津冀城市群也横跨北京、天津和河北三省,形成了跨省市的城市群,在市场联系上形成了真正意义上突破行政边界的生产分工和产业布局,能够在更加广阔的区域整合资源优势。而武汉城市圈和狭义的"珠三角"城市群都是局限于一省内部,分别以省会城市武汉和改革开放前沿城市广州、深圳等为龙头,带动周边其他城市共同发展。

表1 四大都市群城镇化体系比较

区域指标	武汉城市圈	长三角城市群	珠三角城市群	京津冀城市群
城市数量(个)	9①	15②	14③	9④
区、县或县级市数量(个)	41	131	56	136
面积(万平方公里)	2.45	10.02	2.21	3.26
地区总人口(万人)	3088.90	7608.08	3112.54	5984.21
城镇化率(%)	33.6	45.2	59.7	45.1
城镇密度指数	0.5949	1.2820	0.9987	1.3932
城市群发育指数	2.60	10.19	10.05	5.28

注:① 这9市为:武汉、鄂州、黄石、黄冈、孝感、咸宁、仙桃、潜江、天门;②这15市为:上海、南京、杭州、宁波、苏州、无锡、常州、镇江、南通、扬州、泰州、湖州、嘉兴、绍兴、舟山;③这14市为:广州、深圳、珠海、佛山、江门、东莞、中山、肇庆市区、惠州市区、惠阳县、惠东县、博罗县、高要市、四会市;④这9市为:北京、天津、廊坊、保定、唐山、秦皇岛、张家口、承德、沧州。
资料来源:武汉城市圈建设领导小组等:《武汉城市圈总体规划》,2006年3月;景体华:《2005—2006年:中国区域经济发展报告》,社会科学文献出版社2006年版。

---

① 倪鹏飞:《中国城市竞争力报告(NO.4)》,社会科学文献出版社2006年版。

城市群作为城镇化的高级形态,对其城镇化体系的认识不仅需要从一般城镇发展的一般规律考察基于不同区位优势而形成的城镇聚散功能的特征以及城镇化的发展动力和模式,而且还要充分关注城市圈所特有的城市体系分布和空间结构形态。我们认为,与东部三大城市群相比,武汉城市圈的城镇化体系具有以下四个特征:

(一)武汉城市圈具有"中转性"和"过渡性"的区位特点

不同的区位将发挥不同的聚散功能,进而奠定不同的城镇化发展基础。长三角城市群依托于"黄金海岸"和"黄金水道"的优势以及中国最大的港口群,对外成为国际性的交通枢纽,对内扼长江出海口,拥有广阔的经济腹地。珠三角城市群依托于香港、澳门的国际优势和市场经济优势,是我国改革开放的门户、政策的"洼地"。而京津冀城市群最大的区位优势在于其全国政治、文化中心和对外政治文化交流枢纽的地位,是北方经济最重要的集散地和国际交往中心。和这三大城市群相比,武汉城市圈的区位特点突出地表现为"中转性"和"过渡性",在国家的整个区域经济中起着重要的过渡和对接作用。同时,武汉城市圈还处于几个城市圈连线的交点上。东西通过国家一级重点开发轴线(长江经济带)将上游的成渝城市圈和下游的长三角城市圈连接起来;南北通过国家二级重点开发轴线(京广线经济带)将北部的京津冀城市圈和南部的珠三角城市圈连接起来。这样的"十字中心"位置使武汉城市圈具有显著的市场辐射力。

(二)武汉城市圈以本地农转非为主要城镇化动力,实行的是城郊城镇化和农村城镇化模式

经济发展的规律表明,非农化的产业转移形成了人口的地域转移,这种人口迁移是城镇化发展的动力所在。武汉城市圈的城镇化通过农转非实现就地转移,其发展的动力主要来自本地力量。这与"长三角""珠三角"尤其不同,它们的城镇化是在经历了"离土不离乡"的就地转移后,伴随着农民工跨省的"离土又离乡"的流动逐步实现与工业化的良性互动发展的。也就是说,"长三角"和"珠三角"城镇化的动力不仅仅来自于当地的非农化,更重要的是中西部地区农村剩余劳动力的非农化。从发展轨迹来看,武汉地区是

背着老工业基地的沉重包袱实施新一轮经济发展的,制度变迁成本相对较高。且计划经济下经济的累积效应往往伴随着很强的路径依赖,武汉城市圈的区域经济的增长点也就往往出现在计划模式下的工业分布地区,市场化程度偏低。因而,与长三角、珠三角的苏南模式、温州模式和珠江模式等较为多样化的创新发展模式相比,武汉城市圈的发展模式显得较为单一,主要依靠核心城市的"极化—扩散"效应带动城郊等周边地区的城镇化。

表 2　四大都市圈城镇化模式与动力特征比较

指标	武汉城市圈	长三角城市群	珠三角城市群	京津冀城市群
重大发展优势	一定的产业基础、中部区位优势	产业基础、企业家资源	毗邻港澳的区位优势	首都资源、两个直辖市
核心城市	单核	多核	双核	双核
城镇化动力	本地农转非	本地与全国混合	全国性农转非	本地与全国混合
农村城镇化模式	城郊城镇化	苏南模式与温州模式	珠江模式	城郊城镇化
市场化制度优势	不明显	显著	显著	较显著
核心城市辐射作用	不大	很大	较大	较大
发展腹地范围	不大	很大	较大	较大

（三）武汉城市圈的特点是首位城市"一城独大""鹤立鸡群",城市体系断层明显

从城镇化水平来看,表1显示出武汉城市圈的城镇化率与其他城市群相比水平过低。这直接影响了城镇的数量和城市群的发育,进而造成城镇密度指数和城市群发育指数偏低。最突出的表现就是武汉城市圈的圈内城市结构梯次不明显(见图1)。与东部三大城市群城市分布比较均匀的情况相比,武汉城市圈内武汉市 GDP 超过 1500 亿元,占据了圈内半壁江山,经济首位度(0.50)明显高于其他城市圈。[①] 而第二名黄冈市的 GDP 却只有 387 亿

---

① 上海为 0.27412,广州为 0.3027,北京为 0.35,天津为 0.23(景体华,2005)。

元,两者之间差距过大,缺乏中间能够起承接和过渡作用的城市梯次。由此可见,武汉城市圈的特点是武汉"一城独大",城市体系断层明显,缺乏中等规模城市的衔接配套,武汉对周边城市资源的吸纳远大于二者的互补,呈"单核"发展态势。反观长三角等其他三个城市群,处在第一层次的城市都不只一个,如长三角的苏州、杭州,珠三角的深圳以及京津冀的天津,他们和圈内中心城市一起构成了城市圈经济发展的"多核"或者"双核"结构;而且圈内二、三层次城市实力均较强,层级间差别较小,层次结构分明、空间布局合理,有助于城市之间相互促进和共同发展。

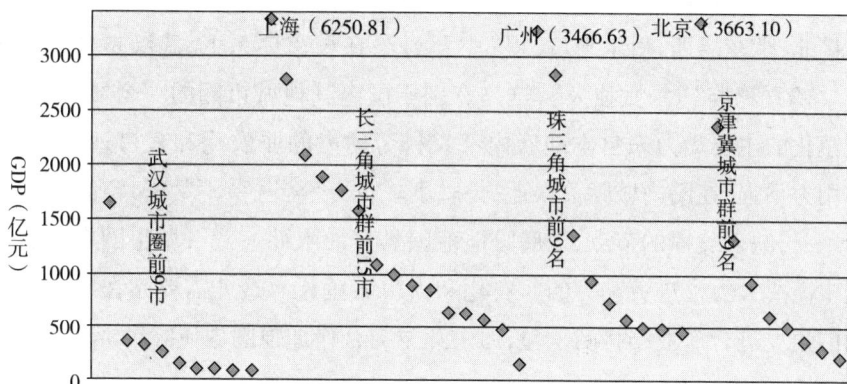

图1 2003年武汉城市圈与东部三大城市圈主要城市梯次分布

(四)武汉城市圈内城市之间的经济联系不紧密,空间结构过于单一,缺乏支撑的节点,发展腹地范围具有局限性

城市之间的经济联系程度可以通过经济联系强度指标来度量,有研究表明武汉与圈内城市之间联系强度分别是:鄂州为18.9、孝感为17.2、仙桃为10.1、黄石为8.8、黄冈为6.7、天门为6.3、咸宁为4.4、潜江为2.9。① 因而武汉城市圈出现了核心城市辐射作用不明显、圈内城市之间联系强度弱等问题。同时,在"节点—网络—腹地"的空间结构中,武汉城市圈经济边界的有限性也造成了空间结构过于单一,支撑的节点缺乏,进而形成发展腹地范围的局限性。武汉城市圈发展应该在强调城市中心的集聚性、城市圈的

---

① 胡思勇等:《武汉城市圈的本质就是商业圈》,《湖北日报》2006年2月22日。

通达性基础上,充分发挥"城市节点—网络—乡村腹地"的作用,更加突出城市圈的结构性和网络性,通过城市圈内资源共享、基础设施畅通、市场一体化,推进都市网络化和圈层化。统计还表明,机械、化工、建材、纺织、食品等产业已成为武汉城市圈内多个城市的主导产业,城市圈内城市产业同构现象严重。而且,各城市间支柱产业的横向联系的层次较低,缺乏产业之间的配套互补,限制了分工协作优势的发挥,弱化了城市圈各城市之间的经济联系。

总之,武汉城市圈的城镇化体系与东部三大城市群相比具有自己不同的特点。在区域布局上,武汉城市圈是位于长江中游的"一小时"都市圈,连南接北,承东启西,得水独厚,得"中"独厚;在城市体系上,武汉是单核性城市,"鹤立鸡群""一城独大",这是有别于国内其他城市圈的一个显著特征;城镇化的主要动力来自本地区内部农村劳动力的非农化和人口迁移,外部作用力不强;在圈内城际关联上,关联度较低,经济联系不紧密,空间结构过于单一,缺乏支撑的节点,发展腹地范围具有局限性。武汉城市圈在发展过程中需要大力推进劳动力的非农化和人口城镇化。这就需要站在整个城市圈的角度进行产业结构的调整,通过竞争与合作加强圈内城际经济联系。

二、武汉城市圈与东部三大城市群的工业化及产业集群比较

城市圈是伴随着产业集群与城市化工业化的互动逐步发展的,因此城市圈的工业化进程也就突出地表现为产业集群的分工与协作。发展经济学理论认为经济发展伴随着结构的转变形成工业化的发展阶段。在市场机制下,以相对有优势的要素资源通过产业集群的形式参与到国际价值链的分工体系中同样可以促进工业化的发展。我们认为,武汉城市圈与东部三大城市群相比较,具有以下五个特点。

(一) 武汉城市圈工业化在阶段性上落后于东部三大都市圈

在工业化进程中,从产业结构来看,武汉城市圈的三次产业比重与其他三大城市群大体相同,基本呈现出"二、三、一"的格局(见表3)。相比之下,

武汉城市圈的农业比重仍然偏高,达到10%,而其他三个城市群都明显达不到这个数值,即使其中比重最高的京津冀城市群也只有7%。同时,服务业所代表的第三产业水平并不低,几乎占据了一半的份额,因而导致了工业化的水平不高。这与京津冀城市群的状况总体上有些相似。从工业化阶段来看,按照钱纳里依照人均GDP水平对工业化阶段的划分,珠三角以4449美元处于工业化中后期,长三角为3624美元,处于由中期向后期过渡的工业化阶段,京津冀以2096美元正处于向中期过渡的阶段。而武汉城市圈则以1290美元处于工业化初级阶段。这表明武汉城市圈的工业化层次低于其他城市群。

表3 四大城市群经济发展与工业化状况

区域指标	武汉城市圈	长三角城市群	珠三角城市群	京津冀城市群
GDP总量(亿元)	3295.76	22803.22	11453.10	10373.47
人均GDP(美元)	1290	3624	4449	2096
单位土地产出(万元/平方公里)	1345.2	2274.86	5194.15	3183.02
农业比重(%)	10.0	4.1	3.3	7.0
服务业比重(%)	43.0	40.6	46.2	47.6
工业化率(%)	47.0	50.3	50.6	45.3

资料来源:湖北省统计局:《湖北统计年鉴(2004)》,中国统计出版社2004年版;景体华:《2004—2005年:中国区域经济发展报告》,社会科学文献出版社2005年版;武汉城市圈建设领导小组等:《武汉城市圈总体规划》,2006年3月;景体华:《2005—2006年:中国区域经济发展报告》,社会科学文献出版社2006年版。

(二)武汉城市圈劳动力成本总体水平明显偏低,工业化主要靠低廉的要素驱动

武汉城市圈地处中部,要素禀赋明显占优。这种要素禀赋主要体现在丰富的劳动力资源上,即具有比较低廉的要素价格。通过对武汉城市圈主要城市市区工资水平与"长三角""珠三角"和京津冀地区典型城市市区工资水平进行对比分析可以发现,武汉城市圈的劳动力成本总体水平明显偏低,平均下来大致只相当于东部三大城市群的一半(见图2)。这表明武汉城市圈具有投资的低成本优势。在市场条件下,资本作为一种稀缺要素,其流向

主要取决于资本的回报率。因而,除去市场环境和产业配套程度,较低的投资成本所形成的比较乐观的回报率对企业的投资仍然具有很大的吸引力,而且由于中国地区之间经济发展不平衡,东部地区受到能源、土地、环境质量等因素的硬约束,经济增长将主要依靠产业升级和技术创新。这样在东部沿海大城市产业结构调整和国际产业结构梯度转移进一步推进的形势下,具有要素优势的中西部地区将在承接产业转移中扮演重要角色。

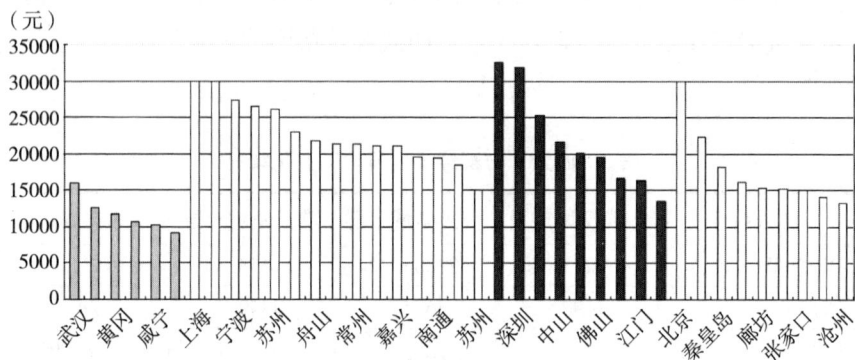

（元）

图2　2004年武汉城市圈与三大城市群工资水平比较

资料来源:国家统计局:《中国统计年鉴(2005)》,中国统计出版社2005年版。

(三)武汉城市圈制度改革相对滞后,市场经济活力不强,经济外向度低

市场机制是城市圈经济发展的活力之源。非公经济发展水平和资本构成水平是衡量经济市场化水平的两大重要指标。中部省份的民营经济发展普遍比较滞后。2003年湖北省工业总产值中民营比重为43.24%,工业增加值中民营比重为40.81%,而同期东部省份除东北和海南外,都高于湖北,浙江、广东、江苏三省工业总产值中民营的比重均已超过80%(黄孟复,2004)。湖北民企规模小,缺乏一批对全省经济起重大影响作用的排头兵。经济增长主要靠东汽、武钢、神龙、武烟等少数国有特大型企业支撑。据统计,2003年湖北民营工业企业29.23万家,而规模以上的私营企业仅1706家。[1] 其次,湖北省的资本构成水平也突显国有资本独大的特征(见表4)。2005年

---

[1]　湖北省统计局:《湖北省民营经济发展状况调查研究》,中国宏观经济信息网,2004年6月16日。

湖北省国有资本占实收资本总额的比重为 52.9%,高于 48.1% 的全国平均水平,与江苏、北京、浙江、广东和上海相比也明显偏高,特别是江苏,国有资本比重不到 20%。非公经济发展水平较低与国有资本的比重较高,表明国有企业产权制度改革相对滞后,民营经济活力不够,这是武汉城市圈市场化程度偏低的主要原因。

表4 2005 年中国部分省市资本构成比较

	实收资本	国家资本	集体资本	法人资本	个人资本	港澳台资本	外商资本
湖北	100	52.9	7.5	N.A.	28.7	2.9	8.0
上海	100	32.3	16.0	N.A.	21.4	16.4	13.8
江苏	100	17.80	5.68	23.14	27.16	8.40	17.82
浙江	100	23.8	7.2	N.A.	52.3	7.9	8.8
广东	100	31.7	7.7	N.A.	27.7	20.5	12.4
北京	100	19.7	2.3	47.7	13.1	3.9	13.3
全国	100	48.1	7.9	N.A.	28.0	7.3	8.7

注:由于各省对法人资本统计的口径不同,有的省份并未单独计算。
资料来源:全国和部分省份的 2005 年经济普查资料。

在价值链的边界拓展到全球范围的情况下,城市圈的发展必须纳入世界分工体系中,充分考虑国际国内两个市场。经济外向度体现了城市圈的经济开放程度。通过与"三大经济圈"的统计数据比较,2003 年武汉城市经济圈出口总额只相当于江苏 8 市的 3.56% 和浙江 6 市的 6.25%,实际利用外资只相当于江苏 8 市的 13.5% 和浙江 6 市的 41.6%(据统计年鉴计算)。武汉城市圈在经济外向度上差距明显,其国际投资开放系数除了略高于京津冀城市群以外,平均只相当于其他两个城市群的 1/2,而外贸依存度更是与之存在数十倍的差距(见表 5)。这表明武汉城市圈在利用外部资源整合本地资源方面还有很大潜力。

表5 2003 年四大城市群外向度比较

指标	武汉都市圈	长三角城市群	珠三角城市群	京津冀城市群
利用外资(亿美元)	20.0756	255.77	169.34	48.47
人均利用外资（美元）	64.99	336.18	544.06	81

续表

指标	武汉都市圈	长三角城市群	珠三角城市群	京津冀城市群
国际投资开放系数	4.9	9.0	11.8	3.7
进出口贸易额(亿美元)	40.116	2737.00	2731.87	1068.14
人均进出口贸易额(美元)	129.9	3597.5	8777.0	1784.9
外贸依存度(%)	9.7	96	190.8	82.4

资料来源:湖北省统计局:《湖北统计年鉴(2004)》,中国统计出版社2004年版;景体华:《2004—2005年:中国区域经济发展报告》,社会科学文献出版社2005年版。

(四)武汉城市圈产业集群部门多,但是程度不高,规模小,市场占有率低

产业集群的空间布局及其体现的以分工为基础的竞合关系推动着城市圈的"阶层—空间"的变化。区位熵(Location Quotient,简称LQ),又称专业化指数,是识别产业集群(Bergman和Feser,2001)和测定地方专业化程度最常用的工具(梁琦,2004)。LQ的计算方法为:

$$LQ = (x_i^j / \sum_i x_i^j)(\sum_j x_i^j / \sum_i \sum_j x_i^j) ①$$

若LQ大于1,则说明该地区产业的专业化程度高于全国平均水平,具有集群的趋势。这里以产值法计算武汉城市圈制造业的区位熵。而i产业的市场份额

$$R_i = x_i^j / \sum_j x_i^j$$

那么通过简单变形,可以得到:

$$LQ = (x_i^j / \sum_j x_i^j) / (\sum_i x_i^j / \sum_i \sum_j x_i^j)$$

也即j地区i产业的市场份额与该制造业占全国份额的比值。据此可对武汉城市圈和东部三大城市群制造业的区位熵进行测算(见表6)。

表6显示,总体上武汉城市圈高于平均集聚水平的部门并不少,而且在

---

① 其中x_i^j表示j地区的i产业的就业,$\sum_i x_i^j$表示j地区产业的总就业量,$\sum_j x_i^j$表示该国i产业的总就业量,$\sum_i \sum_j x_i^j$表示该国的总就业量。在实际运用中,LQ的测算可以使用就业、产值等指标。

集聚程度上相差不大。其中,交通运输设备制造业部门区位熵达到2.43,呈现出较高的集聚程度,这可能是由于湖北已形成汽车制造相对完整的产业链。从表6中的数值还可以看到,与珠三角集群数量少但区位熵普遍较高的特征相比,武汉城市圈和京津冀城市群都表现出集群部门多但是程度不高的特点,而且两地区位熵大于1的部门中有较多重复(分别为医药制造业、黑色金属冶炼及压延、非金属矿物制品业、食品加工业),这表明两地的产业结构有很大的相似性。与其他三大城市群明显不同的是,武汉城市圈区位熵背后的行业市场占有率过低,差距甚大。区位熵最高的交通运输设备制造业也仅占全国的8.50%。这说明武汉城市圈尽管一些行业初步具有集群的趋势,但是相对规模还偏小。其深层次的原因则在于产业关联度低,主导产业表面上是集群,实质是"归大堆",内在关联不紧密,上下游产业配套和协作关系不协调,产业产品链条短。汽车、钢铁、石化、光电子等行业有较强的龙头企业,但缺乏成熟的、与之配套的关联行业。

表6 武汉城市圈与东部三大城市群制造业的区位熵和市场份额

	区位熵大于1的部门	区位熵 LQ	市场份额 R_i		区位熵大于1的部门	区位熵 LQ	市场份额 R_i
武汉城市圈	交通运输设备制造业	2.43	8.50	长三角城市群	化学纤维制造业	1.87	56.15
	医药制造业	1.47	5.15		纺织业	1.67	50.21
	烟草加工业	1.30	4.47		普通机械制造业	1.60	48.46
	饮料制造业	1.28	4.53		金属制品业	1.30	38.97
	黑色金属冶炼及压延	1.27	4.46		电器机械及器材制造业	1.18	36.37
	非金属矿物制品业	1.11	3.87		化学原料及化学制品制造	1.14	34.16
	食品加工业	1.09	3.80		专用设备制造业	1.08	33.95
					仪器仪表及文化办公机械	1.07	31.97
京津冀城市群	石油加工及炼焦业	1.53	38.22	珠三角城市群			
	黑色金属冶炼及压延	1.45	35.31				
	食品加工业	1.42	35.46		仪器仪表及文化办公机械	2.54	36.68
	专用设备制造业	1.29	32.21		电子及通信设备制造业	2.54	36.63
	食品制造业	1.26	31.39		电器机械及器材制造业	1.75	25.27
	医药制造业	1.10	27.59		金属制品业	1.68	24.19
	非金属矿物制品业	1.07	26.86		造纸及纸制品业	1.11	15.98
	造纸及纸制品业	1.04	26.03				
	普通机械制造业	1.00	18.28				

资料来源:国家统计局工业交通统计司:《中国工业经济统计年鉴(2003)》,中国统计出版社2003年版;李廉水、Roger R. Stough 等:《都市圈发展——理论演化·国际经验·中国特色》,科学出版社2006年版。

通过对产业集群形成机制的研究,我们知道,长三角地区的产业集群主要来源于大型工业的辐射、外资企业带动、本地资源禀赋和区位优势、地方传统特色经济、竞争中壮大的小商品生产五种途径。① 从中我们可以发现,产业实行集群化要依靠市场,发挥优势,体现集群内的网络创新和柔性专业化。而武汉城市圈中不少集聚的企业是通过"行政措施",半强制性地外部"植入"的,存在"集而不聚"倾向。工业园区内大多数企业仅仅是空间的集聚,缺乏根植于区域内社会文化背景的创新网络和柔性专业化分工,无法带来关联、配套与协同效应。因而,武汉城市圈必须从市场竞争出发,以产业链为突破口,在优势产业和特色产业上,形成以区域协调、有机聚合、分工协作、网络创新为特征的完备产业集群体系。②

(五)武汉城市圈在工业化过程中企业家资源匮乏,区域文化对经济发展的正面效应不高,企业创新能力有待提高

企业家资源是区域经济发展最重要的资源。市场经济需要创业活动才能保持活力,而创业则需要一大批具有冒险意识、富于进取精神的企业家和商务人才。企业家是具备风险意识和不断创新能力的特殊资源。以位于"长三角"经济圈的江苏和浙江为例,当地经济之所以充满活力,就是因为那里拥有一大批敢冒风险的企业家人才,特别是有一批具有很强风险意识的农民企业家。"温州模式"的成功和苏南乡镇企业向民营企业的转型都得益于企业家作用的发挥。对武汉城市圈而言,虽然拥有大批科技人才,但企业家资源匮乏,使得相应的科技成果在缺乏创业的市场环境中很难顺利转化。

企业家资源根植于当地特殊的创业创新文化。长三角附近的温州地区,其浓郁的创业文化始于强烈的致富欲望和"人人都要当老板"的创业精神,也来源于"温州人强调竞争与合作并重,重视产业'扎堆'(产业集群)效应和创业者之间的'扎团'(团队合作)理念,重双赢,求共生共荣"的合作传统。③ 而珠三角城市群中深圳的创新性则来源于深厚的移民文化,其"敢于

---

① 赵旭:《长江三角洲地区产业集群现状分析》,《中国区域经济发展报告》2005 年。
② 目前,认为核心城市武汉可以形成九条具有自身优势和影响力的产业链条(李宪生,2004):光电子信息产业链、生物工程及新医药产业链、钢材制造及其深加工产业链、汽车及零配件制造产业链、纺织服装产业链、化工产业链、农产品加工产业链、物流产业链、旅游产业链。
③ 辜胜阻等:《区域经济文化对创新模式影响的比较分析》,《中国人口科学》2006 年第 4 期。

冒险、勇于创新、宽容失败"的精髓正是深圳实现迅速发展的关键因素。京津冀城市群中以北京为代表的京派文化则主要体现为包容，也正是这种包容使得大量有竞争意识和能力主义意识的精英汇聚于此，推动了区域经济的发展。相比之下，武汉城市圈所体现的是内陆文化的双重性。中部地区有悠久而丰富的历史文化资源和优良的人文传统，这是中部地区的"传统文化资源优势"。但中部文化资源中也存在着阻碍经济发展的因素，这种根植于小农经济的内陆文化，坚守着封闭、中庸和不冒风险的价值观念，衍生出小富即安、自我封闭、注重人情而忽视规则的性格特点，导致创新创业氛围不够，冒险开拓精神缺乏等后果。在强调创新进取、务实守信和合作多赢的现代化市场经济环境中，这种内陆观念文化也是制约经济发展的重要因素。通过几种文化的比较，我们认为武汉城市圈经济文化重塑需要实现从"只顾自己，不管他人"的"独赢"观念到提倡合作精神的"多赢"观念转变，从短视的"守财"行为到培养规则意识的"守信"行为转变，从"小事""小利""小节"上的过分"精明"到"算大账，谋大局"的"高明"转变，从"战略易变"和"行为多变"到执着做强优势产业的"守恒"转变，从好高骛远的"重名"心理到"一镇一品"做专做精的"务实"精神转变。

城市圈竞争力培育的关键在于将经济发展的模式由要素驱动、投资驱动转变为创新驱动，形成持续的创新能力。表7显示，武汉城市圈所在的湖北省的创新能力综合指标在全国范围内处于中等水平，但是与东部三大城市群所处的区域相比，则处于相对落后地位；从内部结构来看，武汉城市圈的知识创造、获取指标以及企业的创新能力指标都处在不错的位置，这与城市圈内众多的高校和科研单位资源、政府的大量投入等因素是相符的；而技术创新环境与管理和创新的经济效益等指标的落后地位则反映出武汉城市圈在创新环境的营造和创新成果的转化等方面的工作还需进一步加强。

表7 2005年部分省市创新能力的综合指标

指标名称	湖北		上海		广东		北京	
	得分	排名	得分	排名	得分	排名	得分	排名
综合指标	26.92	13	56.97	1	50.22	3	56.11	2
知识创造指标	21.42	10	46.96	2	29.13	5	80.94	1

续表

指标名称	湖北		上海		广东		北京	
	得分	排名	得分	排名	得分	排名	得分	排名
知识获取指标	28.81	10	59.51	1	44.05	4	40.41	5
企业技术创新能力指标	36.80	10	61.19	1	58.17	3	42.52	7
技术创新环境与管理指标	25.92	16	50.07	2	48.83	3	59.71	1
创新的经济效益指标	18.52	24	65.90	1	62.44	2	61.77	3

资料来源:中国科技发展战略研究小组:《中国区域创新能力报告 2005—2006》,科学出版社 2006 年版。

创新能力所形成的产业高新化程度不仅表明了产业发展的阶段,也突出了城市圈的发展动力。中部地区高新技术发展的资源优势明显,但产业化水平很低,技术密集型的高新技术产业发展滞后,在经济贡献中所占比重不高。据 2004 年各地统计公报数据显示,上海、北京、广州三市高新技术产业当年实现产值分别为 3947.78 亿元、1750.1 亿元、1432.53 亿元,而武汉市仅为 641 亿元。武汉城市圈的产业高新化程度低将制约其长远发展。

总之,工业化以及产业集群的比较表明,武汉都市圈正处于工业化的初级阶段;市场发育不够;经济外向度低;产业集群部门多,但集群程度不高,规模小,市场占有率低;而且企业家资源短缺,区域文化与经济发展不协调。因此,发展武汉城市圈要扩展城市之间的分工,充分发挥各自的比较优势和竞争优势,促进产业链条的延长,实现产业深化;要积极引进境外资本和国内民间资本,充分利用外部资源和市场;要提升区域技术创新环境,推进技术市场一体化,完善面向城市圈各市的技术服务体系,大力推动周边城市的企业与科研机构进行"产学研"结合。武汉城市圈在推进优势产业和产业集群发展的同时,还要重视"软实力"的培育,使之内化为城市圈经济发展的优势。

三、研究结论

通过以上对各城市群和都市圈的比较,我们可以得出以下几点结论:

第一,城市群是城镇化在高级阶段出现的一种城镇空间组织形式,是工业化进程中经济联系的延伸和重构,推进城市群建设要深化产业分工和加快经济一体化。只有城市群内不同等级的城市之间建立较为密切的社会经济联系,形成完善的集聚、扩散机制,才能推动城市圈向一体化方向发展,成为高效的空间组织形式。武汉城市圈内的城市之间存在着产业结构雷同、关联度较低的问题;且城市体系不均衡,一城独大,次级城市落后。为此,需要加快圈内资源整合和优化配置能力建设,构建资源共享机制,打破群内分割,共享基础设施,以项目为纽带,引导企业跨地区重组联合,形成一批支撑城市圈发展的支柱产业和特色产业,强化城市圈内人流、物流、资金流、技术流、信息流等经济联系。城市群的实质是经济一体化,关键是产业分工。发展武汉城市圈,要使圈内核心城市加快向"高技术、高加工、高附加值"的大都市产业升级的步伐,将一般传统产业向周边城市转移;高技术产业和研发营销总部向武汉集聚,加工基地向周边布局,形成合理高效的城市分工体系。

第二,我国城市组团化呈现多层次和多阶段特征,武汉城市圈要凭借区位优势发挥"承东启西"的功能。武汉城市圈和东部三大城市群的比较表明:作为我国城市组团发展比较成熟的"经济板块",东部三大城市群的经济规模已经与其他区域拉开了较大距离,处于城市群的第一"集团"。武汉城市圈虽然在构建条件上基本符合城市群的要求,但在经济实力上只是中国中部第二等量级的城市"组团"。武汉城市圈位于东部发达地区与西部欠发达地区间的过渡区域。按照梯度经济发展规律,由东部发达地区到西部欠发达地区呈现出从高到低的梯度发展态势。武汉城市圈要凭借其居中的特殊地理位置和四通八达的交通条件,承接沿海乃至境外的产业转移和西部地区的产品输出。

第三,城市群对全局发展具有中枢的支配作用,城市群建设要发挥市场配置资源的基础性作用,培植多元而强大的市场主体。产业集群建设既要依靠市场这只"无形之手",又要靠政府这只"有形之手",但市场力量是根本性的。城市群和都市圈发展演进的基本动力来源于各种活跃的经济要素。城市群和都市圈的推进必须以工业化和经济发展作为支撑。城市群地区是社会经济最发达、经济效益最高的地区,对全局发展具有中枢的支配作用。

在没有产业基础或者只是简单的产业空间集聚的情况下,由行政主导盲目推进城市群进程的做法会使城市群缺乏可持续运转的基础。长三角城市群突破性发展的主要动力来自于市场的力量,对于江苏而言就是大规模引进外资后所形成的面向国际市场的外向型经济,对于浙江而言就是活跃的民营经济,而上海的开放给了跨国公司在全球范围内重新布局的机会,多元而强大的市场主体促进了区域经济的高速成长。武汉城市圈发展要努力培育市场竞争主体,发挥市场力量配置资源的基础性作用,把城市组合建立在坚实的产业基础上。

(本文系国家社会科学基金项目(项目编号:05BJL036)的研究成果,发表于《中国人口科学》2007年第4期。易善策、李华协助研究)

—31—
新时期城镇化进程中的
农民工问题与对策

　　工业化与城镇化共同构成世界各国经济发展、社会文明程度提高的主旋律。人口流动是工业化和非农化过程中资源优化配置的必然结果,也是每个国家城镇化、现代化的推动力量。目前,从总体上看我国已到了以工促农、以城带乡发展的新阶段,工业化和城镇化新的发展阶段也带来了人口流动的新特点。农民工是我国特定历史背景下伴随工业化、城市化和市场化推进而出现的一个特殊群体,是连接农村与城市、农业与工业、农民与工人的载体和桥梁。正确认识新时期城镇化进程中流动人口和农民工这一新社会阶层的深层问题和新特点,对于统筹城乡经济社会发展,推进我国城镇化工业化进程具有极其重要的战略意义。

一、城镇化进程中的流动人口与农民工问题及其特点

　　农民工不仅作为一个新的社会阶层在我国社会迅速崛起,成为我国城镇化的重要推动力量,而且已经成为产业工人的重要组成部分。据第五次人口普查资料,务工农民在第二产业从业人员中占 57.6%,在第三产业中占 52%,在加工制造业中占 68%,在建筑业中占 80%。[①] 从演进过程来看,我国

---

　　①　冯华:《中央1号文件起草人员解读:农村社会事业亮点多多》,《人民日报》2006 年 2 月 27 日。

乡—城人口流动从计划经济时期严加限制到市场导向改革过程中有较大自由,到现今产业工人的身份确认,这其中所发生的变化,使得我们不仅要关注流动人口数量的表面增加和流转的动态结构,而且还应该充分认识到自发性流动人口不稳定的体制外"浮动"生存状态带来的边缘化心态、组织化程度低带来的弱势地位、不平等分享城镇基础设施和社会公共福利、内部阶层分化带来的新生代农民工和返乡农民工等深层问题和新的特点。

(一)城市流动人口和农民工基数大、集中度高,流向偏差和失衡造成一些大都市出现"大城市病"

农村向城镇的人口流动是城镇化的主要动力。流动人口的规模、流速、流向直接决定了城镇化的状况和城镇体系。目前,城市流动人口和农民工规模十分庞大。国家人口计生委的统计数据表明:全国流动人口数量已从1993年的7000万增加到2003年的1.4亿,10年内翻了一番,约占农村劳动力的30%。1.4亿流动人口中农民工为1.2亿,占85%左右。如果再加上在本地从事非农产业的农村劳动力,农民工总数接近2亿人。[1] 我国农民工问题,一方面表现为规模大,流速高;另一方面,则是流向和流出地过度集中。农民工主要集中在东南沿海和大中城市。2004年,在东部地区务工的农民工占全部外出农民工的比重上升到70%以上,主要流入地集中在北京、天津、上海、浙江、江苏、广东、福建7个省市。多项调查表明:在大城市务工的农民工高达60%以上。由于流动人口和农民工的超量流入,我国北京、上海、广州等大都市都超负荷运行。有关研究表明:北京流动人口突破400万,占总人口的四分之一,上海和广州均突破500万,深圳暂住人口超过1000万。从地域来看,流出地主要集中在中西部农村。2004年中部地区外出务工劳动力4728万人;西部地区外出务工劳动力3161万人。[2] 其中安徽、江西、河南、湖北、湖南、广西、重庆、四川、贵州9个省市区跨省流动的农民工数量相对较多。其中河南和四川两省外出劳动力就超过1000万人。城市流动人口过度向大都市集中形成了日益严重的"大城市病"。"大城市病"的主要表现是严重的交通拥堵,环境污染,住房拥挤,资源特别是水资源紧张,城市

---

① 国务院研究室课题组:《中国农民工调研报告》,中国言实出版社2006年版。

② 国务院研究室课题组:《中国农民工调研报告》,中国言实出版社2006年版。

容量严重超负荷。在国家环保总局监测的 340 个城市中,轻微污染和严重污染的占 60%,北京、上海、广州、深圳等大城市出现煤烟和汽车尾气复合型污染,全国有四亿城市居民呼吸着严重污染的空气。此外,城乡二元结构在城市被复制。农民工生活方式与城市隔绝,在文化生活方面有所谓"孤岛现象",在社会交往上具有很大的"内倾性",农民工在城市中"重建乡村社会",形成了"都市村庄"。①

(二)农民工自发性大,分散性高,组织化程度低,劳动力市场城乡分割与高速的农民工流动状况严重不适应

现代社会的社会网络更多的建立在业缘、学缘的基础之上,与依靠地缘、亲缘关系建立起来的社会网络不同,前者使人们的社会关系更多地交织、重叠从而延伸的范围更加广阔。个体分散经营的农业生产使农民工的社会网络过于单一,进入城市后与城镇居民复杂的社会网络资源相碰撞,农民工更加封闭,生活空间十分有限。调查表明:近 90% 的农民工是通过亲友介绍或帮带等自发方式进城的。虽然一些城市中通过地缘、亲缘关系成立的诸如"老乡会"等组织在农民工生活中发挥着相当的作用,但由于法律制度的不完善和缺少正式的组织依托,农民工自身很难形成相对稳定和广阔的社会网络,组织化程度低。工会是维护农民工权益,提高其组织化程度的重要制度,但截至 2005 年底,全国已建工会企事业单位发展农民工会员 2071.4 万人,在总数中所占比重仍很低。当前,在城市新增劳动力、下岗工人和农民工"三峰叠加"的就业压力下,缺少组织协调的农民工在关系到自己权益的谈判、交涉中往往处于不利地位,面对着多种资源的错位和供给的不足,农民工在发生生活困难时往往只能利用自己有限的能力进行救济。他们既不能参与城市的资源分配,也不能有效地维护与保障自己应有的社会权益,处于城市生活中的弱势地位。

(三)义务和权利不对等,地位与身份不一致,农民工社会地位"边缘化","过客"心态重

长期的城乡隔绝和二元社会结构,使城市市民在心理上形成了很大的

---

① 吴振华:《农民工的城市适应模式选择及其原因探析》,《理论与改革》2005 年第 5 期。

优越感,城市居民也对农民工表现出矛盾的双重心态:经济上接纳,心理上排斥。这导致进城农民工有明显的"边缘人"特征——主要生活在城市,"根"却在乡村;在职业上是城市劳动者,户籍和身份上却是农民;在法律上与城市居民同是中华人民共和国公民,却"同工不同酬""同工不同时""同工不同权";农民工的就业权、受教育权和受救助权得不到应有的保护和实现;农民工很少能够享受到城市里诸如住房、医疗卫生服务、职业教育服务、劳动力市场信息服务等国家提供的公共服务和社会福利;社会对农民工存在不同程度的偏见和歧视,阻碍他们对城市社会和居民的心理认同与归属。也正是由于这种"边缘化"的状况,农民工、特别是老一代农民工对自己的身份很不认同,其中有近八成的人认为自己仍然是农民。[①] 缺乏安全感和成就感的农民工对城市无法产生归属感和"主人翁"意识,只有自卑的"陌生人"的感觉,而乡村社会的归属感使他们最终成为城市匆匆的"过客"。在这种心态下,他们对所生活和工作的城市缺乏责任感,进而与城市市民产生疏离感,不愿意积极主动地融入城市社会。

(四)城市"取而不予",企业"用而不养",农民工劳动与所得、经济贡献与利益分享失衡

劳动和社会保障部2005年快速调查也显示,农民工主要分布在制造业、建筑业、住宿和餐饮业、批发和零售业、居民服务业等行业。农民工贡献颇大,付出颇多,然而待遇甚低。一方面,农民工劳动力廉价,工作强度高,超时劳动十分普遍,尤其在建筑行业工资拖欠严重。据湖南、四川和河南三省的抽样调查,农民工月实际劳动时间超过城镇职工很多,但是月平均收入不到城镇职工平均工资的60%。另一方面,农民工社会保障缺失。目前我国农民工参保率普遍偏低。在"五大社会保险"中,除工伤保险已有相当数量的农民工参加外,养老保险的总体参保率仅为15%,医疗保险的平均参保率为10%左右,失业保险、生育保险目前仍与绝大多数农民工无缘。[②] 城市对农民工"取而不予""用而不养",农民工得不到有效的社会救济,在城市生活病无从医、学无从上、贫无所助、老不能养,往往只能将家乡的土地作为最后

---

① 王春光:《新生代农村流动人口的社会认同问题》,中国社会学网,2004年。
② 王海:《中国农民工"40岁现象"调查》,《市场报》2005年8月19日。

的依靠,最终使农村承担了农民工的培养成本和养老成本。农民工的劳动与所得极其不对等,只能十分有限地分享到工业化、城市化所带来的利益。

(五)新生代农民工或者称第二代农民工正成长壮大,这一群体的重要特点是"回不去农村,融不进城市",成为解决农村剩余劳动力问题上必须面对的新课题

新生代农民工,或称第二代农民工,是早期流入城市打工者或者称第一代农民工的后代,几乎与改革开放同龄,年龄一般在 18 至 30 岁之间。第一代农民工进城务工主要的目的还是为了增加家庭收入,而且他们的观念仍然是典型的传统农民思维方式:乡土观念十分浓厚,土地是最根本的保障,思想意识中农业仍是主业,进城务工是副业,最终的归宿点也是农村。与第一代农民工不同,新生代农民工群体是"回不去农村,融不进城市"的农民工:他们介于"生存者"与"生活者"之间,也即出生于农村,成长于城市;他们大多没有务农经历,也不再适应农村生活,其流动动机在很大程度上已由谋求生存向更高的追求平等和追求现代生活转变;他们大多初高中毕业,素质相对较高,思想观念已经远离土地和农业生产而向更贴近城市的生活方式和思维方式转变,因而对城市体现出较多的认同感和更强的归属感。但新生代农民工在城镇的待遇和尊重得不到提高,也较难进入城镇正式就业岗位序列,对尊重、平等和社会承认有更多的期盼。因此,新生代农民工这一群体面临能力与期望的失衡,他们自身能力有限但职位期望较高,在整个社会结构体系中,难以准确定位,这是在解决农村剩余劳动力向城镇转移问题上必须面对的新课题。

(六)农民工作为一个新的社会阶层正不断分化,绝大多数人仍然处于弱势地位,但也有一部分人作为创业者成为私营企业主扎根城市,一部分能人返回农村成为"返航人"

目前,农民工群体内部已经发生分化,除了新生代农民工的出现外,还有许多农民工经过打工实践,在外开阔了眼界,学会了本领,掌握了技术,拥有了资本,其中的一部分或通过创业成为私营业主扎根于城市,或成为精英农民工返回农村。农民工在城镇私营业主中已经占据了相当的比例,而且继续上升的趋势十分明显。据 2004 年全国第六次私营企业抽样调查,城镇私营企业主的原来职业分布中,进城农民约有 1/5。[①] 对那些返乡的"精英"农民工,作为一种"主动的回流",在缩小城乡差距、建设新农村中可以发挥巨大的作用。他们回乡创业具有以下几大优势:第一,接受了现代城市中创业观念的熏陶,具有饱满的创业激情;第二,通过打工的间接学习拥有一定的技术和资本,具备了创业能力;第三,对于家乡的市场情况更加了解,拥有优越的创业资源,已经从昔日的城乡游民转变为乡镇经济的"领头羊"。

二、解决城镇化进程中流动人口与农民工问题的对策

我国城镇化和农民工流动中出现的问题是多种因素共同作用的结果,我们要通过市场体系完善、公共服务保障等给予农民工公平待遇和权益保护;要高度重视农民工流动方向的集中化不减、分散化增加和内部阶层分化等问题,通过优化城镇结构,加强教育和培训,引导农民工合理有序流动。

(一) 增强中小城市的吸引力,在中小城市率先推进农民工市民化,缓和我国进城农民工高度集中于大城市的不协调局面

由于城乡流动人口和农民工过度集中,我国的城镇化凸显出大城市的城市化水平急剧上升的特点。但是,这也带来了城镇化发展的脱节现象,"点""面"并未能有效结合,大城市往往只能"鹤立鸡群",造成结构失衡。针对农民工过度集中于大城市,我们可以实施多元城镇化战略,高度重视并积极发展中小城市,缓解大城市人口的过度密集。通过中小城市吸纳农民工就业是一种成本较低的分流途径。中小城市、城镇的经济主体是非公有制经济,它们就业容量大,能够成为农民工向非农产业转移的主要渠道。但城镇化仍然要重视产业基础,要把多元化建立在坚实的产业发展之上。尤其是在积极鼓励发展中小城市和城镇时,就地转移要以发展和壮大县域经济为依托。此外,由于中小城市户口的"含金量"相对较小,可以通过尝试在一些中小城市和小城镇全面推进户籍管理以及配套制度的改革,来吸引农

---

① 中华全国工商业联合会、中国民(私)营经济研究会:《中国私营经济年鉴(2002 年—2004 年 6 月)》,中国致公出版社 2005 年版。

民工向中小城市的分流,在中小城市率先推进农民工市民化。

(二)加强城乡劳动力市场一体化建设,引导农民工提高组织化程度,努力改变农民工"过散""过弱"局面

在我国农民工工会组织建立存在制度障碍、城市中专门维护农民工利益的组织缺乏以及分割的城乡劳动力市场格局下,强化流动人口管理,提高农民工组织化程度要从多方面入手。一要加强农民工的组织建设,分具体情况将农民工纳入不同的组织中去。在加强流动人口管理的过程中,充分发挥用工单位的作用,将部分社会管理职能"内化"为企业的责任,在用工单位建立"谁用工谁负责"的责任管理制度。① 同时,可以考虑吸纳进城农民工或其代表到各级工会组织和人民代表大会中,或者引导进城农民工成立自治组织,充分发挥用工单位以及共青团、妇联、各类民间非政府组织、大众媒体的作用,扭转流动人口在利益博弈中的弱势地位。二要加强城乡劳动力市场一体化建设。强化劳动部门的管理与服务职能,在劳动关系上要一视同仁,鼓励发展多种形式的就业中介组织,建立跨地区、跨部门的农村劳动力市场,推进劳动力市场信息网络建设,加强对农村劳动力市场的预测、规划、调控、立法、监管,使农村劳动力的转移走向制度化、规范化、组织化。例如,宁波市没有出现"民工荒"很大程度上得益于政府构建的"三级机构、四级网络"就业管理平台,使公共职业介绍机构和劳动力信息资源明确引导农民工流向。

(三)为进城农民工提供必要的公共服务,建立适合农民工特点的社会保障制度,帮助城市流动人口融入城市,走出隔绝现状

坚持公平原则需要通过强化财政公共支出,保障必要的公共服务的供给,让农民工一定程度上公平享用公共基础设施和社会福利,使农民工真正在城市有归属感,改变过度边缘化状况。一要利用各种教育资源,改革学校学籍相关的管理办法,取消对城市居民和外来人口子女入学的歧视。教育先行始终是公共支出的首要目标、必须确保的目标。二要建立适合农民工

---

① 辜胜阻、杨艳琳:《城市流动人口管理的思路与对策》,《探求》1996 年第 3 期。

特点的社会保障制度。在农民工的社会保障问题上，要根据我国的实际，针对农民工流动性强的特点，有重点、阶段性地建立适合农民工特点的社会保障制度。三要加大政府对农民工医疗卫生工作的投入力度，解决病有所医问题，同时兼顾对城市流动人口的计划生育服务，保障流动人口少生优育。四要把解决农民工城市住房提上议事日程。实行政府、企业、个人共同应对，有条件的企业自行解决，没有条件的企业，政府进行补贴，对农民工相对集中的地方进行整体规划。五要尽力丰富农民工业余精神文化生活。可针对各地区农民工的特点，由社区组织相关活动，集教育和娱乐于一体。

（四）重视人力资源的开发，加强职业技能培训，培育新型农民工，让其在提升自身素质基础上分享城市发展成果

我国农民工接受的正规化教育程度比较低，就业过程中，企业往往努力压低雇佣成本，极少对农民工进行在职培训，农民工缺乏多领域就业和转换工作的素质，而且大部分从事的是脏累危险的简单劳动，人力资本的积累极其缓慢。据统计，2004 年农民工中初中以下文化程度所占比例高达 83%，未接受过任何培训的则高达 72%。根据国家统计局重庆调查总队对 1800 个农户的抽样调查，2005 年务工农民中没有受过专业培训的占 79.7%，具有初中及以上文化程度的占 79.8%，而具有高中及以上文化程度的较高素质劳动力仅占务工农民的 13.4%。缺乏专业技术和较高素质的务工农民只能提供低水平的劳务，在务工过程中缺乏竞争力。推进社会主义新农村建设，需要提高农民工素质，培育新型产业工人。第一，政府要加大对农民工培训的投入。政府要扭转教育资源分配不均的局面，继续加大对农村基础教育的投入，切实执行"两免一补"政策，普及农村基础教育；强化农民工技能培训，提高农民工的培训规模，积极组织高质量、与生产实际紧密结合的免费培训，真正能把农民工"领进门"。第二，企业要转变观念。企业要增强用工责任，加大对农民工的在职技术培训，摒弃仅仅依靠廉价劳动力赢取竞争力的思维定式，重视依靠职工不断的技术培训来提高生产率。第三，个人要自我加压。人口迁移本身是一个伟大的经济学校，是人力资本积累的一种途径。农民工自身要重视专业技能学习，提高转换工作的替换能力。

（五）引导城市流动人口和农民工"返航"潮流，增强农村对人口的保持力、吸引力，加快农村城镇化发展，缓和城镇化失衡状况，防止"拉美陷阱"的出现

20世纪六七十年代，一些拉美国家为推动经济起飞，普遍实施快速推进城市化以减少农民的战略，大量"无土地、无保障、无固定岗位、无一技之长"的农民成为新市民，造成城市两极分化严重，社会矛盾激化。"拉美陷阱"的历史教训告诉我们，大城市吸纳能力有限，在保障农民工公平机会、平等待遇的同时，承担了巨大的转移成本。因此，引导城市流动人口和农民工"返航"潮流，对保障农民工合理有序流动和缓和城镇化失衡意义重大。第一，地方政府，特别是人口流出地要通过大力发展县域经济特别是民营经济和加快农村城镇化发展，为返航农民工创业提供广阔空间。实践表明：通过"进城打工学习——回流创业实践"，这类农民工成为城镇经济的"助推器"。湖南省迄今已有近20万外出农民工返乡创业，建起了8万多个"回流型"个体民营企业，吸纳近50万农村劳动力，年创造效益30亿余元。[1] 第二，要形成尊重创业、鼓励创业和保护创业的社会氛围，增强农村对人口的保持力、吸引力。当前"返航"农民工通过打工这种间接的学习方式积累了一定的技术或者经验，他们创业不再仅仅只是一种冲动，而是有了切实的可能性。积极创造宽松的社会环境和切实的政策支持，将返航农民工创业激情转化为创业实践是增强农村对人口的保持力、吸引力的关键。

（六）重视新生代农民工的工作，帮助他们融入城市，引导他们跨越面临的心理"门槛"，使其成为新一代的产业工人

流动人口的迁移性使这个群体的文化特点、生活方式处于不断的碰撞、消化、融合、再生之中。在这一过程中，对新生代农民工的教育和引导成为我们应该高度重视的问题。总的来说，社会要对于新生代农民工的特点给予足够的认识，尤其要在心理上接纳他们，重视发挥他们对未来高期望所引发的热情。面对他们暂时难以跨越的身份门槛和心理门槛，要完善相关的

---

[1]　湖南省统计局：《2005年湖南省劳动就业工作稳步前进》，《统计信息》2005年第16期。

制度安排,拓宽表达渠道,引导他们通过正确的途径、合法的手段表达自己的诉求,避免过激行为的发生。由于他们较高的教育程度,要改变农民工低教育、低技术、低劳动生产率的现状,通过积极营造平等的就业机会改善就业环境。对于他们期望高职位的择业观念,要及时进行教育和引导,让他们找准自身定位,尽快走出"高不成低不就"的就业误区,成为新一代的产业工人。

三、研究结论

由于城乡二元结构和制度安排的刚性,我国农民工和城乡人口流动已呈现出了既区别于发达国家和其他发展中国家流动人口的特征,也不同于第一代农民工的自身状态:从流动分布看,农民工流动地域格局不平衡;从组织化程度看,农民工"过多""过散";从农民工就业来看,城乡劳动力市场分割;从社会融合来看,农民工社会地位边缘化;从经济贡献来看,农民工利益分享失衡;从内部分层来看,农民工内部多元分化。未来一定时期,既是我国城镇化高速推进并与工业化进一步协调发展的关键时期,也是我国社会经济转型的重要时期,切实解决新时期城镇化进程中的我国农民工问题,要高度重视我国特殊社会经济背景下城乡人口流动的复杂性、动态性,构建一个以"外造环境与内强素质"为目标,以"分步实施与分类指导"为原则的多维社会经济政策系统。这一政策系统既要从调整城镇化发展战略入手,发展大都市圈和发展县城为中心的农村城镇化,鼓励农民工回归和推进市民化,防范人口流动中"拉美陷阱"的弊端,正确调节进城农民的流向和流速,缓解农民工流出流入地域分布的不平衡;也要通过社会舆论导向,引导农民工跨越心理门槛,促进新生代农民工向城镇的融合和"返航农民工"向农村的融合;还要通过一系列制度安排和创新,促进劳动力市场一体化和待遇平等化,提高农民工组织化程度和自身素质,充分发挥农民工在我国城乡经济协调发展中作为城镇化生力军和工业化产业工人的作用。

(本文系国家社会科学基金项目(项目编号:05BJL036)和国家社会科学基金重大招标项目(项目编号:05&ZD056)的研究成果,发表于《中国人口·资源与环境》2007年第1期。郑凌云、易善策协助研究)

—32—
工业化与城镇化协调发展的战略思考

作为一个发展中国家,工业化和城镇化始终是我国经济发展的两大主题。同时,我国的工业化和城镇化进程对世界经济也具有重要意义。美国著名经济学家、2001 年诺贝尔经济学奖得主斯蒂格利茨曾预言,影响未来世界经济发展的两件大事,其一是美国高科技的发展,其二就是中国的城市化。随着人均 GDP 超过 1000 美元,我国步入了一个新的发展时期。一方面,社会结构面临着转型。农民工是我国特有的劳动力流动群体,尽管他们已经成为我国产业工人的重要组成部分,但作为我国改革和发展进程中一个重要的新社会阶层,使我国的社会结构表现出明显的"三元分层"的特有现象①。另一方面,工业化和城市化也进入了以工促农、以城带乡发展的新阶段。农民工是连接农业与工业、农村与城市、农民与工人的载体和桥梁。从长远趋势来看,农民工在今后一段时期仍将是我国工业化、城镇化的关键因素。据农业部调研组调查,我国城镇化率从 1949 年的 10.6% 上升到 1978 年的 17.9%,年均增长只有 0.27 个百分点;而在 1978—2004 年期间,城镇化率则从 17.9% 上升到 41.76%,年均增长 1 个多百分点。所以,以 1% 的增长速度预测,2020 年我国的城镇化水平将达到 57% 左右,城镇总人口 8.28 亿。从 2002 年起的以后 18 年内城镇总人口将增长 3.26 亿,农村向城镇移民 3

---

① 李强:《农民工与中国社会分层》,社会科学文献出版社 2004 年版。

亿人左右,年均转移约 1660 万人。① 因而,面对如此数量巨大的转移人口,如何解决好工业化、城镇化中的农民工问题是新时期经济发展中的重大课题。

劳动力从乡村向城镇的转移,其他国家提供了丰富的经验可资借鉴。英美等发达国家的经验证明,工业化是农民脱离农村的加速器,工业化直接推动农村人口向城镇集中,而且工业化与农村人口的转移几乎是同步的。从德国、日本等稍晚的工业化国家的城镇化过程来看,能够在较短的时间内顺利完成农村劳动力的转移,除了工业化、城镇化的相得益彰,农民的兼业经营和非农化转移也是重要的辅助途径。韩国、中国台湾等新兴工业化国家和地区与拉美等发展中国家的对比表明,虽然这些地区都保持了高城镇化率,但是韩国、中国台湾通过符合自己比较优势的工业化、城镇化战略保持了正常的农村劳动力快速转移;而巴西等拉美国家却出现了畸形的"过度城市化"现象,长期陷入"拉美陷阱"的泥潭。因而,农村劳动力转移的国际经验告诉我们工业化是这一过程的最终推动力量,同时由于农村劳动力的"非直接转移",兼业和非农化是积极的辅助手段。作为一个发展中国家,工业化和城镇化的发展战略尤其要符合自己的资源禀赋,合理稳步地推进农村劳动力的转移。

一、基于农民工流动的我国工业化、城镇化特征分析

农民工是我国农村劳动力转移在特定历史背景下伴随工业化、城市化和市场化推进而出现的一个社会现象。由于多种资源的缺位和错位,农民工表现出了不同于其他国家流动人口的特征和状态,使我国的工业化和城镇化在模式、性质、进程等方面均体现出新的特点。我们认为,我国工业化和城镇化具有如表 1 所述的六大特征。

---

① 《解读国家中长期科技发展规划纲要》,《光明日报》2006 年 1 月 12 日。

表1 中国工业化与城镇化的六大特征

工业化与城镇化	人口流动特征
经济:工业化	我国由大量农村剩余劳动力进城推动的工业化是一种低成本的工业化
社会:城镇化	农村人口流向城市,农民即使"进厂又进城",但很难成为市民,这种城镇化是一种半城镇化
生活:城式化	数以亿计的农村人口流入城市,他们是城市建设者,但高额的房价、医疗费和子女教育费用使农民工生活方式的城式化代价很高
身份:市民化	我国城镇人口的增量或者说市民化呈现一种二元特征:农民即使进了城仍是农民,市民总是市民
流向:人口迁移	由于地区之间的差距,我国乡城人口流动过度集中于大城市和沿海城区
社会流动:分化与融合	在农村人口城镇化过程中,城镇流动的新社会阶层不断分化与融合进程异常艰难

(一)城市流动人口和农民工量大、质弱、价廉,这一特点决定了我国工业化表现为一种低价工业化模式

低价工业化是低要素价格推动的工业化模式,表现为"三低",即低劳动力成本、低土地价格以及实际低税收。① 而当前廉价的城市流动人口和农民工则有力地支撑了工业化的低价模式。"价廉"主要包括两个方面:一是工资水平低,二是非工资性的成本低。就工资平均水平来看,农民工的工资是城镇职工的一半。我国制造业工人的工资相当于发达国家的1/10或者1/20。并且,在GDP构成中,工资占GDP比重在1989年为16%,到2003年却下降至12%。另外,发达国家人均工资占增加值的比重一般在35%—50%,而我国仅为9.3%。就非工资性成本来看,农民工通过租赁廉价房、无社会保障等为政府、企业节省了需要支付的高额成本。2004年,我国因雇佣农民工一项就节省了11462亿元的工资开支,相当于当年中国GDP的8.5%,这大体相当于中国当年的经济增长率。② 然而,"价廉"背后所隐藏的深层次原因就是流动人口和农民工"量大""质弱"的特点。根据劳动部和社

---

① 张平、张晓晶:《经济增长、结构调整的累积效应与资本形成》,《经济研究》2003年第8期。
② 黄广明:《农民工:不应被忽视的贡献者》,《人民日报(海外版)》2005年11月10日。

会保障调研组统计,1993 年我国城镇流动人口数为 7000 万,到 2003 年上升到 1.4 亿,其中农民工为 1.2 亿,占 85%左右,如果考虑在本地从事非农产业的农村劳动力,我国农民工为 2 亿人左右。农民工不仅量大,而且质弱,缺乏多领域就业和转换工作的能力。调查显示,83%的农民工只有初中及初中以下文化水平,80%的农民工未受过培训。[①] 数量大和质量差决定了农民工处于"刘易斯模型"中农村劳动力无限供给阶段,在劳动力市场上谈判能力低下,只能成为工资水平的被动接受者。这种低工资下的工业化以低成本维系中国工业制造的竞争优势。

(二)农民工退出农业难,进入非农产业取得稳定的工作进程缓慢,融入城市状况差,这些特点决定我国城镇化是一种半城镇化

半城镇化,就是"农村人口虽然进了城市但并没有完全成为城市居民(市民)的现象"[②]。美国学者廖塔和米斯科尔认为,半城镇化的特点在于:第一,流入城市的是那些流民,他们根本没有生活机会和希望;第二,他们会长期在城市生活下去;第三,他们生活在城市贫民窟,那里已经成为社会动荡的沃土。一般说来,农村剩余劳动力转移出来,进入城镇有两种模式:第一种模式是农民工通过改变自我适应城市。第二种模式是农村人在城市中重建乡村社会的生活环境和文化模式。[③] 我国当前的"半城镇化"突出地表现为农民工既不能完全从农村和农业中退出,也不能完全的融入城市,身份得不到确认。半城镇化现象的产生主要由于农村的"拉力"和城市的"推力"。在农村社会保障体制尚有待健全的前提下,土地制度的保障功能是农村"拉力"的主要来源。在城市无法得到保障的农民工往往把土地作为日后的保障,倾向于维持与土地长久联系,而不愿割断同土地的"脐带"。这就形成农民工在脱离农业关系时出现"退难"的问题。城市的"推力"主要表现为农民工在城市工作不稳定,很难融入城市生活,逐渐被"边缘化"。从职业分布上来看,农村转移的劳动力大都集中于就业不稳定的部门,而且农民工的职业分布比较稳定,进入正规部门取得稳定工作的进程十分缓慢。基于身份差

---

① 国务院研究室课题组:《中国农民工调研报告》,中国言实出版社 2006 年版。
② 李真:《流动与融和:农民工公共政策改革与服务创新论集》,团结出版社 2005 年版。
③ 吴振华:《农民工的城市适应模式选择及其原因探析》,《理论与改革》2005 年第 5 期。

别所形成的社会保障缺失以及"城中村庄"的构建往往使农民工缺乏对城市的认同,社会网络内向化,最终游离于城市经济的体制之外。有调查显示,在我国加工制造业、建筑业和服务业的从业人员中,农民工已分别占 68%、80% 和 50%,煤矿采掘业为 80%。农民工就业上的不稳定性导致其与城镇居民在工资和社会保障上存在很大差距。我国农民工参保率普遍偏低,在"五大社会保险"中,除工伤保险已有相当数量的农民工参加外,养老保险的总体参保率仅为 15%,医疗保险的平均参保率为 10% 左右,失业保险、生育保险目前仍与绝大多数农民工无缘。[①] 面对这种心理上和待遇上的差距,农民工最终偏离正常的融合方式,选择自己独特的融合模式,形成了融合上的偏差。

（三）城市流动人口和农民工是城乡两栖型,社会身份具有世袭特征,经济上处于弱势地位,农民工在城市的生活方式变革即"城式化"具有高价特征

城镇化可以分为有形的或物化的城镇化（Urbanization）和无形的或生活方式的城市化（Urbanism）[②],后者可以称为"城式化"。然而当前流动人口和农民工在城市和乡村之间双向流动,既有回流性的也有兼业性的。对于兼业性流动,由于其本身是农业生产的重要形式,也为农民工的非农就业提供又一保障,并且即使是一些发达国家在实现工业化和城市化之后兼业经营仍然占很大比重,因而,兼业性流动具有长期趋势。农民工回流性的流动往往周期较长,"20 定出山,40 必收山"现象就属于这种性质的。除去少数回乡创业的精英农民工,大多是一种被迫的回流。这种"亦工亦农""亦城亦乡"形成的城乡两栖型使农民工实现了职业的转变,农民工的社会身份被固化,社会身份具有世袭的特征。"城式化"的高价特征表现为两个方面:第一,在两栖生存状态下,农民工在经济上处于弱势地位,改变生活方式的成本非常高。一方面,农民失地严重,据估计目前失去土地或部分失去土地的农民高达 4000 万—5000 万人,这种失地农民很多是农民工。另一方面土地流转的收益分配失衡。来自江苏的调查表明,在全省农地转用增值的土地

---

① 国务院研究室课题组:《中国农民工调研报告》,中国言实出版社 2006 年版。

② 辜胜阻、刘传江:《人口流动与农村城镇化战略管理》,华中理工大学出版社 2000 年版。

收益分配中,政府大约得 60%—70%,农村集体经济组织得 25%—30%,而农民只得 5%—10%。[①] 第二,中国现有经济发展水平下,"城式化"本身的成本相当高。有人依照城市化"成本—收益"模型分析,按 2000 年不变价格,每进入城市 1 个人,需要"个人支付成本"1.45 万元/人,"公共支付成本"1.05 万元/人,总计每转变一个农民成为城市居民平均需支付的社会总成本为 2.5 万元/人。[②] 不同城市的城镇化成本核算是不一样的。例如一个新增加城镇人口需要增加市政公用设施配套费:小城市为 2 万元;中等城市为 3 万元;大城市为 6 万元;特大城市为 10 万元。[③] 此外,"城式化"的高成本还表现在高额的房价、高额的医疗费和高额的子女教育费用使农民工的生活方式的"城式化"代价很高。

(四)农民工就业不稳定,待遇不公平,家庭不能团聚,这种状况使我国进城农民市民化进程呈现二元化特征

在就业方面,农民工往往集中于脏、累、险、重、苦、差的非正规部门,与城市居民形成了就业互补。在劳动力市场分割的情况下,非正规部门由于工作岗位激烈的竞争和缺乏相关法律的保护,就业往往不稳定。这种不稳定的状态直接影响市民化的进程。其次也难以培养正规部门所形成的职业技能、职业道德、职业精神。在农民工待遇问题上,农民工承受着"同工不同酬""同工不同时""同工不同权"的不公待遇。一方面表现为城市"取而不予",农民工没有享受到市民所有的子女教育、医疗卫生、计划生育、社会救助等公共服务;另一方面,企业"用而不养",农民工在劳保、工资、社保、福利、培训以及劳动力市场信息服务等受到亏待。调查表明:农民工 72% 的计划生育手术费是自己负担;并且只有不到 5% 的人自购房,而 90% 以上的农民工住窝棚、租房或寄住亲属家。在家庭生活方面,由于城市高昂的生活成本,农民工往往选择单独外出,造成农村家庭分离。家庭分离一方面是夫妻分居,京、粤、青(岛)三地农民工调查显示,"一个人在城里打工"的占到 71.3%,"夫妻在城里,孩子留在老家"的占到 15.9%,"全家都搬到了城里"

---

① 林凌:《中国农民对城市化的贡献》,《光明日报》2006 年 1 月 17 日。
② 王亚芬:《城市化是中国财富涌流的载体》,《科学时报》2003 年 1 月 15 日。
③ 国务院研究室课题组:《中国农民工调研报告》,中国言实出版社 2006 年版。

的仅占到 9.9%①。家庭分离的另一方面是老者、儿童留守。这种家庭分离的状况使农村家庭在教育熏陶、培养亲情上不能发挥应有的作用。在市民化进程中,这种家庭的分离造成了家庭内部市民化进程的不同步,这最终拖延整个家庭的市民化步伐。因而,劳动力市场上的二元结构、待遇的差别、家庭内部的分离必将使整个市民化进程凸显出二元化特征。

(五)农民工和城市流动人口流向过度集中于东南沿海,过多流向大城市、特别是特大城市,流动方式具有很大的自发性,这样我国由乡城人口迁移所推动的城镇化和人口流动具有一种无序性

城乡间的收入或者预期收入差距是人口迁移理论和模型中解释人口流动的决定性因素。在我国区域经济不平衡加剧,县域经济发展滞后的情况下,农民工当前主要集中在东南沿海和大中城市。2004 年,在东部地区务工的农民工占全部外出农民工的比重上升到 70% 以上,主要流入地集中在北京、天津、上海、浙江、江苏、广东、福建 7 个省市②。我国北京、上海、广州等大都市都超负荷运行。有关研究也表明:北京流动人口突破 400 万,占总人口的四分之一,上海和广州均突破 500 万,深圳暂住人口超过 1000 万。此外,劳动力信息服务是影响劳动力流向的另一重要因素,由于劳动力市场中介机构不发达,劳动力信息服务覆盖面窄以及农民工缺乏信息搜寻、辨别、筛选的能力所导致的工作信息的获取方式十分有限,进城的农民工大部分由老乡、亲友介绍,政府部门组织的劳动力输出少,农民工的社会资本网络有限,农民工的流动方式带有很大的自发性,这种帮带性的流动往往使流向过于集中。农民工的自发性流动将产生不良影响。首先,自发性往往造成盲目流动,宏观调控难以实施,地区性劳动力短缺时有发生。其次,自发性产生的过度集中于大城市,尤其是特大城市,使城市超负荷运转,"大城市病"日益显著。再次,城镇化发展出现脱节现象,"点""面"并未能有效结合,大城市往往只能"鹤立鸡群",造成结构失衡,城镇化具有无序性。

---

① 李真:《流动与融和:农民工公共政策改革与服务创新论集》,团结出版社 2005 年版。
② 彭丽荃:《农民工扎堆东部》,《中国国情国力》2005 年第 9 期。

（六）农民工阶层不断分化，素质退化，地位弱化，流动人口对城市的融合进程呈现多样化和复杂化态势

经过多年发展，农民工阶层内部也开始出现分化。从时间先后顺序上来讲，老一代农民工在发展过程中面临着素质的退化，有所谓农民工"40 岁现象"。他们接受的正规化教育程度比较低，就业过程中，企业往往努力压低雇佣成本，极少对农民工进行在职培训，人力资本的积累极其缓慢。因此，除了体力之外他们就没有任何其他资本可以交换。随着年龄的增加，老一代农民工"青春红利"逐渐折耗，素质不断退化。农民工阶层分化的最突出表现是新生代农民工或称第二代农民工的产生。他们是第一代农民工的后代，几乎与改革开放同龄，年龄一般在 18 至 30 岁之间。新生代农民工群体是"回不去农村，融不进城市"的农民工，他们大多没有务农经历，也不再适应农村生活；他们介于"生存者"与"生活者"之间，流动动机在很大程度上已由谋求生存向更高的追求平等和追求现代生活转变；他们素质相对较高，也更贴近城市的生活方式和思维方式。而从地位分化上讲，尽管大部分农民工仍然处于被雇佣的地位，但是也有一部分人或作为创业者成为私营企业主扎根城市，或返回农村创业成为"返航人"。据 2004 年全国第六次私营企业抽样调查，城镇私营企业主的原来职业分布中，进城农民约 1/5。许多农民工经过打工实践，在外开阔了眼界，学会了本领，掌握了技术，拥有了资本，具备了创业的能力。因而，面对农民工内部不同特点的亚群体，其对城市的融合必然体现出不同的方式。对于老一代农民工，他们观念仍然是典型的传统农民思维方式，融合很难。新生代农民工的思想观念已经远离土地和农业生产而向更贴近城市的生活方式和思维方式转变，对城市体现出较多的认同感和更强的归属感，但他们面临能力与期望的失衡，他们自身能力有限但职位期望较高，在整个社会结构体系中，难以准确定位。对于那些成为城镇私营业主的人，他们早已熟悉城市生活，融合相当容易。

二、合理引导农民工，促进工业化和城镇化协调发展的战略对策

我国农民工现状的特殊性，工业化和城镇化问题的复杂性，以及三者之

间的相互影响相互作用的交融性,决定了我们需要依据我国现实社会经济情况,将农民工问题的解决置于城镇化、工业化过程中,坚持四个"并重",分步实施、分类指导,正确调节进城农民的流向和流速,最终促进工业化和城镇化的协调发展(见图1)。

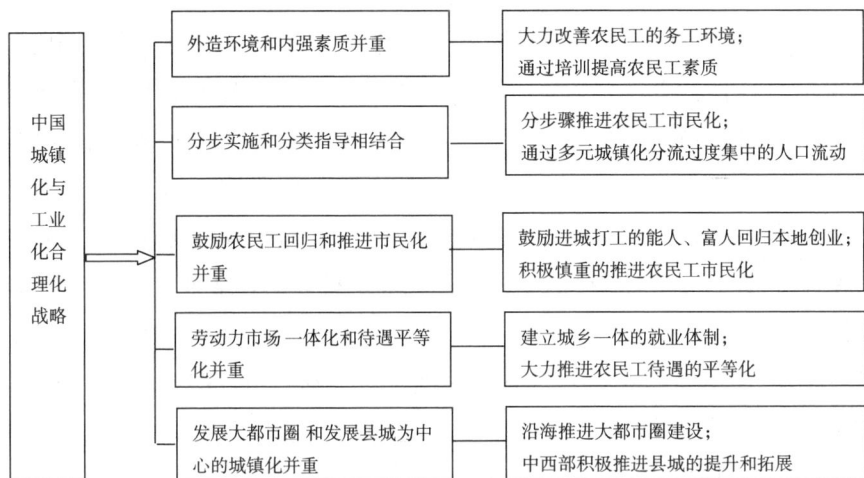

图1 基于农民工流动的城镇化与工业化合理化战略对策

(一)要外造环境和内强素质并重,一方面按"公平对待,一视同仁"的原则,大力改善农民工的务工环境;另一方面,通过发展职业技术教育和在岗培训,提高农民工素质以适应新型工业化的需要

农民工在城市的弱势地位、边缘化状况以及城市的体制外生存,既与现有的歧视性务工环境有关,也与农民工自身的素质不高有关。因而,要外造环境和内强素质并重。公平对待就是要善待农民工,对农民工给予足够的重视和尊重,关心农民工的切身经济利益,以及相关的政治权利和文化权利,进一步清理和废止对农民工的各项歧视和限制政策,制止向农民工的收费和变相收费,努力营造公平的务工环境。同时,要提高农民工自身素质。而当前教育和培训还存在相当多的问题:资源分配不均、政府投入不足、培训力度不够、内容与现实脱节。这就要求在新型工业化的需求下,重新整合教育资源,动用政府、社会、企业三方力量,努力发展职业教育和在岗培训。尤其是企业要严格执行劳动就业合同和树立现代用人观念,制止非正规部门就业的无保障状况。

（二）要把分步实施和分类指导相结合，正确处理进城农民工市民化的最终模式和过渡模式的关系，通过多元城镇化分流过度集中的城乡流动人口，缓和大都市压力

在农民工市民化问题上，我们决不能"一蹴而就"，要防止"拉美陷阱"。20 世纪六七十年代，一些拉美国家为推动经济起飞，普遍实施快速推进城市化以减少农民的战略，大量"无土地、无保障、无固定岗位、无一技之长"的农民成为新市民，造成城市两极分化严重，社会矛盾激化。"拉美陷阱"的前车之鉴告诉我们，农民要成为市民必须要有所依托，即在城市要有稳定的职业和收入，只有在这样的基础之上的市民化才是稳妥的。结合我国实际情况，我们认为，当前农民工市民化要分步实施，突出市民化进程中的过渡模式和最终模式。市民化最终的目的是要转变为城市居民，但是农民工首先要能够成为现代产业工人以作为过渡模式。这种过渡模式不能仅仅从农民工的贡献来界定，更要注重农民工是否得到产业工人待遇。因而在农民工的市民化进程中首先要把重点放在农民工的产业工人待遇上，而不是过急的、和市民完全等同的市民待遇。从这个意义上讲，市民化的实质应该是政府为进城农民提供的"公共服务"。其中农民工的社会保障问题是各种矛盾的焦点。对农民工而言，工伤和大病是其面临的最大风险，因而要按分类指导原则建立适合农民工特点的社保体制。一要依法将农民工纳入工伤保险范围，二要抓紧解决农民工大病医疗保障，三要探索适合农民工特点的养老保险办法。同时，农民工的市民化可以分散实行，由于社会保障等公共支出，大城市的市民化成本是很高的，为了避免高价"城式化"，也可以通过多元城镇化实现农民工分流。

（三）要坚持把鼓励回归和推进市民化并重，一方面，鼓励进城打工的能人富人回归本地创业；另一方面，积极慎重的推进农民工市民化，让一部分人率先成为城市居民

从农民工的分化所导致的对城市融合的多样化和复杂化可以看出，农民工的最终去向也并非是一致的。当前农民工回归已经有非常好的基础。

通过"进城打工学习——回流创业实践"模式,这类农民工带回了资金,学会了技术,引进了现代的经营理念和管理方法,成为城镇经济的"助推器"。湖南省已有近 20 万外出农民工返乡创业,建起了 8 万多个"回流型"个体民营企业,吸纳近 50 万农村劳动力,年创造效益 30 亿余元[①]。湖北省通城县有40 多万人口,有 10 万多人外出务工经商,占全县劳力的 60% 以上,成了名副其实的"打工之乡"。在这些务工经商人员中,涌现出一批大大小小的老板,其中资产过千万元的 100 多人,资产过百万元的 1100 多人。该县这几年把招商引资的目标瞄准那些在外创业的通城籍老板。通过实施"回归工程",共引进项目 324 个,占招商引资总项目的 96.1%,回归资金 8.2 亿元,占招商引资总额的 72%[②]。因而,地方政府在鼓励回归的同时,应当积极营造良好的创业氛围,给予适当的政策优惠以壮大县域经济。而对于长期留在城市中的一部分人,尤其是那些技工型的、劳模以及私营业主,他们收入已经相当稳定,心态平稳,完全适应城市生活,可以率先实现市民化。

(四)要坚持把劳动力市场一体化和农民工待遇平等化并重,在建立城乡一体的劳动力市场和就业体制的同时,大力推进农民工企业待遇和社会待遇的平等化,清理和取消各种针对农民工进城就业的歧视性规定和不合理限制

我国农民工对城市发展作出巨大贡献,但他们没有分享到社会经济发展成果。农民工的不平等,首先源于就业体制,因为劳动就业不平等派生了其他不平等现象。因而在劳动力市场一体化进程中,在劳动关系上要一视同仁,同时强化劳动部门的管理与服务职能,鼓励发展多种形式的就业中介组织,建立跨地区、跨部门的农村劳动力市场,推进劳动力市场信息网络建设,加强对农村劳动力市场的预测、规划、调控、立法、监管,使农村劳动力的转移走向制度化、规范化、组织化。在推进农民工待遇平等化过程中,要加强政府职能的转变,扭转政府职能偏差造成的政府缺位、政府越位和政府错位。在过去对待农民工问题上,政府往往采取"堵""轰"的行政性手段,因而

---

① 湖南省统计局:《2005 年湖南省劳动就业工作稳步前进》,《统计信息》2005 年第 16 期。

② 张兴旺等:《让民间资本涌流——通城县实施"回归工程"纪实》,《湖北日报》2006 年 4 月10 日。

政府往往管理重于服务,对农民工的社会服务出现政府缺位。这种职能的偏差的矫正必须通过扭转政府的观念,大力推进农民工待遇平等化来实现。同时,要按照属地化管理的原则,充分发挥城市社区组织的作用,将农民工一并纳入城市居民的管理体系中,逐步健全覆盖农民工的城市公共服务体系。

(五)要把发展大都市圈为特征的城市化和以发展 2000 多个县城为中心的城镇化并重,一方面,在我国东部推进都市文明向周边城区的扩散;另一方面,在中西部地区通过大力发展交通和通信,缩短省会城市与县城的时空距离

在东中西部的梯度转移过程中,东部与中西部之间,尤其是各自内部城乡差距之间的状况很不相同。因而在农民工推进城镇化过程中要基于这种差异,因地制宜地采取不同的城镇化策略。对于东部地区,由于城乡差距以及收入差距不大,可以采取以大都市圈为特征的城市化策略,实行组团式的城市结构,通过大都市的辐射能力,直接把周边的小城镇纳入块状的城市圈内,使都市文明快速向周边地区扩散。而对于中西部地区,我们的构想是通过据点式城镇化,在中西部把县城建成 10 万至 30 万人的城市。要实现这一目标,必须大力发展县城经济,提高县的财政能力。现在在建设社会主义新农村的过程中,首要的是要改变县级财力太弱的局面。通过大力发展县域经济和政府财税政策的大力支持,加快县城的城镇化建设,把县城作为吸纳农村剩余劳动力的重要载体。其次,要注意城市与县城之间的对接,完善以交通通信为基础的公共设施建设,实现城市产业顺利向县城的转移。

(本文系国家社会科学基金项目(项目编号:05BJL036)的研究成果,发表于《人口研究》2006 年第 5 期。易善策、郑凌云协助研究)

—33—
新型工业化与高等职业教育的转型

　　新型工业化和 2020 年我国基本实现工业化的目标为我国高等职业教育发展提供了巨大的市场需求。高等职业教育是推进新型工业化的重要力量,工业化、城镇化和信息化目标对高等职业教育培养的人才在数量、质量及层次结构等方面也提出了新的要求。为适应新型工业化发展的需要,我国高等职业教育需要在发展方向、目标规划、办学机制、教学模式及师资队伍建设等方面进行改革。

一、新型工业化对高等职业教育的需求

　　与传统工业化道路不同,新型工业化道路是信息化和工业化互动的工业化,信息化带动工业化、工业化促进信息化是新型工业化的实现方式。表 1 从人均 GDP、城镇化率、三次产业结构和信息化水平等方面展示了我国工业化、城镇化、信息化方面的发展目标。

表 1　我国工业化、信息化与城镇化发展目标

	工业化中期(2004 年或 2005 年)	基本实现工业化(2020 年)
人均 GDP	1269 美元	4000—5000 美元
城镇化率	41. 76%	60%

续表

	工业化中期（2004 年或 2005 年）	基本实现工业化（2020 年）
产业结构	2004 年我国一、二、三产业比重：15.2%：52.9%：31.9%； 一、二、三产业就业比重：46.9%：22.5%：30.6%	一、二、三产业比重：10%：50%：40%； 就业结构与产业结构相一致
电脑与互联网	2005 年，我国计算机装机数超过6000 万台，互联网用户数达到 1亿。全国家庭电脑普及率达到8%—10%，城市达 15%—20%	计算机装机数超过 2 亿台，互联网用户数超过 4 亿，占总人口的25%—30%。全国家庭电脑普及率达 35%—40%，城市家庭电脑普及率达 60%—70%
信息产业	2005 年，信息产业增加值占国内生产总值的比重达到 7.2%	2010 年，信息产业增加值占国内生产总值的比重达到 10%
研发投入占国内生产总值比重	1.44%	2.5%
技术进步贡献率	39%	60%
对外技术依存度	54%	30%

资料来源：人均 GDP、城镇化率、产业结构数据来自《中国统计年鉴 2005》；2020 年人均 GDP、城镇化率、产业结构数据参见赵国鸿：《论中国新型工业化道路》人民出版社 2005 年版，第 64—65页；电脑与互联网数据来自《"十一五"至 2020 年我国信息化目标与战略》，《中国信息报》2005 年 10 月 19 日；信息产业数据来自中共中央办公厅、国务院办公厅：《2006—2020 年国家信息化发展战略》，《中国信息界》2006 年第 9 期；研发投入占国内生产总值比重、科技进步贡献率和对外技术依存度数据来自国务院：《国家中长期科学和技术发展规划纲要》，《人民日报》2006 年 2 月 10 日。

　　本质上看，新型工业化道路在于使推动工业化的要素由资源高消耗和低素质劳动力投入向技术进步、高素质劳动力投入转变。技术进步的实现在很大程度上归结于劳动力素质，掌握高技术的人才是实现技术进步、推进新型工业化的支撑。而目前我国劳动力资源的基本特征是数量大但素质较低，劳动力的数量结构和素质层次都远远没有达到新型工业化的要求。从表 1 显示的数据可以看出，我国基本实现工业化的任务还很沉重，技能型人才和高素质劳动力的需求巨大。为实现新型工业化，以教育为核心的人力资本投资是关键。20 世纪末以来，我国高等职业教育招生人数迅速增加，到2002 年，高等职业学校招生人数已经超过了普通本科，高等职业教育将成为推进我国新型工业化的重要力量。

（一）城镇化为高等职业教育提供了广阔的人才需求空间

2004 年我国城镇化率为 41.76%，到 2020 年我国基本实现工业化的城镇化率要达到 60%，即新增约 3.5 亿的城镇居民，这意味着平均每年将新增 2200 万城市人口。城镇化的发展，首先要提高农村人口的素质，把沉重的农村人口负担转化为高质量的人力资源。农民工量大且素质不高是我国经济发展过程中面临的现实情况。目前，农民工在我国第二产业从业人员中占 58%，在加工制造业从业人员中占 68%，在建筑业从业人员中占 80%。[①] 高素质的农民工将是我国新型工业化顺利实现的重要保证。但是，直接从农业生产脱离出来的农民工接受的基础教育程度并不高。受到年龄、收入水平和教育制度等的限制，他们在城市也很难参与正规化的基础教育或普通高等教育。国务院研究室发布的《中国农民工调研报告》显示，我国农村劳动力中接受过短期职业培训的占 20%，接受过初级职业技术培训或教育的占 3.4%，接受过中等职业技术教育的占 0.13%，而没有接受过技术培训的高达 76.4%。[②] 由此看来，我国农村劳动力受过职业教育的数量和层次都不高，因此，通过职业教育培训特别是高等职业教育提高农民工的素质不仅是我国工业化、城镇化的迫切要求，也是一个切实可行的途径。

（二）实现我国经济增长方式转变需要高等职业教育培养高素质劳动者

新型工业化要求经济结构发生根本性的转变。首先，产业结构和就业结构需要发生转变。2004 年，我国一、二、三产业的比重为 15.2∶52.9∶31.9，一、二、三产业就业比重为 46.9∶22.5∶30.6，产业结构和就业结构严重不一致。到 2020 年，我国一、二、三产业的比重要达到 10∶50∶40，与之相一致的就业结构将表现出大量农业劳动力向第二和第三产业转移，据估算，近 2 亿的劳动力将从农业部门转移到非农业部门。要适应这些产业部门的要求，从农业生产脱离出来的劳动力迫切需要提高职业技能和素质。其次，新型工业化要求经济增长方式发生根本性的转变，经济增长不能依靠简单的劳动力投入，而更多地要依赖于人力资本投资和技术进步。劳动力结

---

① 国务院研究室课题组：《中国农民工调研报告》，中国言实出版社 2006 年版。

② 国务院研究室课题组：《中国农民工调研报告》，中国言实出版社 2006 年版。

构要从低素质的劳动力和简单的机械化的劳动向高素质的劳动和复杂的智能化的劳动转变,在这一转变过程中,高等职业教育必然大有作为。

(三)增强我国国际竞争力需要高等职业教育培养高素质技能型人才

随着我国加入 WTO 和参与国际经济程度的加深,我国在国际市场的作用将越来越重要。但从目前对外贸易来看,全国出口企业中拥有自主品牌的只有 20%,自主品牌出口约占全国出口总额的 1%,贸易中的"贴牌"现象仍十分普遍。[①] 从国际分工的角度看,我国目前多供给低附加值、低技术含量的中低端产品,处于国际分工体系"微笑曲线"的底端。出现这种状况的根本原因就在于我国严重缺乏具有创新能力的高技能人才。只有改变这种状况,我们才能在未来以高附加值、高技术含量的技术密集型产业为主体的国际市场竞争中取得优势,否则我们将永远成为"世界加工厂",而不可能成为"世界工厂"。这也就是国家提出建设创新型国家,强调自主创新的关键所在。高素质技能型人才是发展现代制造业、增强技术比较优势、参与国际中高端产业链竞争的基础,高等职业教育要担起培养高技能人才的重任。

(四)信息化要求高等职业教育提供具有较高信息素养的人才

以信息化带动工业化是实现我国跨越式发展的要求。从国际经验来看,虽然发达国家信息化是在实现工业化后才进行的,但信息产业的作用却非常强大。2005 年我国信息产业增加值占 GDP 的比重达到 7.2%,对经济增长的贡献度达到 16.6%,但与发达国家信息产业及其紧密相关产业的增加值比重占 60%—70%差距甚远。[②] 未来中国信息化的发展,将在多个方面齐头并进,一是优先发展信息产业和高技术产业,提高电脑、互联网、手机等信息产品普及率;二是用信息技术改造传统产业,使产业信息化、企业信息化;三是发展信息化、数字化的城市。信息技术和信息产业的快速发展,需要高等职业教育培养大量的具有较高信息素养的人才。

---

① 陈刚、吴琼:《我国出口结构亟待调整》,《中国税务报》2005 年 12 月 19 日。
② 商务部科技发展和技术贸易司:《世界高新技术产业发展及对外贸易现状》,《国际技术贸易》2004 年第 3 期。

二、适应新型工业化高等职业教育需要转型

2004 年,全国共招收普通本科、高职学生 447.34 万人,其中高职招生237.43 万人,占 53.1%;普通本科、高职在校生 1333.50 万人,其中高职在校生 595.65 万人,占 44.7%;全国共有普通高校 1731 所,其中高职院校 1047所,占 60.5%。[①] 无疑,高职已经成为我国高等教育的"半壁江山",成为推动我国高等教育大众化的重要力量。尽管如此,我国高等职业教育仍然存在众多与我国新型工业化发展不相适应的问题。

一是我国高等职业教育的发展方向上存在偏差。现阶段很多高等职业学校以扩招、升格、创收为目标,严重偏离了职业教育以就业为导向的办学方向,造成了就业的结构性矛盾。一方面是生产服务一线的高技能人才严重短缺;一方面是高等职业学校毕业生就业率偏低,高等职业教育与岗位需求的不相匹配。

二是人才结构层次上存在失衡。一般来说,就业人员中高级管理人才、高级研究型人才、应用型专业技术人员、高素质的技术工人的结构模式应该呈金字塔型,而现在我国的就业人员队伍的结构却呈现倒金字塔形。[②] 我国低素质劳动力比重较大,高素质劳动力和专业技术工人的比重过小。现阶段,农民工是我国劳动力较大的供给部分,大部分农民工受教育程度不高、专业技能薄弱,难以适应新型工业化的要求。

三是教学模式和办学机制上缺乏实践性的教学和动手能力的培养。职业教育与普通教育最大的不同就在于它的职业性,实践性教学是职业教育的重要形式,我国高等职业教育却严重缺乏实践性教学。其主要原因有:资金的缺乏,使大部分高等职业学校难以建立现代化的实验室和实习场地;高等职业学校盲目扩招,造成学生过多,学校难以负担和实施实践性教学;与企业的联合培养或在企业的实习基地常常因为企业经营的不稳定或从成本考虑,而不能发挥应有的作用。

另外,在社会观念上存在对职业教育的偏见和误区。长期以来,受传统

---

① 杜晓利:《我国高等职业教育发展的现状、问题与对策》,《职业教育研究》2006 年第 1 期。
② 宰胜阻、岳颖:《推进我国高等教育大众化的战略选择》,《教育研究》2001 年第 6 期。

观念、教育体制和招生模式等因素的影响,地方政府对职业教育的支持力度远远弱于普通教育,用人单位过分重视学历、轻视职业能力,民众对职业教育的认识也存在严重偏差,这些都阻碍了高等职业教育的发展和作用的发挥。为了充分发挥高等职业教育在新型工业化进程中的作用,高等职业教育需要实现以下几方面的转变。

(一) 在发展方向上,从沉溺于"升格"向适应社会经济结构的变迁转变

由于就业渠道不畅,社会对职业学校的认同度较低,在办学方向上,一些职业学校沉溺于"升格",中职要升高职,高职要升本科,有的高等职业学校在招生宣传中甚至用 90% 的"专升本"率作为广告吸引力。这是职业教育在发展方向上的严重误区。高等职业教育一定要改变这种以"升格"为发展方向的误区,要植根于行业、面向社会结构的变迁,全力打造面向就业市场的核心竞争力。

社会经济结构变迁会给高等职业教育带来巨大的发展机遇。第一是信息化会创造上百万计算机操作人员的市场需求;第二是工业化需要大量的高级技工和技师。国际劳工组织的研究成果显示,劳动者的技能水平对经济发展具有决定性作用。发达国家的技术工人构成中,高级技工占 35% 以上,中级技工占 50%,初级技工占 5%;目前中国的高级技工仅占技术工人总量的 4%,中级技工占 36%,初级技工占 60%。[①] 高技能人才的短缺,已明显制约先进工艺设备的广泛有效应用,直接影响工业竞争力的提高。第三是经济全球化一方面创造了跨国公司对职业技术人才的需求,另一方面也带来技术人才"走出去"的机会。目前,世界企业 500 强中,已经有 400 多家来华投资了 2000 多个项目,特别是我国加入 WTO 以来,电子、机械、汽车、化工等先进制造业的国内外企业增长迅速,对劳动者素质的要求越来越高。第四是城镇化也会带来巨大的人才需求。城市基础设施建设、市政、园林、商业及生活服务、交通旅游等方面需要数以千万计的技能型、应用型人才。如果说普通本科人才是百万级的市场需求,那么,高职院校的人才需求是千万级的市场需求。高等职业教育要把着力点放在对这些市场需求的研究和相应的人才培养上。

---

① 刘超:《高职教育要为 21 世纪制造业提供人力支持》,《机械职业教育》2005 年第 4 期。

（二）在目标规划上，从只满足考生上学的"中间需求"向满足毕业学生就业的"最终需求"转变

招生是学校的"进口"，这个"进口"只是满足了学子求学的"中间需求"；毕业生就业是学校的"出口"，是学生和家长的"最终需求"。现在一些高等职业学校根据考生需要上学的旺盛需求，推进超常规的规模扩张，实现"万人大学、千亩校园"，不注意学生未来的就业；只注重大规模的招生收费，"进口"痛快，而忽视毕业生就业难，"出口"的痛苦。根据教育部等部门联合发布的消息，截至 2004 年 9 月 1 日，全国普通高校毕业生平均就业率为 73%，其中，研究生就业率达到 93%，本科生就业率为 84%，高职（专科）生就业率仅为 61%。高职毕业生就业率大大低于研究生和本科生的就业率，高等职业学校的毕业生就业问题十分突出。①

高等职业教育的发展不能只满足学生上学的"中间需求"，最重要的是以就业为导向，以为社会提供人力资源为目的，以保证学生掌握实际技能和顺利就业为办学宗旨，把满足毕业学生就业的"最终需求"作为根本目标。实践中，应该把招生与就业有机结合起来，根据社会需求设置专业、确定招生计划和培养计划。专业设置要充分考虑地区经济发展情况和市场前景，根据高等职业教育的特点，着重发展短线专业。对连续两年就业不足 50% 的专业要严格控制招生规模，就业率连续三年不足 30% 的专业要减少招生甚至停止招生，②对不符合市场社会需求的专业应予撤销。高等职业学校要通过专业调整、产学合作、体制创新，保证毕业生就业。良好的就业形势和对职业技能的掌握，无疑会对高等职业学校产生无形的、也是最好的宣传效果，促进其良性发展。

（三）在办学机制上，从只重课堂教学的关门办学向课堂教学和实践操作相结合的开放办学转变

高等职业教育是以培养生产、管理、服务一线的高技能应用型人才为目标，离不开产业和企业的需求导向。高等职业教育要从以资源供给驱动、以

---

① 温红彦：《今年高校毕业生就业好于预期》，《人民日报》2004 年 9 月 29 日。

② 肖锋：《就业率不达标专业要停招》，《京华时报》2004 年 12 月 11 日。

国家为主导的范式向以需求驱动、以市场为主导的范式转变。

要发挥企业在高等职业教育发展中的重要作用。一方面,鼓励企业参与办学。企业投资职业教育的好处:一是能为企业培养自身所需要的人才;二是能集生产技术的学习和企业的技术创新于一身;三是高等职业教育同样可以为企业获得一定的利润;四是它是企业回报社会、赢得声誉、扩大知名度的一种方式。

另一方面,高等职业教育要在教学活动中主动与企业合作,学校、企业共同办教育,进行互动性产学合作。高等职业教育产学合作的模式可以多样化。一是"三明治课程"或厂校交替课程的"工读轮换"模式,如第一年在学校学习,第二年到企业接受实际培训,第三年再回学校学习。还可试行弹性学制,实行半工半读,分阶段完成学业。二是"实训、科研、就业"模式,即企业和学校合作,通过优质课程与有效实训的整合,以项目开发或技术服务等科技活动为媒介,培养学生技术应用能力和发展能力。[①] 三是"订单式"模式,即高等职业学校与用人单位共同签订人才培养计划以及用人订单,学生既接受学校基础理论的教学又接受企业实践性的教学,毕业之后可以直接到用人单位就业。无论是哪种模式,产学合作的形式都具有很大的优势:第一,它使得职业学校的培养计划和课程设计直接面向企业和市场,课程设计得到优化;第二,可以发挥学校和企业、理论和现实、课堂教学和实践操作的综合优势,培养学生的理论功底和实践能力,提高学生的综合素质;第三,企业优先录用联合培养的高职学生,提高了高等职业学校的就业率。

(四)在教学模式上,从重知识传授的"本科压缩型模式"向重技能培养的应用型人才培养模式转变

目前许多高等职业学校实施的是重知识传授、轻技能培养的传统的学科教育模式,基本是"本科压缩型"。要推进高等职业教育的健康发展,必须打破传统的学科教育模式,建立具有高等职业教育特色的培养模式。高等职业教育的发展不是单一模式,而要多领域、多方位的发展。针对不同工作领域,既要发展工业技术方向的高等职业学校,又要发展以培养从事服务性

---

① 王波:《论高等职业教育产学研合作人才培养模式》,《辽宁高职学报》2006 年第 4 期。

行业的劳动力为主的高等职业学校;针对不同的教学目的,既要改进知识传授的教学方式,以提高学生的基础技能和普通文化水平,又要强化实践性教学,重点培养学生的动手能力。

高等职业教育要培养生产、服务和管理第一线的应用型人才,实践性教学将是职业教育培养方式的必然选择。首先,要改革教学内容和课程体系,根据专业能力培养的要求调整课程比例,适当提高实践课程的比重;其次,要利用信息技术改造传统的教学手段,采用互联网、多媒体等多种教学手段,激发学生积极性、强化技能训练;再次,要采用多种教学方式,将课堂实验、案例分析、基地实习等形式结合起来,安排学生进入企业调查和实践,实训特别是以项目为导向的产学合作,对学生职业技能的掌握和综合素质的提高都有极其重要的作用。

(五)在师资队伍建设上,从传授知识的理论型教师向"双师型"教师转变

现在高等职业学校面向就业市场、培养应用技术型人才的最大障碍是师资不适应。目前我国高等职业学校师资队伍存在的问题主要表现在:一是教师结构不合理,文化和理论课教师的比重较大,专业课教师的比重很小;二是不少教师知识结构老化、教学方法陈旧,对学科前沿的新知识、新理论了解不多;三是一些专业教师也缺乏实践性职业技能,不会培养学生的动手操作能力,不能给学生谋生的一技之长。要解决这些问题,加强"双师型"教师队伍的建设是根本的途径。

首先,要优化师资结构,引进具有较高学历、高技能、高素质的教师,针对市场需求的专业设置,合理配置师资力量。其次,要重视兼职教师队伍建设,充分发挥兼职教师的重要作用。从国外的经验看,兼职教师是高等职业教育师资的重要组成部分,美国社区学院兼职教师占教师总数的2/3,加拿大社区学院兼职教师达到80%以上。[1] 兼职教师既可以缩小高等职业学校与社会、与企业、与实践的距离,又可以优化当前高等职业学校师资结构和解决"双师型"教师数量不足的问题。[2] 再次,要通过建立实训基地或产学合

---

① 陶树中:《"双师型"教师队伍建设的探索与实践》,《黑龙江高教研究》2006年第1期。

② 黄祐:《关于高职院校兼职教师队伍建设的几点思考》,《职业教育研究》2005年第10期。

作的方法,为高等职业学校教师提供职业培训的平台。定期安排教师深入企业,了解新信息、掌握新技能,强化和不断更新教师的职业技能。最后,要建立和完善高等职业学校教师评审、考核制度和激励机制,将"双师型"作为一项重要的考核标准和目标要求,促进教师从理论型向"双师型"转变。总之,一支既有理论又有实践技能与经验的"双师"型师资队伍是实现高等职业教育发展的根本保证。

除了高等职业教育本身的改革外,在社会用人观念上也需要从过分追求高学历向重能力、重绩效的务实性用人观念转变。当前在招聘中,一些用人单位故意抬高"门槛",往往规定第一学历为正规本科,似乎学历高的人多了,单位就会有面子。这是一种用人标准的唯学历误区,是不利于职业教育发展的障碍性外部环境。一些学生和家长认为高等职业教育是高等教育中的一种低层次教育,普通高等教育培养的是国家干部、是白领,高等职业教育培养出来的是工人、是蓝领。[①] 还有一部分人认为,高等职业教育是"非正规教育"和"高考落榜生教育",充其量只能算是不入流的高等教育。这样导致众多学生不愿报读高等职业学校,给高等职业教育的带来了相当大的负面影响。地方政府和有关部门,往往重视普通教育、忽视职业教育。政府在投资、政策支持和发展措施上对职业教育与普通教育存在差别性的待遇。

要保障职业教育的健康发展,需要从"学历本位"的用人观念转向"能力绩效本位"的用人观念。社会观念上,需要提高职业教育的地位,弱化不同种类文凭之间的差异,强调以能力为核心的用人观念。通过舆论宣传改变人们的认识误区,正确宣导职业教育在整个教育体系中的重要作用,扶持高等职业教育的发展;从政府的角度看,要从重视普通教育、轻视职业教育向普通教育和职业教育并重转变,关键在于在资金和政策支持上公平对待职业教育和普通教育;从学生和家长的角度看,要改变读书只能做官的观念,树立读书—做事和实现自身价值的观念。

(本文系国家社会科学基金项目(项目编号:05BJL036)的研究成果,发表于《教育研究》2006 年第 10 期。洪群联协助研究)

---

① 刘佳俊:《浅析我国高等职业教育的发展困境》,《当代教育论坛》2006 年第 4 期。

34

城镇化效应与生育性别偏好

从 20 世纪 70 年代初开始,中国构建并实行了具有中国特色的计划生育政策,在短短的 20 多年内有效控制了人口过快增长的势头。在这一人口战略实施过程中,"多子多福"的传统生育数量观已逐步被少生优育的生育观念所取代,但由于各种复杂因素的影响,中国人的生育性别选择偏好却在相当程度上得到了强化。因此,我们必须重新思考在通过人口数量控制来缓解经济增长中巨大的就业压力和资源环境压力过程中出现的新问题,调整和优化中国已经实施多年的人口发展战略,变以人口数量控制为重点的人口战略为以遏制出生人口性别比升高和继续稳定低生育水平为重点的人口战略,实现人口政策上的"数本位"向"人本位"的转变。

一、中国人口社会构成与出生性别比面临的问题

改革开放以来,中国的人口战略取得了巨大的成就,人均受教育水平、人均寿命等都得到了较大程度的提高。但从发展的观点来看,在全社会人口构成和素质方面仍然存在着不容忽视的六大问题:(1)出生人口性别比失衡严重。2000 年第五次全国人口普查表明,中国出生人口性别比已经高达116.9,超出国际公认正常范围约 10 个百分点。[1] 全国有 5 个省份的出生人

---

[1] 张翼:《我国婴儿出生性别比在持续上升》,中国网(http://www.china.org.cn),2002 年 12 月23 日。

口性别比超过了 130。① 就全国而言,农村出生人口性别比为 121.7,乡镇为 119.9,城市为 114.2。(2)出生缺陷儿童比例偏高。根据卫生部数据显示,出生缺陷在中国的发生率至少在 4%到 5%,在每年 2000 万新生人口中,发生的出生缺陷至少有 80 万到 100 万。中国每年因出生缺陷造成的直接损失达 8 亿元人民币,支付出生缺陷和残疾的医疗费用需 150 亿元人民币。② (3)大都市人口老龄化带来的"空巢"家庭的比例大增。目前,中国 60 岁以上老年人口达到 1.34 亿,占总人口的 10%以上;80 岁以上老年人口达 1300 万。从 1980—1999 年,在不到 20 年的时间里,中国人口年龄结构就基本完成了从成年型向老年型的转变,而英国完成这一过程大约用了 80 年,瑞典用了 40 年。发达国家在进入老年型社会时,人均国内生产总值一般在 5000—10000 美元左右,而中国目前尚不足 1000 美元,是个典型的"未富先老"国家。(4)非家庭型人口流动造成大量留守儿童。目前全国有 1.5 亿流动人口,其中相当一部分是非家庭型流动,子女留在流出地,形成大量的留守儿童,这些留守儿童健康成长与教育等都面临着诸多问题。(5)家庭型人口流动带来庞大的边缘化城市民工子弟。(6)艾滋病等疾病的蔓延造成人口安全问题严峻。艾滋病的传播正处于高危人群向一般人群转移、以输血和吸毒为主转向以性传播为主的阶段,病毒携带者每年以 30%的速度在上升。

在这六大问题当中,出生性别比偏高问题最为严重。根据国际上长期观察的结果,在无人为干扰胎儿性别的前提下,出生人口性别比比较稳定,一般在 102—107 之间。中国在 20 世纪 50—70 年代出生婴儿性别比基本处于正常状态,80 年代以来,出生人口性别比明显升高,1953 年出生性别比为 104.90,1964 年为 104.25,1968 年为 108.93,1970 年为 106.42,1975 年为 106.54,1980 年为 107.11,1982 年第三次人口普查出生性别比为 108.5,1987 年 1%人口抽样调查为 110.9,1990 年第四次人口普查为 111.3,1995 年 1%抽样调查为 115.6,到 2000 年第五次人口普查时上升为 116.9。"五普"数据显示,1990 年以后,婴儿出生性别比逐渐升高,长期高达 117 以上,且没有任何下降的迹象。联合国公布的有关资料表明,2002 年,中国 0—4

① 《13 亿人口日:13 亿人口告白》,中国人口网,2005 年 1 月 7 日。
② 《中国人口战略新挑战:从控制数量到提高人口质量》,新华网,2005 年 1 月 6 日。

岁人口组的性别比高达 120.2,居全球之首,比第二位的有着强烈性别偏好传统的韩国同年龄组人口性别比(110.7)高出 9.5 个百分点。出生性别比问题已经引起了政府有关部门的高度重视,我们必须立即采取切实可行的措施,从根本上解决出生人口性别比失衡问题。

二、城镇化效应与出生人口性别选择偏好

20 世纪 80 年代以后,中国人口数量得到有效控制,但出生人口性别比为何会持续升高? 不少学者从不同的角度对此进行了大量有意义的探索。从有关文献可以看出,目前的研究可归结为以下 6 种。

第一,政策论。家庭作为生育行为的微观主体,在考虑孩子数量和性别时,与国家和社会层面的利益与出发点并不完全吻合。在控制孩子的数量问题上,家庭也面临成员数量过多、抚养负担过重等压力,与国家要求控制人口政策的基本面是相吻合的,但在孩子性别选择上则不然,家庭的性别偏好与国家和社会利益选择往往有一定的出入。在严格控制人口数量的前提下,不少家庭的性别选择偏好无形中得到了强化。乔晓春认为,目前中国出现的高性别比是在强烈的男孩偏好条件下,过分压缩每个家庭孩子数量的结果。[①] 出生性别比问题是狭小的生育选择空间和便捷的技术辅助生育手段与更少生育但偏好男孩的意愿相互挤压和冲突的结果。

第二,技术论。这种观点认为,B 超技术的出现使人们偏好男孩的观念很容易变为现实。马滋通认为,在人口控制过程中,没有足够重视人为干扰孕妇胎儿性别问题,在男孩偏好思想的严重影响下导致 B 超技术在广大农村"普遍"非法使用时,异常的人口出生性别比问题就变得越来越严重,而且呈现出人口出生性别比农村高于城镇,城镇高于城市的特征。[②]

第三,制度论。婚姻制度上是"男娶女嫁",要求妇从夫居,这样,生男孩不仅意味着劳动力的增加(娶媳妇),也意味着减少失去劳动力的机会。另外,由于财产制度规定只有男子有继承权,因而要使财产、身份、血缘等得以

---

① 乔晓春:《性别偏好、性别选择与出生性别比》,《中国人口科学》2004 年第 1 期。

② 马滚通:《重新认识中国人口出生性别比失调与低生育水平的代价问题》,《中国人口科学》2004 年第 1 期。

延续,就必须生男孩。李冬莉的基本假设是性别偏好决定于家庭制度:父权、父系和父居。这些习俗的存在决定于一定的社会、政治、经济和文化因素。[①] 这些因素的总和构成社会的父权主义制度结构。当这些因素发生变化时,性别偏好的程度和表现会有所变化。还有人认为,男孩偏好同"养儿防老"的农村家庭养老制度有关。在乡村社会里,年岁已高的父母主要靠儿子赡养,女儿则属于"嫁出去的姑娘,泼出去的水"。在社会保障制度不健全特别是农村社会养老制度还很脆弱的条件下,城乡二元社会结构使城市发达的生产力和相对健全的社会保障制度与农村落后的生产力和单一的家庭养老模式形成了鲜明的对照,客观上强化了某些家庭的性别选择偏好。

第四,生产方式论。这种观念认为,中国农村是以个体家庭为生产单位,以手工操作、体力支出、劳动密集型为主要的生产方式。在这种生产方式下,体力的强弱直接决定个体家庭的经济收入状况和生活质量。由于男女有别,一些重体力农活是女性所不能及的。男性以其体力上的优势,强化了小生产家庭的男孩偏好。[②] 中国改革开放初期实施的农村家庭联产承包责任制,使一家一户成为基本的生产单位。生产方式对繁重的体力要求,使农民强化了对男性劳动力的依赖倾向。

第五,文化论。这种观点认为,传统的生育文化是男孩偏好的根本原因。儒家文化影响的不仅是中国,而是总体华人及其相关的国家和地区。儒家学说强调"仁"与"孝","仁"是孔子思想体系的核心,而"仁"的根本又是"孝","孝"成为人们最强烈的生育动机,[③]驱使人们谋求生育男孩,成为男孩偏好的内在动机。传统思想中的"传宗接代""光宗耀祖""不孝有三,无后为大"等宗法观念根深蒂固,对华夏子孙的生息繁衍产生着深远的影响。

第六,环境论。这种观点认为,农村的社会生活与生育环境、人际关系氛围等客观上形成了一种不利于养女孩的环境。

我们认为,导致中国男孩偏好和出生人口性别比失衡的原因比较复杂,是多种因素共同作用的结果。既同一定的社会生产力发展水平相联系,又

---

① 李冬莉:《儒家文化和性别偏好:一个分析框架》,《妇女研究论丛》2002 年第 4 期。

② 袁银传:《小农意识与中国现代化》,武汉出版社 2000 年版。

③ 严梅福、张宗周:《中国古代生育心理思想研究》,《心理科学》1996 年第 3 期。

有着深厚的制度、文化和环境背景。控制出生人口性别比,从治本的角度入手就是要大力发展生产力,尤其是要高度重视城乡的协调发展,加速农村人口向城镇转移,通过人口迁移改变人们赖以生存的制度、环境和文化,利用城镇化推进农民生育观念的现代化;同时要在广大的农村地区引进城镇制度和文化,改善农村生育文化,培育新型的生育观念,使人们生活在新环境中。从操作层面上来看,影响出生性别比的两个直接变量,一是生育观念——性别选择偏好,二是生育技术——性别选择技术。从图1可以看出,生育观念受制于一系列的环境、制度和文化因素;而生育技术则是从"想生男孩"到"生男孩"的中间必经环节,因而性别选择技术、产品和信息的可获性和易得性[1]就成为决定人们实施性别选择行为的关键。

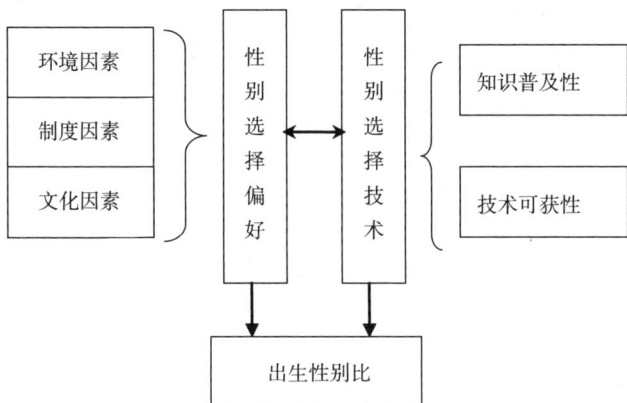

图1 出生性别比制约模型

我们主张,研究出生人口性别比要高度重视城镇化的社会人口效应,也就是说通过城镇化来消除导致出生性别比升高的内外部因素。从经济意义上讲,城镇化是工业化和创新的"发动机";从人口学意义上来说,城镇化是有效的"避孕药"(少生)和淡化男性偏好的"推进器"。世界银行1996年向"第二届人居大会"提交的报告中认为:"任何地方的城市都是财富的创造者,是吸引工业的磁场,是创新的发动机"。推进城镇化进程,可以促进分工的深化、扩展国内市场,促进农业实现适度规模经营和产业化发展,推动乡村工业的进一步发展;也有利于环境资源的保护、技术的扩散和人力资本的

---

① 解振明:《引起中国出生性别比偏高的三要素》,《人口研究》2002年第5期。

形成。① 城镇化效应本质上是指在农村人口向城镇转移过程中所产生的一系列社会经济后果。目前,学术界往往很注重城镇化的经济效应,但忽视城镇化的社会人口效应。还有些学者不认为城镇化可以淡化男孩偏好,理由是城镇化可以在某种程度上改变人们的工作、生活和聚居方式,而根植于人们心底的那种思想方式和观念形态的变化,则要复杂得多。② 这种观念认为,决定人们生育性别偏好的根本因素是文化传统。

考察国内外相关研究成果后发现,非农化的生产方式、城镇化的生活方式,对人们生育水平的降低、性别偏好的淡化,有着决定性的作用。我们的研究表明,婚嫁模式、生产方式、政治参与、社会地位、继嗣制度、继承制度、就业机会、养老方式、生命价值、社会荣耀观这十大社会制度环境对人们的生育性别偏好有着非常重要的影响,而且这些制度环境在城乡之间差别很大,城市的这种制度环境有利于增进男女平等,淡化人们的男孩偏好(见表1)。因此,我们必须结合中国农村社会经济改革与发展的实践,在解决“三农”问题的过程中,大力推进非农化和城镇化,进行有利于矫正出生人口性别比失衡现象的一系列制度创新,从根本上奠定解决出生人口性别比失衡问题的基础。

表1 影响生育性别偏好的城乡制度与环境因素

制度因素	城市	农村
婚嫁模式	另立新居	男婚女嫁
生产方式	体力或脑力	对体力要求很高
就业机会	男女相对均等	男女不均等
养老方式	男女都有义务	养儿防老
社会地位	男女落差不大	男女落差很大
继嗣制度	男女平权	男性为中心
继承制度	男女无差别	男性为中心
政治参与	男女平等度高	男女平等度低
生命价值	重视生命	生命价值较淡
社会荣耀观	男女差别微小	男女差别大

---

① 成德宁:《城镇化的效应分析与发展思路》,《南都学坛》2003 年第 2 期。

② 张翼:《我国婴儿出生性别比在持续上升》,中国网(http://www.china.org.cn) ,2002 年 12 月 23 日。

三、利用城镇化效应和制度创新调节出生性别比失衡的对策

解决出生人口性别比失衡问题,是一项复杂的社会系统工程。我们必须认识到对出生人口性别比的治理是一项长期而又十分艰巨的任务,很难在短期内完成,要坚持标本兼治。要加快建立综合治理的管理机制和完善主要领导亲自抓、负总责的领导体制,各相关部门要切实履行治理出生人口性别比问题和关爱女孩行动的职责,形成综合治理、部门联动的新局面。这里的关键是人口乡—城迁移、制度城—乡迁移(引进)和生育文化的重构。

(一)加速农村向城市的人口迁移,充分利用城镇化淡化生育性别偏好的效应,改变孩子价值,促进人们生育观的现代化,改变生育性别偏好的外部环境

农村城镇化指的是农村人口和非农产业不断由农村地区向城镇地区集中的社会经济过程,是中国农村现代化和社会进步的重要标志。城镇化会对人们的生育观产生重大影响。我们应该高度关注城镇化的社会人口效应,通过城镇化来缓解直至彻底解决出生人口性别比持续升高问题。城镇化淡化男孩偏好的作用机理(见图2)主要表现在以下几方面。

其一,城镇化可以全面提高妇女地位。一是提高妇女就业地位。城镇化促进了产业集聚和科学技术的广泛应用,方便了机械设备大范围的采用,推动了生产的自动化,降低了生产的难度和对体力的要求,因而拓展了女性就业的空间,有利于提升女性的就业地位。二是缩小男女收入差异。城镇化转移了大量的农村人口,促进了生产的现代化和规模化经营,降低了对劳动力体力的要求,从而有利于消解因性别差异而产生的收入差异。三是提高妇女政治参与意识。

其二,城镇化可以大大改变孩子价值。一是改变儿子养老的价值。城镇化打破了原有的城乡格局,使农民在发生职业转换的同时又实现了异地转移,有利于实现城乡一体化,缩小城乡差别,有利于尽快建立比较完善的社会保障制度,改变传统的农村养儿防老的养老模式,实现家庭养老向社会养老的转化。二是有利于儿女对老年父母的照护。城镇化有利于打破传统

的家族聚居模式,在对父母晚年的照护方面,儿子和女儿都可以对父母尽孝道,而且女儿可能更贴心。此外,城镇化带来的婚居方式和女性地位的变化会改变儿女在传宗接代和财产继承方面的价值。

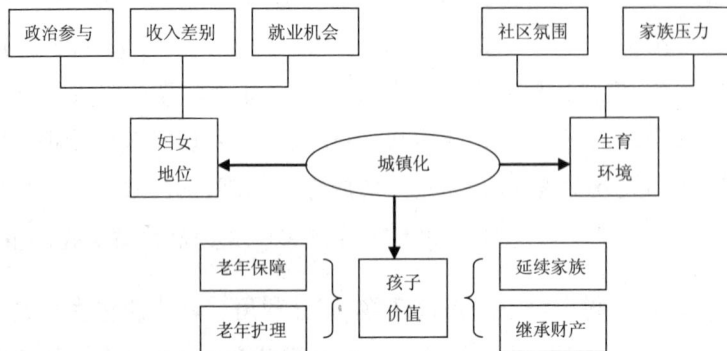

图2 城镇化影响生育性别偏好的作用机理

其三,城镇化可以改变生育舆论环境。城镇化将大量的农村人口集中到城镇,人口的集中所形成的移民文化有利于淡化家族和宗族观念,进而淡化性别偏好方面的家族压力。此外,城镇社区也容易营造一种"生男生女都一样"的宽松的生育舆论环境。

我们认为,城镇化的社会人口效应是比较明显的,就全国而言,城市特别是大都市的出生人口性别比明显低于农村地区。最近,上海市人口和计划生育委员会对流动人口的生育意愿进行了抽样调查,研究结果表明,城镇化对流动人口的生育观念和生育偏好有着明显的影响。调查中发现,流动人口在家乡时的理想生育孩子数平均为1.58个,比来上海以后的1.31个多0.27个;来上海以后只希望生育1个孩子的比重从39.47%上升到59.97%;60.64%的被调查者认为生男生女都一样,在家乡时这比重为48.41%;15.74%的被调查者认为最好是男女双全;11.73%偏爱男孩,5.97%偏爱女孩。这些调查数据充分证明,那些来自农村地区的人口,到上海以后偏爱男孩的比重在下降,而偏爱女孩的比重则在上升。[1] 从第五次人口普查情况来看,农村地区出生性别比为121.7,城市地区为114.2,如果排除市管县和县改市的城市农村化现象的影响,城市特别是大都市的出生人口性别比可能

---

[1] 陈青:《上海流动人口生育意愿改变 六成人只愿生一个》,《文汇报》2004年9月26日。

低于110。这种差异显示了城镇化对淡化男孩性别偏好的巨大效应。

（二）改变农村婚嫁模式和财产继承制度，大力推广招赘模式，提倡"女承父业"或"婿承父业"的财产继承制度，淡化"只有男孩才能传后"的传宗接代意识和继承财产上的男性偏好，努力消除不利于出生人口性别比平衡的诱因

1. 从社会意义上淡化生育男性偏好的关键是改革婚居模式

在中国，婚居模式通常有男娶女嫁、男到女家和另立新居三种。第一种模式在中国农村地区非常普遍，第三种模式在中国城市地区比较典型，第二种模式散见于各地，但只在部分地区比较流行。这三种模式的婚居对性别偏好产生了不同的影响。不同的婚嫁模式能赋予男孩和女孩不同的社会价值。如男娶女嫁模式下的农民大都偏好男孩，渴望生儿子；而男到女家式和另立新居式则会增强农民的女孩偏好，降低和抑制其男孩偏好。在中国农村改革婚居模式，虽然不能改变生产方式，但可以通过婚姻家庭制度的改革来提升妇女地位和改变孩子价值，淡化家族宗族势力的影响，增进男女平等，促进人们思想观念的转变，消除不利于出生人口性别比平衡的诱因。

严梅福、靳小怡和李树茁等分别对湖北省松滋县的婚姻模式进行了研究，[①]结果表明，由于不同的婚嫁模式能赋予男孩和女孩以不同的社会功能，婚嫁模式能够刺激或抑制甚至决定性地影响农民的性别偏好。在男娶女嫁式的嫁娶模式下，女孩成人后一定要出嫁，不能赡养父母，不能传宗接代，只有儿子才能给父母养老送终，才能使家族得以延续和发展。招赘模式则相反。在这种模式下，女儿可以招婿上门，照样能为父母养老，女儿生的孩子，同样可以传宗接代，而且招赘婚姻所带来的大量异姓女婿极大地松散了宗族的结构，淡化了宗族观念，使得传宗接代的需要不再那么强烈。杨勇考察了山西晋南、雁北与内蒙古乌盟的招赘婚俗，结果显示，虽然这三地形成招赘婚俗的具体原因有差异，但都有着基本相似的功能。[②] 在乌盟地区，妇女

---

① 严梅福：《变革婚居模式降低出生性别比》，《湖北大学学报（哲社版）》1995年第5期；靳小怡、李树茁：《中国农村招赘婚姻研究》，《人口与经济》2003年第1期。

② 杨勇：《论招赘婚姻对解决农村人口养老问题的积极意义》，《人口与计划生育》1998年第1期。

在社会经济生活中占有非常重要的地位,使当地人对生男生女的主观愿望趋于一致。

刘书鹤对山东省平阴县南门村和东三村进行了调查,发现这里的婚俗模式发生了大变革,20世纪70—80年代以来开始时兴女娶男,女儿养老成为当地人的一种偏好,这不仅有效地解决了计划生育问题,而且促进了当地经济的发展。[①] 李树茁、朱楚珠认为,招赘婚姻的功能表现在家庭与社会两个层次上,家庭功能有祭祖、养老、劳动力转移和平衡三种,社会功能表现在促进家庭的社会流动性和人力资源的流动、降低家庭和社区的男孩偏好。[②]

2. 从经济层面上淡化生育男性偏好的关键是改革财产继承制度

与婚居模式类似的问题是财产继承制度。在男娶女嫁模式下,私营企业财产继承实行传男不传女的传统。统计资料显示,中国现有的300多万家民营企业中,家族企业占80%以上。[③] 目前,一些家族企业正处于两代人财富、权力的交接过程中。家族企业是"子承父业"还是"女承父业"或"婿承父业"会对出生性别偏好产生重大影响。因此要淡化在生育中的男性偏好,必须加大财产继承制度、特别是民营企业财产继承制度的改革,提倡"女承父业"或"婿承父业"的财产继承制度。目前,在"民企二代"中一些女性实现了"女承父业"的模式,她们的成长和发展在中国民企发展中构成了一道亮丽的风景线,"女承父业"或"婿承父业"的范式值得大力提倡。

(三) 推进农村养老保障制度建设,建立利益导向机制,实施农村计划生育家庭奖励扶助制度,实现计划生育工作由"处罚多生"向"奖励少生"和引导"生男生女都一样"的方式转变

在农村建立养老保障制度,既可以保障农村老人的基本权利和生活质量、维持社会的平等与稳定,又可以减少人们对男孩的偏好、减少基于性别选择的人工流产、扭转出生人口性别比不断攀升的危险趋势。

中国是农业大国,又是世界上老年人口最多的国家,而且农村老年人口又占绝对多数。在中国农村,传统的家庭养老模式是一对老年夫妇由几个

---

① 刘书鹤:《婚嫁大变革——山东平阴县南门村和东三村调查》,《人口与经济》1997年第6期。

② 李树茁、朱楚珠:《略阳县上门女婿的典型个案分析》,《人口与经济(增刊)》1999年S1期。

③ 《民企家族"富二代"能否再续父辈辉煌》,华夏经纬网,2004年11月26日。

子女(主要是儿子)来供养。然而,随着计划生育政策的进一步强化,如果单纯依靠家庭养老,年轻人的负担沉重,老年人的生活困难,这不仅会强化农民对男孩选择的偏好,也不利于整个社会的稳定。

1986年,中国开始在富裕的沿海地区搞农村社会养老保险试点,经过一段时间的努力,个别经济富裕地区的农村社会养老保险有了一定的发展,但农村社会养老保险的总体水平低,特别是经济落后地区农民的养老模式尚未有新的变化。社会保障制度的不完善,严重影响农民的生育心理,不利于农民生育观念的转变。因此,必须完善适合中国农村特点和计划生育政策的社会保障体系。

当前实施的农村计划生育家庭奖励扶助制度是农村社会保障制度的一项重要创新。这项政策主要针对响应号召只生一个孩子或两个女孩并已经进入老年的农村夫妻,帮助他们解决在生产生活和养老方面所面临的困难。这一制度有以下特点:(1)政策惠及的人群具有明确的规定性。政策规定:年满60周岁现有一个子女或两个女孩或子女死亡现无子女的"农村部分计划生育家庭"的丈夫和妻子分别享有每年600元以上的补助,直到亡故为止。(2)农村社会保障制度的局部突破。这项制度不仅解决了农村部分计划生育家庭面临的实际困难,而且有助于推动农村社会保障制度的建立与完善。(3)具有淡化男孩偏好的利益导向功能。奖励扶助制度的目标人群为独女家庭和双女家庭,有利于淡化男孩偏好,是有效解决农村地区出生人口性别比失衡问题的一个重要举措。(4)奖励扶助资金由政府财政全额拨付。奖励扶助资金由中央和地方财政共同负担,安排专项资金并分别纳入当年财政预算。西部试点省份按基本标准中央财政负担80%,地方财政负担20%;中部试点地区按基本标准中央财政和地方财政分别负担50%。(5)计划生育工作思路上的根本转变。计划生育工作由过去只重视"处罚多生"到更多运用激励机制"奖励少生",鼓励农民自觉实行计划生育,[①]树立"生男生女都一样"的生育观念。我们相信,这项具有明显计划生育导向的农村社会保障制度的"局部突破"会对中国农村出生性别偏好产生深远的影响。

---

① 张维庆:《人口和计生"奖励扶助制度"》,新华网(http://www.xinhuanet.com),2004年9月25日。

（四）加速农村男女平等的生育文化建设，加强生育法制建设，通过强制性制度变迁，重塑生育观念，矫正生育行为，引导人们牢固树立"女儿也是传后人"的科学文明进步的婚育观念

文化包括知识、信仰、艺术、道德、法律、习俗，以及作为一个社会成员所习得的其他一切能力和习惯。人们一般倾向于将文化分为物质文化、制度文化和观念文化三个层次。人们生育观念的改变需要经历物质层面的文化变革、制度层面的文化变革和观念层面的文化变革。中国是一个受封建文化影响极深的国家，传统文化影响着人们生活的各个方面。"养儿防老""传宗接代""男尊女卑"的传统生育文化决定了人们的男孩偏好。中国农村生育文化对男孩偏好起着强化作用，而城市的生育文化则对男孩偏好起弱化作用。生育的观念文化与制度文化、物质文化相互作用（见图3）。在制度文化中，就业制度、婚姻制度、政治参与、财产继承和法律制度都对人们生育观念起着很重要的作用。

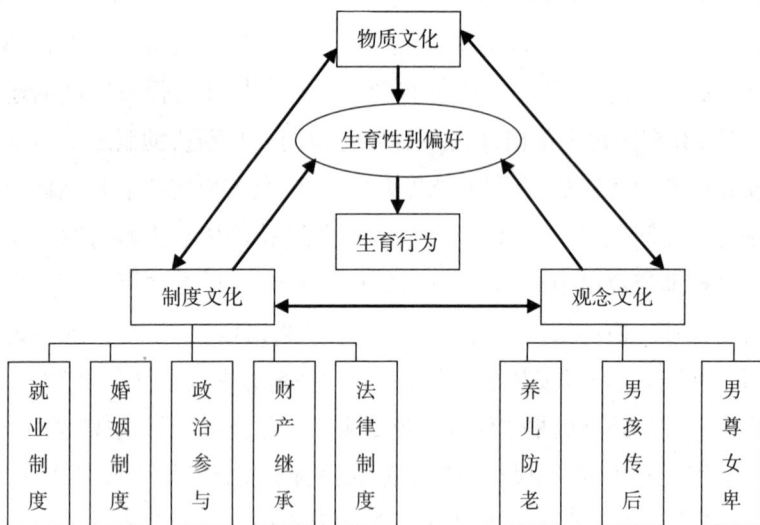

图 3　生育观念、制度文化与物质文化作用机理

就法律制度而言，自从 1979 年将计划生育写入《中华人民共和国宪法》以来，规范人们生育行为的法律规范涉及《中华人民共和国婚姻法》《中华人民共和国妇女权益保障法》《中华人民共和国收养法》《中华人民共和国母婴

保健法》《中华人民共和国劳动法》《中华人民共和国刑法》等法典。1982 年又将计划生育作为一项基本国策确定下来,有效地控制了人口数量。2001年 12 月 29 日第九届全国人大常委会第二十五次会议通过了《中华人民共和国人口与计划生育法》,将计划生育这项基本国策变成了国法,使计划生育变成了依法生育。这部法律既规范了公民的生育行为、保障了公民的生育权利,也规范了政府的行政行为。

面对出生人口性别比失衡的局面,我们需要在充分发挥现有法律的规范作用,严格执法、强化公民法律意识的同时,进一步完善相关法律尤其是要加快修改《中华人民共和国刑法》相关内容的进程。有些人认为,可以在《中华人民共和国刑法》中加大惩治"危害社会生育秩序罪"的条款,追究非法进行的性别鉴定、选择性别终止妊娠等行为的责任。[①] 为了有效地控制出生人口性别比居高不下的局面,需要通过强制性制度变迁来改变人们的生育观念和生育行为(制度经济学将制度变迁的路径分为两种基本的类型,即强制性制度变迁和诱致性制度变迁。前者是指通过政府的行为或立法措施等来引入和实施制度变迁,后者是指由个人或者一群人自发倡导组织和实施的制度变迁),加大依法打击非医学需要的胎儿性别鉴定和选择性别的人工终止妊娠行为的力度,依法消除导致出生性别比升高的不良社会习惯和社会行为。

根据上述研究,我们可以得出如下几点结论:

第一,城镇化是现代化的重要标志,生育观的现代化与城镇化密切相关。中国城市的出生人口性别比大大低于农村,因为相对于农村而言,城市存在着包括政治参与、财产继承、就业机会等一系列有利于淡化男孩偏好的制度、文化和环境。

第二,中国生育问题上的男孩偏好不仅仅是观念问题,导致中国男孩偏好和出生人口性别比失衡既同一定的社会生产力发展水平相联系,又有着深厚的制度、文化和环境背景。

第三,解决出生性别比问题的关键是要通过人口乡—城迁移、制度城—乡迁移(引进)和生育文化的重构。对广大的农村地区而言,要在大力发展

---

① 李子康:《从性别比升高专项治理看完善计生法律法规的紧迫性》,《人口与计划生育》2005 年第 1 期。

农村生产力的同时,加速农村人口的非农化和城镇化,通过外部制度环境的改变和法制的完善来淡化人们的男孩偏好。改革农村婚嫁模式和实施农村计划生育家庭奖励扶助制度是在农村地区进行制度引进的重要体现。

第四,面对出生性别比失衡的局面,需要运用法律手段,加大依法打击非医学需要的胎儿性别鉴定和选择性别的人工终止妊娠行为的力度。

(本文是国家自然科学基金项目(70173019)的研究成果,发表于《中国人口科学》2005 年第 3 期。陈来协助研究)

—*35*—
农村城镇化的发展素质与制度创新

城镇化是我国经济发展中的重大战略问题,基于我国社会经济结构的二元性,城镇化发展一方面要依托大城市发展网络式城市化,另一方面要依托农村地区的县城和中心城镇发展据点式农村城镇化。农村城镇化是指在市场机制和政府宏观调控作用下,农村分散的人口、非农产业、资本要素向城镇集中的社会经济过程,在这一过程中,城镇物质文明、精神文明、政治文明向农村扩散,城镇数量增加、城镇规模扩大、城镇功能优化,衍生出新的生产力发展空间形态。农村城镇化的发展有四个基本要素:基于信息化的城镇功能、基于社会分工的产业基础培育、基于人口流动的素质提高、基于二元结构的城镇化管理体制,我国农村城镇化发展是基于这四个基本要素的优化组合。其中,适应经济发展不同阶段的城镇功能转变,是城镇结构优化升级和城镇发展素质提高的核心推动力;产业基础培育是城镇化发展的前提,基于社会分工基础的产业发展使城镇得以产生和发展;人口流动中的素质提高和城镇化过程中的城镇管理是城镇化发展的重要内容,是城镇功能转变和基于分工的城镇产业培育的动态衍生过程。

一、农村城镇化发展的动因分析

(一) 城镇功能的变化是推进城镇结构优化升级和提高城镇发展素质的核心

城镇功能的本质定位是发挥区域中心内生产要素与资源的集聚与扩散

功能,集散功能是指现代城镇对特定区域内经济社会等要素或资源的集聚和辐射,它是中心区域对周边地区在能量交换上的吸引和扩散。①

从功能考察,历史上的城镇一般都是从作为手工业和商业的聚集地或统治者的政治、军事指挥中心所在地发展起来的。伴随着农业革命而发生的手工业与农业的社会分工和社会阶层的分化,使城镇得以诞生,但由于这一时期的城镇是以土地财富和落后农业为基础,以政治军事为主导,家庭手工业和传统商业规模小,工业发展落后,商人地位低下,导致城镇集聚经济功能低下。到了工业革命时期,古代城镇开始转变为现代城镇,也引起城镇化趋势,使城镇成为世界的主宰。大工业是一种具有高度协作性的共同劳动,这种共同劳动需要生产资料和劳动对象的一定地域集中,城镇的经济功能成为这一时期工业发展对城镇的集聚要求。工业化过程之所以对城镇化产生要求,很大程度上是出于规模经济和集聚经济统一的要求。工业经济时期城镇的功能特征表现在两个方面:一是不同功能之间以互不干扰的空间隔离为原则,功能内部以集聚效应、规模效应为原则;二是不同城镇功能的联系和完成都要通过城镇可达性的道路网和共享性的城镇基础设施来实现。②

如果说第一轮的城镇化是以工业化为动力的话,那么现代城镇化则以信息化为发动机。蒸汽机的发明,导致了产业革命的产生和城镇化的飞速发展;而以汽车为代表的便捷的运输技术则带来了"城市郊外化"。在信息时代,城镇发展在经历了城镇化(Urbanization)、郊外化(Sub-urbanization)和逆城市化(Counter-urbanization)三个阶段以后,转向以信息化为特征的第四阶段,我们把这一阶段称作基于信息化的城镇化阶段(Informationization-based Urbanization)。③ 基于信息化的城镇化是更高级形式的城镇化。信息化给目前的城镇发展带来革命性的变革。这些变革主要表现在城镇扩散与集聚功能并存,并交织演进。如果说城镇化发展的第一阶段是集聚,郊外化和逆城镇化是一种扩散过程。那么信息时代的城镇化则是扩散和集中并存。信息化的发展,使人类经济活动不再依附于交通网络,降低了企业内部

---

① 李芸:《差异化城市功能的定位与战略设计》,《江苏社会科学》2001 年第 8 期。
② 王颖:《信息网络影响下的城市》,《城市规划》1999 年第 8 期。
③ 辜胜阻、郑凌云:《人口逆淘汰与城镇化制度安排》,《中国人口科学》2002 年第 5 期。

协调成本、监督成本,而且生产管理在空间上分离成为可能,公司在全球范围内更有效地进行管理与控制。管理控制功能向中心区集中,生产向边缘低成本地区分散。城镇的部分功能转由信息网络承担,城镇作为经济中心的地位逐渐衰落,中小城镇和城镇的边缘地区迅速发展起来。① 信息化时代的集聚不同于工业化时代。由于需要大量信息和彼此频繁接触、交流和联系的,以知识创新为基础的企业或企业内管理、控制和协调等职能和价值链环节逐渐向城镇中心区集聚。虽然信息能够通过降低成本允许社会经济活动分散,但远程通信不能完全代替城镇作为信息极的"集聚"功能,信息社会中的经济活动同样追求集聚效应。②

(二)产业基础是优化城镇产业结构和促进城镇化内涵发展的战略要素

城镇发展,尤其是城镇功能的发挥是由分工决定的。分工和分工所决定的功能是城镇动态发展的外在直接表现,经济发展不同阶段,分工和分工所决定的城镇发展和城镇功能也不同。在一定的时期,城镇发展、城镇功能寓于城镇产业之中,即城镇发展和城镇功能必须通过产业结构体现出来。如钢铁城鞍山、石油城克拉玛依、汽车城十堰、旅游城桂林、日本的科学城筑波等都是围绕主导产业、优势产业发展起来的。明确且处理好主导产业和其他产业的关系,配置最佳的产业结构,是发挥城市功能作用的关键所在。③

中国城镇化发展的最基本动力也是产业基础的培育,即由产业结构高度化提高城镇化发展素质。产业结构的演进会通过城镇形态和城镇规模变化的传导,影响城镇化的发展。在工业化初期,产业结构比较落后单一,主导产业均为劳动密集型,产业间的联系较少,依存度较低,因此,城镇规模都较小,城镇化进程相对缓慢。到工业化中期,产业结构得以提升,主导产业转变为资本密集型,产业依存度提高,导致产业在空间积聚范围上迅速扩大,引起城镇化过程加快。随着工业化进程的进一步推进,特别是进入信息化时代,技术密集型产业如电子、计算机、生物制药产业等迅速崛起,产业结

---

① 杜作锋:《信息化推动的城市化》,《社会科学研究》2001 年第 4 期。
② 邓静、孟庆民:《新城市发展理论述评》,《城市发展研究》2001 年第 1 期。
③ 任宗哲:《城市功能和城市产业结构关系探析》,《电子科技大学学报(社科版)》2000 年第 2 期。

构高度化,现代工业部门对劳动力的吸纳能力大大下降。但同时生产效率的提高,人们对城镇生活产生了新的要求以及生产现代化对城镇服务设施的需求更多,因此,城镇的地域范围进一步扩大,第三产业会突飞猛进地发展起来,第三产业的发展,赋予了城镇新的活力,也使城镇化发展到一个新的层次。这时城镇的产业基础在于大力发展信息产业。包括信息技术的进步,信息设施的生产,信息资源的开发(信息生产),以及信息的传输、采集、筛选、分类存储和供应等服务事业。

除了探讨信息化时代城镇中产业发展趋势以外,培育农村城镇化的产业基础还在于继续推进农村工业化,其中农业产业化是工业化的体现和实现形式,能有效实现农村非农产业发展。农村城镇化是指农村城镇在农业发展的前提下,进入新一轮的功能提升和经济凝聚力增强的过程,农业产业化注重从基本的农业生产入手,延长农业生产链条,使农业从纯生产型向农工商、产工贸等一体化形式型转变,从而提升农业生产效率和效益,优化产业结构。而城镇化却是从城镇的建设与发展入手,通过产业的聚集,从而带动人口集中,促进二、三产业的发展,为农业产业化中的龙头企业提供理想的集聚地,为农业产业链的延伸提供条件,又为农村土地的规模经营创造条件,同时通过对城镇经济的接受和延伸,促进城乡经济大循环,二者互相促进,共同起作用。

(三)以素质为导向的人口流动是城镇化发展的内在动力

城镇化是一个社会经济动态演进的综合过程,城镇人口在总人口中的比重即人口城镇化率是衡量一个国家城镇化水平的重要指标。人口流动特别是乡村—城镇人口迁移,是城镇化发展的内在机制。经济发展过程出现的较大规模的乡城人口流动是一种带有规律性的经济现象,它是同经济发展紧密相联的。

长期以来,国内外著名学者对人口迁移流动做出了大量研究探讨,认为农村—城市人口流动有两种形式:直接转移和间接转移。张培刚先生通过研究美国农场劳动力向城镇工厂的转移指出:劳动力从农村到城市的转移绝不是直接的、立即的、畅通不阻的,乡村工业的劳动者有先行转移的机会,也就是说农村劳动力的转移步骤是一种"农场—乡村工业—城镇工业"的间接转移方式。① 在西方发展经济学中,刘易斯、费景汉、拉尼斯等认为发展中国家的农村劳动力可以直接进入城市现代工厂的,即人口的迁移是一种"农村农业部门—城市现代部门"的直接转移。② 从上可以看出,不论是间接转移还是直接转移,都只涉及了人口数量结构在地域空间的转移和劳动职业在产业之间的变化。城镇化可以分为有形的或物化的城镇化(Urbanization)和无形的或生活方式的城市化(Urbanism),③城镇化是一种文化进步的过程,即由城市居民所创造的一种现代文明向农村普及的过程。这一过程除了要求城镇功能得以转变外,更重要的是通过人口的流动来实现人口素质的提高。人口素质反映了城镇的文明状况,人口城镇化既包括人口城乡之间的合理有序的流动,也包括农村居民在城镇化过程中的素质提高。人口流动引致的人口城镇化水平的提高,还会提高城镇化的内涵高度。城镇化发展受人口生育率水平和人口素质的影响。而人口流动作为人口系统开放性的最深刻体现,具有"双重效应",一是降低迁入城镇的农村人口生育水平效应,二是提高人口素质效应。在素质导向下的人口流动,能够加快人们价值观念和生活方式的转换,推动城市文明、城市生活方式和价值观念向乡村地区渗透和扩散,传统乡村文明走向现代城镇文明,最终实现城乡一体化、"人"的城镇化和城镇发展现代化。

(四) 管理体制是影响城镇化发展进程的重要变量

中国城镇化发展是中国城市发展方针及其政策的直接反映,长期以来,我国城镇化发展的路径深深打上了国家城镇管理体制的烙印。自新中国成立以来,在恢复发展国民经济、选择经济体制的历史进程中,中国城镇化发展经历了两次探索,形成了城镇化发展理论的两次创新。第一次是20世纪50年代,面对重构自主的国民经济体系和快速推进工业化的双重目标,中国选择了以计划经济为基础,以国家为主导,以工业化推进和农业大发展为前提,以重点建设城市为突破口的新型的(不同于封建经济时期、半殖民地半

---

① 张培刚:《农业与工业化》(上卷),华中工学院出版社1984年版。
② 刘易斯:《二元经济论》(中文版),北京经济学院出版社1989年版;费景汉、拉尼斯:《劳动剩余经济发展》,华夏出版社1989年版。
③ 辜胜阻、刘传江:《人口流动与农村城镇化战略管理》,华中理工大学出版社2000年版。

封建经济时期)有中国特色的城市化发展道路。城市作为工业化的载体,成为城市化发展的战略重点,由此促成了城市化理论的发展,这一时期的城市化道路受国家城镇管理体制影响,具有典型的"自上而下"发展特征。第二次是改革开放以后,中国对原有城市化发展道路进行了重大调整和创新,选择了重点发展小城镇,发挥市场机制,发展个体经济、私营经济、集体经济、外资经济以及农村第二产业(乡镇企业)、城市第三产业的多元化城镇化道路,这条道路也被称为"自下而上"的发展道路。小城镇建设成为"农村包围城市"的突破口,在理论上形成了农村城镇化的创新。[①] 因此,无论是"自上而下"还是"自下而上",国家经济管理体制特别是城镇管理体制是影响这一时期城镇化发展进程的主要因素,从发展绩效而言,城镇化健康迅速发展要求的城镇管理体制应该是一种能够有效促进要素流转配置的制度。我国城市管理体制不仅表现为二元城镇化:社会城市化和农村城镇化,还表现为城市人口的二元性和二元户籍管理制度。二元户籍管理制度仍将进入城镇的农村人口视为非城镇正式居民。城镇户籍制度使农村进城经商务工的人口不能获得正式城镇居民身份,连他们的子女也不能获得与城镇居民子女同等的就学和就业等发展机会。完善我国农村城镇化管理体制最重要的是要构建协调平等的管理体制。

二、我国农村城镇化的现实问题

农村城镇化是带动农村经济和社会发展的一个大战略。我国农村现有建制小城镇 1.9 万多个,居住人口 1.7 亿。此外,我国尚有近 3 万个集镇,拥有人口 5000 多万。农村城镇化速度的加快,给我国的经济社会发展注入了新的生机与活力。但也应看到农村城镇化在发展过程中存在诸多问题,主要表现在以下几个方面:

(一) 人气弱,缺乏产业支撑

在当前一些城镇建设中,由于政府推动力过强,市场作用力太弱,一些

---

① 顾朝林:《中国城市地理》,商务印书馆 1999 年版。

地方忽视了对本地区支柱产业的培育,就业能力弱。统计表明,在现有的1.9万个小型城镇中,平均就业人口为城镇总人口的26%。而我国200万人口以上的大城市这一比重为60%,100万—200万人口的城市就业比重为63%,50万—100万人口的城市就业比重为66%,20万—50万人口的城市就业比重为56%。一些城镇既缺乏第二产业的依托,更缺少第三产业的支撑。

(二)布局散,缺乏集聚效应

一些地方不顾条件,一哄而上,遍地开花,在数量上盲目扩张,齐头并进,布局分散,摊子铺得过大过宽。一些地区乡镇企业、村庄和小城镇犹如满天散落的星斗。据统计,我国现有乡镇企业80%以上分布在村庄,18%分布在集镇,另有2%分布在县城以上。过于分散的产业布局使乡村工业布局分散化、规模细小化、人际关系亲缘化、经营管理封闭化。

(三)成本高,缺少启动资本

一方面,城镇化面临资本短缺,农民迁移和身份转换的启动资本严重不足。① 在我国农村,由于对财产权没有明确的法律规定,农民大量资产——房子、土地等无法资本化,财产只能在狭小范围内交易,不能用作贷款抵押,也不能作为投资入股。在创业资本需求的满足方面,流动人口无法运用自有资产作抵押得到城市金融支持。另一方面,由于义务教育重心下移,城镇财政要供养大批教师,乡镇一级财政供养人员工资80%来自向农民的收费,而城镇财政支撑的人头费高致使农民进城的成本很高。

(四)功能弱,缺少城镇化氛围

有的城镇建设缺水少电,信息等基础设施不配套。有的地方注重城镇的"硬件"设施建设,忽视软件环境;注重经济增长指标的考核,忽视城镇经济、社会、生态、人文、环境的协调发展。有一些地方注重"有形市场"的建设,忽视软环境的配套和管理,认为"有形市场"的设施一旦建成,大市场、大流通、大发展就会接踵而来,水到渠成。结果事与愿违,出现有场无市,或有

---

① 辜胜阻:《非农化与城镇化研究》,浙江人民出版社1991年版。

市无序的现象。有人把这种局面称为："走了一村又一村,村村是城市;看了一镇又一镇,镇镇是农村。"

（五）规划差,缺乏建设管理经验

有的城镇建设盲目地划地盘、铺摊子、增投资、造房子,搞"遍地开花"式的快速建设和开发。有的盲目照搬其它地方的模式,盲目攀比,盲目建"大都市"。一些地方建筑物见缝插针,杂乱无章,"一片繁荣,一片混乱"的现象比较普遍。有的地方在建设资金的筹措上一味死守"等、靠、要"的老一套,资金到位难,大量工程沦为"胡子工程"。由于缺乏规划指导,致使小城镇建设出现"一年建,二年改,三年推倒再重来"现象。

（六）素质低,缺乏城市先进文化

有的城镇化新居民素质低、精神生活贫乏,文化糟粕乘虚而入,封建迷信抬头,腐朽思想蔓延,非法宗教活动猖獗,社会治安混乱,黄赌毒等社会丑恶现象沉渣泛起。一些人与城市环境格格不入,倍受城市原有人口的歧视,缺乏对城市生活的认同感和归属感。许多人表现出与现代城市文明格格不入的落后、狭隘、封闭的价值观念与行为方式。在社会交往上,仍奉行以血缘、地缘关系为纽带的交往方式。

（七）缺少平等体制,流入人口处于体制外生存状态

流入人口为流入地创造了巨大的社会财富,但不能在流入地公平地享受到应得的利益,他们在户口、就业、生产经营、住房、医疗、养老、保险、子女就学、文化生活等方面都处于无法被流入地充分接纳的体制外生存状态。"流民"处于漂流不定的"浮动"状态,对于所从事的非农产业怀有不稳定心理,短期行为严重。

（八）环保意识弱,可持续发展受到挑战

在城镇化进程中忽视对生态环境和自然资源的保护。有的地方建低水平建筑,造成了自然生态环境破坏和水土流失。有些地方上低效益的乡镇企业项目,造成环境污染。有的地区对农村住房建设管理严重失控,宅基地

面积越占越大。一些小城镇搞"圈地运动",土地资源浪费越来越严重。有的新居民乱搭乱建,乱停乱放,造成污水满街流,垃圾满天飞。

三、提高农村城镇化发展素质的制度创新

如前所述,功能构造、产业基础、人口素质、管理体制是城镇化的四个基本要素。城镇化需要设立一种能为各种基本要素合理有效利用与耦合的制度,通过机制创新实现城镇化战略的有效管理。城镇化要素与制度创新的基本关系可以用图1表述。

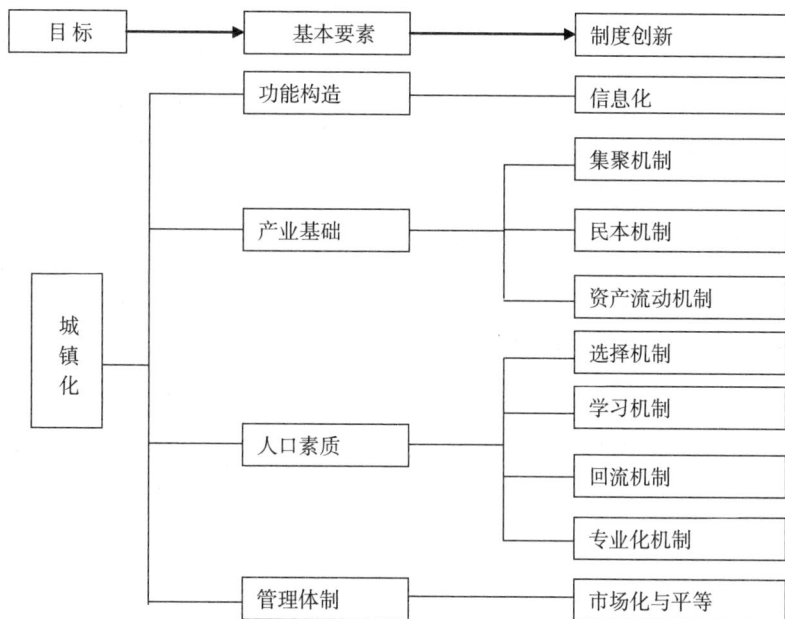

图1 城镇化基本要素与制度创新关系

政府是正式制度的供给者,发展农村城镇化需要政府推进一系列的制度创新。针对农村城镇化的问题和基本要素,需要进行四方面的制度创新。

(一)进行城镇功能创新,应对信息化挑战,重视网络经济影响,实现农村城镇化跨越式发展

对城镇化功能构造影响最大的是城市信息化。信息化推动城市化进程

的作用机理主要表现在三个方面：一是通过改变城市生产方式，促进城市产业结构升级。信息技术镶嵌到城市的一、二、三产业中去，使城市传统产业的生产流程更精确，自动化程度更高，管理更科学。二是通过改变城市管理方式，提高城市管理效率。三是通过改变人们的生活方式，促进居民生活的知识化，从而加快城市现代化进程。信息化推动城市化向信息城市、智能城市和学习化城市发展。[①] 发展有中国特色的城镇化要研究怎样把大都市建成信息增长极和信息源，怎样把农村城镇建设成为信息宿这两个问题。信息传输的高速度、自动化、非地域限制性，改变了传统生产生活方式，各类生产要素的远距离高度整合变成现实，因此，培养城市信息源，应该重视城镇建设和管理的方式、方法发生变化，特别是网络设施成为最大的投资方向之一，信息产品和服务成为最大的消费热点，城镇产业结构进一步软化，信息产业成为经济发展的主导产业。加快城镇将从"工业制造中心""商业贸易中心"，逐步转为"信息流通中心""信息管理中心""信息服务中心"。

城市是信息传递的第一节点和信息产生的源头，相应的是各个城市之间形成具有良好信息交流通道的圈层，特别是在每一个大城市附近需要建立众多小城市和城镇支撑，一是参与到大城市的分工体系中去，二是接受大城市的信息流，成为具有消化信息能力的信息宿。为了适应以信息化为基础的城镇化的需要，要让发展较好的大都市先行，把大都市建成信息增长极和信息源，以便更好地发挥其扩散效应和信息的渗透作用，带动社会信息化的实现。同时，提高农村城镇作为信息宿的对信息资源接受、处理、利用、加工能力，加快农村城镇信息基础设施建设，通过网络发展定单农业，鼓励利用先进网络检索工具开发农业生产技术和提高生产效率。推行"农村建网、农民上网"工程，提高信息化意识和技能，对农民进行持续的信息化教育和技术培训，使农村人口认识到信息资源的重要性，自觉学习网络基本操作，以提高现代农民面向信息化时代的基本素质。信息社会有六大要素决定着信息源和信息宿。它们是信息网络、信息资源、信息技术、信息产业、信息法规环境与信息人才。[②] 信息源和信息宿的结构如图 2 所示。

---

① 庞亚君：《信息化对城市化的影响分析》，国研网，2002 年 9 月 10 日。

② 申伦：《从战略高度认识加快信息化建设的重要性和必要性》，《热点研究》2001 年第 1 期。

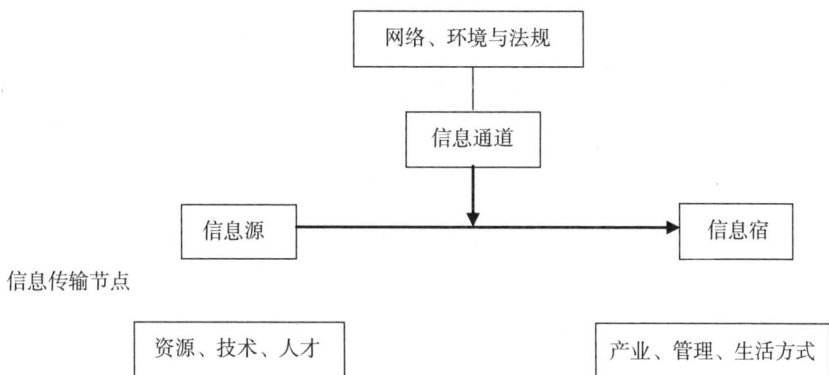

图 2　信息化基本要素、节点与通道

（二）进行城镇产业发展机制创新，集聚生产要素，形成城镇化"人气"，把城镇化建立在坚实的产业基础之上

没有产业基础的城镇化只是唱"空城计"。因此，一方面，要运用市场化机制，用经营城镇的理念来建设城镇、营运城镇，把经营意识贯穿到城镇规划、建设、管理、发展的全过程，引导分散的第三产业和具有发展前途的乡镇工业向相对集中的方向发展，进而为进城农民创造就业机会。另一方面，要基于市场比较优势的发挥，发展城镇化的多元产业支撑。未来城镇产业的发展可采取农业服务牵引型、工业催生型、城市辐射型、旅游开发型、矿产资源型、流通带动型、农产品加工型、工贸综合型等多种模式。选择城镇产业发展的主导类型，抓住已经和正在形成的特色产业，使城镇建设得到有力的产业支撑，从而形成人口、资本等要素的合理集聚，保证农村城镇化战略的实现和城镇的可持续发展。为此，要营建三种机制。一是要素集聚机制。一切生产要素的聚散、重组都是为了以最小的投入创造最大的效益。促进人流、物流、资本流、信息流的地域集聚以形成坚实的产业基础，是城镇化存在的前提。为了引导企业、资本、就业人口向城镇集中，政府要顺应企业和城镇发展的要求，做好规划、组织、协调、服务工作，保障企业有良好的经营环境；通过共享基础设施使企业利用正向外部效应；使企业通过集聚降低交易成本和经营成本。城镇化是为了节省时空，追求最大的效益而产生的一种生产要素的流动与集聚过程，这种集聚带来的不仅是时间的节约、要素的

节约,更为重要的是人口的集聚改变着人的社会关系,引起人自身的升华,从而产生更高的物质文明和精神文明。[①] 二是民本发动机制。要高度重视民间发动型机制和民本经济在城镇化中的作用,依靠广大民众强烈的自我创业、自我发展的欲望,发展民办、民营、民有、民享的经济;要考虑如何利用规模巨大的民有资本发展城镇化;增强城镇居民主体地位,拓宽居民参与城市规划决策和公益事业决策的渠道。三是资产流动机制。在市场化思路指导下建立城乡统一的要素市场,使农民手中的资产资本化,允许土地及其附着物可以合法的出售、出租、抵押、传承和馈赠,切实解决城镇化的资本短缺问题。

(三) 进行人口流动机制创新,坚持以人为本,提高城镇人口素质,把城镇化建立在可持续发展的基础之上

城镇化的发展素质取决于人口素质。为了提高人口素质,需要营建四种机制。一是人口选择机制。根据我国国情和城乡人口结构现状,需要确立一种以经济导向(鼓励进城农民到城市投资兴办产业)、人口素质导向(优先让有较高文化程度和具有从事非农产业经验的农民进城)和社会规范导向的三位一体的社会综合方案,以推进乡城人口流动。[②] 这既可以解决城镇化发展面临的困难特别是农村人口向城市的盲目流动,又可以推进人口的现代化和城乡人口结构的优化。二是学习发展机制。人口流动本身是一个伟大的经济学校。通过岗位学习和职业训练提高转移劳动力的素质,使他们能够更好地适应城市就业需要,增强在城市的稳定感。岗位学习和职业训练在增加人力资本积累的同时还延缓和减少了素质偏低的劳动力的供给,创造出更多的岗位需求,扩大就业需求,从而能极大地缓解我国农村劳动力过剩的巨大压力。三是能人回流机制。鼓励外出务工人员"返航"建设农村城镇,支持他们领办、创办企业和中介服务机构,解决城镇化过程中的人才不足问题,形成洼地效应和回流机制。四是专业化机制。加速农村土地流转制度的改革,让进城农民摆脱"兼业化"倾向,要促使转移劳动力的土地向种田能手集中,实现农业经营的规模化、留守农村劳动力的农业生产经

---

① 刘福垣:《推进城市化战略的主要切入点》,中国宏观经济信息网,2001 年 4 月 29 日。
② 辜胜阻、刘传江:《人口流动与农村城镇化战略管理》,华中理工大学出版社 2000 年版。

营的专业化和转移劳动力的职业城市化。政府应当采取措施培育、造就一个懂经营、会管理的农场主阶层,逐步将传统的家庭式生产组织改造为企业式农场。这样,一方面可以通过专业化提高进城农民的素质,另一方面又可改变进城农民脚踏"两只船"而使土地抛荒和资源大量浪费的局面。

(四)进行城镇管理制度创新,建立平等体制,保障城镇协调发展,切实解决城镇流动人口的体制外生存现状

我国实行一种通过把人分为有户籍的市民和无户籍的流民的二元城镇化管理,这是一种不平等的管理体制。流入人口为流入地创造了巨大的社会财富,但他们在户口、就业、生产经营、住房、医疗、养老、保险、子女就学、文化生活等方面都处于无法被流入地充分接纳的体制外生存状态。他们从事危险程度大、劳动强度高、待遇水平低的工作,而雇佣他们的企业基本上没有为他们将来的养老风险支付费用。这些人对于所从事的非农产业怀有不稳定心理,短期行为严重,流入人口同本地居民处于一种社会分割状况。因此,迫切需要建设同化平等机制通过给予城镇化人口以"市民"待遇,以解决进城人口与原居民之间的差异问题。营建同化平等机制,一是保障城镇流动人口中的数以百万计的适龄少年儿童享受与当地城市孩子平等的受教育的权利。二是逐步建立适应人口流动的社会保障制度。三是解决城市定居新居民的体制外生存和漂流不定的"浮动"状态问题,增强流动人口对流入地的认同感和归属感,消除内外体制分割造成的社会离心状态。将流动人口从体制外纳入到城市体制内社会生活中,提高流动人口对城市社会生活的参与程度,克服民工在劳资关系中的弱势地位和社会分割状况。

(本文系国家自然科学基金项目(课题编号:70173019)的研究成果,发表于《武汉大学学报》2003 年第 56 卷第 5 期。郑凌云协助研究)

—36—
人口逆淘汰与城镇化制度安排关系

人口逆淘汰是指高素质人口在总人口中所占比例缩小,而低素质人口所占比例扩大的过程或者现象。中国城市人口少生、农村人口多生的二元生育格局势必造成人口素质结构性下降,产生"人口逆淘汰"现象。防止这一现象有三种途径:(1)改变生育率,使高质人口多生,低质人口少生;(2)改变死亡率,降低高质人口死亡率;(3)改变迁移率,加快人口流动和城镇化,实现居民身份、职业、观念等的改变最终完成人口素质的提高。由于中国通过计划生育政策以改变生育率和死亡率的思路受到二元社会经济结构和传统政策刚性的制约,无法遏止人口逆淘汰的趋势,因此,实施城镇化机制创新,通过人口城镇化,改变迁移率,加速低素质人口向高素质人口的转变,成为现实最为有效的措施。在新经济时代,发展城镇化要提高大都市人口的现代化素质,特别是信息素质,提高城市"准市民"人口的工作和文化素质;提高农村小城镇的发展素质。

一、人口逆淘汰与人口城镇化

人口淘汰具有"正淘汰"与"逆淘汰"两种机制,西方学者最早提出了这种思想。斯宾塞(H.Spencer)论述了人口素质的正淘汰机制,即高素质的人群必将淘汰低素质的人群。"逆淘汰"一词源出高尔顿,他在研究中将注意力主要集中在遗传素质的逆淘汰上。[①] 20 世纪 80 年代中后期,人口素质逆淘汰问题开始引起国内学者的注意。胡纪择认为,如果鼓励少生会带来严重的反选择、反优生的后果。[②] 进入 90 年代以后,周孝正、穆光宗正式论述了"人口素质逆淘汰"问题。周孝正认为,所谓人口逆淘汰,是指高素质人口在总人口中所占比例缩小,而低素质人口所占比例扩大的过程或者现象。[③] 穆光宗则认为,人口逆淘汰指的是总人口中低素质人口及零素质人口的比重越来越高,以至于造成人口再生产在质量方面"劣胜优汰"的一种社会现象。[④]

(一) 国家生育政策缩小了城乡妇女总和生育率差距,在封闭人口模式下,人口控制二元化格局势必造成人口素质结构性下降

研究人口逆淘汰必须高度重视人口总体的结构性变动。中国实行人口控制政策始于 20 世纪 70 年代初期,从绝对值差异来看,计划生育政策的推行缩小了城乡妇女总和生育率的差距,但从相对值差异来看,城乡妇女总和生育率的相对差距仍然存在。城市人口少生、农村人口多生的二元生育格局对人口素质有较大的负面影响。人口控制效果、生育率差异与人口素质呈较强的相关关系。二元人口素质、二元生育政策必将导致人口控制二元化。在中国二元结构社会中,城市人口素质水平较高,而农村人口素质水平较低是经济二元化发展条件下人口再生产发展的一般规律和结果,在同一生育政策下,对城、乡人口的控制效果呈现差异性,这种差异性形成了城镇较为严格和农村较为宽松的二元人口控制态势,也使得在总人口中占很大基数的农村人口生育率较之城市人口生育率提高较快,低素质人口比重加大。在不考虑人口流迁的情况下,城市人口少生,农村人口多生的二元生育格局势必造成人口素质结构性下降。

---

① 周孝正:《论人口素质的逆淘汰》,《社会学研究》1991 年第 3 期。
② 胡纪择:《要懂一点优生学》,《学林》1986 年第 4 期。
③ 周孝正:《论人口素质的逆淘汰》,《社会学研究》1991 年第 3 期。
④ 穆光宗:《人口素质新论》,《人口研究》1989 年第 3 期。

（二）在人口系统变化的基本要素中，人口"流迁"是最重要的变数。没有人口流迁，由城乡差别形成的"人口逆淘汰"必然出现

在人口学里，出生、死亡和流迁构成了人口系统变化的三个基本的要素，"流迁"是其中最引人注目的变数，因为正是通过流转才使一个动态的人口系统同时成为一个开放的系统；开放性人口系统中的人口流迁对人口结构、人口素质的提高具有重要意义。[①] 历史和现实都昭示着一个基本的理论：没有适度的人口流迁，人口生育政策有效指导人口生育控制、人口结构转变促进人口素质提高都将难以预期和实现。防止一定程度、一定范围内客观存在的"人口逆淘汰"，其必要条件是合理有序的人口流转。国内专家利用有关数据资料和分析方法，假设在现有中生育率水平下，从静态角度即不考虑非自然变动因素（人口流转和人口城镇化）的影响，对中国城乡人口结构的变动趋势进行了预测，[②]即在中国现行的生育政策下，加之人口老龄化趋势的不断加强，无人口流动和城镇化机制作用的人口变化将进一步加快城市人口在总人口中比例下降的速度。这一趋势不仅使人口城镇化水平低于现有经济发展要求的目标水平，也使人口逆淘汰成为影响人口总体结构优化、人口素质提高和经济持续发展的严峻现实。为此，我们必须通过人口的合理流动及城镇化机制，形成开放的动态人口系统，减缓人口逆淘汰趋势。

（三）在人口年龄结构老化的趋势下，人口自然性逆淘汰必然出现。但在高速人口城镇化影响下的动态开放人口中，人口自然性逆淘汰趋势在农村最为明显

在人口生育控制和社会经济发展下，中国人口老龄化趋势明显，这反映了人口自然性逆淘汰的存在。人口年龄结构老化、人口自然性逆淘汰的存在，是我们全面分析人口逆淘汰不可或缺的一部分。假设在现有中生育率水平下，考虑非自然变动因素（如城镇化、工业化产生的人口流动）对中国人口年龄结构变动趋势的影响（见表1），可以看出，生育率的迅速下降必然会

---

① 穆光宗：《人口流迁与人口现代化：系统科学的视野》，《人口与经济》1997 年第 4 期。

② 曾毅：《人口分析方法与应用》，北京大学出版社 1993 年版。

导致人口年龄结构的老化,在没有人口流动和城镇化影响的静态人口中,老龄人口比例最高的在城镇,自然人口逆淘汰趋势在城市表现最为明显;在人口流动和城镇化不断推进的动态人口中,老龄人口比例最高的在农村,自然人口逆淘汰趋势在农村表现最为明显。对两种局面进行比较可以看出,自然人口逆淘汰趋势表现在农村比表现在城市更有利于减弱这类逆淘汰的负面影响,[①]人口流动与城镇化对因人口老龄化引起的人口自然性逆淘汰趋势有巨大的影响作用。

表1   中生育率水平下中国 65 岁及以上老年人口占总人口比例

(单位:%)

年份	无农村向城镇的人口流动			有农村向城镇的人口流动		
	农村	城镇	全国	农村	城镇	全国
1987	5.5	5.4	5.5	5.5	5.4	5.5
2000	6.7	8.0	7.2	7.8	6.6	7.2
2020	9.5	13.8	10.9	13.7	10.0	11.3
2050	16.6	25.0	18.9	22.9	20.8	21.2

资料来源:曾毅:《人口分析方法与应用》,北京大学出版社 1993 年版。

(四)中国人口流迁和城镇化的二元性产生了不同类型的城镇人口,不同类型的流迁人口的生育水平存在差异。在有乡城人口流迁的开放人口模式中,人口城镇化能通过降低生育率和提高人口素质双重效应遏止人口逆淘汰

在中国城乡分割的户籍制度约束下,人口流动形成了现实的三类城镇和非农人口结构:一是原城镇人口,具有较低的生育率。二是已迁入城镇,但没有得到制度(法律和政策)认定的人口,其生育水平与原城镇人口有趋同的趋势,与原农村人口有很大差别。三是农村非农人口,包括两种类型:在当地乡镇企业就业的农村人口和季节性或短期性向城镇流动的人口。在这两种类型中,前者属于"离土不离乡"的农村剩余劳动力转移模式,这种方式在很大程度上削弱了城镇化应有的降低人口出生率的作用。后一类型是

---

① 曾毅:《人口分析方法与应用》,北京大学出版社 1994 年版。

一种在以城市拉力为主的运行机制下进行的,通过非正式渠道进行,身份、地域和职业转换不彻底地暂时性转移。这种以"流民"形式出现的乡城人口转移不能提供促使转移人口转变生育观和生育行为的刺激,其在接受地的不稳定状况也使他们的生育行为很难受到社会的约束,致使流动人口的计划生育工作几乎是所有城市计生部门面对的难题。

单纯的非农化和人口流动不能保证解决城乡人口差别生育率引起的人口逆淘汰问题。要缩小城乡生育差距,优化人口结构,遏止人口逆淘汰,必须把人口非农化和人口流动与城镇化的推进结合起来。定量分析表明,中国人口乡城流动超过农村人口自然增长。2000年全国总人口为129533万人,居住在城镇的人口45594万人,比1990年的29651万人增加了15943万人,居住在农村的人口80739万人,比1990年的83717万人减少了2978万人。人口城镇化率上升了近50%。人口发展的这种态势有利于中国人口城镇化水平的提高。人口城镇化具有"双重效应":一是降低迁入城镇的农村人口的生育水平的生育效应;二是提高自身素质并对未来人口文化教育水平提高产生诱导的素质效应。[①] 城镇化作为人口系统开放性的最深刻体现,能弱化封闭人口系统带来的人口素质结构性下降趋势,使得人口正淘汰机制的力量在人口发展中占主导地位。

二、提高人口素质和加速人口城镇化的制度安排

我们认为,城镇化一方面是促进传统生育观发生根本变化,从而改变农村人口生育行为、降低农村人口出生率、提高人口素质的基本诱导力量;另一方面城镇化可改变人口城乡结构、大幅降低人口逆淘汰的负面影响。为此,需要探索城镇化发展的战略构想和思考推进城镇化的机制建构,保障城镇化持续健康发展。笔者认为,中国经济是典型的二元结构,城镇化发展一方面要依托大城市发展网络城市化,另一方面要依托农村地区的县城和中心城镇发展农村城镇化。在新经济时代,发展城镇化要高度重视提高人的现代化素质,特别是信息素质。通过城镇化来提高人口素质、控制人口逆淘

① 辜胜阻、刘传江:《人口流动与农村城镇化战略管理》,华中理工大学出版社2000年版。

汰,一是要处理好城镇化与信息化的关系,大力提高市民现代化素质,特别是信息素质;二是要处理好体制内户籍人口与体制外非户籍人口的关系,大力提高城市"准市民"人口的素质;三是要处理好城市与农村城镇的关系,大力提高农村小城镇的发展素质。这里我们要寻求双重效应,即快速(加快城镇化的发展速度)与高效(通过城镇化有效的制度安排提高人口素质)。

(一)在信息时代,城市功能和构造发生了巨大变化。为适应信息经济发展的需要,我们要处理好城镇化与信息化的关系,建设"数字城市"、推进教育信息化、构建信息终身教育体系和加强信息道德建设,大力提高城市市民的现代化素质特别是信息素质

如果说第一轮的城镇化是以工业化为动力的话,那么,现代城镇化则以信息化为发动机。蒸汽机的发明,导致了产业革命的产生和城市化的飞速发展;而以汽车为代表的便捷的运输技术则带来了"城市郊外化"。在信息时代,城镇发展在经历了城镇化、郊外化和逆城市化三个阶段以后,转向以信息化为特征的第四阶段,我们把这一阶段称作基于信息化的城镇化阶段。信息化给目前的城市发展带来了革命性的变革。这些变革有以下几个方面:

第一,扩散与集聚并存。如果说城镇化发展的第一阶段是集聚,郊外化和逆城镇化是一种扩散过程。那么,信息时代的城镇化则是扩散和集中并存。信息化的发展,使人类经济活动不再依附于交通网络,降低了企业内部协调成本、监督成本,而且生产管理在空间上分离成为可能,公司在全球范围内更有效地进行管理与控制。管理控制功能向中心区集中,生产向边缘低成本地区分散。城市的部分功能转由信息网络承担,城市作为经济中心的地位逐渐衰落,中小城镇和城市的边缘地区迅速发展起来。[①] 虽然信息能够通过降低成本允许社会经济活动分散,但远程通信不能完全代替城市作为信息极的"集聚"功能,信息社会中的经济活动同样追求集聚效应。[②] 城市仍然是信息传递的第一节点和信息产生的源头,信息流在城市的集聚具有最大的辐射效应。相应的是各个城市之间形成具有良好信息交流通道的圈

---

① 杜作锋:《信息化推动的城市化》,《社会科学研究》2001 年第 4 期。
② 邓静、孟庆民:《新城市发展理论评述》,《城市发展研究》2001 年第 1 期。

层,特别是在每一个大城市附近需要建立众多小城市和城镇支撑,一是参与到大城市的分工体系中去,二是接受大城市的信息流,成为具有消化信息能力的信息宿。因此,这时的集聚性更多体现在全国范围内的城市体系中。

第二,城市功能信息化和智能化。信息传输的高速度、自动化、非地域限制性,改变了传统生产、生活方式,各类生产要素的远距离高度整合变为了现实,城市建设和管理的方式、方法也发生了质的变化,特别是网络设施成为最大的投资方向之一,信息产品和服务成为最大的消费热点,城镇产业结构进一步软化,信息产业成为经济发展的主导产业。一大批与信息密切相关的新产业登上世界舞台,城镇将从"工业制造中心""商业贸易中心",逐步转为"信息流通中心""信息管理中心""信息服务中心"。这些转变也就是信息化社会城市基本经济功能的转变,在这种功能转变下,信息技术大量被采用,并作用于区域发展,城市出现智能社区。知识产业将成为城市最大的产业部门,知识劳动者占的比重最大,这将显著提高城市人口的文化素质和城市智能功能。

第三,信息流成为城市主导要素流。信息技术将渗透到社会经济的每一个角落,信息流将成为城市经济最重要的要素流。世界经济将由"地方的空间"转向"流的空间"。信息为基础的高级技术消除了"流的空间"的国家壁垒。[1] 现代信息传递的一个重要特点是受气候、地理等自然条件的影响较小,空间距离的限制减轻,信息传递范围扩大,信息共享程度提高。以信息流为主导的要素流将会对城乡格局产生三重效应:(1)现代信息网络成为社会交往、商贸往来的载体,有利于降低市场交易成本,促进各种要素的流通,促进市场的发育和壮大。(2)大量的中小城镇通过信息网络形成有效的分工协作关系,城市的有机联系将使城市群迅速崛起并带动整个地区的城市化进程。(3)信息的快速传递将促进农村要素的快速流动和农村市场化的进程,有助于打破农村地区普遍存在的自给自足的传统生产方式,促进农村工业化、城市化的进程,出现城乡一体化的格局。[2]

第四,信息基础设施成为最重要的城市基础设施。自来水网、电网、煤气网等是工业社会的特征,而信息网则应是信息社会的基本特征之一。信

---

[1] 邓静、孟庆民:《新城市发展理论评述》,《城市发展研究》2001 年第 1 期。

[2] 张永丽:《信息化与中国西部地区的工业化、城市化》,《青海民族学院学报》2001 年第 4 期。

息基础设施水平将成为衡量一个城市投资环境优劣的重要指标。是否拥有能使信息流畅通无阻的信息基础设施成为一个地区或城市得以不断发展的重要条件。信息基础设施本身作为城市基础设施的重要组成部分,将更加高效地装备和调度整个城市基础设施系统,加快城市建设、规划、管理迈向现代化的步伐。

第五,人与自然和谐发展成为城市人居环境的主旋律。信息经济是一种高智力、低消耗的经济,最主要的是投入知识和信息,消耗的能源、材料、水源很少,是一种保护生态环境的经济。城市不再是一般意义上的生产中心、工作中心和居住中心,而是一个以人为中心,以服务人为最高准则,人与自然和谐协调、完美融合,并能满足各类人群的发展愿望,为人们的生活、工作、学习和交往等提供了理想的服务场所。[1]

我们正处于一个经济结构的转型时期。大都市人口要适应这种转型必须提高自身素质,特别是信息素质。信息素质的教育关系到人们如何立足于信息化社会这一基本点。推进信息时代的城镇化应该树立"以人为本"的理念,培养人的"信息素质"。"信息素质"最早是美国信息产业学会(IA)主席保罗·泽考斯基在 1974 年提出的。其内涵包括:有能力从各种不同信息源获取、评估和使用信息,涉及信息意识、能力、道德、知识、观念、心理等方面,[2]1994 年澳大利亚格里菲斯大学信息服务处的布鲁斯总结出了信息素养人的 7 个关键特征:(1)具有独立学习能力;(2)具有完成信息过程的能力;(3)能利用不同信息技术和系统;(4)具有促进信息利用的内在化价值;(5)拥有关于信息世界的充分知识;(6)能批判性地处理信息;(7)具有个人信息风格。[3] 信息素质作为生活在现代社会中的公民所必须具备的基本素质越来越受到世界各国的关注和重视。它被放到与读、写、算同等重要的位置。人口信息素质是国家信息化、城市信息化的重要保障,这一概念的提出也是对人口整体素质涵义在信息化时代的拓展和反人口逆淘汰的全新应对之策。

为了适应信息化城市,培养信息素质需要构建四种机制。

---

① 郭东风:《城市发展需要功能创新》,国研网,2002 年 6 月 14 日。
② 张海:《"网上知识获取"教学活动的设计》,《网络科技时代》2002 年第 1 期。
③ 张倩苇:《信息素养与成人教育培训》,《开放教育研究》2000 年第 5 期。

第一，构建城市生产生活信息化机制，为培养市民信息素质提供空间载体。信息素质的提高有一定地域的选择，而城市作为信息集聚地，具有较为发达的信息基础设施和发展潜力。加快城市基础设施建设和改造，推进城市信息化，既能够为信息素质的培养营造氛围，又能为实现这一目标提供载体和舞台。这里，要以数字城市为突破口，坚持都市先行跨越，推进城市信息化发展。城市信息化是指在城市规划、建设与运营管理以及城市生产与生活中，充分地利用数字化信息处理技术和网络通讯技术，将城市的各种数字信息及城市的各种信息资源加以整合并充分利用。建设"数字城市"是实现中国城市跨越式发展的新机遇，也是城市信息化实现的区域目标，其最终结果是使城市人口的生产生活信息化。[①] 数字城市建设对于城市已有的信息基础条件要求较高，因此，实施这一战略只能选择发展较好的大都市先行，把大都市建成信息增长极和信息源，以便更好地发挥其扩散效应和信息的渗透作用，带动社会信息化的实现。

第二，构建信息技术课程化机制，用教育信息化带动社会信息化。信息化时代，智慧资源或者人力资源是经济发展的首要要素，而信息素质是人力资源、智慧资源的核心，因此，培养人的信息素质是教育面向信息化的重要任务。教育一方面要强调培养学生的"信息获取""信息分析""信息加工"能力；另一方面要利用计算机和网络探索新的教学模式。课程的编制应将信息素养的培育有机地融入教材、认知工具、网络以及各种学习与教学资源的开发之中。目前，多数国家把发展信息素养教育纳入国家信息事业发展计划。日本的信息素质培训工作具有长期稳定性和连续性的特点，各类图书情报部门、高等院校、研究部门和企业都有自己的信息用户培训计划；美国课程管理协会通过了一项决议，要求学校、学院和大学将信息素养内容结合到学校教育的教学大纲之中；英国在 20 世纪 80 年代进行了三次研究，讨论如何进行用户信息技能训练；澳大利亚在 1992 年召开了有关信息素养教育的全国会议。[②]

第三，构建终身学习机制，使信息素质教育成为全民教育的内容之一。

---

① 辜胜阻：《论国家信息化战略》，《中国软科学》2001 年第 12 期。
② 冯仿娅：《社会信息化不可或缺的一种教育》，载《广州市第六次文化发展战略研讨会论文集》，2001 年。

在整个社会信息化进程越来越快的今天,市民是否能掌握足够的信息技能已经成为影响一个城市竞争力的重要方面。信息素质的培养有赖于全民终身教育体系的构建。这里有三类教育特别重要,一是生产工人的教育。大力发展职业技术教育,加强技师、高级技工的培养,实现蓝领工人的高素质化,培养一大批信息工人和知识工人。二是对管理者的教育。网络已成为开展领导活动和行使领导职能的重要平台,提高领导干部信息素质迫在眉睫。三是国民素质教育。在全社会开展广泛的信息教育,提高计算机和网络的普及应用程度,加强信息资源的开发和利用。提倡基于资源的学习,提高全民的信息化意识和技能,对在职人员进行持续的信息化教育和技术培训,培养既懂技术、又懂经营管理的复合型人才,为信息化带动工业化提供人才保证。让更多的人认识到信息革命的划时代意义,从而更加主动地参与信息化。

第四,构建趋利避害机制,倡导信息文明,形成有利于信息素养培育的氛围。信息技术尤如一把双刃剑,它在为人们提供了极大便利的同时,也产生了大量不良现象,信息的滥用和泛滥、计算机病毒肆虐、网络安全、网络信息共享与版权等问题,这对人的道德水平、文明程度提出了新的要求。① 美国南加利福尼亚大学网络伦理声明提出了6种网络不道德行为类型:(1)有意地造成网络交通混乱或擅自闯入网络及其相连的系统;(2)商业性地或欺骗性地利用大学计算机资源;(3)盗窃资料、设备或智力成果;(4)未经许可而接近他人的文件;(5)在公共用户场合做出引发混乱或破坏的行动;(6)伪造电子邮件信息。构建趋利避害机制要求城市人口要有信息责任感,能抵制信息污染,遵循信息道德,规范自身的信息行为活动。

(二)处理好体制内户籍人口与体制外非户籍人口的关系,构建人口选择、学习发展、同化平等和专业化四大机制,使迁入城市并长期定居在城市而又未能获得制度认可的"准市民"的基本素质得到提高

中国现有1亿左右的农村人口流入城市且定居在城市。这类城市化的主要问题:一是流入人口素质较低,盲目性大;二是城市化的农民主要在非

① 张倩苇:《信息素养与成人教育培训》,《开放教育研究》2000年第5期。

正式部门就业,需要人力资本积累以适应劳动力市场需求;三是城市定居新居民体制外生存,处于漂流不定的"浮动"状态,短期行为严重;四是进城农民没有摆脱"兼业型"特征,脚踏"两只船",土地大量抛荒致使资源大量浪费。解决这些问题需要构建以下四种机制:

第一,人口选择机制。选择机制是要通过经济、社会和人口素质导向解决进城人口的适应性问题,避免人口流动的盲目性,推进城镇人口结构的优化。在市场信息作用下,迁移概率对不同的人来说是不一样的。一些研究表明:文化程度高者较文化程度低者流动性大;职业地位高者比职业地位低者流动性大,外流者都是流出地的"精英"。[①] 选择机制有市场选择和政策选择两种,这里我们重点探讨政策选择。根据中国国情和城乡人口结构现状,需要确立一种以经济导向(鼓励进城农民到城市投资兴办产业)、人口素质导向(优先让有较高文化程度和具有从事非农产业经验的农民进城)和社会规范导向的三位一体的社会综合方案,以推进城乡人口流动。[②] 这既可以解决城镇化发展面临的困难特别是农村人口向城市的盲目流动,又可以推进人口的现代化和城乡人口结构的优化。

第二,学习发展机制。就是要通过岗位学习和职业训练提高转移劳动力的素质,使他们能够更好地适应城市就业需要。人口流动本身就是一所经济学校,乡城人口流动就是学习机制作用于城镇人口,从而大大提高其素质的过程。人力资本可以通过各种各样的方式得到积累。城镇化人口的学习机制有岗位学习和职业训练两种。岗位学习有"边干边学"和"边用边学"两种。通过人口的地域流动或职业转移方式来实现劳动者素质的提高和经验的增加。此外,还可通过职业技术教育提高转移劳动力的素质,以满足农民城市化的要求,这就是所谓边训练边学习的机制。发展职业技术教育,培养具有多种技能的农民"技工",使他们能够更好地适应城市就业需要,增强在城市的稳定感。从政府的角度而言,提供教育机会和提供工作机会有互相替代的效应,但前者往往比后者更加容易,成本也更低。从操作方面来看,素质较低的劳动者面临着就业困境,有着提高其自身文化和知识水平的内在冲动,政府发展教育和培训,只是一种因势利导的策略而已。岗位学习

---

① 辜胜阻、简新华:《当代中国人口流动与城镇化》,武汉大学出版社 1994 年版。
② 辜胜阻、刘传江:《人口流动与农村城镇化战略管理》,华中理工大学出版社 2000 年版。

和职业训练在增加人力资本积累的同时还延缓和减少了素质偏低的劳动力的供给,创造出更多的岗位需求,扩大就业需求,从而能极大地缓解中国农村劳动力过剩的压力。

第三,同化平等机制。当前,流入人口为流入地创造了巨大的社会财富,但他们不能在流入地公平地享受到应得的利益,他们在户口、就业、生产经营、住房、医疗、养老、保险、子女就学、文化生活等方面都处于无法被流入地充分接纳的体制外生存状态。"民工"在城市中从事危险程度大、劳动强度高、待遇水平低的工作,而雇用他们的企业基本上没有为他们将来的养老风险支付费用。"流民"处于漂流不定的"浮动"状态,对于所从事的非农产业怀有不稳定心理,短期行为严重。因此,需要建设同化平等机制,通过给予城镇化人口以"市民"待遇,以解决进城人口与原居民之间的差异问题。这就需要在管理体制上实行一系列相关的制度创新,特别是通过流动人口体制外生存内生化改革,将流动人口从体制外纳入到城市体制内社会生活中,提高流动人口对城市社会生活的参与程度,克服民工在劳资关系中的弱势地位和改变流入人口同本地居民的社会分割状况。这里,一是保障城镇流动人口中的数以百万计的适龄少年儿童享受与当地城市孩子平等的受教育的权利。二是逐步建立适应人口流动的社会保障制度。

第四,专业化机制。中国城市化人口处于一种"兼业化"状态。城市户籍制度的"闸门",使数量巨大的"进城民工"无法真正融入城市社区,成为摆动在城乡之间的边缘人群。专业化机制是要让进城农民摆脱"兼业化"倾向,改变进城农民脚踏"两只船"。"兼业化"乡城人口的流动,不仅不能完成农民工进城后的职业、身份转变,而且也不利于流动人口的生育观念转变、人口结构的优化和人口素质的提高。为此,要促使转移劳动力的土地向种田能手集中,实现农业经营的规模化、留守农村劳动力的农业生产经营的专业化和转移劳动力的职业城市化。政府应当采取措施培育、造就一个懂经营、会管理的农场主阶层,逐步将传统的家庭式生产组织改造为企业式农场。

(三)处理好城市与农村城镇的关系,构建民本发动、能人回流、要素集聚和资产流动四大机制,使农村地区的城镇化有坚实的产业基础和生活基础,提高农村城镇的发展素质

中国农村现有建制小城镇 1.9 万多个,居住人口 1.7 亿。此外,还有近

3 万个集镇,拥有人口 5000 多万。农村城镇化速度的加快,给经济社会发展注入了新的生机与活力,但也应看到农村城镇化在发展过程中存在的诸多问题:人气弱,缺乏产业支撑;布局散,缺乏集聚效应;成本高,启动资本严重不足;功能弱,缺少城镇化氛围;盲目性大,缺少建设管理经验;环保差,缺少可持续发展的观念;素质低,缺少城市先进文化。针对这些问题,需要构建以下四种机制来提高农村城镇的发展素质。

第一,民本发动机制。在当前一些城镇建设中,由于政府推动力过强,市场作用力太弱,一些地方忽视了对本地区支柱产业的培育,就业能力弱。统计表明,在现有的 1.9 万个小型城镇中,平均就业人口为城镇总人口的 26%。而中国 200 万人口以上的大城市这一比重为 60%,100 万—200 万人口的城市就业比重为 63%,50 万—100 万人口的城市就业比重为 66%,20 万—50 万人口的城市就业比重为 56%。为此,坚持民本发动机制,要高度重视民间发动型机制和民本经济在城镇化中的作用。民本经济是一种以家庭经营为基础,以市场为导向,以小城镇为依托,以能人为骨干,依靠广大民众强烈的自我创业、自我发展的欲望,深厚的务工经商传统和商品经济意识,坚忍不拔、自强不息的创业精神发展起来的民办、民营、民有、民享的经济。坚持民本机制,一是要考虑如何利用规模巨大的民有资本发展城镇化。当前个人资产总量达 10 万亿人民币,其中居民储蓄存款约 6 万亿人民币,居民持有有价证券总额约 2 万亿人民币,居民手持现金 1 万亿人民币,居民的外币现金和存款约 8000 亿人民币。二是在农村城镇要放手、放心、放胆发展民营经济,形成以民营经济为主体的经济格局。三是要下大力气解决好企业的外部环境问题,为民营企业提供一个公平竞争的市场条件,消除对民营经济的政策歧视。四是要增强城镇居民主体地位,拓宽居民参与城市规划决策和公益事业决策的渠道。通过城市基础设施的有偿回收以积累资金,滚动投入,或是实行基础设施投资与收益挂钩及其他优惠政策,吸引农民和乡镇企业投资建城。

第二,能人回流机制。回流机制是要通过吸引外流人口"返航"建设农村城镇,解决城镇化过程中的人才不足问题。据四川省农调队调查,1999 年,外出务工的"川军"总数已达 430 万人,全年汇回的现金达 197 亿元。[①]

---

① 丁建刚、谭飞:《新"川军"令人刮目相看》,人民网,2000 年 12 月 29 日。

经过多年"摸爬滚打",外出务工人员不仅学到了技术,挣了钱,而且见了世面,长了见识,思想境界和精神面貌都发生了明显改变。务工人员的回流将成为城镇化发展的主力,我们要通过各种途径形成人口回流的"拉力",如政府鼓励和引导城市的各类人才和外出务工人员向农村转移和回流,支持他们领办、创办企业和中介服务机构;鼓励专业技术人员到农村进行技术推广、承包经营和培养农村实用人才;营造农村创业环境,进行产权制度改革,创造优惠而明晰的产权制度,形成"洼地"效应和回流机制的拉力。

第三,要素集聚机制。集聚是指企业、资本、就业人口向城镇集中的过程。企业是城镇的主体和细胞,城镇为企业的发展带来巨大的外部效应。据统计,中国现有乡镇企业80%以上分布在村庄,18%分布在集镇,另有2%分布在县城以上。过于分散的产业布局一方面不利于小城镇区域经济龙头作用的形成,另一方面也不利于乡镇企业自身的发展和提高,使乡镇企业形不成规模,上不了档次,整体素质难以适应市场经济发展的需要。为了引导企业、资本、就业人口向城镇集中,首先要通过市场机制,建立城乡一体化的要素市场;其次,政府要顺应企业和城镇发展的要求,做好规划、组织、协调、服务工作,保障企业有良好的经营环境,使企业通过集聚降低交易成本和经营成本;通过共享基础设施使企业利用其正向外部效应。

第四,资产流动机制。目前城镇化的经济"瓶颈",一是成本高,二是资本短缺。农村劳动力转移的关键是资本积累,加速城镇化的头等重要问题是城镇化的资金问题。[①] 城镇财政支撑的"人头费"高,致使农民进城的成本很高。由于义务教育重心下移,城镇财政要供养大批教师,乡镇一级财政供养人员工资80%来自向农民的收费。此外,城镇化面临资本短缺,农民迁移和身份转换的启动资本严重不足。农村财产只能在狭小范围内交易,不能用作贷款抵押,也不能作为投资入股,农民大量资产(房子、土地等)无法资本化。在创业资本需求的满足方面,流动人口无法运用自有资产抵押得到城市金融支持。要缓解要素流动过程中资本短缺问题,迫切需

---

① 辜胜阻:《非农化与城镇化研究》,浙江人民出版社1991年版。

要建立统一的要素市场,允许土地及其附着物等要素可以合法的自由流转,使农民手中的资产资本化,使城镇化建立在坚实的基础上,实现农村城镇化的可持续发展。

(本文是国家自然科学基金项目(基金项目号:70173019)研究成果,发表于《中国人口科学》2002 年第 5 期。郑凌云协助研究)

—37—
美国西部开发中的
人口迁移与城镇化及其借鉴

　　21世纪西部将成为中国经济腾飞的又一个热点,中国政府将采取有力措施,有针对性、有步骤地使西部地区尽快富强起来,缩小东西部差距,促进地区经济合理布局和协调发展,最终实现共同富裕。历史上,美国对其西部的开发在世界各国的边疆开发中最为经典。1776年美国独立时,它只占据大西洋沿岸地区面积约为49万平方英里的土地。美国通过100多年不断向西的拓殖运动,领土面积不断扩大,到19世纪末,已经实现美国人口中心、农业中心、工业中心的西移,1895年其工业总产值已跃居世界首位。美国西部开发的历史,也是人口不断向西迁移的历史。人口西进使西部形成了大量的城市,建立了自己的特色产业。19世纪的"西进运动"推动了美国人口城镇化和劳动力非农化进程。在西进运动的带动下,人口城镇化率由1810年的7%上升为1920年的51%,劳动力的非农化率到1920年达到73%,人口城镇化率与劳动力非农化率的差距逐步缩小。

一、美国西部开发中人口迁移与城镇化的特点

(一)领土扩张是"西进运动"的基石

　　美国西部泛指从阿巴拉契亚山地到太平洋沿岸之间广阔的地区。美国

的西部开发又称为"西进运动",大约持续了一个多世纪。它是一种大规模的经济开发和社会迁移运动。美国的西部开发史,实际上就是美国人在荒原上建立国家的一部经济发展史。美国"西进运动"是一个领土扩张过程和人口西进过程。1803—1867年,美国通过各种手段先后把路易斯安那、西佛罗里达、得克萨斯、俄勒冈和阿拉斯加地区纳入自己的版图。这样,在短短的几十年内,美国领土面积从230万平方公里迅速增加到930万平方公里。领土扩张需要大量的劳动力西移。推动西进运动的主要三种社会力量是:土地投机者、人数众多的穷苦人和种植园奴隶主。[①] 另外,参与中西部开发的人大多数是中下层劳动者,有限的财力和物力使他们难以支付长途跋涉和大规模开发所需要的经费与开支,因而往往采取开拓一处,前进一处的开发方式。[②] 1790年在阿巴拉契亚山脉以西的人口仅占3%,到1860年已达49%。人口不断西迁改变了美国经济地理的分布。国外移民也满足了美国西进运动大量劳动力的需求。1864年美国成立移民局,采取预借路费、降低运费、优惠贷款、来去自由、免予征兵和给予国外移民以公民权等措施,以鼓励国外移民。1815—1929年,流入美国的移民共有3800多万。[③] 在美国鼓励自由移民时期,西欧、北欧移民构成了移民的主体。这批移民中的工人成了美国进行第一次产业革命和第二次产业革命的重要技术力量,他们把先进的技术源源不断地带到美国,形成了一种自然的、不花任何代价的技术引进。[④]

(二) 农业发展是"西进运动"的基础

美国的"西进运动"是在三角区域经济结构的基础上进行的。东北部以新英格兰地区为核心的经济地带是美国资本主义的摇篮;而以弗吉尼亚为代表的南部殖民地则主要以"土地授予"制度为基础,为种植园奴隶制度发展准备了温床;到了西部边疆开发时期,则主要以"公地政策"为主。正是这

---

① 李其荣:《得失并存的区域开发——美国西部开发的经验与教训》,《华中师范大学学报(人文社会科学版)》2000年第3期。

② 高国力:《美国是如何开发西部的》,《中国经济信息》2000年第9期。

③ 林广、张鸿雁:《成功与代价——中外城市化比较新论》,东南大学出版社2000年版。

④ 许国林:《论美国经济的发展进程与移民政策的演变》,《许昌师专学报(社会科学版)》1998年第2期。

个金三角经济构架成为美国西进运动经济模式的重要支柱。西部开发主要是在农业社会基础上从三个行业兴起。一是俄亥俄河和密西西比河以北的"小麦王国"推动了中西部的开发。二是密西西比河下游地区的"棉花王国"推动了密西西比河下游的开发。三是以得克萨斯为中心的"畜牧王国"带动了西部大草原的开拓。这三大"王国"的产生标志着美国农业帝国的兴起。①美国通过西部农业开发建立了雄厚的粮食和物资基础。在"西进运动"初期,农牧业是西部地区提供就业机会最大的产业部门。而农业的现代化又为农业劳动力的非农化打下了良好的基础。农牧业是西部地区投资水平最高的产业部门。在19世纪80年代初期,牧牛人的利润率约为20%—30%。1800—1860年美国农业生产总值增加了5倍以上。同期,畜牧业在农业总产值中的比重都占60%左右。1820年,农产品出口占美国出口总数的83%,半个世纪后仍然占到81%。农业技术发明大大提高了农业劳动生产率,推动了人口的城镇化和劳动力的非农化。1836年发明了打谷机,一台打谷机能抵120个人的工作能力。②

(三)资源开发是"西进运动"的诱因

土地资源和矿产资源的开发是引导人口西移的重要诱因。1785年的土地法令规定每英亩的最低价格为1美元。凡在一个月内交足640美元的就可获得640英亩的土地。该法令对欲登陆美国并西迁的移民来说固然有很大的吸引力,但因必须一次付清640美元,而早期移民多数较贫穷,无力购买,移民的西移速度是缓慢的。1862年5月20日通过的著名的《宅地法》是西部开发中最具民主色彩的一部土地法。它规定,凡符合下列条件,任何人只要交纳10美元的手续费,即可申请获得160英亩的联邦土地:(1)美国公民或已递交入籍申请者;(2)年满21岁,或一家之长,或在美军中服役满14天者;(3)从未参加过反对合众国之战争者。这实际上等于为每个或每户定居者无偿分配了一块安身立命的宅地。该法律一出,吸引大批人移民西

---

① 陈占彪:《美国西进运动与中国西部开发之经济模式比较》,《社科纵横》1997年第1期。
② 龙文军、包跃芳:《美国西部农业开发的历程及经验借鉴》,国研网,2001年7月31日。

部。① 除了土地开发外,"淘金"热潮加快了移民对西部的定居和开发。金矿的发现及远西部采矿业的兴起,尤其是美国西部三大矿区的发现,更因"淘金"热潮而加快了移民对整个远西部的定居和开发。西部发现黄金、石油等资源为美国开发西部提供了有利的历史契机,大批淘金者向西迁移,并且直接带动了上述几个地方交通运输业、商业、服务业等行业的兴起和发展。美国在西部开发中,人口是随着经济资源的开发而迁移的,人口的迁移又带来了西部城市的兴起和经济的繁荣。② 美国西部之所以成为一块热土,是因为人们在西部可以获得较高的收益,并且有法律制度予以保障。明晰和保护产权是鼓励人们进行经济活动的基本前提。19 世纪大批农民向西部的迁移,有相应的产权制度特别是土地产权制度作为保障。

(四)交通革命是"西进运动"的动力

交通革命是加速美国西部开发的重要动力之一。19 世纪上半期,美国的交通革命主要表现在公路、运河和铁路,到 1840 年美国已建造了 13 条大运河。从 1830 年美国第一条铁路巴尔的摩—俄亥俄铁路开始投入运营后,美国迎来了一个"铁路时代"。美国用了 20 年,连接东西两地的 5 条铁路便先后建成。美国政府采取以下政策推进铁路建设的营运和发展:(1)贷款扶持。规定铁路公司可以根据修筑铁路长度和地形的不同,从政府那里获得不等的贷款。(2)投资援助。据统计,在美国全国的铁路建筑总投资中,州和地方政府的投资占 25%—30%。(3)土地赠予。除技术援助外,联邦对铁路建筑的主要援助是土地赠予。政府规定,铁路公司每修筑一英里铁路,可以得到铁路沿线一定面积的土地。据统计,铁路公司仅通过出售赠地而获得的纯收入就有 5 亿美元之巨。铁路大通道的建设带来了人口的大迁移。从 1850—1880 年,加州的人口增长了近 8 倍。交通运输的优先发展,横贯东西的铁路的建成,形成了联结东西的大通道,极大地推动了美国西部城镇化进程。1860—1910 年,美国 10 万人以上的城市由 9 个增至 50 个。虽然东

---

① 许国林:《论美国经济的发展进程与移民政策的演变》,《许昌师专学报(社会科学版)》1998 年第 2 期。

② 林广:《西部大开发以城市包围农村——美国西部开发的历史透视》,《城市发展研究》2000 年第 5 期。

西部的城市数量都在增加,但西部增加的数量大于东部,西部地区的城镇化率也有了很大的提高。① 西部的新兴城市主要分为四大类:第一类是作为"投机企业"的市镇。它们是由公共土地的领有者即土地公司直接建立的。第二类是兴起于远西部的"采矿城镇"。第三类是大平原上沿交通要道的"牛镇"。这类市镇兴起于 19 世纪 60 年代,它的兴起主要适应了大平原畜牧业迅速扩大。第四类是"铁路城镇"。世界经济史表明,交通运输形成的联结东西的大通道对人口迁移和城镇化会产生很大的拉动作用。交通运输特别是铁路对城镇化至少有四种效应:一是移民与投资效应。交通结束了西部的封闭状态,为外来移民的往来提供了便利,使东部的科技信息、先进的思想文化和资金被输送到西部地区,为城市发展输入了新鲜血液。二是农村劳动力的非农化效应。交通促进了西部农业经济的地区专业化,加速了农村劳动力向城镇的转移。三是城镇之间联系的市场化效应。交通促成了全国统一市场的形成,扩大了国内各地区城镇之间以及与世界市场的联系。交通运输业既能把西部地区的农产品迅速运到东部和世界市场,又使东部工业化地区和世界市场上的工业品迅速流入西部地区。② 四是城市发展的倍增效应。随着铁路的铺设和延伸,原有城市迅速发展,不仅形成像圣迭戈、洛杉矶、旧金山、西雅图这样的地区中心城市,而且产生了城市发展的倍增效应。一批沿五大铁路线建立的中小城市如雨后春笋,茁壮成长。19 世纪初,芝加哥还是人迹罕到之处。1880 年芝加哥市人口达 50 万,1890 年达 100 万,1900 年增至 200 万,一跃成为美国第二大城市。

二、美国人口西进和城镇化对中国西部开发的启示与借鉴

虽然中美两国实施西部大开发都是为了开拓边疆地区,但两国西部开发的根本区别在于美国西部开发属于初次开发,而中国西部开发属于再开

① 林广:《西部大开发以城市包围农村——美国西部开发的历史透视》,《城市发展研究》2000 年第 5 期。

② 李其荣:《得失并存的区域开发——美国西部开发的经验与教训》,《华中师范大学学报(人文社会科学版)》2000 年第 3 期。

发。中国西部开发在人口城镇化、产业发展和交通通讯等基础设施建设等方面,不仅要注意量的扩张,更重要的是质的提高和内涵的发展。美国西部开发的历史表明,比较利益机制驱动下的产业发展、交通运输设施的建设、人口西进是美国城镇化的拉动力,而城镇化发展是西部乃至全美国经济持续发展的推动力。研究这一历史进程对中国正在进行的西部开发和西部城镇化至少有以下几个方面的启示与借鉴。

(一)建立人才高地和土地产权"洼地",调整西部城镇发展的畸形结构,实施以大都市的扩展和县城的提升为核心的二元城镇化发展战略

1. 着眼大都市扩展的西部城市化,适合中国西部城市化特征,能够解决城镇发展二元畸形结构

在西部城镇化问题上,学术界有不同的观点。一种观点认为应该让大城市优先发展。另一种观点认为应该让小城镇优先发展。我们认为,要根据西部地区典型的二元结构实行二元城镇化战略。一方面,大力发展大城市,推进西部城市化,建立人才"高地",引导生产要素西进,靠高素质人才兴城;另一方面,着力发展县城,推进农村城镇化。[1]

中国西部地区是一种典型的二元结构,一极是少数现代化水平和城市文明都已相当高的省会特大城市、大城市,如西安、成都、重庆、兰州、昆明等;另一极是大量仍处于传统农耕社会的农村、少数民族部落。通过发展大中城市,提升大中城市功能,增强其辐射力,要利用大中城市的扩散效应发展周边卫星城市或小城镇,逐步形成"特大城市—大城市—中小城市—城镇"城市体系。因此,西部城市化要高度重视大城市的原因在于:第一,现有的大城市和中心城市都处于自然条件、交通条件较好的地方,本身具有发展的优势,所以,顺应城市发展规律,要优先在有利于城市发展的地方发展城市,避免在不利于城市发展的地方建设城镇。第二,大城市拥有较高的劳动生产率、资本生产率甚至基础设施生产率。从国际经验看,人均 GDP 在 3000 美元以下时,人口和经济要素主要是向大城市转移。此外,积极发展大城市和中心城市,可以减轻人口对农村牧区生态环境的压力。第三,大城市

---

[1] 辜胜阻、刘传江:《人口流动与农村城镇化的战略管理》,华中理工大学出版社 2000 年版。

工厂聚集、资本聚集、科技聚集、商业聚集,创造的就业机会通常高于中小城市,加上更好的教育文化环境和基础设施,大城市和中心城市比小城镇更易谋生,有更多、更好的发展条件和发展机会。第四,以大城市为中心的城市化,能够拓展西部城市群,扩大规模效应。

以大都市拓展为依托的城市化需要建立人才"高地",引导生产要素西进,靠高素质人才兴城。中国西部大开发离不开科技,离不开人才。有资料显示:在东部,平均每 100 人中拥有科技人员 18 名,而西部只有 2 名;东部乡镇干部学历在大专以上的占 64%,而西部仅占 20%;东部每人平均受教育时间达 10 年零 9 个月,而西部仅有 3 年零 6 个月。保留和吸引高素质人才是中国西部城市化水平提高的重要保证,是兴城的基石。为此,需要采取以下措施:第一,支持科教事业的发展,培养和用好本地人才。在西部开发中,政府应支持西部科教事业的发展,在西部地区培养大批用得上、留得住、能解决实际问题的各类人才。鼓励和引导西部地区机关、事业单位的各类人才向企业和农村转移,支持他们领办、创办企业和中介服务机构。鼓励专业技术人员到农村进行技术推广、承包经营和培养农村实用人才。第二,建设人才"高地",培育创新精神。美国西进运动的重要经验是移民潮产生了敢于挑战新生事物、追求冒险的移民精神。这种敢于冒险、无所畏惧、征服自然的创新精神对于西部的发展具有重要意义。开发中国西部需要创新精神的培育。这里的关键是要通过建立人才"高地"的方式营造观念更新的"小环境"。选取一些条件比较好的地方,可考虑将重庆、西安、成都、兰州等高等学校和人才密集的大城市建设成为西部地区人才高地,更新科技人员的观念,营造良好的科研、创业、生活环境,让科技人员在西部开发中发挥自己的重要作用。第三,建立激励机制,鼓励人才西进。进行分配体制的改革,建立按生产要素分配的机制,调动企业家、科学家、创业者开发西部的积极性,吸引更多的资金、人才、技术参与西部开发。在西部开发中对于人才使用,应当借鉴目前对于吸引海外留学人员归国创业的相关做法,采取"不求所有,但求所用"的政策,实行"户口不迁、身份保留、来去自由"的方式吸引人才。经选派参加国家西部开发重点任务和重大建设项目的人才,由政府财政提供一次性安家费用,在职务晋升、专业技术职务评聘、工资调整等方面,与原单位同类人员享有同等待遇。第四,鼓励外出务工人员"返航"。例如,经历市场洗礼的"川军"正在悄悄发生变化,越来越多的人拿到了各种各样的证书,有技术、善操作、讲文明的新"川军"令人刮目相看。据四川省农调队调查,1999年,外出务工的"川军"总数已达430万人,全年汇回的现金达197亿元。多年在外的务工人员不仅学到技术,挣到了钱,而且见了世面,长了见识,思想境界和精神面貌都有了明显改变。务工人员的回流将成为西部开发中城市化发展的主力。

2.以县城提升为依托,走相对集中的"据点"式城镇化发展道路,适合西部农村地质特点,能够推动农村社会经济发展

第一,在西部二元结构城镇体系中,小城市人口少、规模小、功能弱。在西部121个城市中,特大城市7个,大城市1个,中等城市36个,20万人口以下的小城市77个,特别是受西部整体经济发展水平限制,这些小城市仅具有一般的流通和消费功能,缺乏生产功能和辐射带动区域发展的能力,农业腹地浅,生产要素积聚优势弱,无法吸引大规模人口向小城市流迁。因此以小县城的提升为载体,依托其相对较好的交通和通讯设施,将小县城发展为大城关,使大城关成为具有较低交易成本、较发达分工、较强要素流动性的城市,实现县城经济功能的提升,是西部城镇化发展的重要举措。

第二,在西部农村"遍地开花"式发展小城镇是一条成本巨大的粗放型城镇化道路,小城镇建设需要完善的基础设施配套,特别是具有较高成本的对外交通和通讯设施,在布满崇山峻岭或戈壁沙滩、交通通讯方式落后、自然条件恶劣的西部土地上"遍地开花"式发展小城镇代价高、效益差。因此,要根据西部人口规模、基础设施、区位条件和经济资源"据点"式发展西部小城镇。①

第三,在农业人口分布既密集又断裂的西部农村地区,走相对集中的"据点"式城镇化道路无疑是明智合理的选择。在西部农村地区,农业人口大都很分散,无法形成密集的城市群以获得事实上的大城市规模效应,整合资源要素形成合理的产业结构,发展特色经济引导山区农民自由流动,实施宏观调控规划可持续发展的山区城镇结构,积极推动小乡向大集镇提升,是

---

① 辜胜阻、刘传江:《人口流动与农村城镇化的战略管理》,华中理工大学出版社2000年版。

提高西部农村城镇化水平的必然选择。特别是要综合运用国家开发基金和扶贫政策手段,加快地区特色经济发展,使小乡居民自发向大集镇迁移,对于一些既偏僻又小的自然村和"微型"集镇实行整体搬迁也是相对集中的"据点"式城镇化的途径。

以县城提升为中心的西部农村城镇化需要建立土地产权"洼地",顺引投资者西流,靠合理的土地产权制度强镇。在美国西部开发的历史中,土地财产权的规定吸引和激发了投资者西进,没有土地产权制度的创新,就没有美国当时的西部开发。在中国西部,土地丰富是西部的资源优势,但将这种优势转化为市场优势,要对土地制度进行创新,制定优惠于东部的产权政策,形成"洼地"效应,吸引投资者西进。

第一,稳定土地长期使用权出让方式,让一部分投资土地的投资者拥有长期(比东部更长的承包年限)的土地使用财产权利,并且在国家宏观调控下,允许土地使用权作为一种财产,在土地开发建设增值后,在二级市场进行交易。

第二,降低土地出让价格,使西部投资收益低在土地投资成本低方面得到补偿,以吸引土地投资者在西部投资。

第三,西部土地向所有投资者放开,实行一体化出售政策,取消土地出让在国有、集体、外资、合资、私营、个体等不同经济成分投资者之间的政策性歧视。

第四,对大面积的山岭、坡地、沟壑、荒漠,可以按照国家还林还草的政策要求,以百年使用期限,低价出让给农牧民和其他投资者,期满后可以申请续期,可以继承和有偿转让,这样,施以国家私人财产不受侵犯的法律保护后,西部土地使用财产权可以成为资源市场化的制度载体。

(二)依托长江和陆桥两大东西"通道",建设西部开发的两大引擎——长江城镇带和大陆桥城市轴,依托中心城市发展都市圈

美国西部开发的经验表明:东西"通道"是西部开发的重要引擎。在中国西部开发中,要以长江和陆桥为主干道,构筑西部对外联系的通道,使长江城镇带和大陆桥城市轴成为促进西部大开发的两大引擎。引导生产要素的集中,形成两大城镇化战略轴线和10大都市圈。

1. 大陆桥城市轴是指东起大陆桥东方桥头堡连云港,西至阿拉山口的新亚欧大陆桥中国段铁路沿线的城市,及两侧与其具有密切的经济联系的所有城市构成的发展地带。

大陆桥城市轴拥有 25 个不同规模的中心城市。[①] 以大陆桥为依托的西部城市化发展要采取如下思路:第一,以大陆桥城市轴双向开放为契机,利用城市轴整体优势,参加国际经济大循环和区域经济分工,使西部位于大陆轴线上的城市得以分享城市群体整体效应的机会,发挥西部沿轴城市群积聚效应和扩散辐射效应。第二,大力培育中心城市,发挥其核心作用,带动西部沿轴附近城市群产业结构的转换升级和城市功能的置换。第三,以产业布局为根本,资源开发为动力,大城市为核心,大陆桥为纽带,形成城镇规模结构合理、等级有序、职能分工协调互补的城镇体系。贯彻城镇化与工业化、非农化协调发展的原则。

2. 长江城镇带是沿长江经济带而形成的一个城市区域空间布局

长江经济圈是指东起上海、西至四川省攀枝花,其宽度为垂直与长江及其 100—200 公里范围的地带,并可以延伸到西藏、云南和贵州。世界区域经济发展实践与政策的一个重要原则是:城市和交通通讯干线的连接点和线是城镇经济发展的最佳区位。长江城镇带以成都、重庆为长江城镇带的一级接点城市,以长江上游城市带的地级市为二级接点城市,由这些接点城市构成西部城市网络,并依据长江经济圈的东西对接区位优势和西部大开发的政策倾斜,形成人流、物流、资金流等承载体。

3. 除了依托东西通道建设城镇轴外,还要依托中心城市建设都市圈

有专家指出,中国西部地区现有的城市已经具备了形成十大都市圈的条件。(1)重庆都市圈。以重庆市为核心,加上合川、永川、南川。(2)西安都市圈。以西安市为核心,由咸阳、渭南、宝鸡、铜川四个较大的城市和武功、泾阳、长安、临潼等卫星城市组成。(3)成都都市圈。以成都市为核心,拥有绵阳、德阳、都江堰、乐山等外围城市和绵竹、广汉、双流、新都、眉山等卫星城市。(4)贵阳都市圈。以贵阳市为核心,包括遵义、安顺、都匀、凯里等城市。(5)昆明

---

① 朱英明:《大陆桥城市轴:西部开发主动脉》,《人文杂志》2001 年第 2 期。

都市圈。以昆明市为核心,包括玉溪、曲靖、东川、安宁等城市。(6)川南都市圈。以自贡市为核心,与内江、泸州、宜宾等经济实力相仿的城市在川南天然气产区组成都市圈。(7)兰州和西宁都市圈。以兰州和西宁市为核心,包括白银市和沿黄河的近20个县。(8)银川都市圈。以银川市为核心,包括吴中、灵武、青铜峡、石嘴山等城市,都市圈将涵盖整个银川平原。(9)北疆都市圈。以乌鲁木齐市为核心,包括奎屯、石河子、吐鲁番等城市。(10)南疆都市圈。南疆油田的开发,"西气东送"项目的上马,南疆都市圈将迅速崛起。[①]

(三)把城市作为一个资源聚合体,强化经营城镇观念,加强交通和通讯基础设施的建设,维护城镇的可持续性发展

借鉴美国西部开发的经验,中国西部开发首先要加强公路、铁路、机场在内的交通建设以及城市基础设施建设,重点实施西部开发大通道工程。在基础设施建设过程中要有经营理念。

1. 强化经营城镇观念

经营城镇是按照市场经济规律,把经营意识贯穿到城镇规划、建设、管理、发展的全过程,综合运用城镇土地资源、地域空间及城镇功能、经济容量、城镇环境等经济要素,从总体上运作城镇经济。经营城镇要采取"谁投资、谁建设、谁经营、谁受益"的管理模式,积极吸引社会资金参与城市公用设施建设。以多种要素引入城建,以存量换增量,以资产换资金,以资源换项目,以无形资产换有形资金。充分利用市场机制,盘活资源,以资源为资本,推进资本营运,在整个城镇范围内实现资源配置最优化。

2. 重视交通基础设施

西部地区交通的发展,要坚持统筹规划,因地制宜,重点解决突出矛盾和"瓶颈"制约的建设方针。既要发挥铁路大动脉的骨干作用,又要重视公路交通在西部地区的主导地位和基础作用。同时,还要积极发展航空运输业,充分利用内河资源,发展水运事业,加强管道运输能力,发挥五种运输方式的综合运输效益。目前,要根据中央西部大开发的要求合理规划,统一布

---

① 孙久文:《建立以十大都市圈为中心的西部发展新格局》,《中国人口·资源与环境》2001年第2期。

局,进一步完善对发展交通的优惠政策。通过集资、贷款、利用外资、社会融资、转让经营权、股份制等多种形式筹措建设资金。

3. 重视通讯和信息网的建设

在信息经济时代,最重要的城市基础设施是互联网。作为经济中心的西部大城市,应该以最大限度地缩短西部与全国、全世界距离为目标,在信息网络建设上做出超常的努力,赶上以至超过全国的步伐,使在西部城市工作的中国人和外国人在获取信息方面和对外交流方面并不逊于沿海城市。信息网络建设是西部大城市进入 21 世纪最重要的基础设施建设。[①]

4. 维护城市的可持续性发展

美国"西进运动"的一个重要教训是初期的盲目开发造成对生态平衡的破坏。土地投机和掠夺式开垦使植被表层受到破坏,更多的犁头不断划开如茵的绿草,矿藏的开采使美丽的河流只留下累累卵石碎砾之骸。所有这些对"西进运动"中的城市发展产生了严重后果。我们在西部开发中要把环境保护、生态环境的建设纳入到城镇化的发展规划之中,明确环境保护的目标,制定环境保护的对策,切实加强城市环境的整体保护和生态建设。要努力提高资源的共享度,对城市交通、供水、通讯、电力等基础设施,实行统一规划,共建共享。

（四）实施竞争优势导向的跨越式产业发展战略,发挥"蛙跳"效应,用高新技术和适用技术改造传统产业,发展西部的优势产业,把城镇化建立在坚实的产业基础上

美国西部开发中的一个重要经验教训是城镇化发展不能盲目建镇,必须产业兴镇。在中国西部城镇化过程中,依靠基础产业和一般种植业的规模扩张来提高西部地区的增长绩效不能成为产业兴镇的主要途径,要实施竞争优势导向的跨越式产业发展战略,把城镇化建立在坚实的产业基础上:劳动密集产业、技术密集产业和资本密集产业三种类型并存的产业支撑。所谓竞争优势导向的跨越发展战略,是指将比较优势与新技术优势和跨越式发展思路结合起来,在充分发挥本地区现有比较优势基础上,通过技术创

---

① 辜胜阻、李永周等:《新经济的制度创新与技术创新》,武汉出版社 2001 年版。

新与制度创新,提高地区产业竞争力。

具有比较优势的传统产业是西部产业发展的客观基础,具有竞争优势的高新技术产业是西部产业兴镇的发展方向。实施竞争优势导向的跨越式产业发展战略可从以下几个方面入手:

1. 建立西部"技术发展极",发挥"蛙跳"效应,推进高新技术产业化

西部地区西安、成都、重庆、兰州等特大城市是中国几个重要的智力密集地区之一,要依托现有中心城市的大院大所、国内外大企业技术研究中心、重大产业化项目,着力培养竞争优势,发展新兴产业,建立跨越式发展的驱动点,把有限的稀缺资源集中投入到具有创新能力、发展潜力大、规模经济和投资效益明显的中心城市,使他们成为"技术极",从而发挥"蛙跳"效应和后发优势。西部地区要抓住机遇,抢占高新技术产业制高点,关键是要利用原有高新技术产业发展基础,集中资源,高起点地发展电子信息、光机电一体化、现代生物、医疗和航空航天技术等,积极主动地参与国内乃至全球高科技领域的竞争。西部开发要坚决避免在简单加工等低层次水平与东部、中部地区过度竞争,避免产业结构趋同。

2. 多方筹集资金,引导西部地区发展生态经济和绿色产业

由于西部气候、地形、土壤等自然条件的特点,发展牧业、特色农业和建立在多种生物资源利用基础上的生态经济和绿色产业具备比较优势,但在新一轮的产业发展中,要改变资源粗放开发和资金筹集单一的产业发展思路,特别是要充分利用政府拨款基金、市场自筹基金和社会基金来发展富民强镇的西部生态经济和绿色产业。

3. 用高新技术改造传统产业,发展西部的优势产业

"一五"时期和国家"三线建设"时期,西部地区建立了大量资源开采型和军工企业。目前这些企业绝大部分由于人员多、负债重、市场容量小、技术落后而面临发展困境。要摆脱困境,必须利用高新技术改造传统产业,提升传统产业生产过程的智能化、柔性化和自动化。拓展如旅游等第三产业发展空间,大力发展现代服务产业和"三高"(高起点、高技术、高水平)农业。[①]

---

① 辜胜阻、李永周等:《新经济的制度创新与技术创新》,武汉出版社 2001 年版。

4.提高初级产品的技术含量,围绕产品精加工和深加工做文章

初级产品技术含量低,产品附加值低,在市场竞争中处于不利地位,对西部地区的经济发展构成了挑战。因此,要提高初级产品的技术含量,调整农产品结构,提高农产品加工增加值比重,实现农业增产又增收。在资源性产品加工方面,要引进国内、国外技术,围绕矿产采掘业、原材料加工业大搞产品精加工和深加工。

(本文发表于《中国人口科学》2002年第1期。徐进、郑凌云协助研究)

—*38*—

都市服务业的发展与流动人口的就业

服务业的发展对现代都市的兴衰起着至关重要的作用。对于正处于城市化加速进行过程中的中国来说,在经济结构处于急剧转换、劳动力市场发育程度日渐提高的大背景下,大量流动人口的涌入,在使都市充满活力的同时,也产生了较为突出的就业问题。因此,探讨成长中的我国都市服务业的发展与包括流动人口在内的城市劳动力就业问题的解决,是一个很有现实意义的课题。

一、服务业的发展决定着现代都市的兴衰

城市起源于工商业的集中。在工业社会,制造业的集中与扩大,成为城市发展的主要推动力。在这个过程中,一批集中了巨大生产和制造能力的城市,成为一个国家和地区社会经济发展的中心。随着现代社会经济的发展和产业结构的不断升级,大城市的发展越来越依赖于服务业发展所产生的推动力。

在发展中国家,迅速城市化过程之中的突出特点是大城市吸引了大量来自于乡村的流入人口,而服务业则是这些城市吸收流动劳动力的主要领域,都市流入人口主要就业于非正式服务业的现象十分普遍。如一项对印度尼西亚泗水港的调查表明,短期流入者中的 64.17% 就业于自我雇用的小

规模私人企业;而汉城的一项研究也表明,短期流入者中,53.16%的人就业于第三产业。[①]

在发达国家,进入后工业社会阶段以后,都市传统制造业向现代服务业转轨的快慢,决定了城市的兴衰。后工业社会城市化的进程及人口区域分布格局变化的基本动力在于经济结构的变化,那些过分依托于某一行业发展,尤其是资源依托型和制造业依托型城市,如果未能适应社会经济发展需要,产业结构变化不大或迟缓,将不可避免地衰落下去,而以新兴服务业、高科技产业为发展动力的新城市或转型较快的老城市将兴起或得到新生。以美国为例,20世纪70年代以来,不同区域间城市发展呈现此落彼涨的格局。经济结构(产业结构)的变化在城市发展过程中的主导性作用愈来愈突出。以北部城市为例,它们大多为传统制造业城市,70年代中,最大的几个城市里有7个人口流失。80年代以来,虽然从整体上扭转了人口流失的态势,但情况仍有差异。以纽约、波士顿、费城为代表的城市,在发展金融业、高科技产业方面进展较大,人口增长也由负转正,并且增长速度较快,而像明尼阿波利斯、堪萨斯城等本来以服务业为主的都市则无论在70年代中或70年代以来,都保持较高人口增长率。反之,产业结构过于单一或集中于制造业的城市,如底特律、克利夫兰、匹兹堡等历史上的重要工业基地的城市,仍处于人口流失或低增长状况。

二、都市服务业的二元结构及其对流动人口的吸纳

一般而言,服务业泛指农业和制造业以外的其他行业。从其外延来看,服务行业的范围十分宽泛,从原始的餐饮到现代的信息服务业,从单个劳动者的简单手工劳动到应用高新技术进行经营的现代公司,无所不包。从现代都市服务业的内容来看,我们可以把它们分成两个大类,即传统的服务业和现代服务业。现代服务业,以所谓的 FIRE 行业(金融 Finance、保险 Insurance、房地产 Real Estate)和信息产业为典型,代表着现代社会经济发展的潮流与方向,既是推动产业不断升级的强大动力,也是目前都市经济最为强劲

[①]　Calvin Colclshcier, *Urban Migrants in Developing Nations*, 1983.

的增长点。传统的服务业,以餐饮、维修服务、商业零售等古老行业为典型。他们虽然不像现代服务部门那样成为推动现代都市经济增长的主动力,但由于它们与人们日常生活紧密相关,并不因为产业升级而淘汰,相反,其服务涉及的领域随着人民生活质量的提高而不断拓展,其服务方式也随着技术进步而不断改进,它们仍然为劳动力就业提供了广阔天地。传统服务业和现代服务业的差别,可以从表1中列举的多个方面表现出来。

表 1　传统服务业和现代服务业的不同特征比较

	传统服务业	现代服务业
典型代表	餐饮、维修、商业零售	金融、保险、房地产、高技术信息产业
服务内容	主要是与市民日常生活衣食住行相关的生存性服务	主要为满足市民追求更高生活质量的发展与享受性服务
知识含量	知识含量低	知识含量高
劳动技能要求	无需特殊劳动技能	需要特殊知识,经正规学习培训
行业准入条件	资本启动门槛低,技术要求低	资本启动门槛高,必须具备相应知识技术能力
社会声望和地位	社会地位低,为正式市民所不屑	社会声望和地位较高,为知识阶层所向往
就业组织形式	简单,大多以自我就业方式进行	复杂,一般以有正规组织结构的现代公司方式进行
就业条件	脏、苦、险、差	有较优越劳动环境和条件
收入水平	利润薄,收入低	创造高额利润,劳动报酬丰厚
福利和保障	基本无福利可言,大多未纳入社会保障网络	福利完善,纳入社会保障网络
从业人员	文化水平较低的乡城流动人口	有较高文化水平的白领阶层

　　传统服务业与现代服务业迥异的特点决定了它们所吸收的就业人员具有不同的特点:现代服务业的就业人员多为受过正规高等教育的年轻一代,而传统的服务业则由于收入低、条件差、不稳定的行业特点及计划体制遗留下的市民身份优越意识,较难吸引市民自愿加入,其从业人员多为20世纪80年代以来流入都市中务工经商的农民。

　　与社会经济发展水平和长期以来的发展战略相适应,我国大城市社会经济结构与现代发达国家都市经济结构存在着较为明显的差别。这突出表现在第三产业虽发展迅速,但与发达国家现代化大都市相比,仍然十分落后。欧美发达国家大都市第三产业就业人员大多占 70% 以上,像伦敦、巴黎、纽约等大都市在 20 世纪 80 年代第三产业就业比重就超过 80%,而我国最大的都市上海 1997 年只有 44.2%,北京也只有 51.1%。此外,我国大都市的服务业结构与发达国家现代化大都市相比,特点也十分突出:以信息服务、房地产、金融、保险、高新技术等为代表的现代服务部门发展滞后,虽然近些年来这些部门发展速度较快,但所占份额仍偏小;以维修服务、商业零售、餐饮服务等为特点的传统服务部门在第三产业中仍占主导地位。当代中国大都市劳动力市场的特点,影响了大都市服务业对流动人口就业的吸纳。

首先,大都市劳动力市场体制的分割性,决定了流动人口难以进入现代服务部门。所谓劳动力市场体制的分割性,是指在劳动体制改革尚未完成、城乡分离的户籍制度未从根本上改变的大背景下,流入都市的农民只能是都市中的暂住者,职业岗位上的临时工。属于现代服务业的高新技术产业、金融保险业、信息服务业等部门(即所谓的正式劳动力市场里)很多只对具有市民身份的人敞开大门,而不具备市民身份的流动人口,除少数具有较高学历者外,一般是不可能进入这些部门的。作为农村"剩余"的劳动力,在都市里他们只能从事市民们"剩余"下的工种。

其次,劳动市场功能性的分割决定了流动人口成为都市传统服务部门的最佳后备军。所谓都市劳动市场功能性分割,是由于农民流动人口本身所具有的一些特点(如文化素质差、劳动技能低下等)决定了他们只能在紧张的供求关系下在那些劳动力密集的中小企事业单位(主要是在服务行业)寻求工作条件和福利待遇都较差的工作。事实上,中国都市中流动人口的经济活动正是从这些领域开始的。如今的中国大都市从集贸市场的粮、菜供应到走街串巷的零售叫卖,从市民家庭的老幼护理到云集街头守候雇主的装饰装修,处处是乡下进城的农民活跃在都市服务业中的身影。可以这么说,20 世纪 80 年代以来都市经济的搞活,是从农民进城开始的。

三、都市服务业与流动人口就业协调发展的问题与对策

（一）流动人口就业对发展大都市服务行业的重要意义

现阶段,遍布各大城市的流动人口对城市发展,尤其是城市服务业的发展具有多方面的积极意义:

第一,都市流动人口作为都市传统行业就业的竞争者和缺位的填充者,对繁荣都市市场、提高都市市民生活质量,促进都市服务业的发展起了极大的作用。目前,在上海、北京、深圳、广州、武汉等特大城市,数以百万计的流动人口活跃于不同的服务行业,在一些脏、苦、累、险、差的行业,流动农民占了绝对优势。如据一项在武汉市的调查表明:1000 名街道环卫工人中,95%以上是进城农民;农贸市场上流动人口经营的肉食、禽蛋、水产品、蔬菜,分别占全市日上市量的 74.2%、84.71%、61.89%和 72.18%;此外,餐饮、缝纫、修理、美容美发、家庭服务、废品回收、货运客运等行业流动人口就业也占据极高比例。①

第二,都市流动人口作为一个数量可观的消费者群体为都市有效需求的增长作出了自己的贡献。据 20 世纪 90 年代中期武汉市的一项调查,流动人口年消费总额占全市社会消费品零售总额的一半左右,如果扣除占其相当比例的交通和住宿部分,流动人口全年社会消费品总额支出也占全市年社会消费品零售总额的 1/3 左右。据一些学者在全国若干城市所做的典型调查表明,流动人口消费已成为一个不容忽视的市场。

第三,流动人口在都市中的发展为都市市民提供了大量就业机会。首先,一部分流动人口在都市市场竞争中发展壮大,兴办了数量众多的企业(其中多数为传统服务性企业),创造了众多的就业机会,为处于劳动体制改革中减员增效的国有企业人员再就业安置提供了一条渠道。其次,大量农民流入都市中务工经商,为都市创造了众多新兴就业机会。

第四,流动人口作为一种新型的完全市场化的市场主体进入都市服务

---

① 苏忠遂:《武汉流动人口与就业问题研究》,武汉大学出版社 1996 年版。

行业,参与就业竞争,为都市劳动力市场的发育完善提供了竞争压力和环境。

第五,都市流动农民相当一部分收入被用于对农业和农村发展的反哺,它有助于增强农村地区发展动力,从而刺激整体市场需求。

(二)流动人口在都市服务行业就业中面临的主要问题

由于长期的城乡分割体制在短期内很难完全根除,加之城市就业制度正处于根本性改革的过程之中,建立完全基于市场调节的劳动力就业机制还有待时日,目前流动人口在都市中参与就业竞争面临一系列矛盾和问题。这主要表现在:

第一,流动农民就业市场与都市就业市场仍处于体制分割和功能分割状态,未能建立起统一的充分竞争的劳动市场。从普通市民到行政部门普遍存在着一种对流动人口竞争的恐惧感和排斥感,认为流动人口在都市中的就业竞争,抢了市民的饭碗。许多城市行政部门甚至试图以驱赶流动人口,腾出就业岗位的"腾笼换鸟"式的思路和办法来解决国有企业减员增效后带来的下岗工人安置问题;一些城市更明文规定许多行业不允许雇用流动人口,只能把空位留给有市民身份的劳动力。

第二,都市流动人口在给都市的社会经济生活带来活力的同时,也给城市管理、社会治安等许多方面带来了许多负面影响。其结果,一方面是加重了市民与流动人口之间的心理抵触情绪,阻碍了流动人口参与都市社会经济生活空间的扩展;另一方面,出于社会治安等方面的需要,政府部门在一些特殊时期(如重大节假日、经常性的严打斗争)笼统地采取清理流动人员的方式对他们予以驱逐。这样,不仅影响到了都市市民的日常生活,也使得流动人口就业所必须的相应社会环境不复存在,加大了其经营服务的交易成本。此举极易激起流动农民的逆反心理,从客观上来说,并不会在很大程度上解决都市社会秩序问题。

第三,流动人口在都市的传统服务部门辛苦劳作,虽然所得超过农业生产经营收入,但也面临着都市管理部门一系列绕不开、躲不过的关卡,交不起的各种费用,非经营成本过高。造成这种状况的原因:一是对流动人口就业的管理,政出多门,管理不规范,随意性过大;二是管理部门以收费替代管理,以"卡"和"赶"替代服务,竭泽而渔,结果是雁过拔毛,层层剥皮,使本来就不太稳定的薄利经营难以为继,一部分流动人口被迫以非规范的对策来逃避必要的管理,结果造成目前都市传统服务部门最为普遍地存在着散、乱、差的局面,形成一种恶性循环。

第四,由于前述体制性分割和功能性分割的原因,流动人口就业问题并没有被都市政府机关纳入社会经济发展规划的有机组成部分。这些产业发展所必须的一些配套服务没有得到很好的推动和发展,如流动人口在都市就业所急需的服务:就业信息搜集与发布、劳动技能培训、小额创业资金信贷、房屋租赁、子女照看与教育等,都处于一种自发的、不为政府所鼓励的(至多是默许)低度发展状况,"非市民"劳动者经营环境远远谈不上理想,这无疑制约了传统服务业的进一步发展。

(三)都市服务业与流动人口就业协调发展的对策

第一,流动人口构成了中国大都市传统服务业劳动者的主体,要进一步优化城市产业结构,促进服务业的发展必须建立起统一的充分竞争的劳动力市场,打破目前存在的体制性分割和功能性分割,让流动人口在平等的起点上参与都市劳动力市场竞争。要实现这一目标,必须进一步开放都市,把已有所松动的户籍制度改革进行下去。我们主张对流动进城农民设置经济能力、文化素质和社会规范三位一体的门槛,给有能力在都市中长期进行经营活动,有较为可靠收入来源,有较高文化素质,行为规范符合市民守则要求的流动人口以"市民待遇"。让他们在较为宽松的外部环境下从事传统服务业的经营活动,并在此基础上,向现代服务部门发展。

第二,突破性地发展现代都市服务业中具有主导地位的高新技术、信息服务、金融保险、科技文教等现代产业部门。通过这些部门和产业的开发,带动传统服务部门的规模扩大和结构优化。目前我国都市服务业中传统部门比重较大,并不意味着这些部门绝对饱和,其实这只是在第三产业总体不发达,现代服务部门的主导作用还未显现的低级发展阶段出现的表象。发展现代服务部门,不仅可以重新武装和优化第二、三产业,而且可以极大丰富传统服务部门的内容,扩大其就业容量,带动整个产业的升级。

第三,对目前大都市传统服务业发展中普遍存在的"散、乱、差"现象,要从服务的角度进行管理和规范,目的在于降低流动人口就业交易成本,放水养鱼,做大蛋糕。为此,迫切需要都市政府部门加强对城市服务行业的规划,保障必要的制度供给。目前较为紧迫的有:

——建立综合性的服务业就业信息管理系统,搜集和发布相关信息,降低流动者的盲目性和流动成本。

——建立起收费低廉、实用性强的流动人口就业技能培训网络,让流动人口迅速掌握从事服务业所必需的基本技能。

——大力发展消费对象为流动人口的简易、低价实用的房地产市场,既减轻流动人口住房消费支出,又为对流动人口的规范管理提供可能。

——利用大都市人口老化、学龄儿童渐减趋势,给流动人口子女开放都市义务教育系统,并积极鼓励民间力量办学,解决流动人口子女教育问题,为他们在都市长期发展创造条件。

——向具有切实可行的经营计划及相应能力的流动者提供条件优惠的小额创业信贷资助为他们创业提供必要的启动资金,为他们扩大经营规模、提升产业档次创造必要的条件。

(本文发表于《人口与经济》2000 年第 5 期。钟水映协助研究)

—*39*—
中国农村城镇化的战略方向

一、中国农村城镇化的必要性与可能性

在新的历史时期,农村城镇化可以拉动农村居民的消费需求和投资需求,成为启动我国农村市场乃至整个国内市场,解决需求严重不足问题的"切入点"。从某种意义让讲,"城市短缺"是当前我国经济发展中最大的短缺口,与亿万农民对城市的渴求相比,目前的城市供给要小得多。从这个意义上说,我国目前乃至今后若干年都将存在严重的"城市短缺"。这种短缺不仅是经济意义上的短缺,更是社会结构的短缺。农村城镇化可为农村剩余劳动力转移提供广阔的空间,成为吸纳农村富余劳动力的"蓄水池",缓解农村人口压力与土地承载力之间的矛盾,有效地克服农民收入徘徊和停滞的局面,使农民收入再上新台阶,成为农民奔小康的"新亮点"。一方面,农民转移到城镇成为市民后,彻底割断了同土地的"脐带",耕地可以向种田能手集中,从而扩大农户的经营规模,提高生产效率,增加农民收入;另一方面,转移到城镇从事第二、第三产业生产的农民成为农副产品的购买者后,可以扩大对农副产品的需求量,有利于解决当前农产品需求不旺,农副产品"卖出难"、"卖价低"等问题。农村城镇化推动着乡村工业的集聚和结构升级,成为乡镇企业集约化发展、农村非农化及其增长方式转变的"突破口"。它延长了农业产业的链条,拓展了农业产前、产后发展的空间,孕育和培植

大批的龙头企业和农副产品交易市场,成为农业产业化向深层次发展的"助推器"。它改变了农民的生活方式,转变了农民的生育观念,使农村人口控制由被动的强制行为日益转变为农民主动的自觉行为,推进农村精神文明建设。它打破了原有城乡格局,使农民既发生职业转换,也实现异地转移,使农村由封闭走向开放,是实现城乡一体化的重要举措。它既可以克服大城市过度膨胀所形成的"城市病",又可以消除分散的乡村工业化所带来的"农村病",成为我国城镇空间合理布局的"调节剂"。另外,农村城镇化还有利于节约耕地。农村人口进城居住将节约更多的农村建房用地,从总量上减少住宅占地。从城镇化的基础因素来看,以下几个方面的条件为加速农村城镇化创造了条件:城市化和非农化为加速农村城镇化奠定了基础;城镇化主体——农民已有非农化和城镇化经验,为较大规模城镇化创造了条件;农产品、农业劳动力、农村民间资本的剩余为农村非农化提供了条件;现有农村城镇体系奠定了加速城镇化的基础;城镇化所要的必需品充裕,城镇化成本大大下降。此外,从宏观经济背景来看,我国出现有效需求严重不足,经济由短缺走向全面过剩,迫切需要新的增长空间。这一经济走势成为农村城镇化的必然要求。大中城市吸纳农民进城能力大大下降、城市下岗职工再就业压力大的局面也迫切需要政府引导农村城镇化。

二、我国农村城镇化的战略举措

推进我国城镇化,需要坚持以下重要战略方向:

(一)城市化与农村城镇化同时并举

新中国成立 50 年来,我国城市化进程经历了从低速、波动、停滞走向稳定、快速发展的过程。1949 年至 1997 年,我国城市数量已由 132 个增加到 668 个,其中,市区非农业人口 50 万以上的大城市由 12 个增加到 81 个;全部城镇人口占总人口的比重由 12.5% 上升到 30%;我国城市非农业人口占总人口的比重由 5.1% 提高到 18%。我国农村城镇化是同城市化相伴而生的。到 1998 年,我国共有建制镇 1.8 万多个,平均每个镇 1.6 万人。据测算,近 20 年来,小城镇累计吸纳转移农业劳动力 3000 多万人,占农业富余劳动力转移总量的 30%以上。乡镇企业的异军突起,打破了二元结构下城乡产业发展的界限,促进了农村工业化和第二、第三产业的发展,带动了小城镇的发展,对优化城乡结构发挥了极其重要的作用。目前,国内生产总值的 1/3、财政收入的 1/4、出口创汇的 38%、工业增加值的 47%、农村社会增加值的 2/3、农民收入的 1/3 都来自乡镇企业。农村城镇化的反对论者只看到农村非农产业的弊病,而忽视了任何发达国家在现代城镇化和工业化之前都经历过一个乡村工业化阶段。我国现有的农村非农化是我国未来城镇化的重要基础。不可否认,目前,农村非农产业的经济效益和生态效益(污染和占耕地)都低于城市特别是大城市非农产业的经济效益和生态效益,但这方面的问题是可以改进的。今后中国的城市化将进入一个调整功能、适度集中的新阶段,这主要是由现存大城市的调整性扩张和小城市的适度集中体现出来的。大城市的扩张和功能完善的过程尚未完成,由此派生出对交通、通讯、供电、供水、供气、垃圾处理、住房及其他公共设施的需求也十分巨大。据世界银行估算,未来 5 年中国大城市扩张的投资需求约为 5000 亿美元,这显然是一个低估的数字。小城市的整组过程也会持续下去。中国城市化进程的特殊性,使小城市发展初期具有极大的自发性。今后 20 年,在中国城市化的进程中,小城市为吸纳更多的人口进城须不断提高城市规模效益和竞争实力。这样,10 万—20 万人口的上千个小城市会逐步形成气候,与大中城市形成互补的城市网络。这必然将派生出巨额的投资需求,并相应地对三次产业构成产生影响。鉴于我国城镇化的二元性和我国农村剩余劳动力转移任务的艰巨性,我们认为,我国应实行城市化和农村城镇化同时推进的二元城镇化战略。

(二)政府发动型机制和民间发动型机制同时并举

新中国成立以来,我国城镇化和工业化是由政府推动的。但改革开放以来,也出现了农民集资建镇、农民推进农村工业化的方式。目前,我国城镇化最大的限制是资金,而要克服城镇化进程中的资金约束,推进农村城镇化进程,当务之急是尽快改变现行单一由政府投资的局面,广辟资金来源,建立多元化的投资体制。为此,要在进一步完善土地转让、集中统建、招商引资、"谁投资,谁受益"等优惠政策的基础上,尽快启动民间投资,鼓励和引导多种投资主体筹资(如民间集资、农民带资、乡镇企业筹资和外商投资)建城,把大量沉淀于银行的资金转化为农村城镇建设的资金。从当前扩大内需、促进经济增长方面的因素考虑,国家要加大投资力度。一方面,改革现行农村城镇财政管理体制,在分税制的基础上合理确定地方政府和上级政府的收支范围,明确界定农村城镇建设可利用的资金范围,增强农村城镇为社区服务的预算内财政能力,形成城镇政府可持续支持基础设施建设的投入能力;另一方面,要从基本建设投资和国家用于加大基础设施投入而增发的国债、银行配套资金中拨付一定比例,用于建立农村城镇建设的中长期投资信贷。推进金融部门进行金融工具创新,为农民和其他居民到城镇建房、购房提供抵押贷款,鼓励农民和其他社会成员到农村城镇务工经商,到城镇集中建房、购房,促进人口集中和城镇建设之间形成良性循环。把市场机制引入小城镇建设。筹集小城镇建设资金,可以实行以财政资金为引导、以吸纳民间资金为主体的多元化的投融资体制。财政资金可以向小城镇倾斜,在搞好水、电、路及通讯等基础设施建设的同时,增加与农民利益有密切联系的、有巨大消费空间的项目,以此吸纳民间投资,加快建设速度。例如,通过小城镇安居工程,吸引农民建房资金。以"谁投资、谁所有、谁受益"的原则,吸引众多的人带着资金参与小城镇建设,把市场机制引入小城镇建设。我国未来的城镇化战略必须充分利用政府发动和民间推动这两种机制。

(三)长远目标与渐进发展相结合

我国农村城镇化的具体目标可分解为以下几个方面来完成:在 2000 多个县城和县城中心镇中选择 1000 个农村城镇,使其发展成为平均人口规模 20 万人的小城市,即通过实施千座小城市工程,鼓励和引导农村城镇集中发展。目前,有相当部分农村城镇已经具备向中小城市过渡的基本条件。保证 1000 个农村县镇平均人口规模达到 10 万人,成为微型城市。在三大城市群(即长江三角洲城市群、珠江三角洲城市群、环渤海地区城市群)中发展一批小城市。在各省会城市周边发展一批郊外城市群。在数万个乡镇中发展一批"农民城"。实施这些目标要分步进行。大城市论的主张者主张一下子把几亿农村剩余劳动力转移到城镇正式部门,这是不现实的。他们忽视了农村劳动力素质和劳动力转移中的社会适应性问题。我国城镇化必须遵循渐进的原则,首先让农民兼业,然后在小城镇从事技术要求较低的非农产业,最后再转向城市和技术要求较高的产业。年轻的农村剩余劳动力,必须经过必要的训练,才有可能进入城市正式部门。

(四)自上而下与自下而上相结合

改革开放以前,中国的城镇化基本上是一种基于传统计划经济体制的自上而下的模式。这种自上而下的城镇化模式虽然在较短的时间内在城市建立了门类齐全的工业体系,奠定了中国城镇化体系和社会经济发展的基础,但也造成了政府投资不能形成良性循环,城镇基础设施滞后,城市体系"头重脚轻"和布局不合理等弊端,严重阻碍了中国的城镇化进程。从 20 世纪 80 年代开始,随着中国市场化取向的经济体制改革逐步深入,渐进的、外围突破的以市场为导向的改革在传统体制和传统模式的外围出现了自发的、诱致性的与城镇发展相关的制度创新,并形成了民间发动型的自下而上的城市化模式。作为这方面的典型代表,温州市 1983 年建制镇仅 23 个,1986 年 87 个,而到 1996 年,该市建制镇已经迅速发展到 144 个。在温州初步形成了以柳市、龙港等 15 个重点工业卫星镇为中心,以 30 个经济强镇为骨干,以 80 多个亿元镇为主体,以 144 个建制镇为基础的城镇网络体系。近 10 年来,温州小城镇基础设施建设投入的资金达到 100 多亿元,其中 70% 以上来源于农民集资,20% 来源于集体积累,而国家投入不到 10%。但由于自下而上模式缺乏政府的宏观指导,20 世纪 90 年代开始的遍地开花式的农村城镇化浪费了大量资源,过于分散的小城镇对农村人口吸引力也不强,使我国农村城镇化推进的速度依然缓慢。因此,要使中国农村城镇化进程大步推进,各级政府要在充分保护农民投资建城、造城积极性的前提下,自下而上,自上而下,上下结合,加强政府对农村城镇化的指导、引导和合理调控。要制定有利于乡村工业和农村人口适度集中的土地、户籍、投资、劳动就业、社会保障、城市管理、工业区位和产业发展等政策,鼓励和引导乡村工业和农村剩余劳动力向具有一定规模效应和集聚效应的县城和县域中心镇集中,鼓励和引导县城、县域中心镇升级。同时,国家要采取切实措施,像实施村村通广播电视和农村电网改造工程一样,加快农村城镇和中小城市基础设施、公用设施建设。

（五）"据点"发展式和"网络"发展式相结合

在"据点"发展式和"网络"发展式这两种方式中,应注意城镇化的网络式发展,即通过交通和通讯设施的发展建立高效率的城镇网络。同时,我们也应该将一部分建制镇过渡到城市,建立新的城市"据点"。城镇网络包括信息网、交通网、产业链、技术链等;城镇据点则要依据人口规模、基础设施、区位条件和经济资源等来确定。经过多年发展,北京、上海、天津、哈尔滨、武汉、南京、广州等特大城市周围的若干县区,均已建设成为城市新区。与此同时,以大城市为中心的城市群(带)逐渐形成、壮大,如以北京、天津、青岛、沈阳、大连为中心的环渤海城市群,以上海、南京、杭州、宁波为中心的长江三角洲城市群,以广州、深圳为中心的珠江三角洲城市群。有的学者估计,目前我国常年在外的民工达 8000 万左右,相当于整个德国的总人口,这样大规模的民工大多流入城市,给大城市带来了巨大的压力,而且随着城镇国有企业改革的深化,大量富余人员将会从国有企业中被逐步排挤出来,城镇就业形势十分严峻。在今后很长一段时期内,我国需要转移的农村剩余劳动力还会持续增长,依靠现有大城市来吸纳和消化农村剩余劳动力的想法是不现实的。小城镇的快速发展,可以就近转移农村剩余劳动力,一方面可以缓解流动人口对大城市造成的压力;另一方面,农村人口从土地上转移出去后,留在农村地区的人口有了更大的发展空间,可以缓解农村人口压力和土地承载力之间的矛盾。将一部分建制镇过渡到城市,建立新的城市"据点",有利于消化农村剩余劳动力。

（六）经济效益和社会效益兼顾

在推进农村城镇化进程中,一般而言,大城市的经济效益会优于中小城镇,而小城镇在解决农村剩余劳动力出路、安排就业这种社会效益方面会优于大城市。然而,大城市论主张者却忽视了农村城镇化的社会效益。在许多发展中国家,包括发达国家的一些大都市里,由于农村人口过量流入,大城市出现了诸如交通拥挤不堪、住房狭小紧张、环境恶化、城市失业率居高不下、贫富两极分化、社会秩序混乱等"城市病"。这是大城市过度膨胀所带来的恶果。与此相反,我国过去一方面受工业化模式的影响,另一方面也是为了防止国外的"城市病",对城市发展采取了严格的限制性政策,使城乡之间壁垒森严,结果引发了"工业乡土化、农业副业化、离农人口'两栖化'、农村生态环境恶化"等"农村病"。因此,我国应顺应农村工业化和农民市民化的需要,加快农村城镇建设,这既可以实现"耕地向种田能手集中、乡镇企业向工业小区集中、农村人口向城镇集中",克服"农村病",又可以就近转移农村剩余劳动力,成为调节农村人口向大城市流动的"蓄水池",缓和大量农村人口涌入城市后引发"城市病"。

(七)内涵城镇化和外延城镇化并举

内涵城镇化指的是通过在现有的城镇中加强科技投入,进行技术改造,提高城市经济效益;外延城镇化则指扩大城市规模和建设新的城镇,以推进城镇化。在城镇化的问题上,我们不主张以新建或扩展某类城市规模为主导的外延城镇化,而主张以加强城市基础设施,特别是加强交通和通讯设施建设为特色的内涵的城市化。当前最重要的是,要强调农村城镇化的产业支撑问题。一些城镇建设中缺乏产业支撑,现有乡镇企业又过于分散,有些地方城镇聚集的乡镇企业不足当地总数的 20%。过于分散的产业布局,一方面不利于小城镇经济龙头作用的形成,另一方面也不利于乡镇企业自身的发展和提高,使乡镇企业形不成规模,上不了档次,整体素质难以适应市场经济发展的需要。有的城镇在建设中缺乏对市情、镇情的深入调查和了解,只重视城镇的基础设施建设,忽视了对本地区支柱产业的培育,使城镇缺乏特色产业和主导产业支撑。另外,二元结构的户籍管理制度使乡村劳动力和资金进城受到各种限制,使城镇发展既缺乏第二产业的依托,更缺少第三产业的支撑。

(八)非农产业的集聚与城市文明的扩散并重

实践证明,农村城镇化有利于城市文明的扩散。农村城镇化可以改变农民"小富即安"的心态和观念,提高农民的职业预期和消费预期,成为激发农民创新精神、塑造一代新农民的"催化剂"。孤立与分散的乡村社会,容易使人墨守成规、固步自封、小富即安。与之相反,城镇却把人口、资金、技术、信息等各种要素聚集在一起,使之交通便利、信息灵通,新思想、新观念层出不穷,并能赋予人以开拓进取的精神。城镇不仅是一国经济的"领头雁",更是现代文明的载体,是新观念、新技术、新信息的辐射源。农民进入城镇后,会极大地增加彼此的交往和接触,开阔自己的视野。特别是城镇社会是一个彼此竞争的社会,一个人只有不断超越自我,不断学习新的知识和技能,才能不被淘汰,才能在城镇立足。农民一旦被卷入现代社会生活的旋涡,他们就不会满足于现状,不会安于现状。如果我们过分集中发展大城市,不利于城市文明向农村的普及。发达型城镇化国家的城镇化率虽只有 70%—80%,但城市文明的普及率已达到 100%,即农村居民同城镇居民一样共享城市文明。目前,我国农村非农产业的分散化严重阻碍了城市文明的普及,农村非农产业的从业人员还具有浓厚的"乡土"气息。要提高城市文明的普及率,关键是要使非农化同城镇化同步。要保证城市文明向农村的普及,必须在农村地区发展城市,农村城镇要有城市文明。首先,在城镇要按照"小机构,大服务"的目标和"政企分开,政事分开,精兵简政"原则,塑造高效、廉洁的地方政府,建立能够适应并促进经济发展和现代化建设、运行协调、灵活高效的行政管理体制;其次,农村城镇要着力于培育和塑造合格的市场竞争主体和公平竞争的市场秩序,健全服务体系,营造良好的投资、工作和生活环境;再次,建立和完善农村城镇社会组织和社会管理体系,制定有利于吸引人才和留住人才的户籍、就业、住房、教育、社会保障和治安的政策;最后,要切实加强农村城镇"软件"环境建设,加强对城镇居民的教育,提高居民科学文化素质。

(本文发表于《中国农村经济》2000 年第 6 期。李永周协助研究)

—40—
进一步优化农村城镇化的战略对策

中国正出现有效需求严重不足，经济由短缺走向全面过剩，迫切需要新的增长空间。这一经济走势使农村城镇化成为必然要求。但在目前一些地方的城镇建设中，出现了缺乏具有目标模式的总体规划、缺少建设中的宏观管理指导、建设随意性大的问题。有的区域规划零乱，建筑风格千房一面，缺少特色；有的不按规划办事，盲目占地建设；有的布局过于分散，出现了"走了一村又一村，村村是城市；看了一镇又一镇，镇镇是农村"的格局。农村城镇化有利于创造最大增长空间，但必须针对当前的问题采取相应的优化措施，防止误区的扩大。本文在探讨中国农村城镇化与经济增长关系的基础上，针对当前存在问题，提出了相应的对策。

一、农村城镇化是新世纪最大的增长空间

新中国成立以来，中国城镇化经历了从低速、波动、停滞走向稳定、快速发展的过程。城镇化是过去20多年来中国经济发展的原动力。1949—1997年，中国城市数量已由132个增加到668个，其中市区非农业人口50万以上的大城市由12个增加到81个；全部城镇人口占总人口的比重由12.5%上升到30%，城市非农业人口占总人口的比重由5.1%提高到18%。随着设市城市数量不断增长，城市区域迅速扩张。近20年来，北京、上海、天津、哈尔滨、

武汉、南京、广州等特大城市周围的若干县区,均已建设成为城市新区;在人口密集、经济发达的长江三角洲、珠江三角洲、京津唐地区、厦漳泉三角地区、辽中南平原、胶东半岛等已经逐步形成城市群;以利用现有交通优势而形成的沿江、沿河、沿路城镇带也逐渐扩大。与此同时,市管县城市地区内的城镇群、整县改市城市群建设也不断加快。

非农化是城镇化的产业基础。改革开放以来,中国农业劳动力非农化基本上是采取了两种模式:一种是依靠农业发展的自生型非农化;另一种是依靠大城市经济辐射所带动的辐射型非农化。自生型非农化的主要动力是农业商品化,而辐射型非农化的动力是城市工业化。由于乡镇企业和城市非正式部门迅速发展,非农产业的吸收能力空前提高,劳动力非农化速度不断加快,由此极大地推动了城镇化进程。1978 年,全国农业总产值占国内生产总值的比重为28.1%,第二、第三产业的比重分别为48.2%和23.7%。到1998 年,农业总产值占国内生产总值的比重为18.6%,下降了9.5 个百分点;第二、第三产业的比重分别为49.3%和32.1%,分别上升了1.1 个百分点和8.4 个百分点。二、三产业比重的增加,尤其是第三产业比重的大幅度增加,标志着中国城市化步伐的加快。而20 世纪80 年代中期乡镇企业的异军突起,打破了二元结构下城乡产业发展的界限,促进了农村工业化和二、三产业的发展,更进一步带动了小城镇的发展,对优化城乡结构发挥了极其重要的作用。目前,国内生产总值的1/3、财政收入的1/4、出口创汇的38%、工业增加值的47%、农村社会增加值的2/3、农民收入的1/3 都来自乡镇企业。农村人口除了在大中城市寻求就业和生存空间以外,更主要的还是随着小城镇的发展,大量地进入小城镇寻求新的生存空间。到1998 年,全国共有建制镇1.8 万多个,平均每个镇1.6 万人。20 年来,小城镇累计吸纳、转移农业劳动力3000 多万人,占农业富余劳动力转移总量的30%以上。

从宏观经济背景来看,中国出现有效需求严重不足,经济由短缺走向全面过剩,迫切需要新的增长空间,这一经济走势成为农村城镇化的必然要求。随着城市下岗职工再就业压力的增大,大中城市吸纳农村劳动力的能力大大下降,迫切需要政府引导农村城镇化。有效需求严重不足,经济由短缺走向全面过剩的具体表现是:(1)产品过剩程度日益加深。据国家内贸局统计,中国已不再存在供不应求的产品,而且随着经济的发展,供过于求的产品所占比例不断增加,产品过剩的矛盾日益突出。1998 年一季度供过于求的产品占 25.8%,供求基本平衡的商品占 74.2%,而 1999 年对 601 种主要商品统计,一季度供过于求的产品所占比例高达 67%,比上年提高 41.2 个百分点。金融资本和农产品也出现了较严重的过剩。农产品剩余增加反映在以下几个方面:现在已经不存在供不应求的农产品;农产品产量在逐年增长,出口量却大幅下降,农产品库存量不断上升;农产品价格特别是粮食、生猪价格仍在继续下滑。(2)消费需求严重不足。近两年来,中国城乡居民消费出现"断层"。1998 年,社会消费品零售额实际增长 9%左右,居民消费增长虽处于正常区间,但较前几年相对趋于平淡。由于居民收入增幅下降,且收入差距拉大,影响居民消费心理预期的主要因素没有改变,如果没有有效的政策引导,居民消费需求短期内仍难以发生大的变化。1997 年和 1998 年,城镇居民人均实际收入增长分别为 3.4%和 6.6%,两年增幅比"八五"时期的平均水平分别下降了 4.4 和 1.2 个百分点;农村居民收入也出现了改革开放以来从未有过的现象,即收入增幅连续两年大幅度下降。(3)民间投资乏力。固定资产投资的强劲反弹是推动 1998 年经济增长的主要力量。但国有投资与经济增长的幅度并不匹配,1998 年国有固定资产投资增长达到 22%,而工业增长率化为 8.8%,一个重要的原因就是民间投资乏力。(4)物价持续下降。商品零售价格总水平已持续下降了二十几个月,生产资料价格持续下降的时间更长。

面对过剩经济,我们要寻找短缺,寻找经济增长"突破口"。从某种意义上讲,"城市短缺"是最大的短缺,与亿万农民对城市的渴求相比,目前的城市供给要小得多,从这个意义上说,中国目前乃至今后若干年都将存在严重的"城市短缺"。这种短缺不仅是经济意义上的短缺,更是社会结构的短缺。与能源短缺、交通短缺相比,"城市短缺"对经济社会的影响要严重得多。因势利导地推进城市化进程,将大大有助于解决中国在实现 20 年快速发展后出现的经济增长源泉问题,农业发展及其相关的农业剩余劳动力就业问题,资源、环境和人口的可持续发展问题。今后十几年要实现持续快速增长,必须有足够的持续增长的需求支撑。无论是消费需求还是投资需求,都与城市化问题紧密相连。从消费需求来看,农村人口在消费习惯、消费模式上与城市有巨大差别,消费示范效果扩散很慢。8 亿多农民实现的消费需求对经济增长的贡献,已由20世纪80年代前半期的35%降到90年代以来的20%,农民大于城乡间的收入差距。如果这种消费习性与消费水平的民众占全国总人口的比重不发生变化,很难设想国民经济能保持长盛不衰的快速增长。至于投资需求,现有城市基础设施的短缺,加上8亿多农民对城市的渴求,由此所带动的对城市基础设施的需求将十分巨大。加快农村城镇化可以成为启动农村市场的切入点,这是因为:加快小城镇交通、供水、供电、通信、文化娱乐等基础设施的建设,引导农民进镇建房、买房,可以直接带动建筑、建材、轻工、装饰、机械、家电等相关产业的发展;城镇化将吸引大批农民进入城镇,农民进入城镇转变为市民后,不仅本身成为农副产品的消费者,而且,其消费方式还将发生质的变化。目前,中国一个市民的消费水平高于农民3倍以上,这就意味着全国城镇人口比重提高1个百分点,全社会消费品零售总额将相应上升1.4个百分点。

二、影响中国农村城镇化健康发展的主要问题

农村城镇化是一个庞大的系统工程,涉及方方面面。当前,中国农村城镇化正面临一些值得注意的问题。

(一)城镇建设缺乏统一规划,随意性大

规划是城镇建设的龙头,搞城镇建设必须高度重视科学规划,严格依法执行规划,力求使城镇、工商业和人口得到合理配置。小城镇规划最重要的是要科学考虑以下几点:(1)城镇性质与规模,这涉及城镇的发展方向和土地的效益面积与预留;(2)功能分区,包括工业区、商业区、文化区、机关等的合理布局;(3)基础设施的综合配套,包括城镇道路宽度,给排水系统,供电、供气系统,学校、医院等服务设施的安排以及公共绿地与私人绿地的预留;(4)小城镇的建筑风格、色调等。目前,在一些地方的城镇建设中,既缺乏目标模式的总体规划,又缺少建设过程中的管理指导,建设随意性大。有的不从实际出发,不考虑自身的特点、优势和条件,一味好高求大,盲目照搬其他地方的模式;有的不惜浪费资财,盲目攀比,追求时尚,盲目建"大都市"、建"区域中心城";有的缺乏功能要求,城镇建设缺水少电,服务设施不配套;有

的区域规划零乱,建筑风格千房一面,缺少特色;有的有规划也不按规划进行建设,而是凭领导的主观愿望办事。由于缺乏规划指导,致使相当一部分小城镇建设盲目占地,布局过于分散,甚至出现"一年建,二年改,三年推倒再重来"的现象。广东珠江三角洲地区小城镇星罗棋布,密度达到每万平方公里 100 个,城镇之间的距离不到 10 公里。从福州到厦门公路沿线,小城镇连在一起,几乎成为"中国第一长街"。在东南沿海经济发达地区,乡镇企业、村庄和小城镇犹如满天散落的星斗,有人把这种建设布局称为:"走了一村又一村,村村是城市;看了一镇又一镇,镇镇是农村。"在这种小城镇建设中,内部建筑布局不合理,道路建设不规范,小城镇内边角空地随处可见,污染严重的工厂混杂于居住用地之间,商业网点偏居一侧,城镇的功能不能很好发挥,群众生活质量得不到应有的提高。

(二) 非农化与城镇化脱节,城镇建设缺乏产业支撑

城市起源于工商业的集中。在工业社会,制造业的集中与扩大,服务业的快速发展,成为城市发展的重要推动力。但在当前一些城镇建设特别是中西部地区城镇建设中,只重视城镇的基础设施硬件建设,忽视了对本地区支柱产业的培育,缺乏特色产业和主导产业支撑,现有乡镇企业又过于分散。目前,中国全社会经济非农化水平已由 1952 年的 49.5%上升到 1998 年的 82%,但城市化水平仅 30%左右,大大低于欧美发达国家平均 70%的城市化水平,也低于世界平均 47.5%(1995 年)的城市化水平,主要原因在于现有乡镇企业分布过于分散。据统计,中国现有乡镇企业 80%以上分布在各村庄,18%分布在集镇,另有 2%分布在县城以上。过于分散的产业布局使乡村工业布局分散化、规模细小化、人际关系亲缘化、经营管理封闭化、决策主体附属化,一方面不利于小城镇区域经济龙头作用的形成,另一方面也不利于乡镇企业自身的发展和提高,使乡镇企业形不成规模,上不了档次,整体素质难以适应市场经济发展的需要。与此同时,一批进镇农户仍然保持"兼业型"特征,脚踏两只船,在基础设施建设和再生产投入上举棋不定,不利于农村分工分业和城镇建设的发展。农村生产力落后,产业畸形和所有制结构单一,限制了新行业的发展。"二元结构"的户籍管理制度使乡村劳动力和资金进城受到各种限制,城镇既缺乏第二产业的依托,更缺少第三产业的

支撑。

（三）城镇建设缺乏规模效应

城市的兴起与发展有其自身的规律。所谓"市随路旺，城随市兴"，一定发达程度的商品生产规模、供求集散规模、人口规模以及通畅的交通、信息渠道，是城镇存在与发展的客观条件，市场的规模和功能决定城镇的规模和功能。工业和商业在地理上集中的主要原因之一，就是因为能享有城市的所谓"聚集经济效益"。巴顿认为，一个城市合理的生产率曲线具有倒 U 形特征，开始时随城市规模大小上升，后来曲线变平，最后，在达到最大的城市规模时，实际上趋于下降。他援引邓肯的话说，"在城市人口有 25000 人以上时，出现了擦鞋、女子理发、洗帽子、修皮货商店，而在人口超过 50000 人时，才会出现婴儿服务。"①世界银行专家估计，城市达到 15 万人的规模时，才会出现聚集效应。但在中国当前农村城镇化过程中，一些地方不顾条件，在数量上盲目扩张。一些根本不具备城镇发展条件的地方也人为地建立工业区，建设大市场，结果使小城镇规模过小。农业部第一次农业普查资料表明，1996 年末，全国农村镇（不包括城关镇）共 16124 个，占全部乡镇总数的37.4%，每个镇区平均面积 2.42 平方公里，平均总人口 4520 人，非农人口仅2072 人。人口规模过小导致经济发展水平低，综合服务能力低，基础设施落后。目前，中国小城镇单位土地面积提供的国内生产总值仅相当于城市平均水平的 1/3，相当于 200 万人口以上城市的 3%。

（四）城镇建设管理滞后，居民素质有待提高

管理是城镇建设和高效运转的根本动力，应贯穿于城镇建设和发展的全过程。目前，多数城镇对管理的重要性认识不足，重建轻管，建管分离。有的城镇建设不注重科学决策，不搞可行性研究报告，对市场缺乏调查分析和预测，就盲目地划地盘、铺摊子、增投资、造房子，搞"遍地开花"式的快速建设和开发，房子拆掉一大片，拆完了房没资金搞续建和配套建设，就层层下指标，压任务，搞集资摊派，群众怨声载道；许多城镇基础设施建设标准

① K.J.巴顿：《城市经济学：理论和政策》，商务印书馆 1984 年版。

低,质量普遍不高,究其原因,主要是一些地方急功近利,不遵循基本建设程序,不严格执行工程项目建设制度,城建工作人员质量意识不强,业务不熟,技能不精,搞因陋就简,地勘、设计、施工队伍选择和建筑材料选用搞低质低价,把关不严;有的地方在建设资金的筹措上一味"等、靠、要",资金到位难,大量工程沦为"胡子工程"。在城镇管理上,有的地方比较注重城镇的"硬件"设施建设,忽视软件环境;比较注重经济增长指标的考核,忽视城镇经济、社会、生态、人文、环境的协调发展;比较注重"有形市场"建设,忽略"无形市场"的引导。有的城镇在行政管理体制上机构设置小而全,过于强调纵向对口,缺乏对非农产业、社会保障和城镇建设的管理职能。由于现有城镇缺乏城镇必要的基础设施和城镇氛围,又缺乏支柱产业吸纳农村劳动力就业,导致小城镇吸引力低。在一些城镇,进镇居民基本素质、文明程度不高,时间不长,基础设施便被毁坏。有的进镇农民缺乏专长,没有固定的职业,收入很低,生活窘困,只好再返回家种田。

(五)缺少生态环境保护的观念

城镇建设必须坚持可持续发展战略。如果在城镇化进程中忽视对生态环境和自然资源的保护,政策不当,操作失误,很容易对城镇发展的整体性和生态平衡带来破坏性的影响。有的地方在风景名胜区建低水平建筑,不惜毁掉一部分自然资源,影响了景观地域环境的协调性,造成了自然生态环境破坏和水土流失。有些地方上低水平、低效益的乡镇企业项目,造成环境污染。有的地区对农村住房建设管理严重失控,农民建了新房不拆旧房,宅基地面积越占越大。一些小城镇本来有很好的旧城基础,改造潜力很大,却硬要另辟新的小城镇,搞新的开发,土地资源浪费越来越严重。

三、进一步优化中国农村城镇化的对策

早在 20 世纪 90 年代初期,我们就曾经以增长极理论为依据,提出以县城为中心、据点和网络同步发展的农村城镇化道路。[①] 90 年代中期,我们进

---

① 辜胜阻:《非农化与城镇化研究》,浙江人民出版社 1991 年版。

一步把这种设想具体化,提出一方面通过城镇据点发展模式,增加 300 多个小城市和近 2000 个县城的人口规模;另一方面,通过网络城镇化发展模式,在全国根据不同情况建立区域城镇群、市管县内城镇群、"三沿"(沿江、沿河、沿路)城镇带和整县改市城市群。① 在当前各地掀起以农村城镇化为突破口来启动农村市场和转移剩余劳动力的时候,我们更要警惕计划经济体制下盲目建设、重复建设的历史教训。我们认为,进一步优化中国农村城镇化需要采取以下战略对策:

(一)科学规划,合理布局,从战略高度重视农村城镇的规模效应,克服农村城镇规模小、布局散、功能弱的现象

中国当前农村城镇规划方面最突出的问题是规模小、布局散、功能弱。规模小又是问题之关键。我们主张,当前优化农村城镇化首先要集中力量在乡镇企业比较发达、大中城市辐射作用比较明显的长江三角洲、珠江三角洲、环渤海经济区以及中西部地区大城市、特大城市的郊区和周边地区;引导"农民向城镇集中,乡镇企业向工业小区集中,土地向种田能手集中";按中小城市标准规划、建设一批具有一定规模效应和集聚效应的县城和县域中心镇,逐步形成县域范围内功能互补、协调发展的"中小城市—中心镇—集镇"体系。在这些地区推行"一县一市"的现实意义是:(1)可以保证城市的均衡分布;(2)可以突破城市建设所需资金限制;(3)可以突破就业所需资金限制;(4)可以突破国家安排城镇居民就业所需住房投资的限制;(5)可以突破城市化所需交通和通讯条件限制;(6)可以较好地解决农业劳动力进城的适应性问题;(7)这种城市化主张既可以避免过于分散的集镇化造成的土地浪费、污染等"农村病",也可以避免发展大城市造成的"城市病"。事实上,这些地区许多城镇不仅具备了相当的非农化基础,有了良好的公用设施和基础设施,农民素质也不错,关键在于合理引导。

从城镇内部规划来看,农村城镇要立足区域范围,寻求城镇发展的增长极,用大市场眼光分析城镇发展的优势和制约因素,根据区域的环境容量编制城镇规划。城镇规划的时间跨度要大、空间地域要广、结构布局要优。小

---

① 辜胜阻等:《当代中国人口流动与城镇化》,武汉大学出版社 1994 年版。

城镇规划,要注意以下五个方面。一是坚持规划超前性。城镇建设定位要切合实际,并保证规划在今后 20—30 年不落后。二是坚持规划科学性。按照县级市(含县城)—中心镇——般集镇—中心村——般村五个层次建立多层次规划,以县(市)域为单位一起规划,合理布局,协调发展。三是坚持规划综合性。小城镇建设是个系统工程,居住建筑和学校、托幼、医院、卫生院、文化馆、图书馆等文化生活设施要精心安排,要统一安排供水、供电、通信、排水、道路、桥梁、环卫等基础设施的建设。对小城镇规划区内的土地和空间资源的利用以及各种建设活动要进行综合部署,做到统筹兼顾,全面安排。四是坚持规划分步性。小城镇建设必须坚持量力而行,不求最大,但求最佳,不求工程数量多,但求建设品位高。五是要坚持规范化管理。

(二)自下而上,启动民间投资,完善农村城镇化的动力机制,克服投资主体能力弱化、投入严重不足现象

改革开放以前,中国的城镇化基本上是一种基于传统计划经济体制的自上而下的发展模式。这种自上而下的城镇化发展模式虽然在较短的时间内建立了门类齐全的工业体系,奠定了中国城镇化体系和社会经济发展的基础,但也造成了政府投资不能形成良性循环,城镇基础设施滞后,城市体系头重脚轻和布局不合理等弊端,严重阻碍了中国城镇化进程。20 世纪 80 年代开始,随着市场化取向的经济体制改革逐步深入,渐进的、外围突破的市场导向改革在传统体制和传统模式的外围出现了自发的、诱致性的与城镇发展相关的制度创新,并形成了民间发动型的自下而上的城市化模式,有力地推动了农村城镇化。[1] 近 10 年来,温州小城镇基础设施建设投入的资金达到 100 多亿元,其中 70% 以上来源于农民集资,20% 来源于集体积累,而国家投入不到 10%。苍南县龙港镇通过出让土地使用权的办法(每户 42 平方米),向进镇农民收取城镇建设设施费,在一片滩涂上建成一个已有 13 万人的繁荣新型城市。[2]

农村城镇化是一个根本性的转变过程,需要投入大量资金进行基础设

---

[1]　辜胜阻、李正友:《中国自下而上城镇化的制度分析》,《中国社会科学》1998 年第 2 期。

[2]　张仁寿:《依靠民间与市场力量推动的城镇化:温州的经验》,《中国农村经济》1999 年第 1 期。

施和公用设施建设。专家测算,小城镇每增加 1 万人,就需要增加 1 平方公里的城镇,投资近 2 亿元。要克服城镇化进程中的资金约束,当务之急是尽快改变现行单一由政府投资的局面,广辟资金来源渠道。为此:(1)启动民间投资。要在完善土地转让、集中统建、招商引资、谁投资谁受益等优惠政策的基础上,鼓励和引导民间集资、农民带资、乡镇企业筹资和外商投资建城,把大量沉淀于银行的资金转化为农村城镇建设的建设资金。(2)引导农民投入。财政资金可以向小城镇倾斜,在搞好水、电、路及通讯等基础设施建设的同时,增加与农民利益有密切联系的、有巨大消费空间的项目,以此吸纳农民投入,加快建设速度。要通过小城镇安居工程,大量吸引农民建房资金。(3)推动民营企业参与。在中国现有 6 万亿元的城乡居民储蓄存款中,80%以上的存款被 15%的人占有。这表明,让民营企业参与农村城镇建设潜力很大。而且民营企业家懂市场、会经营、重管理,按市场化模式运作能够较好地保证资金高效运作,提高资金使用效率。(4)加大国家政策扶持。一方面改革现行农村城镇财政管理体制,在分税制的基础上合理确定地方政府和上级政府的收支范围,明确界定农村城镇建设可利用资金范围,增强农村城镇为社区服务的预算内财政能力;另一方面要从基本建设投资和国家用于加大基础设施投入而增发的国债、银行配套资金中拨付一定比例用于建立农村城镇建设中长期投资信贷。同时,国家要像实施村村通广播电视和农村电网改造工程一样,直接投资加快农村城镇和中小城市基础设施、公用设施建设。(5)强化金融支持。推进金融部门进行金融工具创新,为农民和其他居民到城镇建房、购房提供抵押贷款,鼓励农民和其他社会成员到农村城镇务工经商,到城镇集中建房、购房。(6)导入市场机制。政府要在提高服务质量和工作效率、健全规章制度、创造良好的投资环境等软件上下功夫,使小城镇产生极强的吸引力,按"市场筹集为主、政府补贴为辅"的原则,走"政府投资、社会集资、农民带资、招商引资、合理开发、滚动发展"的筹资路子,使城镇建设资金的筹集步入良性循环的轨道。

(三)强化产业支撑,优化小城镇功能,增强城镇吸引力,克服产业支撑弱、特色不明显、人才缺乏和制度不健全的现象

没有自己的特色与文化内涵就没有灵魂,就不是现代化城镇。农村城镇建设应根据当地资源、经济发展水平及城镇体系等因素来选择发展方向，可以向专业市场型、工业型、贸易型、旅游型等特色与专业城镇发展，强化产业支撑，避免与大中城市同构。农村城镇化可以选择八种发展模式:(1)行政管理职能型的城镇发展模式。依托县城发展城市，依托乡镇政府所在地建立城镇，利用原有城镇的行政特点，利用乡镇所在地的现有基础，大力发展第二、三产业，集聚人口，强化城镇的经济和社会服务功能。(2)为大工业服务的小城镇发展模式。依托当地或周围的大型工矿企业，积极发展服务型产业，为大工业提供配套服务，同时又利用大型工矿企业的技术、资金、人才以及原材料或副产品，发展有特色的加工业。(3)依托矿产资源的小城镇发展模式。有的小城镇，可以充分利用当地丰富的自然资源，建立自己的优势产业，推动小城镇发展。但发展这种模式要注意环境保护和综合治理。(4)商品流通指向型发展模式。在这种模式下，小城镇可以凭借历史上曾是当地商品集散中心的传统优势，或者是以当地大量生产的某种有特色的工农业产品为依托，建立起流通范围广、辐射面积大的批发市场，以此为龙头带动农村城镇建设的发展。(5)利用特殊的地理位置的小城镇发展模式。处于县际或省际边界的小城镇，可以在互通有无的基础上，确立自己的产业优势，大力发展商品流通，吸引来自各方的人力和财力，推动小城镇发展。(6)把小生产与大市场连接起来的窗口城镇发展模式。中国许多地区都有自己传统的手工业，如玉雕、制陶、刺绣等，将同种工艺的加工业集中在一起，形成民间工艺加工区，既可以促进工艺水平的提高，也便于产品打入更广阔的市场。(7)为农副产品产前、产中、产后服务型的小城镇发展模式。立足靠近农村地区的特点和优势，大力发展农副产品深加工、精加工、运输和贸易，发展高新农业技术咨询、推广和农机服务，推动农村城镇发展。(8)工贸结合的小城镇发展模式。一些已经拥有自己拳头产品的小城镇，其中有的产品甚至已经打入国际市场。在这种情况下，要大力推进市场建设，建立大型综合市场，走工贸结合的道路。

推进中国农村城镇化，最重要的是以人为本，发挥能人效应。因为推进农村城镇化的主体是农民，必须加速培养知识型农民，启用能人。知识型农民具有风险意识、市场意识、科技水平和经营管理能力，势必促进农村城镇化的大发展。培育知识型农民，一是开展农民科技教育，提高农民的科技素质;二是发展农民专业技术协会,构建新型的农村科普服务网络;三是以市场为导向、效益为准则,推行技术承包;四是改革科研体制,促进产学研结合。

此外,农村城镇建设要有所突破,就必须高起点、高标准地改革经济社会管理体制,完善社会政策,避免"新城镇,旧体制","穿新鞋,走老路"。首先,要按照"小机构,大服务"的目标和"政企分开,政事分开,精兵简政"原则,塑造高效、廉洁的地方政府,建立能够适应并促进经济发展和现代化建设、运行协调、灵活高效的行政管理体制;其次,农村城镇要着力于培育和塑造合格的市场竞争主体和公平竞争的市场秩序,健全服务体系,营造良好的投资、工作和生活环境;再次,建立和完善农村城镇社会组织和社会管理政策,制定有利于吸引人才和留住人才的户籍、就业、住房、教育、社会保障和治安政策;最后,要切实加强农村城镇"软件"环境建设,加强对城镇居民的教育,提高居民科学文化素质。

（本文发表于《中国人口科学》2000 年第 3 期。李永周协助研究）

—41—

农村城镇化的战略意义与战略选择

一、加快农村城镇化的条件和基础

改革开放以来,中国农村经历了三次改革与发展的"浪潮":第一次是 20 世纪 70 年代末 80 年代初农村家庭联产承包责任制在全国范围内的推广。这场生产关系领域内的大变革极大地激发了广大农民的生产积极性,农业生产连年增长,解决了绝大多数地区的温饱问题,也为城市企业改革创造了良好的初始条件;第二次是 80 年代乡镇企业异军突起,通过"离土不离乡"的乡村工业化模式,转移了 1 亿多农村剩余劳动力,扭转了明清以来中国农业高土地生产率和低劳动生产率紧密结合的"农业内卷化"倾向。国外有的学者甚至称之为 80 年代中国发生的"一场静悄悄的产业革命"。目前中国农村正面临改革与发展的第三次"浪潮",即农村城镇化。随着 80 年代农村工业化的迅速发展,中国城镇化水平已明显滞后于工业化,这种"没有城镇化的工业化"尽管避免了许多国家曾出现过的"城市病",但却使乡镇企业布局分散,信息不灵,交通不便,经营成本高、效率低,甚至带来浪费耕地、污染环境等"农村病",阻碍了乡镇企业上规模、上水平。以工业化推动的经济增长势头在 80 年代末开始减弱,直到 1992 年在政府加大基础设施建设投资,加快农村城镇化发展后,中国经济才开始了新一轮的由城镇化推动的高速增长。有的学者认为这意味着中国经济增长轴心发生了转移,即从工业化推动型经济增长转移到城市化推动型经济增长的新阶段①。

可以看出,中国农村改革与发展的三个阶段是相互依存、依次演进的,正是由于前两个阶段农业生产的大发展和农村乡镇企业的崛起,使中国农村城镇化具备了加快发展的条件和基础。这些条件和基础主要有:

(一)农民已具有从事非农产业的经验和适应城镇生活的能力,城镇化的主体已经成长壮大起来

从 20 世纪 80 年代起,中国一部分农村剩余劳动力采取"亦工亦农"和"离土不离乡"的就地转移模式进入乡镇企业从事生产;一部分农民以自理口粮形式进入中小城镇务工经商;还有一部分农民则以流动人口的形式进入沿海地区和大中城市就业。他们在这种地域转移和职业转换过程中,积累了从事非农产业生产的技能。一部分人还有了在城市生活的亲身经历。他们向往城市生活,迫切希望成为城镇中的正式一员。他们作为农村城镇化的主体已经成长壮大起来,为加快中国农村城镇化提供了直接的动力。

(二)乡镇企业的崛起使农村非农化取得了突破性进展,为农村城镇化创造了坚实的产业基础

中国经济体制的改革始于农村,在城镇国有企业仍受传统计划经济体制束缚时,农村乡镇企业发挥了其机制灵活的特点,在全国各地异军突起,农村非农化取得突破性进展。据统计,1992 年全国农村工业总产值达到 1217. 9 亿元,占农村社会总产值的 50.09%,所占比重首次上升到 50% 以上。在苏南等乡镇企业发达地区,农村工业更是早已从"半壁江山"发展为"三分天下有其二"。这些乡镇企业在农村地区生根以后,直接带动了农产品交易市场和其他非农产业的发展,使小城镇的兴起具备了二、三产业的基础。

(三)农村改革的成功使农产品出现剩余,一部分农民家庭已积累了相当数量的民间资本,为农村剩余劳动力转移到城镇奠定了基础

家庭联产承包责任制在全国范围内推广后,极大地激发了农民的生产

---

① 周振华:《经济轴心转移:中国进入城市化推动型经济增长阶段》,《经济研究》1995 年第 1 期。

积极性。从 1978 年到 1984 年,中国农业生产连年增长,绝大多数农产品已出现剩余,城镇非农业人口凭票购买粮食的时代一去不复返了,这就撤除了阻碍农村剩余劳动力转移到城镇务工经商的藩篱。同时国家大幅度提高了农产品价格,改善了农业贸易条件,农民收入水平得到迅速提高。1979—1994 年,全国农民人均纯收入从 134 元增长到 1224 元。一部分农民家庭已积累了相当数量的民间资本,给农村剩余劳动力转移到城镇提供了初始资本。

(四)中国农村城镇经过多年的发展,已形成"县城—县域中心镇—乡集镇"等多层次的农村城镇体系,农村城镇化具有了一定的城镇体系基础

改革开放以后,农村小城镇开始恢复活力,全国范围内出现了一大批各具特色的小城镇。1979 年时,全国建制镇只有 2600 个,到 1994 年末就发展到 16433 个,为 1979 年的 6.3 倍。包括县城、建制镇、乡政府所在地集镇的小城镇已有 5 万多个,平均每个县有 6 个建制镇,14 个乡集镇。大约每 5.6 万农村人口的区域内就有一个建制镇①。这使中国以前城镇体系中大城市比重过高、小城镇发展不足,"头重脚轻"的状况有所改善,为进一步加快城镇化奠定了城镇体系的基础。

(五)农村小城镇建设所需要的必需品供给充足,城镇化的成本大大降低

当前中国工业产品总体上供过于求,农民进城建房和小城镇基础设施建设所需要的钢材、水泥等建筑材料价格平稳,这就减少了农民进城建房、购房和进行基础设施建设的成本,使积累了一定资金的一般农户也能到城镇购建住房,极大地激发了农民进城的热情。

二、农村城镇化的战略意义

从近期中国宏观经济形势来看,市场上已出现产品相对过剩的状况,有效需求严重不足。特别是随着东南亚金融危机的逐步加深,通过出口带动

---

① 国家体改委农村司编:《全国小城镇试点改革经验文集》,改革出版社 1996 年版。

经济增长的作用越来越有限。政府迫切需要采取措施刺激国内需求,拉动经济增长。而农村城镇化在增加农民收入、改变农民消费模式从而增加有效需求等方面具有重要作用。因此,从近期来看,加快农村城镇化,可以启动农村市场、扩大内需、拉动经济增长、扭转中国宏观经济"偏冷"的趋势。从长远来看,农村城镇化是中国社会经济发展的必然趋势,是中国农村实现现代化的必由之路。农村城镇化的发展对打破城乡二元社会经济结构,缩小城乡差别,促进城市化和工业化协调发展,在更大范围内实现土地、劳动力、资金等生产要素的优化配置,有着不可估量的重要意义。

(一)在新的历史时期,农村城镇化能有效地克服农民收入徘徊和停滞的局面,拉动农村居民的消费需求和投资需求,成为启动中国农村市场乃至整个国内市场,解决需求严重不足问题的"切入点"

中国要扭转宏观经济"偏冷"的趋势,保持经济快速增长,必须立足于国内需求的增长。当前国内需求不旺,出现所谓的"过剩经济",一个重要的原因就是由于农民收入长期徘徊不前、农民消费观念落后,使农村市场增长缓慢。据统计,1997年全国社会消费品零售总额已达到26643亿元,但县及县以下农村市场消费品零售额只有10449亿元,仅占全国的38.9%。8亿多农民实现的消费需求对经济增长的贡献,已由20世纪80年代前半期的35%降到90年代以来的20%。因此,启动农村市场成为扩大国内需求的关键。

加快农村城镇化可以成为启动农村市场乃至扩大整个国内需求的切入点,这是因为:

第一,加快农村城镇化是增加农民收入的有效途径。自1985年以来,农民收入一直处于缓慢增长和徘徊阶段,农民增产不增收。这主要是由于人多地少,在大量剩余劳动力没有转移出去的情况下,平均每户经营的土地已不足半公顷,农业经营缺乏规模,农业生产成本不断上升,经济效益日益降低。为了解决农民增收的问题,传统的思路是提价减赋。但目前中国主要农产品的价格已达到国际市场上的水平,而且,在中国农村人口占总人口比重很高的情况下,国家有限的财力根本无力对农业实行过多的保护,这意味着通过农产品提价来增加农民收入的办法已达到极限。因此,增加农民收入需要转变思路,探索新途径。当前最现实的选择就是加快农村城镇化进程,把部分农民转变成市民,通过减少农民的办法增加农民收入。这样,一方面,农民转移到城镇成为市民后,彻底割断了同土地的"脐带",耕地可以向种田能手集中,从而扩大农户的经营规模,提高生产效率,增加农民收入;另一方面,转移到城镇从事二、三产业的农民成为农副产品的购买者,可以扩大农副产品的需求量,有利于解决当前对农产品需求不旺,农副产品"卖出难""卖价低"等问题。

第二,城镇化将吸引大批农民进入城镇生产与生活,农民进入城镇转变为市民后,"脱了草鞋换皮鞋",不仅本身成为农副产品的消费者,而且,其消费方式也将发生质的变化。目前,中国一个市民的消费水平高于农民 3 倍以上,这就意味着全国城镇人口比重提高 1 个百分点,全社会消费品零售总额将相应上升 1.4 个百分点。

第三,加快小城镇交通、供水、供电、通信、文化娱乐设施等基础设施的建设,引导农民进镇建房、买房,可以直接带动建筑、建材、轻工装饰、机械、化工、家电等相关产业的发展。

第四,小城镇基础设施的建设和完善,可以有效地消除以往农民买洗衣机当粮缸、买电视机当装饰、买电冰箱当衣柜等制约农民消费的障碍因素,把农民的潜在购买力转变为现实的有效需求。

（二）农村城镇化为农村剩余劳动力转移提供了广阔的空间,缓解了农村人口压力与土地承载力之间的矛盾,成为吸纳农村剩余劳动力的"蓄水池"

自 20 世纪 90 年代以来,随着乡镇企业有机构成的提高,乡镇企业吸纳就业者的能力已明显减弱,大量的农村劳动力开始"离土又离乡",从农村跨省、跨地区流动到沿海地区和大城市,不仅给大城市带来了巨大的压力,而且,随着城镇国有企业改革的深化,大量富余人员将会像挤水一样从国有企业这块大"海绵"中被逐步排挤出来,城镇就业形势十分严峻。因此,依靠现有大城市来吸纳和消化农村剩余劳动力的想法是不现实的。

小城镇的快速发展,可以就近转移农村剩余劳动力,这是今后吸纳农村剩余劳动力的主渠道。中国现有 2000 多个县,可以设想把每个县基础设施较好、具有吸引力的县城或县域首位镇作为农村城镇化的"龙头",把它们分别建成规模不同的中小城市。如果每个县城平均吸纳 5 万人,就可吸纳农村剩余劳动力近 1 亿人。另外,在全国的建制镇中选择 2000 个交通发达、城镇基础较好、有一定规模的中心镇重点发展"农民城",吸引农民务工经商,至少可吸纳农村剩余劳动力 1 亿人左右。大量农村剩余劳动力转移到小城镇后,一方面可以缓解流动人口对大城市造成的压力;另一方面,农村人口从土地上转移出去后,留在农村地区的人口有了更大的发展空间,可以缓解农村人口压力和土地承载力之间的矛盾。当然,乡镇企业及农村人口向城镇集中,势必会增加城镇建设用地,但不能认为农村城镇化就是一种"浪费土地"的过程。非农产业在城镇集聚比"天女散花"式地分布于广大的乡村更能共享基础设施、节约基建和项目耕地占用。而且农村人口城镇化通过城镇与乡村住宅用地的置换,能节约更多的农村人口建房用地,从总量上减少住宅占地。根据管理部门 20 世纪 90 年代初期的分析匡算,每增加一个城镇人口需要占用的土地面积(包括就业和生活用地)80—100 平方米,而农村人均宅基地加上乡村建设用地,北方地区超过 160 平方米,南方地区超过 100 平方米,明显高出城镇建设和住房占地①。

(三)农村城镇化推动着乡村工业的集聚发展和结构升级,成为转变农村经济增长方式、推动乡镇企业向集约化发展的"突破口"

20 世纪 80 年代那种"村村点火,户户冒烟"式的分散的乡镇企业,在提高农民收入、吸纳农村剩余劳动力、避免出现"城市病"等方面确实起了重要作用,但也浪费了大量的自然资源,引发了"工业乡土化、农业副业化、离农人口'两栖化'、农村生态环境恶化"等"农村病"。从增长方式上来看,基本上还是一种粗放的经济增长方式。以耕地资源为例,目前乡镇企业人均占地面积比城市大中型工业企业高出 3 倍以上,许多乡镇企业厂房的占地大大超过工业用地的正常标准。仅 1979—1984 年,全国乡镇企业累计占用耕地8000 万亩。特别是由于乡镇企业布局过于分散,每个乡镇企业都不得不独立地解决交通、通讯、供电、供水、仓储等问题,不仅难以获得规模效益和集聚效益,而且使农村各个地区间出现产业结构同构的现象。

---

① 国务院研究室课题组:《小城镇发展政策与实践》,中国统计出版社 1994 年版。

中国经济在经过近 20 年的快速发展,供求总量不平衡的矛盾基本得到解决后,迫切需要提高经济运行的质量,调整经济结构,转变经济增长的方式。目前全国乡镇企业职工人数已经超过国有企业职工人数,在社会总产值中已占据一半,如果乡镇企业的增长方式不转变,也就谈不上整个经济增长方式的转变。而乡镇企业经济增长方式转变的根本出路又在于农村城镇化。首先,将分散的乡镇企业向交通方便、基础设施较完善的小城镇适当集中,这样可以充分发挥城镇的集聚效益,集中治理环境污染问题,减少对耕地资源的占用,从而提高乡镇企业的经济效益、社会效益和生态效益,促进乡镇企业迈上新的台阶,推动农村经济增长方式由粗放型向集约型转变。其次,乡镇企业向城镇集中,农村人口向城镇转移,可以带动农村第三产业的发展,促进农村经济结构的进一步调整和升级。第三产业的发展与城镇化有着密切的联系,因为第三产业的发展必须以人口一定程度的聚集为基础。撇开城镇化,试图单纯推进第三产业的发展,将事与愿违。而如果将分散的乡镇企业适当聚集起来,吸引农村人口到城镇务工经商,就可以为第三产业的发展创造良好的条件。再次,小城镇作为农村之首、城市之尾,是沟通城市与乡村的桥梁。小城镇的快速发展,使农民能够方便地获得农业生产技术和市场需求信息,从而引导农民以市场需求为导向组织生产,调整农村经济结构,克服农业生产的盲目性。

(四)农村城镇化拓展了农业产前产后发展的空间,为孕育和培植大批龙头企业和农副产品交易市场创造了条件,成为农业产业化向深层次发展的载体

实践证明,要解决分散经营的小农与千变万化的大市场的矛盾,一个行之有效的办法是发展社会化的农业生产服务体系,延长农业链条,提高农产品附加值,实现"市场牵龙头,龙头带基地,基地连农户"的产业化经营。在实现农业产业化经营过程中,关键的一条是要建设好上联市场、下联农户的龙头企业,龙头企业活了,才能带动一大批农民致富。过去,为农业产前产后服务的龙头企业由于没有城镇作依托,企业经营环境恶劣,市场信息不灵,资金技术不足,经济效益欠佳,难以带动农村经济发展。

小城镇作为农村地区资金、技术、信息的聚集地,是龙头企业天然的载体和依托。通过大力发展小城镇，加强小城镇连接大中城市和辐射农村的功能，可以促进各种市场中介组织和农村社会化服务组织的发展，为龙头企业创造良好的经营环境，孕育和培植大批龙头企业和农副产品交易市场。许多地区正是通过"城镇兴龙头，农村建基地"的方式，充分发挥城镇在拓展农业产前产后发展空间的作用，取得了较好的社会经济效果。如襄樊市依托城镇而兴起的龙头企业已有300多家，固定资产总额达到50多亿元，年创产值60亿元，利税5.5亿元，依托城镇而建的交易市场有450个，年交易额达40多亿元。这些依托小城镇发展起来的龙头企业，上联国内外大市场，下联当地的种植、养殖业大户，实行产供销一条龙服务，分散了农户在农副产品销售方面的风险，直接带动了当地粮、棉、油、林、果、茶、烟、水产等农副产品生产的发展。

（五）农村城镇化打破了原有城乡隔绝的格局，使农民既发生职业转换，也实现地域转移，农村由封闭走向开放，成为转变农民生活方式和观念、激发农民创新精神和冒险精神、塑造一代新农民的"催化剂"

新中国成立以来，政府便一直致力于消除城乡对立和差别，实现农村的现代化，然而，由于实行了严格控制农村人口进入城市的户籍制度，使大量人口被滞留在乡村。20世纪80年代，政府提倡"离土不离乡"的工业化模式，尽管许多农民实现了职业的转换，但他们仍然过着农民的生活。可见，农村的现代化离不开农村城镇化，具体表现为：

第一，农村城镇化可以打破原有城乡隔绝的格局，使农村由封闭逐步迈上开放发展的道路。与现代城市社会相比，目前中国农村社会还是一个相互接触少、相对分散和孤立、缺乏流动的社会。在孤立与分散的乡村社会里，容易使人墨守成规、固步自封、安土重迁、小富即安。人们的思想观念往往落后于时代的发展。与之相反，城镇却把人口、资金、技术、信息等各种要素聚集在一起，交通便利、信息灵通，新思想、新观念层出不穷，并能赋予人开拓进取的精神。加快农村城镇化步伐，让流入小城镇务工经商的农民取得城镇户口，不但实现了农民的职业转换，也实现了地域转移。而且城乡间劳动力的流动还可以带动资金、技术、信息等要素的流动，从而打破城乡相互隔绝的格局，使农村由封闭逐步迈上开放发展的道路。

第二,农村城镇化是转变农民生育观念和生活方式的根本途径。加快农村城镇化,让大量农民进入城镇生活后,他们很快就会抛弃一些农村粗俗的生活方式。如一些边远封闭农村地区的农民进城后很快改变了不刷牙、不洗澡、污水乱倒、垃圾乱扔等不卫生的行为。特别是在农民生育观念的转变上,农村城镇化的作用更为明显。目前的农业生产,以劳动力投入为主,对劳动者体力要求高,素质要求却低,加上农村缺乏社会保障,年老的父母完全依赖子女赡养,对于那些年老后不能享受社会养老保障待遇的育龄夫妇来说,必然会多生育子女。而农民进城后,其生产方式发生改变。在城镇里,家庭收入更多地依赖于家庭成员的素质,而不是数量,年老的父母也不再单纯依靠子女赡养。这些都会潜移默化地改变传统"多子多福"的生育观念,使农村人口控制由被动的强制行为日益转变为农民主动的自觉行为。

第三,城镇是现代文明的载体,是新观念、新技术、新信息的辐射源。农民进入城镇后,会极大地增加彼此的交往和接触,开阔自己的视野。特别是城镇社会是一个彼此竞争的社会,人们只有不断超越自我,不断学习新的知识和技能,才能在城镇立足。农民一旦被卷入现代社会生活的旋涡中,他们就会不满足现状,也不安于现状。因此,城镇化实际上是激发农民创新精神和冒险精神、塑造一代新农民的"催化剂"。

三、加快农村城镇化的对策思路

由上可见,农村城镇化已成为关系到中国社会经济发展的大战略,中国未来的经济发展必须做好农村城镇化这篇大文章。具体对策思路为:

第一,各级政府要充分认识农村城镇化在中国社会经济发展中的战略地位,加强政府在农村城镇化中的引导作用,适时把由农民自发推动的城镇化转到由政府引导和规划的城镇化方向上来,实现由自下而上城镇化向自上而下城镇化的转变。

第二,进行小城镇建设投资体制的改革,实行投资主体的多元化,调动民间投资建设小城镇的积极性。当前特别要加大各级政府对农村城镇化的财政支持和金融支持,加强城镇基础设施建设,提高小城镇的城市化水平,增强城镇的吸引力和辐射力。

第三,小城镇要大力发展服务于农村社会的第三产业和具有比较优势的农产品加工业,突出资源优势,做到"一市(镇)一品",把农业产业化与农村城镇化有机结合起来,既奠定小城镇的产业基础,又带动农业"龙头"企业兴起和周边农村地区的发展。

第四,遵循城镇发展规律和城镇区域布局规律,克服城镇规划与布局上的分散性、随意性和无序性,规划出功能互补、协调发展的城市体系。当前特别要集中力量建设基础设施好、有区位优势的县城或县域首位镇,稳步发展具有一定规模的中心镇,防止一哄而上的小城镇化倾向。

第五,进行户籍制度、城镇企业管理体制等方面的改革与创新,促进各种生产要素的合理流动,大力加强城镇与乡村之间的"商品链""资金链""信息链""人才链""交通链",将城镇发展成为城乡一体化网络的"链结"或结合部。

第六,培植农村城镇化的主体,鼓励农村"能人""富人"率先走农村城镇化道路,让农村"精英"成为农村城镇化的发动者,并通过他们的示范作用,由点到面地推进农村城镇化。

第七,要克服"重建设、轻管理","重经济、轻文化","重局部(个人)、轻整体","重硬件、轻软件"建设的不良倾向,进行小城镇管理体制的创新,防止出现"新城镇、旧体制"的现象。

(本文发表于《中国人口科学》1999 年第 3 期。成德宁协助研究)

——42——
城乡就业矛盾及其化解策略

一、就业问题是一个世界性的重要问题

随着社会生产力不断发展,科技不断进步,人类社会在自身生产和物质产品生产都得到飞速发展的同时,劳动力供过于求的矛盾日益突出,失业成为历史发展到一定阶段后就业问题的代名词。

(一) 欧美发达国家就业问题

第二次世界大战以后,欧美发达国家劳动者失业曾经随着经济发展变化几经波折。20世纪五六十年代,凯恩斯"相机抉择理论"指导下的宏观财政货币政策曾经在一段时期缓解了失业和通货膨胀的压力,失业人数和失业率一度维持在较低水平。但70年代以后,受石油危机的影响,工业发达国家增加的就业机会越来越少,各国都被经济停滞和通货膨胀所困扰。80年代初期,除瑞典和瑞士以外,工业发达国家失业率大约增加两倍。1983年,美国、英国、法国和加拿大失业率分别达到9.6%、11.2%、8.3%和11.9%,经济合作组织国家(OECD)失业人数达到3000万人以上。①

进入90年代以后,由于工业发达国家经济增长持续低迷,产业结构不断

---

① 李梅:《探析发达国家失业问题》,《中国统计》1998年第4期。

调整、升级和科技广泛应用对劳动者的技能要求以及资本有机构成不断提高，高福利政策推高劳动成本，失业者择业积极性不断降低，除美国、英国因经济结构调整和福利制度改革使就业状况有所好转以外，失业已成为各国政府普遍面临的一大难题。从 1992 年起，西方国家失业率普遍急剧升高并呈现出规模大、范围广、失业率高和结构性失业突出的新特点。1996 年，OECD 中失业率在 7% 以上的高失业国家达 15 个，德国等 9 个国家失业率均在 10% 以上，其中西班牙、芬兰和法国分别高达 22.2%、16.3% 和 12.3%；失业率在 3.5% 以下的低失业国家仅有日本、卢森堡和韩国，失业总人数达 3400 万。1997 年，除美国、英国失业率继续下降以外，其余各国失业率继续攀升且呈进一步上升趋势，欧洲自由贸易联盟各国平均失业率为 7.3%，法国、德国失业率分别达到 12.5%、12%。①

（二）发展中国家就业问题

发展中国家虽然因地区不同而表现出失业问题的巨大差异性，但人口基数庞大、人口增长速度过快的劳动力供求矛盾和经济结构调整的结构性矛盾突出依然是各发展中国家和地区普遍面临的难题。以经济快速增长而被国际社会称为"新兴市场"的东南亚和东亚国家、地区，一段时期就业曾经比较充分，失业率极低，但自 1997 年爆发席卷整个东南亚和东亚的金融危机以来，失业人数和失业率急剧上升。1997 年，泰国失业率为 5.6%，新加坡为 1.9%，马来西亚为 2.1%，菲律宾达到 20%。在拉丁美洲，哥伦比亚失业率也曾经高达 10%，阿根廷、玻利维亚、厄瓜多尔、乌拉圭和牙买加等国家城市失业人数也不断增加。②

（三）经济转轨国家就业问题

以俄罗斯为代表的向市场经济急剧转轨的东欧国家，在改革以后也普遍经历了失业状况从"爆炸性的增长"到逐步稳定然后又急剧上升的过程。20 世纪 80 年代后期以来，原苏联、东欧国家采取以强烈的金融紧缩和大力压缩消费等硬性弥合供需缺口的手段，通过所谓的"休克疗法"向市场经济

---

① 《国外解决就业问题的政策措施及其特点》，《中国劳动报》1998 年 6 月 2 日。
② 《国外失业与再就业专题报道之一》，《经济日报》1998 年 3 月 13 日。

急剧过渡,造成了政治动荡,生产滑坡,财政状况不断恶化,恶性通货膨胀和失业率不断增加。1990—1994 年,除捷克和俄罗斯以外,东欧各国在转轨过程中失业率普遍较高,且基本上保持在 10% 以上。1995 年,俄罗斯失业率急剧上升到 13%。转轨过程中,各国劳动力参与率普遍下降,长期失业人口和青年失业者不断增加。1996 年以后,各国失业状况有所缓解,但 1998 年以后,各国失业率再度回升。

二、我国当前就业问题的严重性

从当前来看,我国失业问题的严重性主要表现在四个方面。

(一)主渠道吸纳劳动力能力减弱,农村劳动力剩余现象严重

长期以来,我国都把农村和农业作为吸纳劳动力的主要渠道,历史上几次就业问题的缓解都把清退民工作为突破口。但自 1979 年以来,以家庭联产承包责任制改革为契机,农业劳动生产率不断提高,农业科技投入不断增加从而大大降低了农业吸收劳动力的能力。同时,由于农村人口基数庞大,加之实行相对宽松的计划生育政策,农村具有较高的人口出生率和自然增长率,因此,农村人多地少、资源短缺的矛盾日益突出。目前农村不仅存在约 1.3 亿的剩余劳动力急需转移安置,庞大数量的新增劳动力也给农村就业带来巨大压力。劳动和社会保障部测算,最近 5 年,我国农村进入劳动年龄的人口将达 7600 万,以现有农村劳动参与率 71% 计算,新成长的农村劳动力总量将达到 5400 万,年均增长 1080 万。由于农业用地减少和农业劳动生产率提高,估计每年将产生 600 万左右剩余劳动力。[①]

在前一阶段的改革实践中,我国农村剩余劳动力的转移和安置是以乡镇企业作为主要渠道的。1984—1988 年,我国乡镇企业平均每年吸收的劳动力高达 1260 万。1998 年,我国乡镇企业从业人员达到 13350 万人。但 90 年代中后期,部分乡镇企业发展逐步进入成熟期,部分乡镇企业存在的资金短缺、技术含量低、产业结构雷同以及布局分散、信息封闭的弊端日益暴露,

---

① 马洪:《中国经济形势与展望(1997—1998)》,中国发展出版社 1998 年版。

乡镇企业整体吸纳劳动力的能力不断降低,产值就业弹性系数不断下降。区域经济发展不平衡所带来的城乡差别、地区差别扩大,以及近几年来农民收入增长速度不断降低,直接加大了农村剩余劳动力转移的拉力和推力,大量农村剩余劳动力转移转变为离土又离乡、进厂又进城的异地流动,形成一波又一波向东南沿海和大中城市流动的"民工潮"。农业部1993年所作的一次农村固定观察点调查显示,我国跨地区流动的劳动力达6450万人,占农村劳动力总数的15%,占农村人口总数的7%。[①]

(二)城镇企业隐性失业显性化加快,失业率和失业人数逐年攀升

1993年以来,由于经济增长速度持续下滑,大多数国有企业和城镇集体所有制企业经济效益滑坡,大批企业陷入亏损、半停产和停产甚至破产的困境,企业职工失业现象严重。根据国家统计局公布的数字,我国城镇登记失业率从1992年的2.3%(待业率)上升到1997的3.1%,失业人数从393.9万上升到557.58万,连续五年呈明显的上升趋势。1998年,我国城镇登记失业率仍保持在3.1%的水平,登记失业人数571万。在失业人口构成中,平均年龄不断上升,失业周期不断延长。1993—1996年,我国失业人员的平均失业周期为4个月,但到1997年上半年,失业人员中失业时间在6个月以上的已经占60.4%。[②] 由于许多失业人员是在企业进行用工制度改革中因年龄较大、体力较差、文化素质和专业技术水平偏低而淘汰下来的,自身素质较差,且大部分来自产业结构调整和经济效益较差的工业企业,如纺织、冶金、机械、电子等简单的加工、制造产业,岗位适应能力较差,加上就业观念陈旧,不愿从事苦、脏、累、危险工种和服务行业,因此,失业职工再就业相当困难,再就业率不断降低。

(三)国有企业改制进程不断加快,职工就业不足和下岗现象严重

国际劳工组织和原劳动部在1995年进行的调查显示,我国城镇各类企业的综合隐蔽失业率约为18.8%。国家统计局企业调查总队对全国2343家进行现代企业制度试点企业作的一次全面调查也表明,截至1996年底,有

---

① 郭书田:《中国农村:劳动力的分化及社会结构变化》,《科技导报》1999年第1期。

② 马洪:《中国经济形势与展望(1997—1998)》,中国发展出版社1998年版。

1406 家企业不同程度地存在富余职工,总数约 87.5 万人,占被调查企业职工总数的 8.7%。专家估计,我国国有企业存在约 3000 万左右的隐性或就业不充分人员,城镇集体企业近 4000 万职工中有 15% 左右的需要重新安排。随着国有企业实行"鼓励兼并,规范破产,减员增效,下岗分流"的改革,有一些职工逐渐从企业中游离出来,形成巨大的就业压力。1993—1997 年,全国国有企业职工因企业生产经营等原因离岗回家、但仍保持名义劳动关系并领取一定下岗津贴、未被统计在登记失业人口范围的人员从 300 万上升到 940 万,年均增长 33%。1998 年,经过全社会的共同努力,全国 609 万国有企业职工实现了再就业,但下岗职工总数仍保持在 892 万,与 1996 年基本持平。下岗职工下岗时间不断延长,再就业率不断降低,下岗职工实际收入大幅度下降,不少人生活费大大低于当地最低生活费标准。据统计,1996 年,全国下岗职工人均年生活费 925 元,每月平均 77 元,其中国有企业下岗职工人均月生活费 90 元,城镇集体经济单位下岗职工人均月生活费 47 元。下岗职工人均生活费最低的黑龙江、内蒙古、辽宁和吉林等地区人均月生活费收入仅为 26 元、31 元、45 元和 44 元。全国共有 22 个地区下岗职工的人均月生活费低于 100 元。①

(四)劳动力中长期就业计划压力巨大

我国劳动力中长期就业计划面临着巨大的压力:一方面,要消化和转移随着经济转轨转型不断加速而释放的国有企业大量冗员和国家机关分流人员;另一方面,还要承受来自劳动力资源增量庞大的压力。1998 年,虽然我国人口出生率和自然增长率已经连续 11 年保持下降趋势,自然增长率首次降到一位数(9.53‰),但由于我国人口基数大,又碰上劳动年龄人口增长的高峰期,即使扣除当年退出劳动年龄和丧失劳动能力的人口,今后每年新增劳动力仍将达 1000 多万。今后几年,国家机关和事业单位将随着机构改革和政府职能转换、办公自动化程度不断提高而不断分流工作人员,最保守估计,分流人员将超过 500 万。

---

① 胡鞍钢:《中国城镇就业状况分析》,《管理世界》1998 年第 4 期。

三、化解我国城乡就业矛盾的战略举措

1993年劳动部开始实施再就业工程试点,1995年正式推广。从各地实施的经验来看,再就业工程通过为失业和下岗人员提供就业指导、职业介绍、转岗培训和生产自救,为建立国家指导下的劳动者自主择业、市场调节就业、政府促进就业新机制奠定了基础,是现阶段具有中国特色的社会保障制度。但由于当前企业经济效益尚未根本好转,经济增长速度短期内难以较大幅度回升,加之社会保障制度不健全,因此,我们必须充分认识到解决我国城乡就业问题的紧迫性、长期性、艰巨性,进一步采取政府指导、社会帮助、个人主动、市场就业的四位一体战略,理顺就业机制和再就业工程实施思路,化解就业矛盾。

(一)积极推进农村小城镇建设,扩大内需,减缓农村劳动力向大中城市高速流动的态势

20世纪90年代以来,大量农民向沿海经济发达地区和大中城市流动,形成了日益高涨的"民工潮",给城市经济、环境、交通、管理和社会治安等方面带来巨大压力。农村小城镇建设滞后,严重制约了我国农村市场开拓和农村、农业乃至整个经济社会协调发展,导致社会劳动力总量需求相对不足。基于农村经济发展滞后的现实,从解决农村、农业和农民问题以及缓和大中城市就业压力的战略高度出发,我们应积极推进农村小城镇建设,加快农村经济发展步伐。要通过人口向农村小城镇集中,土地向种田能手集中,乡镇企业向工业小区集中,形成规模效应和集聚效应,促进第三产业发展,扩大农村市场,培育新的经济增长点,扩大总的就业容量。推进农村城镇化进程要加强规划,合理布局,避免"遍地开花"、"一哄而上"、过于分散的小城镇化倾向,按照发展极思想和非平衡发展观,在建立多层次城镇化体系的同时,集中物力和财力,重点发展县城和县域中心镇。国家要适时、积极地自上而下地推进政府主导型城镇化进程,在全国2000多个县级小城镇中,先选择具有一定规模和集聚效应的农村小城镇,建立1000座小城市,以缓解农村剩余劳动力大规模向大中城市转移的压力,实现农村剩余劳动力职业彻底转换。在产业支撑

上,农村小城镇建设要立足城乡结合部的区位优势和资源优势,依托农业产业化和农村服务体系社会化,强化为农业产前、产后服务功能,大力发展农副产品加工、贸易、运输和农机服务、技术咨询、农业成果开发等;在人员构成上,要鼓励和引导城市失业、下岗职工逆向流动,以资金、技术、信息、管理和商品等参与农村小城镇建设和农业产业化开发,弥补农村高层次就业人才不足,积极探索城乡劳动力对流、经济发展互利互惠的工农联合新路子。

(二)加大民营经济发展的政策支持,培育新的经济增长点

随着我国经济体制改革和经济结构调整的不断加快,民营经济在促进国民经济快速增长和吸纳社会劳动力就业等方面的贡献已经越来越大。1992 年到 1996 年,全国城镇从业人员共增加 1920 万,仅民营经济单位就增加 2170 万,其中城镇个体、私营企业从业人员从 838 万上升到 2309 万,5 年增长 1.75 倍。而国有企事业单位和集体所有制单位从业人员不仅没有增加,相反减少了 250 万。在城镇新增劳动力中,城镇就业人数按安置去向划分,1990 年到 1996 年,每年从事个体劳动的劳动者从 40 万增加到 140 万,而国有经济单位安置的新增就业人数从 475 万下降到 243 万,城镇集体所有制单位也从 235 万下降到 155 万[①]。到 1998 年末,城镇个体、私营经济从业人员 3232 万,比 1997 年增加 563 万,增长 21.09%。从解决当前失业问题的角度出发,要加大对民营经济发展的政策支持,创造进一步鼓励民营经济发展的社会环境,规范劳动者和雇主之间的劳动雇佣关系,保护民间合法财产和民有资本;要切实减轻民营企业负担,简化登记手续,降低进入条件,必要时给予适当经济补偿;要加大对民营企业流动资金贷款,强化政府提供资金、管理、技术、信息、社会保障和服务功能。

(三)大力发展以信息产业为龙头的高科技产业和服务行业,培育新的就业增长点

随着知识经济的兴起,新产品、新工艺的大量出现及新市场的开辟,直接创造了大量新的就业岗位。技术进步促进劳动生产率提高,节省劳动力,

---

① 国家统计局:《中国统计年鉴》,中国统计出版社 1997 年版。

从而使工作岗位减少；同时，劳动生产率的提高，通过刺激需求增长，间接产生大量新的就业岗位。我国国家级和地方高科技产业开发区也提供了200万个以上就业机会。要迎接知识经济挑战，促进产业结构升级，培育新的就业增长点，就应大力保护知识产权，推进知识产权的营运，让技术、管理等生产要素参与分配，调动广大科技工作者、创业者、管理者的积极性和创造性；要促进金融资本和高新技术产业资本有机结合，大力发展风险投资，营造高科技企业良好的融资环境和社会支撑条件，使高科技企业在资本扩张的基础上实现跳跃式发展，通过以信息产业为龙头的高科技产业发展带动劳动力需求的增长。在发展传统第三产业的同时，大力发展高新技术、信息、金融、医疗保健、咨询和旅游业等，加快建立以促进科技成果向现实生产力转化为目标的公共服务体系。

（四）规范失业、就业机制，对失业人员区别对待，分类指导，突出重点，缓和失业问题对社会发展的压力

由于失业、下岗、就业概念不明确，我国当前有相当部分下岗职工虽然已经从事有报酬工作，但为了继续保留劳动关系而继续保留"失业"或"下岗"职工身份。新的用人单位为了减轻提供法定社会保险的负担，也不愿与他们签订劳动合同，因而许多下岗职工既领取失业、下岗津贴，又从新单位领取报酬，而许多真正生活困难的失业、下岗职工却因所提供救济标准过低而生活极端困难。国家应尽快规范失业、下岗、就业机制，建立失业、下岗申报、证明制度，明确规定发放失业、下岗救济的标准和条件，在调查摸底和了解失业、下岗职工总量、分布和困难程度的基础上，明确重点帮扶对象、帮扶内容，建立责任制。对青年失业、下岗人员，要增加人力资本投资，加强职业教育和职业培训；对国有企业老年富余职工，已接近或符合退休条件的，要鼓励提前退休；对中年失业、下岗职工，要积极引导，鼓励他们通过转岗培训，更新观念，实现第二次就业。对部分失业、下岗时间比较长，年龄偏大，职业技能偏低，已基本丧失就业竞争优势的中年失业、下岗职工，要实施必要的就业保护，优先照顾他们就近在社区内各种小企业就业，优先安排他们通过以工代赈方式实现生产自救。同时对改制过程中国有企业大量裁员进行必要的限制和干预。

（五）强化职业技能培训，提高失业、下岗职工转岗和再就业适应能力

解决经济结构调整和产业结构升级过程中的劳动力存量调整和失业、下岗职工再就业问题，提高劳动力的转岗适应能力是关键。国家要尽快实施和完善对失业、下岗职工的职业培训和就业指导制度，加强职业技能教育和就业指导。

第一，各培训机构和社会组织要根据社会需要和职业结构变化对劳动者素质的要求，通过多种形式的培训和示范，引导失业和下岗职工转变就业观念，增强自谋职业、自寻饭碗、竞争就业的市场经济就业意识，克服"等、靠、要"思想。

第二，建立多层次、多渠道、多主体职业培训体系，健全以劳动力市场为导向、以职业分类和职业技能标准为依据、以职业培训和职业技能鉴定工作为支柱的职业技能开发机制。

第三，加快教育体制改革，提高新增劳动力对未来就业岗位转换的适应能力。对高等教育，应强化素质教育，拓宽基础；对中等教育，实行职业教育与高中教育分流，大力发展职业教育，尽快实施和完善对初高中毕业生的劳动预备制度。对在职职工进行"多面手"和"一专多能"复合型人才培训。

（六）加快劳动力市场"硬件"和"软件"建设，提高劳动力市场配置资源的效率

改革开放以来，我国劳动力市场建设虽然取得了一定成绩，产业、部门、城乡之间的劳动力流动机制逐步形成，但从总体上看，劳动力市场发育不完善、就业服务体系不健全、信息流动渠道不畅通的矛盾依然突出，劳动力市场配置资源的基础性地位尚未确立。因此，我们要加快劳动力市场建设步伐，加快劳动力市场"硬件""软件"建设。

第一，建立和完善劳动力市场就业服务体系，克服劳动力市场就业服务机构散、乱、假现象，尽快形成统一、权威的职业介绍机构，通过规范化的职业介绍机构开展信息、培训、咨询和职业介绍、职业指导等系列化服务，强化就业服务体系信息沟通和传递功能。

第二，加强劳动力市场信息网络建设，充分发挥现代通讯工具和手段传

递信息的作用,降低劳动力市场职业"搜寻成本"。当前尤其要尽快实现大中城市市级劳动力供求信息计算机联网,积极推动区域内、区域间乃至全国性统一信息网络建设。

第三,加快劳动力市场宏观调控和管理体系的建设,加强政府对劳动力市场的预测、规划、调控、立法、监督和管理。

(七) 加快社会保障制度改革,建立失业调控系统,缓和失业对社会发展的压力

长期以来,国家机关和企事业单位实行就业、住房、医疗、退休待遇"四位一体"的单位保障制度,制约了劳动力资源合理流动;社会保障制度覆盖面过于狭窄,社会化程度和保障水平低,失业、下岗人员缺乏必要的基本生活保障。因此,必须尽快建立和完善社会保障制度,减缓失业对社会发展的压力,努力把失业限制在预警范围内:

第一,加快社会保障立法步伐,建立与社会主义市场经济体制和现代企业制度要求相适应、覆盖所有企业单位职工(包括外商投资企业中的中方职工)范围的统一社会保障体系,建立劳动力市场风险防范机制,解除劳动力流动后顾之忧。

第二,改革社会保障基金筹措方式,遵循权利与义务对等的原则,正确处理国家、企业和个人缴纳保障基金的比例关系,建立多层次、多渠道社会保障体系。要建立城市贫困线制度,实施经常性送温暖工程,设立就业应急基金,建立生产自救基地,必要时实行以工代赈。

第三,加强社会保障基金管理和运营,促进社会保障基金保值增殖,提高基金的使用效率。当前尤其要通过建立和完善我国资本市场,积极拓展社会保障融资投资渠道,提高社会保障基金收益率,降低社会保障基金投资风险。

第四,加快城镇住房等实物福利分配制度改革,规范企业和个人之间分配行为。当前尤其要从体制上中终止福利分配住房,建立市场化的住房生产和分配体制。

(本文发表于《武汉冶金科技大学学报》1999 年第 4 期。李永周协助研究)

——43——
自下而上城镇化的制度分析

一、自下而上的城镇化:转轨时期中国重大社会经济制度创新

中国农村人口向城镇的集中过程实质上是中国现代化进程中面临的一场深刻的制度变迁过程。按照新制度经济学的观点,所谓制度变迁,就是制度的替代、转换与交易过程。制度变迁可以分为两种类型:诱致性制度变迁和强制性制度变迁。诱致性制度变迁是由一个人或一群人在响应获利机会时自发倡导、组织和实行的自下而上的变迁。强制性制度变迁则是由政府命令和法律引入实行的自上而下的变迁。①

20 世纪 50 年代以来,中国的城镇化出现了两种截然不同的制度变迁模式:自上而下的城镇化和自下而上的城镇化。自上而下的城镇化是政府按照城市发展战略和社会经济发展规划,运用计划手段发展若干城市并安排落实城市建设投资的一种政府包办型的强制性制度变迁模式;自下而上的城镇化则是农村社区、乡镇企业、农民家庭或个人等民间力量发动的一种由市场力量诱导的自发型的诱致性制度变迁模式。②

20 世纪 80 年代以前,中国的城镇化是自上而下的发展模式,以传统的

---

① [美]R.科斯:《财产权利与制度变迁》,上海三联书店 1991 年版。
② 辜胜阻:《中国跨世纪的改革与发展》,武汉大学出版社 1996 年版。

计划经济体制为背景,具有以下基本特征:(1)政府在决策中处于主体地位,企业和个人基本上没有决策权。在政府主体与非政府主体参与制度安排的社会博弈中,由于政府主体在政治力量对比与资源配置权力上均处于优势地位,所以是决定城镇化方向、速度、形式、战略安排的主导力量。(2)政府主体是由一个权力中心和层层隶属的行政执行系统构成的。在传统的集权体制下,行政执行系统的利益服从于权力中心的利益,由权力中心确定的自上而下的城镇化发展模式能通过各级党政系统加以贯彻实施。(3)维护权力中心的政治权威是实施供给主导型强制性制度变迁的必要条件,而这种政治权威往往又是以经济实力作为后盾的。在传统计划经济体制下,政府通过对企业实行统收统支集中了国家的大部分财力,政府具有至高无上的权威。在此基础上,政府成为城镇化发动的唯一主体,城镇化所需要的资金几乎由政府一手包揽。(4)在传统经济体制下,非政府主体的经济利益从属于政府主体的政治利益,非政府主体对城镇化的需求受到压抑而处于隐性状态。这样,城镇化的发展只能由政府作为外部力量来"拉动",而不是由内在动力来"推动"。(5)自上而下的城镇化实行比较严格的"进入许可证"制度,政府通过户籍、住房、口粮、就业等制度安排把享受城镇化利益的人口控制在最小范围内。

自上而下的城镇化发展模式以政府的行政力为后盾,用较短的时间和较快的速度建立了中国门类齐全的独立的工业体系,奠定了中国城镇化体系和社会经济发展的基础。但是,这种城镇化模式存在许多弊端,随着中国经济体制改革的逐步深化,已越来越不适应加速城镇化进程的目标要求,成为中国社会经济全面发展的重要障碍。这种模式的弊端主要有以下几种表现:

第一,政府作为城镇化的唯一发动者,一手包揽城镇化所需要的资金,在将城镇基础设施连同城市土地拨给有关居民和单位使用时或无偿或仅象征性地收取一点费用。结果,政府投资不能形成良性循环,这不仅使国家背上沉重的城镇建设包袱,也造成了中国城镇基础设施建设滞后,严重阻碍了中国的城镇化进程。

第二,由于政府的单一投资实行大中城市优先的政策,它们过分集中于各省市政府机关驻地和一些大型工矿企业所在地,从而形成了城市发展布局头重脚轻的现象,即大中城市过多,尤其是大城市过多,小城市和镇发展不足的失衡格局。

第三,虽然城乡之间利益势差相当大,城镇对农村居民吸引力十分强烈,但由于种种计划性壁垒的存在,农村居民向城镇的人口流动性极低,只有少量的农村人口通过招生、提干、招工等狭窄渠道进入城镇,大量的农村剩余劳动力沉淀于有限的耕地上,成为中国现代化进程中的一个最大障碍。

第四,城镇数量相对集中,规模较为庞大,城镇文明程度较高,极小比例的农民进入城镇,很快就被原有的城镇文明所同化,融合进市民阶层。因此,在这种发展模式下,城镇文明未能辐射到广大农村地区,城乡文明处于一种相对隔绝和封闭的状态。

第五,政府通过工农业产品的剪刀差使农民为中国的城镇化作出了巨大牺牲,同时又通过种种计划性壁垒将农民排除在城镇化利益之外,这不仅导致了中国城乡社会经济差距的日益扩大,也激化了城乡集团之间的利益冲突,只不过在传统体制下这种利益冲突由于受到压抑而未显现出来。

第六,中国的城镇化发展滞后于非农化和工业化发展,使改革以来大量的非农化和工业化在城镇以外进行。

20世纪80年代以来,随着中国经济体制改革的逐步深入,民间发动型的自下而上的发展模式在城镇化的发展中显示出重要的作用,并日益成为中国城镇化加速发展的基本动力。这种模式的体制背景是:(1)由传统计划经济体制转向市场经济体制所带来的一个基本变化就是体制选择权的分散化,以政府为主体的超大型科层组织分解为包括企业、市场、中间性组织和政府在内的多种体制组织形式,体制选择权也相应地分散于个人、企业和政府,于是,企业和个人也可以成为城镇化的策动者。(2)中央与地方的行政分权改革使各级地方政府独立的利益倾向日益强化,如地方政府财政收入最大化,扩大地方政府对资源的配置权力,保护在原有体制下的既得利益,争取本地人民的政治支持等。在这种情况下,由权力中心确定的自上而下的城镇化发展模式难以通过各级地方政府而顺利实施。各级地方政府出于发展地方经济的需要,大力推行自下而上的城镇化。(3)改革开放以来,中国国民收入分配结构发生了很大变化,重心逐步转到居民收入方面。据世界银行估计,1978年中国国民总储蓄中,居民储蓄占3.4%,政府储蓄占

43.3%,企业储蓄占53.2%,也就是说社会总储蓄的96.6%来自国有部门。这一结构近期已改变为:居民储蓄占83%,政府储蓄占3%,企业储蓄占14%,其中国有企业估计不到7%;换句话说,在社会总储蓄中,大约只有10%来自国家部门。[①] 国民收入分配格局的变化,导致中央财政收入在国民收入中的比重下降,由中央财政承担制度变迁的能力减弱。1996年预算内财政收入占GDP中的比重为10.9%,比1978年低20个百分点,平均每年下降1个多百分点;中央财政收入占GDP中的比重1985年为8.1%,1990年为7.1%,1996年下降为6.3%。[②] 在这种情况下,政府已无力成为城镇化发动和投资的唯一主体。(4)市场取向的经济体制改革使非政府主体对城镇化的隐性需求得以凸显。始于20世纪70年代末80年代初的农村改革,使得广大农村地区紧张的人地关系和大量的剩余劳动力显性化,形成了由农业向非农产业、由农村向城镇转移的推力;农民择业自由度的提高和非农产业较高的比较利益产生了农业劳动力大量转移的拉力。推力和拉力的综合,就产生了一种推动城镇化发展的内在动力。(5)政府逐步放松了城镇化发展的制度约束,例如1984年国务院发布文件,允许农民自理口粮后进入农村城镇购(建、租)住房、投资办厂、务工经商,于是自发性就地成长的农村非农产业所带动的农村城镇的迅速发展成为自下而上城镇化发展模式的基本形式。

与政府发动型城镇化相比,中国自下而上的城镇化具有以下特点:(1)在发动主体上,发动和投资主体是农村社区政府、乡镇企业、农民家庭或个人等民间力量。(2)在布局和规模上,农村地区城镇和集镇发展呈现出规模较小、分布广泛的显著特征。(3)在动力机制上,是由于农业剩余的压力(表现为数量庞大的劳动力剩余及资本和农产品剩余)和农民追求收益最大化的动力综合作用的结果。(4)在调节机制上,是由于农民在获得一定自由度(包括时间的安排自由和经营活动的自由)后,在比较利益的驱动下从农村第一产业向非农产业和城镇转移的结果,这个转移过程基本上是遵循市场原则,要素的流动主要靠市场调节。(5)在制度安排方式上,是一种诱致性

---

① 李泊溪:《证券化融资在中国——机遇与挑战》,"风险创业投资及资产证券化融资研讨会"论文,1997年9月。

② 翟立功:《中国的经济增长与宏观调控》,《中国社会科学》1997年第4期。

安排,即在市场机制下,主要由农村经济利益主体在响应产业非农化获利机会时自发倡导、组织促成的。(6)在劳动力转移方式上,既有城镇据点规模扩张或据点数量增加带来的永久性迁移,又存在大量体制外形成的农民自发性转移。(7)在人口流动途径上,为广大农民流进城镇铺设了新的阶梯,数量较多的、新兴发展的农村城镇成为农村人口向城镇流动"三级跳"中的第一级。(8)在文明形式上,分布较为广泛的农村地区的城镇中所形成的是一种城镇文化和乡土气息交融的新型城镇文明。

20世纪80年代以来自下而上城镇化的发展实践证明:这种新型的模式顺应了中国向市场经济转轨的要求,成为转轨时期社会经济发展的基本动因。这种模式对社会经济发展的作用主要有以下几种表现:

第一,加速了中国城镇化的发展进程,改善了城镇结构体系。

20世纪80年代以前,囿于投资主体的单一化,中国的城镇化进程十分缓慢,而且城镇结构头重脚轻,不甚合理。80年代以来兴起的自下而上的城镇化则大大调动了各种民间力量的积极性,通过行政职能导向、本地资源开发、商品集散流通、工贸结合等形式,使得中国中小城镇得到长足发展。截至1994年底,中国共设城市622个,其中直辖市3个,地级市200个,县级市413个。农村小城镇共5.5万个,其中建制镇16702个,乡人民政府所在地集镇36525个,还有上千个国营农林牧渔场场部所在地。大、中、小城市比例为1∶2.81∶5.10,城镇空间布局趋向合理,城乡一体化进程开始加快。①

第二,吸纳了大量的农村剩余劳动力,缓和了农村就业压力。

造成中国剩余劳动力转移严重滞后的根本原因在于中国城镇化严重滞后于工业化和非农化。因此,解决农村剩余劳动力转移问题的根本出路在于大力发展小城镇。自下而上发展起来的农村城镇对农民具有很强的吸纳能力,而且准入的"门槛"较之大中城市要低得多,因此为农村大量剩余劳动力从事非农业生产经营提供了广阔的舞台。

第三,打破了原有城乡隔绝局面,成为农村由封闭走向开放的桥梁。

在自上而下的城镇化发展模式下,城镇和乡村在户籍、口粮、住房、就业等制度约束下基本上是两个独立的、相互封闭的社会子系统。自下而上地

---

① 辜胜阻:《中国跨世纪的改革与发展》,武汉大学出版社1996年版。

发展农村城镇则很少或基本上不受上述制度约束,世代为农的农民通过进入农村城镇从事非农产业的生产经营,可以实现其向往已久的城市梦。更重要的是,农村城镇的发展使尽可能多的农民直接受到现代工业和城市文明的熏陶,开拓了视野,学到了本领。

第四,增加了农民的收入,使农民直接享受到工业化、非农化的利益。

自下而上地发展农村城镇,使农民普遍有机会进入到过去可望不可即的城镇从事较高收益的非农业生产经营,无疑可大大增加农民收入。剩余的农村劳动力被城镇非农产业部分吸纳后,农业生产者的劳动生产率相应提高,这同样可使农民收入增加。此外,农村城镇中围绕农业生产经营的服务性产业的发展和农产品需求信息较灵敏的反馈,可以使农民在生产经营中取得更好的效益。

第五,推动了乡村工业的大发展,成为带动农村区域经济进步的增长极。

工业本身是各种生产要素的集聚,乡村工业的发展客观上要以城镇为依托。通过自下而上地建设农村城镇,把分散的乡村工业适当集中到城镇,不仅可以产生规模效应,降低乡村工业生产经济成本,而且可以产生集聚效应,为城乡第三产业的发展提供有力的需求拉力,促进农村产业结构优化。

需要指出的是,自上而下的城镇化和自下而上的城镇化并不是相互对立、相互排斥的,它们之间是一种相互联系、相互制约、相互补充的关系。事实上,自上而下的城镇化和自下而上的城镇化是很难完全划分开的,它们共同推动着中国城镇化的发展,而随着经济体制改革的深入,非政府主体自下而上推动的城镇化将逐步成为中国城镇化的基本动力。

二、自下而上城镇化过程中存在的主要问题

自下而上的城镇化是一种民间主导型的诱致性制度变迁过程。这种诱致性制度变迁是否发生,主要取决于民间创新主体的预期收益和预期成本的比较,只有当制度变迁的预期收益大于预期成本时,有关群体才会推进制度变迁。但是,由于制度的"公共产品"性质及"搭便车"问题,制度创新者并不能像技术发明者那样获得专利和补偿,而且制度的差异性也使得某些制

度安排并非民间创新主体力所能及,这样,诱致性制度变迁过程所提供的新制度安排的供给总是少于最佳供给。再者,诱致性制度变迁往往是创新主体对制度不均衡的一种自发性反应,其诱因就是外部利润或潜在利润的存在,由于人的有限理性和机会主义行为倾向,在这样的制度变迁过程中就可能会出现一种盲目和无序的状况。

由于诱致性制度变迁存在的种种缺陷,中国自下而上的城镇化也存在一些问题:

(一)乡村工业乡土化,制约了乡村工业乃至整个农村经济的持续发展

自下而上的城镇化以自发型的农村社区工业和农民私营工业为基本动力。而 20 世纪 80 年代中国农村劳动力的非农化在"离土不离乡、进厂不进城"和"三就地(就地取材、就地生产、就地销售)"的框架下进行,使乡村工业具有布局分散化、规模细小化、人际关系亲缘化、经营管理封闭化、决策主体附属化等特色。上述乡土化特征,极大地影响了乡村工业乃至整个农村经济的持续发展:(1)分散的乡村工业不能获得集聚效应和规模效应,生产经营成本高;(2)分散布局,重复建厂,既浪费资源,又不利于分工合作,不利于新技术的吸收与扩散;(3)依附于乡村社区政府,产生了许多类似于旧体制下国营企业的弊端,成为丧失活力的"二国营";(4)地缘性和封闭性使得生产要素难以流动,不利于企业成长和开拓市场;(5)劳动力需求的非市场供给导致职工素质普遍低下;(6)不利于农村劳动力的彻底转移和农村城镇非农产业的专业化发展;(7)造成大量的土地不经济利用,使人地关系更趋紧张;(8)污染点数量多而分布广,难以集中治理。

(二)农业兼业化使农业规模经营受阻,农业经济增长方式粗放

由于农业剩余劳动力的非农化尚无足够宽松的环境,人口向城镇迁移的"门槛"和二元户籍制度使许多农民不愿放弃作为生存之本的土地经营权。农民在这种"家家有其田"的格局下的理性行为必然是农业"户户小而兼(业)",相当一部分转向本地乡村工业的农民满足于"粮食够吃就行",不肯在土地上下功夫,农业变成了他们的兼业。这使得农业经营粗放,甚至出现农田抛荒现象,浪费宝贵的土地资源。另一方面,部分种田能手又由于土

地规模过小,经营成本高,"英雄无用武之地"。这种与自下而上城镇化相联系的农业兼业化经营不仅阻滞了农业的规模经营和农业剩余劳动力的彻底转移,使农业的发展陷入了步履维艰的境地,也在一定程度上使农村非农产业的发展难以走上正轨。

(三)大量离农人口处于游离状态,造成资源浪费和种种不稳定状况

在农村非农化浪潮中,农村地区相当数量的劳动力已经进入城镇务工经商,基本上脱离了农业。但是,由于种种制度约束,这种转移没有纳入正式渠道,是一种暂时性的体制外转移,于是便出现了一个既非农民、又非市民的"两栖化"游离阶层。这一阶层的出现,引起了多方面的不容忽视的弊端:(1)"两栖"人口既不愿放弃土地,又不愿意在土地上投入更多的时间和资金,依旧实行粗放经营;(2)对所从事的非农产业没有长期经营的打算,没有长期规划,也不愿进行大规模投资;(3)在经营中具有短期行为倾向,甚至只追求利润,不求质量和信誉;(4)很难受到社会规范的约束,不利于城镇社会秩序的稳定;(5)不少"两栖"人口在农村和城镇占有双份的生产资料和生活设施,从宏观上和微观上都造成了资源的浪费。

(四)分散发展的小城镇缺乏规划,表现出一种盲目和无序的倾向

在一些经济、自然条件优越的乡村(尤其是在沿海地区),伴随着"村村点火、户户冒烟"式的乡村工业的发展,农村城镇的发展也呈现出一种"村村盖楼、乡乡建镇"的遍地开花、首尾相连的分散格局。这种缺乏统一规划的盲目城镇化所产生的后果是消极的:(1)小而全的集镇基础设施投资大,利用效率低,规模不经济;(2)占用耕地面积多,破坏了农村生态环境;(3)工业厂区、商业服务区、居民生活区布局混乱,既不利于生产,也不利于生活;(4)使农村非农产业发展进一步社区化、乡土化和封闭化;(5)规模过小而封闭色彩又过于浓厚的小城镇只是传统农村村落的变种,现代城市文明难以得到传播和普及。

(五)城镇产业层次低,结构不合理

自上而下的城镇化发展起来的大中城市集中了几乎全部的现代化大工

业,第三产业也有一定程度的发展。而自下而上的城镇化则是把分散的农村工业适度集中而形成农村工业地域载体,因此,就产业结构而言,存在着以下制约农村工业化发展的问题:(1)由于资本、技术、经营能力的限制,城镇产业主要集中于层次较低的劳动密集型产业和小型加工业,它们往往把当前和近期利润作为首要目标,短期行为严重;(2)以农产品为原料的加工业发展不足,科技开发不够,农业加工品的附加值不高,不仅使工农业结构关联差,而且工业内部结构也难以优化;(3)乡村工业与城市工业同构严重,它们相互争夺原料和市场,不仅造成大量资源浪费,而且使城乡工业相互抵制;(4)第三产业总量过小,而且结构失调。现有第三产业主要集中于饮食服务业、零售商业等传统行业,而为农业社会化服务的产业及信息、咨询、科技服务等现代第三产业的发展则严重不足。

(六) 农村城镇生态环境趋于恶化,影响到整个社会经济的可持续发展

集中于大中城市的工业对环境的污染一般是点污染,比较容易集中治理,而分散化、乡土化的农村城镇工业粗放式经营对环境的污染则是面污染,难以集中治理,不仅影响居民的生活,还严重地影响农业生产的自然条件,制约了社会经济的可持续发展。与城市工业相比,乡村工业对生态环境造成的严重影响在如下方面更为突出:(1)乡村工业中污染性行业所占比重较大,它们使水质下降,农田土壤被污染,并使鱼类稀少以至绝迹;(2)粗放经营的资源开发型企业的过快发展,使资源消耗过快,自然环境被破坏;(3)遍地开花的乡镇企业、千家万户的建房热、星罗棋布的小城镇宅基地和公用设施占地明显大于同等规模的城市建设用地,成为侵吞农村耕地的三只"恶虎"。

三、促进自下而上城镇化健康发展的对策

在自下而上城镇化的发展过程中,首先必须充分发挥市场机制在资源配置中的基础性作用,同时还必须充分发挥政府及各种中介机构的协调功能。一方面,由于制度变迁是一种"公共物品",而政府垄断了国家的"暴力潜能",不但强制性制度变迁必须通过政府的强制实施,诱致性制度变迁也

必须通过政府放松约束才能够实现。因此,政府必须充分利用自身的垄断优势提供适当的、全局性的制度供给,以优化自下而上城镇化发展的制度环境。另一方面,政府和各种中介机构还必须通过间接诱导和调控的方式,解决自下而上城镇化发展过程中的种种问题。

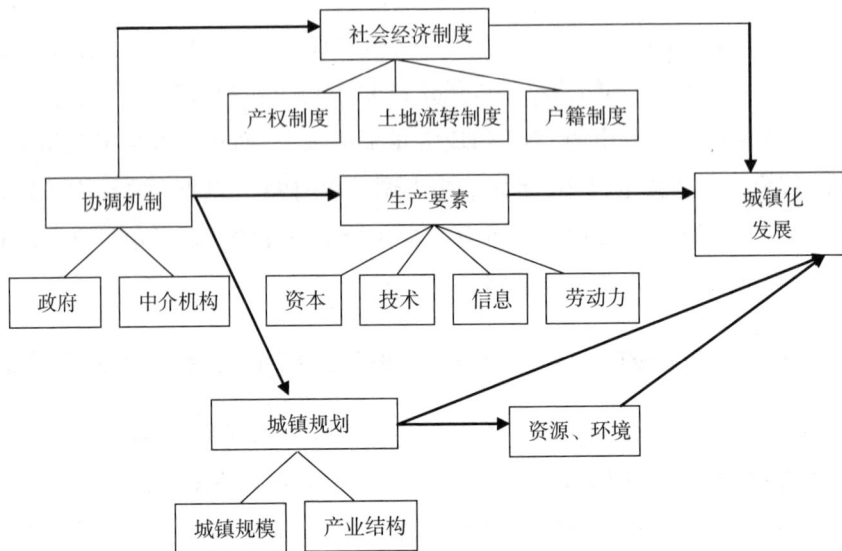

图1 自下而上城镇化健康发展对策组织框架

(一) 进行经济与社会制度创新,优化制度环境

在自下而上城镇化发展过程中,由于产权制度、土地流转制度、户籍制度等一系列制度约束,致使乡村工业的发展分散化、乡土化,大量农村剩余劳动力不能实现彻底转移。因此,必须进行上述制度的创新。

第一,进行产权制度创新,引导乡镇企业向城镇适度集中。城镇的集聚效应对经济发展具有重要的推动作用,因此要推进乡镇企业向城镇的适度集中。为此,必须从企业产权制度改革入手,在不让乡村社区丧失产权的前提下,改变乡镇企业政企不分的社区所有制。为解决这一问题,可以考虑建立乡镇企业资产管理公司,对各乡镇企业的固定资产和生产经营效益进行评估,并招标组建资产经营公司,或通过股份合作制和股份制改造使企业所有权与经营权分离,从而使乡镇企业产权突破地缘性和封闭性约束,在不同地区、不同行业、不同所有制范围内流动和重组。

第二,进行农村土地流转制度创新,逐步割断转移劳动力同土地的"脐带"。进行土地流转制度创新的具体对策有:(1)吸引产业资本介入农业,鼓励农户将他们承包的少量耕地转让或折算成股份加入农业农场,部分农户以农业工人的身份成为新组建的农场的职工,更多的农民则进入城镇务工经商;(2)政府农业部门成立非营利性的农地管理公司,通过市场行为并购、整治过度细碎的小块耕地,对转让土地使用权的农户予以适当的经济补偿,或为他们提供新的就业机会;(3)发放永久性土地使用权证,实行"一地一证"制,农民只要凭土地使用权证和承包合同,就可以对土地实行出让、出租、转包、入股、抵押等流转活动。

第三,进行户籍制度创新,确立进入城镇农民的城镇居民身份。传统的户籍制度既缺效率,又欠公平,它阻碍了城乡之间人口的流动,使我国二元社会结构得以强化。因此,改革户籍制度,让农村人口合理流动已成为当务之急。户籍制度的改革在总体上应是渐进式的,应首先淡化城市偏向,使户籍与社会福利逐步脱钩,再经过一系列过渡环节逐步过渡到城乡一元的户籍管理制度。对县城或县域中心镇,可逐步取消现行的农业户口、非农业户口、自理口粮户口和其他类型的户口,实行以公民的住房、职业和生活来源等主要生活基础为依据的落户标准,建立以居民住地划分城镇人口和农村人口,以职业划分农业人口和非农业人口的户籍登记制度,实现城乡户口一体化管理。对于大、中、小城市,则应设立高低不等的门槛条件,合理引导农村人口的流动。

(二)培育城镇生产要素市场,优化配置生产要素

资本、劳动力、技术、信息是自下而上城镇化发展的基本要素。没有要素市场的发育或要素市场价格扭曲,就会失去最佳外部环境。要素市场发育的成熟程度,基本上反映了自下而上城镇化可能推进的速度。因此,应充分发挥政府(特别是地方政府)及各种中介机构的组织协调作用,大力培育生产要素市场。

第一,培育资本市场,拓宽投融资渠道。资本是中国城镇化过程中的一种稀缺性要素。在城镇化发展的初始阶段,必须采用"大推进"的方式实行

大规模投资,从而产生一个"临界最小努力",使经济走出"低水平均衡陷阱"。培育资本市场,关键是要建立一种面向市场的投融资体制,以拓宽投融资渠道:(1)利用土地批租收入筹资;(2)积极鼓励外商直接投资;(3)吸引大中城市企业到城镇投资;(4)盘活乡镇企业资产存量;(5)增强证券市场筹资功能,争取从资本市场直接融资;(6)进一步发展项目融资、工程融资等国际上通行的融资方式;(7)用活预算外资金和各类专项基金;(8)增加地方财政投入。

第二,培育劳动力市场,优化人力资源结构。人力资源是一切资源中最重要的资源。现阶段,劳动力市场发育滞后是制约中国城镇人力资源优化配置的主要障碍。为建立和完善城镇劳动力市场,应着重做好如下工作:(1)建立健全劳动力流通的中介服务组织,逐步形成城乡协调、信息畅通、配套服务的劳动力市场体系;(2)改革现行户籍管理制度,使城乡劳动力平等就业;(3)完善收入分配机制和激励机制,吸引城市国有、集体企业中的科技人员、管理人员、熟练工人充实到乡镇企业的工作岗位上去;(4)制定和落实城镇劳动力就业法规体系。

第三,培育技术市场,加快乡镇企业技术进步和技术创新的步伐。技术水平落后、产品科技含量低,严重地制约了乡镇企业的可持续发展。培育技术市场,加速乡镇企业技术进步和创新,可从如下方面着手:(1)鼓励乡镇企业更加积极地投资于设备更新和技术改造,提高现有产业的科技水平;(2)把按劳分配和按生产要素分配结合起来,允许科技投入参与收益分配,以加快技术创新的步伐;(3)采取与科研机构合作、直接购买专利、技术入股等方式,参与科技产品市场的竞争;(4)完善有关科研成果转让的法规,强化各种中介机构的协调功能;(5)政府在资金、税收、投资等方面给予一定优惠和支持。

第四,培育信息市场,发挥城镇作为信息中继站的作用。城镇作为"城市之尾、乡村之首",架起了乡村与城市的桥梁,充当着城乡信息交流中继站的角色。一方面,农村工业化的推进必须依赖于信息市场,以调整产业结构,促进工业扩张,并实现乡村工业与城市工业的同步发展。另一方面,城镇的信息纽带作用又将引导农村农产品和非农产品的生产和交换,使农村由封闭走向开放。培育城镇信息市场,必须加速信息商品化进程,加大信息基础设施的投入,建立城乡联通的信息网。

(三) 实施非均衡发展战略,合理规划城镇布局和规模,优化城镇产业结构

搞好城镇发展规划,是促进城镇健康发展的重要前提。城镇发展问题在一定意义上是"市场失败"的领域,不是可以完全依靠市场这只"看不见的手"而自发解决的,因为它更多地涉及到所谓"外部性问题",如公用设施建设、环境保护等。因此,在发展的一定阶段,政府要通过经济、行政、法律等手段进行规划和引导。

第一,合理规划城镇布局和规模。目前小城镇基本上按照行政区划的格局分布,每个县、每个镇都力求建立自己的经济中心,形成一乡一镇的分散布局。这种布局并不符合市场经济的内在要求。解决这个问题,要站在经济区划的角度,科学规划小城镇的发展。现有的 5 万多个小城镇,不可能同等程度地平面扩张,只能实施非均衡发展战略,根据本地区的人口密度、经济发展水平和后劲、现有城镇体系和布局、吸纳剩余劳动力的潜力等情况,大致可以选择两类小城镇作为发展重点:一类是选择若干基础较好、条件具备的县城或建制镇,按中小城市规模制定规划,从多方面创造条件,如必要的行政区划变动、大中型项目建设的布局等,将这批小城镇发展为中小城市;另一类是选择若干建制镇和集镇,发展成为平均人口规模 2 万人左右的设施完备、环境优美、功能齐全、特点鲜明的小城镇。

第二,调整农村非农产业结构。中国农村非农产业结构的调整要坚持四种导向。这四种导向是:(1)大城市周围和沿海城镇群中的非农产业的发展要避免同城市非农产业的同构性,强调异质互补,强调为城市大工业配套,为城市人民生活服务。这类农村非农产业要上规模、上质量,充分利用城市的辐射功能,进行技术改造。(2)远离城市的乡镇企业要坚持原材料导向,发展对农产品进行深加工的加工业和以资源为依托的农村建材和采掘业。(3)在新建非农产业项目时,要坚持交通导向,鼓励农村非农产业沿江、沿河、沿铁路交通干线布局,尽量避免把农村非农产业建在交通特别不便的地方。(4)通过乡村非农产业结构调整,推行第三产业导向。目前,中国非农产业的突出问题是第三产业发展严重不足,而生产过程中的劳动力大大

过剩。通过发展农业社会化服务和新型第三产业,可缓解这一矛盾。

(四)保护城镇生态环境,合理利用城镇资源,实施城镇经济的可持续发展战略

现代社会经济的进步必须以良性循环的生态系统及生态资源的持久、稳定的供给能力为基础。针对中国自下而上城镇化发展过程中存在的生态环境恶化、资源浪费严重等问题,要实施城镇经济可持续发展战略,必须正确处理经济发展同人口、资源、环境的关系,提高资源利用效率,加强对环境污染的治理。解决中国城镇化过程中的环境污染和资源浪费问题,主要有以下办法:(1)搞好新技术的创新和推广工作,走集约化经营道路;(2)消除价格扭曲,创造公平竞争的环境,进而淘汰一批规模不经济企业,解决资源配置不当问题;(3)以法规的形式设定一个根据企业最小规模经济而确定的税量,以避免很多规模不经济企业对环境造成的污染;(4)改革土地产权制度,提高土地使用价格,以合理利用土地资源;(5)强化环境保护的法律意识,加大保护环境的执法力度。

(本文发表于《中国社会科学》1998 年第 2 期。李正友协助研究)

44

户籍制度改革与人口城镇化

发达国家经济发展的历程表明:一国在经济发展过程中,除了处理好工业与农业之间的比例关系外,还应协调好工业化与城镇化的进程。一般而言,工业化是城镇化的"发动机",城镇化是工业化的必然结果,两者之间是作用与反作用的关系。过度城镇化或城镇化滞后都会给工业化乃至整个社会经济发展带来不良影响。从我国目前城镇化水平来看,城镇化已经滞后于经济发展,导致 20 世纪 90 年代出现所谓的"农村病"。而我国城镇化滞后的根本症结又在于传统计划经济体制下实行的户籍制度阻碍了城乡间人口的迁移,农村剩余劳动力转移不出去,二元社会格局长期延续下来。随着我国经济体制由计划经济体制向市场经济体制转变,被长期束缚在土地上的农民已经纷纷离乡入城,形成声势浩大的"民工潮",政府试图用户籍制度限制农村人口流向城市的传统做法不仅愈来愈难以奏效,而且由于户籍制度改革的滞后,流徙入城的农民无法融入其就业城镇的行政组织、经济组织与社会人口所组成的关系内,因而不能被城镇社会充分接纳而成为漂泊不定的流动人口,给社会秩序的稳定带来巨大隐患。因此,改革传统的户籍制度已成为人们的共识。

对于户籍制度而言,目前面临的突出问题不是要不要改的问题,而是如何改的问题,即如何设计一条合理的制度变迁路径,尽可能增大改革的收益,降低改革的成本,实现从传统户籍制度向新的管理模式的顺利转换。对于这一问题,我们总的看法是:户籍制度的改革在总体上应是渐进式的。在旧的管理制度与新的目标模式的转变过程中,必须经过一系列过渡环节,而不能简单地一放了之,让城镇一夜之间湮灭在农村人口的汪洋大海之中。政府应从我国城镇化发展的现状和未来发展的需要出发,通过在大、中、小城市和农村市镇中选择先拆哪一道围栏、后拆除哪一道围栏即设立高低不等的门槛条件来调控农村人口的流向、流量与流速,以促进我国城镇体系的合理化。在户籍制度改革的具体步骤上,政府首先应让户籍与各种社会福利脱钩,淡化城市偏向和户籍意识,通过先改内容后改形式的方式,来减少改革过程中的利益冲突和摩擦,避免造成社会动荡,降低改革成本,最终实现城乡一元的户籍管理制度,促进城乡一体化发展。

一、户籍制度改革的紧迫性

我国户籍制度是计划经济体制的产物,在稳定社会秩序、防止"城市病"等方面起过积极作用。但这一制度不随时代变迁而加以改进,日益僵化,带来我国城镇化严重滞后等一系列弊端,特别是随着社会主义市场经济体制的建立,其与体制不适应的症状日益明显,迫切需要加以改革。

新中国成立初期,我国人口在城乡之间是自由流动的。但到20世纪50年代,随着大量农村人口涌入城市,一方面给城市居民就业、食品供应带来了困难,另一方面也使农业劳动力过度流失,出现了农业劳动力短缺的现象。为了控制农村人口向城市的迁移,1958年国家颁布了《中华人民共和国户口登记条例》,而且政府为了保证条例能得到贯彻实施,还先后制定了一系列辅助性的行政措施,如"城市人口商品粮供给制度""劳动就业制度""医疗保健制度"等,从而形成一种以《中华人民共和国户口登记条例》为核心、其他辅助性措施为补充的户籍管理制度。

户籍管理制度将全体公民划分为农业户口的农村人口和非农业户口的城市人口,国家对非农业人口的就业和生活必需品的供应实行"大包大揽"和低价补贴的政策,农业人口的就业和福利则由农民自行解决,从而将户口与社会地位和福利直接挂钩,使户口成为一种不平等的社会身份的象征。特别是户籍管理制度严格限制农村人口向城市的迁移,导致户口身份其有了终身和世袭的性质。这种福利偏向非农业户口人口的情况见表1。

表1 传统体制下中国非农业户口人口的利益偏向

| 就业制度 |
| ——终身职业保障(铁饭碗) |
| ——固定工资收入 |
| 低价物质供应制度 |
| ——低价粮食供应(粮票) |
| ——低价布匹供应(布票) |
| ——低价副食品供应 |
| 福利制度 |
| ——高额住房补贴 |
| ——免费医疗 |
| ——老年保障 |
| ——良好的学校等设施 |
| 补贴 |
| ——享受各种生活补贴和优惠 |

应该看到,这种城乡分割的户籍制度在新中国成立初期对于维护社会秩序、保证我国城市化速度不超出社会经济发展水平可能承受的限度,避免发展中国家普遍出现的过度城市化等方面曾起过积极作用。但是,这种制度并不随时代变迁而加以改进,而是趋于老化。随着经济体制由计划经济体制向市场经济体制转变,其与新体制不适应的症状日益明显,已成为我国现代化进程中的一大障碍。这些弊端集中体现在以下几个方面:

(一) 现行户籍制度阻碍了劳动力的自由流动,大量劳动力被束缚于土地上成为农村剩余劳动力,造成我国城镇化滞后于工业化

中国是一个传统的二元社会,城市与乡村之间发展很不平衡。一般认为,改变这种二元社会结构的重要途径就是通过城市工业部门的扩张来吸纳农村剩余劳动力,因此,农村人口向城市的迁移不仅是工业化的客观要求,这也是传统社会向现代社会转变的必由之路。然而我国现行的户籍制度却人为地将城乡分割,使农村人口向城市的迁移受到严格限制。这一方面使大量农村人口被迫滞留在土地上成为农业剩余劳动力,农业经营规模日益向细小化方向发展,农业生产也呈现出高土地生产率和低劳动生产率紧密结合的过密化倾向,不利于农业现代化的实现;另一方面也使我国城镇化发展异常缓慢,城镇化严重滞后于工业化,形成一种"小马拉大车"的格局,城市根本无力带动乡村迈上现代化之路。

把我国城镇化水平与国际一般趋势相比较,可以看出我国城镇化滞后的现象已相当明显。例如到1990年,我国工农业总产值中工业产值已占77.7%,但城市人口占全国总人口的比例仍只有26%,而同一时期发达国家如日本城市人口比重达到75%,美国为77%,东欧地区为68%,拉美国家城市人口比重也增至71%,但中国城市化水平却低于亚洲32%的平均水平(见表2)。正是由于城镇化发展缓慢,我国乡村工业布局如同天女散花,零星散乱。乡村工业由于缺乏规模效益和集聚效益,资源浪费、环境污染的情况日趋严重,出现了一系列所谓的"农村病"。

表2 人口城镇化率的国际比较

	1950 年	1960 年	1970 年	1980 年	1990 年	2000 年
中国	11%	19%	17%	20%	26%	35%
美国	64%	70%	74%	74%	75%	78%
日本	50%	63%	71%	76%	77%	78%
印度	17%	18%	20%	23%	26%	29%
东欧	39%	48%	56%	63%	68%	73%
亚洲	17%	22%	23%	27%	32%	38%
拉美	42%	50%	57%	65%	71%	77%

资料来源:联合国:《世界城市化展望》,1994年。

(二)户籍制度把城乡人口划分为彼此分割的、不平等的两大社会集团,强化了二元社会结构,阻碍了农村社会经济的发展

现行户籍制度把全国人口划分为农业人口与非农业人口,并对城镇非农业人口提供了一系列福利待遇,从而使户口在一定意义上衍生出了价值与等级,形成了具有不同价值与不同等级的社会身份,使城镇居民与农村居民之间的社会地位、发展机会明显不公平。而且在城镇居民户口中,还存在着大城市、中等城市、小城市、县城、一般乡镇的户口在社会福利、物质供应与迁移自由度等方面的差别。正因为存在以上差别,人口迁移受到严格限制,农村人口被封闭在农村里,束缚于土地上,形成一种不思进取、安土重迁的观念,封建社会遗留下来的愚昧、迷信、落后、保守的思想意识得以在闭塞的乡村社会延续,城市的文明之光很难辐射到乡村社会,人口素质也得不到提高。例如,据统计,20 世纪 80 年代初期,我国择偶的人当中,有 50%不出县,40%不出乡,30%不出村。婚姻配偶选择范围狭窄,直接影响了后代的先天素质。

正是由于户籍制度"画地为牢",把农村人口束缚在闭塞的乡村社会,使乡村社会经济发展与城镇的差距进一步扩大,城乡之间的鸿沟加深,传统二元社会结构日益强化,直接阻碍了中国现代化建设。

(三)由于户籍制度改革滞后,大量农村劳动力入城后只能在城镇体制外生存而成为流动人口,给城市社会秩序的稳定和乡村经济的发展均带来不利后果

20 世纪 80 年代起,随着改革开放的深化,户籍在限制城乡人口迁移方面的功能日益削弱,许多农民纷纷离开乡村到城市打工,形成声势浩大的"民工潮"。然而,这些流迁入城的民工到城市后却由于受到户籍制度等一系列行政壁垒的阻碍,无法融入就业城镇原有的社会经济组织内,不得不在体制外生存而成为漂泊不定的流动人口。从表 3 户籍制度下市民与流民的比较可以看出体制内的市民与体制外的流民差异明显。据统计,目前我国长年飘泊在外的流动人口已达 8000 万之多,相当于整个德国的人口在中国大地上游荡。这些流动人口一方面进城后没有正式身份,在婚嫁、幼托、教育、住房、社会保障等方面面临一系列困难,这既不利于维护流动人口的合法权益,又不利于城市社会秩序的稳定。另一方面,这些流动人口的户口还保留在原来的乡村社会里,并没有割断同土地的脐带,还在乡村保留着土地,使农村土地无法向种田能手集中,导致一些良田抛荒,影响农村经济的发展。

总之,传统的户籍制度既缺效率、又欠公平。它阻碍了城乡之间人口的流动,使我国城镇化严重滞后于工业化,使乡村社会的闭塞状态以及二元社会结构得以强化,既阻碍了中国经济现代化,又使人本身的发展受到极大的限制。因此,改革户籍制度,让农村人口合理流动已成为当务之急。

表3　户籍制度下市民与流民的比较

	城镇市民	城镇流民
户籍	城镇户口	暂住户口
权益	享受各种市民权益	体制外生存、不享受市民权益
调节通道	政策招工、招生、调动	劳动力市场自发调节
就业	国家安排正式部门就业	主要在非正规部门自谋职业
生活基地	城市单栖型	城镇、农村双栖型
人格特征	市民特征	农民、市民双重人格
行为特征	稳定、长期的行为预期	不稳定、短期的行为严重
收入	同既得地位相联系	靠吃苦耐劳致富

二、人口城镇化过程中户籍制度改革的思路

（一）户籍制度的改革在总体上应是渐进式的,不能一下子放开闸门,让城镇一夜之间湮灭在农村人口的汪洋大海之中。在旧制度向新制度的转变过程中,应该先淡化城市偏向,使户籍与社会福利逐步脱钩,通过先改内容后改形式的方式来缓和改革过程中的利益冲突和矛盾,再经过一系列过渡环节过渡到城乡一元的户籍管理制度,促进城乡一体化发展

中国的改革从总体上说来是渐进式的,是"摸着石头过河",从而避免了俄罗斯、东欧那样的社会动荡。许多经济学家认为这是中国改革成功的重要因素。与这种整体转轨的渐进性相适应,户籍制度的改革也必然是渐进的,不可能一下子放开闸门,让城镇一夜之间湮灭在农村的汪洋大海之中。户籍改革之所以要渐进,除了上述理由外,具体还有以下几点理由。

1.中国城乡之间的经济势差和社会势差太大,如果一下子放开户籍制度,势必乱了农村,冲击城市

由于户籍制度具有明显的城市偏向,即政府所制定的投资、税收、价格、

社会福利等政策在城市和农村之间不合理地偏向城市,造成城乡之间的经济势差和社会势差太大。据统计,尽管改革初期城乡之间的差距曾一度缩小,但1985年以后,城市居民的收入增长速度连续10年超过农民收入的增长速度。1985—1995年,城镇居民人均生活费收入从685元增加到3893元,农村居民人均纯收入从398元增加到1578元,二者的比差(以后者为1)从1.7∶1扩大到2.5∶1,同期城乡居民的消费水平比差从2.3∶1扩大到3.4∶1。1995年,仅国家财政用于价格补贴的支出就高达3亿元。在城乡差距如此巨大的情况下,如果一下子放开户籍制度,会使城市遭受巨大的冲击。因此户籍制度改革必须以渐进方式进行。首先就是要淡化城市偏向,逐步让户籍与社会福利脱钩,缩小城乡之间的经济势差和社会势差。

2. 目前我国农村剩余劳动力数量庞大,而城镇随着国有企业改革的深化,大量富余人员将从国有企业中被排挤出来,一下子放开户籍制度,城市无力解决劳动力的就业问题

由于户籍制度长期的阻碍,我国农村劳动力滞留在乡村转移不出去。尽管20世纪80年代的乡村工业化吸纳了近1亿的农村剩余劳动力,但千方百计想入城寻求就业的剩余劳动力数量依然庞大。与此同时,随着国有企业改革的深化,从计划经济体制"低工资、高就业"模式下被排挤出来的富余人员越来越多。据估算,在1995—2000年间,我国现有1.1亿国有企业职工和3600万城镇集体企业职工中,将有2000万—3000万富余人员会像挤水一样从企业这块大海绵中被逐步排挤出来。因此,未来我国城镇的就业形势本身就已箭拔弩张,现有的城镇根本没有能力一下子吸纳农村的劳动力大军,这就有必要根据城镇化发展的需要,通过设置高低不等的门槛条件,来加以调控。

3. 我国目前特大城市的社会福利较好,吸引力最大,如果不加区别地一步放开户籍制度,特大城市的人口膨胀难以控制,而最应发展的小城镇却吸引不了人口,城镇体系将更不合理

我国特大城市一般是全国或各省的政治、文化、经济中心,城市基础设施较好。特大城市的居民目前也享受着比中小城镇更多更好的福利待遇。因此,特大城市对农村人口的吸引力最大。如果对大、中、小城市不加区别

地放开户籍制度,特大城市的人口将急剧膨胀,使本来人口就趋于饱和的这些特大城市难以承受,甚至带来"城市病",而本应大力发展的小城镇却因吸引不了人口,得不到发展,城市体系将进一步趋于"头重脚轻"。

4. 迁入城市的农民的生活方式有一个由农村文明向城市文明的过渡和适应过程,农村人口向城镇的转移有必要通过一系列过渡环节,实行分阶段的渐进性转移

农村人口的迁移需要经过几个步骤,以逐步适应城市生活方式:在地域范围内,可以设想让农民先在村办企业兼业,然后到镇,再到小城市,最后到中等城市乃至大城市就业,在产业范围内,可以设想让农民先在传统手工业就业,然后到现代大工业,再到高度现代化的非农产业就业。通过这种梯度式转移,可以缓解农村人口对特大城市的冲击。

(二)户籍制度的改革必须立足于我国城镇化的现状和城镇未来发展的需求来进行。政府应充分发挥户籍制度的调控功能,通过对大、中、小城市设立高低不等的门槛条件,调控农村人口的流量与流速,促进城市体系的合理化

从我国目前来看,城镇体系不合理首先表现为内部结构有明显的偏差。例如 1980—1990 年间,全国城市由 324 座增加到 517 座,其中人口百万以上的特大城市从 22 座上升到 32 座,人口 20 万—50 万的中等城市由 94 座增至 141 座,人口 20 万以下的小城市由 178 座发展到 313 座,然而十年间全国 50 万—100 万人口的大城市仅增加 1 座。这种人口 50 万—100 万的城市发展偏慢的现象以湖北、吉林、山东等几个省份最为突出。例如,湖北省 1992 年 20 万—50 万人口(市区非农业人口)的中等城市有 11 座,山东有 16 座,吉林有 10 座,但这三个省 50 万—100 万人口的大城市数目都为零。这些地区的城市体系在特大城市与中等城市之间出现明显的断层现象。

我国城镇化体系不合理的另一个表现是直接联系城市与乡村的县城发展不够。县城作为农村之首、城市之尾,是扩散城市文明的重要枢纽,是我国未来农村城镇化最有发展潜力的地区。在过去,由于受户籍制度的限制,县城的发展受到抑制,使我国城镇体系的基础显得很不宽厚,影响了城市的辐射功能。

户籍制度的改革必须从我国目前城市内部结构有偏差和县城或县域首位镇发展不足这样的现实出发,通过对大、中、小城市和县城设立高低不等的门槛条件,引导农村人口的流动,促进城镇体系的合理化。这一门槛条件如表4所示。

表4　城市类型与户籍改革

城镇类型	户籍改革方式
大城市	运用市场机制和有关的行政法律手段,允许部分高素质的农民或实现了原始积累的农民企业家进城入户,给予准城镇户口
中等城市	以更加开放的态度,设置适度的门槛条件鼓励农民进城务工经商,允许有固定职业、在城市工作10年以上者取得城市户口
小城市	在切断户口与城镇福利联系的前提下,向农民打开城门
县城或县域中心镇	敞开城门,让农民自由进城

1. 对于大城市,既不能关死城门,堵住农民进城,也不能一步放开户籍,让城门大开

应设立一种经济导向、人口素质导向和社会规范导向三位一体的门槛条件,让具有在城市投资能力的、文化程度较高、具有从事非农产业经验的农民优先进城。对于中等城市,应以更加开放的态度,设置比大城市稍低的门槛条件,鼓励农民进城务工经商,允许有固定职业、在城市工作一定时间者取得城市户口;对于小城市,在实现户口与城镇社会福利脱钩的前提下,向农民打开城门,允许农民自由出入。通过这些门槛条件,调节农民进城的流量和流速。

2. 对于县城或县域首位镇,政府应彻底放开户籍限制,允许农民自由出入,使县城和少数基础较好,具有经济吸引力的城镇成为我国城镇化的"龙头"

我国县城一般都具有发展为城市的基础,它们不但有较长的建制史,而且在农民心目中,县城与乡村同处于一个社会系统内,农民向县城的迁移易于实现,也最能适应。彻底放开县城和县域首位镇的户籍制度,可以把大量农村人口吸纳到这些县城中,从而避免由于户籍制度改革给大城市造成的冲击。可以在全国50000个小城镇当中选择发展前景较好的2000个左右的

县城或县域首位镇,到 2000 年时把它们发展为以下三类规模的城市:(1)在 100 万人口以上的大县,把城关镇发展为 30 万—50 万人口的中等城市;(2) 在 50—100 万人口的中等县,以城关镇为依托,建立 20—30 万人口的中等城市;(3)在 50 万人口以下的小县,建立 20 万人口的小城市。通过这种"一县建一市"的战略,一方面避免城镇化过程中"普遍开花"的小城镇化倾向,另一方面促进城镇地区分布的平衡,使城市文明能迅速向广大农村地区扩散。

(三)制度是一种无形的公共物品,市场机制很难有效地提供这种公共物品,只能由政府出面担当供给公共物品的职能。因此,户籍制度的创新不能完全依赖于自发的自下而上的改革,政府应充分发挥自己的职能,适时实现向自上而下的改革的转变

制度作为一种公共物品,与其他公共的物品一样,存在着"搭便车"问题,即因为公共物品的消费不具有排他性,因此每个人往往不愿主动为公共物品付费,总想让别人生产然后自己免费享用。这样,每个人都想让别人去生产,别人为其付费,自己免费享用,结果是谁也不生产,供给为零。可见,制度的供给如果完全依赖于市场,往往会出现制度供给满足不了制度的需求而出现制度不均衡或制度短缺的现象,因此,政府应担当起弥补制度供给不足的职能。

我国户籍制度的创新现阶段还处在自下而上的自行性改革阶段。尽管人们对新的户籍制度的需求已相当强烈,出现制度供给不足的现象。但由于政府职能的滞后,户籍制度改革步伐缓慢。例如,流迁入城的农民长期在体制外生存,对这些人的管理许多地方实际上处于"真空状态",既不利于城市的稳定,也不利于维护外来人口自身的合法权益。据有关部门统计,1979 年广州外来人口刑事犯罪案件仅占总刑事案件的 2.2%,到 80 年代末,已接近 60%。北京市近年来外来人口刑事犯罪的比例也直线上升,1990 年时为 22.5%,1993 年高达 36%。流动人口问题成为中国社会稳定的一大隐患。创立一种新的管理模式显然是对整个社会十分有益的事情。但这需要付出成本。对于私人或某个部门来说,如果这一制度创新的成本要自己承担,而收益则无法单独享受,那么就存在"搭便车"的问题,就缺乏制度创新的动力,带来改革的滞后。这时政府应当积极发挥制度创新的职能,弥补制度的短缺。

目前我国在户籍管理方面的制度供求很不均衡,一些地方的农民开始自发地建造"农民城",自发性地进行制度创新,但是这种自发性改革作用还相当有限,根本弥补不了制度供给的短缺。因此,政府要积极把目前这种自下而上的改革转变为自上而下的改革,在尽可能快的时间内推进户籍制度改革,以降低制度变迁的成本,实现制度供给与需求之间的均衡。

(本文发表于《经济经纬》1998 年第 2 期。成德宁协助研究)

45

城镇化:世纪之交
农村改革与发展的主题

一、农村工业化是 80 年代中国农村经济发展的主要动力,但从总体上看,它是一种粗放型经济增长方式,进入 90 年代后暴露出越来越多的问题。因此,分散的农村工业化道路只能是农村经济发展的过渡模式而不是目标模式

　　20 世纪 80 年代乡镇企业异军突起,成为中国工业化历史进程中最引人注目的现象。据统计,1992 年全国农村工业产值已达 12717.9 亿元,占农村社会总产值的 50.09%,所占比重首次上升到 50% 以上,这标志着我国农村经济结构实现了根本性的转变。在苏南这些乡镇企业发达地区,农村工业更是早已从"半壁江山"发展为"三分天下有其二",形成我国工业化过程中"农村包围城市"的新态势。

　　农村工业的广泛兴起,成为 20 世纪 80 年代中国农村发展的主要动力。在整个 80 年代,全国农村工业吸纳了 1 亿以上的农村剩余劳动力,这在中国农业发展史上是一个历史性的转机。美国经济史学家黄宗智就认为:中国自明清以来的数百年中,大量农村人口没有农业外的出路,被长期束缚于土地上精耕细作,使中国农业一直呈现出高土地生产率和低劳动生产率紧密结合的"农业过密化"倾向,农业因此长期徘徊在糊口水平上。直到 20 世纪

70 年代末以后,中国乡村工业和新副业的发展,才终于吸纳了堆积在农业生产中的劳动者人数,并扭转了这种长达数百年的过密化趋势。[①] 可见,20 世纪 80 年代的农村工业化在中国经济发展历程中有着相当显著的地位。但是,在农村工业化给中国农村带来发展与繁荣的同时,也带来了许许多多的新问题。

(一) 农村工业布局过于分散,经济效益连年下滑

我国农村工业主要是由乡办、镇办、村办企业发展而来,企业受地缘关系束缚比较明显。工业布局如同天女散花,零星散乱。据统计,1990 年我国乡镇企业有 80%分布在自然村落,12%分布于集镇,只有 8%分布在建制镇。许多乡镇企业仍然处于"就地取材、就地生产、就地销售"的状态。这种分散的、小规模的企业,经济效益根本无法与城市大工业相比。尤为严重的是,乡镇企业各项经济效益指标还呈直线下滑趋势。如 1978—1991 年间,全国乡、村两级乡镇企业每百元固定资产原值实现的利润由 38.4 元下降到 10.8 元;每百元资金实现利润由 31.8 元下降为 5.8 元;每百元资金实现的利润税金由 39.8 元下降为 12.7 元;每百元总收入实现利润由 20.4 元下降到 4.3 元。[②]

(二) 农村工业资源浪费、环境污染日趋严重

我国现有许多乡镇企业设备陈旧、工艺落后,资源浪费的现象相当严重。据统计,我国目前能源利用率只有 30%左右,比国外先进水平低 20—30 个百分点。能源对国民生产总值的产出率仅为世界平均水平的 1/7,是日本的 1/12。这种滥用资源的现象尤以耕地资源的浪费最为突出。目前我国乡镇企业遍地开花,其厂房占地大大超过工业用地的正常标准。据统计,在 1979—1984 年间,乡镇企业累计占用耕地 8000 万亩,使我国人地矛盾进一步恶化,人均耕地已不足 1.3 亩。仅 1993 年全国耕地就减少了 937 万亩,相当于一个青海省的耕地面积。而同时期我国净增人口 1600 万以上,相当于每年增加 3 个半青海省人口。另据报道,1994 年全国乡镇企业排放废水已

---

① ［美］黄宗智:《长江三角洲小农家庭与乡村发展》,中华书局 1993 年版。
② 国家统计局:《中国统计年鉴》,中国统计出版社 1992 年版。

达 43 亿吨。而且这些乡镇企业一般布局在小河、小溪或小湖边,取水、排水同在一个水源,形成循环污染,更为严重的是这些污染物还直接进入农田,影响农产品质量,危害人民健康,较之城市工业污染面更广,影响更长久,破坏性也就更大。

(三) 农村工业吸纳农村剩余劳动力的能力日益减弱,转移农村剩余劳动力需要开辟新渠道

长期以来,我们一直把农村工业作为吸纳农村剩余劳动力的主渠道。但自 20 世纪 80 年代末期以来,农村工业已明显出现吸纳就业者能力减弱的趋向。例如,1992 年与 1988 年相比,全国乡镇企业的产值翻了一番,但就业人数只增长了 10.9%,每万元资产吸纳的就业人数,也从 1988 年的 3.1 人降到 1991 年的 1.8 人,下降了 42%。再从总量上来看,1984—1988 年,乡镇企业平均每年吸纳农村劳动力 1260 万人,而 1989—1992 年,平均每年只吸纳了 260 万人,仅相当于过去 5 年的一个零头。[①]

以上种种问题,说明 20 世纪 80 年代我国农村工业化在总体上仍属粗放型增长方式。这种粗放型增长进入 90 年代后更显得步履蹒跚、徘徊不前。因此,我们必须探索农村改革与发展的新路子,使农村发展获得新的动力。

二、城镇化滞后是当前我国农村问题的主要症结,20 世纪 90 年代应抓住时机,加快城镇化进程,使城镇化成为世纪之交带动中国农村发展的主要动力

发达国家经济发展的经验表明:一国在经济发展过程中,除了要处理好工业与农业之间的关系外,还应协调好工业化与城镇化的进程。一般而言,工业化是城镇化的"发动机",城镇化是工业化的必然结果。反过来,城镇化又可以为工业化创造条件,从而极大地促进工业化的发展。两者之间是作用与反作用的关系。因此,在经济发展过程中,应协调好工业化与城镇化的步调,过度城镇化或城镇化滞后都会给工业化的顺利发展带来不良影响。

---

① 辜胜阻、简新华主编:《当代中国人口流动与城镇化》,武汉大学出版社 1994 年版。

从我国的情形来看,新中国成立 40 多年来,我国已经建立起相对完整、独立的工业体系。1990 年全国工农业总产值中,工业产值已占 77.6%,农业所占比重下降到 22.4%,说明我国工业化取得了显著的进展。但同期我国城市人口的比例仅从 1950 年的 11.2% 提高到 1990 年的 26.4%,年平均增长仅 0.38 个百分点,城镇化显得特别迟缓。

把我国城镇化水平与国际一般趋势相比较,也可以看出我国城镇化滞后的现象已相当明显。例如,1950—1980 年世界城镇人口比重由 28.8% 提高到 38.2%,增加 9.4 个百分点。同时期发达国家由 53.7% 提高到 72.8%,增加 19.1 个百分点。发展中国家则由 15.6% 提高到 27.3%,增加 11.7 个百分点。而我国 1953—1980 年的城镇人口比重从 13.0% 增至 13.6%,仅增加 0.6 个百分点,与世界上同等收入水平的国家拉开了较大的差距。

城镇化滞后使我国大量人口被束缚于乡村,形成一种"小马拉大车"的格局,城市根本无力带动广大农村迈入现代化的门槛。目前我国农民收入难以提高、农业生产长期徘徊不前以及农村工业化过程中所暴露出的种种问题,都直接或间接地与城镇化滞后相关。因此,加快农村城镇化进程不但是当前农村发展的内在要求,也是我国由传统农业社会迈向现代工业社会的必由之路。

(一) 加快城镇化进程,可以有效地解决农村工业化所暴露出来的种种问题,推动经济增长方式的转变和农村工业化的进一步发展

城市把资本、人口等生产要素集中在一起,从而可以获得巨大的规模效益和集聚效益。加快城镇化进程是提高经济效益、转变经济增长方式的有效途径。世界上许多国家的城市对 GDP 有着不成比例的贡献。例如:1970 年巴西大约只有 8% 的人口居住在大圣保罗,但这个城市聚集区却创造了巴西 GDP 的 36%;1970—1971 年印度城市地区人口不到全国人口的 20%,却生产了 40% 的 GDP。我国情况也大致如此,1989 年我国 467 个城市(100 万以上人口的特大城市 30 个,20 万—100 万人口的大中城市 116 个,20 万以下人口的小城市 321 个),辖区面积仅占全国国土面积的 12.2%,建成区面积仅占全国总面积的 1.34%,城市人口占总人口的 13.2%,但其工业产值占全国的 70% 以上,国民生产总值占全国的 60%,利税收入占全国的 78.2%,财

政收入占全国的 41%,城市的社会劳动生产率比全国平均水平高出一倍。所以,如果把我国分散的农村工业适当、合理地聚集起来,加快城镇化进程,将会从根本上扭转我国经济效益长期欠佳的状况,提高经济运行的质量,解决上述由粗放型增长方式所带来的一系列问题。

(二)加快城镇化进程,可以创造出吸纳农村剩余劳动力的新渠道,为农业现代化扫清道路

进入 20 世纪 90 年代后,农村剩余劳动力源源不断地涌向城市打工,形成声势浩大的"民工潮"。据估计,截至 1995 年我国外出流动人口已达 8000 万之多,相当于整个德国的全部人口。除此之外,农村中还有 1 亿左右的剩余劳动力亟待转移出去,并且还以每年 1300 万的速度在增长。顺利转移大量的农村剩余劳动力,既是农业现代化,也是整个社会主义现代化必须解决的一个重大问题。因此,加快城镇化进程,可以为农村剩余劳动力的转移创造出新的广阔天地。如果我国 300 多个小城市的人口规模平均上升 10 万,可以吸纳 3000 万农村剩余劳动力;让将近 2000 个县城的人口规模平均扩大 5 万人,培植新的城市据点,可吸纳农村剩余劳动力近 1 亿人;在全国 50000 多个建制镇和集镇中,选择 2000 个交通发达,城镇基础好的中心镇,建设小规模的"农民城",可吸纳 1 亿左右的农村剩余人口。这就可以创造出转移农村剩余劳动力的新渠道,缓和"民工潮"对大城市的冲击。实际上,目前在一些农村工业发达地区,农民已经自发掀起了"造城运动",出现"70 年代造田,80 年代造厂,90 年代造城"的发展趋势。

(三)加快城镇化进程,是促进我国产业结构转变,带动第三产业迅速发展的有效途径

经济发展除了经济增长之外,还必须有一系列的结构变迁相随。其中产业结构的改进是经济发展的核心内容之一。一般而言,在工业化前期,第二产业比重会迅速上升,第一产业比重则迅速下降。然后随着工业化的进展,第三产业又迅速崛起,比重超过第一、二产业,从而实现经济服务化。发达国家的产业结构大都经历了从"一、二、三"到"二、一、三"再到"三、二、一"这样的变迁过程,最终实现产业结构的现代化。

自新中国成立以来,我国工业化取得了举世嘱目的成就,工业总产值在社会总产值中的比重,已从 1952 年的 34.4% 提高到 1990 年的 63%。产业结构已经实现了由传统"一、二、三"型向"二、一、三"型的转变。但是,由于城镇化发展滞后,我国第三产业的发展受到限制。1993 年我国第三产业在社会总产值中仍只占 27%,而一般发达国家这一比重在 40% 以上。

我国第三产业发展缓慢与城镇化滞后有着极其密切的因果逻辑关系。众所周知,第三产业的发展大都要以人口一定程度的集聚为基础。也就是说,城镇是第三产业的主要载体,第三产业的发展离不开城镇化的发展。过去我们把城镇化与第三产业发展分割开来的想法是极其错误的。撇开城镇化,试图单纯推动第三产业的发展,将事与愿违。相反,如果我们把分散的乡村工业适当聚集起来,形成一定规模的城镇,不但可以为第三产业的发展创造条件,而且可以提供大量的就业机会,把现代城市文明辐射到广大乡村,可谓一举多得。

(四)城镇化是我国从传统的二元社会转变为现代社会的必由之路

近代西方国家的城镇化是在乡村繁荣与农业进步的基础上得以扩展的。因此,在城市与乡村之间没有大的不平衡现象。而在中国这一后起国家中,近代城市化最初是帝国主义者在华投资设厂、开矿建路带动起来的。这些城市一般在沿海一带,往往是帝国主义输出原料和输入商品的集散地,与国际资本主义经济联系紧密而同国内乡村之间出现愈来愈大的鸿沟,最终导致城市发展与乡村贫困加剧、经济发展不平衡的二元社会。正如毛泽东同志所言:在近代中国,"微弱的资本主义经济和严重的半封建经济同时存在,近代式的若干工商业都市和停滞着的广大农村同时存在,几百万产业工人和几万万旧制度统治下的农民和手工业工人同时存在……若干铁路、航路、汽车路、普遍的独轮车路、只有用脚走的路和用脚还不好走的路同时存在。"①

新中国成立后,我国政府便一直致力于消除城乡对立和差别,然而由于实行严榕控制农村人口进入城市的政策,大量人口被滞留在乡村,传统的二

---

① 《毛泽东选集》第一卷,人民出版社 1992 年版,第 188 页。

元社会结构并未有多大的改变。以致到 20 世纪 80 年代形成"10 亿人口,8 亿在农村"的格局。

发展经济学家阿瑟·刘易斯等人主张以现代城市工业部门的扩张来吸收大量的农村剩余劳动力,从而改变发展中国家的二元社会结构。这也正是西方发达国家所走过的历程。那么中国这样的发展中国家是否也应该走这条路?我们认为城镇化是世界经济发展的普遍趋势,中国亦不能例外。

马克思说:"城市已经表明了人口、生产工具、资本、享乐和需求的集中这个事实,而在乡村则是完全相反的情况:隔绝和分散。"[1]城市正是由于这些要素的集中,带来了巨大的规模效益和集聚效益。而且城市交通便利、信息灵通、新思想、新观念层出不穷,赋予人以开拓进取的精神。而孤立和分散的乡村却容易使人墨守陈规、固步自封、安土重迁,人的思想观念往往落后于时代的发展。因此,城市不仅是国民经济的领头雁,更是现代文明的载体,是新观念的辐射源。农村人口向城市迁移不仅是经济发展的客观要求,也是传统社会向现代社会转变的必由之路。

三、世纪之交加快我国城镇化的对策思路

(一)加快我国城镇化进程,首先要进行有关的制度创新,扫清城镇化道路上的障碍

我国城镇化滞后的根本症结在于 20 世纪五六十年代以来制定的一系列制度阻止了城乡间的人口流动。因此,要加快城镇化进程,首先要进行一系列的制度创新。比如,过去中国城镇化完全依赖政府发动,城镇化所需要的资金也完全靠政府投入,政府一手包揽城镇人口的就业、住房、商品粮、城市基础设施建设等。而政府机制不活、财力有限,结果严重延缓了中国城镇化的进程。因此,世纪之交中国必须进行城镇建设体制方面的创新,充分调动民间建设城镇的积极性,鼓励农民集资建城,实现投资主体的多元化。又如,我国农村土地使用权市场发育不全,造成大批外出流动人口没有彻底割

---

① 《马克思恩格斯选集》第一卷,人民出版社 1995 年版,第 104 页。

断与土地的"脐带",农村中抛荒和种"口粮田""应付田"现象也相当严重。因此,培育土地市场应成为深化改革的突破口之一。要在农村建立起土地使用权流转制度,使迁移到城市的劳动者的耕地向种田能手集中。这不仅有利于农业实现规模经营,也有助于城镇化发展。

在推动城镇化发展的一系列制度创新中,我们认为最重要的是改革我国的户籍制度,创建一种新的管理制度。这项制度的内容可以设想为:(1)完全放开农村县城和中心镇的户口迁移限制,让其自理口粮、自谋职业、自建(购)住房,加快县城的建设。(2)适当放宽农村人口向小城市的迁移限制,允许迁移入市的农民在小城市取得准城镇户口。(3)对于大城市,既不能关死城门,堵住农民进城;也不能让城门大开,让农民完全自由地流入。应设置一些进城的"门槛"条件,调节农民进城的流量与流速。这些门槛条件可以包括经济导向、人口素质导向和社会规范导向等内容。

(二)根据各地实际,在加快农村城镇化的同时,应积极推动小城市向中等城市、中等城市向大城市的升级发展,建立起大、中、小城市协调配套、功能互补的城市体系

城市要充分发挥带动周围乡村发展的作用,必须有一个合理的城市体系。这包括大、中、小城市比例是否适当,功能是否协调这两个方面。改革开放以来,我国执行的是"严格控制大城市,合理发展中等城市,积极建设小城镇"的方针,使我国小城镇如雨后春笋般涌现出来,而大中市的发展却基本上处于停滞状态,造成我国城市体系内部结构出现明显的偏差。例如:在1980—1990年间,全国城市由324座增加到517座,其中人口百万以上的特大城市从22座上升到32座;人口20万—50万的中等城市由94座增至141座,人口20万以下的小城市由178座发展到313座。然而十几年中,全国50万—100万人口的大城市仅增加1座。

这种50万—100万人口的大城市发展偏慢的现象以四川、湖北、吉林、山东等几个省份最为突出。如表1所示:1985年湖北省20万—50万人口(市区非农业人口)的中等城市有7座,50万—100万人口的大城市数目却为零。特别是到1992年,湖北省中等城市已发展为11座,但大城市数目仍然为零,在武汉这座特大城市与其他各类城市之间出现明显的断层现象。

表1　1985—1992 年湖北、四川、山东、吉林及全国中小城市数目

省份	年份	人口 100 万以上	人口 50 万— 100 万	人口 20 万— 50 万	人口 20 万以下	合计
湖北省	1985	1	0	7	6	14
	1992	1	0	11	19	31
四川省	1985	2	0	6	11	19
	1992	2	0	10	15	27
山东省	1985	2	1	5	11	19
	1992	3	0	16	21	40
吉林省	1985	1	1	5	5	12
	1992	2	0	10	11	23
全国	1985	22	30	94	178	324
	1992	32	31	141	313	517

资料来源:国家统计局城市社会经济调查司编:《中国城市统计年鉴》,中国统计出版社 1993 年版。

　　从表1中还可以看出:1985—1992 年间四川省中等城市由 6 座发展到 10 座,但大城市数目也是零。山东、吉林除了各自有 1 座大城市升级发展为特大城市外,由中等城市升级为大城市的数目都是零;山东、吉林到 1992 年时,城市结构中出现分别拥有 16 座和 10 座中等城市而无一座 50 万—100 万人口的大城市的现象。因此,我们认为,城市的发展,要根据实际,着眼于城市体系的合理结构,不必拘泥于"严格控制大城市发展"的方针。像湖北省就应当在 90 年代大力推动中等城市向大城市的升级发展,可以选择基础较好的黄石市、襄樊市、宜昌市、荆沙市,把这些城市发展为大城市,改变湖北大城市发展明显不足的状况。

　　我们设想,在 20 世纪末,随着我国城镇化的顺利发展,加上 1997 年香港回归中国,我国将形成以下 6 个层次的城市体系:第一级是北京、上海、香港这 3 个城市。北京作为我国的首都,既是国家政治中心,又是科学和文化中心;上海则是我国最大的经济中心、最大的商港和贸易中心;香港回归祖国后仍将保持完全开放的自由港地位,它将作为国际性的贸易中心、世界重要的金融中心之一为国家建设作出独特的贡献。第二级是 9 个大区域的中心

城市。它们是华北经济中心天津,华中经济中心武汉,华南经济中心广州,西南经济中心重庆、成都,西北经济中心西安、兰州,东北经济中心沈阳、大连。第三级是各省(区)的中心城市,主要是省会城市。第四是省内经济中心城市,这类城市一般是中等城市。第五级是省(区)内一般性的地州级中心城市。第六级是全国 2000 多个县的县城。这种金字塔式的城市结构一旦得以完善,各级城市才能充分发挥自身的功能。唯如此,才能更有效地带动广大乡村迈上发展之路。

(三) 在农村城镇化过程中,要避免"遍地开花""一哄而上"的小城镇化倾向,应集中力量建好县城。在广大中西部地区,把"一县建一市"作为世纪之交的战略目标

我国的城镇化应按照增长极理论,走一条由非平衡发展到平衡发展的道路。也就是说,在加快城镇化的过程中,应避免"一哄而起"的小城镇化倾向,而应该在我国 50000 个小城镇当中,选择发展前景较好的 2000 个左右的县城或首位镇,到 2000 年时把它们发展为以下三类规模的城市:(1)在 100 万人口以上的大县,把城关镇发展为 30 万—50 万人口的中等城市;(2)在 50 万—100 万人口的中等县,以城关镇为依托,建立 20 万—30 万人口的中等城市;(3)在 50 万人口以下的小县,建立 20 万人口的小城市。

这种"一县建一市"的农村城镇化战略,是基于历史与现实基础上的一种合理选择。一般而言,我国广大中西部地区的县城都具有发展为城市的基础,它们一般是一县的经济文化中心,是农村之首,城市之尾,是我国农村城镇化最具潜力的区位。特别是县城与周围的乡村在农民心目中是同在一个系统内,农民向县域迁移与乡镇企业向县城集中都比较易于实现。一旦政策允许,农民迫切希望也有能力到县城投资。这就可以充分调动起民间投资建城的积极性,突破我国城镇化发展中资金的限制。就全国来说,一旦"一县建一市"的战略实现,可以保证我国城市的均衡分布,使城市文明能够迅速向广大农村地区扩散,从根本上改变我国以往那种"小马拉大车"的局面。

(本文发表于《学习与实践》1996 年第 8 期。成德宁协助研究)

城市流动人口管理的思路与对策

城市流动人口问题是我国从计划经济向市场经济转变过程中产生的一个重大的社会经济问题,也是我国在实现经济增长方式根本转变过程中必须解决的一个重大问题,它直接关系到改革、发展、稳定的大局,关系到有效推进中国现代化建设的整体进程。本文拟在分析人口流动对经济发展利弊的基础上,探讨加强城市流动人口管理的思路与对策。

一、流动人口现状及其问题

目前,我国共有流动人口8000多万,相当于德国的总人口,其中由农村到城市的流动人口为6000多万。如果农村人口向城市的超高速流动得不到控制,到2000年由农村流往城市的人口将突破1亿人。城市流动人口,可分为四大类:第一类是单位用工,这类人组织化程度高,易于管理;第二类是建筑用工,组织化程度也较高;第三类是社会用工,如外地来的保姆、装修工等;第四类是游动人口,如拾破烂的、无业人员等,这类人的组织化程度低,最难管理。

流动人口对社会经济发展具有正效应。其积极作用主要表现在:第一,大量农村剩余劳动力的流动,形成了国家经济建设所需的产业大军。国家重点工程的建设,城市面貌的改观,城市第三产业,特别是服务业发展,没有一项能离开流动的民工。更为重要的是,农民工填补了城市某些职业的空缺,流动的农民工干的是城里人不愿干的重活、脏活、累活。第二,农民外出做工,是农民奔小康的重要途径。外出民工能创造大量的收入。在一些贫困地区,有"输出一人,脱贫一户"之说。外出劳务收入已成为农民增加收入的主要来源之一。不少农民外出打工后,全家一年吃饱饭,二年穿新装,三年盖新房。外出民工增加的收入,不仅提高了农民的消费水平,增强了农村社会购买力,而且把部分收入用于第一、二产业,为农村劳动力创造了更多的就业机会。第三,人口流动还提高了外出民工的素质。这主要表现在四个方面:一是伴随人口流动,他们的市场经济意识大大提高,胆识和进取心进一步增强;二是可以使他们的劳动技能和管理水平得到进一步的提高,外出务工经商的农民,直接受到现代工业和城市文明的熏陶,开阔了视野,学到了本领,"既挣了票子,又换了脑子"。他们当中有许多人返乡后成为乡镇企业的技术骨干,有的还成为农民企业家;三是务工经商的体验引导他们注重智力投资,从而对未来人口文化教育水平的提高产生了诱导效应;四是不仅提高了他们的经济地位,而且有利于增强他们对智力投资的能力。从这种意义上讲,人口流动是一所没有围墙的"经济大学",是有效配置人力资源的一种重要途径。因此,我们认为农民流动是经济发展的"发动机"。

流动人口对社会经济发展也有负面效应。民工流动的负面效应主要表现为:一是使本来已超负荷的交通运输,比如铁路,更加拥挤不堪;使城市基础生活服务设施难以适应人口急剧膨胀的状况,矛盾更加突出,许多外出民工的衣、食、住、行得不到保障。二是由于信息不准导致的劳动力盲目流动,使大批民工徒劳往返,蒙受很大损失。三是由于对流动人口缺乏新的有效管理制度和手段,使城市社会治安和社会秩序受到重大冲击。部分流动人口表现出不同程度的偷、摸、拐、骗、抢、赌、"黄"等违法犯罪倾向。四是许多流动人口住棚户、打散工,聚集于火车站、汽车站、高架路、城乡结合部,使城市卫生状况难以改善,脏乱差现象积重难返。五是加剧了城市就业的矛盾。民工进城虽然是干市民不愿干的工种,但也挤占了大量就业岗位,造成了劳动力的供过于求,加剧了城市的失业现象,增加了"再就业工程"实施的难度。六是由于一些务工经商的民工具有短期行为,以制售假冒伪劣产品来谋利,在某种程度上引起市场秩序混乱。七是流动人口引起的社会冲突逐渐增多。由于流动人口是在体制外生存,在劳资关系上以及同本地人的关系中处于不利地位,使得社会冲突日渐增加。八是从农村到城市的流动人口对原籍农村也有一定的不良影响。流动人口采取"流民"(异地转移)的形式务工经商,没有割断同土地的"脐带",他们仍然把家乡的耕地作为基本的生活保障,他们虽然生活在城市,但没有取得市民的身份。正是这种转移的不彻底性使农业受到损害,例如,农民外出后土地丢荒,造成土地资源的浪费和农产品有效供给减少。

二、加强对流动人口管理的基本思路

流动人口所表现出来的突出问题,是制度创新跟不上劳动力流动的需要和管理滞后造成的。加强对流动人口管理的基本思路是以市场机制为基础,管理与保护相结合,做到标本兼治。具体思路有以下几方面:

第一,必须克服管理缺位状况,改变管理就是收费和"堵"与"卡"的片面认识。我们认为:流动人口所滋生的一系列社会问题是由于管理滞后造成的。在传统的计划经济体制下,人口的自发流动是受到限制的,因而谈不上对流动人口进行管理。在计划经济体制向市场经济体制转轨的过程中,当流动人口的浪潮出现后,则相应出现了管理跟不上,特别是管理和服务不到位的现象。这里要改变两个片面认识:一是认为管理就是收费;二是认为管理就是"堵"和"卡"。其实,有效的管理首先必须是管理者到位,而管理缺位是当前必须克服的主要问题,因此必须转变观念,要明确管理不等于收钱,如果层层管理,层层乱收费,就会损害被管理者利益。现在许多流动人口不愿去有关部门登记,原因就在于此。因此必须对被管理者有利,才能管好流动人口。此外,管理不等于管死,不能用"堵死"的办法使人心归田,也不能把农村剩余劳动力完全限制在有限的耕地上务农,而要充分利用市场机制,设定"门槛"条件,引导流动人口进入有序管理的领域。

第二,关键是要提高流动人口的组织化程度,建立管理的组织体系。对进入正规部门,有单位接纳的流动人口,应尽快建立相应的管理机制,进一步提高其组织化管理程度;而对进入非正规部门的无单位的流动人口,尤其是对处于管理真空状态的"游动人口",必须采取有力措施,先将其纳入组织化管理范围,再逐步提高其组织化管理程度。

第三,必须保护被管理者权益,帮助他们解决实际生活困难,克服有些部门和用工单位对流动人口的歧视。流动人口的合法权益受到侵犯是个普遍问题,而且有的还十分严重。加强对流动人口的管理,就是要依法保护他们的合法权益,而不是损害其权益。只有这样,管理者和被管理者才能相互配合。因此,要加快劳动法制建设,严禁采用不人道的方式盘剥"打工仔""打工妹",规范合同管理,依法保护民工权益。

第四,解决流动人口体制外生存的现象,改变民工在劳资关系中的软弱地位,扭转流动人口同本地居民的社会分割状况,把流动人口纳入到体制内社会生活的轨道。

第五,必须做到标本兼治,通过加快农村经济的发展来控制农村人口的超速外流,一手抓城市,一手抓农村。对流动人口的管理既要治标,也要治本。治本的办法在于实现农村城镇化、农村产业化、乡村工业化、服务体系社会化,用减少农业人口的办法来增加农民的收入。这就要求政府必须加强宏观调控,提高农村剩余劳动力转移与流动的组织化程度,减少人口流动的盲目性,保证劳动力转移的有序性。单纯从城市一头着手,不可能管理好流动人口,因为人口流动既产生于城市的拉力,也产生于农村的推力。因此必须两手抓,一手抓城市,一手抓农村,必须城乡结合,在农村相应地加强对剩余劳动力的管理。实行城乡之间的双向调节机制,在让一部分农村剩余劳动力流向城市的同时,也可鼓励一部分城镇富余劳动力流向郊区、郊县的农村乡镇企业,实行优势互补,建立城乡劳动力的对流机制。

三、加强对流动人口管理的对策

加强对流动人口管理,首先要从城市管理人入手,采取以下对策:

第一,强化劳动部门的管理职能,健全劳动力市场,引导流动人口在城市合理流动。根据我国流动人口的现状,迫切需要从以下几个方面加强劳动力市场体系和宏观调控体系的建设:一是大力发展多种形式的就业中介组织,对民办的劳动力市场要进行规范,加强引导和管理,克服劳动力市场的不健康因素,使各类中介组织都能充分发挥作用,开展信息、培训、咨询、介绍等系列化服务;二是由政府出面建立跨地区、跨部门的农村劳动力市场,推进市场信息网络建设,并逐步形成全国统一的市场;三是强化劳动市场法律的监督,规范劳动合同管理,防止侵犯劳动者权益的不正当行为发生;四是加快农村劳动力宏观调控体系建设,政府加强对农村劳动力市场的预测、规划、调控、立法、监管,使农村劳动力的转移走向制度化、规范化、组织化;五是建立农村剩余劳动力的培训体系,并为农村剩余劳动力转移创造良好的环境。

第二,强化公安部门的管理职能,运用证件管理,整治治安环境,维护城市社会秩序。实践证明,流动人口管理的难度是因为流动人口一没有户口,二没有单位,组织化程度低。特别对那些无业游动人口,很难通过暂住户口的方式来提高其组织化程度,当前迫切需要寻求新的管理方法。在这方面可借鉴国外的证件管理方式。公安部门在整治治安环境的过程中应改革城市人口户籍管理制度,强化身份证管理功能,以证件(如身份证、暂住证、用工证、外出证等)管理替代目前的户籍管理,使流动人口的管理规范化。还应实行流动人口的行为表现同城市就业挂钩的制度,用人单位在用人时要通过公安部门核实流动人口是否有犯罪记录,对有犯罪劣迹的人要实行动态管理。

第三,动员全社会的力量,推进各部门齐抓共管,寓管理、教育、服务于一体,对流动人口所带来的消极的社会问题进行综合治理,建立有效的流动人口管理领导体制。全面的流动人口管理有治安管理、劳动管理、卫生管理、生产安全管理、工商管理、计划生育管理、居住及户口管理等。目前,迫切要解决的问题是协调配套,措施得力,因此应建立专门的管理机构对这一复杂的管理工程进行协调。各党政部门也应有一名主要负责人分管流动人口的治安、劳动、计划生育等工作,建立有效的流动人口管理领导体制。

第四,充分发挥城市社区组织的作用,实行流动人口的区域管理和属地管理。当前,公安部门应协同各有关部门加强对流动人口尤其是棚户区的区域管理和属地管理,公安、城建、消防、卫生、计划生育等部门应组织对棚户区的全面调查,做好流动人口的建档登记工作,摸清流动人口的底数。

第五,充分发挥用工单位的作用,实行"谁用工谁负责"的办法,将部分社会管理职能"内化"为企业的责任。如前所述,单位用工所接纳的流动人口组织化程度高,易于管理。单位是一种有效的社会控制组织。在加强流动人口管理的过程中,应充分发挥用工单位的作用。国有企业和集体企业的用工应建立"谁用工谁负责"的责任制,建筑用工要发挥建筑企业的组织作用,个体、私营企业用工要发挥工商部门的组织作用,形成管理责任制。

第六,转变城市流动人口的管理模式。在这一问题上,应该变突击性的、不规范的行政管理为经常性、制度化的"行政—法制化"管理;变孤立的行政治理为"市场调节—行政综合性"的管理,使流动人口管理经常化、规范化、法制化,提高管理效率。

第七,采取必要的措施,鼓励外地民工参与当地经济社会生活,实施奖励性移民,提高流动人口对当地社区的认同,缓解外来人口同本地居民之间社会分割的矛盾。实践证明:让少量表现好的外来民工取得永久性居民的身份,不仅有利于激发外来民工学文化、学技术、学管理,提高素质,而且也有利于鼓励外来民工奉公守法,减少社会冲突和犯罪。

第八,把城市外来流动人口纳入有组织的社会生活之中。应该关心他们的生活,采取有力措施帮助他们解决子女入托、入学等具体问题,并使养老保险、待业保险、医疗保险逐步覆盖城市流动人口,改变他们在体制外生存的现状,缓和流动人口同本地居民及民工同雇主之间的各种冲突。

第九,改革户籍管理制度。今后可考虑设置大城市人口流动的"门槛"条件,调节增长过快的盲目流动的人口,在中小城市逐步实行城乡一体的单一的户籍制度。

为加强对流动人口管理,必须大力发展农村城镇,通过缩小城乡差别,保持农村剩余劳动力在本地区、本县范围有序流动,节制高速的从农村到城市的人口流动。面对庞大的农村剩余人口的压力,必须处理好多元安置和主渠道安置的关系,在强调多向分流的前提下,以农村城镇化、工业化、非农化作为安置农村剩余劳动力的主渠道,引导农民走农村城镇化之路,这是一条前景最广阔、现实性最强的道路。第一,充分利用城镇化的自下而上的民间发动机制,实现投资主体多元化,为此应鼓励农民建立农民城,并充分利用外资,大力发展个体私营经济,以加快城镇化的进程,引导乡镇企业集中推进农村城镇化的发展;第二,使适当集中的乡村工业化同农村城镇化同步发展;第三,走一条城市化和农村城镇化并重,"据点发展式"和"网络发展式"同步的二元的城镇化道路;把县城(城关镇)和中心镇发展为市,把"一县建一市"当作世纪之交的战略目标。这不仅可以解决剩余劳动力的出路,而且还可以解决新增劳动力的就业问题,缓和流动人口对大城市的压力。只有实现了城乡一体化,缩小了城乡差别,才能既实现农民的"城市梦",实现流动人口的有序流动,并对日益严重的流动人口问题实现标本兼治。

(本文发表于《探求》1996 年第 3 期。杨艳琳协助研究)

─*47*─

农村人口流迁的双重作用及其推进对策

20 世纪 80 年代以来,特别是 90 年代初,中国数以千万计的农村剩余劳动力,从贫穷落后的农村地区涌向发达先进的城市和沿海地区,形成庞大的流动人口。对此,众说纷纭,莫衷一是。经济学家和人口学家们认为这是工业化和现代化的普遍规律,是市场经济发展的必然趋势,这将会极大地推动中国工业化、城镇化、现代化和城乡改革的进程。但也有人认为这是社会治安状况恶化和交通运输超负荷的根源,产生土地抛荒现象,引起农村劳动力素质下降,有害于人口控制,会引发各种"城市病",造成社会不稳定,对改革和发展产生不良影响。当代中国的农村人口流迁对经济发展和社会稳定究竟会产生什么影响,是有益还是有害? 我们认为,农村人口流迁对经济发展和社会稳定具有双重作用。合理的即有组织、有序、有效的人口流迁,极有益于经济发展和社会稳定,只有不合理的即盲目、无序、无效的人口流迁,才不利于经济发展和社会稳定。

一、农村人口流迁对经济发展的双重作用

(一)农村人口流迁是经济发展的强大动力

1.人口流迁有助于市场经济的运行和发展

市场经济是以市场作为资源配置基本方式的经济形式。包括劳动力市

场在内的完整统一的市场体系和包括劳动力在内的生产要素的自由流动，是市场合理配置资源的前提。只有实行人口流动，市场配置资源的作用才能真正发挥，劳动力资源才能流向最有价值的方面，社会经济资源才能真正做到合理有效配置，市场经济也才能顺利地运行和发展。中国的人口流动促进了全国统一的劳动力市场的形成，为市场配置资源机制的运转创造了条件，使劳动力在城乡之间的流动和合理配置逐步由市场供求情况来决定有了可能。

2. 人口流迁有利于农村经济的发展

长期以来，农业生产一直处于地少人多、人均自然资源占有量严重不足的条件下，农村人均占有耕地面积仅 1 亩多，劳均面积也只有 3 亩多一点，大大低于世界平均数。农村剩余劳动力数量庞大，"隐蔽性"失业问题严重，人地矛盾尖锐，土地经营规模狭小，农业经济效率低下，极大地妨碍农村经济的发展，特别需要加速人口流动。实践证明，人口流动对于转移农村剩余劳动力，减轻农村就业压力，缓解人地矛盾，具有很大的作用。例如，1990 年四川省有农村剩余劳动力 1600 万人，当年跨地区流动的劳动力 180 万人，约占劳动力富余量的 11%，近几年外出的农村劳动力更多。

人口流动、农村剩余劳动力的转移，还能给农村经济的发展带来多方面的好处：一是能够促进非农产业的发展，为农村经济的发展提供新的资金来源，壮大农村经济的实力，加快农村工业化和现代化的进程。中国乡镇企业的异军突起及其巨大的积极作用，就是这方面的明证。不仅农村劳动力向乡镇企业的转移，成为农村的致富之路，而且农村剩余劳动力的输出也成了农村积累资金的重要途径。据初步统计，江苏省响水县 1991—1993 年通过劳务输出，累计获取资金 1.2 亿元，相当于全县 1993 年农业总产值的近1/6。1993 年全县农村新办 12 家企业，其中 5 家是由在外劳务回乡人员集资兴建的。农村种植业、养殖业的部分投入资金，也有许多来源于在外劳务人员的劳动所得。[①] 二是人口流动是一所没有围墙、不交学费的市场经济的大学校。农村劳动力外流，能够借地育才，低成本高效率地提高农民各方面的素质，为农村经济发展培养大批急需的人才。农民转到非农产业、流到城

---

① 中国民主建国会中央委员会研究室编：《跨世纪的工程》，民主与建设出版社 1994 年版。

镇,能够开阔眼界,更新观念,增长技能。既为流入地区的经济发展作出了贡献,又为家乡的经济起飞在资金、技术、信息和人才上作必要的准备。中国农村许多外流的劳动力,后来成为振兴家乡经济的中坚、乡镇企业的骨干。安徽省蒙城县的 2.1 万个乡镇企业中,由返乡的外出农民创办的达 1.2 万个,占总数的 57%。

3. 人口流迁促进城镇化和城市经济的发展

由于城市工业化进程的加快和沿海发达地区经济的迅速发展,需要补充大批劳动力,人口流动正适应了这种需要。人口大量流向城镇,扩大了城镇劳动力的来源和商品的市场需求,能够满足城镇经济对劳动力的需要,刺激城镇商品生产和商品流通的发展。人口流动特别是迁移,提高了城镇化率,推动了城镇化的发展。人口的大量流入,会给城镇造成巨大的压力,从而迫使城镇加快住房、交通、通讯、水、电、气等基础设施的建设,促使城镇医疗卫生、文化教育事业的尽快发展。中国深圳经济的腾飞、上海浦东的开发、北京面貌的巨变,没有哪一项成就能够离开外来"民工"的作用。特别是在中国的大中城市,由于居民文化素质和生活水平的提高,人们不愿干脏、累、重、收入低的工作,正是由于有"民工"拾遗补缺,才使城市得以正常运转。流进城市的农村劳动力在市政建设、第三产业、环境卫生、家庭服务等行业中逐步取代城里人,成为这些行业的主力军,为城镇经济的繁荣和发展作出了不可缺少的重大贡献,也给当地居民提供了生活和工作上的许多便利。

4. 人口流迁增加农民的收入,提高农民的生活水平

农村人口的流动,农业剩余劳动力的输出,大幅度地增加了农民的经济收入,成为一部分贫困地区脱贫致富的重要途径。1992 年,四川、江西、湖北、湖南、安徽、河南等省外出农民共为各省创造了 250 亿元劳务收入。[①] 江苏省响水县 1993 年输出民工近 4 万人,占农村剩余劳动力的 40% 以上。按每个劳务人员年纯收入 2000 元计算,全县累计年收入增加约 8000 万元,农村人均纯收入增加 186 元,相当于新开 40 万亩荒地,新办 8 个年利润 1000

---

① 骆友生:《农村剩余劳动力转移的情况和问题》,载《跨世纪的工程》,民主与建设出版社 1994 年版。

万元的工厂。目前全国外出农民工若按 6000 万、人均年创收 1500 元计算，即可为农民增加收入 900 亿元。

5. 人口流迁加快二元经济向现代化经济的转变

中国是典型的二元经济结构的国家，要实现现代化，就要使二元经济转变为现代化经济，实现这种转变的核心问题则是农村剩余劳动力向非农产业的转移。只有通过人口流动，使农村劳动力大量转向非农产业，才能迅速发展现代经济部门，提高整个国民经济的效率；也只有农业劳动力大量流出，才能促进农业向大生产发展和集约化经营转化。这样，全民的物质文化生活水平才能迅速地提高。[1] 总而言之，只有人口的合理流动，中国经济才能真正实现现代化。

(二) 农村人口流迁对经济发展可能产生的不利影响

农村人口流迁促进经济发展是以人口的合理流迁为前提的，如果人口盲目、无序、无效地流迁，则可能给经济发展带来各种消极影响。

1. 人口流迁可能对农村经济发展产生负作用

首先，人口流动可能使农村人才流失，劳动力素质下降。农村流出的大多是年轻力壮、文化程度比较高、技术能力比较强的劳动力。优秀人才外流，农村劳动力老龄化、妇女化、儿童化，或多或少的会对农村经济的发展产生不利影响。[2] 其次，由于农业生产经营的比较收益较低，种田既辛苦，收入又少，外出打工收入高，还能见世面，因此有些地方出现大批劳动力外出打工，土地撂荒，影响了农业生产的发展。最后，伴随着人口流动的非农化和城镇化的发展，会吸纳部分农村资金，可能在一定程度上减少农业资金的投入，也不利于农业生产的发展。

2. 人口过度流入大城市会带来"城市病"

人口流动和城镇化的国际经验表明，农村人口过量地流入大城市，会产生"城市病"，从而严重影响城市经济的健康发展。"城市病"的具体表现主

---

① 吴敬琏：《农村剩余劳动力的转移和中国的现代化建设》，载《跨世纪的工程》，民主与建设出版社 1994 年版。

② 辜胜阻：《非农化及城镇化理论与实践》，武汉大学出版社 1993 年版。

要有:居住条件恶化、卫生状况极差、社会秩序混乱、交通堵塞、环境污染、疾病流行、贫富两极分化、大片的贫民窟、大量的失业流浪者、过高的犯罪率等等。由于农村人口过多、过快、地流入大城市,使中国部分大城市也出现了类似"城市病"的现象。少数大城市已经出现外来人口聚居区,这些外来人口聚居区的生活条件一般不太好。比如,北京一直是缺水城市,由于近年来人口总量不断增加,供水形势日趋严重。在一些外来人口聚居地区,自来水已成滴流。外来人口聚居区普遍存在环境卫生脏、乱、差的问题,严重损害了部分地区的环境质量。[①] 这种情况值得我们高度警惕,必须采取有效措施实行疏导和管理,使农村人口有组织、有序、有效地流动,以免"城市病"在中国发生。

3.人口盲目无序流迁可能打乱社会经济生活的正常秩序

近几年,中国每年春节前后数以千万计的民工流动,使本来已经超负荷的交通运输更加拥挤不堪,影响社会经济生活的正常运转,不利于国民经济的健康发展。缺乏信息的盲目流动,还使部分民工徒劳往返,遭受很大损失。在某些城镇的流动人口中,无照经营、偷漏税甚至暴力抗税,以及生产假冒伪劣商品问题严重。有些地区的外来人口已形成犯罪团伙、帮派势力。人口流动还增加计划生育工作的困难,不利于人口控制。

二、人口流迁对社会稳定的双重作用

人口流迁的合理与不合理对社会稳定也有双重作用,又间接地对经济发展产生积极或消极影响。

(一)人口流迁有助于保持社会稳定

1.合理的人口流迁能够促进经济的发展,为社会稳定提供坚实的物质基础

经济的持续发展和人民生活水平的不断提高,是保持社会稳定的经济

---

① 孟学农:《加强流动人口管理,保障首都城乡社会健康发展》,载《跨世纪的工程》,民主与建设出版社 1994 年版。

基础。如果经济持续衰退,人民生活水平不断下降,必然引起广大群众的强烈不满,产生严重的社会冲突,甚至可能酿成剧烈的社会动乱。人口流迁促进经济发展,经济发展有助于社会稳定,社会稳定又有利于经济发展,合理的人口流迁能够形成这种良性循环。

2. 合理的人口流迁能够有效地解决农村剩余劳动力这个具有爆炸性的社会问题,为社会稳定消除隐患

中国农村存在数以亿计的剩余劳动力,如何使这些劳动力顺利地转移出去,是中国现代化面临的最艰巨的任务,已成当务之急。农业是国民经济的基础,农民问题是中国社会的最大问题。如果农业不稳,农民问题不能妥善解决,社会必然也不稳。假若不能实现农村剩余劳动力的有效转移,势必严重影响农村经济的发展,滞缓农业现代化的进程,使农业劳动生产率低下,人地矛盾更加尖锐,农民生活更为清苦,结果必将动摇农业这个基础,引起占全国总人口80%的农民的不满,极可能诱发社会动乱。这是极其危险的经济政治局面,可以给社会稳定带来不堪设想的灾难性后果。只有通过合理的人口流动,才能有效地转移农村剩余劳动力,为保持中国的社会稳定消除最大的隐患。

(二)人口流迁可能给社会稳定带来不良影响

1. 盲目无序的人口流迁会使社会治安状况恶化

据有关部门提供的资料,中国一些地方的社会治安状况不是很好。首先,犯罪率呈上升趋势。全国刑事犯罪案件1982年是50多万起,1992年是154万起,1993年已达161万起。这些治安问题同人口流动的盲目性,特别是社会管理机制不健全有很大关系。根据对刑事犯罪的统计,广东流动人口犯罪占80%,是全国最高的,而且大案基本上是流动人口所为;上海约占70%。流动人口犯罪越来越突出,严重影响社会治安,成为一个不容忽视的问题。[①]

---

① 牟新生:《改革和加强人口管理,促进社会生产力发展》,载《跨世纪的工程》,民主与建设出版社1994年版。

2. 盲目无序的人口流迁会影响城镇的社会生活安定,会产生影响城镇社会稳定的不利因素

如使城镇基础设施不堪重负,住房更加紧张,乱搭乱盖、挤占街道现象严重,环境卫生状况恶化,不仅民工的衣、食、住、行得不到保障,而且严重影响城市居民的正常生活,引起市民的不满,加剧市民与"流民"的对立情绪,形成不安定因素,引发社会成员之间的冲突。

上述负作用,与中国经济管理制度不完善,对流动人口的疏导、管理不够有关。通过制度创新,加强疏导、管理,使人口流迁走向合理化,人口流迁的负作用会大大减少。

三、农村人口合理流迁的对策

实现中国农村人口的合理流迁,我们认为应采取以下对策:

(一) 走以农村城镇化为主的农村人口多向分流的道路

在强调多向分流的前提下,以农村城镇化、工业化、非农化作为安置农村剩余劳动力的主渠道。这里可以设想以下六条渠道:(1)通过增加土地复种指数,发展生态农业、立体农业、精久农业,增加劳动和资金的投入,提高土地生产率。(2)通过改造低产田,加强农田水利建设,将一部分农业劳动力转移到农业基础设施和整治国土的建设中去。(3)通过进一步推进农村非农化,特别是加强以农业产前、产中、产后服务为特征的农村第三产业的发展,将一部分劳动力就地转移到非农产业中去。(4)通过农村城镇化,推进农村劳动力向小城市、县城和中心镇转移,使农村工业化与城镇化同步发展。(5)建立大城市劳动力市场调节体系,引导农村剩余劳动力向大城市有序流动,以补充大城市某些就业岗位的空缺。(6)通过政府和民间多种渠道,开拓国际劳务市场,扩大劳务输出。

(二) 采取"离土又离乡、进厂又进城"的工业化和城镇化同步发展的方式

目前,在农村城镇化与非农化问题上有两种意见:一是主张城镇化必须

与非农化协调一致。这种观点认为城镇是现代非农产业的地域载体，城镇化必须以非农化为基础。非农化在一段时间内必须走向城镇化，离开了城镇化的非农化在一定条件下对社会经济发展是不利的。另一种观点认为，中国农村的非农化不一定要与城镇化结合，可以走无城镇化的工业化、非农化道路。这种观点的理论依据是：(1)西方发达国家已出现了城市人口向非都市地区扩散的郊外化和逆城市化运动，已经由人口集中走向人口分散，中国可以直接将农村剩余劳动力就地安置，不必再走发达国家所走过的弯路。(2)国际经验表明：人口的城镇化会带来"城市病"，中国应力图避免"城市病"，走无城市化的工业化道路。(3)拉丁美洲一些国家虽然有较高的城市化水平，但经济发展水平并不高。农村人口大量地流入城市，不仅使其农业的发展受到影响，而且在城市形成了大量的贫民窟和非正规部门。城镇化的高速发展，并没有带来经济的现代化。(4)中国中心城市对人口的吸纳能力非常有限，一些城市对现有人口都不堪重负，因此，中国必须通过"离土不离乡"的乡镇企业，来遏制农村剩余劳动力向城市的迁移。

笔者是第一种观点的持有者，主张中国农村非农化向一定的地理区位适当集中，扭转目前城镇化严重滞后的局面，以保证非农化同城镇化的协调发展。其理由是：(1)西方发达国家走过了一条人口分散——集中——再分散的城市化道路。但这种人口的再分散并不意味着经济的再分散，且第三阶段的分散并不等于第一阶段的分散。发达国家的再分散是建立在通讯和交通高度发达基础上的，而且非农产业的现代化水平很高。虽然一部分工业在向非都市地区扩散，但从整体上看，其非农产业仍处于集中态势。不走弯路的理论主张实际上是一种超阶段论，而这种超阶段实践将会付出巨大代价。(2)发达国家在城市化初期确实出现过许多"城市病"，但随着社会经济的发展，这些"城市病"有缓和的趋势。中国大城市处于饱和状况也是事实，但我们可以通过城市化据点发展式(即新建城市据点)来推进农村人口向城镇的转移。(3)20世纪70年代和80年代的分散的农村工业化只是一种合理的过渡模式，不应作为目标模式。中国农村工业化、非农化的目标模式是要逐步向城镇化发展。应该看到，"离土不离乡、进厂不进城"的分散的工业化道路在苏南这些交通发达、小城镇密集地区是合理的，这种道路在经济发展的初期也有其历史必然性。但也应看到，分散的工业化道路在生态环境、耕地资源和经济效益方面付出了巨大代价。有关研究表明,由于乡镇企业过于分散,用地规模增加了1/3,能源利用率降低40%,基础设施投资增加20%—30%,行政管理费用增加80%,人力资源增加1%—2%,最终表现为资金利润率比相对集中降低20%左右,并对农业规模经济和集镇建设造成空间上的困难。(4)非农产业不同于农业的根本性特点是,农业可以分散,非农产业特别是现代非农产业需要集中。空间上的集中会产生规模经济和集聚效益,而非农产业和人口向一定的空间范围的集中就形成了城镇化。

(三) 设置"门槛"以调节流量和流速,实行渐进式转移

对于中国的大城市,既不能堵住农民进城,也不能"打开城门"让农民完全自由地流入,而应设置一些"门槛"条件,调节农民进城的流量和流速。

第一,采用经济导向、人口素质导向和社会规范导向三位一体的社会综合方案,以保证人口向大城市的有序流动。

第二,要逐步淡化城市偏向。政府所制定的投资、税收、价格、社会福利等政策,在城市和农村之间要逐步消除现存的城乡壁垒,淡化城市偏向。

第三,通过上岗前的职业教育,提高转移劳动力的素质,以满足农民城市化的需要。

第四,通过一系列过渡环节,实行分阶段的渐进式转移。农村剩余劳动力的转移过程需要相当长的时间,需要经过几个步骤。在地域范围内,可以让农民先在村办企业兼业,然后到镇,再到小城市,后到中等城市乃至大城市就业。在产业范围内,可设想农民先在传统手工业就业,然后再到现代化的非农产业就业。这种渐进性的转移过程,意味着农村劳动力有一个由兼业化到专业化的过程,农村非农产业有一个由分散到集中、由小到大的过程,农民生活方式有一个由农村文明向城市文明过渡的过程。作为农村劳动力转移的目标模式,农村剩余劳动力必须实行彻底的转化:居住地由农村到城镇,身份由农民到市镇居民,职业上由兼业式的两栖人口到专门从事非农产业、且离土又离乡的非农产业劳动者。但这一过程需要一系列过渡模式。

(四) 加强政府宏观调控,减少人口流动的盲目性

在利用市场机制配置现存的丰富的农村劳动力资源的过程中,政府必

须加强宏观调控,提高农村剩余劳动力转移与流动的组织化程度,把分散的农户同统一有序的劳动力市场有机地联成一体,减少人口流动的盲目性,保证劳动力转移的有序性。

根据中国农村至城镇的流动人口现状,迫切需要从以下几个方面入手加强劳动力市场体系和宏观调控体系建设:

第一,大力发展多种形式的职业介绍机构。要让官办和民办的各类中介组织充分发挥作用,开展信息、培训、咨询、职业介绍等系列化服务,使分散的小农户同大市场联结起来。

第二,逐步推进市场信息网络建设。在着力抓好地区性、区域性农村剩余劳动力市场建设的同时,要促进全国统一市场的形成,建立全国性的农村剩余劳动力供求信息中心。

第三,加快市场规则的建设。要防止市场垄断、歧视、非公正交易、侵犯自主交易权利和人身权利、契约权利等不正当行为。

第四,加快农村剩余劳动力宏观调控体系的建设。加强政府对市场的预测、规划、调控、立法、监督,使劳动力转移走向制度化、规范化。

第五,对跨区域农村剩余劳动力的流量、流速、流时、流向开展预测工作,运用宏观调控手段进行预告和疏导,提高农村剩余劳动力转移的组织化程度。

第六,发展城市房地产,提供大量价格低廉、适于农民居住的房屋,为农村剩余劳动力转移创造良好的环境。

(本文发表于《中国人口科学》1995 年第 4 期。简新华教授协助研究)

—48—
农村剩余劳动力的就地转移与异地转移

目前,我国有 4 亿多农村劳动力,乡镇企业吸收了 1 亿多劳动力。农村尚有近 2 亿剩余劳动力,其中 3/4 集中在中西部地区,有 6000 多万人已离土又离乡,跨省区流动打工,仍有 1 亿多剩余劳动力滞留在农村。从动态的角度看,农村劳动力每年以 1300 万的速度递增。由于农业比较利益的下降和城乡差别、地区差别的拉大,农村剩余劳动力正以几何级数加速跨省区、跨县市流动。农村剩余劳动力能否成功转移,这是关系到中国现代化成败的关键,涉及到城乡的经济发展和社会稳定。

一、中国农村剩余劳动力的就地转移

(一) 使我国传统农业转向现代农业的基本思路是在农村进行生产组织结构创新,使农民分享工业化和城镇化的利益、分享城市文明

改革以前的工业化是国家通过价格扭曲(压低农产品的价格)来实现工业化所需的资金积累,而农民则被户籍这道城乡壁垒排斥在工业化和城市文明之外。尽管经过多年的改革,农民也只能在城市文明之外进行分散的工业化,即使有一部分农民流入城市,也处于"二等"或"三等"公民的地位。要使中国农业实现现代化最根本的出路是实现农村社会经济结构的调整,

让农民分享工业化的利益和城市文明。发展农业有三条道路：一是用价格保护来发展农业；二是继续推进分散的乡村工业化让农民在兼业中获取工业化收益；三是使分散的乡村工业化向集中方向发展，实现工业化和城镇化的同步，实现农村社会经济结构的创新。由于中国农产品价格同国际市场农产品价格差别不大，靠价格保护农业的道路不容乐观。用分散的农村工业化来发展农村的道路也受到许多限制。虽然在交通发达、人口密集的长江三角洲、珠江三角洲、环渤海地区乡镇企业已取得了较好的效益，但在广大的中西部地区，我们已为分散的工业化付出了沉重的代价。乡镇企业在广大的中西部分散的布局使每个企业不得不独立去解决交通、通讯、供电、供水、排污、仓储。据报道，昔日闻名于世的大寨曾办过几个工厂，现在效益都不太好，其根本原因是不具备非农投资的最基本的条件。由于乡镇工业的分散性，不仅毫无集聚效益，而且使农村第三产业严重滞后。因此，要使中国的传统农业向现代农业转化，必须使生产要素冲破现存格局，实现重组，进行组织结构的创新。这里的关键是要实现农村劳动力和资金的转移，让农民分享工业化、城镇化的利益和城市文明。

在农村资金转移问题上，有必要区分两种转移方式：一是政府推动的无偿的资金转移，例如政府通过农业税收或工农业产品的剪刀差来积累工业化和城镇化资金。这种资金转移使农民的利益受到损害，农业对城镇化来说是无偿贡献。二是通过市场机制进行的资金转移，这往往伴随着劳动力的转移，例如农民进城务工经商，将自有资金转移到城镇非农产业中。这种转移使转移农民享受到城镇非农产业较高的比较利益。

目前在农民资金转移问题上存在着两种对立的观点：第一种观点主张打破政府一手包揽城镇化的局面，实行投资主体的多元化，特别是要利用乡镇工业基础，走农民集资建城的道路；第二种观点认为如果鼓励部分农户投资落户城市，农村将失去大量的发展资金，将会牺牲农村的发展。笔者认为：新中国成立以来，中国农业为城镇化提供了大量的资金积累，政府通过工农业产品的剪刀差使农民为中国的工业化作出了巨大牺牲，这种政府推动的乡城资金转移方式在未来的城镇化发展中是不可取的。而利用市场机制进行的转移不仅不会损害农村，还会形成一种城镇化和工业化"反哺"农业的局面。其理由是：

第一,农民集资建城受益最大的是农民。通过市场机制进行的农村资金的转移不是对农民的无偿剥夺,作为城镇化发动主体的转移农民,不仅能获得城镇非农产业最大的边际收益,而且能享受到高于农村文明的城市文明。浙江温州龙港镇农民建城的实践充分说明了这一点。温州采取"以用代积,集腋成裘"建成全国第一座"农民城"龙港镇,从"道路不平、电灯不明、杂草丛生、饮水不清"的5个小渔村,变成拥有5万人口的"农民城",主要靠6500个农村专业户集资3.4亿元、用3年时间兴建起来的。在温州,39.4%的农村人口自理口粮,成了新式居民,过上了集镇生活,65%的农村工业、67%的农村商业、56%的税收都集中在城镇。10年来,温州集镇建设投资15亿元,其中国家投资1.3亿,集体投资1.7亿,农民集资12亿(相当于35年来的国家投资)。改革前,温州有建制镇18个、非建制镇50个。现在依靠"人民集镇人民建",共改建新建320个集镇。温州农民人均收入由10年前的113元上升到1044元。

第二,中国农村民间剩余资金不是流失过度而是沉淀过度。应该看到,近几年来,农民对农业投入的积极性下降,主要是价格不合理造成的。由于以户籍制度为中心的城乡壁垒的存在,中国农村的民间剩余资金并没有向城镇过度流失,而是沉淀于农村。在生产上,主要是就地转移流向乡镇企业;在消费上,绝大部分流向住房建设。而分散的乡镇工业化和无序的农村住房建设已使我们在生态环境、经济效益和土地资源方面付出了沉重的代价。鼓励农村民间资金向城镇转移,使农民按统一规划集中建房和发展乡镇企业则是避免这种代价的有益途径。

第三,利用市场机制推进农村民间资金向城镇转移,不是扩大城乡差别而是缩小城乡差别的加速器。农民集资建城的反对者认为农民集资建城会扩大城乡差别。他们认为推进城镇化、缩小城乡差别的途径不应是鼓励农村资金向城镇转移,而应由政府投资来推进城镇化。笔者认为,由政府一手包揽城镇化的传统体制已使我国城镇化严重滞后,现在城镇化一方面面临严重的资金约束,另一方面面临严重的人口约束,如果不实行投资主体多元化,中国农民只能永远被禁锢在土地上,中国的现代化将变成非常遥远的事。国际经验表明:发达国家城镇化并没有像我们这样大的人口约束,对资金约束的突破是通过投资主体多元化实现的。政府通过税收进行城市基础设施的建设,企业通过雇工解决就业和部分社会福利和保障,职工自己解决住房和部分社会福利和保障,很少有国家对城镇居民是从摇篮到坟墓都由政府一手包揽的。在城镇化面临严重资金约束的中国,农民坐等政府投资来实现农转非和城镇化只能延缓二元结构的转变和城乡差别的缩小。

在农村劳动力转移问题上也存在着两种对立的观点:第一种观点认为,作为中国现代化的目标模式就是大力推进农村劳动力异地转移,即通过人口城镇化来实现农村剩余劳动力转移。另一观点认为,鼓励农村劳动力转移将加速农村人才向城市集中,对农村发展是釜底抽薪。我们认为,从国际经验来看,确实有些国家城镇化使农村人才流失,损害了农业的发展。我国部分地区也因劳动力转移过快使农村劳动力素质下降,出现劳动力的老龄化、妇女化、儿童化现象。但是,在目前的现实情况下,用人才流失论和劳动力转移过速论来指导中国劳动力非农化是极其有害的,原因是:(1)长期以来的城乡壁垒使我国农村至城镇的人口流动性极低。目前有数以亿计的农村剩余劳动力滞留在土地上,农村剩余劳动力已成为重要的社会问题和经济问题。如何使这些劳动力转移出去,已是中国现代化面临的最艰巨的任务。局部地区的劳动力转移过快并不等于整体上的劳动力转移的任务已经完成。人才流失是任何一种市场调节型人口流动不可避免的现象,对这种现象应由政府采取措施加以调节,但决不能因噎废食,因有一些人才流失而采取卡的办法来限制城乡人口流动。(2)传统农业向现代农业的转化决不能靠农业上打"人海战术",决不能通过把农民禁锢在土地上的方式来实现。发达国家用不到10%的农业人口养活90%以上的非农业人口的事实告诉我们,中国农业的发展需通过劳动力转移来加速农业规模经营和农业人均产出的提高,使中国经济结构现代化。(3)农村的人才向城镇转移并不是一件绝对不好的事。我们通过招生制度将农村优秀青年城市化,这些农村"精英"为"四化"建设作出巨大贡献;自发的城乡人口流动虽伴随着人才的流动,实践表明,这不仅加速了城镇的经济发展,也推动了农村经济发展(收入回流、城市文明向乡村扩散和劳动力素质的提高)。(4)从目前经济比较发达的典型农村来看,非农化和城镇化造成劳动力的大转移不仅没有削弱农业,而且是使农业建立在高度现代化水平的基础上。江苏省江阴华西村、山东省牟平新牟村、天津市的大邱庄等发达农村的农业劳动力比重已达到或低于发达国家的水平,而这些地方劳动力特别是高素质劳动力向非农业转移并没有影响农业的发展。(5)外出劳动力一旦回流,他们会把知识和经验带回农村,这样会产生"出去一个学生,回来一个先生"的效应。

(二)在强调多元化安置的前提下,把农村城镇化作为安置农村剩余劳动力的主渠道,延缓农村剩余劳动力向大城市的加速流动,避免分散的工业化道路对资源的巨大浪费

对庞大的农村剩余劳动力必须采取多元化安置思想,实行多向分流。这里可以设想以下六条渠道:(1)通过增加复种、发展生态农业、立体农业、精久农业增加劳动和资金的投入,提高土地生产率,向种植业的深度进军,广开就业门路。(2)通过改造低产田,加强农田水利建设,开展治山、治水、治土为中心的国土整治,将一部分农业劳动力转移到农业基础设施和整治国土的建设中去。(3)通过进一步推进农村非农化,特别是加强以农业产前、产中、产后服务为特征的农村第三产业的发展,将一部分劳动力就地转移到非农产业中去。(4)通过农村城镇化,推进农村劳动力大规模向小城市、县城和中心镇转移,使农村工业化同城镇化同步发展。(5)建立大城市劳动力市场调节体系,引导农村剩余劳动力向大城市少量有序流动,以补充大城市某些类型的就业岗位的空缺。(6)采取政府和民间多种渠道,扩大劳务输出市场,积极开拓国际劳务输出的门路。

在这六条渠道中,前景最广阔、现实性最强的是引导农民走农村城镇化的道路。这是因为我国百万人口以上的大城市人口已接近饱和状况。随着这些城市基础设施的改善,虽能扩大一些人口容量,但容量是极其有限的。农村城镇化道路不是要分散地发展乡镇企业和遍地开花地发展小集镇,它是一条引导农村人口和农村非农产业向农村小城市、县城和中心镇适当集中的道路。

20世纪80年代以来,我国农村走的是一条分散的工业化道路。工业化没有与城镇化同步发展,使得农村劳动力就地转移到乡镇工业具有以下几个特点:规模狭小并具有分散性;造成资源的巨大浪费和环境污染;造成兼业化和农业规模经营受阻。

克服这种局限性的最好办法是引导农村工业化向城镇化的方向发展。

这里的设想是推进二元城镇化对策:一方面实施城镇化的据点发展模式,另一方面实施网络城镇化发展模式。

据点式城镇化的具体构想是:(1)让300多个小城市的人口规模平均增加10万人,可吸纳3000万剩余农村劳动力。(2)让将近2000个县城的人口规模平均增加5万人,培植新的城市据点可吸收农村剩余劳动力近1亿人。(3)在5万多个建制镇和集镇中,选择2000个交通发达、城镇基础条件好、有一定规模的中心镇,建设小规模的"农民城",吸收农村剩余劳动力1亿人左右。通过这种城镇化道路,我国将出现四类混合型城市:第一类是市民为主、少量农民进城的大城市;第二类是市民为主、农民为辅的中等城市;第三类是农民市民兼有的小城市(现在的县城);第四类是完全由农民组成的农民城市。随着城市文明的进一步发展,农民将逐步转化为市民。

网络城镇化的具体设想是:在全国根据不同情况建设四种类型的城填群。

(1)区域城镇群。例如,在人口密集、经济发达的长江三角洲、珠江三角洲、京津唐地区、厦漳泉三角地区、辽中南平原、胶东半岛发展城市群。这类城镇群的特点是非农化水平高,交通和通讯"两道"基础设施好。这类城镇群中的城镇体系是中心城市—中小城市—县城—中心镇—乡镇—乡村工业集聚点。这类城镇群建设的主攻方向是:第一,重点提高交通和通讯基础设施的水平;第二,对城镇进行科学的规划,加强城镇之间的专业化和分工,改变目前城市产业结构同构性高的局面;第三,加强中心城市的辐射能力和城市文明的扩散,推进城市物质文明和精神文明向农村地区的传播;第四,区域城镇群的建设重点是人口职业的转换而不是人口的地域流动。

(2)市管县城市地区内的城镇群。市管县地区的城镇群的城镇体系是市—县(县城)—中心镇—集镇,联系这一体系的纽带是行政隶属关系。这类城镇群建设的核心是发展县城,把县城发展成为次级经济中心,并通过县城把城市物质文明和精神文明扩展到乡村,县城将成为城乡融合的枢纽和桥梁。县城的发展还可以阻止农村人口向大城市的高速集中,缓和大城市的压力。这类城镇群建设的主攻方向是加速农村人口向县城和县域中心镇的集中。

(3)"三沿"城镇带。"三沿"城镇带指的是利用现有的交通优势,沿江、沿河、沿路发展城镇带。"三沿"城镇带发展的主攻方向应加强"三沿"城镇之间的分工和协作,在劳动力非农化和人口集中化方向应重点加强"三沿"城镇据点的建设和"三沿"产业带的规则。

(4)整县改市城市群的建设。从1980年到1990年,我国新设城市250座,其中绝大部分是整县改市,形成了"小城区,大农村"的格局。对于这类城市,应重点加强"内涵"的城镇化,以城区为"龙头",重点发展中心镇,大力推进农村劳动力由农村向中心镇和市区的转移,加速城市文明的扩散和经济辐射,加强乡村工业化和非农化的发展。

引导农村人口走城镇化道路在90年代具有极强的现实性。目前,农村工业化已积蓄了相当大的能量。有1.12亿农村劳动力已转向2000多万个乡镇企业。90年代市场经济的发展,特别是土地使用权市场、资本市场、劳动力市场等生产要素市场的发展使乡镇企业有可能跳出地缘束缚,走向城镇经济,并由此带动农村人口向城镇的转移,实现工业化与城镇化的同步发展,并在此基础上建立新的城市体制。

(三)鼓励转移农业劳动力的土地向种田能手集中,推进农业的适度规模经营,增强劳动力转移的农业基础

农村劳动力的稳健转移必须建立在农业发展的基础上。只有农业发展了,转移了劳动力才能得到足够的农产品的供应,劳动非农化才能从农业中得到足够的原料。目前,我国农业发展中最主要的问题是农业生产规模狭小、农业劳动生产率低下、农业劳动力转移的基础比较脆弱。农业的生产规模狭小在以下8个方面制约着农业由传统农业向现代农业的转化:第一,限制了分工分业和商品经济的发展;第二,限制了科学技术在农业中的运用和推广;第三,不利于农村基础设施的建设;第四,不利于农业扩大再生产和抵御自然灾害能力的提高;第五,不利于土地资源和人力资源的合理利用;第六,狭小的家庭经营规模和"小而全"的生产方式刺激了农民的多生意愿,从而加剧了人地矛盾;第七,狭小的家庭经营规模和"小而全"的生产方式使农业剩余劳动力沉淀在耕地上;第八,狭小的农业经营规模使农业的社会服务、企业化管理非常困难。

综上所述,农业规模经营是农业现代化的必由之路。只有实行农业规

模经营,才能有劳动力非农化和人口城市化;只有实行规模经营,才能把科学技术和现代化的生产手段运用于农业;只有实现规模经营,才能克服小农经济所固有的生产能力的局限性,兴办社会工程和社会福利。

(四)在广大的中西部地区鼓励农村非农产业向县城适度集中,把农村城镇化的重点放在县城,推行一县一市,以县管市的模式代替目前市管县的模式

我国农村城镇化最有发展潜力的区位是县城。通过乡镇企业向县城的集中加速县城的发展不仅会带动县城郊区的发展,也会带动整个农村的发展,使城市文明迅速向广大的农村地区扩散。

"一县一城(市)"设想在实践方面的意义在于:

第一,可以保证城市的合理分布,一县一城,能完全保证城市的均衡分布。

第二,可以突破城市建设所需的资金限制。如果新建一座城市需要庞大的初始城市建设费用,那么县城这方面有较好的基础,可以少花钱。另外,在投资渠道方面,可以调动地方和农民的投资积极性,使国家少投资。

第三,可以突破就业所需要的资金限制。让一部分乡(镇)办、村办非原材料指向工业服务行业集中到县城,既可以解决农村分散的非农产业规模效益和集聚效益问题,也不增加国家劳动力非农化的资金。

第四,突破国家安排城镇人员就业所需的住房投资和限制。乡镇企业向县城集中,同时可以让部分农民集中在县城居住。

第五,可以突破城镇化所需交通和通讯条件限制。我国县城作为县域政治、经济、文化中心,经过40多年的发展,已有较好的交通和通讯设施。

第六,可以解决农业劳动力进城的适应性问题。西方一些发展经济学家认为农村劳动力可以直接由传统部门进入城市现代部门。但发展中国家的既成事实是:农村劳动力进入的是城市传统部门或非正式部门。这除了由于城市就业岗位的短缺外,另外一个重要的原因是农村劳动力素质难以适应现代部门。我国大城市论的主张者也忽视了这一限制因素,通过发展县城的劳动密集型产业,技术要求较低,而乡镇企业的农民有一段工作经验,这种迁移适应性问题是容易解决的。

第七,这种城镇化主张,既可以避免过于分散的集镇化造成的土地浪费、污染难以治理的"农村病",也可以避免发展大城市造成的"大城市病"的问题。

第八,这种城镇化主张还可以使恩格斯所预想的"使工业生产和农业生产发生密切的内部联系"的设想变为现实。由于城市和农村在一个系统内,城市非农业以乡镇企业为主导,农业和工业之间的联系将会通过县域城市而得到加强。例如,通过县域城市发展农村社会化服务体系将会有力地推进农业的发展。

二、中国农村剩余劳动力的异地转移

(一)建立对乡城人口流动的调节机制,设置一些"门槛"条件调控农民进城的流量和流速,缓解人口流动"洪峰"

由于城乡之间的巨大落差和人口流动的传带加速效应,本世纪将会出现大规模的农民异地流动浪潮,大批农民将拥进城市。为了对农民进城的流量和流速进行调节,要采取以下对策:

第一,设置进城的门槛条件,调节农民进城的流量和流速。这里,可以设想一种经济导向、人口素质向和社会规范导向三位一体的社会综合方案,以推进城乡人口迁移。(1)经济导向。实行经济导向就是要鼓励进城的农民到城市投资。例如,可以设想,如果一位农民能在城市投资20万元,允许其迁入城市。(2)人口素质导向。农村人口城镇化应优先让有高文化程度的农民和有从事非农业产业经验的农民进城。这样,能保证城镇非农产业对劳动者素质上的要求。(3)社会规范导向。例如,限制在农村不遵守社会规范的农民进城。

第二,要逐步淡化城市偏向,防止城门打开后农村劳动力的超高速转移。城市偏向是指政府所制定的投资、税收、价格、社会福利等政策有利于城镇地区、在城市和农村之间不合理地偏向城市的一种倾向。要逐步消除现存的城乡壁垒,必须抑制城镇的拉力和农村的推力,这里的关键是要淡化城市偏向。

（二）进行一系列的制度创新，使大部分农村剩余劳动力实现彻底的身份转换和职业转换，使转移农民有稳定的就业保障

目前，我国农村剩余劳动力转移过程中的许多问题都是由劳动力转移的不彻底性造成的。为什么农地被抛荒？为什么城市流动人口短期行为严重？其根本原因是民工没有割断土地的脐带。农村劳动力向小城市及城镇的彻底转移，实质上是一场生产组织的创新和生活方式的革新，这种组织创新需要一系列的制度创新。

第一，需要进行城镇建设体制的创新。这里可以设想一种多元投资体制推进城镇建设。（1）对于"农民城"，国家只进行规划，各种乡镇企业法人实体、农民家庭和其他经济实体通过住房自建、生产设施自建、公共基础设施集资共建的方式进行建设。（2）对于县城，政府应采取"乡镇企业城""乡镇工业小区""农民商城"等方式组织分散的农村非农业向相对集中的方向发展，引导现代工业、需要集聚的第三产业和具有非农产业经验的农村劳动力向县城集中，把县城建设成为市民和农民兼容、城镇非农产业和乡镇非农业兼有的混合型小城市。（3）对于大中城市应允许有经济实力的乡镇企业购买城市企业、对城市企业参股、控股或投资开办新的企业，形成新型的混合经济实体。

第二，要进行户籍制度的创新。随着市场经济的进一步发展，由户口所形成的城乡壁垒已经开始松动，而市民所享有的"特权"也开始弱化。户籍制度的改革势在必行。笔者认为，从长远的目标来看，户籍制度必须废除，但需要经历许多过渡环节，户籍制度的改革不能一步到位。其理由是：（1）中国城乡之间的经济势差和社会势差太大，如要一下子放开户籍制度，势必乱了农村，冲击了城市。（2）中国需要转移的劳动力太多，城市的吸纳能力又非常有限。（3）让农民在乡城之间完全自由流动，会出现大量农村拥入城市而造成像资本主义国家那样的贫民窟的形成，而农村劳动力素质也很难一下子适应城市非农产业发展的需要。这里可以设想一种新型的户籍管理制度：（1）完全放开农村县城和中心镇的户口迁移限制，打开城门，让农民自由地进入县城和农村中心镇务工经商。对于这部分农民让其自理口粮，自谋职业，自建（购）住房，共同分担基础设施的建设费用。（2）适当放宽农村剩余劳动力向小城市的迁移限制,允许转移农民在小城市取得准城镇户口。(3)在大中城市实行"绿卡"制,对在大中城市实际上已居住五年以上、拥有房屋产权和稳定的工作职业的人发放"绿卡"或"蓝印户口"。使持有"绿卡"或"蓝印户口"者在申请工商车辆驾驶证照、经营摊位和柜台、子女入托入学方面与城市居民享有同等待遇。

第三,要进行农村土地流转制度的创新。农村剩余劳动力要彻底转移出去,面临一个不可回避的问题是他们承包的土地如何处置。目前这方面存在的矛盾现象是,一部分已转移出去,劳动力鉴于非农就业机会的不稳定性和风险性,他们把土地作为进可攻、退可守的职业保障。要么只种"口粮田""应付田",要么将土地抛荒,要么利用辅助劳力进行粗放经营。另一方面种田能手却"英雄无用武之地"。这里迫切需要设想一种促使土地使用权流转的制度,促使转移出去劳动力的土地向种田能手集中,进行农业规模经营。在非农产业发达、农村劳动力大量转移的农村,应在自愿的基础上,通过转包、转让、联合服务等办法,允许土地经营权的依法有偿转让。也可以设想把土地的使用权作为合作资本,让那些转移劳动力把承包期内的土地使用权、经营权同种田能手合作,并取得合理补偿。

第四,要进行农村非农企业产权制度的创新。如前所述,农村工业化最大的问题是这类企业具有分散性、地缘性和封闭性。要解决这一问题,必须从企业制度改革入手,推进农村股份合作制和股份制,让乡镇企业产权突破地缘性和封闭性,在更大的空间范围内流动和重组。到去年为止,我国乡镇企业有10%实行了股份合作制,而这些企业都集中在乡村。要推进乡镇企业向城市或农村城镇的工业小区集中,必须推行进行企业制度创新,让股份化、工业化和城镇化三者有机地结合起来。

第五,要进行城建用地制度的创新。要避免20世纪80年代乡镇工业和小城镇发展占用大量耕地资源的现象,在劳动力转移过程中切实保护耕地资源。

(三)加强政府对农民工跨区域流动的宏观指导和协调,克服"民工潮"的盲目性和无序性,提高农村剩余劳动力跨区域流动的组织化程度

虽然我国农民异地流动所形成的"民工潮"对滞后的交通和城市基础设

施产生了巨大的压力,对社会秩序和城市就业提出严峻的挑战,但是"民工潮"是市场经济发展的必然结果,如果引导得当,"民工潮"会极大地有利于经济的发展。这是因为:(1)"民工潮"促进了流入地的经济发展,北京举世闻名的亚运工程、机场高速公路建设、上海浦东开发、长江三峡工程、广东珠江三角洲奇迹,没有一项能离开流动的民工。城里人不干的重活、累活、脏活都是农民在干。(2)外出农民把资金、技术、信息、管理经验带回了农村,为农村的经济发展注入了活力。(3)农村劳动力的适量外流不仅增加了农村资金,而且为农业的规模经营创造了条件。

但是,我们也应看到,由于农业生产的比例利益较低,农产品价格的剪刀差正在扩大,而某些沿海地区和大城市经济发展的诱惑力使"民工潮"的"推力"和"拉力"都在日益膨胀,这种状况将加剧农民外流的浪潮。如果政府不加引导,将会引起社会的大动荡。这是因为:(1)局部地区农业高素质的劳动力的过度流失将会严重影响农业发展,某些地区农地抛荒现象和农业粗放经营有增无减。(2)随着市场改革措施的出台,城市国有企业将会有20%—30%的富余劳动力在城市就业市场上寻求工作,农村民工的高速流动会给城市劳动力市场形成巨大压力。(3)流动农民在商业经营活动中具有短期行为,素质低,这有可能加剧市场经济秩序的无序状况。(4)流动的农民也会对大城市社会秩序产生不好的影响。

为了解决上述问题,政府需要在近期采取如下对策:

——积极引导农村剩余劳动力在本地区、本县范围内的流动,要打开小城市和城镇的城门,节制农民跨区域和向大城市的超常流动。

——改革城市人口管理制度,强化身份证的管理功能,以证件管理方式替代目前的户籍管理制度,使流动人口的管理规范化。

——对跨区域农村剩余劳动力的流量、流速、流向开展预测工作,运用宏观调控手段进行预告和疏导,提高农村剩余劳动力转移的组织化程度。

——在输出地建立外出劳动力档案,既为劳务输入地提供信息,也为输出地管理决策提供依据。

——将"候鸟"型民工变成永久型民工,减少流动量,缓解"民工潮"对交通的冲击。

——建立农村剩余劳动力的培训体系,对进城青年农民进行法律知识、城市社会规范和各种生产技能的培训。

——发展城市的民间房地产业,提供大量价格低廉、适于农民住的房屋,为农村剩余劳动力转移创造良好的环境。

（四）加快农村劳动力市场体系和宏观调控体系的建设,将数以亿计的小农户同城乡劳动力市场联系起来,保证农村剩余劳动力有序地流动

目前,我国农村剩余劳动力市场存在以下问题:(1)市场的组织化程度低。80%以上的民工外出打工不是通过政府和民间职业介绍组织谋取职业,而是通过亲戚、朋友、邻里等渠道寻求职业。(2)信息阻隔、渠道不畅。农村民工外出打工由于缺乏就业信息,流动具有极大的盲目性和赶浪潮式的集中性。(3)市场秩序不规范。企业和打工者的权益缺乏保障,少数不法者混迹中间,坑害农民。(4)政府的宏观调控体系不力。政府对农村剩余劳动力和"民工潮"缺乏预测、规划、引导措施,农村剩余劳动力流动具有极大的无序性。

根据我国农村剩余劳动力现状,迫切需要从以下几个方面入手,加强劳动力市场体系和宏观调控体系建设。

——大力发展多种形式的职业介绍机构。要让官办和民办的各类中介组织充分发挥作用,开展信息、培训、咨询、职业介绍等系列化服务,使分散的小农户同大市场联结起来。

——加快劳动法制建设,严禁采用不人道的方式盘剥"打工仔""打工妹",规范合同管理,依法保护民工权益。

——逐步推进市场信息网络建设。在着力抓好地区性、区域性农村剩余劳动力市场建设的同时,要促进全国统一市场的形成,建立全国性的农村剩余劳动力供求信息中心。

——加快市场规则的建设。要防止市场垄断、歧视、非公正交易、侵犯自主交易权利和人身权利、契约权利等不正当行为。

——加快农村剩余劳动力宏观调控体系的建设。加强政府对市场的预测、规划、调控、立法、监督,使劳动力转移走向制度化、规范化。

(本文获孙冶方经济科学奖,发表于《改革》1994年第4期。发表时题目为《中国生育劳动力向何处去》)

49
中国城镇化的区域差异
及其区域发展模式

区域是指一定的地域范围。中国常用的区域划分有三种类型：一是两个地带的划分，即将全国分为沿海和内陆省区。沿海指辽宁、北京、天津、河北、山东、上海、浙江、江苏、福建、广东、广西、海南 12 个省、区、市，其他属于内陆。二是三个地带的划分。它将上述内地进一步细分为中部和西部，东南沿海不变。在内地，西部是新疆、宁夏、甘肃、青海、西藏、贵州、云南、四川、陕西 9 个省、区，其他属于中部。此外，三个地带还有一种划分是将全国区分为沿海、内地、边远地区三个地带。这里沿海仍是上列 12 个省、区、市，这里的内地是狭义的内地，边远地区包括内蒙、西藏、甘肃、青海、宁夏和新疆。三是传统的六大行政区划分。本文将从不同的区域划分类型对中国城镇化的区域差异及其发展模式作一分析。

一、三大地带之间城镇化差异

解放初，中国的城镇分布格局是在旧中国半殖民地、半封建的基础上继承下来的，突出表现是城镇偏集于东部沿海。1953 年，占国土面积 13.6% 的沿海 11 个省、区、市，城市人口却占到全国的 61%；而占国土面积 86.4% 的内陆省区，城市人口只占 39%。[①] 随着经济建设的发展，这种状况逐步有了

---

① 许学强等：《我国城市化的省际差异》，《地理学报》1986 年第 1 期。

改变。到 1990 年第四次人口普查时,东部沿海 11 个省、区、市的城镇人口下降到占 49%,内陆省区则上升到占 51%。

我们用差异分布指数(Index of differential distribution)即地区城镇人口的分布同地区总人口分布之间的偏差程度,来说明城镇化的区域差异。

1990 年同 1975 年相比较,东部沿海地区城镇人口比重下降了 3 个百分点,内地和边远地区分别上升了 2 个百分点和 1 个百分点。城镇人口分布的差异指数由 9 下降到 8,这表明城镇人口分布差异有缩小的趋势(见表 1)。

表 1　1975 和 1990 年的中国城镇人口和总人口分布

地区	1975 年			1990 年		
	城镇人口分布	总人口分布	差异	城镇人口分布	总人口分布	差异
东部沿海 内地 边远地区	51 43 6	43 52 5	+8 −9 +1	48 45 7	41 53 6	+7 −8 +1
差异指数	—	—	9	—	—	8

注:城镇人口分布和总人口分布为百分比。
资料来源:(1)1975 年数据来源于国家统计局人口统计司:《中国人口统计年鉴(1989)》,科学技术文献出版社 1989 年版;(2)1990 年数据来源于国务院人口普查办公室:《中国 1990 人口普查10% 抽样资料》,中国统计出版社 1990 年版。

中国区域城镇化的发展大体上经历了三个阶段:

第一阶段是内地发展为主的时期(1949—1965 年)。1949 年新中国成立不久,国家着眼于医治战争创伤,恢复国民经济,加强国防。考虑到当时的政治区位优势,首先选择了重工业基础较好、接近苏联的东北地区作为建设重点,出现了城镇重心东北向运动趋向,并确定了"优先发展重工业"的方针,而且新的重点工程项目大多安排在内地。由于这种战略布局,城市重心的东北向运动进一步加强。在重内陆、轻沿海的工业布局影响下,沿海城镇人口比重到 1964 年下降到 49%。

第二阶段是"三线"发展为主时期(1966—1975 年)。20 世纪 50 年代末和 60 年代初出于对国际形势的估计,制定了"备战、备荒,为人民"的战略总方针。在这一思想指导下,1966 年开始的国民经济第三个五年计划,进一步突出了"备战"。在地区战略布局上,形成了"三线"建设高潮。"三线"建设高潮使城镇布局较大幅度地南移,城市和城市人口重心向西南推移,而东部

沿海则处于相对停滞的局面。内陆地区一些省区的城镇人口增长均在 20%
以上;而同期,江苏只增长 3%,浙江只增长 17%,上海则减少 12%。[1]

第三阶段是沿海发展为主时期(1976 年至今)。从第五个五年计划起,
中国生产力布局已有所改变,从原来的沿海向内地推进,逐步转变为重点加
强沿海。特别是"六五"期间,在"开放、搞活"方针指引下,加快了经济特区、
开放城市和经济开发区的建设步伐。这些特区、开放城市和经济开发区的
建设大大加快了沿海城镇化步伐,使东南沿海地区城镇人口摆脱了徘徊局
面,城镇人口比重重新开始上升。沿海地区城镇人口比重由 1975 年的 45%
上升到 1985 年的 47%,1990 年进一步回升到 49%(见表 2)。

表 2　中国三大地理区域城镇人口占全国比重的变化

(单位:%)

地理区域	城镇人口占全国比重			
	1954 年	1964 年	1985 年	1990 年
东部沿海	52.7	49.4	47.4	48.5
内地	42.6	45.0	45.9	44.7
边远地区	4.7	5.6	6.7	6.8

资料来源:(1)1964 年数据来源于胡焕庸、张善余:《中国人口地理》(上册),华东师范大学出版社
1985 年版;(2)1985 年数据来源于国家统计局:《中国统计年鉴(1986)》,中国统计出版社
1986 年版;(3)1990 年数据来源于国务院人口普查办公室:《中国 1990 人口普查 10% 抽样
资料》,中国统计出版社 1990 年版。

二、六大区域的城镇化差异

如果以总人口的分布作为参照系,中国华北和东北地区属于城镇人口
偏集地区,而东北的偏集程度最高。华东、中南、西南、西北属于城镇人口偏
稀的地区,而中南和西南的偏稀程度最高。

对第三次和第四次人口普查资料的比较分析表明:20 世纪 90 年代全国
的地区城镇人口差异分布指数从 11.82% 下降到 9.47%,下降了 2 个多百分
点。华北、东北的城镇人口的偏集程度减弱。中国地区城镇人口分布同总

---

[1]　国家统计局人口司:《中国人口统计年鉴(1989)》,科学技术文献出版社 1989 年版。

人口分布之间的差异缩小程度最高,由 6.70% 降到 3.37%,降低了 3 个百分点,而华东和西北地区的差异程度反而有进一步扩大的趋势(见表 3)。

表 3　按行政区划分的人口区域分布差异

地区	第三次人口普查(1982 年)			第四次人口普查(1990 年)		
	总人口分布	城镇人口分布	差异	总人口分布	城镇人口分布	差异
华北	11.11	14.27	2.86	11.42	13.40	1.98
东北	9.06	18.02	8.96	8.83	16.32	7.49
华东	29.33	28.94	-0.39	29.26	28.31	-0.95
中南	27.09	20.39	-6.70	27.71	24.34	-3.37
西南	16.20	11.65	-4.56	15.73	11.24	-4.49
西北	6.91	6.73	-0.18	7.06	6.40	-0.66
地区分布差异系数	—	—	11.82			9.47

注:城镇人口分布和总人口分布为百分比。
资料来源:中国 1982 年人口普查资料;中国 1990 年人口普查 10% 抽样资料。

表 4　按行政区划分的城镇化率变化

(单位:%)

地区	1982 年	1990 年	增长率
华北	25.70	30.78	19.77
东北	40.89	48.51	18.64
华东	20.28	25.38	25.15
中南	15.47	23.05	49.00
西南	14.77	18.75	26.95
西北	20.02	23.78	18.78
合计	20.55	26.24	27.69

资料来源:中国 1982 年人口普查资料;中国 1990 年人口普查 10% 抽样资料。

根据 1990 年人口普查,中国城镇化水平最高的地区是东北地区(见表 4)。这一地区是中国的老工业基地,解放后,在优先发展重工业方针的指导下得到了很大的发展。目前这一地区沿着铁路和海岸轴线,已初步形成了有利于生产要素优化组合的城市群体。其次是华北区。这一地区是全国政治、经济和文化中心。首都北京、著名的出口贸易大港天津均在本区。本区交通最为发达,是全国最大的煤炭基地和能源中心。城镇化水平处于第三位的是华东。这里有以上海为中心的长江三角洲城镇圈。第四位是西北地区,第五位是中南地区,第六位是西南地区。

关于 1982 年到 1990 年期间的城镇化发展速度,有一种起点越高,增长越慢;起点越低,增长越快的态势。中南地区城镇化增长速度最快,为 49%;其次是西南地区,为 27%;再次是华东地区,为 25%;起点较高的东北、华北、西北,城镇化增长速度为 18%—20%。

三、30 个省区的城镇化差异

下面我们进一步利用城镇化不平衡指数来分析中国各省区的城镇人口与其他因素之间的不平衡状况。

城镇化在不同地区、不同省区之间的差异,是由地理位置、人口增长、社会经济发展水平等因素决定的。城镇化不平衡指数即是用来比较某一地区的城镇人口在全国城镇总人口中占的比重与其他指标在全国总体中占的比重的关系。图 1 为城镇人口对总人口的不平衡状况。纵坐标为省区城镇人口占全国城镇人口的比重,横坐标为省区总人口占全国人口的比重,点位落在对角线上方,则表明纵坐标大于横坐标,亦即该省城镇化发展对于其人口增长而言超前,点位至对角线的垂直距离越远,则超前量越大,反之,位于对角线下方的省区,其城镇化发展则滞后于人口增长,点位落在对角线附近(点位至对角线的垂直距离小 $\sqrt{2}/2$),则表明该省城镇化发展与其人口增长大致平衡。点位至对角线的距离 d_i 为:

$$d_i = \frac{\sqrt{2}}{2}(y_i - x_i)$$

全国对 30 个省总人口而言的城镇化不平衡指数 I 为:

$$I = \sqrt{\frac{\sum d_i}{30}} = 1.0691$$

表 5 为全国 30 个省区的城镇化水平相对于总人口、总面积、国民收入、三大产业总产值及粮食产量的不平衡指数。

1. 总面积

城镇化水平就面积而言发展最不平衡,I 值高达 3.5114。广东、山东、辽

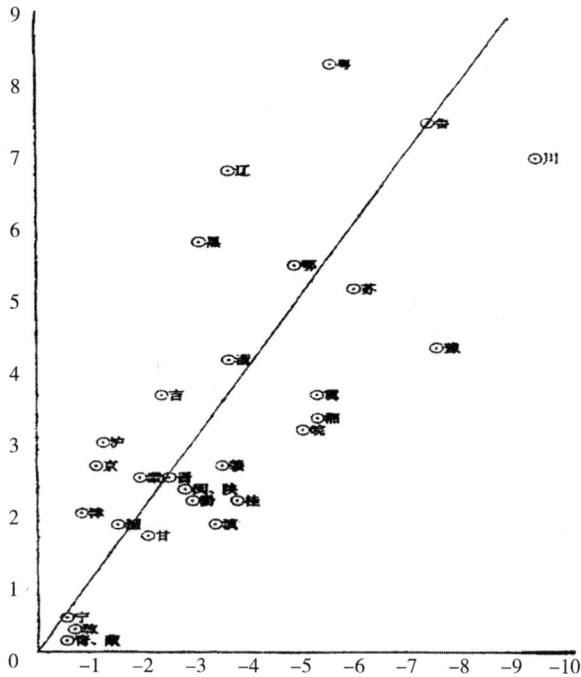

点位至对角线的垂直距离：

辽 2.40	鄂 0.45	琼-0.09	桂 -1.10
黑 1.91	浙 0.42	闽-0.25	皖 -1.1
粤 1.91	疆 0.25	甘-0.30	冀 -1.2
沪 1.29	鲁 0.11	陕-0.43	湘 -1.2
京 1.22	晋 0.03	黔-0.48	川 -1.6
吉 1.00	宁 0.03	赣-0.49	豫 -2.2
津 0.88	青-0.01	苏-0.59	
蒙 0.47	藏-0.04	滇-1.01	

图 1 城镇化不平衡指数（对总人口而言 I = 1.0681）

宁、江浙、湖北的城镇密度高,城镇人口规模远超出其面积规模。而位于边远地区的新疆、西藏、内蒙、青海、甘肃、云南等省则处于另一个极端:地广人稀,从空间面积角度来看,城镇人口规模非常低。就全国范围来看,城镇人口与面积趋于平衡的省仅有海南、陕西等 8 个省。东、中部地区的省区几乎全部位于对角线上方,西部省区则基本上位于对角线下方。由于省区面积在行政区划不变的情况下是一个定数,而城镇人口的增长则是一个变数,可以预见在未来一段时期内,城镇人口与面积之间不平衡的状况还会进一步扩大。

2.总人口

城镇人口是总人口的一部分,其分布必然与总人口的分布相关。因此全国总人口与城镇化的不平衡指数降至1.0691,城镇化率最高,即 d 值最大的7个省市是辽宁、吉林、黑龙江、北京、天津、上海和广东。西部地广人稀的宁夏、青海、西藏、新疆、甘肃等省区的 d 值则接近0,可见这些地区的城镇化水平与其总人口的规模是比较相称的。而人口在5500万以上的7个省中,除山东、江苏外,河南、四川、湖南、河北、安徽依次为城镇化水平滞后量最大的5个省。从表5中可以看到,这几个省的城镇化率均在20%以下,远低于26.24%的全国平均水平。

表5　城镇化不平衡指数

地区	城镇化率(%)	城镇人口比重(%)	点位至对角线的垂直距离						
			总人口	省区面积	国民生产总值	工业总产值	农业总产值	第三产业总产值	粮食产量
北　京	73.22	2.68	1.22	1.77	-0.17	-0.35	1.24	-0.65	1.48
天　津	68.2	2.03	0.88	1.35	0.2	-0.6	0.88	-0.28	1.14
河　北	17.91	3.64	-1.2	1.2	-0.81	-0.72	-0.74	-0.39	-1.03
山　西	26.68	2.53	0.03	0.64	0.14	0.23	0.66	0.11	0.25
内　蒙	35.S3	2.53	0.47	-7.04	0.61	1.01	0.4	0.49	0.25
辽　宁	51.4	6.92	2.4	3.83	0.91	-0.07	2.33	0.63	2.52
吉　林	42.83	3.63	1	1.19	0.94	0.86	1.12	0.91	-0.68
黑龙江	49.28	5.77	1.91	0.61	1.46	1.5	2.33	0.98	0.42
上　海	66.14	3.01	1.29	2.09	-0.95	-2.76	1.47	-1.51	1.75
江　苏	22.59	5.19	-0.59	2.92	-1.76	-4.38	-1.97	-1.59	-1.45
浙　江	30.58	4.21	0.42	2.23	-0.48	-1.31	-0.35	-0.6	0.47
安　徽	17.66	3.35	-1.15	1.34	-0.13	0.35	-1.32	0.29	-1.53
福　建	22.67	2.34	-0.25	0.76	-0.27	0.08	-0.01	-0.9	0.26
江　西	20.87	2.69	-0.49	0.68	0.18	0.6	-0.23	0.32	-0.73
山　东	26.8	7.53	0.11	4.2	-0.18	-0.84	-0.59	0.37	0.01

续表

地区	城镇化率(%)	城镇人口比重(%)	点位至对角线的垂直距离						
			总人口	省区面积	国民生产总值	工业总产值	农业总产值	第三产业总产值	粮食产量
河　南	15.15	4.39	−2.28	1.88	−0.59	0.04	−1.75	−0.49	−2.13
湖　北	29.64	5.47	0.15	2.47	0.59	0.73	0.25	1.42	−0.06
湖　南	17.36	3.54	−1.28	0.96	−0.4	0.32	−1.14	−0.13	−1.7
广　东	38.92	8.28	1.91	4.55	0	0.57	−0.06	−0.92	2.85
广　西	15.42	2.21	−1.1	−0.13	−0.06	0.52	−0.73	0.16	−0.59
海　南	20.59	0.44	−0.09	0.06	−0.08	0.18	−0.38	−0.16	0.04
四　川	19.74	7.07	−1.65	0.85	0.26	1.32	−0.69	0.58	−1.76
贵　州	20.05	2.21	−0.48	0.27	0.51	0.92	0.12	0.68	0.42
云　南	14.74	1.82	−1.01	−1.59	−0.35	0.31	−0.36	0.11	−0.39
西　藏	18.06	0.14	−0.04	−8.57	0	0.08	−0.05	−0.06	0.01
陕　西	20.65	2.26	−0.43	−0.09	0.05	0.29	0	0.07	−0.1
甘　肃	20.81	1.61	−0.3	−2.2	0.17	0.34	0.18	−0.28	0.04
青　海	25.28	0.38	−0.01	−5.44	−1.01	0.09	0.04	−0.06	0.08
宁　夏	28.16	0.45	3.03	−0.16	0.06	0.13	0.08	0.02	0.01
新　疆	32.98	1.71	0.25	−10.78	0.17	0.61	−0.1	0.18	0.16
总　计	26.24	100							
城镇化不平衡指数			1.0691	3.5114	0.5978	1.1457	1	0.6508	1.1451

资料来源:国务院人口普查办公室:《中国1990年人口普查10%抽样资料》,中国统计出版社1990年版;国家统计局:《中国统计年鉴(1991)》,中国统计出版社1991年版。

3. 国民生产总值

城镇化从根本上来说是经济发展的结果。经济发展水平是决定城镇化区域差异的最重要因素。因此国民生产总值与城镇化的相关程度非常高,二者之间的不平衡指数仅为0.5973。从图2中可以看到,大部分省的点位均处于对角线附近(除江苏、黑龙江外),d 值均落在区间 $(-\sqrt{2}/2, \sqrt{2}/2)$ 之中。

全国30个省可以分为五类:(1)甘肃、青海、宁夏及海南。这几个省区城镇人口与国民生产总值在全国范围后所占的比重都很低(小于1%),其点位均处于对角线附近,接近原点。(2)广东、四川、山东。其城镇人口与国民生产总值在全国总体中所占比重较高,但二者之间发展水平大体均衡,点位也均在对角线附近。(3)东北三省其城镇化水平相对于国民生产总值来说超前,城镇化率仅次于京、津、沪。但从总体上来说,其经济发展程度未达到相应的水平。(4)苏、沪、浙、冀、豫。其城镇化水平相对于这些地区的城镇化发展是以乡镇企业发展为主导,农村劳动力"离土不离乡",通过发展农村非耕地经营和发展小城镇来大量吸收脱离耕地的农业人口。因此国民生产总值水平较高,而城镇化水平反而相对偏低,其城镇化发展具有良好的潜在条件。(5)其他省份。其他省区城镇人口与国民生产总值在全国总体中所占的比重基本处于中等水平,点位均处与对角线附近上下,表明这些地区的城镇化水平基本上是与国民生产总值水平相当。

4. 工业总产值

工业总产值可以代表地区综合的工业发展水平,就工业总产值而言的城镇化平衡指数水平可反映城镇化的经济效益。苏、沪、浙、鲁、冀、津、京、辽8个省市创造的工业总产值在全国所占的比重大于城镇人口在全国所占的比重。其中尤以苏、沪、浙为甚。这8个省市不仅工业化水平高,而且工业基础比较好。而黑龙江、四川、吉林、湖北、广东等省虽然经济发展水平也居上游,但城镇化水平相对工业总产值而言偏高,这主要是由于这些地区的工业基础相对差一些,或省内地区经济发展不平衡所致。

5. 农业总产值与粮食产量

农业发展水平与粮食产量是决定地区城镇化率的重要因素。因为人口向城镇流动量要同农业所能提供的商品粮和农副产品量相适应。对粮食产量而言,中部地区的豫、川、湘、皖、苏几个粮食产量高、工业生产水平高的省,城镇化水平相对滞后。山东、黑龙江、湖北粮食产量也较高,但与城镇化水平相当,而粤、辽、京、津、沪几个以工业化为主导的省市城镇化水平则大为超前。以上这些省区,尽管城镇化水平较高但仍可望有进一步的发展。而西南、西北地带的几个省区,由于农业生产和粮食产量在未来一段时期内不可能有较大的提高,更兼交通不便,工业基础落后,其城镇化的发展潜力则十分有限。

6. 第三产业产值(此处第三产业系指:建筑业、运输业和商业)

第三产业的发展在城镇化过程中扮演者重要角色,城镇化水平越高,第

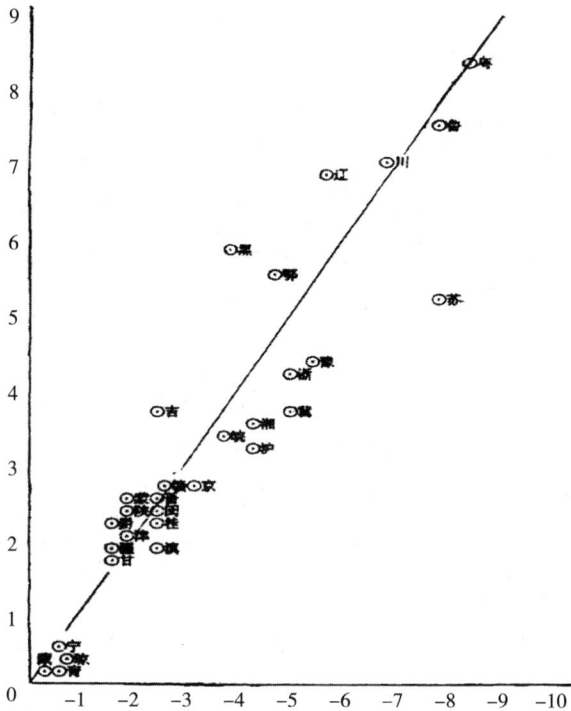

点位至对角线的垂直距离：

黑 1.46	赣 0.18	青 −0.01	湘 −0.40
吉 0.94	疆 8.17	桂 −0.08	浙 −0.40
辽 0.91	甘 0.17	琼 −0.08	豫 −0.50
蒙 0.61	晋 0.14	皖 −0.08	翼 −0.30
鄂 0.59	宁 0.06	京 −0.17	沪 −0.90
黔 0.51	陕 0.05	鲁 −0.18	苏 −1.70
川 0.26	粤 0.00	闽 −0.27	
津 0.20	藏 0.00	滇 −0.35	

图 2 城镇化不平衡指数（对 1990 年国民经济总值而言 I = 0. 5978）

三产业的作用就越大。对第三产业总产值而言,全国的城镇化不平衡指数
为 0. 6508,远低于第一、二产业的不平衡指数。可见城镇化水平与第三产业
的发展高度相关。苏、沪、粤、京、浙 5 个经济活跃程度高的省市,其城镇化水
平滞后于第三产业发展水平,而湖北、东北三省、贵州、四川等省的城镇化水
平则超前于第三产业的发展水平。

最后将全国 30 个省区划分为 7 个类别,进行聚类分析:(1)京、津、冀、鲁;(2)东北三省;(3)沪、苏、浙;(4)广东;(5)内地中部:豫、鄂、皖、湘、川;(6)边远西部:蒙、疆、甘、宁、青、藏、滇;(7)其他省份。表 6 列出了这 7 个区域城镇化不平衡指数。从中可以看到,东北地区的城镇化水平大大超前于各项经济指标,今后应以改善城市规模结构,发展中小城镇为主。在农村劳动力向市镇转移的同时还要向非农业转移,以加快地区的经济发展;而长江三角洲和华北平原地区城镇化水平则滞后于经济发展,这两个地区的城镇化发展具有很大的潜力;而对广东而言,二者比较均衡,城镇化发展与其经济增长基本相称;内地中部的城镇化水平略为超前其经济发展水平,尤其是对二、三产业而言,因此,大力提高农村工副业在农村经济结构的比重,发展乡镇工业及第三产业,是实现内地中部崛起的关键。

从以上的分析中可以看出,总的来说,中国城镇化水平与区域经济发展是相适应的,东北地区的城镇化水平已略为超前,今后要以调整城镇化模式为主。西部边远地区由于自然条件和经济基础的限制,其城镇化水平的增长潜力较低。

表 6　七个区域城镇化不平衡指数

地区	城镇化率(%)	城镇人口比重(%)	点位至对角线的垂直距离						
			总人口	省区面积	国民生产总值	工业总产值	农业总产值	第三产业总产值	粮食产量
京津冀鲁	28.84	15.87	1.01	8.15	-2.53	-0.8	-1.92	-0.95	1.58
东北三省	48.51	15.32	5.3	5.62	2.28	3.03	3.19	2.52	2.26
沪苏浙	30.06	12.4	1.12	7.23	-8.46	-3.83	-6.49	-3.71	0.76
广东	38.92	8.28	1.91	4.55	0.56	0.29	0.25	-0.92	2.85
内地中部	19.43	23.82	-5.9	7.5	2.76	-0.35	1.26	1.68	-7.17
其他省区	20.64	15.68	-2.81	2.39	2.81	0.74	1.87	0.98	-0.45
边远西部	23.83	8.62	-0.62	-35.81	2.56	91	1.82	0.38	0.16
总计	26.24	100							
城镇化不平衡指数			3.32	14.74	3.89	1.93	3.03	1.93	3.12

资料来源:国务院人口普查办公室:《中国 1990 年人口普查 10%抽样资料》,中国统计出版社 1990 年版;国家统计局:《1991 年中国统计年鉴》,中国统计出版社 1991 年版。

四、中国城镇化区域发展的模式

从城镇人口增长的构成来看,中国城镇化区域发展有三种模式。

第一种模式是农村城镇化为主导(即镇人口增长为主)的模式。例如西南区 20 世纪 80 年代总人口的增长速度较慢(9%),城镇人口中速增长(39%)。但城镇人口增长以镇人口增长为主,即以农村城镇化为主。该地区镇人口增长 46%,而城市人口增长 36%,前者比后者高 10 个百分点。华北区也是镇人口增长快于城市人口增长。而西南区的逐村城镇化表现为城镇据点的扩大,华北区则表现为城镇据点的增加。从 1982 年到 1991 年,西南区城市数增长 76%,镇数增长 2.1 倍(全国为 3.5 倍),而同期华北区城市数增长 77%,镇数增长 5.9 倍。由此可见,华北区镇人口增长为主导是因为城镇据点的增长带来的。

第二种模式是城市化为主导(即城市人口增长为主)的模式。这种模式以东北区最为典型。例如,东北区在 1982 年到 1991 年期间,总人口增长 10%,城镇人口增长 30%,而城市人口增长 40%,镇人口只增长 6%。东北区在这一时期城市数增长 34%,镇增长 2.8 倍。城市人口增长速度超过镇人口增长速度的还有西北区、中南区、华东区。华东区的城市增长速度最快,从 1982 年到 1990 年,城市增长 1.2 倍(全国为 87%)。

第三种模式"双高"型模式,即城市人口增长和镇人口增长速度都相当高。这一模式以中南区为典型。中南区总人口增长 15%,属人口增长最快的地区,而城镇人口的增长也最快,为 72%(全国为 44%),中南区城市人口增长 82%(全国为 47%),镇人口增长 54%(全国为 37%)。中南区的城市数增长 74%(全国为 87%),而镇数增长 4.6 倍(全国为 3.5 倍)。

下面以非农化、工业化和城镇化的三者关系考察中国城镇化发展模式。这种分析是建立在对 6 个小经济区的研究基础上的。这 6 个小经济区是:

(1)京津冀区。著名的京津唐城镇群位于本区,本区有两个直辖市和一个省会城市。全区面积 22 万平方公里,人口 8069 万人,共有 764 个镇,24 个城市,1988 年乡镇从业人数 900 万人。

(2)辽鲁区。这里有环勃海城镇群,本区的辽中南地区是全国城镇最密集区之一。全区面积 30 多万平方公里,人口 12385 万人,共有镇 1302 个,城市 53 个,在这些城市中老工业基地较多,全区乡镇企业人数 1299 万人。

(3)沪苏浙区。这里有著名的长江三角洲城镇群,有全国最大的经济中心上海,是交通最发达的地区。全区面积 21 万平方公里,人口 12185 万人,共有镇 1353 个,城市 50 个,乡镇企业从业人数 1690 万人,是乡镇企业最发达的地区。

(4)粤闽区。珠江三角洲城市群和闽南三角地带城镇群位于本区,是开放度最大的地区。全区面积 26 万平方公里,人口 9288 万人,镇 1769 个,城市 33 个,乡镇企业从业人数 920 万人,是镇最多的地区。

(5)豫鄂区。这是中国的"心脏"地区,位于中部,面积 35 万平方公里,人口 13148 万人,全区镇 1166 个,城市 54 个,乡镇企业从业人数 1288 万人。

(6)四川区。这是中国人口最多的省区。面积 56 万平方公里,人口 10722 万人,有镇 897 个,城市 23 个,乡镇企业从业人数 696 万人,是城镇密度较低的地区。

前四类地区都属于沿海地带,区域内部的城镇群都属于扩散型模式,大城市的辐射能力强。辐射型城镇群是上述四类地区的共性,但其辐射方式又各不一样。

以广东、福建沿海构成的南部开放地区城镇群是外资推进型城镇化模式。这种外资推进型城镇化模式具有如下特点:

第一,吸引外资和开放程度在全国首屈一指。广东、福建两省 1990 年利用外资金额是京津冀地区 4.15 倍,是辽宁、山东的 2.55 倍,是沪苏浙的 3.15 倍。[1]

第二,外来劳动力多。广东省人住本县市户口在外地的流动人口为 329 万人,福建这类人口也超过了 100 万人,而辽宁、山东都低于 100 万人。这类流动人口主要集中在沿海开放区。

第三,镇的增长速度最快。1982 年,粤闽区有市 22 座,1990 年上

---

[1] 国家统计局:《中国统计年鉴(1991)》,中国统计出版社 1991 年版。

升到 33 座,上升 50%;而镇数却增长了 36 倍,镇人口增加 75%;在 6 个区中名列第一。由此可见,这一区域主要是农村城镇化模式。从 1982 年到 1990 年,这一区域城市人口增加 95%,镇人口若按调整数计算则增加 1.3 倍。

第四,农村到城市的人口迁移以来自省外居多,且流入农村城镇占较高的比重。从本省农村迁入城镇的迁移人口占全部迁入人口的 31%,外省迁入的占 69%。外省迁入比重高于其他辐射型城镇化省市区,京津冀为 42%,辽宁、山东为 67%,沪苏浙为 66%。在全部农村至城镇迁入人口中,迁入市的占 65%,迁入镇占 35%。迁入农镇的比重高于其他 5 个区,镇迁入率达 10%,大大高于其他省市区。

东部长江三角洲城镇群是特大城市辐射、巨大经济中心扩散为特色的城镇化模式,其特点具体表现在四个方面:

第一,城市首位度特别高。上海在城镇体系中处于绝对优势地位,作为中心城市的上海同周围的城镇构成辐射式的城镇网络。根据 1982 年的人口普查,这一区内四城市首位度(第一大城市人口/第二、第三、第四大城市人口总数)为 1.43。而北部京津冀和辽鲁地区这一指数为 1.49,粤闽地区的这一指数为 1.16。

第二,城镇密度最高,为中国城镇最稠密的城镇群。沪苏浙区每万平方公里有 64 个镇,是京津冀区的 1.81 倍,辽鲁区的 1.49 倍,粤闽区的 1.08 倍,城市密度为每万平方公里 2.37 座,是京津冀区的 2.15 倍,辽鲁区的 1.35 倍,粤闽区的 2.15 倍(见表 7)。

第三,乡村非农化水平最高,乡镇企业最发达。表 7 表明,这一区域内每个城市的辐射乡镇企业从业人数 33.8 万人,次于京津冀区,但是每万平方公里有乡镇企业从业人数 80 万人,是北部城镇群的 2 倍,虽然全社会城镇化率为 30%,在辐射型城市区域中是最低的,但相对于城镇化的非农化水平却是最高的:工业化率为 30%,在六大区域中最高,非农化水平高达 49%。IU 比约等于 1,即城镇化为 1 时,工业化也为 1。非农化与城镇化之比为 1.62,这意味着有近 60% 的人在城镇以外从事非农产业。这一比值是辽鲁区的 1.78 倍,是京津冀区的 1.43 倍,是粤闽区的 1.35 倍(见表 8)。

表7 1990年六个区域城镇密度与乡镇企业密度

地区	镇密度	城市密度	每个城市辐射乡镇企业人数（万人）	乡镇企业人数密度
京津冀	35.37	1.11	37.5	41.68
辽鲁	42.97	1.75	24.8	42.88
沪苏浙	64.12	2.37	33.8	80.1
粤鄂	59.16	1.1	27.87	30.76
豫鲁	33.03	1.53	23.05	36.48
四川	15.74	0.4	30.25	12.21

注:镇密度为每平方公里镇数;城市密度为每万平方公里市数;乡镇企业密度为每万平方公里乡镇企业从业人数(万人)。

资料来源:中国第四次人口普查主要数据;《中国农业年鉴(1989)》。

第四,城镇化的初始资金来自于农业,技术来自于特大城市,生产主要为大城市配套。这一区域的工业规模较大、经济效益较好,产品质量较高,这一点在苏南地区表现得特别明显。

表8 1990年六个区域城镇化、工业化、非农化的对比关系

地区	U 社会城镇化 （%）	I 社会工业化 （%）	N 社会非农化 （%）	IU 比	NU 比
京津冀	31.72	17.92	35.95	0.56	1.13
辽鲁	34.83	16.06	31.8	0.48	0.91
沪苏浙	30.1	29.91	48.74	0.99	1.62
粤闽	31.79	21.15	38.28	0.67	1.2
豫鄂	20.7	10.31	22.71	0.5	1.1
四川	20.25	8.22	17.54	0.41	0.87

资料来源:中国第四次人口普查主要数据;中国1990年人口普查10%抽样资料。

北部京津冀和辽鲁地区城镇化是一种以城市为主导的城镇化模式。中国城镇化有以农村城镇和小城市为主体的城镇化,也有以大中城市为主体的城镇化。北部城市群是以大中城市为主导的城市化模式。这一区域内共有77座城市,其中有35座是1982年前建立的"老牌"城市,这里有国家的首都和全国第三大直辖市天津与东北区的最大经济中心沈阳,有大城市密集

的京津唐城市群,有渤海城镇圈,国家确立的 14 个沿海开放城市有 5 个在本区。本区城镇化有如下几个特点。

第一,城镇化市人口与镇人口相比占绝对优势,城市非农化是非农化的主体。京津冀地区镇人口占 15%,市人口占 85%;辽鲁地区镇人口占 22%,市人口占 78%。农村非农劳动力在全部非农业劳动力中的比重低于 50%(见表 9)。

表 9　1990 年六个区域农村城镇人口、工业人口、非农业劳动力比重

(单位:%)

地区	镇人口/ 市镇人口	农村工业人口/ 社会工业人口	农村非农业劳动力/ 社会非农业劳动力
京津冀	15.03	55.69	47.34
辽鲁	22.44	50.42	45.98
沪苏浙	30	57.72	53.41
粤闽	33.56	49.03	53.37
豫鄂	28.73	56.77	50.17
四川	28.43	58.65	54.95

资料来源:中国 1990 年人口普查 10%抽样资料;《中国农业统计资料(1990)》。

第二,城镇化是建立在实力雄厚的工业化基础上的。除了北京、天津这类特大城市外,大连和青岛是近百年来随着海运事业发展起来的港口工业城市,工业总产值早已突破 100 亿元大关,唐山是依靠开滦煤矿发展的工矿城市。此外,还有营口、锦州、秦皇岛、烟台等也都是依靠海运和海湾地区资源发展成为港口的工业城市。沈阳—大连高速公路的建成把辽东半岛与沈阳为中心,包括鞍山、辽阳、本溪、抚顺、铁岭等城市群紧密地联结起来,集中了钢铁、机械、石油化工、电子、建材等五大产业,家用电器轻纺工业也发展较快。山东半岛的食品业和纺织工业也相当发达。

第三,主体是"面"而不是"点"。长江三角洲城镇圈的主体是上海,珠江三角洲的主体是广州,厦漳泉三角地区的主体是厦门,这种城镇辐射网络的中心是"点"。渤海城镇圈则不一样,因为环绕渤海沿岸是由许多城市组成的城市群,它们之间传统上有较密切的横向经济联系,但又各具有特点,各有自己的辐射面。

中国城镇化的另一种模式是自生型城镇化、非农化模式,这种模式是在城镇非农产业功能不强、辐射力不大的基础上进行的,中西部城镇主要是这种模式。这里,我们以豫鄂川三省为个案来研究自生型城镇化。在这三省中虽然也有一些像武汉这样的大城市,但其经济辐射力不强。这种自生型城镇化的特点:

第一,农村城镇化水平低,且农村工业化水平也低,农村城镇化和工业化主要靠城市的辐射和扩散。

第二,虽然在城镇以外有大量的非农化,但这种非农化具有很大的传统性,经济效益低,产品质量差。

第三,这种城镇化的发展在某种程度上是一种靠城乡建制的改变推进的城镇化。在城镇化的三大因素(自然增长、机械增长、城乡再划分)中,城乡再划分在城镇化中起着相对重要的作用。

(本文发表于《中国人口科学》1993 年第 1 期。朱农协助研究)

—*50*—

农村城镇化与城镇农村化研究

20 世纪 80 年代城镇标准的改变和"市管县""镇带村""整县改市"等方案的实施,使我国城镇化产生和加强了两种特有的重要现象:一是农村城镇化,农村地区城镇迅速扩张,即所谓小城镇道路,使农村城镇人口占县域人口的比重不断上升;二是城镇农村化,即大量的农业人口或村委会人口被划入城镇"版图",市镇人口中农业人口比重迅速上升。

一、中国农村城镇化

(一)农村城镇化发展进程

镇是一个既区别于市又区别于乡的地域实体。一方面,作为社区,镇比乡村高一个层次。从居民聚集形式、人口密度、劳动力就业方式、建筑设施等方面来看,镇高于农村社区。另一方面,从行政管理方式、居民生活方式、同农村的社会经济联系来看,镇又大大落后于市。镇一般同乡是一个行政级别,附属于县或县级市。根据中国特点研究城镇化有必要使用四种概念:一是城市化。这主要观察城市的发展和市人口增长在城镇化中的作用。二是社会城镇化。这主要是看市镇人口增长对全社会城镇化的作用。三是农村城镇化。这里的着眼点是镇人口在非都市人口中的比重。四是城镇农村化。这主要看市镇中的乡村人口的发展变化。

在研究农村城镇化时,有必要区分两类地域实体:一是城市地区,另一是农村地区。农村地区应包括乡和镇,农村地区人口指乡人口和镇人口的总和。例如,1990 年人口普查表明:全国有市人口 21123 万,镇人口 8528 万,乡村人口 83397 万,所以农村地区人口为 91925 万(8528 万+83397 万),市镇人口为 29651 万(8528 万+21123 万)。农村城镇化率是镇人口在农村地区人口中的比重,1990 年人口普查的城镇化率为 9.3%(8528÷91925)。考虑到我国镇人口仅居居委会人口,没有包括郊区或周边人口,用 0.75 作为调整系数,调整的镇人口为 11371 万(8528÷0.75),调整的农村城镇化率为12.4%(11371÷91925)。

再看农村城镇化的发展。在 20 世纪 50 年代初期,我国有建制镇 5402个(1953 年),乡镇 28 万多个(1953 年)。1954 年,在 5.4 亿农村地区人口中,镇人口 3485.4 万人,农村城镇化率为 6.4%,同年全社会城镇化率为15.4%,镇人口在市镇总人口中占 38%。到 20 世纪 50 年代末期的 1959 年,镇人口达到 4553 万人,农村城镇化率达到 8.02%。从 1954 年到 1959 年,农村地区人口的年平均增长率为 0.8%,镇人口的年平均增长率为 5.5%,市镇总人口的年平均增长率为 10.1%,社会城镇化率由 15.4%发展到 22.3%,增长 44.8%,农村城镇化率由 6.40%发展到 8.02%,增长 25.3%。可见,20 世纪 50 年代农村城镇人口的发展大大快于农村地区人口的增长,但慢于全社会市镇人口的增长。农村城镇化滞后于社会城镇化。20 世纪 50 年代农村城镇化的迅速发展同 1958 年的"大跃进"有密切关系,当时强调全民大办钢铁,实行了公社工业化,这种公社工业化无疑推进了农村城镇化的发展。

20 世纪 60 年代是中国农村城镇化停滞的时期。1963 年的镇人口由1959 年的 4553 万人降到 4114 万人,农村城镇化率由 8.02%下降到 6.87%,1971 年镇人口总数仍没有达到 1959 年的水平,农村城镇化率为 6.91%。1965 年建制镇仅 2902 个,比 1961 年少 1527 个,比 1958 年少 2500 个,而且这些建制镇 70%以上是县城,平均每县 1.35 个镇。20 世纪 60 年代农村城镇化停滞一方面是由于这一时期国家压缩城镇人口,缩小郊区范围,控制建制镇设立等城镇化政策造成的;另一方面是由于国家限制农村商品经济的发展,把发展农村商品经济当作"资本主义的尾巴"来批判的"左"倾思潮的理论及其实践所致。

从 20 世纪 70 年代末期到 20 世纪 80 年代,我国农村城镇化得到了长足发展,这主要表现在:一是建制镇超高速发展。1978 年,我国有建制镇 2850 个,到 1990 年发展到 11935 个,增长 3.19 倍,平均每年设镇 757 个。二是镇人口迅速增长。1978 年,镇人口为 5315 万人,到 1990 年人口普查时镇人口达到 8528 万人,增长 60%。考虑到普查口径没有包括镇的郊区人口和周边人口,用调整系数 0.75 进行调整,镇人口的调整数应为 11371 万人,按调整数计算的镇人口增长率为 1.14 倍。三是农村城镇化率翻了一番,由 6% 上升到 12%(按调整数计算)。农村人口从 1978 年到 1990 年的平均增长速度为 0.7%,而镇人口的平均增长速度则为 6.5%。

(二)农村城镇化和劳动力转移

通过人口普查资料,我们可以考察农村地区劳动人口的职业转换状况。虽然我国只有 6%—7% 的在业人口在镇上就业,但行政技术管理人员和流通服务人员却有 20%—24% 分布在镇。从 1982 年到 1990 年,上述两类人员有向镇集中的趋势,构成比重由 20% 上升到 24%,其中专业技术人员由 16% 上升到 22%,上升了 6 个百分点,行政办事人员上升了 4 个百分点,商业人员上升了 3 个百分点。这表明,20 世纪 80 年代我国农村城镇管理、科技和流通功能加强了。

另外,我国有 16%—17% 的生产工人集中在农村城镇,35%—39% 的生产工人分散在乡村。在整个农村工业中,68% 的工人分布在乡村,只有 32% 的工人集中在镇。未来我国农村城镇化的一个重要任务是要使分散的乡村工业逐步向农村城镇集中,发挥乡镇工业的集聚效应和规模效应。

通过两次人口普查,我们可以看出我国农村劳动力转移和农村城镇化的一个重要历史趋势:镇的劳动力就业结构开始出现第二产业向第三产业转换的格局,这主要表现在:第一,生产功能削弱。1962 年,生产工人在镇全部在业人口中的比重为 42%,1990 年下降到 31%;同期,农业劳动者比重也由 20% 下降到 15%(变化的一个原因是两次普查对镇的统计口径不一致)。第二,流通和服务功能增强。1982 年商业人员、服务人员的就业比重为 14%,1990 年上升到 19%。第三,技术和管理功能增强,专业技术人员、领导干部、行政办事人员这三类人员就业比重由 1982 年的 24%上升到 1990 年的 29%,特别是专业技术人员比重由 13%上升到 17%,上升 4 个百分点。

形成这一历史趋势的原因是:第一,农村非农化有向农村城镇集中的趋向;第二,城市非农化有向农村城镇扩散的趋向;第三,镇内部劳动力有由第二产业向第三产业转移的趋向。

(三) 20 世纪 80 年代农村城镇化的特点及其地域差异

人口普查结果告诉我们:20 世纪 80 年代的农村城镇化具有以下三个特点。

第一,农村城镇化表现为据点发展式。依据城镇化的发展方式,农村城镇化可以分为据点发展式和规模扩大式,前者指城镇人口的增加主要靠新镇的设立来实现的城镇发展方式。人口普查资料表明:从 1982 年到 1990 年,农村城镇据点增长 3.9 倍,而镇人口规模却由 22953 人下降到 8667 人,显然农村城镇人口的增加主要靠据点扩张。镇增长速度最快的也是沿海地带,为 5.02 倍,其次是内地,再次是边远地区。农村人口增长速度最快的也是沿海,为 53.1%,其次是内地,为 31.7%,最慢的是边远地区,为 21.8%。

表 1　1982—1990 年中国三大地带镇数和人口发展

地区	1982 年		1990 年			1982—1990 年增长速度(%)		
	镇数(个)	人口数(万人)	镇数(个)	普查时人口数(万人)	调整后人口数(万人)	镇	普查人数	调整人数
沿海	916	2506.9	5517	3838.1	5117.5	5.02	53.1	104.1
内地	1507	3110.8	5744	4095.8	5461.0	2.61	31.7	75.6
边远地区	237	487.9	674	594.3	792.4	1.84	21.8	62.4
全国	2660	6105.6	13120	8520.2	11370.9	3.49	39.7	86.2

注:这里的沿海指辽、京、津、冀、鲁、苏、沪、浙、闽、桂、粤、琼;内地指黑、吉、晋、皖、赣、豫、鄂、湘、川、黔、滇、陕;边远地区指蒙、藏、甘、青、宁、疆。
资料来源:国务院人口普查办公室:《中国第四次人口普查的主要数据》,中国统计出版社 1991 年版。

第二,镇规模趋小,镇密度上升。正是由于 20 世纪 80 年代农村城镇化表现为据点发展式,所以使镇人口趋小,1982 年镇平均人口为 22953 人,1990 年下降为 8667 人。沿海镇规模最大,其次是内地,镇规模最小的是边远地区。由于建制镇的超高速发展,镇密度(每万平方公里镇的个数)直线上升,1982年,全国每万平方公里只有3个镇,1990年上升到11个。沿海密度最高,每平方公里42个镇,内地只相当于沿海的一半,每万平方公里只有20个,边远地区则不到3个。如果将镇规模和镇密度结合起来考察,可以计算农村城镇发达指数。其计算方法是:镇密度(每万平方公里镇个数)×镇规模(每个镇平均人数)。1982年农村城镇的发达指数为6.3,1990年上升到11.8,这种上升主要靠镇密度提高。三个地带之间的农村城镇发达指数的梯度非常显著。

第三,农村地带城镇化水平呈V形分布,即沿海高,边远地区高,内地低。根据1990年农村城镇人口的调整数计算,1990年农村城镇化率为12.4%,沿海为14.1%,边远地区为14.1%,内地为10.9%。沿海农村城镇化率与边远地区城镇化率相同。然而,沿海农村城镇化的基础同边远地区是完全不一样的。首先,沿海是在非农化的质量较高的基础上进行的,边远地区则不然;其次,由于人口密集,沿海有大量的非农化发生在农村城镇以外的乡村,农村非农化水平大大高于边远地区;再次,沿海农村城镇化是在人口和城镇高密集的基础上进行的,边远地区则是在分散的基础上进行的;最后,沿海的农村城镇多是经济型,而边远地区则多属管理型或社会型。

(四)整县改市的城镇化

20世纪80年代农村城镇化的表现之一是整县改市,这种整县改市造成了"小城区,大农村"的格局。如何评价县改市?目前理论界有两种意见:一种意见认为县改市只不过是换个牌子,县改的市有名无实,县改市只有坏处,如混淆了城乡界限;另一种意见认为,县改市有利于加快我国城市化,有利于城乡一体化和城乡融合,有利于用小城区这个发展极去带动广大的农村。

我们利用湖北省18个新设城市(都是整县改市)的两次人口普查资料来分析县改市的城镇化。资料表明,除2个市外,其他16个市的城镇人口增长速度都超过了全省平均水平。在1982年,湖北省属于低城镇化省份,而到1990年,城镇化水平超过了全国平均水平,这主要归因于县改市。所以,我们的判断是县改市虽然造成了城镇农村化,但另一方面,这一举措确实加快了我国城镇化,其功不可没。

表2　1990 年中国三大地带的农村城镇化水平

地区	农村地区人口（万人）	镇人口（万人）	调整镇人口（万人）	农村城镇化率（%）	调整农村城镇人口率(%)
沿海	36361	3838	5117	10.6	14.1
内地	49962	4096	5461	8.2	10.9
边远地区	5602	594	792	10.6	14.1
全国	91925	8528	11370	9.3	12.4

注:农村地区人口=普查总人口-市人口;调整镇人口=普查镇人口÷0.75,这是因为普查口径太窄。

资料来源:国务院人口普查办公室:《中国第四次人口普查的主要数据》,中国统计出版社 1991 年版。

二、中国城镇农村化

城镇农村化或农业化指的是由于城镇行政辖区的无限扩张所引起的城镇范围内的农村人口和农业劳动人口比重不断上升的过程。一般说来,在城镇范围内,农业人口占到 20%—30%是合理的,也是可以被接受的。因为城镇周边地区或郊区的农业人口同城区非农业人口一起共同享受城镇生活设施,由于城市文明的辐射,周边人口和郊区人口在生活方式上同城镇非农业人口没有多少差别,更为重要的是,这些周边人口和郊区人口是为城镇非农业人口服务的。例如,城市蔬菜生产队的农业人口应为城镇人口。如果农业人口超过了 30%,这种城镇人口定义将难以被人接受,即出现城镇人口定义过宽。我国目前的市镇人口中农业人口或农村人口的比重大大超过了常规水平,我们称这种现象为城镇农村化。

表3　中国 1980 年和 1990 年人口非农业化比较

	1990 年辖区总人口(1)（万人）	1990 年辖区非农业人口(2)（万人）	1990 年人口非农业化水平(3)=(2)/(1)（%）	1980 年人口非农业化水平（%）
市	33175.3	14294.9	43.09	70.26
镇	26368.2	5573.2	21.14	77.55

续表

	1990 年辖区 总人口（1） （万人）	1990 年辖区 非农业人口（2） （万人）	1990 年人口 非农业化水平 （3）＝（2）/（1） （％）	1980 年人口 非农业化水平 （％）
县	52763.1	2117.0	4.01	3.69
合计	112306.6	21985.1	19.58	17.00

资料来源：国务院人口普查办公室、国家统计局人口司：《中国 1990 年人口普查 10%抽样资料》，中国统计出版社 1991 年版；国家统计局人口司：《中国人口统计年鉴》，科学技术文献出版社 1989 年版。

城镇农村化的现象之一是城镇中非农业人口的比重下降，农业人口的比重迅速上升。表 3 的统计数据表明：在 1980 年，城市中非农业人口比重约为 70%，农业人口比重为 30%，这种农村化水平是可以接受的。但到了 1990 年，非农化水平为 43%，而农村化水平则为 57%。1980 年建制镇的非农化水平约为 78%，农村化水平为 22%，而到 1990 年，建制镇的非农化水平却下降到约 21%，农村化水平猛增到 79%。

城镇农村化的现象之二是城镇农村人口比重超出常规水平。表 4 表明：188 个地级市和直辖市的城镇农村化水平（即村委会人口在辖区人口中的比重）为 35%，略高于理论水平（上限为 30%）。然而，县级市和各类城市的镇及县辖镇的农村化水平都在 70%以上。

从中我们可以得出结论：城镇农村化的主要原因一是镇带村，二是整县改市，三是乡改区。而整县改市在这里起着最为重要的作用。

表 4　1990 年中国城镇农村化状况

	市镇数 （个）	辖区总人口（1） （万人）	村委会人口（2） （万人）	城镇农村化水平 （3）＝（2）/（1） （％）
地级以上城市	188	18717.8	6535.2	34.91
县级市	268	14733.6	11039.4	74.93
地以上市市辖镇	990	3081.7	2203.1	71.49
县级市市辖镇	1624	5169.3	3880.3	75.06
县辖镇	9321	26676.1	19436.9	72.86

资料来源：国务院人口普查办公室：《中国第四次人口普查的主要数据》，中国统计出版社 1991 年版。

城镇农村化的现象之三是市区土地面积无限向农村地区扩张。资料显示,如果以 1981 年为 100,城市建成区面积在 1990 年为 177,增长了 77%,年平均增长 6.5%。而市区面积(这里含市辖农村地区)在 1990 年则为 584,上升了 4.84 倍,年平均增长 21.7%,城市地区面积在同期增长 4.19 倍,年平均增长 20.1%。城市地区和城市市区面积的高速扩张意味着大量的农村地区被划归城镇地区。而城市建成区的增长才能反映真正的城镇化发展状况。

(本文发表于《人口与经济》1993 年第 6 期)

—*51*—
城镇化度量的国际经验与中国探索

中国城镇化研究最棘手的问题是度量问题,这里依据国际经验和中国实践提出合理的度量方法。

一、城镇化度量的国际经验

城镇化的度量问题实质是一个城镇人口的操作定义问题。根据国际经验,城镇化的定义有六种类型:

一是人口规模型,即专门用人口聚集地的规模来作为划分城乡人口的标准。例如,冰岛曾把有 200 个居民居住的居民点定义为城镇,这可能是世界上最低人口标准的城镇定义。德国划分城乡的人口规模标准是 2000 个居民,即 2000 个居民以上的居民点为城镇。使用同一标准的还有埃塞俄比亚、玻利维亚、古巴、洪都拉斯、肯尼亚、利比利亚、卢森堡、加蓬、阿根廷、安哥拉等国家。使用 2500 个居民作为城乡划分标准的有墨西哥等国家或地区。意大利、科威特等国家把 10000 个居民作为城乡划分标准。

二是行政区划型。这种城乡划分标准不以居民集聚区的人口规模作为依据,而以法律或行政建制作为依据,即集聚区的行政建制中是市镇,其范围内的人口即为城镇人口。丹麦规定,首都和省会中的人口都为城镇人口。单纯用行政建制作为城乡划分标准的还有孟加拉、巴西、比利时、多米尼加共和国、圣萨尔瓦多、海地、匈牙利、印度尼西亚等国家。

三是人口规模+非农人口比重型。这种城乡划分标准既要求集聚区有一定的居民人口规模,也要求这些居民中要有一定的非农业人口比重。例如博茨瓦纳规定:居民在 5000 人以上,且 75% 的经济活动人口为非农业人口的集聚区为城镇。我国法定的城镇定义也属于这一类型。

四是人口规模+人口密度型。这一划分标准是根据人口的集中性来确定城镇定义。例如,加拿大规定:居民在 1000 人以上且人口密度在每平方公里 1000 人以上的集聚区才能划为城镇地区。

五是城镇基础设施型。这种划分标准主要是依据集聚区是否有城镇基础设施或非农基础设施来判断城乡居住地类型。例如,智利规定凡具有公共的都市性服务之类的城镇特征的地区均属城镇地区。

六是复合型。这类城乡划分标准强调同时使用几种标准综合判断城乡居住地。例如,日本的城镇标准是:市必须是 50000 居民以上,必须有 60% 的住户集中在主要团地,60% 的人口(含被抚养人口)要从事制造业、贸易和其他城镇型职业。印度的规定是:城镇居民至少要有 5000 人,人口密度至少为每平方公里 390 人,要具有城镇社会经济特征,至少要有 3/4 的男性劳动人口从事非农。法国规定:城镇地区的人口至少要有 2000 人,居民住房之间的间隔不得超过 200 米,行政小区的主要人口必须同复合的行政聚集区融为一体。捷克斯洛伐克的城镇标准最为复杂,这些标准是:集聚区居民必须超过 5000 人,人口密度不得低于每公顷 100 人;必须有自来水和排污之类的城镇基础设施;至少要有 5 个医务人员;至少要有 1 个九年制初级学校;至少要有 1 个 20 个床位的旅馆;要有商业和服务设施;从事农业的人口不得超过 10%;必须有汽车站。

综上所述,世界城乡划分标准千差万别,没有一种统一的国际标准可供选择,正因如此,使城镇化的国际比较很难建立在完全可比的基础上。国际经验告诉我们:城镇化的度量绝不是唯一的,我们可以利用多种标准进行研究。

二、新中国城镇标准的历史考察

为了弄清楚中国现存的城市化度量标准,我们有必要对新中国的城乡划分标准进行历史的考察。

(一) 1955 年城镇标准

1955 年 11 月 7 日,国务院关于城乡划分标准规定,城镇地区必须满足下列条件:第一,设置市人民委员会的地区和县以上人民委员会所在地。第二,常住人口在 2000 人以上,居民 50% 以上是非农业人口的居民区。第三,工矿企业、铁路站、工商中心、交通要口、中等以上学校、科学研究机关的所在地和职工住宅区等,常住人口虽然不足 2000,但在 1000 以上,而且非农业人口超过 75% 的地区,列为城镇型居民区。第四,具有疗养条件,而且每年来疗养或休息的人数超过当地常住人口 50% 的疗养区,也可以列为城镇型居民区。可见,1955 年的城镇标准是一种复合型标准,既有规模标准、行政建制标准,也有非农化标准。

1955 年国务院的城乡划分标准还对城市和镇作了明确划分。城镇可以再区分为城市和集镇。凡中央直辖市、省辖市都列为城市,常住人口在 2 万以上的县以上人民委员会所在地和工商业地区也可以列为城市,其他地区列为集镇。

此外,1955 年国务院的城乡划分标准还规定了郊区也属城市镇区。凡和市区毗邻的近郊居民区无论它的农业人口所占比例的大小,一律列为城镇区。

国务院 1955 年制定的城镇标准与 1953 年人口普查所使用的标准有很大的相似性。根据 1953 年的人口普查,全国共有 5568 个城市和集镇。至 1956 年,城市由 1955 年的 163 个发展到 175 个,一年内增加了 12 座,这是城乡划分标准实施的结果。在 5404 个镇中,256 个镇的人口规模在 2 万至 10 万人之间,其余的 5148 个镇人口规模低于 2 万人,其中 193 个镇人口规模低于 1000 人。

(二) 1963 年的城镇标准

在"大跃进"时期,由于人口城市化和劳动力非农业化迅速发展,城镇人口超过了农业生产的负担能力,给经济建设带来了不少困难。由于大办工业,加上搞所有制的"穷过渡",职工人数 1960 年达 5969 万人,比 1957 年增加近 1 倍;城镇人口 1960 年达 1.3 亿,比 1957 年增加 3124 万人;城市数 1961 年为 208 座,比 1957 年增加 31 座。高速的城市化和非农业化导致粮食高征购,城乡关系紧张,工资总额、社会商品购买力增长,商品供不应求,物价上涨;企业人浮于事,劳动生产率下降。在这样的历史背景下,中共中央、国务院发出了《关于调整市镇建制、缩小城市郊区的指示》。该指示首先对城镇标准作了如下新规定:

第一,一般设市标准的居住区人口的最下限由 2 万上升至 10 万。聚居人口调在 10 万以上,一般可保留市的建制。在特殊情况下,聚居人口不足 10 万的,必须是省级国家机关所在地,或者是重要的工矿基地,或者是规模较大的物资集放地,或者是边疆地区的重要城镇,确有必要可保留市的建制。

第二,建制镇的标准调整为:工商业和手工业相当集中,聚居人口在 3000 人以上,其中非农业人口占 70%以上,或者聚居人口在 2500 人以上不足 3000 人,或者非农业人口不足 70%,但确有必要由县级国家机关领导的,也可以设置镇的建制。

第三,市的郊区应该尽量缩小。市总人口中农业人口的比重一般不得超过 20%,超过 20%的,应该压缩。《关于调整市镇建制、缩小城市特区的指示》对郊区的规定是:城市建设所必需的地区;紧靠市区的职工聚居区;在市区附近的必需的蔬菜等主要生产基地;无法从市区划出的插花性质的农业区;受地形限制,划归市比较有利的地区;群众生活与城市关系密切的地区。

1964 年第二次人口普查所使用的城镇标准完全是 1963 年的标准。这一标准对城市化的影响是巨大的,其表现有三:其一,1964 年人口普查时,城市只有 168 个,仅比 1953 年增加 2 个,比高峰期的 208 个(1961 年)少 40 个。其二,1964 年人口普查所得的建制镇 3148 个,比 1953 年减少了 2256 个,到 1982 年人口普查时建制镇进一步下降到 2660 个。其三,1964 年普查时的市镇人口为 12374.1 万人,比高峰期 16546.0 万人(1960 年)减少了 4171.9 万人。

(三) 1984 年和 1986 年的城镇标准

1984 年民政部对建设镇的规定是:第一,凡县级地方国家机关所在地,均应设置镇的建制;第二,总人口 2 万以下的乡,乡政府驻地非农业人口超过 2000 人的,可以建镇;第三,少数民族地区,人口稀少的边远地区、山区和小型工矿区、小港口、风景旅游、边境口岸等地,非农人口不足 2000 人,确有必要,也可设置镇的建制。撤乡建镇后,实行镇管村的体制。

1986 年,民政部对设市标准的规定为:第一,非农业人口(含农民合同工、长年临时工,镇、街、村和农民兴办的第二、三产业从业人员、中等以上学校招收的学生、驻镇部队)6 万以上,年国民生产总值 2 亿元以上,可设置市的建制。第二,少数民族地区和边远地区的重要城镇、重要科研基地、著名风景名胜区、交通枢纽、边境口岸,虽然非农业人口不足 6 万,年国民生产总值不足 2 亿元,如确有必要,也可设置市的建制。第三,总人口 50 万以下的县,县人民政府驻地所在镇的非农业人口 10 万以下,常住人口中农业人口不超过 40%、年国民生产总值 3 亿元以上,可以设市撤县。总人口 50 万以上的县,县人民政府驻地所在镇的非农业人口一般在 12 万以上、年国民生产总值 4 亿元以上,可以设市撤县。自治州人民政府或地区行政乡署驻地所在镇,非农业人口虽然不足 10 万、年国民生产总值不足 3 亿元,如确有必要,也可以设市撤县。

1986 年颁布的设市标准有如下特点:第一,除了人口规模和非农业人口规模标准外,还加进了经济标准(如国民生产总值)和行政标准(如地区行政公署)。第二,实行整县改市,镇带村、市管乡,这样大量的农村地区一下子列入了城市"版图"。第三,1986 年的设市标准还规定:市区非农业人口在 25 万以上、年国民生产总值 10 亿元以上的中等城市,可以实行市领导县的体制,这样更是使得城市地区包含大量的乡村人口。

20 世纪 80 年代中期新的城乡划分标准和管理体制对我国城市化产生了深刻影响,这种影响主要表现在三个方面。

第一,新的城市不断产生。据统计,从 1978 年至 1982 年,城市数由 191 座增加到 239 个,年平均新设城市 12 个。1986 年新的设市标准实际上是 1983 年提出且内部掌握执行的标准。在 1983 年 1 年内,新设城市 30 多个。1986 年这一设市标准正式公布以后,到 1987 年底,全国城市 381 个,比 1986 年的 347 个增加了 34 个。在 1982 年到 1990 年期间,全国新设城市 228 个,是 1953 年城市数(166 个)的 1.37 倍,年平均设市 28.5 个。这种新设的城市大致有两种类型:一类是镇改市,这是一种升级式的设市方式;另一类是县改市,这是一种平行式的设市方式,这一时期出现的城市大多为县级市。1982 年,全国有县级单位 2133 个,1990 年,县级单位减少到 1903 个,减少 230 个,而同期城市数增加 228 个,这表明:我国新设市主要是后一种类型,即整县改市。

由镇升级而来的市与由县更名而来的市是有本质区别的,前者的城市人口没有多少农业人口中的"水分",而后者则是一种"小城市(城区)大农村"的格局,农村人口和农业人口在总人口中占有相当大的比重。

第二,市镇所管辖的人口不断增长。据统计,在 1982 年,城镇人口为 21480 万人,而到 1988 年城镇人口上升至 28661 万人,增长 1.33 倍。

第三,由于整县改市和镇带村的管理方式,市镇人口的农业人口比重不断上升。1982 年,农业人口在市镇人口中的比重为 30%,到 1988 年,农业人口在市镇人口中的比重上升到 62%,已经大大超达正常水平(20%—30%)。

三、中国人口普查对城镇化的度量

在 1953 年第一次人口普查时,普查所使用的城乡划分标准是宽定义,即城镇人口。包含辖区农业人口和非农业人口。当时规定:市镇人口一般包括城市的市区人口,县城的城关人口,两三千人以上工商业比较发达的集镇的人口,以及工矿区的森林作业区等非农业人口较集中的居民点的人口。

在 1961 年进行第二次人口普查时,由于 1963 年中共中央、国务院缩小了郊区范围,调整了市镇建制,城镇人口只计算市区和镇的非农业人口,而不包括其中的农业人口,根据当时的人口普查公布,城市化水平为 14.15%,这里的市镇人口没有包括农业人口。

1982 年第三次人口普查所使用的标准又回到了 1964 年以前的标准,即确定市镇范围内的总人口(含非农业人口和农业人口)为市镇人口。普查结果表明,城市化水平为 20.6%。

1990 年人口普查规定:市镇人口中的市人口是指设区的市所辖的区人口和不设区的市所辖的街道人口。镇人口是指不设区的市所辖的居民委员会人口和县辖镇的居民委员会人口。这种市镇人口统计口径简单地说就是

设区的市(直辖市和地级市)统计区的总人口,这同 1982 年的口径是一致的
而对不设区的市(县级市)和镇来说,只计其中的非农业人口,因为不设区的
村委会人口大体上相当于农业人口,而街道居民会人口大体上相当于非农
业人口。所以这种口径实质上是 1964 年人口普查所使用的口径,与理论上
的城镇划分标准比较显得过窄。但是,我们应该看到:由于县级市是"小城
区,大农村"混在一起,镇管村的模式也使镇村界限模糊,要根据理论要求在
县级市中"切块"在实际操作上是十分困难的。

我们认为,作为动态的比较,直辖市和地级市(即设区的市)的城镇人口
基本上是可比的,它与 1982 年人口普查所指使用的标准基本上是一致的。
但是对于县级市和镇来说,市镇人口的概念过窄,它没有包含城镇的周边郊
区人口。这些周边郊区人口实际上享受城镇生活设施,实际上直接为城镇
服务,理论上应属于城镇人口。基于这一判断,我们认为:1990 年中国的城
镇人口比重或城镇化水平应在 26%—29% 左右。

根据中国人口登记制度和 1990 年人口普查,中国人口的城镇化可以按
照以下几种口径来度量。

第一口径:人口普查的行政建制口径,即城市市区人口和镇所辖区人
口。按这一口径,城市人口为 33451.4 万人,镇人口为 26676.1 万人,市镇人
口合计为 60127.5 万人,城镇水平为 53.19%。这一口径有相当大的不合理
性:(1)镇管村中大量的村人口列入镇人口;(2)县级市中大量的农村人口列
入市人口。

第二口径:人口普查的区人口和居委会人口口径,即直辖市和地级市辖
区人口(与 1982 年口径一致),县级市及镇居委会人口。按这一口径,城市
人口为 21123 万人,镇人口为 8528.2 万人,城镇人口合计为 29661.2 万人,
城镇化水平为 26.23%,这一口径较为合理,是目前可供学术研究最好的
口径。

第三口径:人口普查的居委会人口口径,即设区的市、不设区的市及镇
居委会人口。按这一口径城市人口为 15876.7 万人,镇人口为 7230.2 万人,
城镇人口合计为 23115.9 万人,城镇化水平为 20.45%。这一口径实际上是
城镇非农业人口来替代城镇人口,没有包含城镇合理的农业人口,不宜于作
为城镇化的度量指标。

第四口径：人口登记制度中的市镇人口口径。这一口径是指城市和所管辖的全部人口（即包含市镇区人口，也包含市带县人口和乡带村的村人口），按照这一口径 1990 年底的城市人口（不含镇）为 71726.4 万人，市区人口只有 33543.8 万人（相当于人口普查中行政建制口径）。显然，这一城镇人口口径大大超出了城镇实体范围，不能作为中国城镇化水平的度量指标。

第五口径：根据各种统计方法的估计口径。进行统计估计取决于各种参数和假定。例如，有些学者假定如果中国城镇人口中的非农业人口比重按过去的正常比例不变，中国 1988 年的城镇化水平为 28%，比国家统计局公布的 26% 高 2 个百分点。[①]

四、中国城镇化度量标准的合理化

从理论上讲，城镇人口不仅应包括城镇中的非农业人口，也应包括城镇中的享受城镇设施和为城镇居民服务的城镇化了的农业人口；不仅包括市区、镇区居民委员会人口，也应包括郊区的村民委员会人口。但是城镇是一个以非农业人口为主的聚集区，周边农业人口或村民委员会人口的比重不能过大。在 1955 年的城镇标准中，国务院曾规定非农业人口超过 75% 的 1000 人以上的地区可设镇，1963 年变为非农业人口占 70% 以上的 3000 人以上的聚居区可设镇，日本的这一标准是 60%，印度为 75%。我们认为，从理论上说来，非农业人口比重对大城市可以小于 70%，对小城市或镇可以大于 70%。

下面，我们来研究中国城镇人口发展的实际状况。表 1 中我们选取 5 个样本年份来考察城市和镇的非农业人口比重。

首先，我们在 20 世纪 50 年代选择 1953 年作为样本年份，其城市非农业人口比重只占 26%，在 60 年代选取 1961 年，其非农业人口比重高达 84%，70 年代选 1970 年和 1976 年两个年份，非农业人口比重为 70% 以上，而到 80 年代开展第四次人口普查时，非农业人口比重进一步降为 68%，考虑到 80 年代后期农村非农化的速度加快，而且城市存在着非户籍性流动人口，我们可以将城市非农业人口比重的理论参数 A 确定为 65%（略高于日本 60%）。

---

① 辜胜阻：《非农化与城镇化研究》，浙江人民出版社 1991 年版。

表1 几个主要年份的市人口非农比重

年份	市人口 （万人）	其中：非农业人口 （万人）	非农业人口比重 （%）
1953	5249	1353	25.78
1961	6299	7032	84.47
1970	9848	7113	72.23
1975	11105	7852	70.71
1982	14940	10136	67.84
五年合计	19441	33486	67.73

资料来源：国家统计局人口统计司：《中国人口统计年鉴（1990）》，中国统计出版社1991年版。

其次，我们来看镇人口中的非农比重。我们取1961年作为60年代的样本年份，非农业人口比重为80%，70年代的两个样本年份表明：非农业人口比重为76%，1980年为78%，至1983年降到72%，五年平均为76%。考虑到80年代末期农村非农化加快和镇中存在着大量的非户籍性流动人口，我们确定县级市非农业人口比重的理论参数70%。镇非农业人口比重的理论参数为75%。

表2 几个主要年份的镇人口非农比重

年份	市人口 （万人）	其中：非农业人口 （万人）	非农业人口比重 （%）
1961	4505.5	3598.8	79.88
1971	4445.8	3378.2	75.99
1975	4950.9	3757.0	75.89
1980	5693.1	4414.9	77.55
1983	6227.6	4482.8	71.98
五年合计	25822.9	19631.5	76.02

资料来源：国家统计局人口统计司：《中国人口统计年鉴（1990）》，中国统计出版社1991年版。

最后，我们来研究1990年人口普查资料。人口普查中有居委员会人口和村委会人口这两种人口概念。在设区的市即地级市中，居委会人口占比为65%，正好符合我们上述理论参数，表明：设区的市的18718万城镇人口都应为城镇人口。在不设区市中，居委会人口只为25%，这要进行修正，镇中的居委会人口只占27%，也应修正，造成这种状况的原因是整县改市和镇带村所致，我们可以利用上述理论参数来加以修正。

表3　1990年人口普查城镇中的居委会人口和村委会人口

	城镇总人口（万人）	居委会人口（万人）	村委会人口（万人）	居委会人口占比（％）
设区的市（地级市）	18718	12183	6535	65.09
不设区的市（县级市）	14734	3695	11039	25.08
镇	35042	9439	25603	26.94
合计	68494	25317	43177	63.04

资料来源：国家统计局人口普查办公室：《中国第四次人口普查的主要数据》，中国统计出版社1991年版。

　　我们根据上述理论参数来对人口普查资料进行修正。设区的市的居委会人口为12183万人，实际城镇人口为18718万人，这部分不需调，市人口为18718万人。不设区的市的镇人口的调整按下列公式调整：修正城镇人口＝城镇居委会人口÷A。式中A为理论参数，不设区的市为0.70，镇为0.75。修正后的市镇人口为36582万人，比普查公布数29561万多7021万人。修正城镇化率为32.26％。

表4　市镇人口修正

	城镇居委会人口（万人）	调整系数A	调整的城镇人口（万人）
设区的市	12183	—	18718
不设区的市	3695	0.70	5279
镇	9439	0.75	12585
合计	—	—	36582

　　按上述方法调整后的市人口为23997万人。根据1990年底国家统计局公布的数据，我国467个城市市区农业人口为15037.8万人，如果按A＝0.65进行修正，修正市人口为23135万人，与上述普查修正数相差862万人。

　　（本文发表于《西北人口》1993年第2期。发表时题目为《中国城镇化度量研究》）

二元城镇化战略思路及实施对策

一、二城镇化战略的构想

（一）中国二元社会结构

中国的社会结构是二元的。一方面是落后的农村,以县为单位,一方面是较发达的城市,以市为单位。这种二元社会结构产生了四元经济结构。在城市,以全民所有制这种正式部门为一方,起步早,现代化水平高。另一方面是街道办集体所有制和个体所有制,起步晚,多为传统的劳动密集型行业和非正式部门。在农村,以县城为主要依托的县全民所有制企业和以县辖镇为依托的乡办集体企业为一方,这些县工业和非农产业的一个共同特点是它们都起源于 1958 年的"大跃进",技术基础较好。另一方面是分散的从属于村及村以下的非农企业和农业,生产技术完全是手工劳动。如果说,前者是工厂制,后者则是家庭式的生产方式。

与这种社会结构的二元性相一致的是,我国城镇化也是二元的:一方面是国家投资进行的城市化,另一方面是地方投资和农民投资进行的农村城镇化。与这种城镇化相一致的是城市非农化与农村非农化并行。

（二）二元城镇化的基本构想

鉴于我国城镇化的二元性和我国农村剩余劳动力转移任务的艰巨性,

我们认为,我国应实行城市化和农村城镇化同时并进的二元城镇化战略。

在城市化的问题上,我们不主张以新建或扩展某类城市规模为主导的外延城市化,主张加强城市基础设施,特别是以交通和通讯设施重点建设为特色的内涵的城市化。西方发达国家历史经验已经表明:以高速公路和铁路为特征的城际交通革命和以发展地铁和城内立体交通的革命使城市的向心力削弱,人口和经济向郊外和非都市地区扩展。而且随着交通的发展,城市与城市之间经济联系不断加强。这里,我们设想发展两种城镇圈带。第一种是发展像长江三角州、珠江三角州、京津唐和辽中南这种城镇比较密集的城镇圈带。第二种是发展市管县这种城镇圈带,即通过加强主体城市和延续城市(市管县的县城)之间的网络建设来加强市管县内的城镇化。

在农村城镇化方面,我们不赞成有些学者发展2万个小城镇的"遍地开花"式的主张,而主张重点发展2000个左右的县城或县域首位镇,让其成为县级中心。1088年,我国有县城1986座,居住着5300多万人,约占我国城镇人口的1/4。每个县城约有2.8万人左右。如果把这些县城发展为20万人口的小城市,这些城市可以再吸纳3亿多人口。主张发展2万个小城镇这种普遍开花的农村城镇化战略主张之所以不可取是由于:一是这种作法会占用大量耕地;二是很难筹集如此庞大的城镇建设费用。

这里,以城市圈为中心的城市化与以县城为中心的农村城镇化是有区别的:

第一,以城市圈为中心的城市化战略,将是一种以内涵网络发展式的城市化为特征,以增加科技投入为主导,以发展交通、通讯等基础设施为重点的充分发挥现代城市经济效益的城市化战略构想。县城为中心的农村城镇化战略是以外延的据点发展式的城镇化(发展近2000个均衡分布的县级中心小城市)为特征,以乡镇企业集中为重点,充分考虑解决农村剩余劳动力这种社会效益为特征的城镇战略构想。

第二,以城市圈为中心的城市化战略将主要依靠国家投资、全民所有制企业投资和利用外资渠道来加速城市建设。以县城为中心的农村城镇化战略则将主要依靠农民投资、地方政府投资的集资渠道来加强县城建设。

第三,以城市圈为中心的城市化战略,是以全民所有制为主导地位,以其他所有制为辅的非农化作为基础的。而以县城为中心的农村城镇化则以县全民所有制企业和乡镇企业为主体的非农化作为基础。

第四,以城市圈为中心的城市化战略体现的是集中性,而县城为中心的农村城镇化战略体现的是促进城市均衡分布的分散性。

如果说,从"一五"时期在大城市开始的工业化推进以中心城市为据点的城市化是我国的第一次城市化高潮,那么,以乡镇工业推进的县域以县城为中心的城镇化可以称作我国的第二次城镇化浪潮。这次浪潮将向分散(乡村工业)—集中(县城工业)—再集中(城市工业)的轨迹发展。

(三)二元城镇化的基本特点

下面,我们对这种二元城镇化设想作进一步的区分。

网络式的城镇化道路指的是在城镇密集地区通过加强交通和通讯网络的建设来形成城镇带或城镇圈。这种网络式城镇化具有如下特点:

第一,网络式城镇要以据点式城镇化作为前提,只有在初具规模的城镇据点的基础上,才能按照一定的"网结"联网。这种城镇据点必须相对地集中于一定的经济空间。例如在我国长江三角州城镇圈中,最大的城市是上海,最小的城镇据点是乡镇,这个网络中的"网络"是大小不一,功能各异的。把这些"据点"联结起来会形成一股巨大的凝聚力。

第二,这种城镇化以城乡居民普遍享受城市文明为主要标志,在城镇带或城镇圈中既包含一定的城镇地区,也包含一定的农村地区。就人口规模来说,网络城镇圈(带)是城镇人口占统治地位但也包含部分农村人口的经济区域;就产业结构来说,非农产业在这种网络城镇圈(带)中占有主导地位,但也有一定的农业活动。然而就生活方式来说,网络城镇圈(带)中居民的生活方式都具有城式化(urbanism)色彩。城式化最初是在1939年由芝加哥城市生态学派的学者 L.Wirth 提出来的,指的是一种城市生活方式。乡村城式化指的是乡村居民在生活方式方面达到或接近城市水平。例如,在我国苏南农村地区,随着乡镇工业的发展,农村居民的生活方式逐渐接近城镇居民的水平。这表明:苏南农民虽然生活在农村,但其生活方式已经城式化。城镇圈或城镇带全体居民的生活方式的城式化是由城市的扩散效应决定的。城市的扩散指的是随着时间的推移,城市特征向非城镇地区扩散的一种过程。这种城市特征包括规范、价值观、生活观念、发明、创新等等。例如,在以上海为中心的长江三角洲城市圈中,随着城市扩散效应的加强,圈域内的城乡差别正在日趋缩小,普遍的城式化趋势正在加强。

第三,这种城镇化要以便捷的交通和发达的通讯设施作为前提。美国学者的研究表明:由于家用小汽车、货车和电话的广泛使用,大大增强了人、货、物和思想的运动性。例如,由于家用小汽车的使用,人们在同一通勤时间里,通勤距离可以翻一番。交通和通讯网络的发展可以从以下几个方面改变城镇化的格局:首先,腹地的农村居民不进城而享受到城市文明,而且能在更为舒适安静的生存空间里享受到类似于城市的生活水平,城市的拉力削弱。其次,便利的交通使农村居民能经常利用城市优越的公共设施和社会服务。最后,交通的发达还会使城市中心区的人口和非农产业向外围乃至非城镇地区扩展,造成城乡交融和城乡一体化。

第四,这种城镇化会大大加强城镇之间,地域之间专业化和地域分工。在交通和通讯不发达的条件下,每个城镇,每个地域都追求独立的"小而全、大而全"的独立的自我服务体系。这种状况使每座城镇都具有综合性,没有特殊性,无法按照比较利益原则来配置合理的城镇体系。而交通和通讯的发达有利于促进城镇之间、地域之间的合理化分工。城内交通通讯事业的发展会使城内出现不同的商业区、工业区、居民区、科技信息区等等;城际交通的发展会使城镇体系内出现工业城、科技城、教育城、商业城、旅游城等专业化的城市。这种由交通和通讯推进的分工会大大提高城镇化的经济效益。

据点发展式城镇化主要是通过据点的新建或据点的扩充来推进城镇化的一种方式。我的设想是:

第一,据点发展式城镇化应以扩充原有据点为主要发展战略。据点发展式城镇化依其发展方式可以分为扩充原有据点和新建据点两种方式。我国的初次城镇化已奠定了城镇化的据点基础,随着新的矿藏的发掘和我国边境据点的发展,还会增加少量的城镇据点,但总的方向应以扩充原有据点作为发展方向。这里可以设想将一部分基础较好的镇扩大为小城市,将一部小城市升级为中等城市,而前一种扩充将最具有前途。

第二,据点发展式城镇化应带有更大的分散性。如果说网络发展式城镇化主要是集中在几个城镇比较发达的城镇区域,据点发展式城镇化则要求有较大的分散性。初次工业化在资源有限的情况下采取集中的方式以中心城市为依托铺开的城市据点是有限的;以二次工业化为动力的二次城镇化则要开创更多的据点,这就要求我们把城市发展的据点推进到县城。

第三,据点发展式城镇化必须推进各层区域经济中心的形成。就据点发展的指向来看,城镇据点指向可分为:行政指向型,如扩充省政府所在地的城市,发展县政府所在地的县城等;交通指向型,如沿河、沿铁路、沿公路设立城镇;原料指向型,如建立矿业城镇;工商业起飞型,如由工业项目所推进的新城镇的建立。中国城镇化的一个重要特点是行政指向占主导地位,各级政府都力图把行政机构所在地的这个城镇据点发展得更好一些,这种发展思想既有内在冲动,也有外在推力。统计分析表明:省会城市一般都是省的首位城市(人口规模最大)和中心城市,县城一般都是首位镇和县中心镇,而乡政府所在地一般都是乡域范围内的经济中心。初次城镇化所形成的这种行政指向占主要地位的城镇化趋势决定了二次城镇化必须以行政指向为主导,促进省、县、乡各层地域经济中心进一步发展。

二、加速中国城镇化和非农化的战略对策和步骤

第一,改变户籍管理制度。1984 年中共中央一号文件提出,允许农民自理口粮自筹资金进入小城镇务工经商;同年 10 月 13 日,国务院颁布了《关于农民进入集镇落户问题的通知》,明文规定:"凡申请到集镇务工、经商、办服务业的农民和家属,在集镇有固定住所,有经营能力,或在乡镇企事业单位长期务工,公安部门应准予落常住户口,及时办理入户手续,发给《自理口粮户口簿》,统计为非农业户口"。这是我国户籍制度的一项重大改革措施。但是这项改革措施出台后,在实施过程中没有认真总结经验教训,逐步完善,其效果还不十分显著。据统计,从 1984 年到 1988 年,全国共吸收 500 余万农民自理口粮进镇落户,与全国同期非自理型"农转非"人口总量之比约为 1:10。[①] 据湖北省统计局统计,1984 年,湖北省农民自理口粮进城人数为 27 万人,1985 年约为 105 万人,而到 1987 年只有 78 万人左右。在 1985

---

① 朱宝树:《农村人口向小城镇转移的新态势和新问题》,1990 年中国农村人口问题学术讨论,1990 年。

年以后有一种下降的趋势，在许多地方出现了自理口粮户口进城停滞不前的现象。这种停滞是由两方面的原因造成的：一是有关措施不配套，自理口粮户口类型的"农转非"人口没有得到适当的非农待遇（除了统计为非农人口外），所以这种"名义"上的"农转非"没有吸引力；另一方面由于前几年"农转非"速度过快，为了缓和城镇压力，国家有意识地压缩"农转非"。

我们应该看到：由国家负担的正式的"农转非"和自理式的"农转非"这两类"农转非"的根本区别在于两者的负担主体是完全不同的：一是国家，一是转移者本人。在面临资金限制的现阶段，我们必须努力推进后一种"农转非"而控制前一种"农转非"。这里的关键是给自理式"农转非"人口一定的非农待遇。正式渠道的非农者待遇包括：就业安置、住房分配、物质供应、社会保障与福利、义务教育和其他社会待遇（如招工、参军、报考技校）。我认为：自理式的农转非除了在自行解决就业、住房和自理口粮的前提下，其他方面应同一般市民具有同等地位。否则，自理式"农转非"同现存的暂时性流动人口没有差别。

第二，要逐步淡化城市偏向倾向。我们知道：我国长期以来的城乡壁垒难以打破的原因除了城镇化单一的发动主体外，另一个重要原因是由城市偏向趋势造成的城市拉力。城市偏向是指政府所制定的投资、税收、价格、社会福利等政策有利于城镇地区，在城市和农村之间不合理地偏向城市的一种倾向。要逐步消除现存的城乡壁垒，必须有相应的机制来抑制城镇的拉力和农村的推力，这里的关键是逐步淡化城市偏向倾向。

第三，形成合理的土地流转机制和规范。在现行土地制度下，集体所有土地除国家征用外其所有权不能流动，土地使用权形态的流动要通过农户转包和集体调整进行。这种土地制度不利于割断农民同土地的联系，并逐步向市民转化。要改变这种现象必须对现存土地制度进行改革，允许对土地使用权的承包和转让进行有偿付费，促进其合理流动。这种土地流转制度创新的目标是要让兼业农民或转移农民能将土地转出，使土地向种田能手适度集中。

第四，要设立专门机构来负责农村剩余劳动力的安排和人口流动的规划工作。长期以来，我国的公安部门对城市流动人口只管登记，而不负责对其生产和生活进行管理，更谈不上对流动人口的规划和计划调节。我国的劳动部门只负责城镇劳动就业,而不管农村剩余劳动的安置。而目前现存的人口流动和劳动力转移迫切需要国家设立专门机构对非农化和城镇化进行专门管理。这种专门机构的主要功能是对我国农村剩余劳动力的流动进行统筹规划和指示性计划,以避免非农化的盲目性。

第五,改变乡镇企业的工业布局。目前,我国乡镇非农产业的布局具有很大的离散性和随机性,75%—80%的农村工业分散地分布在村庄。为了推进乡村工业化与城镇化的同步发展,要提倡技术层次比较高、发展基础比较好的现代加工型乡镇工业和服务面广的第三产业向县城或县域首位城镇集中。这种集中不仅是农村生产资源、技术、人才的集中,而且要使集中的企业的工人在身份上由农民变为市民,同时农村居住地变为城镇居住地。对于那些外部经济不明显的资源指向型和传统加工型(如手工作坊)可让其仍旧分布在乡镇上,县城或首位城镇要通过一定的组织形式加强同这些分散的乡镇非农企业在信息、技术和物质方面的传递机制。

第六,对农村剩余劳动力转移进行合理规划。要保证我国城镇化有条不紊地进行,避免人口流动和劳动力转移方面的盲目性,我们必须对我国农村剩余劳动力转移进行合理规划。1984 年中共中央、国务院转发农林渔业部的《关于开创社队企业新局面的报告》中说,预计到 20 世纪末,现在农村(包括集镇)范围的劳动力将达到 4.5 亿人,据发达地区的经验,机械化程度提高以后,农业能容纳的劳动力或劳动时间不超过 3/10,林牧渔能容纳的劳动力不过 2/10,能进城市或工矿区就业不超过 1/10,其余 4/10 即 1 亿劳动力只能向农村非农产业寻找出路。而孟昕、白南生等人的研究表明:到 2000 年左右,农业只能吸纳劳动力 3/10,农村非农产业可吸纳 3/10,共余 4/10 剩余劳动力,需要城镇吸纳。[①] 郭书田、闵耀良的设计是:到 20 世纪末农村有 5 亿劳动力,其中农业吸收 5/10,非农产业吸收 5/10,其中第二产业吸收 3/10,第三产业吸收 2/10。[②]

笔者的方案是:据预测,到 2000 年,我国劳动年龄人口(男 16—59 岁,女 16—54)为 7.7 亿。社会劳动者为 6.2 亿,农村劳动力 4.6 亿,估计有 3 亿农业剩余劳动力。对于这 4.6 亿多农村劳动力,我的设想是:4/10 从事纯粹的

---

① 孟昕、白南生:《结构变动:中国农村劳动力的转移》,浙江人民出版社 1988 年版。
② 农业部经济政策研究中心:《中国农村:政策研究备忘录》,农业出版社 1991 年版。

农业,1/10从事农业产前和产后工作,加强农村基础设施和社会服务网络的建设;2/10集中在县城发展非农产业,成为自理型非农业人口;1/10进入城市,成为国家负担型非农业人口(包括一部分由农村考入城市学校的青年);2/10在乡镇从事农产业,成为兼业人口。

第七,改变城镇建设体制。在这方面,最重要的问题是要走人民城市人民建的路子,特别是要鼓励农民集资建城。例如,浙江新兴的小城镇龙港镇、上海奉贤县红庙城都是由农民集资兴建起来的城镇。这些农民城建设的经验告诉我们:只要我们有相应的政策,农民是乐意把自己手中的钱投向农村城镇建设的。这种充分调动农民的积极性推进城镇化的措施在目前的条件下既十分必要又完全可行。我们应该看到:这几年的经济体制改革确实使农民收入增加了,但是农民增加了收入后,并没有将资金用于经济建设。如果大兴农民集资建城之风,可以改变农民自有收入中的积累与消费的比例,推进经济的发展。

第八,对交通和通讯这类基础设施的建设采取更大的投资倾斜。我国城镇化的基本格局是,从总体上看来,城镇化滞后于工业化,而交通和通讯又严重滞后于城镇化,交通和通讯的发展成了制约我国城镇化和工业化的"瓶颈"。各国发展的经验告诉我们:要保证城镇化和工业化的不断发展,交通和通讯这类基础设施必须超前发展。这是因为社会系统的有效性是由其人流、物流、能源流、信息流、资金流等的速度和质量所规定的,而交通和通讯正是其载体。要打破我国交通和通讯滞后状况同城镇化发展要求不适应的格局,实现我国城市发展的网络化、圈层化,必须对交通和通讯进行更大的倾斜。同时要改变目前这类基础设施由中央包揽的格局为中央、省、市政府和企业共同承担的方式,实行投资主体的多元化。

根据城镇化渐进性原则,我国城镇化进程大致可分为三步。第一步在21世纪初,进入非农化的发达时期,即非农业劳动力在社会总劳动力中的比重由现在的40%上升到60%。实现这一目标的关键是加速农村城镇化的进程,特别是向农民开放县城或县域首位城镇的"城门",允许农村劳动力在县域范围内有计划的流动。在这一阶段可以设想把发展县城同调整产业结构结合起来,通过县城来补"短线"产业。可补的短线产业有:为农业服务的农业的产前、产后服务业,生活性第三产业,以农业为原材料的轻工业等等。

第二步,在 2030 年左右,进入城镇化的完成时期,在这一阶段,劳动力的流动不再限于县域范围,可以设想劳动力在各类城市之间自由流动,限制人口流动的户籍制度基本上被废除,城镇化水平达到 70%。如果说第一步的农村城镇化主要依靠据点发展式,主要靠发展县城或县域首位城,那么第二步则主要在这种据点基础上,进一步提高这类城市的功能,扩大这类城市的规模,扩散这类城市的城市文明。第三步,在 2050 年左右,进入城镇化稳定或逆城镇化时期。在这一时期,随着交通和通讯事业的高度发展,城市非农产业和人口不断向城市周边和非都市地带扩散,城市文明普及到全国城乡各个地区,全国实现城式化,城镇化水平稳定在 80% 左右。

(本文发表于《人口研究》1991 年第 5 期)

53
中国城镇化的发展特点及其战略思路

一、中国城镇化的发展及其特点

（一）中国城镇化水平的测定

研究中国城镇化第一个棘手的问题是中国城镇化真实水平的测量。根据国家统计局1988年统计,我国市镇人口已达49.8%。事实上,在市镇范围内存在着大量的与城镇联系不十分密切的农业人口。这种农业人口来源有三:第一,市所管辖的县。例如湖北武汉市辖4郊县,全市统计人口1989年653万,其实市区仅有371万。第二,县改市。如湖北省设的利川市,统计人口是73万,但非农业人口仅4万。第三,镇带村。湖北省蒲圻市中伙铺镇1987年统计人口为1.8万,但其非农业人口仅1000人。通过这几个实例,可见我国市镇人口比重为什么能从1983年的23.5%一跃而为1988年的50%。出于这种统计数据的困扰,一些学者求助于用城镇非农业人口在总人口中比重来度量我国城镇化水平。1988年,我国市镇非农业人口在全国总人口中占18.7%。显然这一概念大大低估了我国的城镇化水平,因此,必须认真探讨这种"放大"和"缩小"的测度。

城镇作为非农产业的集聚地,城镇化同工业化的非农化有极强的相关关系,利用这种相关关系,可以估计出我国的城镇化水平,其计算公式:

$$Pr = I_1 \div I_0/u_0 \qquad Pr = N_1 \div N_0/u_0$$

式中 I_1 为估计期工业化率, I_0 为基期工业化率, u_0 为基期城镇化率。N_1 为估计期非农化率, N_0 为基期非农化率。

我国 1983 年的工业劳动力在社会劳动力中比重为 19.0%, 城镇化率为 23.5%, $I_0/u_0 = 19.0\%/23.5\% = 0.81$。

1988 年的工业劳动力在社会力中的比重为 22.6%。据此, 可估计出:

$$Pr = 0.226 \div 0.81 = 27.9\%$$

1983 年我国非农化率为 32.8%, $N_0/u_0 = 32.8\%/23.5\% = 1.40$, 1988 年非农化率为 40.5%, 估计城镇化率为:

$$Pr = 0.405 \div 1.40 = 28.9\%$$

可见, 中国 1988 年的城镇化水平为 28%—30% 左右。

表 1　1988 年人口城镇化率的国际比较表

地区和国家	城镇化率(%)	地区和国家	城镇化率(%)
低收入国家	35	高收入国家	78
中国	30	英国	92
印度	27	澳大利亚	86
印尼	27	加拿大	76
中等收入国家	58	法国	74
埃及	48	日本	77
泰国	21	美国	74
巴西	75		

注:中国数据为笔者估计数。

资料来源:世界银行:《1990 年世界发展报告》,中国财政经济出版社 1990 年版。

(二) 中国城镇化分期

新中国成立后城镇化可划分为以下阶段:

1. 工业化起步时期的城镇化阶段(1949—1957 年)

1949 年我国市镇人口 5765 万, 城镇化率为 10.6%。1957 年市镇人口达到 9949 万, 年平均增长率为 7%, 为总人口年均增长率(2.2%)的 3 倍多。这一阶段又可细分为两个时期:(1)国民经济恢复时期(1949—1952 年), 城镇人口年增长率为 7.5%。由于加强了交通运输建设和能源原材料工业建设,城镇吸收劳动力能力在恢复的基础上有了扩展。此时,国家对农村向城镇的人口迁移未加限制。(2)工业化起步时期(1953—1957 年)。我国开始了社会主义工业化建设,其突出特征是加强 156 个重点项目的建设,使某些新兴工业城市诞生,某些项目所在地的老城得到扩张。此期间,我国新设城市 11 个,形成了一批工业基地。

2. "爆发性"的工业化所引起的高速城镇化阶段(1958—1960 年)

由于强调赶英超美,以钢为纲,提出全民大办工业,使我国工业化和城镇化在脱离农业的基础上超高速发展。1958—1961 年,我国新设城市 33 个。1957—1960 年的城镇人口年平均增长率高达 9.5%,工业劳动力 1957—1958 年增加 2.3 倍。

3. 工业调整时期的第一次逆城镇化阶段(1961—1985 年)

由于工业调整,大力精简城市人口,充实农业第一线,提高设镇标准,建制镇常住人口标准由过去的 2000 人提高到 3000 人,城市数由 1961 年的 208 个压缩到 1965 年的 171 个,减掉了 37 个。城镇化率由 1960 年的 24.7%下降到 1965 年的 18.0%,是我国城镇化第一次大落时期。这种逆城市化运动是对前一时期爆发性超速城镇化所作的纠正。"大起"和"大落"大大延缓了我国城镇化进程。

4. 工业化停滞时期的第二次逆城镇化阶段(1966—1976 年)

"文革"开始,出现了以知识青年上山下乡和干部下放为特征的逆城镇化运动,城市工业发展停滞。工业出于备战目的的"三线"建设,基建投资没有形成城镇对非农产业的吸收能力。此时,虽然城镇人口增长 21.8%,但城镇人口迁出大于迁入,年机械增长为-300 万人左右,城镇化水平由 18.0%下降到 17.4%。

5. 改革开放带来的高速城镇化阶段(1978 年至今)

城镇化具有如下特点:(1)降低了城镇建制标准,城镇数量迅猛上升。1978—1988 年,我国新设城市 241 个,平均每年设 24 个,新设建制镇 5764 个,平均每年设 576 个,(2)由于改革,形成以公有制为主体的多种所有制并存,非农产业吸收劳动力的能力大大加强;(3)农村改革带来的农村工业化、非农化、城镇化作为城市化般补充,得到长足发展;(4)允许农民进城的政策,使长期以来的城乡壁垒有了松动。大量城镇流动人口的出现是对城乡壁垒制度所造成的城乡隔绝的"补课";(5)以经济建设为中心的方针使我国非农产业得到迅速发展,城镇化有了坚实可靠的基础;(6)因为开放,外资的流入大大加速了我国沿海地区的工业化和城镇化。

(三)中国城镇化特点

1.中国城镇化及其基础——工业化是由政府发动的

这种政府发动型城镇化具有如下重要特点:

第一,城镇的建立和发展受政府支配,形成政治中心和经济中心二位一体的城镇网络,在某些阶段,城市发展的政治指向优先于经济指向。中央政府以三个直辖市为依托,省政府重点发展省会城市,县政府主要发展县城,镇政府把镇企业集中于镇,乡政权把乡级企业集中于乡所在地,村办企业主要集中在村政权所在地。每级政权都把非农产业集中于自己的周围,这种城镇网络的主要优点是让各级政权可以集中有限的生产要素重点发展政权所在地的城镇或非农产业集聚点。缺陷是容易造成政府利用权力对企业进行过多的行政干预和经济干涉。例如,目前乡镇企业名目繁多的摊派就是一个例子。

第二,政府是城镇化的主体,能通过各种强有力的措施限制农村人口向城镇的盲目转移。例如,我国政府通过户口、就业、商品粮、住房等管制措施,使城镇人口没有过度膨胀。作为发展中国家的中国没有像其他发展中国家那样:一方面是破烂不堪的贫民区,另一方面是大量的失业人口和庞大的在非正式部门就业的就业大军。然而这种措施形成的城乡壁垒却造成了城镇居民的世袭制,不利于城镇青年一代进取心的培养和正常的城乡关系发展。

第三,政府发动的城镇化可使政府采取强有力的方式从农业中积累城镇化、工业化初始阶段的建设资金。发达国家可以通过殖民掠夺和发动战争的方式积累工业化初阶段的资金,也可通过利用外资(如美国),还可以通过农业剩余的转化来进行原始积累。我国工业化、城镇化初始阶段的资金主要来自于农业,但这种积累方式不是通过个人储蓄,不是通过税收,主要是通过工农业产品的"剪刀差"进行隐性的积累。这一点类似苏联。

第四,政府发动的城镇化可使政府根据某种目标进行超高速的城镇化。我国"一五"时期的城镇化速度和十年改革时期的城镇化速度都是惊人的,这是私人发动型城镇化所无法比拟的。但政府也可以使城镇化迅猛减速。我国历史上的两次逆城镇化就是证明。我国政府调节城镇化的行政措施有:改变设市和设镇标准;实行不同的工业化方式,精减城市居民;动员居民下乡充实农业第一线等。

2. 城市化和农村城镇化并举

城市化指人口向城市的集中过程,农村城镇化指农村人口向县城范围内城镇的集中过程。一般说,中国农民在其经济生活中同城市直接打交道很少,主要是同县城或建制镇打交道。绝大部分农民把自己生产的农产品,通过镇或县城进入流通,然后在镇上换回自己所需要生活用品和生产资料。中国县市的界限非常分明,各自不仅有独立的管理机构,而且在经济生活各方面都大不一样。中国的市和镇的差异也非常显著:(1)市有自己的政权,而镇则在县政权管辖之下;(2)镇的经济活动及服务方向主要面向农村,而市则主要是城市之间的交流;(3)市的规模较大,镇的规模较小;(4)镇的基础设施虽优于村庄,但却明显劣于城市。中国区别于其他国家的根本特点是二元城镇化结构,城市化同农村城镇化并行。

3. 城镇化对非农劳动力的吸纳能力低

这主要由以下原因造成:(1)我国的工业化是从重工业开始,不同于英美发达国家以轻纺工业为主导产业的工业革命。相对于工业基础,我国应有更高的城镇化水平。城镇化的发展被重型结构所阻碍了,工业化超前于城镇化。1978年改革以来,由于乡镇工业化的分散进行,我国县城农村城镇化又进一步滞后于工业化;(2)不同于拉丁美洲国家把高度的城镇化建立在服务性行业发展的基础上,我国的城镇化是工业起飞型城镇化,第三产业相当不发达。随着第三产业的发展,我国城镇化将出现新面貌。随着农村劳动力转移,城乡传统非正式第三产业将会迅速发展。

4. 城市构成不协调

第一,城市规模结构"头重脚轻",大城市比重过高。1949年我国百万以上人口城市只有 5 个。1988 年按市非农业人口计算的百万以上人口的特大城市有 28 个。而按市总人口计算则有 81 个。百万以上人口特大城市人口（非农业人口）在全部 10 万以上人口的城市人口中所占的比重为 43%。我国大城市优先发展还可以从国际比较中得到进一步说明。美国在城镇化水平由 10% 左右上升到 30% 左右的这一段时间里，这类特大城市从无发展到 3 座，直到 1970 年，这类城市也只有 6 座。与我国城市镇化水平相似的印度这类城市只有 10 座，日本这类特大城市人口在 10 万以上人口城市人口中所占比重仅为 33%，比我国的 43% 低 10 个百分点。另一方面，我国小城市发展不足。1988 年，如果按非农业人口计算，我国 10 万—30 万人口小城市人口在全部 10 万以上人口城市总人口中的比重为 27%，而英国的这一比例为 62%，法国为 60%，西德为 44%，日本为 36%①。我国小城市的增长速度相对于大中城市是最低的，这恰与世界上的一般趋势相反。据各国最近两次的普查资料，全世界 10 万—25 万人口的小城市的人口年平均增长为 2.9%，是城市人口总年平均增长速度（2.76%）的 1.05 倍。发达国家小城市年平均增长速度为 2.23%，是城市总人口增长速度（2.06%）的 1.08 倍。发展中国家的小城市的年均增长速度为（3.95%），是其城市总人口增长速度（3.77%）的 1.05 倍。② 根据我国统计资料，1957—1984 年，我国城市人口的年均增长速度为 2.08%，同期，百万人口以上的特大城市的人口年平均增长率为 2.02%，50 万—100 万人口的大城市人口年均增长率为 2.19%，20 万—50 万人口的中等城市人口年平均增长率为 3.25%，20 万人口以下的小城市人口年平均增长率仅为 1.84%，是城市总人口增长率的 0.88 倍。大城市优先发展状况是同我国中心城市工业化的道路分不开的。解放初，我国所拥有的近代工业只分布在为数不多的几个中心城市，当时经济发展的主要任务是支持这些城市率先工业化，比较快的速度形成完整的工业体系。

第二，城市地域分布不平衡。解放初期，我国城市偏集东部沿海。几十年来，由于政府有意识地加速开发西部和内地，城市发展的平衡化有了一定发展，但是这种偏集状况并没有根本改变。长江三角洲、珠江三角洲、辽中平原、京津唐地区城市密集，大城市高度集中。西部和中部虽新增城市较

---

① 根据联合国《1988 年人口年鉴》计算。
② 参见古格拉（J.Gugler）编：《第三世界的城市化》，牛津大学出版社，第 18 页。

多,但其中许多城市发展的基础相对薄弱,城市人口发展的绝对水平不高,城市经济效益比较低。随着我国对外开放的进一步发展,城市地域结构的不平衡将会重新加剧。

第三,城市的功能结构偏集于工业。新中国城市化的主要推动力来自现代工业的发展,具有明显的"工业型城市化"的特点。新中国成立后,我国城市人口发展迅速的除中心城市外,多为矿业和工矿城市。商业城市、金融城市、旅游城市、科技城市、教育城市的发展严重不足。

5. 我国城镇化过程中,农村劳动力职业转换先于地域转换,虽有少量乡域流动人口,但不稳定,是所谓"流民"

世界上出现过的农村劳动力的转移方式主要有英国圈地运动方式、德国容克赎买方式、美国农民自由迁移方式、苏联指令式迁移等。所有这些方式走的都是先地域转移后职业转移的方式。我国改革以来城镇化发展道路区别于上述方式,走的是一条劳动力的职业变换先于地域变换,亦即"离土不离乡,进厂不进城"的道路。

二、中国城镇化的战略思路

(一) 城镇化战略原则

在确立城镇化原则前,有必要了解当前的意见分歧。目前关于我国的城镇化战略,有五种观点:(1)大城市论。认为大城市经济效益好,城镇化应把经济效益放在第一位。(2)小城市论。我国大城市已经膨胀,为了避免城市病,应发展小城市。(3)中等城市论。中等城市是集中与分散相统一的新型社会结构,机动灵活,容量大,是沟通大城市和小城镇的桥梁。(4)走"双轨型"的城镇化道路。即大城市与小城市同时并进,兼顾城市发展的经济效益和社会效益两方面的目标。(5)主张通过普遍发展县域小城镇和乡镇工业消灭城乡差别。这种城镇化观实际上是要推行城市化的工业化道路。

在确立具体城镇化设想前,有必要确定未来城镇化的战略原则:(1)经济效益和社会效益兼顾的原则。大城市的经济效益优于中小城镇,而小城镇在解决农村剩余劳动力出路、安排就业这种社会效益方面优于大城市。

大城市论者忽视了城镇化的社会效益,而单纯的小城镇论的主张者则没有看到投资的边际效益最大点还在城市,特别是大城市,忽视了城镇化的经济效益。(2)"据点"发展式和"网络"发展式结合的原则。新中国成立以来,我国城市化基本上是"据点"发展式的。到 1989 年止,全国已设市 450 个,建制镇 1 万多个,应该说我国城市"据点"数目已初具规模,下一步发展战略应注意城镇化的网络式发展,即通过交通和通迅设施的发展建立高效益的城镇网络。同时,也应将一部分建制镇过渡到城市,建立新的城市"据点"。(3)政府发动型机制和民间发动型机制并举。新中国成立以来,我国城镇化和工业化是由政府发动起来的,而在改革开放以来,出现了农民集资建镇,农民推进农村工业化的方式。我国未来的城镇化战略必须充分利用这两种机制,体现由上而下的发动方式的结合。前一种方式,政府是主要的投资者,后一种方式,政府则是主要的调节者。(4)内涵的城镇化和外延的城镇化相结合。内涵城镇化指通过在现有城镇中加强科技投入,进行技术改造,提高城市经济效益,外延城镇化指扩大城市规模和建设新的城镇以推进城镇化。在我国未来的城市化战略中应以内涵的城市化为主,而农村城镇化则应以外延的城镇化为主,通过扩大县城规模,由镇向市发展。(5)城市化和农村城镇化并重,农村城镇化的反对论者只看到农村非农产业的弊病,而忽视了任何发达国家在现代城镇化和工业化之前都经历过乡村工业化阶段。我国现有的农村非农化是我国未来城镇化的重要基础。现存农村非农化的经济效益和生态效益(污染和占耕地)都低于城市特别是大城市非农产业。但这方面问题是可以改造的。我国城镇化最大的限制是资金,而可广开集资渠道的是农村城镇化。我国城市化是产出优势在城市,特别是大城市,而我国城镇化水平的提高则主要靠发展农村城镇化。(6)集中和分散相结合的原则。城镇化最大的限制因素是资金,在我国财力有限的情况下,必须把有限的资金投入到边际产出最高的地区。这一原则要求国家把资金投向大城市。决策者还必须考虑城镇发展的均衡问题,这就要求有一定的分散性。集中与分散相结合的原则实质上体现的是效益与公平问题。(7)非农产业的集聚与城市文明的扩散并重。发达型城镇化国家的城镇化率虽只有 70%—80%,但城市文明的普及率已达到 100%,即农村居民同城镇居民一样共享城市文明。目前,我国农村非农产业的分散化严重阻碍了城市文明的普及,农村非农产业的从业人员还具有浓重的"乡土"气息。要提高城市文明的普及率,关键是要使非农化同城镇化同步。如果我们过分集中发展大城市,也不利于城市文明的普及,要保证城市文明向城市的普及,必须在农村地区发展城市,而关键之关键在交通和通迅事业的发展。(8)渐进性的原则。大城市论者主张一下子把2亿—3亿农村剩余劳动力转移到城镇正式部门,这是极不现实的,他们忽视了农村劳动力素质和劳动力转移中的社会适应性问题。我国城镇化必须遵循渐进性原则,首先让农民兼业,然后在小城镇从事技术要求较低的非农产业,最后再转向大规模的城市和技术要求较高的产业,而对于年轻的农村剩余劳动力,须经过必要的训练,才有可能进入城市正式部门。

(二)二元城镇化的基本构想

鉴于我国城镇化的二元性和农村剩余劳动力转移任务的艰巨性,我国应实行城市化和农村城镇化并进的二元城镇化战略。在城市化的问题上,笔者不主张以新建或扩展某类城市规模为主导的外延城市化,而以加强城市基础设施,特别是以交通和通迅设施的重点建设为特色的内涵城市化。西方发达国家历史经验已经表明:以高速公路和铁路为特征的城际交通革命、发展地铁和立体的城内交通使城市的向心力削弱,人口和产业向郊外和非都市地区扩展。而且随着交通的发展,城市与城市之间经济联系不断加强,可以设想发展两种城镇圈带:(1)发展像长江三角洲、珠江三角洲、京津唐和辽中南这种城镇比较密集的城镇圈带;(2)发展市管县城镇比较密集的城镇圈带,即通过加强主体城市和延续城市(市管县的县城)之间的网络建设来加强市管县内的城镇化。

农村城镇化,笔者不赞成有些学者发展2万个小城镇的"遍地开花"式主张,而支持重点发展2000个左右的县城或县域首位镇,使其成为县级中心。1988年,我国有县城1986座,居住着5300多万人,约占我国城镇人口的1/4,每个县城约有2.8万人左右,如果把这些县城发展为20万人口的小城市,则可以再吸纳3亿多人口。

(三)网络式城镇化的特点

网络式的城镇化道路指的是在城镇密集地区通过加强交通和通迅网络

的建设来形成城镇带或城镇圈。这种网络式城镇化具有如下特点：

第一，网络式城镇要以据点式城镇化作为前提，只有在初具规模的城镇据点的基础上，才能按照一定的"网络"联通。这种城镇据点必须相对地集中于一定的经济空间。例如在我国长江三角洲城镇带中，最大的城市是上海，最小的城镇据点是乡镇，这个网络中的"网结"是大小不一、功能各异的。把这些"据点"联结起来会形成一股巨大的凝聚力。

第二，这种城镇化以城乡居民普遍享受城市文明为主要标志。在城镇带或城镇圈中既包含一定的城镇地区，也包含一定的农村地区，网络城镇圈（带）是城镇人口占统治地位但也包含部分农村人口的经济区域，非农产业在这种网络城镇圈带中占有主导地位，但也有一定的农业活动。网络城镇圈带农村居民在生活方式方面达到或接近城市水平。例如，在我国苏南农村地区，随着乡镇工业的发展，农村居民的生活方式逐渐接近城镇居民的水平。这表明，苏南农民虽然生活农村，但其生活方式已经城市化。城镇圈或城镇带全体居民的生活方式的城市化是由城市的扩散效应决定的，城市的扩散指随着时间的推移，城市特征向非城镇地区扩散的一种过程。这种城市特征包括规范、价值观、生活观念、发明、创新等等。例如，在以上海为中心的长江三角洲城市带中，随城市扩散效应的加强，带域内的城乡差别正在日趋缩小。

第三，这种城镇化要以便捷的交通和发达的通讯设施作为前提。美国的研究表明，由于家用小汽车、货车和电话的广泛使用，大大增强了人、货物和思想的运动性。例如，由于家用小汽车的使用，人们在同一通勤时间里，通勤距离可以翻一番。交通和通迅网络的发展可以从以下几个方面改变城镇化的格局：一是腹地的农村居民不进城而享受城市文明，而且能在更为舒适安静的生存空间里享受类似于城市的生活水平，城市的拉力削弱。二是便利的交通使农村居民利用城市公共设施和社会服务。三是交通的发达使城市中心区人口和非农产业向外圈乃至非城镇地区扩展，造成城乡交融和城乡一体化。

第四，城镇化会大大加强城镇之间，地域之间专业化和地域分工。在交通和通迅不发达的条件下，每个城镇、每个地域都追求独立的"小而全、大而全"的独立的自我服务体系，使每座城镇都具有综合性，没有特殊性，无法按照比较利益原则来配置合理的城镇体系。而交通和通迅的发达有利于促进城镇之间、地域之间的合理化分工。城内交通通讯事业的发展会使城内出现不同的商业区、工业区、居民区、科技信息区等等;城际交通的发展会使城镇体系内出现工业城、卧城、科技城、教育城、商业城、旅游城等专业化的城市。由交通和通迅推进的分工会大大提高城镇化的经济效益。

(四)据点发展式城镇化的设想

第一,据点发展式城镇化应以扩充原有据点为主要发展战略。据点发展式城镇化依其发展方式可以分为扩充原有据点和新设据点两种方式。我国的初次城镇化已奠定了城镇化的据点基础,随着新的矿藏的发掘和我国边境据点的发展,还会增加少量的城镇据点,但总的应以扩充原有据点作为发展方向。

第二,据点发展式城镇化应带有更大的分散性。如果说网络发展式主要是集中在几个城镇比较发达的城镇区域,据点发展式则要求有较大的分散性。初次工业化在资源有限的情况下采取集中的方式以中心城市为依托铺开的城市据点是有限的,以二次工业化为动力的二次城镇化则要开创更多的据点,这就需要把城市发展的据点推进县城。

第三,据点发展式城镇化必须推进各层区域经济中心的形成。就据点发展的指向,城镇据点指向可分为:行政指向型,如扩充省政府所在地的城市,发展县政府所在地的县城等;交通指向型,如沿河、沿铁路、沿公路设立城镇;原料指向型,如建立矿业城镇;工商起飞型,如由工业项目所推进的新城镇的建立。中国城镇化的一个重要特点是行政指向占主导地位,各级政府都力图把行政机构所在地的这个城镇据点发展得更好一些,这种发展思想既有内在冲动,也有外在推力。

(本文发表于《经济地理》1991 年第 3 期)

中国城镇化的理论基础与发展观研究

一、城镇化是现代化的主要标志

关于城镇化在现代化过程中的作用问题,历来存在着两种对立的观念:一种认为,城镇化是现代化的一个组成部分;另一种认为城镇化是发展的"病症"。美国发展经济学家马尔克姆·吉利斯在其《发展经济学》一书中指出:"随着工业的发展,今天的城镇化趋势在各国比较中已十分明显了。随着人均收入从大约 200 美元增加到 1000 美元,……其城市人口从仅有总人口的 20%增长到 30%—50%以上。虽然各国之间收入水平的差别很大,然而,经济发展与城镇有关联是毫无疑问的。"①这里,他明确地把城镇化同经济生产联系起来了。认为城镇化是一种现代化的学者,强调人口的城镇化是从传统社会向现代化社会转变的一部分,是必然的历史过程,因而主张促进人口城镇化的发展。② 非城镇化观则认为:超高速的城镇化造成了堕落的移民流,不仅枯竭了农村经济的活力,而且城市经济也没有相应地受益。城市膨胀不是经济发展的标志,而是经济发展的病症。③ 长期以来,非城镇化

---

① 马尔科姆·吉利斯等:《发展经济学》,经济科学出版社 1989 年版。
② 周凯来:《现代化论、城市偏向论和经济依赖论——当代西方的三种人口城市化与经济发展理论》,《人口与经济》1990 年第 5 期。
③ 周凯来:《现代化论、城市偏向论和经济依赖论——当代西方的三种人口城市化与经济发展理论》,《人口与经济》1990 年第 5 期。

思想在我国有着深远的影响,但中国社会的非城镇化思想同西方又有所不同。这种思想主要有三方面:

一是消灭"三大差别"的思想。马克思主义认为:要消除城乡、工农、脑体劳动之间的差别,其根本措施是发展生产力。但是长期以来,特别是"四人帮"的时期,决策者采取人为的措施,通过抑制城市发展、抑制非全民所有的非农产业的发展、整缩知识分子,来"拉平"三大差别,乃至在"文革"期间形成了一股巨大的反城镇化潮流。

二是自然经济思想。城市是商品经济的依存空间。在传统体制下,由于不重视流通、不重视第三产业、不重视价值规律的自然经济思想的存在,必然不重视城市的商业中心、金融中心、信息中心、科技中心、文化中心这类经济作用的发挥,使城镇化得不到发展。

三是城镇化阶级性的思想。这种观点认为"工业化导致城市化是资本主义社会的特有规律",社会主义国家实现工业化不必走资本主义发展的老路。

笔者认为,城市化是现代化的一个重要标志。城市化滞后,既阻碍了中国农业现代化和工业现代化,也阻碍了人民生活方式的现代化。在衡量现代化的指标中,我们不能只有产值指标,如国民生产总值翻几番,而且还要有城镇化指标,多少人口从土地上游离出来,进入现代城市。在理论上,笔者主张排除反城镇化思想意识的干扰,努力加速城镇化。

这种理论主张的思想基础是:

第一,中国要实现城乡一体化、消灭三大差别,必须先通过加速城镇化和工业化、大力发展商品经济,而不是人为地抑制或改造城市、限制非农产业的发展。城乡差别或者说"二元结构"的产生具有历史的必然性,因而也具有历史的合理性。中国现代化的目标是要实现二元结构的一元化和城乡一体化,而关键是要不断推进非农化和城镇化这两大结构变革,进而推进农业的现代化,让"后进"向"先进"转化,而不是让"先进"向"后进"靠拢。

第二,城市的科学技术水平和生产力水平比农村发达,城市文明比农村文明先进,城市生活方式的现代化水平比农村高,我国经济的增长极和发展极在城市。我国要加速现代化建设,除了要着眼于经济增长和提高经济效益外,还要着眼于结构变革,而非农化和城镇化正是意义深远的结构变革。

第三,由工业化、非农化推进城镇化这是历史的普遍规律,把这种普遍规律归结为资本主义的特殊规律是不正确的。马克思恩格斯曾经指出:"城市的建造是一大进步。"①列宁指出:"城市是人民的经济、政治和精神生活的中心,是进步的主要动力。"②那种"无城市化的工业化"的主张在理论上是无根据的,在实践中也是行不通的。人口城镇化和生活方式的城镇化不仅是经济结构现代化的"指示器",而且也是经济发展的"测量器"。西方发达国家虽然出现了人口逆城镇化,但它丝毫没有减弱城市文明的普及和城市生活方式的扩散。

二、城镇化与非农化的同步性

工业化按其发展的历史阶段可分为原始工业化、初次工业化和再次工业化(或二次工业化)。原始工业化是在农村进行的。蒸汽机的使用标志着近代工业化的开始,同时也揭开了城镇化的序幕。正如马克思所指出的,大工业使用双向蒸汽机为原动机,"它消耗煤和水自行产生动力,它的能力完全受人控制,它可以移动,同时它本身又是推动的一种手段;这种原动机是在城市使用的,不像水车是在农村使用的,它可以使生产集中在城市"③。在原始工业化时期,由于工业的分散性,工业化超前于城镇化,工业劳动力在总劳动力中的比重高于城镇人口在总人口中的比重。以大机器广泛使用为标志的工业化带来了人口和生产向城市的集中,从而使工业化和城镇化同步,工业劳动力比重和城镇人口比重趋于一致。在工业化后期,由于经济服务化和信息化,第三产业取代第二产业作为城镇化的主动力。如果说这时非农业劳动力在总劳动力中的比重,同城镇人口在总人口中的比重还有一致性的话,工业劳动力比重则大大小于城镇人口比重。随着交通和通讯事业的进一步发展和人们对生活环境质量的追求,经济活动和人口逐渐向郊外和非都市转移,出现了所谓"郊外化"和"逆城镇化"现象。这时,城镇化再次滞后工业化和非农化。总之,随着非农活动的"分散—集中—再分散"的

---

① 参见《马克思恩格斯全集》第 3 卷,人民出版社 1960 年版,第 33 页。
② 参见《列宁选集》第 23 卷,人民出版社 1990 年版,第 358 页。
③ 参见《马克思恩格斯全集》第 23 卷,人民出版社 1972 年版,第 414 页。

轨迹,城镇化出现了"起步—快速发展—停滞或减速"的趋势。

发展中国家在城镇化与非农化关系上不同于发达国家的地方在于:由于二元结构的存在,城镇具有极大的拉力,农村具有极强的推力,劳动力的自由流动引起了所谓"过度城镇化"。这种过度城镇化的主要现象是,相对于工业化水平来说,城市化超前发展。

中国的工业化按其发展可以分为初次工业化和二次工业化。初次工业化是以中心城市为依托、由国家集中有限的生产资源进行现代化主导工业部门的建设和发展科学技术事业来形成独立完整的工业体系的工业化过程。二次工业化则是在初次工业化的基础上实现全部的社会生产的工业化和农村城镇化。

我国的初次工业化的显著特点是:(1)投资主体单一,国家是唯一的投资主体;(2)优先发展重工业,投资的就业效应低下;(3)通过税收和价格杠杆在农业部门中进行工业化所必须的原始积累;(4)这种工业化主要集中在中心城市(少数原材料指向型工业例外);(5)通过户籍制度限制农民进入工业化和非农化过程。这种初次工业化的结果,不仅使我国没有出现发展中国家的过度城镇化问题,而是相反,城镇化相对工业化来说严重滞后。

二次工业化中的乡村工业的兴起进一步加剧了中国城镇化滞后状况。因为超高速的乡村工业化没有带来相应的城镇化。政策制定者和理论工作者甚至把这种没有城镇化的工业化称作"中国特色",并加以肯定。

笔者认为:虽然我国依靠社会主义制度在短短几十年里完成了初次工业化,形成了独立的完整的工业体系,奠定了城市文明加速普及的城镇化基础,同时,通过城乡户籍管理制度,避免了一般发展中国家的"过度城镇化"问题,但是,中国走向了另一个极端,出现了城镇化水平的滞后状况。中国城镇化的滞后性严重阻碍了中国工业化的社会、经济和生态效益的提高,进而阻碍了中国向现代化迈进的进程。

所以,笔者的理论主张:中国的乡村工业化必须伴随相应的城镇化,绝大部分非农活动必须置于城镇这种经济空间中,以发展中心城市为标志的初次城镇化完成后,应迅速地转向与二次工业化相适应的二次城镇化。中国的二次城镇化应充分利用乡村工业化这种社会资源,以农村为依托促进非农产业在一定的增长极集聚。

三、城镇化发动主体的多元化

发展经济学家认为：农村劳动力转移的根本关键是资本积累，加速城镇化头等重要的问题是城镇化的资金问题。城镇化的资金约束是同城镇化的发动主体有密切联系的。发达国家在城镇化初期的城镇化主体是多元的：政府通过财政支出进行市政建设，形成城市基础设施；城镇的企业通过开办企业吸引人口向城镇集中，形成工业和商业区；城镇居民通过建房、购房和租房形成城镇居民区。发展中国家在获得独立后，为了占领工业化的"制高点"，纷纷建立公营经济。这样一来，政府在城镇化中的作用不仅限于城镇基础设施，而且也扩展到一般的工业和商业活动。可见，相对于发达国家说来，发展中国家政府在城镇化初期中的作用似乎要大一些。

在传统经济体制下，我国城镇化发动主体基本上是单一的。由于政府对企业实行统收统支，可以说城镇化发动主体只有政府一家。政府负责市政建设、住房、工商业的运行以及向非农业人口提供商品粮和其他副食品。城镇化所需要的资金几乎由政府一手包揽。在这种条件下，政府要安排一个农业劳动力到城镇就业需要支出巨额费用。这种投资主体的单一化严重阻碍了我国城镇化的高速发展。

经济体制改革以来，我国工业化投资主体出现了多元化的趋势：即国家、银行、企业、外国资本家和国际机构、农民和社区集体组织都成为工业化的发动者和参与者。但是城镇化发动主体的多元化进程还不快。

笔者认为，未来加速我国城镇化的关键所在是推动城镇化投资主体的多元化。其具体构想是国家进一步在城镇化过程中发挥主导作用，在这一前提下，让技术水平较高的现代化乡村非农企业进城；让部分农民进城建房；让更多的企业参与城市基础设施的建设。这种城镇化主体的多元化无疑会有助于我们突破城镇化与非农化的资金限制。

四、城镇化中的制度创新

这里说的制度并非就整个社会制度而言，而是指局部制度或体制。经济制度(比如土地制度、住房制度、继承制度、户籍制度、粮食供应制度等)对城镇化的影响是非常突出的。

土地制度对城镇化的影响。我国均分土地而又严格限制流转的土地制度没有割断从事非农产业的农民同土地之间的"脐带",限制了土地向种田能手的集中和农业的规模经营,进而限制了农业的技术革命,延缓了城镇化的进程。因此,下一步要加速农村非农化和城镇化必须设法改变现有的土地制度,促进土地流转和集中。

住房对城镇化的影响。由企事业对城镇居民提供住房的住房制度是社会主义制度中的一项专门制度,作为一种社会福利,这项制度体现的是社会主义制度的优越性。但也应看到这一制度增大了企业在城镇化上的负担,限制了农村人口向城镇转移的速度。

限制人口由农村迁入城镇对城镇化的影响。我国的人口迁移的限制是通过就业、住房、商品粮和户口四位一体的制度来实现的。乡镇人口迁移主要是通过招生制度、招工制度和解决夫妻分居等制度来实施的。1984年党中央一号文件所提倡的城镇自理口粮户口制度是一项非常重要的人口迁移方面的制度改革,但由于相应的配套措施不够,这项重大制度改革所取得的效果甚微。

为了加速我国非农化和城镇化的速度,我们必须着眼于制度方面的革新,这里最重要的是两项制度改革:农村土地制度的改革和人口迁移制度的改革。

五、城镇化过程中人口流动的合理化

经济学家和人口学家将城镇化的动力分为"推力"和"拉力"。推力来自农村,拉力来自城镇。

我国改革以来的人口流动从总体上来说是由城镇拉力所致。这种拉力主要是由城乡货币收入的比较差异造成的。由于我国农村生产责任制推行的是均分土地的制度,虽然有些地方出现了由于人多地少形成的人口土地压力,一般来说还没有形成一个无地或极端贫困的农民阶层。此外,我国存在严重的价格扭曲现象和各种经济社会待遇方面的城市倾斜,我国体制改革后人口流动基本上是一种拉力为主的运行机制。由于这种流动没有纳入正式渠道,是一种通过非正式渠道的暂时性转移。这种转移人口在解决农村剩余劳动力的出路、增加农民收入等方面有着重要作用,但也具有不可忽视的弊端:(1)流民对土地的感情是复杂的:一方面不愿意放弃土地,将其视作一种职业保障或具有不测风云时的退守阵地;另一方面,在农业与非农产业比较利益反差极大的条件下,他们又不愿意在农业上投入更多的时间和资金,因而,不少人实行粗放经营。(2)流民对于所从事的非农产业怀有不稳定心理,没有长期规划,也不愿意进行大规模投资,他们虽然增加了许多收入,但不愿意把这些收入用于生产性投资,而是把钱花在大兴土木、广建私人住宅这类生活消费方面,这种状况不利于生产的发展。(3)流民的不稳定状况使他们在经营中具有短期行为,只追求利润,不讲究服务质量和产品质量,不顾声誉。(4)流民在接受地的不稳定状况也使他们很难受到社会约束,这不利于城镇社会秩序的稳定,许多地方的流民几乎成了"两不管"(即户口所在地不管,流入地也不管)公民。

基于以上认识,笔者在我国乡城人口转移上的理论主张是:国家必须建立或指定有关部门协调和规划我国目前出现的大量乡城人口迁移,改革人口流动体制,有计划地变暂时性人口迁移为永久性人口迁移,改变目前这种迁移中的盲目性、不稳定性和"两栖"性。

六、城镇化过程中劳动力流动的自由度

西方经济学家一直都认为:要实现资源的合理配置,必须使要素自由流动。通过包括劳动力在内的生产要素的自由流动,最终会形成资源的最优配置。我国有些经济学家也极力主张打破几十年来形成的城乡壁垒,让劳动者在城乡之间进行完全的自由流动,进而实现资源的有效配置。

不可否认,我国长期以来的户口、就业、商品粮、住房四位一体的限制乡城人口流动的制度形成了坚固的城乡壁垒,造成了城乡居民身份的"世袭制"。只有少数农民子弟可以通过考试升学进入城镇。这种世袭制度不仅不利于培植城镇青年的进取精神,而且把广大的农村居民固着在土地上,阻碍了农业的现代化、非农化及城镇化的速度。但我们这样一个农耕大国,要

大开城门、放开手脚让农民自由向城市转移是极不现实的。因为：（1）发展中国家的经验告诉我们，城市也存在二元结构，一方面是现代的正式部门，另一方面是传统的非正式部门。所以在经济不发达的条件下，农村人口向城镇的快速转移虽然可能带来高速的城镇化，但并不一定引起非农产业的现代化。我国改革以来的暂时性城乡人口迁移的经验告诉我们，我国城市流动人口要么进入正式部门做非正式职工，加剧城市的隐性和显性失业，要么进入像流通之类的传统第三产业部门。盲目的人口流动已使城市传统产业饱和，必须加强这方面的计划调节。（2）像印度和巴西这类允许农村劳动力自由流入城镇的国家所付出的社会代价是极高昂的。几乎一半的大城市居民居住在贫民区，失业和就业不足现象极为普遍，城市犯罪严重影响了城市居民的社会生活。（3）中国如果推行无条件的乡城人口自由流动不仅会付出高昂的代价，而且也是不现实的。文化素质较低的农民一夜之间变为城市工人是很难适应城市生产和生活的。要让农村劳动力转化为现代化城市部门的正式职工必须经过必要的培训环节。因此，政府在城乡人口流动方面不能无所作为、放任自流，而应按照国家非农化和城镇化的目标担当宏观调控的历史重任。作为一种历史的趋势，现存城乡壁垒应该打破。但是将何处作为突破口，怎样一步一步地推进城乡人口流动，必须进行慎重研究。

七、城镇化的非均衡发展观

在区域城镇化发展问题上存在着两种对立的发展观：一种是均衡发展观，这种发展观主张齐头并进，即在各区域按相同比例投资均衡地推进全区域的经济发展；另一种是非均衡发展观，认为社会经济的发展要根据非均衡发展规律，有重点、有差异、有特点地发展，而不是平均使用力量推进全区域的均衡发展。非均衡系统中总是存在着支配性的区位，因此在不同的时期选择支配全局的优势区位发展经济可以事半功倍。非均衡发展观还认为：在经济发展初期，经济发展应以极化效应为主。所谓极化在区域地理上表现为经济活动集中在某一地理位置，资源也流向这里，技术、信息、资金、配套的产品也运向这里，从而形成地理上的极化，像磁铁的磁力一样，此点的密度最大,吸引力最强,存在着凝聚在某一点的趋势。在经济发展后期则以扩散效应为主,极化效应使生产要素从非增长极向增长极集中,扩大增长极同非增长极之间的差别,扩散效应则使生产要素(特别是资本和技术)从增长极向其腹地分散,缩小两者之间的差别。

在我国初次工业化中兴起的中心城市的发展方向应以提高扩散效应为主(即如何发挥大城市的辐射作用),而我国目前农村城镇化或县域城镇化则应重点考虑极化效应。

根据 1988 年的统计,我国共有 1936 个县,县辖镇 8614 个,有乡镇 45399 个,平均每县有 27.5 个镇。平衡发展思想是让这些乡镇齐头并进地发展这些建制镇和乡镇,实行"满天星斗"式的分散的农村城镇化模式。这种发展观的主要依据是:(1)这种发展方式可以实行人、财、物的"三就地",均衡地推进乡村工业化;(2)这种发展方式可以提高农民收入,有利于逐步消灭城乡差别;(3)这种发展方式可以突破国家通过集中型城镇来解决农村剩余劳动力所需要的资金限制,可以有效地解决农村剩余劳动力的出路问题。正是在这种发展观的左右下,我国建制镇个数从 1980 年的 2874 个一跃而为 1988 年的 10609 个,有的学者主张到 2000 年这类城镇达到加 20000 个,每个乡镇 1.6—1.7 万人。我国政府目前采用的就是这一模式。[①] 如果按照这种设想,从 1980 到 2000 年,我国这类小城镇将增长 5.96 倍,大大高于我国经济翻两番的水平。按照这一发展水平,我国每个县将大约有 10 个万人规模的小镇。

我认为:我国农村城镇化应按区域非平衡发展的思想在每县选择一个镇为增长极,集中县城范围内的各种生产要素方面的优势,在一个不太长的时间内,将其发展为一个小城市,也就是说推行一个极化的过程,然后在这个增长极或中心高度发展后,才让其出现一个扩散的过程。通过这座县域小城市向乡村扩散信息、技术和城市文明,推进腹地的经济发展。这是因为我国正处在社会主义初级阶段,县域范围内的物力和财力都十分有限,必须采取集中资源发展优势区位,以这些"龙头"来带动全县经济发展的道路。

不容否定,前几年以均衡发展观为理论基础下的"小城镇道路"为农村

---

① 沈建法:《中国城镇化的趋势、模式与战略对策》,《地域研究与开发》1988 年第 3 期。

剩余劳动力的转移提供了一定的空间,促进了以"乡土工业"为主体的农村工业化的发展,为农村商品经济的发展提供了一定的市场容量,提高了农民的收入并丰富了农村的文化生活。随着经济的进一步发展,小城镇的弊端就日益明显了:小城镇的规模狭小,分布离散,不可能成为现代工业的集聚地;小城镇基础设施落后,小城镇文明与城市文明相差甚远;小城镇的人口规模和投资都缺乏扩张能力,不能从根本上解决剩余劳动力滞留农村的问题;小城镇的盲目发展还会造成土地资源利用的不经济和污染难以治理的问题;小城镇交通不便,信息不灵,会造成生产资源的严重浪费。如果说20世纪80年代"小城镇道路"具有历史必然性和合理性的话,90年代必须有新的调整。

（本文发表于《人口学刊》1991 年第 6 期。发表时题目为《论中国城镇化发展观》）

—55—

城镇化进程中的人口迁移和流动研究

人口流动和人口迁移是我国经济体制改革过程中的一个重大经济问题。什么是人口迁移和人口流动？我国城镇人口迁移和流动的现状如何？大城市流动人口有何社会经济特征？引起人口迁移和流动的主要原因是什么？迁移和流动人口的收入转向何方？本文拟就这些问题进行一些讨论。

一、人口迁移和人口流动的分类

人口的地域流动,可以分为永久性的人口迁移和暂时性人口流动两种类型。在本文中往往在同一意义上使用这两个概念,只是在某些场合,"流动人口"着眼点在于未改变户口的暂时性流动人口,而"迁移人口"则着眼于改变了户口的永久性迁移人口。目前,我国的暂时性人口流动已成为人口地域流动的主体,对社会经济生活产生了重大影响。例如,现在全国日平均暂时流动人口约5000余万人,而全国的人口永久性迁移量平均每天不过5万人,只占流动人口的1‰。

武汉市人民政府政策研究室曾将暂时性流动人口划分为四种类型:(1)劳务型流动人口。主要包括进城工作的建筑队、装卸搬运队、保姆及其他临时工和在市区承包土地的农田包工队四个子类,这类流动人口占武汉市流动人口总数的60%。(2)商贩型流动人口。这包括集贸商贩和生意手艺人,这类流动人口占 15%。(3)公务性流动人口。包括因公出差人员、驻汉办事处工作人员和学习进修人员三个子类,这种类型占 15%。(4)探访性流动人口。这类人口有三个子类:走亲访友人员、求医治病人员和旅游客人三类。探访性流动人口占总流动人口的 10%。

笔者在参照国际流动人口分类的基础上,结合我国的实际,将我国城市流动人口划分为如下几种类型。

(1)定期性往返流动人口。这类流动人口的特点是白天在城区工作,晚上回到农村或规则性地每周回农村一次。这种人的生活基础在农村,他们的所得收益绝大部分支出在农村。这类流动人口包括在城镇地区乡村企业中工作的工人和集市贸易上的小商贩和其他经营者。

(2)非定期性往返型流动人口。这类人口不像规则性往返人口那样,每天规则性地从城镇地区返回农村。但是他们预期是要回家的。他们的往返不是固定的和规则的。同定期性往返人口不一样。这类人口在城市有更多的生活经济基础。但是他们把绝大部分收益花在农村。他们的家庭成员生活在农村。这部分流动人口主要包括:进城工作的建筑队、搬运队、保姆、商业经营者和其他临时工。

(3)季节性流动人口。这类流动人口是季节性地流向城镇地区寻找工作以便补偿农业收入的不足。一般规律是农忙时务农,农闲时间进城做工。

(4)目标型流动人口。这类流动人口在特定时间里为特定目标的实现流进城市,在实现这一目标后便返回。典型的目标流动人口是进修人员和因公出差人员。目前,我国城市的目标流动人口具有两大特征:一是这类人流动的目的具有明确的公务性;二是这类人主要是属于城镇间的人口流动。

(5)旅游型流动人口。它是一种短期的以探亲访友和旅游为目的的流动人口。这类流动人口的特点是:一是具有非经济性;二是在流动方向上具有混合性,既有农村流向城镇的,也有城镇流向农村的;三是在流动期限上具有短暂性。

二、我国城镇流动人口的现状及其估计

已有的研究证明,在百万人口以上的大城市,流动人口相对于市区常住

人口的比例以广州为最高(1∶3),这种比例南京为最低。据对北京、上海、天津、广州、武汉、南京、郑州的调查研究,在这些城市,流动人口相对于市区常住人口的比例的众数和平均数为1∶5,也就是说,每5个市区常住人口比1个暂时流动人口。我们在湖北省对不足十万人口的绣林镇和漕河镇调查表明,小城镇的这一比例为1∶4.8,低于大城市水平。根据这一参数,我们可以估计出,全国有5500万流动人口、居住在我国城镇中的实际人口约为3.2亿左右。

如果我们将定期性往返型流动人口、非定期性往返型流动人口和季节性流动人口(这包括集贸商贩、保姆、临时工、装卸搬运工、建筑队民工、生意手艺人等)称作经济性流动人口,那么,非经济性流动人口则是目标型流动人口和旅游型流动人口。前者直接关系着城市商品经济的发展,而后者则直接关系着城市基础生活设施的利用状况。在对武汉、北京、南京、广州、天津五大城市的研究中发现:在流进武汉的暂时性流动人口中,经济性流动人口的比重最高,最低的是广州。特大城市经济性流动人口的平均水平是66%。据此,我们可以估计出:全国约有3600多万流动人口在我国城镇中从事工业、商业、服务业、建筑业、运输业等经济活动。我们在湖北省的调查表明:建制镇特别是城关镇的经济性流动人口的比重高于全国大城市的平均水平。

另外一个非常鲜明的差别是:在流动人口中,男性的比重大大高于女性。例如,在武汉市流动人口中,74.4%的为男性,女性只有25.6%。北京市的这一比重分别为77.6%和22.4%。在流动人口的社会阶层构成方面,农民占40%到50%之间。例如,武汉这一比例为46%,北京的为42%。然而,在工人、干部和其他阶层人员方面,不同城市之间的差异很大。例如,在武汉市流动人口中,工人占15%,而北京这一比例则为20%;干部的比例,武汉是9%,而北京则高达20%。这一差异反映了北京作为政治、经济及文化中心的特点。

三、大城市迁移和流动人口的特征:以武汉为个案

为了对我国大城市的经济性暂时性流动人口进行全面探索,武汉大学

人口研究所于 1988 年 7—8 月对武汉市洪山区和武昌区的五个经济性流动人口集聚的社区进行了一次深入的调查研究。这次调查使用的是派员问卷法。这次调查为我们全面深入地分析研究我国城镇暂时性流动人口提供了翔实的资料。这次调查共搜集了 3508 个人口的资料。他们可以分为四种类型：农村常住人口，占 58%；城市常住人口，占 19%；暂时性城市流动（迁入）人口，占 19%；永久性外迁人口，占 4%。这里的暂时性流动人口，指的是户口没有改变的定期性往返型流动人口、非定期性往返流动人口和季节性流动人口。这部分人口是我们研究的主体。永久性迁移人口指的是暂时性流动人口的家庭成员在 5 年内改变户口迁入其他城镇或农村的迁移人口。

迁移和流动人口的特征是我们认识迁移和流动人口的关键。下面我们分别考察迁移人口（包括暂时性和永久性两类）的年龄、性别特征及其家庭地位和教育状况。

1. 年龄特征

研究表明了我国城市迁移人口具有下列几点特征：(1) 无论是暂时性流动人口还是永久性迁移人口，老（50 岁以上）少（0—14 岁）的比重都相对小。暂时性流动人口的老少占其总体的比重是 18.1%，永久性迁移人口的老少比重只是其总体的 77.6%；而农村常住人口这一比重为 42.5%，城市为 35.6%。(2) 两类迁移人口的基底（主要部分）都相对集中在 20—34 岁之间。永久性迁移人口有 77.4%集中在 20—34 岁之间，暂时性流动人口的这一比重是 53.6%，而农村常住人口的这一比重仅为 30.1%。(3) 同永久性迁移人口相比较，暂时性流动人口的年龄起点较早。例如，10.3%的暂时性流动人口集中在 15—19 岁之间，而永久性迁移人口的这一比重仅为 2.7%。这一差别可能是我国个体经营者中有"童工""童商"的反映。(4) 相对于永久性迁移人口来说，暂时性流动人口的年龄终点则较晚。例如，50 岁以上的暂时性流动人口的比重是 15.7%，比永久性迁移人口的相应指标 6.2%高出 153%。

2. 性别特征

我们的研究揭示了迁移人口的性别特征。暂时性流动人口的性别结构同永久性迁移人口的性别结构形成了鲜明的相反趋势。暂时性流动人口中男女各占 60.1% 和 39.9%,而永久性迁移人口中男女各占 40.4% 与 59.6%。前者男多女少,后者女多男少。这种差别是由两类不同迁移人口的目的性决定的:暂时性迁移人口的主要动因是寻求工作机会,就目前而言,多数是男性从农村流向城市寻找工作机会,而在永久性迁移人口中,大部分人是属于婚姻迁移,因婚姻,女性从农村、小城镇流向大城市的现象更普遍于男性。虽然两种流动人口中,一种是男多于女,一种是女多于男,但在绝对数量上,从农村流向城市的男性远多于从农村流向城市的女性。这样,农村男性的大量外流,使农村现有常居人口中出现了女多男少的状况,至于城市常居人口中的男多女少状况应归之于超出本文范围的人口迁移。

3. 家庭角色方面的特征

迁移(流动)人口在家庭角色方面的特征可以概括为如下几点:(1)在暂时性流动人口中,流出的户主居第一位(37.3%),而在永久性迁移人口中,女儿(女婿)居第一位(35.6%),这与流动人口的性别特征是相一致的。(2)如果我们按代际关系来划分,两类迁移人口的差别也是十分明显的:暂时性流动人口主要是户主(配偶)辈(占 58%),而永久性迁移人口则主要是子辈(占 68%)。

4. 教育特征

人口的外流是否是人才的外流和技术的外流主要是通过迁移人口的教育状况来证明的。我们的调查研究揭示了三点结论:(1)两类流动人口的平均教育水平都高于农村和城市的常住人口的水平。平均受教育年限,在农村常住人口中为 4.49 年,城市常住人口中为 6.66 年,而在暂时性流动人口中高达 7.19 年,在永久性迁移人口中更高达 8.30 年。这表明,人口的流动是技术和人才知识的流动。(2)就文盲比例来看,暂时性流动人口的比例最低(12.8%),永久性迁移人口的比例(15.8%)次之。两类人口的这一比例大大低于农村常住人口的一般水平(31.7%)。在城市常住人口中,这一比例为 20.2%。(3)如果我们把视野放在较高的文化教育水平这一类,我们发现,在永久性迁移人口中,受 10 年以上教育的占 43.8%,而暂时性流动人口中只占 15.7%,低于城市常住人口的比例(23.5%)。总之,进入武汉市的暂时性流动人口的教育水平虽然高于农村的现有常住人口的水平,但是它低于永久性迁移人口的水平,在某些方面也落后于市区常住人口的水平。这里的分析告诉我们,随着农村人口向城市的流动,农村的技术、知识及人才也大量外流,农村经济将面临技术、知识、人才匮乏的问题。

四、人口迁移和流动的原因

人口流动和迁移的原因很多,但大而言之,不外乎经济的原因和非经济的原因或曰社会的原因。根据国内外已有的研究成果,我们的调查过程中曾假设有如下人口流动的原因类别:

一是经济原因。又可分为工作原因和生活原因。在工作原因这一类,我们划分6个子类:不满意原有职业;流动是出于寻求新职业的动因;通过外部条件引起的职业变换;由于主观的努力,流动前已获得更好的职业;流动是出于去外地开业的动因;原有居住地无事可干,客观条件迫使人口流动。在生活原因方面只有一个子类,即原居住地工作收入不足以唯持家用。

二是教育原因。我们将教育原因分为两个子类:为了当事人本人的教育而流动,为了当事人的子女的教育而流动。理论上说,这种原因应是永久性人口迁移的一个重要方面。例如,农村青年考入大学、中专或技校学习属于前者,而知识分子为了子女教育前途而迁移属于后者。

三是社会原因。这种原因大致可以归结为三个方面:婚姻、家庭、社区。这一类有4个子类:由婚姻引起的迁移或流动;随家搬迁;投亲辈友;在社区中不和睦。这类迁移或流动的特点是:它是由婚姻家庭及社区关系所引起的,迁移的主体是妇女和未成年者或弱者。

四是自然环境原因。这属于人口流动中的"推力"。在这里有两个子类;自然环境不适;土地资源贫乏。

五是其他不便于分类的原因。

人口流动或迁移的原因还可以分为"推力"和"拉力"两种。例如,此地无事干,在本地不和睦,工作收入不足以维持家用和土地资源贫乏都是典型的"推力"。而为了自己的教育、寻找更好的职业,去外地开业都属于"拉力"。

我们的研究表明,流动人口之所以从此地迁往彼地,对暂时性流动人口而言,经济原因是最主要因素,而对永久性迁移人口而言,社会原因是主要因素。教育及其他因素对这两类人口流动的影响微乎其微。因经济原因而流动的暂时性流动人口占65.0%,主要是对原有经济状况不满,为寻找更好的职业而外流,只有32.5%的永久性迁移人口是受经济因素影响的。与此不同,在永久性迁移人口中,社会原因占主导地位,占50.6%,其中因婚姻而迁移的人口占44.0%;而这一因素对暂时流动人口的影响只占11.4%。

其次,我们可以从"推力"和"拉力"的角度来考察人口流动和迁移。所谓"推力"指的是流出地迫使人口外流的社会、经济,自然压力,所谓"拉力"指的是流动人口接收地的社会、经济、自然引力。由于"其他不便分类的原因"是"推力"和"拉力"的结合。这里,我们排除这一类不加考虑,计算结果表明:暂时性人口流动以推力为主(52%),而永久性人口迁移则以拉力为主(65%)。暂时性人口流动中的拉力占42%,永久性人口迁移中的推力占29%。

事实上,对人口流动的原因作绝对科学的划分是困难的。比如,因社会原因而迁移的人口未必不受经济因素的影响。以婚迁为例,就以婚姻为由而从农村及中小城市流往大城市的一群人而言,很难说,不是因为迁往地的经济条件更好,更易获得较好的工作,精神文明更发达而对他们具有极大"吸引力"。但是为了研究能有处下手,我们就只好作了以上的划分。

五、迁移和流动人口的收入转移

流动人口的收入的转移、汇款是人口流动的重大社会经济后果。人口的外流不仅要引起劳动力的外流,而且也要引起技术、技能、经验和资金的外流。从这一点来讲,流动人口对迁出地在经济上有不利影响。另一方面,流动人口也会带来收入的回流,这对流出地的经济发展将会产生积极作用。一般来说,流动人口送回的资金取决于如下几个因素:

一是流动人口的性质。例如,一项印度尼西亚的调查表明:流动人口向其家庭转移的收入是各不相同的。例如,定期性往返型流动人口由于他们在城市有较少的生活基础,所以这种流动人口对家庭的贡献最大。这一研究所得出的结论是:定期性往返型流动人口所创造的收入占全部家庭收入的 60%，长期居住在城市的非定期往返型流动人口的这一比例是 48%，而永久性迁移人口对其有家庭的货币贡献只占全部家庭收入的 8%。

二是流动人口的就业状况和收入水平。在我国现有条件下，一般说来，从事商业和服务业的流动人口对原有家庭的汇款数额要比做临时工、从事搬运业和建筑业的流动人口的汇款数额要大得多。

三是流动人口对家庭的责任感和流动人口的家庭地位。如果我们将家庭分为生殖家庭（流动人口同自己所生下一代的关系）和生长家庭（流动人口和上一代人的关系），那么，流动人口对生殖家庭的贡献要比生长家庭大得多。对于生长家庭，具有不同家庭责任感的人的贡献又各不一样的。

我们在武汉市的调查研究表明：如果以家庭为单位来考察，每个家庭平均每年向外迁人口的平均汇款（或收入转出）为 515 元，而家庭每年从外迁人口身上所得的平均金额（或收入流进）为 739 元，平均净所得为 224 元。家庭向外迁人口的援助，以对儿子和媳妇的援助为最高（691 元），这同对女儿和女婿的援助（368 元）形成了鲜明的对比。这是我国以男子为中心的家族体系在经济关系方面的反映。另外一方面，家庭向上一代人——户主的老年父母的援助最低（228 元）。这反映了我国家庭货币流向方面的"子代优先""子代偏重"的倾向。从外迁人口对家庭的贡献来说，户主对家庭的贡献最大（930 元），其次是配偶（778 元）。除了祖父母和其他亲属以外，贡献最低的是外迁儿子和媳妇的贡献（530 元），女儿和女婿的贡献为（635 元），高于前者，如果从流入和流出平衡的角度来考虑，家庭对外迁儿子和媳妇的收支平衡为负 161 元，而女儿和女婿的收支平衡为 267 元。这种儿子负收益和女儿正收益的新现象是一个十分有趣的问题，它是对我国生儿育女问题上的"重男轻女"传统观念的挑战。如果我们从家庭成员构成方面来考察家庭经济问题，我们会发现以下规律：

一是家庭支援的主要对象是子辈。57%的受家庭援助的人是子辈，祖父辈只占 11%。

二是家庭从外迁人口身上获得收益的主要对象是户主辈（包括配偶）。户主辈对家庭的援助占 55%，其次是子辈，为 35%，祖父辈只占 5%。

从地域结构的角度来考虑，家庭所援助的对象一半以上的人生活在乡镇，其中，生活在镇上的人口占总体的 7%，生活在乡下的人口占 48.8%。而对家庭提供援助的人口中近80%的人生活或居住在城市。这是我国城乡劳动生产率差别的反映。

弄清楚因人口迁移所引起的货币流向或收入转移的主体及其特征以后,另外一个重要问题是这些收入的用途。它是衡量人口迁移对社会经济发展后果的一个十分重要的方面。

在我们的研究中,我们使用了两种方式来探讨这个问题:其一是从暂时性流动人口单个人的角度来考察,询问流动人口流向城市时所带资金及其用途和流动人口向家庭的汇款(或收入转移)及其使用方式。其二是询问家庭向外迁人口(包括暂时性流动人口和永久性迁移人口)和外迁人口向家庭的援助。

我们可以将流动人口的资金分为:(1)生产性消费。包括购买生产经营性设备、投资。(2)生活性消费。包括建房、改善生活、购买耐用消费品。(3)教育性消费。(4)其他消费。我们的研究表明,当流动人口流入城市时,他们所带资金主要用于生活性消费(45.3%),其次是生产性消费(28.4%),教育消费只占7%。至于他们所送回原有家庭的资金也主要是用于生活消费,其比例高达53.3%,其中建房和改进生活两项占42.2%,高于流动人口在城里的消费(32.6%),只有18.5%的汇回资金用于生产消费。可见,外流人口的资金回流对于迁出地生产投资的影响还不足够大,同时,也只有6.7%的回流资金用于教育。

六、研究结论

第一,如果我们将人口的机械运动区分为永久性人口迁移(户籍改变)和暂时性人口流动(户籍未改变),那么迁移量只占日流动量的1%。在流动人口中,由定期性往返型农村—城镇流动人口、非定期性往返型农村—城镇流动性人口及季节性流动人口构成的经济性流动人口已成为我国流动人口的主体。

第二,我国七个百万人口以上的大城市调查和两个湖北省县城的调查表明:我国城镇流动人口同城区常住人口的比例已达到1∶5。据此,我们可以估计:全国城镇中约有5500万流动人口。五个百万人口以上的大城市的调查表明经济性流动人口已达 60%,而县城的这一比例为 88%。

第三,同永久性迁移人口相比较,暂时性流动人口的年龄起点早,归宿点较晚,暂时性流动人口中男多女少,户主(配偶)辈占主导地位,有较低的教育水平。

第四,暂时性人口流动的主要原因是经济性的,而永久性人口迁移的主要原因则是社会性的,暂时性人口流动以推力为主,永久性人口迁移以拉力为主。

第五,在家庭收入流向方面。家庭的支出存在着"子代优先、子代偏重"的倾向,特别是对在外儿子的支出比例很高。就对家庭的贡献来说,户主辈的贡献最大,在资金用途上,无论是流出还是流入,都是以生活消费为主,其次才是生产消费。

(本文发表于《武汉大学学报》1989 年第 2 期)

—56—
城市人口分布措施及类别划分

像任何其他政策一样,城市人口分布的对策的制定和实施至少包括六个步骤:(1)对城市问题的认识和探讨;(2)基于这种理论认识的城市目标的形成;(3)城市目标的选择和通过;(4)对实现城市目标的措施和手段的选择;(5)城市人口分布措施的实施;(6)对城市人口分布政策实施的评价与监督。本文拟根据世界各国城市人口分布问题的对策,对城市人口分布措施进行一些理论探讨,以供我国城市问题的理论工作者和实际工作者参考。

衡量一个国家的城市政策是否有力。不仅要看它是否有强有力的政策措施,而且要看它有多少职能机构参与政策的实施。例如,菲律宾影响城乡人口再分布的措施有劳动力的训练和发展、土地改革方案、工业投资政策、建设新城镇的方案、农村信贷等十九种形式,推行这些方案的有三十七个政府机构。城市问题是一个复杂的社会问题,这个社会问题的解决必须依靠社会各方面的力量,必须借助于各种机构的通力合作,这是城市问题对策的关键。

城市人口分布问题的对策可以按各种标准进行分类。

按人口的流向分,调节城市人口分布的政策可以分为:(1)减缓农村人口外流的政策。例如促进农村社会经济的发展,改进农村就业政策,发展农村集镇等。例如,尼日利亚用发展农村基础设施的办法来限制农村人口向大城市移动。建立装备与城市相似的水、电和其他设施的住房,提供现代化的农业机器来改造农村的生活条件和生产条件。有些地方政府还大力发展农村教育和卫生设施,以便保持农村人口。(2)调整农村人口的流向。鼓励移民垦荒、鼓励人口稠密区的人口流向人口稀少区。(3)分散大城市人口。鼓励大城市人口流向中小城市。例如尼日利亚的地区经济计划一方面通过建筑大量的铁路把偏僻的农村同城市市场联结起来,另一方面又在地方建立 20000 人以上的小城市,并在这些小城市建立发展居民所需要的水电设施以及学校医院等。(4)调节城市内部的人口流向,增加城市对劳动人口的消耗力。通过发展资金密集型行业和服务行业,在城市内部创造更多的就业机会,通过住房、土地使用和社会服务政策来影响城市人口内部的分布。例如在香港,到处是多层摩天大楼,这种摩天大楼一般是上层住人,下层做商店。在香港的九龙湾仓库上面兴建一个能容 30000 人口的市区。下层是地铁车辆停放和维修的仓库,上面建 41 座有 5000 个套间的二十六层大厦,并配有商场、游泳池、体育场、学校、医院、银行、电影院等设施。(5)限制都市以外的人口流向大都市。例如通过迁移证限制大量的人口流向大都市。

按政策措施所作用的对象来分,调节城市人口分布的政策可以分为:通过企业而影响人口分布的政策和通过个人或家庭而影响人口分布的政策。为了发展中等城市,政府可以利用如下措施通过影响企业来影响人口分布:(1)投资和信贷政策。许多国家的政府为了发展中等城市,一方面加强在中等城市的工业投资,建立国营企业,另一方面通过中央银行对中等城市的私营企业提供较优惠的信贷。(2)税收刺激政策。国家税务部门为了促进中小城市的工业发展,可以对这些需要发展的地方的企业进行减税或者是免税,刺激私人厂商在中小城市的投资。(3)技术援助方案。国家对需要发展的中小城市提供优惠的技术援助。(4)发展交通运输,提供交通津贴。为了发展中小城市,国家投资兴建通往中小城镇的交通运输网,并对与生产活动有关的交通提供津贴。例如比利时政府为了解决城市就业人口在市区之间和城市之间上下班交通问题,采取了两项措施:第一,降低铁路季票的价格;第二,政府对铁路部门进行补贴。据估计,政府每年为从外地到布鲁塞尔上班的工人向铁路部门补贴 2500 万美元交通费。(5)对劳动力的训练成本进行补贴。有些国家为了鼓励厂商在中小城市投资,一方面大力投资兴办劳动力培训机构,另一方面补贴私人厂商的劳动力培养费用。(6)在土地征用和土地价格上,制定有利于私人厂商在中小城市投资的政策。如尼日利亚政府用立法的形式对土地的分割、土地的占有和使用、城市建设用地以及私人和官方在土地上的投资作出具体规定。(7)国家投资兴办中小城市的水电、公园、图书馆等方面的基础设施,消灭大城市同中小城市在基础设施方面的差异。如苏联努力改变发展中城市的居住条件,提供良好服务,发展娱乐场所和旅游业,改变城市环境、合理地利用土地资源和劳动力资源,以便尽可能地创造同大城市相一致的工作条件和生活条件。(8)把一部分行政机构由大城市分散到中小城市,加强中小城市的管理。

通过个人或家庭影响城市人口分布的政策措施包括:(1)用差别工资鼓励城市人口流向需要发展的城市;(2)用地区津贴鼓励城市人口流向需要发展的城市;(3)用差别退休年龄鼓励城市人口流向中小城市;(4)用住房投资、住房律贴和建房信贷措施影响城市人口流动。如为了满足城市人口对住房的需要,伊朗政府在第五个五年计划时期,将投资由第四个五年计划的1900亿里亚尔增加到第五个五年计划的4020亿里亚尔。(5)发展学校和医院,使迁移者的子女有好的受教育机会和好的医疗条件。(6)对大城市中的暂住人口以较差的待遇对待之。(7)进行宣传鼓动,说服人们到需要发展的城市去。(8)提供迁移津贴和迁移引起的交通运输补助。

按照影响城乡人口分布政策的作用来分,可分为鼓励性措施和限制性措施。为了鼓励人口流向政府所需要发展的城市或地区,政府可以通过一系列的经济刺激措施鼓励人口流动。例如,在住房、信贷、工资、补贴、退休年龄等方面给移民家庭提供好处。相反,政府为了限制某类城市或地区的发展,可以采取一系列的法律措施,限制人口的流进。这方面的法律措施最突出的是:(1)城市护照。某些城市以外的居民进入这些城市必须从有关机构获得护照,方能进入这一城市。(2)工作许可证。某些指定城市以外的劳动者要进入这一城市,必须获得有关管理机构的工作许可证。(3)食物供应卡。只有城市居民才能获得该城市的食物供应卡,该城市以外的居民进入该城市很难获得食物。(4)居民证。某些国家和地区的政府规定,只有获得城市居民证的居民才能在该城市长期居住下去。没有居民证者长期居住将被查处。(5)就业定额。市政府给企业下达就业定额,不允许企业大量的无限制地使用工人,从而限制人口大量流向大城市。

城市人口分布对策还可以按其影响的方式划分,它可以分为间接措施和直接措施。例如许多国家的政府都通过投资和信贷政策,来影响工业分布,进而影响城市人口的再分布。苏联现行的工业分布原则是限制在莫斯科、列宁格勒和其他 46 个大城市重新建立新的工厂,限制在这些地方扩大与服务行业、住房建筑业没有关系的企业。同时通过经济发展计划刺激那些在特殊工业方面具有有利条件的中小城市的发展。再如许多国家的政府通过改进城市基础设施、社会服务、文化设施、卫生设施以及环境卫生来发展中小城市,从而影响人口流动,这些都是间接的措施。第一类措施是直接作用于工业分布,转而影响人口流动,第二类政策是直接作用于城市建设转而影响人口流动。直接影响城市人口分布的措施,如上述工作许可证、居民证、食物供应卡、就业定额等限制人口流向特定的城市以及通过各种宣传教育措施鼓励人口流向指定的城市都是直接影响城市人口分布的措施。

严格控制大城市,合理发展中等城市,积极建设小城镇,这是我国城市化的既定方针。但是如何采取具体措施或者手段来实现这一方针,我们一方面必须借鉴外国的经验,另一方面必须加强调查研究,制定切实可行的政策措施。

我们认为,要实现我国城市化目标,我们必须有强有力的措施,更要动员各政府机构贯彻实施这些措施;在调节城市人口的分布方面,既要发挥企业的作用,也要注意发挥家庭的作用;在制定具体措施时,要把宣传教育措施、经济措施、行政措施和法律措施结合起来,对于经济措施,既要使用经济限制措施,也要使用经济刺激措施。

(本文发表于《西北人口》1985 年第 1 期)

—*57*—

农业劳动力过剩与农村发展战略

这里的农业劳动力过剩指的是相对于以耕地作为基本生产资料的小农业来说的劳动力过剩。农业劳动力过剩问题是目前我国农村经济工作中必须予以慎重考虑的重大问题,是制定我国农村发展战略的重要依据。要研究这个问题,我们首先必须搞清楚农村劳动力究竟过剩多少。

测算农村劳动力过剩的方法基本上有二种:一是耕地投工系数法,二是人地比例法。前一种方法是首先在大量调查研究的基础上,确定每亩耕地的投工量即耕地投工系数,然后把这种投工系数作为参数,根据现有耕地,计算出现有耕地所需要的劳动力,然后用现存劳动力的供求量减去需求量即是过剩劳动力数量。后一种方法也是先通过调查研究确定每个劳动力可负担的耕地数,然后以这种人地比例作为参数计算出现有耕地对劳动力的需求量,再依据现有劳动力的供给量算出剩余劳动力数量。

为了计算出符合我国实际的投工系数和人地比例,1983年初我们深入到湖北省几个地区,调查了近三百个农户,请有经验的户主核算每亩耕地的投工数。调查结果表明,农村实行农业生产责任制后,农民在每亩耕地上的投工量平均约为30个工作日,平均每个劳动力大致可种耕地9亩。根据这两个参数,我们可以对我国农业劳动力过剩问题作一个大概的测算。

测算一:如果按照每亩耕地需工30天计算,我国现有耕地约为20亿亩,[1]因

---

[1] 数据来源于《1982年中国经济年鉴》。

此我国现有耕地的工日需求量是 600 亿个工日。如果每个劳动力正常劳动日每年按 300 个计算,那么现有耕作对劳动力需求量是 2 亿。如果每个劳动力每年用于农田基础设施的用工平均按 20 个计算,这项用工是 64 亿,折合劳动力是 0.21 亿(据统计,我国农业劳动力是 3.2 亿[①])。二项合计是 2.21 亿左右,剩余劳动力约 1 亿,占 31.25%。

测算二:如果按每个劳动力可负担耕地 9 亩计算,现有 20 亿亩耕地对劳动力的需求量是 2.2 亿左右,农村剩余劳动力是 1 亿,占 31.25%。可见,以上两种测算结果基本吻合。

总之,根据现有耕地面积,我国农业大约有 1/3 弱的劳动力过剩。

以上是从静态方面来考察的,如果我们从动态的角度来分析,考虑到其他变数,那么在将来,我国农业劳动力过剩将会更加严重。在动态过程中,影响劳动力过剩的因素有:

一是耕地资源的有限性。解放三十多年来,我国耕地不仅没有增加,反而减少。据统计,1950—1958 年期间,全国耕地净减少 1576 万亩[②],平均每年减少 53 万亩左右。其主要原因是:城市建设、工厂、矿山、公路、铁路、水利工程、军事设施等国家基本建设占用一部分土地;农田基本建设、田间道路、生产设施、社队企业和社员建房等农村建设用地;改林、改牧或弃耕损失一部分耕地。我国现有可垦荒地仅 5 亿亩,其中质量较好的仅 1.5 亿亩。这些荒地主要分布在黑龙江、内蒙古东部及新疆地区。这些荒地的开垦目前还面临着许多困难:其一是移民问题,由于荒地分布地区的自然气候条件和社会风俗习惯都与内地不同,这就为组织内地劳动力开发荒地资源造成了困难;其二是投资问题,由于这些土地大多是盐碱地、沼泽地、红黄壤山丘、高寒或干旱地,因此开发所需投资大。由此可见,我国的耕地潜力是非常有限的。

二是农村劳动力将不断增加。我国农村在 20 世纪 60 年代中期到 70 年代初期生育高峰期出生的人口将陆续在近期进入劳动年龄,这必然使农村劳动力人数不断增加。据估计,在今后十多年中,我国农村每年将有 1600 万人口进入劳动年龄。如果累计十年,那么农村将增加 1.6 亿个劳动力。

---

① 数据来源于《1982 年中国经济年鉴》。

② 数据来源于《1982 年中国经济年鉴》。

三是人类劳动力的延伸部分——机械劳动力将不断发展。1930 年全国农用大中小型拖拉机总动力是 5417.8 万马力,1981 年这一指标上升为 5826.5 万马力,增加了 308.7 万马力,增加率为 7.5%。[①] 如果按照国际通用标准 1 马力＝4 个劳动力折算,农用拖拉机马力折合劳动力 1634.8 万人,在今后十年中,农用拖拉机如果维持这样的增长水平,农用机械劳动力则可代替 1 亿多劳动力。也许有人会说现在实行家庭联产承包责任制,农业机械化速度将会减慢,其实不然。随着农业生产责任制的全面开展,农业机械方面是发生了一些变化,如大中型农机具需要量减少,小型和半机械化农具需要量增加;在所有农机具中,多种经营农机具增加更快;农民联户和个人购买农机具日益增强。但是就总的来说,农业机械化的速度并没有放慢。

四是农业经济体制的变革将会大大地提高劳动效率。家庭联产承包责任制使农民的积极性大大提高,过去三天干的活现在一天就可以干完,加之现在经营方式上,农业生产正在日益走上专业化和社会化的轨道,这些都会促进劳动效率的大大提高。据我们在某些农村地区的测算,由于这些原因引起的劳动效率的提高可以从大田耕作中减少 1/6 的劳动力。如果以此作为参数来估计,那么我国由于这方面原因所释放出来的农业劳动力将是 5000 万人。

农业劳动力过剩是我国的基本国情,我国农村发展战略必须符合这一国情。

所谓农村发展战略指的是国家为了实现农村经济社会发展目标所规定的总方针和基本原则。我们在制定农村发展战略时,必须把农村剩余劳动力问题作为一个重要的客观依据。具体来说:

第一,农村产业结构的布局必须考虑剩余劳动力问题。农村产业结构指的是农业各部门之间的相互关系。农村产业结构包括农业产业结构和非农业产业结构。前者是我们通常说的农林牧副渔五业;后者指的是由于农民自己兴办的农村工业、建筑业、商业、运输业等。具体可以用图示作如下分解:

---

① 数据来源于《1981 年中国统计年鉴》。

农副产业结构
{
农业产业结构
{
农（粮、棉、油、麻、丝、茶、糖、菜、烟、果、药、杂）
林
牧
副
渔

非农业产业结构
{
农村加工业
建筑业
商业
运输业
}
}

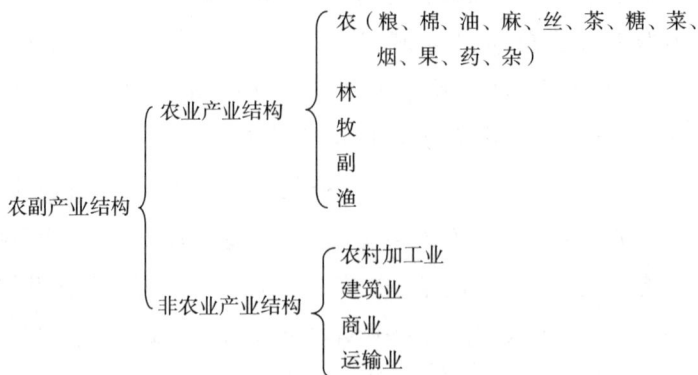

图 1　农副产业结构

如果我们把上述相对于小农业来说的多余劳动力叫作农村待业人口的话,那么这种待业主要是由于我国单一的农村产业结构造成的,或叫"结构性待业"。1978 年在我国农村产业结构中,农业(种植业)的产值比重是67.8%,林业只占 3%,牧业占 13.2%,副业占 14.6%,其中队办工业占14.5%,渔业占 1.3%。① 从劳动力分布看,我国农村前几年除了社队企业有1/10 的亦工亦农、农村劳动力外,8/10 以上的劳动力集中于小农业(种植业)。要解决我国农村剩余劳动力问题,关键性的措施是要调整我国农村单一的不合理的产业结构,发展种植业以外的林业、牧业、副业、渔业、加工业、建筑业以及农民自办小商业、运输业等,广辟农村劳动力的就业门路。目前家庭式联产承包制的全面推行,家庭已成为直接组织生产的单位。农村结构的调整必须从每个家庭开始。就整个社会来说,要有一部分专业户,专门从事一业,除此之外,还应有大部分多业户,这种多业户应以"一业为主,兼营他业"。农村产业结构的扩张与劳动就业的关系可以从两个方面来考察:一方面,产业结构扩张可以解决一部分人的结构性待业。如上所述我国农村劳动力过剩主要是由于产业结构单一。通过调整,可以解除这一部分人由于结构原因造成的待业。另一方面,可以解决一部分人的弹性待业。弹性待业主要是指由于种植业生产的周期性致使农业劳动者在闲时无事可做而造成的待业人口。由于农村产业结构的扩张,这样会使劳动时间错开的

---

① 数据来源于《1982 年中国经济年鉴》。

部门互相调剂,从而可以使农业生产周期性过剩所致的劳动力过剩或者说弹性待业人口找到出路。

第二,农村所有制结构必须考虑农村劳动力过剩问题。目前我国农村所有制结构基本可以图解如下:

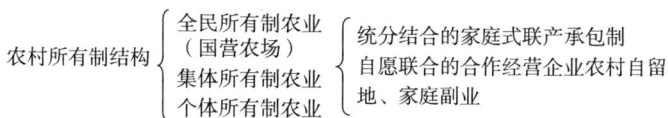

农村所有制结构 { 全民所有制农业（国营农场） 集体所有制农业 个体所有制农业 } { 统分结合的家庭式联产承包制 自愿联合的合作经营企业农村自留地、家庭副业 }

图 2　农村所有制结构图

目前在农村特别是发展自愿联合的合资经营的农、工、副企业即农村新经济联合体这种经济形式对于解决农业劳动力就业问题尤为重要。农村新经济联合体具有三大特点:其一,从产供销来看,这种经济联合体是自筹资金、自筹原料、自产自销;其二,从其内部的经济关系来看,这种联合体是在自愿自觉、互助互利的基础上民主协商兴办的;其三,在经营方式方面,形式小型多样,经营灵活,适应性强。这种经济联合体有利于农村劳动力就业的地方在于:一方面,它克服了单个的农民在多种经营过程中的技术困难。在过去干活大呼隆的时期,农民是队长叫干啥就干啥,这种经济体制养成了农民不钻研技术的习惯。另外由于单一的农村产业结构更使农民缺乏多种经营的技术。目前在调整农村产业结构的过程中,最大的困难是技术问题。而这种经济联合体却能解除单家独户由于技术条件所造成的局限性。另一方面,它克服了单个农户在多种经营中的资金障碍。我们知道,从事多种经营需要的"本钱"要比种植业多,而就目前的情况看,单个农户从事多种经营都感资金不足。通过新经济联合体集资的形式则能有效地解决多种经营中的资金困难。

第三,农村生产资料结构必须有利于改变农村过剩劳动力问题,生产资料的技术结构指的是各生产要素之间的相互关系。就种植业来说,可以通过改变各生产要素之间的相互关系,在每亩土地上投入更多的劳动,提高单产。目前就我国各种农作物的单产来说还大有潜力可挖。例如我国1981年稻谷每亩的单位面积产量是576斤,而美国是699斤,日本是750斤,埃及是721斤,朝鲜是820斤。再如棉花亩产我国1981年是76斤,同期苏联是134

斤,埃及是 139 斤。我国小麦亩产是 279 斤,而美国是 305 斤,西德是 669 斤,英国是 728 斤,墨西哥是 470 斤。[①] 而要挖掘农业生产中的单产潜力,必须改变生产资料的各种要素:(1)土地。在我国耕地面积中,40%是低产耕地,其中 50%是易于引起水土流失的坡耕地,20%是涝洼、盐碱地,23%是风沙、干旱地,7%是低产水田。我们要提高单产,必须大力进行农田基本建设。而进行农田基本建设就可以吸收相当一部分剩余劳动力。(2)种子。我国良种化的水平还不高。如果大力开展良种培养和研究,一方面可以提高单产,另一方面可以吸收部分劳动力。(3)肥料。为了保护耕地资源,改进土地肥力,可以提高肥料中有机肥的比重。农闲时广积肥,这也可以减缓农村劳动力的过剩状况。(4)水利设施。我国农田水利设施也有待于进一步改善,特别是刚刚实行农业生产责任制的地方,农户往往只注意家庭利益,加之怕政策多变,对于牵涉农田水利设施的整体利益和长远利益重视不够。这种现状必须改变,要教育农民把家庭利益同长远利益结合起来,组织他们进行水利设施的建设,这也可以缓和农村劳动力过剩。

除了提高单产,在耕地上投入更多的劳动必须改变农业的生产力结构外,另外一个同过剩劳动力有关的问题是生产工具的结构。在生产工具的结构方面,考虑到我国农业劳动力过剩的问题,我们不能一下子全盘机械化,只能从实际出发,实行机械化农具、半机械化农具和手工农具在相当长的时间内并用,走"机马牛相结合"的农业机械化途径。

第四,农村劳动力结构也必须有利于解决农村劳动力过剩问题。就劳动力的年龄结构来说,目前农村劳动力中还有相当一部分超过劳动年龄的老人和不足劳动年龄的小孩即辅助劳动力在参加农业生产活动。随着经济的发展,这部分劳动力应退出劳动岗位,使老人早些退休,安度晚年;小孩全心学习,学好本领。就劳动力的文化技术结构看,我国农村劳动力的文化技术水平很低,这种状况既阻碍种植业的集约经营,也阻碍了整个农业多层次经济结构的发展。因此,在农村发展战略中,必须把提高农村劳动力的文化技术水平作为一项重大决策。就农业劳动者的职业构成来看,为了适应农村"一业为主,多种经营"发展,农村劳动者的职业必须多样化。

---

① 数据来源于《1982 年中国经济年鉴》。

第五,农村的教育结构也必须把农村劳动力过剩问题作为依据。目前我们必须大刀阔斧地改革我国农村中等教育结构。大力发展农民技术教育和职业教育。许多农民反映读了十年书,还不知怎么种田。他们现在迫切要求学习农业和其他方面的各种科学技术。发展农村技术教育和职业教育,让一部分人上学读书,既可以缓和劳动力就业的压力,又可以为广辟农业就业门路创造根本性条件。

第六,考虑到目前农村劳动力过剩问题,农民的时间结构也必须改变:缩短劳动时间,延长闲暇时间。让农民有更多的时间学习和发展。这种时间结构的改变,要求我们的出版、文学艺术、科学教育等部门通盘协作,向农民输送各种精神产品,满足他们的精神需求。

第七,考虑到农村劳动力过剩问题,农村的村镇结构也必须改变,要大力发展小集镇,以此作为发展农、工、副、商、运输的依托。农村村镇结构的变化一方面可以为各业并举、综合发展的农村经济开辟道路,另一方面又可以使小集镇成为农村经济中心,以镇带村,以"龙头"带"龙尾",促进农村商品生产的迅速发展。更重要的是发展农村小集镇可以吸收相当一部分剩余劳动力。目前我国农村现有农村人民公社 54000 多个,如每个公社建一个镇,每个镇吸收农村劳动力 1500 人,那么这些小镇将吸收农村劳动力 8000 多万。

总之,农村劳动力过剩是我国农村所面临的一个重大问题。我国农村发展战略中的产业结构、生产资料的技术结构、劳动力的年龄、文化、职业结构、农村教育结构、农民的时间结构、村镇结构等经济社会布局都必须认真考虑这个问题。

(本文发表于武汉大学出版社 1984 年出版的《人口·经济·社会》一书)

责任编辑:陈　登

图书在版编目(CIP)数据

城镇化转型的轨迹与路径/辜胜阻 著. -北京:人民出版社,2016.3

ISBN 978－7－01－015861－7

Ⅰ.①城…　Ⅱ.①辜…　Ⅲ.①城市化-研究-中国　Ⅳ.①F299.21

中国版本图书馆 CIP 数据核字(2016)第 033560 号

城镇化转型的轨迹与路径

CHENGZHENHUA ZHUANXING DE GUIJI YU LUJING

辜胜阻　著

人民出版社 出版发行

(100706　北京市东城区隆福寺街 99 号)

北京汇林印务有限公司印刷　新华书店经销

2016 年 3 月第 1 版　2016 年 3 月北京第 1 次印刷

开本:710 毫米×1000 毫米 1/16　印张:39

字数:596 千字

ISBN 978－7－01－015861－7　定价:88.00 元

邮购地址 100706　北京市东城区隆福寺街 99 号

人民东方图书销售中心　电话 (010)65250042　65289539